"十二五"普通高等教育本科国家级规划教材

教育部"国家精品课程"

北京大学"变态心理学"课程配套教材

变态心理学

Foundations of Abnormal Psychology

钱铭怡 主编

北京大学出版社
PEKING UNIVERSITY PRESS

图书在版编目(CIP)数据

变态心理学/钱铭怡主编. —北京:北京大学出版社,2006.5
(北京大学心理学教材)
ISBN 978-7-301-10641-9

Ⅰ.变…　Ⅱ.钱…　Ⅲ.变态心理学-高等学校-教材　Ⅳ.B846

中国版本图书馆 CIP 数据核字(2006)第 039050 号

书　　　名:变态心理学
著作责任者:钱铭怡　主编
责 任 编 辑:陈小红
标 准 书 号:ISBN 978-7-301-10641-9/C・0405
出 版 发 行:北京大学出版社
地　　　址:北京市海淀区成府路 205 号　100871
网　　　址:http://www.pup.cn
新 浪 微 博:@北京大学出版社
电 子 信 箱:zpup@pup.cn
电　　　话:邮购部 62752015　发行部 62750672　编辑部 62752021
出版部 62754962
印　刷　者:河北滦县鑫华书刊印刷厂
经　销　者:新华书店
787 毫米×960 毫米　16 开本　32.5 印张　700 千字
2006 年 5 月第 1 版　2022 年 3 月第 23 次印刷
定　　　价:75.00 元

谨以此书纪念陈仲庚教授、万文鹏教授。

序　言

(一)

变态心理学是心理学本科生的必修课程之一，教材更新的问题一直在困扰着我们。目前国内已有的变态心理学书籍，许多是20世纪80年代出版的，内容不能很好地反映当前此领域学科的进展情况。还有些同类书籍，其内容近似精神病学教科书，未能反映出变态心理学作为一门心理学课程这样一个视角的特点。

鉴于上述情况，我们于2000年开始启动这本变态心理学书稿的写作，以期能为心理学专业的学生、同仁和相关的专业工作者提供一本能够反映变态心理学作为心理学分支科学的特点，突出变态心理学研究所得到的最新成果的参考书。至2005年国庆节全部完稿，期间此书稿曾作为北京大学心理学系在职研究生和本科生变态心理学课程的讲义使用。绝大部分内容六易其稿，有些章节在2004年甚至重新改写或全部重写。在修改过程中吸收了学生的意见，并增加了近几年的新的发展，突出了中国的相关诊断、案例和研究资料。每次修改主编均在全部通读的基础上对每一章节的修改提出具体的意见和建议，某些章节还请相关专家提出了意见和建议（例如唐宏宇教授曾对第14章提出中肯的意见）。其中林焯文、刘嘉、杨珉等人参加了此书前期的撰写、修改等工作，李波曾帮助主编整理稿件，王雨吟、秦漠曾帮助寻找相关资料，张怡玲曾对第四稿的绝大部分内容进行审阅。

可以看出，本书是集体长期努力的成果，各章的作者为：第1章钱铭怡，第2章张怡玲、易春丽，第3章解亚宁、钱铭怡，第4～5章徐凯文，第6章施承孙，第7～8章刘鑫，第9章刘兴华，第10章钟杰、张怡玲，第11章李波，第12章李旭，第13章张怡玲、钱铭怡，第14章安芹。

本书的许多作者在开始写第一稿时还是北京大学的研究生，但他们现在有的已经在海外留学，有的已经开始在新的工作岗位崭露头角。翻开本书，读者可以看到作者们所查阅的大量国内外相关资料，其心血尽在其中。写书的过程也是作者们不断学习，丰富、充实自身的过程，同时，也伴随着年轻一代的成长。作为主编，我特别要感谢张怡玲对于本书的奉献，她在2004～2005年期间花费大量时间查阅了若干英文最新文献，修改、重写部分章节，并对全书绝大部分稿件进行了审阅，对于书稿的修改提出了许多有益的意见和建议。她的努力和智慧为本书增添了新的色彩。

此外，在北京大学心理学系和北京大学出版社的支持下，本书在2005年获得北京大学教材立项，这进一步促进了本书的完成。

（二）

变态心理学(abnormal psychology)的内容涉及对该领域中主要的异常心理现象的描述，对其如何进行诊断、不同理论模型对各种异常心理现象成因的分析和解释，以及如何进行有效的治疗和干预等内容。“abnormal”一词的含义是不正常，或异常。“变态”一词的翻译，有研究者认为带有某种程度的贬义，而且也不能很好地反映英文的原意，因此建议将其称为异常心理学。本书也曾考虑改为异常心理学，但最终因变态心理学一词的用法已有时日，而且在大学心理学系中的课程设置中均称之为变态心理学，因此仍沿袭了这一用法。

本书首先介绍了变态心理学中涉及的相关概念、历史情况，介绍了对于异常心理现象进行分析和解释的相关理论模型和心理评估与诊断等内容。以后的各个章节，通过对历史的回顾，对不同心理障碍的症状表现和案例的描述，对诊断标准的比较，对于病因的分析与解释，对于治疗或干预要点的提供等，有助于读者对不同的异常心理现象有比较全面的了解和认识；此外，本书汇集了许多国内外最新的研究资料，突出了心理学对异常心理现象的研究、治疗方面的贡献，使读者真正了解什么是变态心理学研究的重点内容。

全书写作思想及要点如下：

(1) 定位：本书是一本供专业人士学习的教科书或工具书，不是科普读物。鉴于广大心理学工作者和一些精神科医生的需求，本书注意突出心理学的色彩。

(2) 涉及内容：历史发展，临床表现及诊断，流行病学情况，相关障碍的病因与治疗或干预（生物、心理和文化的原因及治疗），每章最后为总结、思考题和推荐读物。

(3) 诊断标准：以 DSM-IV 诊断标准为主，参考我国的 CCMD-3 和世界卫生组织的 ICD-10，并在三者有差异时专门进行比较和说明。

(4) 案例：每章都引用了一些相关案例，以帮助读者进一步理解相关障碍的情况，其中除标明出处者外，许多都来自作者自己的工作。

(5) 专栏：每章包括了一些专栏，希望对读者开阔眼界和思路、扩展知识有所裨益，但专栏中的知识并非是重点学习内容。

(6) 引文：本书力求反映国内外相关领域的最新进展，引用了许多国内外新近研究资料，在涉及这些资料时均标出文献出处，并将参考文献列于全书的最后部分，便于专业人员进一步学习和检索。

（三）

完成本书是令人感到欣慰的一桩大事。对于我个人而言，则不仅仅感到欣慰，还包括了可以告慰两位专业领域先师的心情在内。

第一位是我国著名临床心理学家陈仲庚教授。陈先生是我的硕士、博士导师，是引导我走上临床心理学之路的领路人。陈先生在临床心理学方面有精深的造诣，不仅是我们北京大学现代临床心理学的奠基人，也是我国临床心理学专业领域的杰出代表人物。他虽然自青年时期起就长期患病，但始终循循善诱、兢兢业业地坚持在教学、科研第一线。陈先生一生勤奋耕耘，发表了许多论文和论著。他于1985年主编的《变态心理学》，多年来一直是变态心理学课程的重要参考教材。当他得知我在组织人员撰写新的变态心理学书稿时，非常高兴，一再说这是非常重要的事情，并鼓励我要好好完成这本书的撰写工作。直到2003年2月他去世之前，还关切地问起这本书的进展情况。当时的我无言以对，此情此景至今仍历历在目。陈先生既是一位导师，又是敦厚善良、令人敬重的长者，他的敬业和勤勉，他的严谨治学和淡泊名利，都给我留下了深刻印象。在撰写和修改本书的过程中，每当想到陈先生的殷切期望，就不能不再勉力前行。

第二位是我国著名的精神病学家万文鹏教授。我有幸认识万先生，是在中德两国联合举办的心理治疗培训项目(简称中德班)。万先生以他的远见卓识，于20世纪80年代和德国的心理治疗师玛加丽女士等人共同开创了中德班，为心理治疗专业人员匮乏的我国培养出了一批专业人才。这个项目最初的参加者，如今都已成为全国各地的心理治疗骨干。万先生还是我国跨文化精神病学研究的杰出代表，是我国戒毒工作的先驱人物。万先生在我的心目中不像是一位学术权威，而更像是一位慈善的长者。不仅在中德班举办过程中的许多工作我会向他求教，而且在认识他以后的很长的时间里我都得到了他毫无保留的帮助。他话语不多，但言简意赅。他的坚定的信念，他的高瞻远瞩，他的学识和睿智，令人难忘。我自知自己的学识距离编撰一本高水平的变态心理学书籍有很大的差距，特别是书中会涉及很多的医学和精神病学知识，因此在一次和万先生的交谈中(大约是2001年)提出请他审阅全书并为此书作序。尽管那时他已经病魔缠身，仍欣然同意了我的要求。令我惭愧和遗憾的是，此书的撰写和修改工作一拖再拖，他已经不可能为本书作序了。2005年7月，传来他已作古的消息。我知道他和陈仲庚先生一样，如果他们知道本书已经付梓，一定会含笑九泉。

钱铭怡

2005年10月9日于北京

目 录

专　栏

1

概　　论

第一节　变态心理学的有关概念

一、变态心理学的概念及研究内容

变态心理学(abnormal psychology),又译异常心理学,顾名思义,是心理学中研究异常心理现象的一个分支。心理学是对人类和动物的心理过程及行为进行研究的一门科学、一个专业、一个学术领域(Emery & Oltmanns,2000)。通常,不同的心理学分支学科所研究的内容都是在人类中具有广泛意义的正常的心理现象。而变态心理学却有所不同,其所研究的内容仅仅适用于一部分人或一些人一生中出现问题的那部分时间。

尽管如此,学习和了解变态心理学知识却非常重要,我们可以因此对一些心理异常现象早期发现,及时治疗;或善于应付,积极预防,以提高自己的生活质量。

变态心理学是将心理科学应用于对心理障碍,包括对其产生的原因及如何治疗进行研究的一个心理学的分支学科。

变态心理学的工作重点包括下列三个方面。① 描述现象:描述心理障碍的异常表现、与正常现象的区别、病程及预后;② 发现原因:从生物学、心理学、社会等方面看异常心理现象产生的影响因素;③ 治疗干预:探讨对心理障碍进行干预的不同的理论观点、治疗方法及疗效等。

与变态心理学相似的概念还有心理病理学(psychopathology)。这也是对心理障碍进行科学研究的专业领域。但与变态心理学相比,它往往更偏重对异常心理现象的原因和机制的探讨。

二、心理异常、心理障碍与其他相关概念的比较

前文已经提到了心理异常、心理障碍这样的概念,另一些常见的概念还有行为异常、精神病、精神疾病、神经症、神经病等。这些名词说出来似乎谁都懂,但在日常生活中人们对这些名词的用法却常常混淆。最为常见的情况是如果有人认为某人不正常,常常会冠以"神经病"的称谓。在许多人的心目中,发疯的、精神失常的人是患了"神经

病”。这样的说法是否正确？变态心理学真正关心的研究对象又是什么呢？

专栏 1-1

大学生对于心理健康知识的认知

钱铭怡等曾经采用自编的《心理健康知识调查表》，对北京市 6 所大学共 440 名大学生对心理健康的认知进行了调查。结果发现，大学生比较关心心理健康和心理健康知识，对于心理健康有一定的了解，但是同时也存在着一些认识上的误区。例如，在对于“你认为下列哪些情况可能是心理不健康?”的回答中，选择人数最多的依次是“严重的情绪失常”(76.4%)、“明显的行为反常”(61.4%)、“无法良好的适应社会”(52.5%)；29.5%的学生选择了“神经症”，34.8%的学生选择了“神经病”。在心理障碍和精神病的概念区分上，80.2%的学生都认为“心理障碍与精神病不同”，但是同时有 68.4%的学生都认为“心理障碍继续加重，时间长了就会变成精神病”；在精神病和神经病的概念区分上，87.0%的学生认为“神经病与精神病不同”(钱铭怡、马悦，2002)。

大学生们的上述回答正确与否，读者在本章的学习之后就能正确地进行分辨。

在本书中，我们会常常采用心理异常或行为异常的说法，这种用词方法是公众和专业人士均可以理解和接受的说法。当然，心理异常一词可能更多地用于各种不同的异常现象，而行为异常更加偏重表述个体外显行为的异常现象。

此外，书中还会采用其他相关词汇，例如心理障碍。这里有必要先对其他一些相关的概念进行简单的讨论。

(1) 神经病(neuropathy)：属于临床医学中神经病学(neurology)研究的范畴。当个体的神经系统出现障碍时个体表现为神经系统的不同的疾病。例如美国的著名影星史泰龙，其面部神经受损，因此面部肌肉无法正常运动，所以不会笑，反而被认为是一个很“酷”的硬汉形象。

(2) 精神障碍(mental disorders)：有时也译心理障碍，与精神疾病(mental illness)的含义大致相同(梁宝勇，2002)，属于临床医学中精神病学(psychiatry)的研究范畴。精神疾病内容包括了精神障碍的所有内容，例如精神分裂症、心境障碍、神经症(neuroses)或焦虑障碍、人格障碍等。精神疾病也包括了脑器质性病变所致的精神障碍，例如老年性痴呆，这一类障碍是因神经系统的损伤导致了异常的心理与行为而归类于精神疾病的范畴的。

(3) 精神病(psychoses)：属于临床医学中精神病学的研究范畴。此概念分广义和狭义的用法，广义的精神病概念类似于精神疾病的概念；但人们提及此词汇时更多的是应用其狭义的概念。即指精神障碍中患者的心理功能严重受损，自知力缺失，不能应付日常生活要求并保持与现实的接触的一组情况(梁宝勇，2002)。主要包括精神分裂症

(妄想障碍)和某些(具有精神病性症状的)心境障碍。精神病有三个特点:① 现实检验能力严重受损;② 社会功能严重受损;③ 缺乏症状自知力(许又新,1993c)。传统上将精神病分为器质性和功能性两类,前者包括脑器质性精神病、症状性精神病和中毒性精神病等,后者包括精神分裂症、偏执性及情感性精神病等;而神经症和人格障碍则属于较轻的功能性精神障碍(梁宝勇,2002)。

(4) 心理障碍(psychological disorders):是许多不同种类的心理、情绪、行为失常的统称,属于心理学的研究范畴。此词广义的概念与精神病学中的精神障碍所涉及的内容是相似的。之所以采用心理障碍而非精神障碍一词,其原因是前者更多地反映了从心理学角度对异常现象的研究与理解,而后者则更偏重医学的或精神病学的视角(Nevid,Rathus, & Greene,2000)。不过,当我们采用心理障碍一词时,常常更偏重其狭义的概念,即更偏重于说明重性精神病、器质性精神障碍以外的那些更多地由心理原因所致的障碍,例如神经症或焦虑障碍。神经症与其他重性精神病,例如精神分裂症,有不同的发病机理,不同的病程及预后。前者更多地受到心理因素的影响,而后者更多地受到生物因素的影响。除非出现了诊断方面的失误,否则,神经症发展得再严重也无法变成精神分裂症,就好像肝炎再严重也无法变成冠心病一样。

许多读者可能会对本书中所涉及的内容与精神病学书籍中的许多内容有所重叠感到奇怪。正如前文所说,心理障碍和精神障碍的一个重要区别在于二者重点的差异。精神病学从医学的角度研究各种障碍的发生、发展的原因及规律,并采用以医学手段为主的治疗理论观点和技术方法进行治疗;而变态心理学的主要内容是对不同障碍从心理学的角度探讨其产生的原因,并采用心理治疗的理论观点和技术方法进行干预。对于特定的障碍,依据其产生原因的不同,可能采用以某一学科的解释及治疗为主,另一学科的解释及治疗为辅的方式进行工作,例如对精神分裂症的解释和治疗是以精神科的药物治疗为主,心理治疗为辅;而对于另外的一些障碍,可能采用相反的方式工作,例如对于社交恐怖症的解释和治疗。因此,变态心理学和精神病学分属于心理学和医学两个不同的科学领域,从不同的角度对许多相同的障碍进行研究,其结果相辅相成。心理障碍和精神障碍的不同称谓,恰恰反映了两个学科对相同障碍的认识侧重点的差异。

第二节 变态心理学的评价标准

前面我们对变态心理学研究的内容进行了论述,了解了心理或行为异常是其研究的主要对象。但究竟什么是心理异常或行为异常,怎样就算做是异常,这个问题却不是任何人都能够回答清楚的。让我们来看下面的事例:

一位男性与另一位男性在街上见面时相互亲吻。

一位妇女在喃喃自语。

一个年轻人在奋力砸碎一座文物雕像。

一位年轻女性连续多日拒绝进食。

一个中年男性披头散发、手舞足蹈地对天大声呼喊。

如果请读者说明上述事例中哪些属于异常的心理或行为表现，读者可能会回答：可能都是，也可能都不是，这要看这些人是在什么条件和情境下这样做的。

一、以社会文化、社会常模及社会适应的情况进行判别

文化相对论(cultural relativism)的观点认为，对人的心理或行为的异常与否，不存在普适性的标准或规则，行为的正常与否与社会的常模有关(Nolen-Hoeksema,2001)。

例如在上述事例中，欧洲人见面会相互亲吻，这在他们的文化中是正常现象；但在另一些文化中，两个男性的这种行为却会被认为是不正常的。如果那位喃喃自语的妇女周围没有其他人物和物品，我们会认为她的举止异常；但如果她是在逝去的亲人遗像前供上鲜果和点心，对着遗像在喃喃自语，在我们的文化中会理解为她是在和亲人的交流中缅怀亲人。即使如此，在另一些文化中生活的人们却无法理解为死去的人供奉食物并与之进行言语交流的行为，在他们眼中，这种行为是不正常的。那个在奋力砸碎文物雕像的年轻人可能在任何一种文化背景下都会被看做是疯狂之举，但在某种极端的氛围下，却被认为是"正常"的行动。至于那个披头散发、手舞足蹈地对天大声呼喊的人，如果他是在某部落中做法事，则围观的人可能对其肃然起敬；但在其他场合，则人们无疑会认为此人精神异常。

人在特定的文化、社会环境中生活，其行为必然受到文化背景和社会环境的影响。个体会依据相关的社会文化对人的要求来规范自己的行为，并会以此为依据来衡量他人的行为举止。如果一个人的行为举止符合所处的社会文化的要求，那么他的行为就是适应性的，是符合社会常模的，会被周围的人们视为正常的；反之，则属于非适应性的，是不符合社会常模要求的，就会被人们认为是异常的。因此对人的行为的判断是会受到时间、地点和习俗等因素的影响的，与社会文化习俗密切相关。

二、各种不同的判别标准

在前面的部分，我们提及某种行为在一种文化中被接受，在另一种文化中不被接受的情况。那些不为人所接受的行为就会被认为是异常的。那么，是否存在被不同文化共同接受的心理或行为异常标准呢？

翻开各种变态心理学的教科书，读者可以发现，那些著名的研究者们对心理异常或行为异常并没有统一的界定标准。有的作者干脆明确指出，对异常心理现象定义是令人为难的(Carson，Butcher，& Mineka，1996)。当然，研究者们也有一致之处，就是都认为对异常的判断受到社会文化的影响。

不同的作者提出了不同的界定心理异常现象的标准。例如 Barlow 和 Durand (2001)指出心理障碍的界定标准包括三个方面。① 心理上的失调(psychological dysfunction):例如看到血会晕倒的恐惧血的病人,和现实无法保持接触的精神分裂症病人等;② 感到痛苦或受到损害(distress or impairment):例如恐血的病人对自己的情况会感觉非常痛苦,如果他因此而无法正常工作或学习,则其社会功能受到了损害;那些无法正确反映现实情况的精神分裂症病人的社会功能无疑也受到了损害;③ 非典型性的反应(atypical response):即个体的行为异乎寻常,无法被社会及文化所接受。

Nevid,Rathus 和 Greene(2000)对此也提出了他们的看法。① 不同寻常的行为:例如到商场会感觉恐慌,而正常情况下人们不会有此感受;又如听到本来没有的声音。当然,有时不同寻常的行为本身并非不正常,例如能够打破 100 米跑的世界记录,是出色而非异常。② 社会不能接受或打破社会常模的行为:通常人们可以接受在社会规范内的行为,例如在看足球比赛时有人为自己的球队高喊助威,尽管样子古怪但也可以接受;但如果同样的行为出现在一个四周无人的公园内,则会被视为异常。③ 对现实的感知或解释是错误的:例如出现幻觉或妄想。④ 个体处于明显的痛苦之中:例如出现了焦虑、恐惧、抑郁等情绪,当然在个体面临威胁时,上述情绪的出现是有益于个体生存的,只有过分的情绪反应才会导致个体的痛苦。⑤ 行为是非适应性的或是自我挫败式的:个体的行为导致其不愉快,无法适应环境,而且无助于个体能力的发挥和自我实现。例如场所恐怖症状,使个体害怕涉足公共场所,其行为是不同寻常的,而且是非适应性的。⑥ 行为是危险的:个体的行为对自己或他人是危险的情况也被认为是异常的,例如自杀行为。

张伯源、陈仲庚(1986)则提出下列判断标准。① 以个体的经验为标准:涉及出现问题的人自己的主观感觉不良和研究者对异常现象的主观判断。② 社会常模和社会适应的标准:与其他作者在此方面的论述相似。③ 病因与症状存在与否的标准:医学模式常用的标准,主要根据致病因素(如物理、生化、心理生理测查的结果)和症状的存在与否进行判断。④ 统计学标准:正常人的心理特征的人数分配多为常态分布,位居中间部分的大多数人为正常,居两端者为异常,即以个体的心理特征是否偏离平均值为依据。心理测验即可测查出个体的心理特征。但有时某种心理特征的一端并非不正常,例如智力。不同的作者虽然提出了不同的界定标准,但均指出各标准都不尽完美,需要结合使用。在临床实践中,常常需要对心理异常或行为异常有明确的分类,以便专业人员能够对异常现象的性质、原因及治疗进行探讨;在实际的研究中,也需要有明确的分类体系,以确认具有特定的异常现象的人作为研究的对象或实验的被试。

目前专业人员使用的是对心理障碍的医学诊断分类描述体系,在中国有《中国精神障碍分类与诊断标准》(Chinese Classification and Diagnostic Criteria of Mental Disorders,CCMD)(中华医学会精神科分会,2001),在美国有《精神障碍诊断和统计手册》(Diagnostic and Statistical Manual of Mental Disorders,DSM)(APA,1994),世界卫生组织则有《国际疾病及相关问题的统计分类标准》(International Statistical Classification of Diseases and Related Problems,ICD)(世界卫生组织,1993)。这些诊断分类系

统为明确对异常心理现象如何分类及诊断提供了良好的依据。对这些诊断体系,我们将在第 3 章予以说明和论述。

专栏 1-2

对于心理障碍需要全面的认识

在学习变态心理学课程或阅读相关书籍时,常常有学生会怀疑并问及他们自己的某些行为是否是不正常的,就好像学医学的学生会认为自己或自己的朋友得了某种他们在课堂上或书本上学习的疾病。这就是所谓的“医学生综合征”。在对情况没有完整、深入的了解,也没有临床实践经验时,只根据个别现象得出结论,通常是不正确的。

在我们学习变态心理学时,应明确的一点是许多在书中或在课堂上讨论的心理现象,在正常人身上也会偶尔出现,程度很轻微。例如许多学生会在考试前出现焦虑、失眠现象;很多人在遇到挫折时会情绪低落。但这些现象出现时间较短,对个体的情绪、行为或社会功能没有造成严重的干扰或影响——这些现象均与心理障碍的情况不同。

如果某种行为在较长时间干扰了个人的生活或社会功能,或者让某个人感到非常痛苦,那么最好去找有经验的专业人员去谈一谈(Nolen-Hoeksema,2001)。目前我国的许多高等院校都设有学生心理咨询中心,在许多大的综合医院或精神科专科医院也设有心理门诊,在这些地方均可以向专业人员寻求帮助。

第三节　变态心理学的发展历史

一、变态心理学在国外的历史

对于变态心理学的记载和研究,可以追溯到几千年以前。变态心理学的教科书通常都是按照时间线索,即历史发展的年代讲述相关的历史情况的,但 Peterson(彼德森,2002)却将相关的历史情况分门别类地进行了总结,例如对异常行为加以神秘主义解释的情况与发展;对异常心理现象以躯体理论进行解释的观点及发展;心因性理论与解释的发展及医院对异常行为治疗的情况与变化。Peterson 的总结思路清晰,因此本书也参考其历史描述的构架对相关的历史发展情况进行简要介绍。

(一)神秘主义的解释

对疯狂(madness)和精神错乱或失常(insanity)的记载贯穿于人类的历史。我们对于没有文字记载的史前的文化的了解是从考古学中古人的工艺品、器具及骨头的碎片中得到的;此后通过所发掘的文字内容了解前人的看法及做法。无论是哪一种形式,均可以发现人类总是把异常心理现象看做是需要进行特别解释的事情。

历史学家曾推测史前的人已经有了关于精神错乱的概念,这种概念可能来自于超自然的信念——鬼怪或神灵是引发异常行为的原因。当一个人行为异常时，他可能是被鬼神摆布，因此，治疗就是要把带来麻烦的鬼神驱逐走（Nolen-Hoeksema，2001）。

1. 头盖骨钻洞术

在全世界许多地方（欧洲、中美洲、南美洲、大洋洲和非洲）都可以找到石器时代的被钻了一些洞眼的头盖骨。这种在头盖骨上钻眼的手术被称为“头盖骨钻洞术”（trephination）。这种手术可能是为了减轻脑部的肿胀，或许还会有其他的原因，但其中一种解释是这种手术可以使“邪恶的鬼神”离开人的头脑（彼德森，2002）。

2. 巫师

在世界许多文化当中都曾出现过巫师（shamanism）的角色，在许多偏僻的地区或仍保留着比较原始的生活方式的地区仍存在着巫师的角色。这种角色早在公元前2000年前后就已经出现（彼德森，2002）。巫师们似乎对自然界的许多现象非常敏感，精通巫术，许多遭受心理或躯体痛苦的人向他们寻求帮助。这些人相信，巫师通过相关的行为仪式或咒语可以驱逐使人遭受痛苦的神鬼，使自己从痛苦中解脱出来。

3. 鬼神附体

埃及、早期的希伯来人和希腊人都有关于鬼神附体（demonology）的说法，这些说法可追溯至约公元前1000年左右。在这些地区人们把鬼神分为“好的”和“坏的”，并广泛地用鬼神来解释闪电、雷雨、地震、疾病等现象，也用于解释那些人们无法理解的行为。采用何种神灵来解释人的异常行为，取决于那些有症状的人们的具体表现。如果症状表现为宗教的或神秘的、重要的角色，则被认为是“好”神灵附体；但通常的情况并非如此，则被认为是“坏”鬼神附体。治疗鬼神附体的方法是“驱魔”（exorism），其方法是通过一定的驱魔仪式或驱魔咒语，让邪恶的鬼神离开肉体（Carson，Butcher，& Mineka，1996）。驱魔的方法有很多，例如，让病人喝下混杂着污秽物的东西，对其殴打或折磨，让其忍饥挨饿，甚至加以火烧等。驱魔的仪式在现代人看来常常是非常残忍的，但却被认为是为了拯救人的灵魂和精神，相形之下，肉体就不那么重要了（彼德森，2002）。

4. 巫术

提到巫术（witchcraft），就必然涉及中世纪的情况。在中世纪的欧洲，生病的人们是由教会管辖的，人们无论是在肉体或灵魂上出现问题，都可以在修道院得到照顾和帮助。例如在希腊，心理异常的人主要由牧师照料，他们同时充当着医生等角色。治疗一般是以支持、安慰的话语，草药与祈祷以及宗教仪式相结合进行（迈耶、萨门，1988）。

在中世纪初期，人们对于具有巫术的人并不是很在意，尽管那时人们就认为有些人，特别是女人具有能够与魔鬼沟通的能力。到了14世纪以后，情况出现了变化，其原因一是在神学理论方面越来越强调魔鬼与上帝的对立；二是由于一种被称为黑死病的鼠疫的流行，夺走了当时全欧洲近三分之一人口的生命。为找出灾难的原因，教会和民众开始把魔鬼看做是肇祸的来源（彼德森，2002）。

由于人们不了解黑死病的致病原因和传播途径，完全没有治疗的方法，所以当时疾病传播得非常快，巴黎曾经有过一天死亡800人的记录。这种可怕的流行病给人们的心理带来了严重的副作用，人们陷于恐惧和无助之中，表现出许多偏激的行为。例如认为瘟疫是对人的灵魂的惩罚，因此一些自行组织起来的人们便开始自己惩罚自己，其方式是一群人四处游荡，并按其严格的规则，走若干天后在教堂前相互鞭笞。这种自行鞭笞的运动曾遍及整个欧洲，卷入的人数竟可与十字军东征相比（迈耶、萨门，1988）。在这种恐怖的气氛之下，一些地方的人们甚至偏激地反对其他少数民族居民，而受到更为残酷迫害的是那些被认为是女巫的人（陈仲庚，1985）。

因为人们认为女巫可以与魔鬼沟通，所以很快就把她们当成是与上帝对立的异端。于是，受害者遭到无情的拷打并被迫忏悔，还被处以极刑。最初的受害者多为妇女，后来一些行为异常的男性和儿童也被视为怀有巫术的人而受尽折磨，并被烧死于火刑柱。因为那些离奇和异常的行为都被看做是撒旦淫威的表现，而救治的唯一办法就是惩罚（陈仲庚，1985）。

然而，在文艺复兴时代就有研究者仔细考察了中世纪所谓的巫术及女巫的情况，发现那些备受折磨的人实际都是精神病人（许又新、刘协和，1981b）。这样的迫害一直到17世纪才停止。很难估计那一时期有多少人受到牵连、折磨甚至被杀害（彼德森，2002）。曾有历史学家把14～15世纪称为“大众疯狂的时期”（迈耶、萨门，1988）。

5. 神秘主义在当今的影响

虽然前面所述是历史的情况，但其中有一些观念在当今的一些地区和不少人群中仍然具有影响。例如，在我国许多农村地区，人们仍然相信某个出现怪异行为的人是因鬼神附体所至；时至今日，许多地区人们还会请巫师或巫婆帮助治疗疑难杂症，特别是那些被认为丢了魂儿、被鬼附体的人（这其中许多人是患了心理障碍的人）。同样，巫师们还继续活跃在世界上一些不发达地区。此外，还有一些团体或个人对诸如轮回、心灵感应、外星人以及沟通频道（可以和遥远或是古老的灵魂谈话）等保持坚定的“信仰”；对被认为失去心灵平衡的人的矫正方法包括应用水晶治疗，坐在金字塔形物体的下方或向遥远的灵魂寻求帮助等（彼德森，2002）。

（二）躯体的解释

对于异常的心理现象给予的神秘主义的解释是一种超自然的解释。在历史发展的进程中，人们也在进行着另外一种努力，即试图从自然主义的角度对异常现象进行解释。躯体的解释（somatic explanations）就属于这样的努力。

1. 古希腊和罗马人的解释

在这里我们首先必须要提到的是希波克拉底（Hippocrates），一位伟大的希腊医生，被欧洲人尊为“医学之父”。他否认鬼神是心理障碍的原因，坚持认为这些障碍是由自然原因造成的。他说：“……由于人脑的存在，我们可能发疯，胡言乱语，不论在深夜或黎明，都被忧郁和恐惧所笼罩”（见许又新、刘协和，1981b）。希波克拉底还对异常现象做了划分：癫痫、躁狂症、忧郁症、精神炎、痴呆等。而他对异常心理现象的解释中影响最大的是其体液（humours）病理学说。他认为人体有黄胆汁（yellow bile）、黑胆汁（black bile）、血液（blood）和黏液（phlegm）四种液体，当这四种液体不能保持平衡时，人就会生病。他还将人的气质按照四种体液分成四种类型：胆汁质、忧郁质、多血质和黏液质。希波克拉底不仅对异常现象进行了较系统的总结，而且其体液学说及气质分型对后人的影响有些至今尚存（许又新、刘协和，1981b）。

希腊著名哲学家柏拉图（Plato）也对异常心理现象有所涉及。他指出包括人类在内的生命的所有形态，都是为生理需求所驱动的。他把心理现象看做是整个有机体的内部状态的反映。他提出，如果有人出现精神错乱，其亲属应对其进行很好的照顾；如果疏于照料，则应处以罚款（Carson，Butcher，＆ Mineka，1996）。

另一名富于影响的希腊人是盖伦（Galen），他是一位优秀的开业医生，在罗马行医。他继承了希波克拉底的自然病理学的观点，尽管他在异常心理现象的描述和临床治疗方面并无新的建树，但他通过对神经系统的解剖研究辨别出感觉神经和运动神经，并通过切断脊髓的实验，定位出某些运动机能。他还把心理障碍按照其成因区分为生理和精神的不同范畴，并把一些心理障碍的原因定位于人的大脑（波林，1981；Carson，Butcher，＆ Mineka，1996）。

2. 冒险式治疗

尽管中世纪流行的许多做法非常愚昧，但仍有一些人主张对心理异常者施以人道的待遇，并有零星的理性研究及发现。例如在 1050 年前后，就有一位医生反对将没有抽动的癫痫视为魔鬼附体，认为是因其血液太黏所致，因而主张放血是最好的治疗（许又新、刘协和，1981b）。这一观点继承了体液学说的理念。事实上，体液学说一直到 19 世纪仍然影响着医学治疗的观念。在 18～19 世纪前后，医生们认为，一个人一旦身体不适，除非采用非常手段进行治疗，否则难免一死。为得到疗效，必须使体液恢复平衡，放血的方法是为了去除体内的“坏血”。因治疗疾病常常采用非常激烈或冒险的手段，所以其方式被称为冒险式治疗（又译英雄式治疗，heroic medicine）（彼德森，2002）。乔治·华盛顿死前就曾接受放血治疗，有人怀疑正是这种方法可能是其致死的原因。而这一时期医学上对待异常心理的治疗也是同样，采用了包括放血、将病人浸泡在冷水里，或使其快速旋转等方法进行治疗（彼德森，2002）。

3. 脑的研究与神经病学的发现

在 18 世纪之前尚缺乏对大脑是人的心灵的器官的认识。F. J. Gall（加尔，1758—1828）在其对解剖学和人的头脑的研究的基础上提出了颅相学（phrenology）的学说。按照他及其弟子的观点，人的头脑可以划分为 37 个区域，每个区域与一种心灵的器官相联系，如果某些器官发展便会使相应的头脑区域增大，而此人与之相关的“心能”便较发达。Gall 又将心能分为：感情的心能，例如破坏性、多情性、仁爱等，多位于头的后部和两侧；理智的心能，例如比较、个性、计算、时间知觉等，均与前额叶有关（波林，1981）。

对于心理异常，Gall 等人也予以了定位，例如那些我们现在称作幻觉、焦虑、遗忘的症状，被认为是视觉可见的大脑的某些区域的特异发展造成的，例如过度发育或发育不足可能是其产生的根源（陈仲庚，1985）。虽然 Gall 的学说并不是真正的科学学说，但其对心理学和变态心理学却有着不可否认的贡献，这是因为颅相学的观点把脑定位为心灵的器官，并尝试对脑进行机能定位，这对推动心理科学的研究和发展是非常有意义的。正因为如此，人们的心理与神经系统之间的联系才得到了极大的关注。

在颅相学提出的前后，研究者对神经系统的研究与认识正在日益深化，而这一学说的提出促进了人们对神经系统的研究。19 世纪的研究者们相继发现了大脑的言语中枢、运动中枢和感觉中枢等（波林，1981）。这些科学的进展使医学的治疗开辟了一个新的领域，即神经病学。一些以前被认为是魔鬼附体的人，开始被当做真正的病人来对待了。那时一些行为怪异的人被称为“神经病”，是认为这些人的神经系统可能存在问题（彼德森，2002）。

4. 对麻痹性痴呆的研究

19 世纪 A. Bayle（1799—1858）和 J. Calmiel（1798—1895）的研究发现精神病人的大脑常常存在着损伤。这些发现使人们把麻痹性痴呆（general paresis）与性传染病——梅毒联系了起来。梅毒几乎都是通过性交活动传染的，感染后几周至几个月外阴部出现下疳，不久愈合，数周后出现烦躁等症状。这一阶段过去后，在 18 世纪时，人们会以为疾病已经痊愈，但实际上梅毒病菌仍可在人体内长期存在，十数年之后少数病人的中枢神经系统受其损害，便可能出现麻痹性痴呆的心理异常的表现。由于缺少抗菌素的治疗，当时有成千上万的人罹患了这种疾病。1800 年代后期，有几位临床医生经多年追踪，发现性病与精神病有一定关系（陈仲庚，1985）。但在调查时，有些病人承认曾患梅毒，有些却否认这一点。最后，Richard Krafft-Ebung（1840—1902）于 1897 年进行了一项大胆的实验以证实麻痹性痴呆是否是因未经治疗的梅毒所致。他从梅毒病人的疮口抽取脓液，注射到 9 个否认自己曾得过梅毒的病人身上，观察他们是否会出现梅毒病症，结果是这 9 个病人无一感染。因为当时的医学已经了解到，罹患过梅毒的病人对此种病菌应该存在免疫力，因此这项实验表明 Krafft-Ebung 及同事的看法是正确的，即这些病人曾经感染过梅毒，而麻痹性痴呆这类异常表现是由于梅毒对病人的大脑造成了损害（彼德森，2002；陈仲庚，1985）。虽然 Krafft-Ebung 的研究从现在的角度看存在着伦理问题，但这一研究被视为经典之作，因为其后采用抗菌素对麻痹性痴呆进行的有效治疗，正是基于这项研究的发现。而对于麻痹性痴呆病因的研究及治疗，正是对异常心理现象以医学模式进行解释和治疗的一个范例。

5. 医学模式

医学模式（medical model），在对异常现象进行研究的领域，可称为生物精神病学模式（biological psychiatry）。这种模式认为异常心理现象可以直接归因于生物学因素。

18 世纪末欧洲出现了资产阶级的革命浪潮。在这一背景之下，法国、德国、俄罗斯及美国在 19 世纪的精神病学领域都出现了普遍而深刻的革新运动。特别是在法、德两国，都出现了许多为人称道的精神病学家及重要的研究发现。

在法国，J. E. Esquiorl(1770—1840)首先将统计学方法运用于临床精神病学，并首先使用了"幻觉"一词。他虽然坚持认为精神疾病具有解剖生理学的基础，但并不机械地看待问题。依据大批的临床资料，他分析出心理因素(例如失恋、经济困难)是引发精神疾病的重要因素。Esquiorl 的学生 J. P. Falret(1794—1870)推进了对躁狂抑郁性精神病的认识，第一次阐明这种疾病有情绪高涨和抑郁交替出现的情况。另一位著名的法国精神病学家 B. A. Morel(1809—1873)提出了"遗传-退化学说"，他认为精神疾病是一种退化现象，而退化是由遗传决定的。在此基础上，他于 1860 年提出了"早发性痴呆"的概念，认为其是由遗传决定、发病于青年期、以痴呆为结局的疾病，这即是其后研究者所定义的青春型精神分裂症的早期概念。曾与 Morel 共同工作过的 Renaudin(1808—1865)把人格的概念引入到精神病学之中，认为心理活动的三个基本形式是知、情、意，三者形成一个整体，密切配合，而精神疾病就是这种特异活动被破坏造成的(许又新、刘协和，1981b)。

18～19 世纪的德国出现了许多唯心主义的哲学家，例如康德、黑格尔等。在这种哲学的影响下，德国出现了一些唯心主义的哲学-精神病学家。W. Griesinger(1817—1868)带头反对唯心主义在精神病学领域中的影响，主张把精神疾病和躯体疾病同样看待，认为精神疾病就是脑的疾病，他的工作推动了对精神疾病的生物因素的研究。K. L. Kahlbaum(1828—1899)的贡献则在于提出了紧张症的概念，这即是紧张型精神分裂症的早期概念。他还提出了环性气质的概念，并对精神疾病进行了分类的努力。他的学生兼同事 E. Hecker(1843—1905)也在 Morel 对"早发性痴呆"研究的基础上提出了青春期痴呆的概念，并撰写了专著(许又新、刘协和，1981b)。

在 19 世纪末至 20 世纪初，另一位伟大的德国精神病学家是克雷丕林(Enil Kraepelin，1855—1926)，他是任何精神病学发展史中都不会遗漏的人物。他师从当时著名的精神病学家，并曾在实验心理学的奠基人冯特(Wundt)的实验室中工作过。当时精神病学的分类十分紊乱，资料缺乏系统性。克雷丕林在前人工作的基础和临床实验的基础上以自然科学的方法研究了精神疾病。他分析了成千的病例，包括病人的现病史、个人史、家族史，并对病人进行长期的住院观察和出院后的随访，在此基础上建立起了精神病学的系统并从 1883 年开始出版精神病学的教科书。此后，他的精神病学教科书屡屡再版，不断地改进和增加新的内容(许又新、刘协和，1981b)。

克雷丕林的贡献之一是明确地区分了两种精神病：躁狂忧郁性精神病和早发性痴呆(许又新、刘协和，1981b)，这与现代的躁狂抑郁症和精神分裂症的分类基本上是一致的。贡献之二是他第一次明确地提出了关于精神疾病的科学分类方法，在对大量临床资料的分析中发现："精神症状如此有规律地结合在一起，以至可以清楚地确定为一种特定的精神病”(见张伯源、陈仲庚,1986)。因此他提出真正的自然基本单位是具有同一病因、同一心理结构(基本症状)、同一病程、同一转归、同一病理解剖所见的分类原则。克雷丕林还把他在冯特实验室所学到的实验心理学方法运用到对精神病学的研究之中,这也是他的一种首创。他的富有成效的工作大大促进了精神病学临床工作的发展,也极大地充实了变态心理学的科学内容。他也因此被认为是变态心理学医学模式的创始人(张伯源、陈仲庚,1986)。

医学的模式试图从遗传、生理解剖和生化物质的角度去认识、解释、治疗心理障碍的,而单纯以生物学的视角进行的研究一直以来均受到批评。医学模式发展到现代,我们已经可以看到在精神病学领域中出现了结合心理学角度对异常现象进行诠释的努力。例如 Bleuler 和 Meyer 的工作。

Eugen Bleuler(1857—1939)进一步扩展了克雷丕林关于早发性痴呆的概念并第一次提出了精神分裂症一词。他将精神分裂症区分为以遗传和体质因素所致的原发性和以心理因素所致的继发性两类。他还是国际精神分析运动的领导人,并以精神分析的观点解释了精神分裂症的一些症状(许又新、刘协和,1981b)。

Adolf Meyer(1866—1950)是心理生物学(psychobiology)的创始人。心理生物学认为个体对环境的反应是一种整体性的适应反应,而精神疾病即是某个心理生物体对困难而复杂的环境适应的失败。Meyer 提出精神病学与一般医学的研究对象是不同的,医学研究的是个体的生物学反应,而精神病学研究的是心理生物学的反应,二者的性质根本不同。他对异常现象重新进行了分类,在治疗方面也提出了与其他学派不同的观点,例如应在全面搜集病史的基础上,找出与病人个性发展和整体反应相关的因素,与其一起分析使其了解既往生活经历如何造成了其适应不良的,然后采取心理治疗的方式使其学会适应现实的态度和方法(许又新、刘协和,1981b)。

(三) 心因性解释

Bleuler 和 Meyer 虽然结合了心理学的内容对异常心理现象进行研究甚至治疗,但他们还是身处医学的阵营之中。对于心理障碍的心因性解释,从古希腊时期就已经有零星的事例。在弗洛伊德创始心理分析之后,则成为一个真正的研究领域。

1. 早期的观点与事例

在公元前 300 多年以前,古希腊文化中就曾将梦境视为真实的事件,或神明的预示(彼德森,2002),这与心理分析学派对梦的理解有相似之处。

在由苏格拉底(Sokrates)的学生柏拉图记录下来的苏格拉底的对话录中可以发现,苏格拉底一般是先请对方提出关于一个事物的定义,然后层层追问,使对方自己陷入矛盾,这样讨论下去得到一个定义或结论(唐钺,1982)。这种讨论方法,在那个年代被看做是一种教学方法,一种归纳论证方法,但它却是一种可以帮助人改变观念的方法。现今的认知治疗中最重要的治疗技术之一“盘根追问法”(disputing)就是向苏格拉底的上述方法学习而来的。

亚里士多德(Aristotle)的"修辞"论述中有大段对如何运用一个字去说服或改变另一个人的心意的讨论。他所论述的这种方法也是当今的心理治疗中的一个方法。他还应用了"宣泄"一词,这也是后来为弗洛伊德所采用的方法(彼德森,2002)。

即使是在对心理异常者进行大肆迫害的中世纪,一位瑞士出生的医生 Paracelsus (1490—1541)也曾坚决反对把异常者看做是魔鬼附体。他认为心理异常的人只不过是需要治疗的病人,而且他相信通过交谈、说服和引导,这些人是有可能治愈的(陈仲庚,1985)。Paracelsus 的观点非常类似于现代心理治疗的思路。

2. 催眠术

在古希腊的文字中就已经有关于为了医疗的目的而使用催眠(hypnotism)和暗示的记载。到了中世纪,一些术士号称他们可以运用一种神秘的力量治病。他们借助于巫术和宗教仪式使病人进入恍惚状态并进行暗示,治好了一些病人。Franz A. Mesmer (麦斯默,1734—1815)早年在维也纳行医,从术士那里学会了这种技巧,在原先广为流传的"动物磁气"的解说中创立了动物磁感应理论,并将操作方法称为麦斯默术(Mesmerism)。他认为宇宙间充满动物磁性,当一个人的磁气受损或阻滞时就会生病。他采用的麦斯默术就是为了导正病人的磁气。他采用磁铁、与对方接触或吸引对方注意的方式使病人进入恍惚状态,然后让对方放松使之得到治疗。采用这种方法,他治疗好了一些病人。在名声大了以后,Mesmer 到巴黎行医,因而更加引人注目,后来法兰西科学院派人去调查他的情况,最后宣布所谓的动物磁性完全没有根据,将 Mesmer 驱逐出巴黎(彼德森,2002;许又新、刘协和,1981b;张伯源、陈仲庚,1986)。Mesmer 的治疗观点与医学的观点是相似的;但其治疗方法却是现代催眠术的前身,而且他所治愈的病人多数是患有失明、失聪和瘫痪的女病人,即我们现在称之为癔症(或转换性及分离性障碍)的病人,因此其治疗与心理治疗一脉相承。

19 世纪 70 年代以后,法国的 Bernheim(1837—1919)和 Charcot(夏可,1825—1893)都开始对催眠术进行研究并将其用于治疗。Charcot 认为催眠状态本身即是病态的表现,把催眠状态与癔症相提并论。而 Bernheim 认为催眠状态是由暗示引起的,也可见于正常人,不能把这种状态归于癔症。他还提出癔症是神经症之一,并对神经症提出了心因性致病的学说。在对待催眠的问题上,Bernheim 和 Charcot 所选择的研究对象不同,对催眠的本质得出了完全不同的结论,并形成了南锡派(Nancy school)和巴黎派两个学派,展开了激烈的争论,从而引发了人们对催眠和暗示问题的普遍关注(许又新、刘协和,1981b;张伯源、陈仲庚,1986)。

3. 心理分析

弗洛伊德(Sigmund Freud,1856—1939),奥地利人,在维也纳学医,毕业后进入医疗机构工作。他原打算一生致力于学术研究,后因恋爱准备结婚,转而从事收入较高的医生工作。行医过程中,他发现许多病人患有癔症,因此在 1885 年得到机会去巴黎时,曾向 Charcot 等人学习过催眠术。弗洛伊德回到维也纳后与一位同事 Joseph Breuer

(1842—1925)一起工作。Breuer 也曾采用催眠的方法对病人进行治疗。他的一位最著名的癔症病人即是安娜。Breuer 采用催眠及宣泄的方法治愈了安娜的许多癔症症状,例如当她说出她幼时的管家竟然让一只狗喝她杯子里的水的偶然事件后,她无法吞咽食物的症状就消失了。由于 Breuer 对这个案例投入了过多的时间,常常与患者一天见两次面,他的妻子对此感到很痛苦,要求他结束对安娜的治疗。对此,安娜的反应是出现癔症性的怀孕,并声称孩子的父亲是 Breuer。Breuer 因而停止了对安娜的治疗。安娜后来在一家医院进行了纯粹的药物治疗,康复后成为一名成功的社会工作者(彼德森,2002;陈祉妍,2003;Nevid,Rathus,& Greene,2000)。

Breuer 曾与弗洛伊德讨论这个案例,这对弗洛伊德产生了很大影响。他们两人还一起发表了相关的专业文章。但弗洛伊德渐渐发现催眠不是令人满意的治疗方法,他开始尝试自由联想的方法,即要求患者在治疗时说出自己想到的任何事情。后来,他把这套方法称为"心理分析"(陈祉妍,2003)。弗洛伊德认为,人所出现的心理异常的表现均来源于无意识中的内心冲突,这些冲突则与性欲有关,许多与早期的性经历有关。由于社会道德的要求,人们无法直接表达这种冲突,因此内心冲突需要采用心理防御机制进行修饰后以症状的形式表现出来。而心理分析的治疗方法就是要透过症状的表现看到其本质,具体技术包括自由联想法、梦的解析,对移情和阻抗的分析等。

弗洛伊德所创立的心理分析学说第一次真正对心理障碍病人的内心进行了系统的探索。虽然他的学说常常被批评为缺乏科学依据,但多年来他的学说及许多概念已渗入到我们的日常生活之中,例如无意识、自我、本我和超我以及防御机制等,而且他的学说还激发了许多后来者的思考,并创立出了新心理分析学说和许多不同的心理治疗学说。

4. 行为治疗与认知治疗

行为治疗的历史渊源,可以追溯到俄国的生理学家巴甫洛夫(Ivan Pavlov,1849—1936)对经典条件反射及其相关规律的发现。另外,1913 年,美国心理学家华生(John Broadus Watson,1878—1958)发表了一篇题为《行为主义者眼中的心理学》(Psychology as the Behaviorist Views It)的文章,声称行为都是受环境事件控制,对行为可以进行预测和控制,行为主义将使心理学成为"一门纯粹的自然科学"(郑宁,2003)。在华生的研究中,他和 Rayner 曾使一个小男孩——小阿尔伯特(little Albert)建立了对小白鼠产生恐惧的经典的条件反应(彼德森,2002)。这一研究在现在看来存在伦理方面的问题,但其证实了异常的心理反应是有可能通过学习的经验而建立的。除了华生以外,桑代克(Edward Lee Thorndike,1874—1949)通过对鸡、猫、狗、鱼等动物进行学习的行为实验观察到,动物的学习是通过尝试错误而偶然获得成功的。他根据动物学习实验,提出两条学习定律,即练习律和效果律。另一位美国心理学家斯金纳(Burrhus Frederick Skinner,1904—1990)提出了操作性条件反射原理,并指出强化可促进学习。20 世纪 50 年代,斯金纳等开始将行为治疗中的操作条件学习原理应用到对医院病人的治疗上,并首次提出了"行为治疗"的术语。50 年代末,南非心理学家(后移居美国)沃尔普

(Joseph Wolpe,1915—1997)创立了“系统脱敏”等行为治疗技术与方法,并应用于临床,用以治疗恐怖症(张雨新,1989)。至20世纪70年代以后,行为治疗的技术日益丰富,同时其理论与方法也开始逐步深入到临床和教育等领域之中。

行为治疗以其简洁有效而著称,其不同的理论解释及技术方法均来自实验,因此比心理分析更显科学严谨。但行为主义只强调外显行为,不重视个体的内心活动招致了许多的批评。一些后来的研究者在这方面进行了改进。

在行为治疗广泛应用时,班杜拉(Albert Bandura,1925—)提出了社会学习理论。他指出个体可以仅仅通过模仿他人的行为而习得新的行为。在他的理论中已经开始注意个体在学习过程中态度的影响。

在20世纪60～70年代,Aaron Beck(贝克,1921—)根据对抑郁症病人的治疗创立了认知疗法。Albert Ellis(埃利斯,1913—)也在同一时期发展了理性情绪疗法。各种认知治疗的理论和方法均认为人的思维对其情感和行为具有决定作用,人的情绪困扰、行为问题或心理障碍均与人的认知和认知过程有关,强调以改变人的认知为主的方式来消除或减轻心理问题或障碍。认知治疗因其短程、有效而迅速在心理治疗领域产生了重要影响。

5. 其他心理治疗

产生于20世纪40年代的人本主义取向的治疗包括来访者中心疗法(后改称以人为中心疗法)等。这类治疗强调理解人的内心世界,强调个体当前的经验和体验,重视治疗关系的建立对个体内在成长的重要性。而异常心理现象被看做为由不利的环境或错误的学习等因素影响了人的自然成长的倾向,使之无法发挥所具有的潜能。

20世纪50～60年代对于精神分裂症病人家庭的研究,推动了对出现各类心理异常的成员家庭的理解和不同治疗理论的发展。各种家庭治疗虽各自有自己的理论观点与技术方法,但均将整个家庭作为一个系统来看待,认为心理异常情况的出现实际的根源是家庭里的人际关系问题,即是家庭这个系统的问题的表现(徐静,1997)。其工作重点在于以系统论的观点理解家庭内发生的各种现象,认为调整个体的家庭或其他使之受到影响的系统,才有助于个体改变的产生。因此这类治疗与上述的治疗不同的地方是治疗并非是个体性的,而是涉及整个家庭。

时至今日,对异常心理现象的心因性解释越来越深入人心,各类解释的理论观点也越加系统和完善。这类解释与躯体的或生物学的解释相辅相成,使人类对于异常现象的理解更加深入。

6. 对于异常心理的医治与管理

本书前面已经提到了对于异常心理现象的许多治疗方法,例如石器时代的头盖骨钻洞术,巫师通过一定的仪式或念咒语驱赶神鬼;中世纪对女巫的拷打和火烧;18～19世纪的放血、在冷水中浸泡等冒险式治疗,草药、抗生素及其他药物治疗;18～19世纪以后的催眠、心理分析、行为治疗等。应该说中世纪对于有心理障碍的人是最黑暗的时期，但即使是在这一时期，也有许多医生和学者怀疑所谓的女巫、魔法的说法，认为心理异常者需要的是帮助，而非惩罚。

最早为精神病人建立医院始于公元8世纪的阿拉伯，那时阿拉伯人建立了横跨亚欧非三洲的大帝国，出现了灿烂的阿拉伯文化，对异常心理现象的研究也有了较大发展（许又新、刘协和，1981b）。

从12世纪开始，在欧洲开始出现收容精神病人的机构。收容机构于1100年在法国的Metz开始兴起，以后欧洲和美洲的许多城市都开始出现这样的机构。由于受到中世纪心理异常者与魔鬼相勾结的观念影响，与创立者要给病人阳光、新鲜空气的初衷相违背，许多心理障碍者在收容机构中的待遇与牢狱相似，他们常常被用铁链锁在笼中，有些地方甚至于将他们对外收费展览（陈仲庚，1985），即使是在医院也不例外。例如，1403年伦敦的一所医院——伯利恒圣玛丽医院第一次接收了有心理问题的病人。在其后的300多年里，在这所医院里的患有心理疾病的病人一直处于锁链束缚、拷打的折磨之中，并对公众进行公开的收费展示（格里格、津巴多，2003）。

中世纪的欧洲也并非一片黑暗，除了有仁人志士呼吁要给心理异常者以病人式的待遇以外，比利时的一个小镇Gheel在15世纪时曾有一个时期被认为是神迹显灵的地方，许多心理异常者来这里寻求治疗，并住在当地居民家里。那里的教士和居民对待他们礼遇有加。许多心理障碍者就留在那里，和当地居民一起生活和劳动，友善和责任成为社区的主旨。这里最后形成了一个治疗体系，良好的传统一直保持至今（彼德森，2002）。

Gheel是中世纪闪烁着人性光芒的地方。但对于其他生活在监狱、收容机构、疯人院（madhouses）的心理障碍者而言，仍然在受着折磨。直到18世纪后期，这种情况在欧洲才开始有所改观。法国的一位医生Philippe Pinel（皮内尔，1745—1826）在1801年写道："心理疾病远不是人们所认为的是对有罪的人的惩罚，而是一群有病的人，这是人性的痛苦，他们的悲惨状况值得所有人的关心。我们应该试着以最简单的方式去帮助他们恢复理智"（见格里格、津巴多，2003）。

Pinel是这样想，也是这样做的。1793年他接受任命主持巴黎的一所精神病医院的工作，从到职的第一天起就毅然开始了解除精神病人锁链的工作。被囚禁长达40多年的病人从此获得了解放。当一位病人走出监禁场所来到阳光下时，禁不住从心底发出了欢呼："啊！多美丽啊！"表达了精神病人获得自由后的欢畅心情。Pinel还在医院培训医护人员，教授照顾病人的知识与原则，并制定了精神病医院的许多规定，如每天巡视、与病人谈话、详细记录等制度。此外，他还解除了一所监狱里囚禁的心理障碍者。

Pinel的人道主义的努力在欧洲和美洲也逐渐得到了响应。1796年英格兰的Quaker W. Tuke（杜克，1732—1819）为心理异常者建立了一个不同于以往收容机构的庇护场所。在那里，病人受到尊重，并被教授如何进行自我控制（Nolen-Hoeksema，2001）。另一位医院改革的重要人物是美国的Dorothea Dix（1802—1887）。她在

1841～1881年间不遗余力地为争取心理障碍者得到更加人道的待遇而奔走和努力。当时经由她的努力，有30多所医疗机构在美国、加拿大和苏格兰建立起来（彼德森，2002；Nolen-Hoeksema，2001）。

19世纪末至20世纪初，为了保护病人，而且也是为了治疗工作的开展，精神病院所都建在远离城市的地方。由于生物学的治疗在20世纪以后才逐渐开始施行，这些医院里的工作受到人道主义治疗观点的影响。当时也有人因一些病人症状没有改善而质疑人道主义的治疗方针。

此外，因争取对心理异常者的人道主义待遇的运动在美国发展得过于迅速，许多为精神病人进行医疗的院所人满为患。而且在19世纪末至20世纪初大量移民涌入美国，这类院所充满了不同文化的和低社会经济阶层的人们。这使得医护人员根本无法给予病人很好的照顾。也正是在20世纪初，一位青年人——Clifford Beers（克利福德·比尔斯）由于亲身经历了这类医院的不良待遇而发起了一场心理卫生运动，最终转变了社会对精神疾病的禁闭的态度，并提出了新的康复目标（Nolen-Hoeksema，2001）。

二、变态心理学在中国的历史

“杞人忧天”“杯弓蛇影”等成语生动地记叙了我国古人中的心理异常的现象，至今还被人们不断使用着。其实，早在春秋战国时期，我国的《诗》、《易》、《礼》、《左传》中就已经有关于异常心理现象的记载（许又新、刘协和，1981a）。而对于异常心理现象的认识，也如同国外的情况一样，走过了漫长的道路。

1. 超自然的解释

如同早期的埃及、希伯来和希腊那样，我国也有关于鬼神附体的说法。在民间一旦有人出现异常行为，往往也被认为是鬼神附体。当然，有时附体被认为是神灵，例如在我国有病人自称是王母娘娘下凡，但也有时是鬼魂。巫医和巫术被认为是针对这种鬼神附体的最好的治疗方法，其治疗与国外的情形相似，也是凭借一定的驱魔仪式或驱魔咒语，让鬼神离开人的肉体；还有让病人喝下念过咒语的药水，鞭笞病人的驱魔的办法。时至今日，在我国一些偏远地区，仍然沿袭着这类古老的治疗方式和对异常现象的解释。

2. 中医的解释与医学治疗

成书于公元前3世纪到公元3世纪左右的经典的医学典籍《内经》（分为《素问》和《灵枢》）更是集中了名医对异常现象的记载和论述。例如《素问》中提到了“狂”、“躁”、“谵妄”、“癫疾”等名称，不但描述了症状，还论述了病因，并以阴阳不平衡解释其发病机理。在治疗方面，则提出禁食、服药和针灸治疗等方法（许又新、刘协和，1981a）。

公元7世纪，隋代的巢元方撰写了《诸病源候论》一书，其中论述的异常症状达四五十种，有些类似于现代医学中的精神分裂症、躁狂症和抑郁症等。唐代名医孙思邈在其《千金方》中还记录了一个案例，一位精神失常半年多的和尚服用了他配的药物，在连睡了两昼夜后恢复了正常(许又新、刘协和,1981a)。

金元时代的名医张子和,在其论著《儒门事亲》中也记录了许多心理异常的案例。此外,明代和清代我国出现的名医甚多,他们著述丰富,对异常心理现象的论述也非常多。明代杰出的医药学家李时珍在《本草纲目》中总结了我国16世纪前我国中医药物的知识,记载了治疗癫痫、狂惑、健忘、惊悸、烦躁、不眠等症状的药物达数百种之多,并介绍了一些方剂(许又新、刘协和,1981a)。

3. 中医的心理治疗思想

《吕氏春秋·仲冬记》就曾记录了名医文挚采用激怒齐滑王的方法治愈了齐滑王疾病的事例(许又新、刘协和,1981a)。

《内经》以阴阳五行学说解释人的心理活动,认为阴阳平衡才能保持人的心理健康,例如"阴平阳秘,精神乃治"。此典籍还对于人的心理活动进行了早期的分类,认为神、魄、魂、意、志等分属于不同的内脏系统:"心藏神,肺藏魄,肝藏魂,脾藏意,肾藏志","人有五脏化五气,以生喜、怒、悲、忧、恐,肝在志为怒,心在志为喜,脾在志为思,肺在志为忧,肾在志为恐"(杜学东、董成惠,1983)。此学说在后来得到进一步的发展,形成了中医情志相胜的治疗原理。其中金元时期的张子和将《内经》中以情胜情的观点进一步发挥,提出七情相治的观点。他在《儒门事亲》中还记录了多个精彩的案例——以情志相胜的方式治疗好了异常心理与行为的病人。

按照阴阳五行学,情志相胜的原理以脏象与五行配合,将人体归纳为5个体系:肝木、心火、脾土、肺金、肾水,它们是依次相生的关系,同时以金木土水火的顺序依次相胜(相克,即依次制约的关系)。这5个系统也包括了情志的因素,即悲属肺金、怒属肝木、思属脾土、恐属肾水、喜属心火。情志相胜的原理就是根据五行这种制约关系,以一种情志去矫正相应的另一种情志,以调节由某种情志所引起的疾病而达到治疗的目的(王米渠,1982)。具体而言,即恐胜喜,怒胜思,悲胜怒,喜胜悲,思胜恐。这种以心理的方式而非药物的方式对因心理原因造成的病症的治疗原理,因此被称之为中医中的一种心理治疗的方法。

专栏1-3

中国古代情志相胜的治疗案例

张子和(号戴人)的一个案例可以说明情志相胜的治疗原理:"息城司侯,闻父死于贼,乃大悲,哭罢便觉心痛,日增不已,月余成块,状若复杯,大痛不任,药皆无功,乃求于戴人。戴人到时正好巫者也在其旁,乃学巫者杂以狂言,以谑病者。至是大笑不忍,回面向壁,一两天心下硬结皆散。"(引自杜学东、董成惠,1983)

我国当代两名精神病学的专家许又新、刘协和(1981a)曾指出:从秦汉时期直到18世纪末,与同时代的国外精神病学研究相比较,我国的精神病学一直走在世界的前列。

我们从前面的论述也可以看到这一点。无论是在对异常心理现象的描述、分类或是对其进行心理方面的治疗，中医的先行者们都显示出了其聪明才智和高超技巧。这些都是后来者需要学习、总结、发扬并赶超之处。

专栏 1-4

脑科学的新发现

脑部成像技术是脑科学发展的推动力，此种技术分 3 类：第一类是形态测量分析，这种分析一般采用高分辨率核磁共振成像技术（MRI）对大脑结构进行精确的测量；第二类是神经功能成像，它通过探测与大脑细胞活性有关的信号来建构脑部活动的图像，这类神经功能成像的测量也常采 MRI，或正电子断层扫描技术（PET）；第三类神经成像工作通常以 PET 为手段，利用放射性试剂来确定大脑中特定分子的位置并进行定量分析（Hyman，2003）。研究者们希望这些研究技术和手段最终可以应用于对精神疾病的诊断方面，使诊断有更为准确的依据，并可用于疗效的追踪。

目前，功能性核磁共振成像技术（fMRI）可以发现人在从事某活动时大脑的哪个或哪些区域被激活，例如这一技术可以发现人在说真话和说谎话时同样的大脑区域被激活，但说谎时还有另外的一些脑区被激活。而且有研究者发现在给予被试 12 类简单的概念时，可以用 fMRI 测查出他正在想 12 类概念中的哪一个，而且准确率非常高（Ross，2003）。

脑科学的另一类新的发现是：大脑是具有可塑性的。研究者发现与传统观念的认识相反，成人的大脑机构并非是固定不变的。大脑皮质上某个区域介入另一区域的功能并取而代之，比人们过去认为的要容易。通过心理刺激和肢体训练，可以出人意料地训练大脑，这使"不用则废"的格言得到印证。例如扮演超人的美国演员在骑马受伤瘫痪后的 8 年中不断运动，几年后已经可以移动手指和脚趾，并能够用双腿推东西，这表明经过了那么长的时间，脊髓与大脑重新产生了联系。这被认为是史无前例的事情。研究者们希望能够利用大脑的可塑性帮助人们重新训练大脑，治疗阅读障碍、中风等疾病，并克服记忆问题和各种精神疾病（Hollowey，2003）。

而对于心理障碍最为有益的发现来自于神经生化的研究。研究者发现了人在面对应激或压力时参与活动的脑区和神经内分泌活动之间的关系。例如在应激情况下产生情绪反应与杏仁核的关系；严重的应激事件会对海马造成损害，并阻止个体对该事件有意识的外显记忆的形成。这一类研究成果为焦虑障碍、抑郁症、创伤后应激障碍的成因提供了更为清晰明了的解释，为人类治疗这些障碍提供了新的思路（Sapolsky，2003）。

第四节 变态心理学的研究方法

我们在报纸杂志和广播电视上经常看到或听到对有关异常心理现象原因或影响因素的解释。例如，抑郁与基因有关，网络成瘾行为与个体社交能力有关等。媒体对某一事件的报道，其起因有时仅仅是记者的推测，或者只报告某些科学家研究结果的个别结论，甚至个别报道有时是以断章取义的方式——对某些可能会引起读者兴趣的研究内容进行报道而忽略了其他相关的重要事实。

科学研究与媒体工作的重点和方式不同。一项研究的结论常常并非清楚且确凿无误的，其结果常常会引起争论，需要进一步的研究重复进行验证。此外，对于异常心理现象的研究结论也需要慎重做出，因为心理学、物理学、社会学和生物学的因素都可能会对某一异常心理现象产生影响。

专栏 1-5

华裔女作家张纯如之死

2004 年 11 月 9 日 36 岁的美籍华裔女作家张纯如在美国加利福尼亚州自杀身亡。她的自杀在美国的华侨界和中国引起极大震撼，因为她在 1997 年出版了揭露侵华日军当年在中国南京犯下的罪行的重要著作《南京大屠杀》一书，也因为她在美国属于华裔中少见的为主流社会承认的公众人物。有报道认为她的死是因为她患有抑郁症，也有人认为她是在清醒状态下选择了用自杀的方式结束生命。

张纯如自杀时到底处于何种状态，上述推测是否有依据，尚未见报告。

Nolen-Hoeksema(2001)指出，对异常心理现象的研究是极端困难的，对研究者而言面临四大挑战：

(1) 首先是对于异常心理现象无法准确进行测量，任何个体内部状态和体验仅能够依据个体的自我报告，无法进行客观的测量。而个体的自我报告又会受到有意和无意因素的影响而失真。即使异常现象允许进行客观的他人评估，这一评估仍有可能受到个体性别、文化等因素的影响。

(2) 第二个挑战是人们是在变化着，而且这种变化常常是很快的。例如，今天还处于抑郁之中的人，可能明天就不再抑郁了；这一周没有听到无中生有的声音的人，可能下一周就听到了。这对心理学研究而言是很有意思的现象，但这使得研究过程变得更为复杂。

(3) 第三大挑战是大多数的异常心理现象都是由于多种因素引起的。研究时除非研究者在其研究设计中可以涵盖心理、生物、社会等所有可能的因素，否则就无法对某一现象的发生进行完全的解释。而任何研究者都会很清楚地意识到这一点，没有哪一个研究能够做到囊括所有相关因素。

(4) 第四大挑战是当我们对感兴趣的异常心理现象进行研究时，常常无法对某种变量进行控制和操纵，因为这涉及对个体的心理影响，由于伦理的原因无法真正进行研究。

尽管面临诸多挑战，在过去的几十年中，变态心理学领域的研究依然成果卓著。其研究的方法也和心理学其他领域一样变得更为专精。

一、实验法

采用实验法进行的实验是在良好控制的条件下进行的研究。研究包括实验组、对照组，并通过控制其他无关变量，使得自变量的变化可以引起因变量的改变。

专栏 1-6

一个使用实验法研究精神分裂症的例子

徐凯文(2003)在研究文献的基础上提出注意障碍是精神分裂症病人的核心症状。而以往对精神分裂症的研究因对被试的选择不够严谨使得结果不尽一致。因此，他采用了严格筛选的精神分裂症病人进行了返回抑制的研究。

返回抑制(inhibition of return, IOR)是指对原先注意过的物体或位置所作的反应表现出的滞后现象。IOR 的生物学意义在于使生物体有效回避已经注意过的位置，更好地搜索最近的位置，即它可能反映了一个重要的进化机制：阻止注意返回到一个刚刚加工过的空间位置上，因此具有适应意义。

这一研究的假设为：① 与正常被试不同(正常被试在 200～300 毫秒出现 IOR 现象)精神分裂症被试 IOR 消失或延迟；② 不同类型的精神分裂症患者的 IOR 不同。以阴性症状为主的病人 IOR 正常，而以阳性症状(主要为妄想症状)为主的偏执型病人 IOR 异常。

结果 1：正常被试与病人被试比较

根据正常被试的实验结果，即正常被试左侧拐点是 322 毫秒，右侧是 400 毫秒。将划分易化和抑制效应的临界点定义为左侧 300 毫秒，右侧 400 毫秒。即如果被试没有出现 IOR，即是出现了 IOR 的异常。以此标准来对每一个被试进行分析，之后得到表 1-1。按表中的数据进行 χ^2 检验，两组被试差异显著($\chi^2=14.09$, $P<0.005$)。以此计算，IOR 测试精神分裂症患者的击中率为 82%，虚报率为 26%。根据这一研究的理论假设，单纯型精神分裂症患者，其 IOR 应是基本正常的。而在上表中，9 位 IOR 正常的精神分裂症病人中有 6 位是单纯型精神分裂症患者，因此校正以后的返回抑制异常对精神分裂症患者的击中率为 96%。

表 1-1 正常被试与精神分裂症病人结果对照

	IOR 正常(人)	IOR 异常(人)
正常被试	11	4
精神分裂症病人	9	41

结果 2:不同精神分裂症病人比较

为了考察妄想与 IOR 的关系,将被试区分为有妄想和无妄想两类,分析其 IOR 的特点,得到表 1-2。按表中的数据进行 χ^2 检验,两组被试差异显著($\chi^2=21.86$, $P<0.005$)。对妄想的击中率为 95%,虚报率为 22%。两位出现 IOR 异常的无妄想的病人,其中一位有明显的听幻觉,另一位没有查及幻觉或妄想症状,因此修正后的虚报率是 11.1%。

表 1-2 有、无妄想的精神分裂症病人的 IOR 效应对照

	IOR 正常(人)	IOR 异常(人)
有妄想	2	39
无妄想	7	2

根据实验结果,无论是 IOR 的延迟或消失,还是反应时间的减慢以及与正常被试之间错误率的差异,都反映了精神分裂症病人存在有注意抑制障碍,同时他们整体的认知功能也是受到了损害的。因此研究得到如下结论:① 精神分裂症病人存在有明显的 IOR 延迟或消失的现象。② IOR 延迟或消失的现象与妄想显著相关。

1. 实验研究的要素

专栏 1-6 中的研究具有量化研究的所有元素:明确问题,提出假设,验证假设,分析结果,得出结论。研究也包括实验法的所有要素:实验组、对照组(精神分裂症病人与正常人;有妄想的病人与无妄想的病人);控制其他无关变量(以计算机编制的程序呈现刺激,使刺激呈现的方式、时间等条件得到很好控制;以精神科医生对病人的严格诊断及相关量表的评估对病人进行严格的分组;在统计过程中注意控制病人服药的影响);通过操纵自变量(是否是病人,是否是妄想病人)的变化引起因变量(IOR 出现的时间)的改变。

2. 实验研究的注意事项

除了上述要素之外,在实验研究中还应注意对被试进行随机分配,例如随机将高社交焦虑被试分入认知治疗或运动处方研究小组之中。如果由被试自己选择进入某小组,可能会出现某些偏差,如爱好运动者进入了运动处方小组或根本对运动处方小组不感兴趣。

在实验研究中还应注意采用双盲处理方式进行，即直接参与研究的人员和测评人员对被试的特定情况不清楚(例如，是否是有妄想的精神分裂症病人)，对被试所参与的特定处理情况也不了解(例如，被试参加的是给予某种新药物的小组或是安慰剂组)。因为当研究者想测试一种新的方法对精神分裂症病人是否有效时，可能其本身对新方法的热切期望和热心的投入，就会使不同的研究小组出现不同情况。

如果被试对某种方法寄予期望时，研究结果也可能受到影响。因此许多研究者在对实验组进行某种处理时，对控制组同时采用安慰剂方式进行处理，两组均给予同样的指导语。

3. 实验研究的不同分类

有人曾将实验研究分为实验室研究和临床研究。专栏 1-6 的研究既是实验室研究，也属于临床研究。实际上二者常常相辅相成，它们结合得越紧密，对学科的发展就越有利(陈仲庚，1992)。

有研究者也将研究分为对病人特点的研究和对治疗效果的研究。上述的对精神病人 IOR 的研究即是对病人注意功能特点的研究。对治疗效果的研究比较复杂，因为有些对各种条件进行严格控制的研究可归类于实验性的研究，而另一些则对于研究条件缺乏控制的研究则不属于实验研究。

也有研究者将实验研究分为实验室研究和现场研究。专栏 1-6 中的研究即属于实验室研究，而现场研究则可能在条件的控制方面逊色于实验室研究。例如对住院精神分裂症偏执型病人进行的研究，当其在病房里向他人大谈自己妄想的内容时，所有护士都不理睬他，但当他谈及不属于妄想的内容时(例如当天的活动，足球赛事等)，则护士就和他一起聊天。此时记录病人每天谈及妄想内容次数的改变。另外一些现场研究，如在一群大学生绝食示威的过程中，对他们在特殊情况下的异常心理感觉，如对时间变化的感觉、思维活动的黏滞性等进行的测查。现场研究可以得到某些实验室研究所无法得到的、鲜活的第一手资料，但需要研究者对特定问题的敏感性和尽可能完善的实验设计。

有些研究者也把实验研究分成多人次研究和个体研究。我们前面的精神分裂症病人 IOR 的研究即是多人次研究，即实验组包含多名被试，通过对他们的返回抑制现象的数据统计，将所得到的结果用于类推到其他精神分裂症病人的情况。而个体研究的情况则不同，通常采用单被试实验设计。

专栏 1-7

心理治疗的研究方法

治疗效果的研究，如果研究方法控制得很严格，也可以看做是实验研究。但研究者常常受到各种因素的限制而无法使其研究达到所希望的情境。但也有时，的确是属于研究者没有很好地对研究条件进行控制。

美国《治疗工作指南》(*A Guide to Treatments that Work*)中提出了研究治疗效果的六种不同研究方法。

Ⅰ型研究:研究涉及的是随机、前瞻性临床试验(randomized, prospective clinical trial, RCT)研究,具有如下特点:对比组之间被试随机分配入组、双盲评定、有清楚的剔除和进入标准、采用严格的诊断方法、被试的组成适合进行统计分析、对统计方法进行了清晰的描述等。

Ⅱ型研究:此类研究是涉及干预的临床试验,但缺乏某些Ⅰ型研究所具有的特点。

Ⅲ型研究:除方法学方面之外,没有严格的控制,为开放式的研究,其目的是获得探索性的资料。这类研究具有某种观察的主观倾向,所得到的结果只适用于说明某种方法是否值得进行进一步严格的实验研究。

Ⅳ型研究:是指对第二手资料进行评论性研究,如果所涉及的数据分析技术是完善的话,则其研究是可用的。

Ⅴ型研究:指没有第二手资料的评论性研究。

Ⅵ型研究:由各种各样的非主流研究报告组成,包括案例研究、论述文、议论文等(Pawlik & Rosenzweig, 2002)。

4. 其他研究

在众多实验方法中,变态心理学研究还涉及动物实验制造的心理异常模型。一些特定的人类心理异常现象并不方便进行研究。进行动物实验,制备异常的动物模型,对于人类异常现象的产生、发展及治疗的认识都十分有益。例如巴甫洛夫发现他的实验室中被洪水淹过的狗出现了反常的行为表现,以前形成的一些条件反射都消失了。他们猜想是洪水引起了狗的变化。为验证这一设想,他们把自来水引入狗舍,狗立即陷入非常不安的状态,呼吸急促、狂叫、战栗,巴甫洛夫将其称为实验性神经症(许淑莲,1989),但他并未进行进一步的治疗。南非的心理学家对关在笼子里的猫施以电击,使得猫对笼子产生恐怖反应。然后,采用在猫饥饿时让其在笼子边进食,并一步步接近直至最后进入笼子里进食的方式,消除了猫对笼子的恐怖反应,并因此发明了治疗焦虑障碍的系统脱敏法。在这里,动物实验为人类了解和战胜异常心理提供了宝贵的经验,作出了杰出的贡献。

二、单被试实验设计

在严格意义上看,缺乏实验组和对照组的研究,其所得结果往往不能被重复,因此其结论也无法被推广。但在变态心理学领域,有某种特殊障碍或症状者很少,无法进行组间实验研究。此时单被试实验设计则可达到既有实验设计的严谨性,又不受人数的影响,把临床治疗与测评结合起来进行研究的目的。这种研究可为特殊障碍或案例提供资料,也可为大规模的实验研究提供基础(许淑莲,1989)。

单被试实验设计的最常见的方法是ABAB设计。这种设计通常在开始的几天对被试进行观察,称为基线阶段(A),所得到的被试的某种行为结果称为基线数据;第二阶段对被试实施特定治疗(B),此时被试的行为如果发生改变,即被认为是治疗干预的结果;第三阶段撤销治疗(A),观察被试的行为改变,是否又回复到第一阶段的水平;第四阶段恢复治疗干预(B),如果在第三阶段被试的行为回复到基线水平,而第四阶段又发生改变时,则认为这一行为变化确实是由于治疗干预而引起的。

Davison和Neale(1998)援引Tate和Baroff在1966年的一个案例表明,这样的实验设计确实可证明干预的效果。案例报告了一个9岁男孩,他有许多自伤行为(例如,以头撞墙、打自己的脸等),但也会对其他人表示友好(例如,他愿意和别人接触,用手搂着别人,坐在别人的膝盖上等)。研究者设计了一个20天的干预程序,每5天为一阶段。最初的5天时间用于基线的测量,之后的5天时间由两名研究人员陪伴着这名男孩,他们一人牵着男孩的一只手在校园中散步。每当男孩出现自伤行为时,他们立即松开与男孩牵着的手,直到男孩的自伤行为停止3秒钟之后再开始牵着他的手散步,在这期间仍对男孩的自伤行为基线进行记录。第三个5天阶段,研究人员不再和男孩散步,只记录其自伤行为。第四个5天则又由研究人员与男孩一起散步,并记录其自伤行为的频率。其结果是在两个A阶段,记录到男孩自伤行为频率很高;而在两个B阶段,自伤行为有非常明显的下降。

单被试实验设计除了ABAB设计之外,还有多种基线设计、变化标准设计和同时治疗设计(许淑莲,1989)。ABAB设计中包括了撤销治疗的第三阶段,这在临床上涉及伦理方面的问题,因而许多临床工作者并不愿意采用。其他单被试实验设计也各有优点和不足,感兴趣的读者可进一步阅读相关文献。

三、流行病学方法

以流行病学方法(epidemiological method)进行的研究主要在于了解在不同人群中各种心理障碍发生的概率。其中一种方法是调查法,通常采用会谈或问卷方式进行调查。调查会注重某一人群中各种障碍发生的总的比例,以及在不同社会群体中的比例,例如民族、性别、社会阶层等。各种不同的统计内容涉及:① 发病率(incidence):指一定时间内(例如一年内)某种疾病或障碍在一定的人群中新病例出现的概率。② 患病率(prevalence):指在某一特定时间某种疾病或障碍患病人数(包括新旧病例)占总人数的百分率(梁宝勇,2002)。

在流行病学调查中,取样问题非常突出。理想的情况是对某一感兴趣的人群都进行调查,但实际情况并不允许,因此必须注意取样的代表性。选取有代表性的样本的方法之一是采用随机抽样的方法,即在研究者所感兴趣的社区或人群中每个人都有同等机会被抽取出来进行调查。

此外，在对异常心理现象进行研究时，双生子研究、领养研究（即在孩子出生之后立即放在领养父母家中，脱离开有精神病阳性家族史的双亲；或双生子出生后由不同家庭养育），以及对有阳性家族史的家庭的研究等也是变态心理学研究中常见方法。

专栏 1-8

研究中的伦理问题

美国心理学会（American Psychological Association，APA）（2002）制定的伦理条例内容涉及“心理学工作者应该尊重所有人的尊严和价值”，“心理学工作者应努力造福于他们所工作的对象，并且尽可能小心的不对他们造成伤害。在他们的职业行为中，应设法维护在专业上与他们有联系的人以及那些会影响他人的人的幸福和权利，甚至于包括作为研究对象的动物的安宁”。

在美国，各大学设有专门的伦理学监察委员会，当研究者需要从事某项研究之前，需要向这一委员会提交报告，内容涉及研究的被试、方法等，并需要说明被试应事先得到关于研究的信息（informed consent），在其同意后参加研究（如因研究目的要求事前所告知的是错误信息的话，事后必须向被试说明真实情况），当其要求退出时应准许退出并撤销其研究资料；另外，对被试的资料和记录的保密事项（confidentiality）也是报告中必须说明的内容之一（Nevid，Rathus，& Greene，2000）。这一报告在得到伦理委员会的批准后，研究者方可开始研究。

变态心理学的研究同样需要遵循心理学研究的伦理要求。在研究时如遇到被研究的对象属于没有完全责任能力者时，需要给予适当的解释，得到准许才可以进行研究；在法律有特定要求的情况下，研究者需得到研究对象法定监护人的允许才能够进行研究。

四、案例研究

案例研究（case study）曾经是变态心理学发展中影响最大的研究方法。著名精神病学家克雷丕林就曾以科学的方法研究个案。

弗洛伊德心理分析的理论也是在他对大量案例详细了解的基础上进行建构的。弗洛伊德花了大量时间倾听病人描述自己的生活，他们记忆中的事件，他们的梦境，由此他注意到这些内容的主题与其特殊的心理症状的联系。他依据从治疗案例中的发现，提出了自己对异常心理现象的概念和理论。这一理论和其中许多重要的概念至今对理解心理异常现象仍发挥着巨大的影响力。

案例研究即是对个体进行的深入细致的研究。内容可以包括大量的资料，如个体的家庭、成长的历史、早期的生活环境、重要生活事件，患病的历史及发展情况，个人报告、日记、作品，他人（家庭成员、朋友、邻居等）印象及描述，等等。其中最重要的信息来自个人的报告。

案例研究具有自己的优势：① 内容丰富翔实，其资料所包含的内容是量化研究无法比拟的。② 可以有机会记录下非常独特的个体的经验，对非常少见的案例可以进行详细的记载。例如目前对多重人格的人的了解即来自于案例研究。③ 案例研究有助于个体提供自己对事物的看法，也有助于启发新的理论观点的产生（Nolen-Hoeksema，2001）。

案例研究也有自己的不足：① 由于案例研究往往来自个别的案例，其结果无法推广到更大范围中去的。② 不同的案例研究得到的结果可能是有差异的，其结果无法重复。③ 案例研究更多的是借助于访谈进行的，个案本身对其经历或体验的报告可能是有偏差的。例如，可能会夸大某些事实，而对另一些事件进行渲染，有选择性地报告自己的故事；而另一方面，访谈人员也可能出现偏差，他们可能会倾向于提出与自己的理论观点一致的问题，而引导出个案的不同报告（Nevid，Rathus，& Greene，2000；Nolen-Hoeksema，2001）。

专栏 1-9

质性研究

质性研究是近年来兴起的一种研究方法。质性研究主要是以个案访谈为主要形式，以言语等非数字型的资料为分析对象，对文本进行深层次分析，然后借助于一些计算机软件进行文本数据定量化（编码）的研究过程（孟莉，2005）。

质性研究与采用实验法为代表的量化研究有明显的不同，它们各有优势和不足。量化研究比较适合在宏观层面对事物进行大规模调查和预测；而质性研究比较适合在微观层面对个别事物进行细致、动态的描述和分析。量化研究证实的是有关社会现象的平均情况，因而对抽样总体具有代表性；而质性研究擅长对特殊现象进行探讨，以求发现问题或提出新的看问题的视角。量化研究以研究者事先设定的假设出发，收集数据以对假设进行验证；而质性研究强调以当事人的角度了解他们的看法，注意他们的心理状态和意义建构。量化研究极力排除研究者本人对研究的影响；而质性研究重视研究者对研究过程和结果的影响，要求研究者对自己的行为不断反思（陈向明，2000）。

案例研究实质上属于质性研究。当然，以前在变态心理学中所报告的案例，并没有像现在的质性研究那样采用对文件进行编码分析和计算机分析的过程。此外，以往的案例研究也没有注重对研究者因素的反思。但无论怎样看，它仍具有质性研究的基本要素：① 在自然环境中进行；② 研究者本人即是研究工具；③ 采用多种方法搜集资料；④ 研究者与被研究者的关系是互动的关系等（陈向明，2000）。在新的时代，案例研究仍大有可为，关键的问题是研究者如何汲取现代研究方法的新营养，以使案例研究更上一层楼。

进行变态心理学的研究比之进行正常人的研究，需要花费更多的时间和精力。许多研究受到研究者时间、精力、经费的限制而无法长期持续；另一些研究则由于临床病人难于搜集，或病人不配合而无法完美地达到研究目的。此外，由于异常心理现象是非常复杂的现象，有着复杂的机制和原因，不同的研究只能够从一个片断或一个狭窄的视角对某一现象进行研究。因此，我们必须在对前人所做工作及文献的认真研习的基础上，坚持不断地对异常心理现象进行研究，通过与各国科学家的共同努力而对异常心理现象进行不断的探索。

陈仲庚先生在其重要论著《实验临床心理学》一书中曾借用英国临床心理学家R. D. Savage 的一段话告诫我们：搞临床心理学研究若不查文献和书，就好像航海而不会利用航线；但研究若没有病人参加，研究者若不参与临床工作，就好像航海而根本没有出海一样（陈仲庚，1992）。愿所有从事变态心理学工作的同行能够以陈先生的这段话共勉之。

总　结

变态心理学是将心理科学应用于对心理障碍，包括对其产生的原因及如何治疗进行研究的一个心理学的分支学科。心理障碍是许多不同种类的心理、情绪、行为失常的统称。对于心理异常的判断，包括有以个体的经验为标准、社会常模和社会适应为标准、病因与症状存在与否的标准和统计学标准，其中专业人员使用以病因和症状为判别标准的医学诊断分类描述体系。

对于异常心理了解和认识的过程，与变态心理学发展的历史过程相伴随。在公元前和中世纪的欧洲，人们对于异常的心理现象给予神秘主义的解释。由于对精神病人的错误认识而造成对于他们的非人道的对待方式。18 世纪以后，人们开始考虑脑与神经系统与异常心理现象的联系，并开始给予精神病人以人道的待遇。这一世纪之后，出现了以生物学原因对于异常现象进行解释的医学模型。同期出现的催眠术，启发了弗洛伊德对于癔症等心理障碍的治疗并创立了心理分析学说。而行为治疗以实验的方式证实和发展了对于外显的异常行为矫正的技术方法。

在中国早期，人们对于异常现象也给予了鬼神附体等解释。从《内经》开始，中医典籍中就包含了对于异常心理现象的描述和治疗观点，其后发展出中国传统医学中以“情志相胜”的对于异常心理现象进行治疗的原理。

目前对于异常心理现象的研究涉及实验方法、单被试实验设计法、流行病学方法和案例研究方法等。由于异常心理现象的复杂性，变态心理学的研究方法仍需要在探索过程中谨慎使用，不断完善。

思 考 题

1. 变态心理学研究的内容有哪些？
2. 什么情况可称之为心理异常？
3. 如何看待评价心理异常的不同标准？
4. 在变态心理学发展的历史中，我们可以获得哪些启示？
5. 比较对异常心理现象的研究与对正常心理现象的研究，二者有何相同点和不同之处？

推荐读物

1. 陈仲庚主编(1985). 变态心理学. 北京:人民卫生出版社

2. 许又新,刘协和(1981). 中国精神病学发展史. 见 湖南医学院主编(1981):精神医学基础. 长沙:湖南科学技术出版社,1～9

3. Barlow D H & Durand V M (2001). Abnormal Psychology: An Integrative Approach (2nd ed). Belmont,CA: Wadsworth/Thomson Learning

2

异常行为的理论模型和治疗

本书第1章介绍了什么是异常，并且介绍了“异常”定义的历史变化。本章将介绍当代临床心理学家是如何解释异常行为的，以及对异常行为的不同解释是如何影响了对异常行为的治疗的。对于异常行为的不同理论视角被称为解释异常行为的模型。本章主要介绍七种异常行为的解释模型，即生物医学模型、心理动力学模型、行为主义模型、认知模型、人本主义模型以及来自亚洲的森田治疗理论和认识领悟治疗理论。

第一节　生物医学模型

生物医学模型(biomedical model)对待心理疾病的探索遵从医学对待躯体疾病的模式。首先，把不同的、但是同时出现的症状(symptoms)归类为综合征(syndrome)，然后从不同的生理角度探索综合征的病因。生物医学模型解释综合征的主要角度有以下几种：神经解剖学、生物化学、基因。

一、神经解剖

行为可以被大脑的最为微观水平的化学反应所影响，我们也知道许多行为的异常与大脑的大体结构有关。了解大脑的解剖结构是理解心理病理学的基础。

1. 大脑的4个脑叶

大脑的最外层是一层复杂迂曲的“灰色物质”，称为大脑皮层。大脑表面有许多沟回。其中一个主要的脑沟称为纵裂(矢状缝)，将大脑沿中线分为左右两半球，由神经纤维构成的胼胝体联结两半球。每个大脑半球进一步分为4个叶，即额叶、颞叶、顶叶和枕叶(见图2-1)，这些不同脑叶的功能已成为研究和争论的对象。

目前认为额叶与以下功能有关：语言能力、精细的自主运动以及高级的认知功能，如判断、决策和信息的提炼等。另外，额叶是重要的比较器官——即可以使人们看到自身的行为，并通过观察他人对此行为的感受来评估这种行为是否恰当并进行适当的调整。额叶也有克服心理惰性的作用(即能提醒我们何时开始或停止一项活动)。最后，因为具有感觉加工中心和情感加工中心双通路的连接，额叶成为整合情感和认知的关键部位(Fuster,1989),进而对心理健康也极为重要,抑郁等许多心理障碍存在着上述连接破坏的现象。

颞叶控制听觉和部分视觉加工系统。而且颞叶在记忆中发挥着某些作用,如果颞叶损伤,通常会出现记忆丧失。

顶叶是感觉的内在整合中心,并有调控运动和躯体感觉的功能。顶叶损伤通常导致空间定向障碍和粗大运动行为能力丧失(如行走)。

枕叶控制视觉的分辨和视觉的记忆。

虽然将4个脑叶进行分别的描述,但它们彼此之间处于紧密而又复杂的联系之中,因此每个脑叶的功能都受到其他脑叶功能的影响。

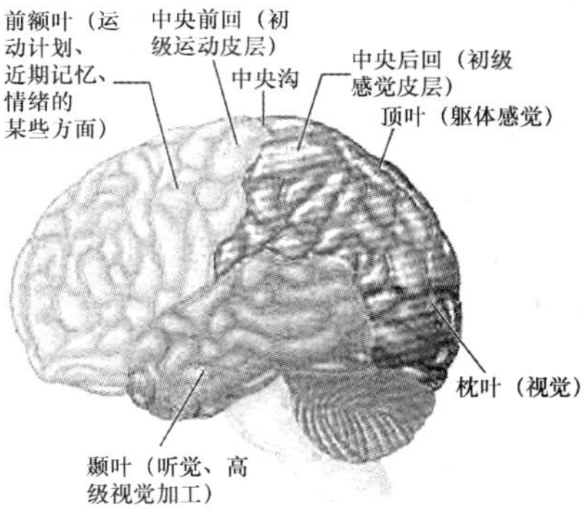

图 2-1 大脑的 4 个脑叶

(引自 Kalat,2003)

2. 大脑主要结构

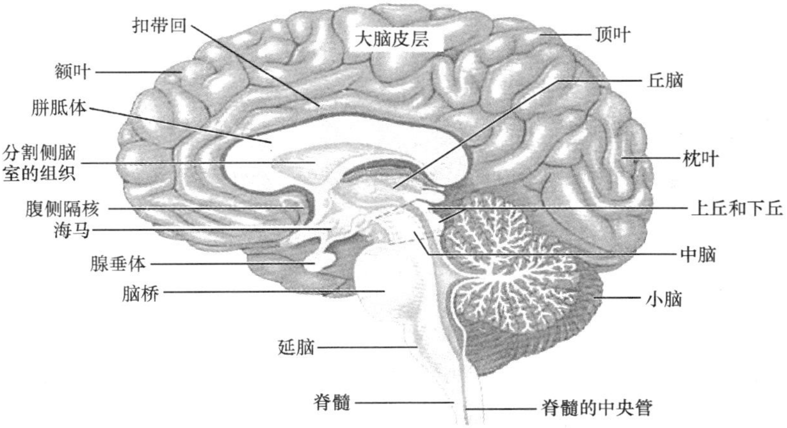

图 2-2 大脑主要结构剖面图

(引自 Kalat,2003)

上面所说的大脑皮层整合着感觉信息、协调运动、促成思维和认知活动,在大脑皮层下面是髓质,有基底神经核以及边缘系统等结构。边缘系统(主要包括海马、杏仁核和下丘脑等)与动机、情绪和记忆过程有关。研究表明下丘脑控制着动物和人的饥、渴和性方面的欲望,调节体温和参与情感唤醒状态。边缘系统与下丘脑,控制着如交配、战斗和快乐体验等这些行为(LeDoux & Hirst,1986)。杏仁核参与情感的反应,包括正性反应(如热恋的反应)和负性反应(如"战斗或逃跑")。海马作为边缘系统的一部分,同时控制记忆与情感,这就可以解释为什么人们会更清楚地记住对其情感冲击强烈的经验，而不是中性的经验。

丘脑位于大脑的中间，它接收来自外周神经系统的输入信息，再将其传到大脑的其他部位，包括额叶和边缘系统。科学家最近发现丘脑和杏仁核之间的直接联系，这可以说明“自动的”情绪反应（如恐怖症），是由外界信息直接将情感唤起，而不是经过大脑皮层进行信息加工后再与杏仁核联系来影响情绪反应（Aggleton，1992）。在大脑的其他结构中，基底神经核参与执行有计划的行为，其中的纹状体调节运动的模式和静止的状态。

二、生物化学

1. 神经元和神经递质

神经系统中的最基本的构成单位是神经元，它是神经系统中的神经细胞。神经元的基本结构是由胞体（cell body）、树突（dendrite）、轴突（axon）组成。树突是从细胞体发出的分支，多而短，就像树枝一样，所以被称为树突。轴突是从细胞体发出的较长的分支，有的轴突外包裹着一层膜，叫作髓鞘（myelin sheath）。从细胞体发出的这两种分支，又被称为神经纤维（neuron fiber）（图 2-3）。

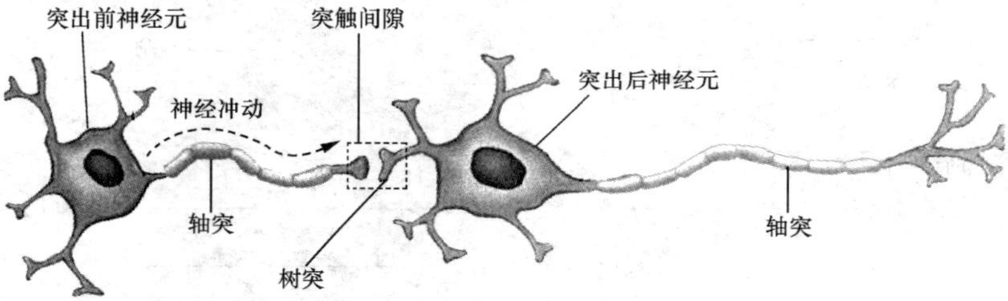

图 2-3 神经元

（引自 Barlow & Durand，2001）

神经系统信息的典型传递方式如下：神经元从相邻的神经元通过树突接受神经冲动，相邻的神经元的数目从一个到上千个不等。神经元也可将冲动通过轴突传到轴突末梢。在末梢处，会有化学物质，即神经递质，从轴突末梢的突触膜中释放出来（见图 2-3）。如果有足够的神经递质透过细胞膜，接受信息的神经元就会被“激活”（fire）——也就是引发和传递冲动。

神经元的激活是一种“全或无”的反应（all-or-nothing response）：如果刺激不够强，神经元就不会被激活；但是如果刺激足够强到引起冲动的话，即使刺激更强或者减弱，对于已经引发的神经冲动也不会有影响。所以，神经元要么不被激活，如果被激活，其强度即是恒定的。并不是所有的神经冲动都是刺激神经元激活的。有些神经冲动可以抑制兴奋的传递，即这种冲动使得下位神经元更不容易被激活。比较典型的情况是，神经元不仅受到兴奋性冲动的刺激也受到抑制性冲动的刺激，然后整合兴奋性和抑制性输入，最终决定激活还是不激活。

因为神经系统接收这些信息是由突触传递来调控的，突触传递又是神经递质的活动决定的，因此神经递质就成为变态心理学中生物化学研究的主要焦点。

神经递质是在轴突末梢形成的，存储在小的囊泡中。当冲动到达轴突末梢时，神经递质被释放出来，充斥于突触间隙中，并和接收神经元的特殊蛋白结构——受体相结合。神经递质的分子与受体的匹配就如同“钥匙与锁”的关系，其反应会引起接收神经元的电位变化，从而使神经元激活或不激活。之后，神经递质分解成氨基酸成分，通过重吸收过程进入轴突末梢再合成，或仍停留在突触处再循环。

2. 几种重要的神经递质

科学家在 20 世纪 20 年代就已知神经递质的存在，而研究神经递质与心理障碍之间的关系要更晚些，开始于 50 年代。现在已知的对心理病理过程起着重要作用的神经递质有以下几种(Butcher, et al, 2004b)：

(1) 乙酰胆碱(acetylcholine, ACh)。它是最早发现的神经递质，参与将神经冲动传到周身的肌肉；在中枢神经系统，它与睡眠和阿尔采默氏病(Alzheimer's disease)有关。

(2) 多巴胺(dopamine, DA)。这种物质参与运动行为和与奖赏有关的活动的调控。某些被滥用的药物，如兴奋剂，即作用于多巴胺系统。过度的 DA 活动被认为与精神分裂症有关。

(3) 内啡肽(endorphin, End)。这类物质可能作用于脑内的阿片受体，可以受到阿片或相关药物的影响，如海洛因，内啡肽是体内的自然药物。

(4) γ-氨基丁酸(γ-aminobutyric acid, GABA)。这种神经递质几乎只在大脑内起作用，阻止神经元激活。镇静剂就是通过增加 GABA 的活动来抑制焦虑的。

(5) 去甲肾上腺素(norepinephrine, NE)。在植物性神经系统中 NE 参与产生“战斗或逃跑”的反应，如心律加快和血压增高；在中枢神经系统，NE 激活对危险的警觉。

(6) 五羟色胺(5-hydroxytrptamine, 5-HT)。这种神经递质有重要的抑制作用。5-HT与 NE 的不平衡可能与严重的抑郁有关。

在治疗由于神经递质失衡引起的疾病时，医生采用药物，以作用于不同阶段的神经递质来纠正这种失衡。神经递质来源于血流中的氨基酸，它们在轴突末梢被转化为神经递质后，释放入突触间隙。如果目的在于提升一种神经递质的活动，药物就可以用来提高神经递质在突触中的水平——例如，减慢其重吸收。如果目的是抑制神经递质的活动，药物可用于占据神经递质的受体位置，阻止其发挥作用。这些手段是非常精细而且是不易掌握的，许多方面还有待进一步的研究。

三、基因

人的行为到底是受到遗传决定还是完全由环境影响的呢？这个问题即所谓的“先天或后天”(nature or nurture)之争，曾经备受哲学家和心理学家的争论。目前，在心理学界，普遍的看法是先天的遗传和后天的教养环境都会影响人的行为，例如，遗传决定了一个人智力的可能发展范围，而环境则影响了这个人智力的实际发展的可能性。从遗传的角度来看不同的临床征候，则认为某些临床征候会受到遗传的影响，例如，对精神分裂症的研究表明，对直系亲属患有精神分裂症的个体，其精神分裂的患病危险是正常群体的 10 倍。而且，同卵双生子共同患有精神分裂症的比率显著高于异卵双生子。领养研究的结果发现家庭内精神分裂症患者的血缘亲属患病的可能性显著提高，但家庭内非血缘亲属患病的可能性没有显著提高。不过，这里要注意的一点是，遗传只具有一定影响，而不具有决定性影响。以精神分裂症为例，如果父母患有精神分裂症，子女患病的可能性虽然提高，但有很多子女终生没有患上精神分裂。所以，遗传只是带来了“易感性”(diathesis)，而不是疾病本身。

从遗传的角度研究心理障碍，研究者主要提出两大问题：① 该障碍是否受到遗传的影响？ ② 如果受到遗传影响，能否确定与该障碍相应的基因？

为了解答这两大问题，研究者采用不同的研究方法。对第一个问题的解答有三种常见的方法，即家庭研究(family method)、双生子研究(twin method)和领养研究(adoption method)；对于第二个问题，行为基因学中的关联分析法则试图确定和特定障碍相关联的基因。

四、对于生物医学模型的评价

对于心理病理学，其生物学方面的解释和研究是极具吸引力的。如果心理疾病是由生物学原因引起的，那么就可以用生物学方法治愈它，其方法可能比心理治疗更快、更便宜。现在已有很多这方面成功的记录。过去几十年里，神经科学家在了解生理系统与心理障碍之间关系方面取得了巨大的进展，这些突破使得许多有效的药物研发出来。而一些诊断工具，CT(计算机 X 射线断层扫描，computerized tomography)、PET 和 MRI 的发明，也为脑与心理障碍进一步的发现提供了有效的研究手段。

但对于生物学派理论是不能不加批评地接受的。如果一种心理障碍与生化异常有关，我们不能因此假设这些异常是心理障碍的原因，因为它们有可能是心理障碍的结果，也可能心理障碍与生化的异常是由于第三个未知的因素共同作用的结果。同样，人们不能从有效治疗某障碍的方式上推断心理障碍的原因，阿司匹林可缓解头痛，但并不意味着头痛是因为缺乏阿司匹林。最后，并不是所有生物学治疗都是成功的，从中世纪的放血疗法到现代的心理外科手术，如割裂连接大脑两半球的胼胝体治疗癫痫，变态心理学史上有大量的例证可以说明，那些曾经被广泛接受的治疗方式最终被证明是无效的或甚至是危险的。牢记这些事实，神经科学研究才能更谨慎地了解任何生物学治疗的局限和风险。

同时，生物学研究也会引出伦理学问题。如果疾病与基因有关，如精神分裂症，人们应该阻止患有这些疾病或携带此基因的人生育吗？

第二节　心理动力学模型

心理动力学派的不同理论家强调心理动力的不同方面，但是几乎所有这一学派的人皆同意以下三个基本原则。

(1) 心理决定论。即人的行为是有意义的，行为的意义部分地由无意识的冲突决定。

(2) 许多心理活动是无意识的。换句话说，人们行为的真正动机在很大程度上是不被自身所知的。

(3) 大多心理动力学派的学者认为这些力量受到来自童年经历的深刻的影响。

心理动力学派的奠基者是弗洛伊德，他的理论就是我们熟知的经典心理分析。但是当代心理动力学的发展已经远远超出了弗洛伊德的经典心理分析理论。正如 Gabbard(1994)所言，如果让弗洛伊德读到当代心理分析的著作，他恐怕不会识得这是心理分析的著作。与弗洛伊德同时代的以及之后的许多心理学家对心理分析的理论都提出过修正，如今的心理动力学派是一个多元的流派，对于人类行为拥有着不同的、甚至彼此竞争的多种理论解释。

一、心理分析

弗洛伊德创建了心理分析(psychoanalysis)学派，它强调无意识过程在决定正常和异常行为中的作用，心理分析的技术是基于弗洛伊德的人格理论。本节将概括介绍经典心理分析的理论。

1. 人格的结构模型

弗洛伊德认为一个人的行为源自人格的三种成分之间的交互作用，即本我、自我和超我。

本我(id)是由一切与生俱来的本能冲动组成。从性质上说，本我包含两种对立的本能冲动：① 生的本能，这是与性本能(sexuality)有关的建设性的驱力，弗洛伊德称之为力比多(libido)，是生存的基本能量。② 死的本能，这是一些破坏性的驱力，如攻击、破坏甚至死亡(Freud，1920)。作为心理分析术语的“性”并不是指狭义上的性欲或者性行为，它包括了与生命得以延续和发展有关的广阔内容。本我是无理性和无逻辑的，只关注本能需求的即刻满足，而不考虑道德和现实。因此本我遵循的是享乐原则。

根据弗洛伊德的观点，在婴儿出生的头几个月里完全受本我的支配，而在出生几个月后，人格的第二部分——自我(ego)发展出来。自我是本我的欲望与外部世界的现实之间的媒介。自我的基本目的是满足本我的需求，但是以确保个体的健康和生存的方式来进行的。这种角色需要运用推理和其他智力资源来应对外部世界，同时要在超我的指导下，根据外界现实的条件，施行对本我需求的控制。自我奉行的是现实原则。

当孩子长大，逐渐学到了父母和社会认可的对与错的道德规范，弗洛伊德所假设的人格的第三部分逐步从自我中显露出来，这就是超我(superego)。超我是社会禁忌与道德的内化，就是通常人们所指的良心，它强调的是对与错。随着超我的发展，它变成了一个内在控制系统，应对着本我的无节制的欲望。超我通过自我系统来压制那些错误的或不道德的欲望。

弗洛伊德认为本我、自我和超我的交互作用形成的动力机制在决定行为方面起到了极为关键的作用。通常这三者之间内在矛盾的出现是因为这三个过程有不同的目标。如果这些矛盾无法解决，就会导致心理障碍的出现。

2. 意识层次论

上述所提到的人格的结构模型发展于弗洛伊德更为晚期的理论分析之中，弗洛伊德在其早期著作中最早提出的理论把意识分为三个层次：意识(consciousness)、前意识(preconsciousness)和无意识(unconsciousness)。意识层次论(topographic model of the mind)虽然在弗洛伊德之后的理论中不再占有中心的地位，但是，这三个概念仍然有比较重要的影响(Gabbard，1994)。

意识是可以直接感知到的有关心理活动。弗洛伊德认为，心理活动的意识部分好比冰山露在海面上的小小山尖，而无意识才是水面之下无法直接看到的大部分冰山。所谓无意识，是指不能被唤入意识层面的心理内容和心理活动。无意识包含了被禁止的需求、被压抑的其他经验，这些均被推出了意识范围。无意识不断寻求表达，尤其是在自我控制暂时降低时会以某种形式出现，如催眠、幻想、口误、梦等。前意识位于意识和无意识之间，指的是虽然当前不在意识范围之内，但是很容易可以被提取的信息和冲动。

3. 焦虑和防御机制

焦虑(anxiety)泛指恐惧和担忧的感觉，是心理分析观点中的重要部分。弗洛伊德将焦虑分为三种类型：① 现实焦虑(realistic anxiety)，是来自外部世界的可能危险带来的焦虑；② 神经质性焦虑(neurotic anxiety)，是由于本我的冲动将要冲破自我的控制而产生实际的行动，而这些行动将会以某种方式受到惩罚，这就是使自我感到威胁而产生的焦虑；③ 道德焦虑(moral anxiety)，源自个体的真实的行为与超我产生矛盾而唤起的罪恶的感觉。

弗洛伊德指出："自我使用各种程序来完成它的任务，即避免危险、焦虑和痛苦。我们将这些程序称为'防御机制'"。防御机制(defensive mechanisms)的概念由弗洛伊德提出，后由他的女儿 Anna Freud 加以完善。经典心理分析理论认为，冲突一方面来自内心愿望与外在现实，另一方面存在于人格结构之间，例如本我和自我的冲突、本我和超我的冲突。为了应对冲突带来的焦虑，自我发展出防御机制。防御机制是对于冲突所做出的无意识的策略反应。专栏 2-1 列出了一些比较常见的防御机制。

专栏 2-1

常见心理防御机制

防御机制	定义	例子
退化(regression)	心理发展从较高级阶段退回到早期发展阶段的行为,以阻止焦虑并满足目前的需要。	目睹到恐怖事件的青少年重新抱回她儿时的玩具,吸吮她的手指。
否认现实(denial of reality)	拒绝感知和接受现实。	孩子因火灾死亡后,母亲拒绝接受这一事实,仍然每天到学校去接孩子。
转移(displacement)	用另一个目标作为替代品,从而安全地释放或满足冲动。	一个职员对他的老板非常的愤怒,他不能发泄,就回家对他的孩子大吼。
合理化(rationalization)	创造一个可接受的借口,为不可接受的行为开脱。	公司经理向上欺瞒公司药品存在的问题,并认为自己的行为是在保护公司。
投射(projection)	把自己内心不被允许的冲动、态度和行为推向别人或周围事物上。	一个丈夫深受一位公司女同事的吸引,却转而谴责他的妻子欺骗他。
认同(identification)	采用处于高位的某个人的想法、价值观,以期提高自我价值。	学生接受老师看待不同学生的观点。
反向作用(reaction formation)	自我为了控制或防御某些不被允许的冲动而有意识地做出与自己想法相反的举动。	一个人不能接受自己比较吝啬的特点,变得极为慷慨大方。
升华(sublimation)	改换原来的冲动或欲望,以社会许可的思想和行为方式表达出来。	一个有很强攻击冲动的青少年变为了拳击手。
压抑(repression)	借助这种方法,本我的强烈冲动被排除出意识领域,使它们的外显的表达被控制。	一个小男孩受母亲的性吸引,他会将这一无法忍受的想法从意识中清除出去。

4. 性心理发展阶段和固着

弗洛伊德认为,早期的发展对人的影响至深。早期人格的发展要依次经历几个不同的性心理发展阶段(psychosexual stages),分别是口欲期、肛欲期、生殖器期、潜伏期和生殖期。在每个阶段力比多主要通过身体的某个部位获得满足,这个部位被称为性感区域(erogenous zones)。在任何一个阶段儿童获得过多或者过少的满足,都会影响其顺利进入下一个阶段。过多或者过少的满足可能会导致固着(fixation),即个体的一部分心理能量投射在该阶段,使得以后的行为具有该阶段冲突的特征。

(1) 口欲期(oral stage)。在生命的最初两年,口唇是主要的性感区域,婴儿的最大的满足源泉是吸吮。

(2) 肛欲期(anal stage)。2～3 岁,肛门提供了主要快乐的刺激来源,这通常是在父母对儿童进行如厕训练时期,过严或过松的训练都会导致肛门期的固着。

(3) 生殖器期(phallic stage)。3～6 岁,对生殖器的自我刺激提供了主要的快乐感觉。

(4) 潜伏期(latency stage)。6～12 岁,性的动机明显消退,儿童主要以发展知识和技能为主。

(5) 生殖期(genital stage)。青春期后,快感的最深层次的感觉来自与异性的关系。

总之,每个阶段对于个体来说都会存在某些矛盾,而弗洛伊德认为这些矛盾必须得到解决。弗洛伊德的理论中一个最重要的矛盾发生在生殖器期,自我刺激的快感和相伴而来的幻想导致了俄狄浦斯情结(Oedipus complex)。男孩渴望与母亲亲近,将父亲视为令人憎恨的竞争对手,但他也害怕父亲,特别害怕父亲会阉割他的阴茎。这种阉割焦虑迫使男孩压抑他对母亲的性欲望和对父亲的敌意。最终,如果一切顺利,男孩会认同他的父亲,和母亲仅仅建立无害的关系。

心理分析的观点认为,人们最佳的选择是在矛盾之中达成某种和解,获得最多的本能满足,而将惩罚和罪恶感的可能性降到最低。这种观点代表了对人类行为悲观和决定论的看法,降低了自我在进行决定时所具有的合理性和自由性。在团体水平上,它将暴力、战争和相关的现象解释为人类天性中攻击和破坏性的本能所带来的不可避免的产物。

二、新弗洛伊德学派

随着心理分析在欧洲和美国的广泛传播,弗洛伊德的理论发生了改变。许多弗洛伊德的追随者和追随者的追随者在他们各自的领域里都是很有建树的思想家,在弗洛伊德理论的基础上,他们构建了新理论,对弗洛伊德的理论进行了扩展和修正。

在对弗洛伊德的理论的修正中,有三个倾向是特别值得注意的。其一,这些理论强调自我的力量;而弗洛伊德忽视自我,特别重视本我。心理动力学派的随后的学者已经将注意力转到了自我身上。他们不再强调性、本能、决定论,而是把重点放到目标、创造性和自我指导等方面。其二,后弗洛伊德时代的思想家将儿童的社会关系看做是正常或异常发展的决定因素。弗洛伊德总是将社会关系与本我联系起来;而以客体关系为主导的理论者不再强调本我,而是将社会关系摆到了中心位置。其三,修正了心理发育的关键期。弗洛伊德认为生殖器期是最重要的,特别是俄狄浦斯情结;许多人认为最重要的是婴儿期,另一些人则认为跨越成年的交接期才是最关键的。后弗洛伊德时代的思想者通常被称为新弗洛伊德学派。下面将分别介绍荣格、萨利文和霍尔妮的观点。

1. 荣格

荣格(Carl Jung)曾是弗洛伊德最得意的弟子，但他很早就和弗洛伊德决裂了，他认为弗洛伊德的理论过于消极和局限。他们主要的分歧是关于力比多。弗洛伊德认为精神的能量，即力比多，基本上是以性为主的；但荣格将力比多视为更宽泛的力量，也包括性本能(Jung,1948)。两个人在无意识方面也存在分歧。弗洛伊德认为无意识是一种退化的力量，会将个体推回到婴儿期的以本我为导向的行为。对于荣格来说，无意识也是一种创造性的力量。荣格进一步认为无意识不仅包含了个人的无意识，即生物性的冲动和童年的记忆，也包括了集体无意识(collective unconscious)，其中存储了"原型"或称象征符号，是人类普遍经验的表达(Jung,1943)。这些象征符号普遍存在于整个人类的集体无意识中，是神话和艺术的源泉。

荣格的治疗也与弗洛伊德的不同。在弗洛伊德学派的治疗中，基本的目标是控制：合理的自我控制不合理的本我并使之指向建设性的结局。荣格的治疗目标是整合：整合完全相反的两种倾向(例如，男性和女性倾向，外倾和内倾)于自我之中，这样患者就变得更具有"整体性"，也更有创造性，这一点与人本学派的观点是相似的。

2. 萨利文

萨利文(Harry Stack Sullivan)是美国的精神病学家，他认为父母和孩子的关系是特别重要的。若父母具有排斥性，其子女就会对自己产生严重的焦虑，当他长大后，对自我的威胁几乎存在于所有的亲密关系中。萨利文认为，指向健康的重要一步是在青春期的早期与同性之间能建立亲密的关系。对于那些家庭关系有问题的人来说，其他人是巨大的威胁。这些人通过执行僵化的自我保护模式(例如神经症)或完全从他人的世界中退缩出来(例如精神病)，而达到使自己逃避人际关系的目的，无论这种心理障碍是否严重，它都是对人际关系的以焦虑为动机的逃避行为(Sullivan,1953)。

除了他对心理病理学社会理论的描述，萨利文还对治疗严重的精神障碍作出了其他重要的贡献。萨利文所涉及的领域是原来弗洛伊德及其早期追随者认为心理分析所无法涉足的。萨利文是第一位报告长期的心理分析对精神病的治疗具有显著的效果的分析师。他发展出的充满热情的和支持性的方法为其后的治疗师提供了一个范式，其目的是在分析师的帮助下，把精神病人放在一个良好的"环境"中。

3. 霍尔妮

霍尔妮(Karen Horney)是另一位关注社会关系的新弗洛伊德学派的心理学家。霍尔妮认为心理障碍是基本焦虑(basic anxiety)的结果，基本焦虑是将世界普遍看做是非人性的和冰冷的。这是由于父母和孩子之间没有建立依恋关系所导致的。霍尔妮认为基本的焦虑将导致三种"神经症倾向"中的一种：① 离开(moving away)，即害羞、退缩行为；② 移近(moving toward)，即依赖、需求行为；③ 反抗(moving against)，即敌对、攻击行为。这三种类型几乎涵盖了心理病理的所有形式(Horney, 1937)。

同弗洛伊德一样，霍尔妮注意到了两性的明显的心理差异以及两性之间的竞争，男性寻求对女性的支配，而女性寻求对男性的顺从和谦卑（Horney，1967）。弗洛伊德将这归结为女性对男性的阴茎的嫉妒，而霍尔妮对此更直接的解释是在社会中男人具有更高的地位和更多的机会。

三、心理分析理论的进一步发展

除了新弗洛伊德学派的理论家对心理分析理论的贡献之外，心理分析还有着更多不同方向的发展，涌现出很多非常有影响力的理论家。他们主要集中在欧洲，并且形成了三大主要的理论流派，包括：① 自我心理学（ego psychology），其主要的理论家有 Anna Freud，H. Hartmann，R. Spitz，E. Jacobson；② 客体关系理论（object-relations），主要的理论家有 W. R. D. Fairbairn 和 D. W. Winnicott；③ 自体心理学（self psychology），主要理论家有 H. Kohut。此外，法国著名的心理分析理论家 Jacques Lacan 提出的理论虽然与主流心理分析格格不入，但是其思想在欧洲，尤其是法国有着重要的影响，并对哲学、文学批评、女性主义三大领域有着重要的影响（Mitchell & Black，1995）。

四、对心理动力学模型的评价

弗洛伊德和心理动力学的理论家是首次采用心理学的原理，而不是用纯粹的生物学或超自然的原理，来系统地建立对变态行为的解释。他们是用心理学的方法研究心理病理学的真正奠基者。而且，心理动力学理论可能也是目前所建立的最容易为人理解并使一些人最为满意的有关人类行为的理论。

然而心理动力学存在着许多局限与弱点。最早对弗洛伊德的女性发展学说的批评来自霍尔妮。她认为经典的心理分析对女性的解释存在的问题是：首先，在人格中过分强调性的驱力和解剖结构，而排除了环境和文化对人格发展的影响；其次，将男性视为人类的原型；第三，认为基于小样本就可以描述可普遍适用的人类心理学原理（Horney，1967）。心理动力学至今仍受到来自女权主义者的攻击。

心理动力学理论存在的另一个主要问题是它很难或不可能用科学的方法验证其基本的理论假说。这些理论所描述的过程是抽象的，是难以测量的。理论本身所提供的解释研究结果的方法看起来和它们的基本假设是矛盾的。因此，基本上没有对照性的研究来验证传统的心理动力学理论和一些新的理论。

弗洛伊德认为人格在儿童期就已经基本定型，在之后几乎没有什么机会做出重大的改变，即使进行心理治疗。他的许多早期批评者认为，人类的人格是随着环境和人际关系的变化而不断成长和变化着的，心理治疗确实为那些想要改变他们人格的人提供了希望。

即使存在上述问题，毫无疑问地说，心理动力学理论在 20 世纪的心理学和精神病学中起到了重要的作用。关于无意识过程指导我们行为的经典心理动力学的基本假说已被许多普通人所接受。当我们发现自己怀疑自己的行为和其他人行为背后的真正动机时，当我们“认识”到我们受到某个特定人物吸引就因为我们知道自己的母亲不会赞成时，当我们回忆起我们认为已经压抑掉了的过去的创伤性经历时，我们都正在应用心理动力学理论。

第三节 认知行为模型

一、行为主义模型

虽然心理分析在20世纪早些时候对异常行为的解释方面占有统治地位，但行为主义作为新崛起的学派开始对心理分析的优越地位提出了挑战。行为学派的心理学家认为，通过研究自由联想和梦的分析这种主观经验无法提供可接受的科学资料，因为这些观察不能为其他研究者所证实。根据行为学派的观点，仅仅研究可直接观察到的行为、刺激、强化、条件反射，就可以了解人类正常的和异常的行为。

行为主义认为，所有的行为，无论是人类的行为还是动物的行为，也无论是正常的行为还是异常的行为，都是从过去的经验中习得的。行为习得的过程受到外界环境的影响，因此行为的改变可以通过改变外界环境中关键的因素达成。秉持行为主义的学者坚持通过实验的方法研究行为习得的过程，而且他们所关心的，是可以客观观察到的行为，而非内省的经验、情绪或者想法。

人们是如何进行学习的？行为主义心理学家认为，存在着两种学习的过程，正是通过这两种基本的过程，正常或者异常的行为被习得。这两种过程分别是经典条件反射(classical conditioning)和操作条件反射(operant conditioning)。

1. 经典条件反射

俄国著名生理学家巴甫洛夫在20世纪初提出了经典条件反射(classical conditioning)的概念。巴甫洛夫(Pavlov,1927)的实验是在给狗食物之前先给铃声。在铃声与食物配对出现一段时间之后，狗只要听到铃声就会分泌唾液。狗学习到铃声是食物出现的可靠的预示刺激，进而对其产生相似的反应。食物可以自然地引发唾液分泌。食物是无条件刺激(unconditional stimulation,US)，而唾液的分泌是无条件反应(unconditional response,UR)。铃声本来是一个中性刺激，铃声的出现本不会引起狗的唾液分泌，但是在铃声与食物配对出现多次之后，铃声出现就会使狗做出分泌唾液的反应，因此铃声被称为条件刺激(conditional stimulation,CS)，而在条件刺激下狗出现的唾液分泌反应，就被称为条件反应(conditional response,CR)。条件反射是以前的中性刺激(CS)在通过与无条件刺激(US)的多次结合出现而获得的引发生物适应性反应的能力(见图2-4)。然而我们现在知道，经典条件反射这个过程不像过去想象的那样是盲目的或自动的。只有当条件刺激提供了有关无条件刺激发生的可靠的信息时，才会获得引发条件反应的能力。换句话说，条件刺激必须先于无条件刺激出现，而且两者时间间隔比较短。如果无条件刺激先于条件刺激出现，那么，条件反射就不会产生，因为条件刺激在这种情况下没有提供无条件刺激发生的可靠信息。

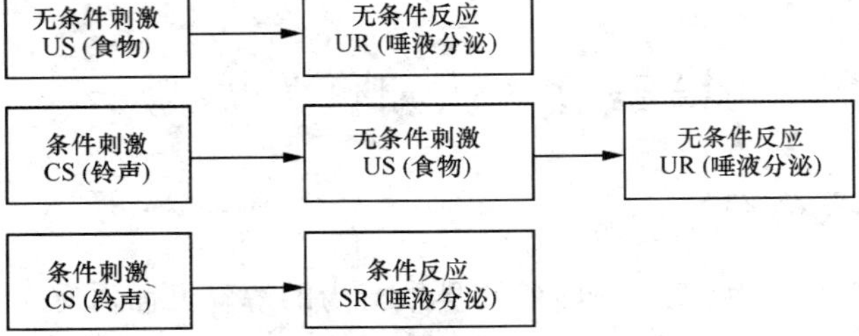

图 2-4 经典条件反射示意图

条件刺激与无条件刺激多次配对出现之后，条件刺激单独出现就会引发条件反射，这样的过程叫作习得(acquisition)。经典条件反射被习得之后，不会被简单地忘掉。然而，如果 CS 在没有 US 伴随的情况下重复出现，条件反射就会消退(extinction)。譬如在巴甫洛夫的实验中，铃声与食物多次配对出现之后，铃声本身就能引起狗的唾液分泌，这个过程是习得。在条件反射习得之后，如果足够多次铃声之后不出现食物，狗的唾液分泌反应就可能会停止，也就是条件反射的消退。但是消退并不等同于消失，一段时间以后，当再次给狗呈现铃声的时候，狗可能会再次分泌唾液，这种现象称为自发恢复(spontaneous recovery)。

在变态心理学中，经典条件反射理论的重要性在于许多情感反应可以被条件化。华生和 Rayner 在 1920 年应用经典条件反射的理论做过一个非常有名的实验(Rosenhan & Seligman，1995)。实验的对象是一个叫做小阿尔波特的 11 个月大的婴儿。一开始华生和 Rayner 给小阿尔波特一堆玩具，包括一只小白鼠、一只兔子、毛皮大衣、一些面具(包括一个圣诞老人的面具)。小阿尔波特对这些玩具没有表现出一丝惧意。然后华生和 Rayner 做了小阿尔波特对于非条件刺激反应的实验——他们在小阿尔波特脑后敲击铁棒造成巨响，小阿尔波特对于敲击铁棒造成的巨响表现出了正常的恐惧反应，他变得不安、身子向前扭动，并且开始哭泣。接着华生和 Rayner 选择了小白鼠作为条件刺激，每当小阿尔波特伸出手去要抓小白鼠的时候，就敲击铁棒。这样配对了几次之后，小阿尔波特就出现了对白鼠的恐惧反应。他们还发现，小阿尔波特不但习得了对小白鼠的恐惧，而且对其他带毛的物品也表现出了恐惧反应。这种现象被称为刺激的泛化(stimulus generalization)。

这个实验虽然在伦理上备受批评，但是引发了大量的研究。行为主义科学家认为，经典条件反射可以用来解释恐怖症的产生。当一个原本中性的刺激多次和一个引发强烈情绪反应的无条件刺激配对出现之后，中性刺激就可以引发强烈情绪反应。这就解释了为什么恐怖症患者对于物体或者情境的恐惧远远超出了物体或者情境本身的危险程度。

2. 操作条件反射

在经典条件反射中，人们习得的是特定刺激和反应之间的联系，而在操作条件反射(operant conditioning)中，人们学习的是一种对反应结果的预期。谈到操作条件反射，不能不提及两位著名的行为科学家——桑代克和斯金纳。

桑代克(Edwardle Lee Thorndike, 1874—1949)在对动物智力的研究中提出了效果律(law of effect)来解释他的研究发现。他设计了装有不同机关的笼子，并且把饥饿的猫放在笼子里。笼外则放着食物。为了得到食物，猫必须能够找到笼子的机关以打开笼门，这个机关可能是一个向下按的按钮，也可能是一个需要拉的绳子等。桑代克观察猫是如何学习打开笼子的。他发现，猫是通过尝试错误(trial and error)来学习的。而在尝试错误中，决定了猫采用哪些行为的是效果律。所谓效果律，即在特定的刺激环境中，如果某种反应带来积极的效果，那么从事这种反应的次数会增多；如果某种反应带来消极的效果，那么从事这种反应的次数会减少。

斯金纳在桑代克研究的基础上完善了效果律，提出了操作条件反射的定义，并且利用这种看似简单的理论解释了大量日常生活中的正常或者异常的行为。操作条件反射有三个重要因素，即强化物、操作性(operant)和区辨刺激(discriminative stimulus)。在对特定刺激做出反应之后出现的事件，而且这个事件可以影响特定反应出现的概率，该事件被斯金纳称为强化物(reinforcer)；出现概率可以被强化物影响的反应被称为操作性；而在特定的刺激下，机体会对之后做出的反应以及结果有所预期，这个具体的刺激叫作区辨刺激。在前面提到的桑代克所做的实验中，食物就是强化物，它的出现与否会影响猫为了获取食物所做出的特定行为，即操作性行为的概率。强化物有正性强化物和负性强化物之分，正性强化物(positive reinforcer)的出现会提高之前出现特定反应的概率，换句话说，正性强化物是对某种反应的奖励。例如，如果对于一个学生来说好好学习能够获得老师的奖励，那么他很可能会投入更多地时间学习，这里面老师的奖励就是正性强化物。负性强化物(negative reinforcer)的消失会提高之前出现特定反应的概率，换句话说，如果对于特定刺激做出某种反应之后可以消除出现某种不愉快结果(即负性强化物)出现的可能性，那么人们更倾向于做出这种反应。例如，天气突然转凉之后人们通常会多加衣服，这样可以减少感冒的可能性，这里感冒就是负性强化物。需要注意的是，负性强化物和惩罚从概念上讲并不一样，虽然两者都是令人不愉快的体验。无论正性强化物还是负性强化物，都会提高特定反应出现的概率，而惩罚则是以一种不愉快的体验降低特定反应出现的概率。

与经典条件反射一样，在操作条件反射中，同样存在着习得和消退(extinction)过程。在一个操作条件反射的典型研究中，一只饥饿的猫被放在笼子里。如果它按下笼内的一个杠杆，食物就会从一个通道滑入笼内。按下杠杆就是期望的操作性行为，而食物就是正性强化物(Rosenhan & Seligman, 1995)。对按压杠杆这个反应的习得是一个渐进的过程，在这一过程中猫大概需要 10 次实验才能够以比较高的、稳定的频率按压杠杆获得食物。在习得操作性行为之后，如果停止在按压杠杆之后给予食物作为正性强化物，那么猫做出按压杠杆反应的次数会逐渐降低以至于为0。

随着经验的增长，操作性学习变成了重要的机制，以区分什么行为会获得奖赏及什么行为不会获得奖赏，人们用从这种学习中获得的行为应对外部世界的不同刺激。不幸的是，没有任何东西可以保证我们学到的东西总是有用的，我们可以学习到的东西有时短期看起来是有吸引力的、有价值的（如吸烟或喝酒，可以缓解压力），但长期看来却会对我们造成伤害。我们也可以学习到一些应付方式（如无助、恐吓或其他不负责任的行为），短期看来是应对生活的策略，但从长期看这些是消极的、不适应的行为（Rosenhan & Seligman，1995）。

3. 回避学习

在很多情境下，人们做出的反应既需要对刺激和反应之间的关系有所习得（巴甫洛夫的经典条件反射），又需要对"如何做才能得到自己想要的"东西的行为有所习得（操作条件反射）。所谓回避学习（avoidant learning），就同时包含这两种基本的学习过程。一个回避学习的经典实验情境通常是一个两格的笼子。科学家把老鼠放在笼内，然后制造一声铃响，10秒钟之后对笼子施与电击。如果在10秒钟内，老鼠能够从笼子的一格逃入另一格，电击就不会出现。为了学习逃避电击，老鼠必须习得两种关系：① 铃声预示着电击的痛苦，老鼠需要习得对铃声的恐惧。这是巴甫洛夫经典条件反射的关系，电击是无条件刺激，电击带来的恐惧是无条件反应，铃声是条件刺激，对铃声的恐惧是条件反应。② 在习得了对铃声的恐惧之后，必须习得如何能够避免恐惧和痛苦。老鼠必须学习到，如果它跑到笼子的另一端，就能够让之后的电击不出现。这是操作化条件反射的关系。这里特定的刺激是铃声，操作性行为是跑到笼子的另一端，避免电击及其带来的恐惧是负性强化物，这个负性强化物大大增加了老鼠在特定刺激下做出操作性行为的可能性（Rosenhan & Seligman，1995）。

以上这种回避学习的过程在很多生物身上都有所体现，包括老鼠、猫、狗、人等。而对于回避学习的了解有助于我们对人类一些异常行为及其治疗的了解。

人体由于条件性地预期可怕的事件会发生（经典条件反射），并产生操作性反应以避免可怕的事件。例如，一个孩子几乎在游泳池中溺死，他就会发展出对水的恐惧，这种对水的恐惧是通过经典条件反射产生的，他也习得了避免对水恐惧的行为，即避免接触任何有大量水的地方，这是操作条件反射的习得。通过逃避的操作性行为，消除水带来的恐惧（负性强化物）。当他看到一个池塘、湖泊或游泳池，他就感到焦虑；他逃开这些地方，避免接触可减轻他的焦虑。对水的恐惧妨碍了他获得有关水的其他体验，而这些体验会对消除他的恐惧有着积极的作用。许多类型的异常行为都与条件性回避反应有关。

4. 行为主义治疗

从行为主义的角度来看，所谓心理障碍的症状并不是由内心冲突或者是脑结构差异或者神经递质活动的问题造成的，而是习得的非适应性行为，或者缺少可以习得的适应行为。因此，行为主义的治疗就是利用学习的基本原理，增加适应的行为，减少不适应的行为。依据经典条件反射和操作条件反射的原理，行为主义提出了多种治疗方法。

冲击或暴露疗法(flooding or exposure)就是建立在经典条件反射理论上的一种行为疗法，通常应用于恐怖症等焦虑障碍的治疗之中。在暴露疗法中，病人在不论是真实的还是假想的恐惧情境中持续呆很长时间。譬如，一个害怕老鼠的女孩被要求和一只老鼠一起呆 2 个小时。根据经典条件反射的理论，对老鼠恐惧的形成是因为本来是中性刺激的老鼠与某种创伤性事件(无条件刺激)联合出现，因此习得了老鼠与恐惧之间的关系。因为女孩通过上文提到的逃避学习回避任何出现和可能出现老鼠的情境，所以这种恐惧一直无法消退。如果用人为的方法，在很长一段时间内让女孩和老鼠共处，这时老鼠没有和创伤性事件联合出现，那么女孩所习得的老鼠与恐惧之间的关系就会出现消退。

如果在治疗中应用操作条件反射的原理，治疗师通常要了解三个重要的问题：① 来访者所做出的非适应性行为是什么？② 什么强化物在维持非适应性行为？③ 怎样的环境改变能够减少非适应性行为，增加适应性行为？操作条件反射的消退是治疗师经常利用的一个减少非适应性行为的方法。如果治疗师怀疑来访者的某种非适应性行为的维持是因为行为之后有强化物的存在，治疗师可以通过停止强迫物的出现而使操作条件反射出现消退。例如，一个精神分裂的女住院患者每天多次拜访护士的办公室。治疗师认为，这个病人的行为之所以维持是因为这样做之后得到的护士的关注是一种正性强化。因此，治疗师要求护士在病人拜访的时候完全忽略她，以去除行为之后的正强化，使得习得的条件反射出现消退。在这样做了一段时间之后，病人对护士的拜访从平均每天 16 次减少到了平均每天 2 次(Rosenhan & Seligman，1995)。表 2-1 列出了经典条件反射与操作条件反射方法进行治疗的情况比较。

表 2-1 经典条件反射与操作条件反射的治疗比较

	问题举例	可能的解释	治疗	结果
经典条件反射	害怕(CR) 封闭空间(CS)	封闭空间(CS)与受虐(US)和恐惧(UR)相联系	通过暴露疗法或者系统脱敏，让封闭空间(CS)出现，但不伴随受虐(US)和恐惧(UR)	封闭空间(CS)不再会带来恐惧反应(CR)
操作条件反射	缺乏社交技能	缺少足够的奖励使个体形成操作反应(社交技能)	通过选择性积极强化(例如，和他人交往之后可以吃一个冰激凌)，获得期望的操作反应(社交技能)	操作反应得到习得(社交技能)

(引自 Rosenhan & Seligman，1995)

5. 对行为主义的评价

20 世纪中叶条件反射的原理已得到了很好的运用，行为主义者用学习的理论重新解释了心理分析的理论。他们认为，弗洛伊德的理论中的本我所具有的不受控制地寻求享乐的冲动仅仅是行为主义中的强化原则的一部分，焦虑仅仅是条件化的恐惧反应，压抑只是为了减少焦虑而对出现的条件化的思维停止的强化，等等。

行为主义的这些基础工作成为攻击当时占有统治地位的心理动力学派教条的有力武器。早期应用学习原则治疗异常行为的努力受到来自心理分析支持者的阻挠，直到60～70年代行为疗法才在异常行为的分析与治疗方面建立了牢固的地位。

通过相对较少的基本概念，行为主义试图解释几乎所有类型的行为的获得、修正和消除等。失调的行为被认为是由于：① 无法学到适应性行为或能力，如怎样建立和谐的人际关系；② 习得了无效的或失调的反应。失调的行为由于是习得的，可被定义为特定的、可观察到的、不受欢迎的反应。

对于行为主义者，治疗的着眼点在于改变特定的行为和情感反应——消除不受欢迎的反应，习得被期许的行为。例如，治疗师可以将学习理论用于社交技巧训练之中。许多行为技术得以发展，均是基于系统地运用学习理论。

行为学派以其精确、客观和丰富的研究，以及其在改变某些特定行为方面的有目共睹的有效性，奠定了该学派在心理治疗中的重要地位。行为治疗师特别强调什么行为可以被改变及如何被改变，而且行为治疗的有效性可以通过治疗达到的有效程度被客观评估。但另一方面，行为学派被批评只关注症状，却忽视了问题的价值、意义以及人的自我指导的能力，而这些对于寻求帮助的人可能是非常重要的。虽然存在自身的缺陷，行为学派仍然对现代有关人性、行为以及心理病理的理解方面产生着巨大的影响。

二、认知模型

行为学派是对早期心理学的主观主义进行的挑战。该学派要求放弃对个人精神世界的心理研究，因为它们是无法观测的，进而被认为是不适合进行科学研究的。行为主义很快在心理学界产生了重大的影响，但作为一种理论却在其影响处于巅峰期时受到了挑战，这些挑战不仅来自它自己的内部成员，也来自于最初受训于心理动力学派的心理学家和精神病学家。

自从20世纪50年代以来，心理学家开始关注个体内部的认知过程及其对行为的影响。认知心理学包括对基本的信息加工机制的研究，如注意、记忆以及包括思考、计划、决策在内的认知过程的研究。在认知模型中，不同的理论家强调认知的不同方面，下面我们将介绍几个比较重要的概念，包括期望、归因、认知评估和图式。

1. 期望

班杜拉强调期望(expectations)对行为的影响。期望是一种认知，是关于未来会发生什么的预期。例如，一个正在参加高考的学生，偷眼看到其他人做题比他快的时候，可能会想“我这次考试肯定完了”，这就是一个负性的期望。期望这个概念的产生，和班杜拉提出替代性学习(vicarious learning)的概念有着直接的关系。行为主义强调环境和直接经验对于人的行为的影响，但是班杜拉发现，有些行为不需要直接的体验，只是看到其他人的行为及其结果就能够习得。在这种学习过程中，个体学到的是一种对行为所带来的结果的期望，班杜拉称之为结果期望(outcome expectation)。班杜拉认为，还有一种与结果预期不同的预期，叫作效能期望(efficacy expectation)，指个体对于自己完成某行为的可能性的预期。结果期望和效能期望并不是相同的概念。例如，一个患有特殊恐怖症的对狗有过度恐惧的人，他可能知道触摸一条小狗并不会带来什么不好的结果(结果预期)，但是对于他自己能否完成这个动作却怀有否定的认知(效能预期)。班杜拉认为，在治疗恐怖症时，系统脱敏或者模仿学习(modelling)的良好效果要归功于对个体的自我效能预期的改变。成功的治疗在于提高自我效能期望(Bandura，1986)。

2. 归因

归因理论也对认知模型作出了极为重要的贡献。归因(attribution)是指对已发生的事件进行解释的过程，例如为什么这次英语考试失败了。如果把事件发生的原因解释为来自外部，就叫做外部归因(external attribution)，例如这次考试老师出的题目过难；如果把事件发生的原因解释为来自内部，就叫做内部归因(internal attribution)，例如这次考试失败是因为我复习的时间太少。另一个归因的维度是稳定和不稳定。稳定的归因是指事件发生的原因持续存在，例如面对考试我总是非常紧张(内部稳定归因)；不稳定的归因指的是事件发生的原因并不总是出现，例如考试那天我发烧了(内部不稳定归因)。对失败的归因还可以从整体性(global)抑或特定性(specific)来看待。所谓整体性，指的是失败在很多任务上都会发生；而特定性是指失败只在这一种任务上发生。例如，我英语考试失败是因为我不是一个智力很高的人，这是一个整体性的归因；而我英语考试失败是因为英语老师教得太差，这是一个更特定性的归因。

归因理论者感兴趣的是，是否不同类型的心理障碍与特定的归因风格有关。归因风格是指个体倾向于对好的事件或坏的事件做出特定的归因(Rosenhan & Seligman，1995)。例如，抑郁者倾向于将坏的事件归结为内在的、稳定的、整体的原因。例如，抑郁患者可能这样解释考试失败："我考试失败是因为我很笨"，并且预期"我是一个失败者，我永远不会成功"；而不是"我考试失败是因为老师打分不公平"或者"我考试失败是因为那天我状态不好"。虽然我们的归因是不准确的，但它成为看待世界的重要部分，可以对我们的心理健康产生重要的影响，也可以使我们将自己或他人看成是不变或无法改变的，使得我们在人际关系中变得没有灵活性。因此，在认知治疗中，改变认知很重要的一个方面是让来访者看到对同一事件不同解释的可能性(Beck，1995)。

3. 认知评估

我们总是在评估发生的事情和自己的行为。对认知治疗师来说，个体所做的评估有些是有意识的，有些是自动的、无意识的。这种自动的和无意识的认知评估(cognitive appraisal)就叫做自动思维(automatic thoughts)。例如，在要上台演讲的时候，小王的想法是"如果我不能表现得十全十美，我就是个失败者。别人肯定能看出我紧张了，这次演讲我一定失败了。”这样的评估通常是自动的过程，而且正是这样的评估引发了负性的情绪，譬如小王对于演讲的焦虑和恐惧。因此，在认知疗法中，要病人内省自己自动思维的内容，然后对自动思维重新进行评估，发现其中可能存在的、造成负性情绪并影响行为的非理性思维。

Beck 将思维过程中常见的认知歪曲进行了归纳，主要的几种认知歪曲类型如下(Beck，Emery，& Greenberg，1985；Beck，1995)：

(1) 武断的推论(arbitary inference)。指在缺乏证据或者证据不够客观的情况下，仅凭自己的主观感觉就草率得到结论。例如，在街上看到一个熟人匆匆走过没有和自己打招呼，就认为一定是自己在什么地方得罪了他，他肯定是在生气，所以不理睬自己。但实际上有很多其他的可能性，例如他只是没有看到自己而已。

(2) 过度概括化(overgeneralization)。即指根据个别事件，不考虑其他情况，就对自己或者别人做出关于能力、智力和价值等整体素质的普遍性结论。也就是说，仅仅根据一个具体事件就得到一般性结论。例如，有的学生一次考试失败就认为自己智力低下，并且对此坚信不移。

(3) 选择性概括(selective abstraction)。指仅仅根据个别细节，忽略其他信息，就对整个事件做出结论。这是一种以偏概全的认知方式。例如，一位做报告的人发现听众中有一个人在打瞌睡，就认为一定是自己所做的报告太过枯燥，自己能力不足。

(4) “全或无”的思维方式(all-or-none thinking)。以绝对化的思考方式对事物做出判断或评价，要么全对，要么全错。以这种方式思维的人往往把生活看做非黑即白，认为不可能存在着中间状态。因此，往往持有不现实的、不可能达到的标准，认为自己只有达到这个标准才是成功，否则就是失败。例如，某学生认为，如果自己在班里学习不是最好的，那自己就是失败者。

(5) 夸大或缩小(magnification or minimization)。对客观事物做出歪曲的评价，或过分夸大自己的失误、缺陷，或过分贬抑自己的成绩、优点。例如，在朋友面前偶尔一次说话不适宜，就觉得自己糟透了；而表现很好的时候，又觉得纯属偶然，微不足道。

(6) 个人化(personalization)。将外界不幸的原因归咎于自己，即使在没有明确证据的基础上也是如此。例如，一位治疗师的病人没有完成家庭作业，治疗师对自己说：“我是一个让人讨厌的治疗师。她没能努力帮助自己是我的错，让她好起来是我的责任。”

4. 图式

认知模型的另一个重要概念是图式(schema)。图式是包含个体最基本信念和假设的认知结构，发展于早期的个人经验之中，影响着其他的信念、价值观和态度，并且影响当前信息加工过程，例如自动思维。每个人有其特殊的系列图式，图式帮助人们以一种有意义的方式理解经验。图式有适应性的，也有非适应性的。不同类型的心理问题具有不同的失调的图式。例如，抑郁症病人的基本信念是对自己、他人和未来的消极认知。在临床状态之中，这种消极的图式被激活，使得病人在解释、预期和回忆经验时表现出系统的消极偏差。抑郁症病人会因此更多地看到事物的消极方面，更容易回忆消极的往事，也会认为未来发生的事情多半让人不愉快。所以，在认知治疗中，评估和改变基本图式是一个重要的问题，而且，因为图式在较早的个人经验中形成，所以图式的改变需要较长的时间。

5. 对认知模型的评价

认知模型对异常行为的解释关注思维，包括期望、归因、记忆、信念等等是怎样被扭曲的，从而导致异常的情感和行为。而行为主义则忽略主观的心理过程，强调客观可测的行为以及外界环境对行为产生的影响。相应的在治疗过程中，认知治疗因为认为思维是导致异常行为的原因，异常行为是内部心理过程的体现，因此治疗异常行为首先要明确内部心理过程中的问题并对其进行矫正。而行为治疗则认为，异常行为的出现是一种行为和外界刺激之间联系的习得，改变异常行为需要通过确定和改变外界环境的重要影响因素进行，例如消除正强化等。

认知治疗将行为治疗过分强调外部行为的倾向引导向人的内部心理过程，尽管认知治疗过于强调人的思维的作用，但其作为一种系统的心理治疗理论与技术，它的产生使心理治疗领域长期存在的心理分析和行为治疗两大流派的对峙出现了转机，从中起到了沟通和融合的作用。

三、认知行为治疗

行为主义模型认为，人们的行为，无论是适应行为还是异常行为都是从过去经验中习得的，行为主义的治疗就是应用学习理论增加适应行为、减少异常行为，这个过程是一个重新学习的过程。认知模型认为，人们表现出来的异常行为和情绪是由扭曲的认知过程决定的。要改变异常行为和情绪，必须找到扭曲的认知过程，并且对其进行纠正。虽然行为主义模型和认知模型强调的重点和背后的理论依据并不相同，但是这两种模型之间并不是彼此对抗的关系，很多临床心理学家在理论上和治疗中结合了认知和行为的因素，尽管对于行为和认知强调的多少可能有所不同（Beck，1995）。这种结合行为和认知的治疗理论和实践，被统称为认知行为治疗（cognitive-behavioral therapy）。

第四节　人本主义模型

人本主义学派关注的是将人从残疾的假设和态度中解放出来，这样才能更好地生活。人本学派认为心理分析是残疾心理学，其理论来源是有心理障碍的患者；认为行为主义学派是动物心理学，因其理论建构在动物实验的基础上。人本学派针对的是正常人，它强调成长和自我实现，而不是治愈疾病或缓解障碍，其从业者不是以治疗患有严重的精神障碍的患者为主。人本学派受到了来自行为主义和心理动力学派的影响，但其观点又与两者有显著的不同。行为学派关注的是刺激和可观测的行为，它被认为过于简单化，从而贬低了一个人的心理特征、内在体验和自我指导的潜能的重要性。人本心理学家也不同意心理动力学理论对人性的负性描述，及其过分强调不合理的、无意识的冲动。人本主义的观点认为，人性基本上是善良的，强调目前的意识过程，较少关注无意识过程和过去的经历，它将重点放在人们具有的自我指导的固有的能力上。人本主义心理学家认为，那些设计用来调查因果关系的经验性研究大多过于简单而无法揭示人类行为的复杂性。

人本主义学派承认传统研究所关注的心理过程的重要性，但正如上面提到的，它乐观地强调人的未来而不是过去，这个学派也十分关注那些很少获得科学支持的过程——爱、希望、创造性、价值、意义、个人成长和自我实现。

一、人本主义学派的基本观点

人本主义学派的基本观点，虽然不是很容易进行经验性研究，但人本主义心理学的某些主题和原则还是得到了广泛认同的。以下是人本主义学派的一些观点：

1. 自我是一个统一的主体

人本主义学派的著名心理学家罗杰斯(Carl R. Rogers)对自我概念(self-concept)进行了最为系统的描述，现将其一系列观点归纳如下(Rogers，1951)：

(1) 每一个体都存在于以个体为中心的经验世界，其中包括有 I(主语的我)、me(宾语的我)或 myself(我自己)。

(2) 个体最基本的奋斗目标是指向自我维持、自我提高和自我实现(self-actualizition)。

(3) 个体根据他对环境的感知做出反应，与他的自我概念和看待世界的方式一致。

(4) 自我对于可感知的危险会随后伴有防御——包括提高警觉、准备行动、启动自我防御机制。

(5) 个体有指向健康或整体性的内在倾向；在正常情况下，一个人的行为方式是合理的和具有建设性的，选择走向个人成长和自我实现的道路。

在将自我概念作为一个整体的情况下，人本主义心理学家强调个性的重要性。在研究人性的过程中，心理学家面临着双重的任务，其一是描述每一个人所具有的独特性，其二是识别所有人都具有的品质。

2. 对自我价值和个人成长的关注

人本主义心理学家强调自我价值以及人们选择指导自身的行为来达成有意义的完满的生活的过程。人本主义观点认为，关键是每个人根据自己的经验和评估发展自己的价值观，而不是盲目地接受其他人的价值观，否则，人们就会否认自己的经验，失去与自己感受的联系。为了使自己作出恰当的评估和选择，需要对自己的认同有一个清晰的感觉——发现我们是谁，我们想成为何种人，以及为什么。只有这种方式才能使人们达到自我实现，即人们可以充分发挥自己的潜能。

在寻求自我实现的过程中，人们进入到罗杰斯所称的“评价过程”。那些被视为可提高自身的体验被评价为好的，因此是被追求的。那些被视为无法提高自身的经验被评价为坏的，而且是需要被避免的。换句话说，人们知道什么对自己的发展是有益的。

人们是否真的相信评价过程并做那些对他们有好处的事情？这取决于下面两个因素的交互作用：有机体(organism)和自我(self)。这两个因素是罗杰斯(Rogers，1959)所认为的构成人格的基本单位。有机体是我们体验的整体感觉(包括内在的和外在的)的基础。自我是人们对自身的想象，与自我概念很相似。人们所达到的自我实现的程度取决于自我和有机体体验的一致程度。如果自我想象是有弹性的和现实的，并足以使人们了解和评价所有有机体的体验，那么这些人就处于一个极佳的位置来追求最能提高自身的那些体验。自我的这种天性就是自我实现的关键因素。

自我实现是由什么决定的呢？这个决定因素是童年经历。当儿童开始了解自己，他们就自发地发展出对积极关注的需求。积极关注是指爱和赞赏，它们来自儿童生活中的重要人物，特别是父母。然而无法避免的是，积极关注和许多情况纠缠在一起：为了得到爱，孩子必须态度温和、果断、言行符合自己的性别特征等。这些外在的价值判断构成了有条件的价值评价，规定了孩子的哪种自我体验是好的或坏的。如果条件比较少并且合理，那么孩子将可以接受各种体验。然而，如果这些评价的条件具有严重的束缚性，剔除了有机体的大部分体验，那么将严重阻碍个体的自我实现。

当外界的评价条件对一个人的行为越来越具有控制性时，则个体的行为和他的真实的自我之间就会产生裂痕。人会自动地通过对感觉的歪曲来掩盖这个裂痕，否认存在于自我和现实之间的矛盾。

为了改变上述情况所带来的破坏性，罗杰斯(Rogers，1951)发展出以来访者为中心的治疗方法(client-centered therapy)。在以来访者为中心的治疗过程中，治疗者所做的是为来访者创造一个温暖的和被接受的环境，像镜子一样反映来访者所表达的感情，感受来访者所感受的世界，并提供给来访者无条件的积极关注——无条件地给予尊重和赞赏。在这种接受性的环境中，来访者能够最终面对与自我不一致的情感和体验，这个过程将导致自我的扩展，最终使来访者能够面对个体的完整的体验。此时自我和个体恢复一致，来访者自由地成为一个有机的整体，这样才能达到自我实现。

二、对人本主义模型的评价

人本主义学派的主要影响是它强调作为人类我们具有对自己负完全责任的能力，它使我们以一个全新的角度来理解异常行为。

异常行为被认为是无法发挥作为人所具有潜能，个体具有的指向健康和个人成长的自然倾向受到了阻碍或歪曲。这些阻碍或歪曲基本上由于以下几种原因造成：① 过度地应用自我防御机制，以致个体逐渐失去了和现实的联系；② 不利的社会环境和错误的学习；③ 过度的应激。根据人本主义的指导思想进行的治疗，就不是简单地把来访者的适应不良改变为适应良好，而是提供良好的成长环境，使其朝着个人自我实现和对社会具有建设性的方向发展。

人本主义受到的批评是它的模糊性，缺乏科学性及它所具有的高度的期待性。虽然一些心理学家认为它的目标是夸大其词的，但另一些人认为这些目标所描述的激发个体潜能的情境是当今心理学必须面对的具有挑战性的长期任务。

第五节　来自亚洲的理论和观点

一、森田疗法

20 世纪 20 年代初，森田正马在日本创立森田疗法，其后经过多位理论家的发展，成为在日本、中国以及其他亚洲国家较为有影响力的治疗理论。森田疗法及其理论并不是针对所有的心理障碍，它主要解释了所谓"神经质症"的产生和发展，并且提出了针对"神经质症"的治疗方案。神经质症主要表现为患者具有某种并非器质性原因造成的症状，而这种症状对其正常的生活、工作或学习造成障碍。患者对症状具有内省能力，一直在做着克服症状的努力，有着强烈的求治动机(钱铭怡，1994)。

森田正马将神经质症划分为普通神经质、强迫观念症和发作性神经质三种类型，其症状分述如下(大原浩一、大原健士郎，1995)。

(1) 普通神经质(即所谓神经衰弱)：失眠症、头痛、头重、头脑不清、感觉异常、易兴奋、易疲劳、脑力减退、乏力感、胃肠神经症、劣等感、不必要的忧虑、性功能障碍、眩晕、书写痉挛、耳鸣、震颤、记忆力减退、注意力不集中。

(2) 强迫观念症(包括恐怖症)：社交恐怖(包括：赤面恐怖、对视恐怖、自己表情恐怖等)、不洁恐怖、疾病恐怖、不完善恐怖、学校恐怖、高处恐怖、杂念恐怖等。

(3) 发作性神经质：心悸发作、焦虑发作、呼吸困难等。

森田疗法认为神经质症的形成，是因为本来存在着的疑病素质，在偶然事件的诱因之下，通过精神交互作用而形成神经质症状。造成神经质症状的根本原因在于想以主观愿望控制客观现实，从而引起精神拮抗作用加强所导致的。

1. 疑病素质与适应不安

森田正马认为神经质症的出现是以疑病素质为基础的。所谓疑病素质，是一种精神上的倾向性。精神上的倾向性有内向和外向之分：外向型精神活动的目标经常受外界对象的支配，追逐现实；而内向型精神活动的目标则常常指向自身，对于自己身体方面或者精神方面的状况非常关注和敏感。富于内省，关心自己的身体状况，这是人人都会有的表现。按照森田正马的理论，这是一种人类本性生存欲的表现。生存欲的含义包括：① 希望健康地生存；② 希望更好地生活；③ 希望被人尊重；④ 求知欲强，肯努力；⑤ 希望成为伟大的、幸福的人；⑥ 希望向上发展等。正常的生存欲有着积极的意义，但是过强的生存欲必然伴随着过强的对死亡的恐惧，因为生的欲望过于强烈，对自己或者事物就会存有超出寻常的要求，就会因为惧怕达不到自身的欲望而产生强烈的对死亡的恐惧。对死亡的恐怖常与惧怕失败、害怕疾病、恐惧不安等心理活动相联系。例如，过高的成功欲望同时会产生强烈的对失败的恐怖，过强的保持健康的欲望同时会伴随着强烈的对疾病侵袭的恐惧。在过高的生存欲望以及与其相应的过强的死亡恐惧之下，如果出现某种诱发的契机，例如一下子意识到心脏的跳动，就可能把原来属于正常范围的生理现象误以为是病态的(感到心跳过速)。同样，在过强的生存欲望和死亡恐惧的影响下，为了努力排除这种“病态的”现象，个体对外界的关注开始下降，精神活动完全向内，陷入精神的内部冲突之中，导致神经质症状的产生。因此可以说，过高的生存欲望同时就会伴有过强的对死亡的恐怖，这导致精神活动的过度内向性，形成疑病素质，成为神经质症产生的基础(钱铭怡，1994)。

“适应不安”这一说法来自森田正马的学生高良武久的论述。高良武久在论及神经质症状产生时，没有采用“疑病素质”的说法，而认为适应不安与神经质症的产生密切相关。所谓适应不安，指的是生存在人类社会的人必然会存在的某种不安心理，即为能否在不断变化的环境中生存下来、自身的心身状况能否适应外界环境这样的问题而烦恼。适应不安的程度随着个人的素质、年龄和所处的环境条件等不同而变化。较为内向的人容易出现适应不安，因其有较强的内省倾向，总是对自己的心身状况能否胜任所做的事情缺乏自信。从年龄阶段来看，青春期前后适应不安容易比较强烈，这与青春期个体自我意识增强，自身欲望增长而又缺乏实际经验，容易与外界环境发生冲突有关。高良武久认为，适应不安所伴随的不安、担心、痛苦等心理虽然让人不快，但是却是人类生存不可缺少的保护机制。例如，如果没有疼痛感，人们就可能对伤害失去警戒。如果人们不允许这种虽然带来不快，但却必不可少的保护机制——适应不安的存在，试图否认这种正常的心理现象，这必然造成精神内部冲突，最终形成神经质症状(大原浩一、大原健士郎，1995)。

2. 精神交互作用

所谓精神交互作用，“就是因某种感觉，偶尔引起对它的注意集中和指向，那么，这种感觉就会变得敏锐起来，这一敏锐的感觉反过来吸引更多的注意，这样一来，感觉与注意彼此促进，交互作用，致使该感觉越发强大起来”(大原浩一、大原健士郎，1995)。这种精神活动过程就是精神交互作用的过程。精神交互作用解释了神经质症状发展的过程。例如，对于以惊恐发作为主要症状的神经质症，具有疑病素质或者倾向于否认适应不安的个体在某种诱因下可能会把偶尔出现的心跳加速当做是异常的感觉而加以特别的关注，从而引起了对这种感觉的恐惧和预期不安。因为对这种感觉更加敏锐起来，所以就引发了更多的恐惧和不安，出现更多这样的感觉，感觉与注意彼此促进，精神活动逐渐变得完全指向内心，长期被封闭在精神的内部冲突之中无法摆脱，形成症状（钱铭怡，1994）。

3. 精神拮抗与思想矛盾

如果说神经质症的发病与疑病素质有关，而且症状的发展与精神交互作用有关的话，其症状给神经质症患者带来苦恼的根源则与思想矛盾造成的精神拮抗作用的加强有关。

森田疗法认为，人的精神活动有一种对应和调节的现象，这种现象类似于人体中作用相反、彼此制约、相互调节的拮抗肌的作用，因此被称为精神拮抗作用。

精神拮抗作用具体表现为：当一种心理出现时，常常有另一种与之相反的心理出现。例如，恐惧时常出现的不要怕的心理，受表扬时反而涌现内疚的感情。森田疗法认为，这种抑制性意志是我们精神领域中的自然现象。精神领域中的这种拮抗作用，如同肌肉的拮抗作用一样，都不是个体能够一一加以随意支配的。

精神拮抗作用过强或者缺乏这种拮抗作用，人都会出现问题。而神经质症患者的各种苦恼，也是由于欲望和意志之间拮抗作用增强引起的。例如，想要获得成功的这种生的欲望越强烈，对可能失败的死的恐惧就越强烈；拼命要加强生的欲望而排除对死的恐怖，为否认失败的可能想尽种种办法，反而使引起拮抗的作用力和反作用力都相应增加，加之思想矛盾的影响，个体就会感到越来越苦恼。

按照森田正马的观点，产生精神冲突、苦恼的根源在于思想矛盾。思想应该是对事实的记述、说明或者推理。但是思想和事实之间常存在差异。不了解这种差异，依据个人主观想象来构筑事实或企图安排实施，希望客观事物按照自身的主观愿望产生某种变化，就会出现思想矛盾。对于恐怖、不安、苦恼这些人人都有的令人厌恶的情绪，神经质症患者总是想用"理应如此""必须这样"的思想愿望试图避免和消除这些情感，这是不可能办到的，因而产生思想矛盾，造成神经质症状（钱铭怡，1994）。

4. 森田治疗原则

森田根据其对神经质的认识，提出了针对性的治疗原则，目的是消除思想矛盾，打破精神交互作用。森田治疗原则可以被概括为"顺应自然"和"为所当为"两点。

所谓顺应自然，就是应该注意不要以自己的主观想法去套客观事物，认清任何客观事物都有其自身的活动规律，包括每个人的感觉、情感、精神活动以及神经质症状的形成与改变都有一定之规，这是不以人的主观意志去转移的。"夏热冬寒乃自然规律，而想使夏不热、冬不寒，悖其道而行之，是人为的拙策；按照自然规律，服从之，忍受之，就是顺应自然。"（大原浩一、大原健士郎，1995）。例如，恐惧和不安是常见的心理现象，非要把它视为异物而与之艰苦抗争，坚持认为自己就不应该有不安现象，就是违反了事物的客观规律。反之，顺应自然，不以不安为怪异，就可以破除思想矛盾，不去拼命排除这些令人恐惧的念头，放弃对对立观念的抗拒，就能破除精神交互作用，不致陷入激烈的精神内部冲突之中。顺应自然还包括认识症状的形成和改变是一个过程，即使对症状采取接受的态度，症状也不可能在一朝一夕就产生立竿见影的改变。

不过，“顺应自然的态度并不是说对自己的症状和不良情绪听之任之；另一方面要靠自己本来固有的上进心，努力去做应该做的事情”(大原浩一、大原健士郎，1995)。“为所当为”，可以说是对顺应自然的治疗原则的充实和补充。森田疗法认为，改变神经质症状，一方面要对症状采取顺应自然的态度，另一方面要随着本来有的生的欲望去做应该做的事情。通常症状的消失需要一个过程，在症状仍然存在的情况下，尽管痛苦也要接受。把注意力及能量投向自己生活中有确定意义的、能够见效的事情上。这样，把注意力集中在行动上，任凭症状起伏，有助于打破精神交互作用，逐步建立起从症状中解脱的信心。

神经质症患者本来具有强烈的生的欲望，但为死的恐怖所束缚，大量精神能量投入到对症状的关注和拮抗中，影响了正常的生活、工作和学习。生活、工作和学习的无成效又使得患者的注意更集中在症状上，而越把症状当成必须排除的异物，从而加重症状。按照生的欲望所表现出的上进心去做自己认为应该做的事情，就可以把精神能量逐步引向外部世界，使得注意不再固着在症状上而减轻症状。而且，虽然带着症状去行动仍有痛苦，但行动本身使得在工作、学习上有所收获，患者就会发现过去总是努力要解除症状，认为正常后才能正常地工作和学习的想法是没有必要的。尽管痛苦也要坚持，就打破了过去那种精神对行动束缚的模式。

在顺应自然的态度指导下的为所当为，有助于陶冶神经质性格。这种陶冶并非彻底改变，而是对性格的不同部分进行扬弃。即发扬神经质性格中的长处：认真、勤奋、富有责任感等；摒弃神经质性格中的致病之处：神经质的极度内省和完善欲(钱铭怡，1994)。

二、认识领悟疗法

认识领悟疗法是钟友彬在中国应用心理分析的实践之中，逐步发展出来的。钟友彬在20世纪60年代初和王景祥医师合作，尝试用心理动力学的原则对强迫症、恐怖症病人进行试验性治疗。1981年他在北京的首钢医院开设心理门诊。1988年他出版了《中国心理分析：认识领悟心理疗法》一书，这本书的问世标志着他对心理分析的应用和发展进入了一个较为成熟的阶段(钱铭怡，1994)。

认识领悟疗法源于心理分析，是一种通过解释使病人得到领悟，从而使症状减轻或者消失的心理疗法。它一方面保留继承了心理分析疗法的一些治疗原理，另一方面结合中国人的生活经验和社会经济状况而建立，与心理分析疗法又有所不同。

1. 认识领悟疗法与心理分析的异同

关于认识领悟疗法和心理分析的异同，钟友彬曾经做过下列分析(钟友彬，1988)，这些分析也有助于我们了解认识领悟疗法的基本理论和治疗原则：

(1) 承认人有无意识的心理活动，承认人的一些活动可以在意识以外进行，自己不能理解这些活动的原因，尤其是病态的行为。

(2) 承认人格结构论，承认人们不自觉地使用心理防御机制来解决或者减轻自己的心理冲突和烦恼，包括病态的恐惧。

(3) 承认神经症病人患病后有两级获益，尤其是外部获益，给治疗这类疾病造成困难。

(4) 承认幼年期的生活经历，尤其是创伤性体验，对人个性形成的影响，并可成为成年后心理疾病的根源。但是不同意俄狄浦斯情结是人的普遍特征，也不同意把各种心理疾病的根源都归之于幼年性心理的症结。

(5) 同意心理分析的观点，认为各种神经症病人的焦虑都有其幼年期的焦虑的前例，这是成年焦虑的根源。认为强迫症和恐人症的症状是过去或幼年期的恐惧在成年人心理上的再现。

(6) 弗洛伊德认为性心理障碍是幼儿性欲的直接表现，是成人的一种非常态的性满足。认识领悟疗法认为这有一定道理，性心理障碍是成年人用幼年的性取乐方式来解决成年人的性欲或解除成年人的苦闷的表现，是本人意识不到的。

(7) 用病人易理解的、符合其生活经验的解释使之理解、认识、并相信其症状和病态行为的幼稚性、荒谬性、不合成人逻辑的特点，使之达到真正的领悟，从而使症状消失。

此外，认识领悟疗法与心理分析和其他心理动力学疗法在临床实践上的主要区别在于：无论病人的临床表现如何，病程长短，一般治疗 10 次左右就可以使病情明显好转，甚至症状完全消失。其治疗关键在于分析症状的幼稚性。病人如果能真正理解并接受治疗者的解释，就可使病情减轻(钱铭怡，1994)。

2. 主要适应证与治疗要点

认识领悟疗法的主要适应证为强迫症、恐怖症和某些类型的性心理障碍，如露阴症、挨擦症和恋物症等。从治疗效果来看，露阴症等性心理障碍应该是最佳适应证，其次是恐人症和强迫症。随着这种治疗方法在国内的推广应用，一些治疗者也在尝试用这种方法治疗神经性呕吐和顽固性疼痛，都取得了良好的效果。

认识领悟疗法的治疗过程和步骤主要有以下几个(钟友彬，1988)：

(1) 采取治疗者和病人直接会面交谈的方式。如果病人同意，可以有一位家属在场。每次会面的时间一般为 60 分钟，最多不超过 90 分钟。两次会见时间间隔不固定，可以由治疗师和病人商议决定。如果病人有文字书写表达能力，每次会见后，可以要求病人尽可能写出对治疗者解释的意见，并结合自己病情的体会提出问题。

(2) 初次会见时，让病人和家属报告症状、既往病史和治疗情况。与此同时，进行精神检查和必要的躯体检查，确定是否是认识领悟疗法的适应证。如果是适应证，首先帮助病人树立战胜疾病的信心，同时让病人意识到在心理治疗中疗效好坏和病人的主观努力有很大的关系。需要患者积极配合，不隐瞒自己真实的病情和内心想法，对治疗者的提示、解释，结合自己的病情认真思考，在实践中加深理解和体会。

(3) 初次见面时，如果时间允许，可以直接告诉病人，其病态情绪和行为与幼年时的经历有着密切的关系。现在虽然已经是青年甚至成年人了，在生理年龄和智力年龄方面已经比儿童期成熟了很多，但是心理年龄仍处于比较幼稚的阶段，还在用儿童的思维方式和行为方式来面对成年人的问题。

(4) 在以后的会见中，可以询问病人的生活史和容易忆起的有关经历，一般不要求勉强回忆"不记事年龄"时期的经历。对于病人的梦可以偶尔涉及。用较多的时间和病人讨论症状的性质，启发他们认识到症状的幼稚可笑性，帮助他们从成人的角度重新看待自己的问题。

如果病人能够坚持治疗，就可能使病情达到治愈水平。在结束治疗时，可以让病人写出总结性体会，以巩固治疗效果。

钟友彬强调："师傅领进门，修行在个人。"病人在每次治疗后写出自己的体会，并暗中调查其他成年人对自己恐惧的事物、自己认为有意义的事物的看法，对于病人破除他们某些不正确的观念是非常有效的。还可以让病人与儿童交谈，观察儿童的思维和行为方式，与自己病态心理和行为进行比较，反省自己的病是否也具有类似儿童的性质，从中得到启发。要求病人"下决心不做儿童心理的奴隶"，帮助病人逐渐走出自己的病态心理和行为方式的牢笼，从更加成熟和全面的角度看待问题，逐渐放弃其病态的生活方式，达到治疗的目的(钱铭怡，1994)。

三、对于亚洲的理论与观点的评价

森田疗法和认识领悟疗法与西方的理论方法不尽相同，它们不强调与症状斗争，而强调顺应自然。森田疗法本身就提出"顺应自然，为所当为"的口号；而认识领悟疗法要求病人放弃儿童式方式，按照成人方式处理成人期遇到的问题也有此含义在内。这种治疗方式与东方的哲学思想不谋而合，为心理治疗理论提出了新的思维角度。但另一方面，这两种理论以及对应的疗法都限于某些障碍的解释和治疗，譬如森田疗法对应的"神经质症"；认识领悟疗法主要适应证为强迫症、恐怖症和某些类型的性心理障碍，如露阴症、挨擦症和恋物症等。这两种理论都没有像生物医学模型、心理动力模型、行为主义、认知模型或者人本主义模型那样，建立对人的普遍行为的理论解释。

总　　结

本章介绍了理解异常行为的重要理论模型，包括生物医学、心理动力学、认知行为、人本主义和来自亚洲的两个理论模型——森田疗法和认识领悟疗法。

就像发热可以由许多原因引起一样，某种特定的心理异常现象的产生也可以由许多原因引发。心理病理学也具有同样的特点，即通过许多途径都可以获得特定的结果，我们必须考虑到所有的途径，而不仅仅是简单的结果。在心理病理学中，这一原理有许多例证。如一种幻觉综合征可以是精神分裂症的一种表现，也可以是由毒品滥用引起的。精神错乱，通常出现在术后的老年患者身上，也可能由于维生素B1缺乏或肾脏疾病造成，也可以是严重的心理障碍——精神分裂症的表现。儿童孤独症，有时是因为母亲在怀孕时受到风疹病毒的感染，也有些孩子的母亲在生产时有过难产的经历，也许孩子的遗传基因存在缺陷。

不同途径的诱发因素与个体当时所处的不同发展阶段心理因素、生物因素、社会因素的交互作用，决定了心理障碍产生与否以及心理障碍的严重程度。一个人如何应对由于生物的原因造成的损伤对其整体功能会产生非常巨大的影响。例如，神经系统受到损害的人会有不同程度的障碍，若具有良好的(包括家庭和朋友在内的)社会支持系统以及高度适应性的人格特征，如有自信心并有能力面对挑战，这样的人尽管有已知的生物学方面创伤也只会经历轻微的行为和认知方面的问题。相反，情况可能相当严重。在残疾人身上这些例证更为明显，一些人由于事故或疾病而导致腰部以下瘫痪后，能很好地面对他们的残疾，而成为优秀的人才，如张海迪、桑兰。另外一部分人在同样情况下则变得抑郁和绝望，他们或者对生活采取退缩的态度，或者甚至结束自己的生命。从这些例证中可以发现，生物、心理和社会因素不是单一的一个因素在起作用，因此在理解心理障碍时需要人们具有生物-心理-社会的整体观。

另外，虽然这一章是在探讨有关心理障碍产生的机制，但我们不应该把视角只局限在有心理障碍的人群。现在研究者不仅在探讨是什么促使人们经历某种特定的障碍，也在了解是什么保护了一些人在同样的困境中免受这些问题的困扰。如果你对为什么某个人患有抑郁感兴趣，那么你首先要锁定表现出抑郁的人群；而另一方面是在同样情况下，研究来自相似的背景而未患抑郁的人群。如果我们能更好地理解为什么某些人在相似的环境中没有发生和其他人同样的问题，我们就可以更好地理解某些特定的心理障碍，并且对有这些心理障碍的人提供更为有效的帮助，甚至可以从根本上阻止其发生。

思 考 题

1. 如何从生物医学的角度理解异常行为的产生？
2. 怎样理解经典心理分析理论中的防御机制？
3. 弗洛伊德之后，心理分析理论又有了怎样的发展？
4. 请比较经典条件反射与操作条件反射的理论和治疗特点。
5. 根据Beck的理论，认知歪曲有哪些？如何解释认知歪曲在心理病理学中的作用？
6. 罗杰斯的基本观点是什么？
7. 什么是神经质症？森田疗法如何解释神经质症的形成和维持？
8. 认识领悟疗法用来针对哪些障碍的治疗？如何用认识领悟理论解释障碍的形成？

推 荐 读 物

1. 钱铭怡(1994). 心理咨询与心理治疗. 北京：北京大学出版社
2. 钟友彬(1988). 中国心理分析：认识领悟疗法. 沈阳：辽宁人民出版社
3. 大原浩一，大原健士郎(1995). 森田疗法与新森田疗法. 北京：人民卫生出版社
4. Bandura A (1986). Social Foundations of Thought and Action: A Social Cognitive Theory. Englewood Cliffs, NJ: Prentice-Hall

5. Beck A T, Emery G, & Greenberg R (1985). Anxiety Disorders and Phobias: A Cognitive Perspective. New York: Basic Books

6. LeDoux J E & Hirst W (1986). Mind and Behavior: Dialogues in Cognitive Neuroscience. New York: Cambridge University Press

7. Mitchell S A & Black J M (1995). Freud and Beyond: A History of Modern Psychoanalytic Thought. New York: Basic Books

3

临床心理评估与分类诊断

【案例 3-1】

有一位来访者前来心理门诊，诉说内心紧张不安，十分痛苦，家人说其近来有许多变化，如无故不上班，疑心很重，不与人交往，想知道其是否有心理障碍？心理学家该怎么办？

面对来访者的这些问题或表现，作为心理学家，通常应该对来访者进行临床心理评估和诊断，了解判断究竟有什么问题，做出诊断分类，并考虑相应的治疗计划。

第一节　临床心理评估

评估是指收集有关来访者信息资料，做出评价判断的过程。临床心理评估是指通过观察、会谈和测验等手段对来访者的心理或行为进行全面、系统和深入分析描述的方法和过程。通过临床评估，可以描述和判断来访者的心理状态是否异常，分析评价异常的性质与程度，辅助诊断。

临床心理评估方法包括观察法、会谈法和测验法三类。

一、观察法

观察是临床心理评估的重要方法之一。

观察可以在自然条件下进行，即在日常生活工作环境下观察了解来访者的行为表现；可以是直接观察，如直接观察来访者有无衣着不整、表情冷漠、言语行为反常等；也可以通过与来访者关系密切的亲属（如父母）、朋友、同事、同学、领导等知情人的观察得知其出现的问题，如性格行为变化，不愿说话，不理人，骂人或伤人毁物行为。

观察还可以在标准情境下进行。标准情境是指某些特定环境条件，如在医院的门诊或住院部，根据一定程序和内容进行观察；还可以是人为设置某些特定的情境，如让来访者做某些事时观察其反应或行为。

观察内容主要包括：

(1) 外表和行为。如衣着是否整洁，与身份相称否？是否避免目光接触？

(2) 言语和思维。如言语流畅否？言语过多或过少？有无自发言语？

(3) 情绪。如是否有情绪不稳、激动、焦急、忧愁、欣快、发怒、淡漠等？

(4) 动作行为。如有无特殊的奇异姿势或行为动作？

二、会谈法

根据会谈内容区分，可以有最初会谈、收集个案情况的晤谈和诊断性会谈。

1. 最初晤谈

问候和关心来访者，建立良好关系。

2. 收集个案情况的晤谈

需要了解和收集的信息资料包括：

(1) 症状、病史和相关因素

首先要了解来访者当前的主要症状(问题)是什么？持续了多长时间？有多严重？对生活和工作的影响程序如何？是否第一次发生？过去有无类似问题？采取过哪些措施和方法？表 3-1 列出需要了解和询问的问题。

表 3-1　了解来访者当前症状时的提问

需要了解的主要问题	需要询问的问题
当前的症状(问题)	有什么痛苦或不适的感觉？ 症状(问题)什么时候开始的？ 逐渐出现还是突然发生？ 对生活和工作有何影响？ 过去发生过吗？ 采取过哪些方法和措施？

(引自 Nolen-Hoeksema，2001)

(2) 生理和健康神经系统状况

判断来访者的心理障碍是否是生理健康或神经系统问题所致或是否与此相关是非常重要的，这影响到随访的诊断分类和治疗措施。例如，有无应用某些药物的不良影响，有无存在某些躯体疾病(如内分泌疾病)的影响？是否存在患有神经系统疾病(如脑肿瘤)的可能(见表 3-2)？还要进行基本和必要的生理检查、神经系统功能检查和特殊检查，如 CT、脑电等。

表 3-2　了解来访者生理和神经系统问题时的提问

需要了解的主要问题	需要询问的问题
生理健康和神经系统功能状况	有没有身体疾病，如内分泌疾病？ 有没有神经系统方面的问题，如有无脑肿瘤等？ 有无酗酒？ 有没有服用药物，特别是镇静药或某些特殊药品？

(引自 Nolen-Hoeksema，2001)

(3) 社会文化背景

心理障碍的发生、变化和转归与心理社会因素关系密切。心理社会因素涉及多个方面，至少包括生活事件、人格和应对方式、社会支持、自我意识和概念、生长环境和文化背景。

生活事件指日常生活工作中可能发生的各种意外变化，如工作压力、婚姻失败、事业受挫等。生活事件与心理障碍之间的关系对诊断有十分重要的意义。例如某儿童在父母离婚后出现抑郁，此时要考虑其为适应障碍伴发的心境障碍。但若其抑郁并没有任何生活事件因素时，则更多考虑为原发性抑郁。又如，某学生在经历火灾后，一直紧张焦虑，吃不好，睡不好，反复想到与火灾有关的问题，做梦都被有关情境吓醒，则要考虑其为反应性精神障碍。

人格可以看做是个体特有的、习惯化的行为特征。应对方式与人格密切相关，指面对困难、挫折时采取的态度和行为反应。人格和应对方式影响和调节生活事件对人的影响作用，对心理障碍是否发生和变化起着重要作用。例如，同样考试不及格，具有不同人格和不同应对方式的人反应完全不同。外向、乐观、情绪稳定并具有积极应对方式的人会正确面对，视失败为成功之母，更加努力，尽量看到事物好的一面，积极想办法解决问题；而内向、悲观、情绪不稳定和消极应对的人容易悲观失望，认为自己是失败者，看不到希望，放弃努力，出现焦虑抑郁。

社会支持指人们在社会环境和群体中能发现和利用的支持与帮助。例如，遇到挫折困难时，家人、朋友和同事的理解，关心支持与帮助。需要了解来访者有多少朋友与家人关系，因为周围人的社会支持可以影响生活事件的作用，减少出现问题的可能性，并有助于治疗康复。

来访者自幼成长的环境、所受的教育和文化背景与其是否发生心理障碍、障碍类别、严重程度有密切关系，例如，人格障碍的发生就与其生长环境、父母教育密切相关。因此，需要了解其家庭经济状况、家庭成员关系、父母有无离异、成长的社会环境、文化习俗特点等。

此外，对于自我意识和自我概念的认识也十分重要。自我意识和自我概念指对自己的认识和判断。来访者对自己的问题或障碍有无自知力，自我评价是否恰当、过高还是过低，这些对诊断和治疗都有重要意义。例如，某患者学习成绩不断下降，认为自己并没有什么问题，出现的症状或异常感受都是别人干扰所致，自己是受害者，没有自知力，经了解，患者有被害妄想，考虑其有患精神分裂症的可能。

表 3-3 与环境、人格、自我意识等有关的需要询问的问题

需要了解的主要心理社会因素	需要询问的问题
工作情况和生活事件	近来生活工作中发生了些什么事？
人格和应对方式	你对生活中发生的这些事怎样看和如何反应？
自我意识和自我概念	你认为自己是什么样的人？
社会支持	你的朋友多吗？家人对你怎样？
文化背景和生长环境	从事什么职业？什么文化？在什么环境下成长？

(引自 Nolen-Hoeksema，2001)

3. 诊断性会谈

诊断性会谈的重点是检查精神症状，可以按精神状况检查提纲进行会谈。精神检查提纲包括检查来访者：① 有无感知觉障碍，如幻觉；② 有无智力和思维过程障碍，如妄想；③ 有无注意力和定向力障碍；④ 有无情绪高涨或低落；⑤ 有无异常行为表现；⑥ 有无自知力。

根据形式，会谈可分为非结构式会谈、结构式会谈和半结构式会谈。

非结构式会谈问题不固定，因人而异，不同的评估者提问重点不同，有人关注现在的症状，有人关注与症状有关的因素，有人关注患者的感受。非结构会谈具有方便、灵活、深入的特点，但也有评定内容和结果不一致，缺乏可比性等缺点。

结构式会谈有统一的形式并由一致的问题组成，可以量化评估结果，具有标准化、结果数量化和可比性强等特点，但也有不灵活、费时等缺点。

半结构式会谈是非结构式会谈和结构式会谈的结合，既有一定灵活性，也有标准化和可比性特点。

专栏 3-1

结构式检查与会谈

1. 外表与一般状态评价

● 外貌与年龄 A(1)：指现场观察外貌与年龄是否相符。

评分：0＝无资料；1＝相符；2＝稍不相符；3＝不相符。

● 抑郁表现 A(4)：指现场见到的抑郁情绪的流露，反映在言语、表情及身体姿势等方面。按抑郁表现及变化程度、频度及难以使之愉快的程度评分。

评分：1＝无；2＝可疑；3＝轻；4＝中度，不问即可看出的抑郁表现；5＝偏重，看起来经常处于情绪低下(如眼中含泪)，很难使之愉快或笑一笑；6＝严重，很经常地处于严重抑郁之中(如经常哭泣)，使交谈明显受到影响；7＝极重，极度抑郁，使交谈无法进行。

● 怪异外表或行为表现 A(6)：指现场见到的明显怪异的衣着、姿势或形态，包括作态和仪式动作，例如进门前一定要跺脚 4 次、扮鬼脸等。

评分：2＝怪异行为，但临床意义可疑，如不寻常的独特风格；3＝怪异行为，虽无明显的“疯”的行为，但临床意义可肯定；4＝至少有 1 次明显的“疯”的行为；5＝偏重，如多次出现“疯”的行为；6＝很经常表现出“疯”的行为；7＝大多数行为是“疯”的，而且不能理解。

● 情感交流障碍表现 A(11)：指现场见到交谈时面部表情、眼神、手和躯体姿势、言语都缺乏相应情感交流，使人有“隔膜感”。需注意观察：是否可从面部表情看到内在思想感情，观察交流中随谈话内容具有的相应情感和表情变化、语音和语调变化，以及手势、躯体姿势变化。需特别注意眼神使用的灵活性和目光交流的及时性与充分性。

评分:4=显然见到受检者缺乏情感交流,已有隔膜感;5=明显突出的情感交流障碍,如很少眼神交流,眼睛往往看着地板或经常面向一侧;6=大部分时间眼睛看着地面或面向一侧,交谈几乎无法进行;7=情感交流的麻痹状态,无法进行交谈。

2. 幻觉评价

● 幻觉 H(10):指在缺乏相应客观刺激下出现的感知觉。综合评估幻觉坚信程度、频度、持续时间和对行为的影响。有多种幻觉时,选最重的在本项评定。

问:您是否看到不存在的或其他人看不到的东西、听到或闻到不存在的或其他人听不到的声音或闻不到的气味?有多久了?

评分:0=无;2=难说;3=轻;4=中;5=偏重;6=严重;7=极重。

[说明]若无幻觉存在的证据,则到此为止,接"思维形式障碍评价"。

● 言语性幻听 H(12):指连续评论受检者思想或行为,或对受检者说话或几种声音相互议论的幻听。

问:你是不是不止 1 次听到别人不能听到的声音?你听到了什么?请举例说明。是在互相交谈、争论,还是朝着你发号施令或说话?你见到了说话的人吗?对此你怎么解释?

评分:0=无;2=难说;3=轻;4=中;5=偏重;6=严重;7=极重。

3. 思维形式障碍评价

● 思维奔逸(说话紧迫感)T(2):指主观感到说话加速、紧迫,感到思维转得特别快,连自己也跟不上。

问:你是否感到必须说话很快、很急,自己难以控制,因此别人很难听懂你说什么?这时你的脑筋是否转得特别快?好像自己的嘴都跟不上?

评分:0=无;2=难说;3=轻;4=中;5=偏重;6=严重;7=极重。

4. 思维内容障碍评价

● 关系妄想 T(11):指异乎寻常地将看上去无关的人或事,或无意义的记号都被认为是针对自己的。

问:你是否有别人不理解的想法,有多久了?你怀疑过有人在监视你吗,你怎么知道的呢?那么你怀疑过总有人在跟踪你吗?有些事情(如广播、电视、报纸)好像是故意冲着你安排的吗?是否有人在背后议论你,讥笑你?

评分:3=不能以当时的实际情况说服其怀疑,但仅偶尔出现,他自己也感到可能是多心,这种观念很轻微,但临床意义已可肯定;4=显然是一种异常观念;5=明显持续的异常观念或部分妄想;6=完全妄想;7=妄想明显影响行为。

[说明]部分妄想是指妄想尚未完全形成,主要表现为对妄想内容尚没有完全确信,询问的典型问题是:"你真的认为这都是真实可信的吗?一点疑问也没有?"

● 被害妄想 T(12):指异乎寻常地坚信自己或与自己关系密切的人可能或已经遭受迫害、攻击、折磨、欺骗或毒害等。

问：是否有人想给你制造麻烦，反对你，给你难受，或者想伤害你，使你不得不时时防范呢？

评分：3＝不能以当时情境说服的怀疑，但仅偶尔出现，他自己也感到可能是多心；4＝显然是一种异常观念；5＝明显持续的观念或部分妄想；6＝完全妄想；7＝妄想明显影响行为。

5. 情感症状

● 易激惹 E(4)：指容易愤怒和发脾气，甚至毁坏东西或打骂人。

问：你是不是有过 1 周或更长时间比平时容易发怒，以致对人大喊大叫，引起争吵或损坏东西？这时用药或喝酒了吗？二者有联系吗？这种容易激惹的情绪持续了多久？

评分：3＝轻，愤怒情绪虽轻，但临床意义可肯定；4＝中，显然容易愤怒，发脾气；5＝偏重，经常(3～4 天/周)容易发脾气，曾有 1～2 次摔东西或损坏物品；6＝严重，很经常地发脾气，摔东西，曾有 1～2 次打人；7＝持续发脾气，打人毁物，造成严重损失。

6. 自杀观念和行为

● 自杀观念和行为 T(41)：指故意采取自我致死的想法和行为。可以从只有自杀动机，自觉活在世上没有意思，还不如死了好，甚至作好了自杀的计划和安排，但尚未付诸行动，一直到故意采取自我致死的行动，并已达到死亡的目的。

问：你是不是有过 2 周或更长时间，对死的问题想得很多？甚至自己愿意去死，并想好怎么死的方法？你真的采取过自杀的行动吗？

评分：3＝轻，想到最好去死或偶尔想自杀，但未考虑自杀的方法；4＝中，肯定想自杀或已想好了自杀的具体方法，但尚未采取行动；5＝偏重，如经常想自杀或反复考虑自杀的计划，或者已作好了自杀准备；6＝重，如对很可能的致死的自杀方法作好了准备；7＝极重，自杀未遂，但已有强烈的医学损伤。

摘录于 CCMD-3“健康问题与疾病定量测试法”(陈彦方，2001)

三、心理测验法

心理测验指在标准的情境下，对个人行为样本进行客观分析和定量描述的一类方法。

目前流行的心理测验量表很多。据调查统计，每年都有新的量表出现，目前仅以英语发表的就已达 5000 多种。常用心理测验可以按功能归纳为以下几类：

(1) 能力测验。如智力测验、适应行为发展量表、心理发展量表和特殊能力测验等。

(2) 人格测验。如艾森克个性问卷、明尼苏达多项人格问卷、罗夏墨迹图等。

(3) 临床评定量表。如 90 项症状自评量表、儿童行为问卷等。

(4) 神经心理测验。如 HR 神经心理成套测验。

一个有效的、良好的心理测验,应该具备以下基本条件(姜乾金,2002):

(1) 标准化。所谓标准化测验,就是测验目的明确,设计科学,对测验量表的每个项目进行严格的科学程序筛选和编制的,有统一的实施手续、评分方法、解释原则。

(2) 常模。是用来解释测验结果的依据。心理测验的常模是通过有代表性的样本建立起来的,通常有年龄常模、百分等级常模、标准分数常模等等。它有多种形式:均数,标准分(standard score)包括 z 分、离差智商、t 分、标准 20、标准 10 等,百分位(percentile rank,PR),划界分(cutoff score)以及比率(或商数)等。

(3) 信度。指测验分数的可靠性和稳定性。主要有分半信度、α 系数、正副本相关、重测信度、评分者之间一致性检验等方法。结果用信度系数(reliability coefficient)表示,系数越大,则信度越大。

(4) 效度。指测验测得的结果能否代表它所要测量的心理行为特征,在心理测验中常用估计效度方法有内容效度、结构效度、效标关联效度等。

在使用心理测验时应注意,测验实施人员必须经过相关的专业培训。在使用过程中,注意严格按照测验标准化的要求进行施测、计分和解释。而且即使是严格按照心理测量学的要求制定的心理测验,其测量所得到的结果,仅可作为个体差异比较之用、不同研究组的比较之用和诊断的参考,不可将测量所得结果直接看做是心理障碍的诊断。

此外,需要注意的是,尽管测验实施人员具有专业培训的背景和相关经验,尽管成型的心理测验具有良好的信度和效度,但临床评估工作仍可能遇到困难。例如,很难从儿童那里获得准确的信息。因为儿童的认知能力和言语表达能力的限制,他们无法分清和报告自己的情绪、思想和感受,这使得专业人员不得不依靠其父母或教师的报告,但他们的观察常常又是不够客观和准确的(Nolen-Hoeksema,2004)。文化差异也可能对临床评估造成困难。不同的言语表达方式可能造成交流和理解的问题,不同文化对于人的行为的期待可能造成对于异常理解的差异(Oltmanns & Emery,2004)。例如,东方人常常不表达情绪问题,而更多的主诉其躯体难受的感觉。此外,由于文化差异,一些由西方学者编制的心理测验,在中国使用时如未经修订,无法保证其具有原量表在西方使用时一样的效果。这也是专业人员应该注意的问题。

第二节 常用心理测验

一、智力测验

智力测验主要用于评估人们的一般智力水平和诊断智能损伤或衰退的程度。各种智力测验的量表都是由一定数量的测量项目或作业组成的,这些项目或作业必须经过精心挑选和加工,并通过标准化的程序建立常模。被测验者的成绩按完成项目或作业数量评分计算,然后把这种以分数计算的成绩与常模相比较,便可以对被测验者的智力水平作出评估。

1. 斯坦福-比内智力量表

世界上第一个智力量表是1905年由法国心理学家比内(Alfred Binet)和他的合作者西蒙(T. Simon)编制的比内-西蒙智力量表(Binet-Simon Scal)。1916年美国斯坦福大学的推孟(L. M. Terman)教授,对比内-西蒙智力量表进行了修订。修订后的新量表被称之为斯坦福-比内智力量表(Stanford-Binet Intelligence Scale),成为现代常用智力量表之一。推孟对智力测验最重要的贡献,是他在斯坦福-比内智力量表中提出并使用了"智力商数(intelligence quotient)"概念,简称为"智商"(IQ)。智商的概念不仅可以说明一个人本身的智力水平,而且能够与同年龄的人相比,表明其在同龄人群中智力处于何种程度(见龚耀先,2003)。

智商的计算,只要把心理年龄(MA)除以实足年龄(CA)乘以100即可,其公式是:

$$IQ=(MA/CA)\times 100$$

如果一个儿童的心理年龄与实足年龄都11岁,其智商就是

$$IQ=(11/11)\times 100=100$$

这表明他的智力水平为中等,与同龄大部分儿童的聪明程度差不多。

从大量的测验统计资料的分析来看,人群中的智商是按照常态曲线分布的,大多数人的智商是在90～110之间。根据这种分布,推孟把智力水平分成若干等级,成为智力功能评估的参考依据。

推孟提出的智商概念,现在已被测验心理学家所接受,但是它存在很大的局限性。因为它引用心理年龄这个概念,把智力看成是与生理年龄发展相平行的。斯坦福-比内智力量表几经修改,到1960年,对智商的概念作了重大改变,以离差智商代替了心理年龄除以实足年龄的比率智商。这个修订本被称为LM型。

比内-西蒙智力量表是1922年开始传入我国的。1924年,陆志韦把它修订成"中国比内智力测验",适用于江浙一带的儿童。1936年,陆志韦又与吴天敏合作进行第二次修订,把适用的范围由南方扩大到北方。1982年,吴天敏对"第二次修正中国比内西蒙测验"再次进行修订,称为"中国比内测验"(见龚耀先,2003)。

"中国比内测验"内容包括51项(郑日昌,1999),内容涉及辨别图形、数字能力心算、说反义词、判断情景、造语句、解释成语、走迷津等。

"中国比内测验"的实施方法,是按被测验儿童的年龄从指导书的附表中查到开始的试题,依此逐项进行测验,直到连续5题不能通过为止,每通过一题,即记1分。然后将答对题的分数之和加上补加分,便得到一个测验结果的总分。最后,依据测验总分和被测验儿童的实足年龄,在指导书的智商表中查出其相应的智商值。

2. 韦氏智力量表

韦氏智力量表是指由美国心理学家韦克斯勒(David Wechsler)所编制的一组智力测验量表,包括成人智力量表(Wechsler Adult Intelligence Scale,WAIS)、学龄儿童智力量表(Wechsler Intelligence Scale for Children,WISC)、学龄前儿童智力量表(Wechsler Preschool and Primary Scale of Intelligence,WPPSI)。

韦克斯勒给智力的定义是:"智力是个体有目的的行为,是进行有理智的思考及有效地应付环境的整体的或综合的能力。"(见龚耀先,1983)根据他对智力的解释,形成了对智力量表的新构思,以韦氏成人智力量表为例,共有 11 个分测验,组成言语和操作两部分。言语部分称为言语分量表,包括常识、理解、心算、类同、背数、词汇等 6 项测验;操作部分称为操作分量表,包括译码、填图、积木图案、图片排列、物体组合等 5 项测验。

韦氏系列智力量表的一个重要特点是采用离差智商反映智力水平。所谓离差智商,就是以同龄人群测验成绩均数为参照点、以标准差为单位来表示被试的智力水平。每个年龄组的平均水平确定为 100,标准差单位定为 15。如果一个人测得的智商成绩比同年龄组的平均成绩高一个标准差,那么他的智商就是 115;相反,如果低一个标准差,那么他的智商就是 85。

此外,根据智力量表中的言语和操作测验成绩和不同测验项目评分结果,可以进一步分析被试的智力特征或能力的强点与弱点。

我国自 1979 年开始,由龚耀先等人对韦氏智力量表进行了修订,分别有:中国修订韦氏成人智力量表(龚耀先,1981),韦氏儿童智力量表中国修订本(林传鼎,1986),中国韦氏幼儿智力量表(龚耀先,1986)等。目前,韦氏智力量表在我国已经广泛应用。

二、人格测验

现有的人格测量工具种类繁多,分类方法也各不相同,但通常可将其分为问卷类和投射测验类。

(一) 问卷类人格测验

问卷类主要指自陈式人格问卷或人格调查表,它们是由牵涉个人特质、思想、情感、行为的条目组成,要求被测验者根据问卷所提出的问题选定适合自己情况的答案。属于此类的测验很多,主要有艾森克个性问卷,16 项人格因素问卷,明尼苏达多相人格问卷,加利福尼亚心理调查表(California Psychological Inventory,CPI),Millon 多轴临床问卷(Millon Clinical Multiaxial Inventory,MCMI)等。此类测验归纳起来具有如下一些特征:① 结构明确,被试面临的是在几个有限的选择中作出回答。② 非蒙蔽性,主试被试双方都同样了解测验的目的。③ 经济、记分简便、易作解释。此类测验广泛应用于人格研究、精神疾病诊断、咨询、教育、职业选择等方面。

1. 明尼苏达多相人格调查表

明尼苏达多相人格问卷(Minnesota Multiphasic Personality Inventory,MMPI)由

美国明尼苏达大学心理学教授 S. R. Hathaway 和精神科医生 J. C. McKinley 于 20 世纪 40 年代编制而成，它是采用经验标准法编制自陈量表的典范。在当今，MMPI 已成为应用最广泛的客观性人格评估工具，使用它的国家达 65 个，有关 MMPI 的论文及书籍超过万余篇(册)，而根据 MMPI 引申的问卷版本达 115 种之多，是人们最熟悉和研究最透彻的人格测验(纪术茂、戴郑生，2004)。

MMPI 在最初编制而成时，其主要功能和目的是测查个体的人格特点、判别精神病患者和正常者、用于病理心理方面的研究、帮助医生在短时间内对各类精神疾病进行全面客观的筛查和分类，同时还用于对躯体疾病的患者的心理因素进行评估。现在已广泛地使用于人格鉴定、心理疾病的诊断、治疗、心理咨询以及人类学、心理学、医学的研究工作。

20 世纪 80 年代初，中科院心理所宋维真将 MMPI 引入我国，组织全国有关单位进行了适合中国国情的 MMPI 的标准化修订工作，1984 年初步确定了中国标准。研究结果表明，除了少数项目以外，MMPI 也同样适合中国的临床诊断和人格检查。经过多年的临床验证，于 1989 年正式在中国出版，在医学界和心理学界得到了广泛的应用。

原版 MMPI 共 566 题，其中 1～399 题是与临床量表有关的题目，400～566 题与另外一些研究量表有关。题目内容范围很广，包括身体各方面的情况、心身症状、性问题、还有各种神经症和精神病的行为表现，如强迫观念和强迫行为、焦虑、幻觉、妄想等。仅用于精神病临床辅助诊断时，一般采用前 399 题。

MMPI-2 保留了原版 MMPI 的 550 个条目，并对其中 85 条作了改写，也增加了一些新的条目，共 567 题。

MMPI 常用的有 14 个分量表，即 4 个效度量表和 10 个临床量表。由于 MMPI 的编制是以传统的精神病学诊断为依据的，因此量表名称采用了精神病学的概念，但其实际意义都远远超出了这个范围。

MMPI 除上述主要量表之外，还有相当数量的附加量表，如 Dy(依赖性)、Do(支配性)、Es(自我力量)、Dr(偏见)等等。

专栏 3-2

MMPI 的 4 个效度量表和 10 个临床量表

1. MMPI 的 4 个效度量表

(1) 疑问(Q)：反映被试不能回答的题目数，一般限制在 10 个以内。如多于 10 个题以上，要求被试重新审查答案补答。高分反映被试有回避问题，不合作和过分防御的倾向，测验结果不可靠。

(2) 掩饰(L)：由反映个人品行的项目组成，如“我对我遇到的人都微笑”。测量过多宣扬自己优点的倾向，高分反映有意表现的倾向。

(3) 效度(F):由正常人群较少有的问题组成,如"有一个反对我的国际阴谋(是)"。高分表示任意回答、诈病或确系严重偏执。

(4) 校正分(K):反映过分防御或不现实偏向。有些临床量表(Hs,Pd,Pt,Sc,Ma)需要K来核正,以减少假阳性或假阴性结果。

2. MMPI的10个临床量表

(1) 疑病量表(Hypochondriasis,Hs):测量被试的疑病倾向或对健康和身体的关怀程度。由与躯体健康有关的条目组成,如"我每周胸痛好几次(是)"。高分表示被试有许多身体上的不适、不愉快、自我中心、敌意、需求、寻求注意等。

(2) 抑郁量表(Depression,D):测量情绪低落、焦虑的问题。问题如"我通常感到生活有趣和有价值(否)"。高分表示被试情绪抑郁,缺乏自信等。

(3) 癔病量表(Hysteria,Hy):反映对心身症状的关注和敏感、自我中心等特点。条目如"我的心脏跳得很厉害,以至常常我都能感觉到(是)"。高分提示被试倾向于用否认和压抑来处理困难冲突的特点。

(4) 病态人格量表(Psychopathic Deviate,Pd):测量社会行为。条目如"我的行为和兴趣常常被别人批评(是)"。高分反映被试冲动、社会适应差,无视法规和权威,敌意和攻击性等倾向。

(5) 男性-女性倾向量表(Masculinity femininity,Mf):测量男性或女性气质差异及同性恋倾向。条目如"我喜欢摆弄(是)"。高分男性表现为敏感、爱美、被动,女性化倾向;低分男性表现为好攻击、粗鲁、爱冒险、粗心大意及兴趣狭窄等。高分女性表现为粗鲁、好攻击、自信、缺乏情感、不敏感等;低分女性多为被动、屈服、诉苦、吹毛求疵、理想主义、敏感等特点。

(6) 妄想量表(Paranoia,Pa):测量异常思维特征,如怀疑,甚至妄想。条目如"有坏人试图影响我的思想"。高分常与多疑、孤独、敌意、愤怒、指责有关。

(7) 精神衰弱量表(Psychasthenia,Pt):测量强迫、恐怖等神经症等特点。条目如"我保留几乎所有我买的东西,即使我不再用它(是)"。高分者反映紧张、焦虑、强迫思想和恐怖等特点。

(8) 精神分裂症量表(Schizophrenia,Sc):测量怪异思维和行为等精神分裂症的特点。条目如"我周围的事物似乎不真实(是)"。高分反映退缩、情感不稳、思维怪异、幻觉和妄想。

(9) 轻躁狂量表(Hypomania,Ma):反映过分兴奋、夸大等轻躁狂症的特点。高分反映外向、夸张、易激惹、精力过分充沛、乐观、无拘束等特点。

(10) 社会内向性量表(Social Introversion,Si):测量社会化倾向,低分反映外向,高分反映内向、羞怯、退缩、不善交际、屈服,过分自我控制等。

(引自纪术茂、戴郑生,2004)

MMPI 可有多种实施形式，如用卡片、问卷、磁带或人机对话式等，既可个别施测，也可团体施测。一般均采用个别问卷式。不论采用何种形式，均要求被试根据自己的实际情况在各项目下选答“是”或“否”。

测验结束后，根据被测验者回答情况进行统计分析，并作剖析图，提供解释的依据。MMPI 的分数结果分析是采用标准分制，通过标准分的线性转换公式来进行计算，即：

$$t=50+10(X-M)/SD$$

公式中 X 表示某一被测验者在某一分量表上所获得的原始分；M 表示被测验者所在样本团体在此量表上的原始分均数；SD 表示该样本团体在此量表上的原始分标准差；50 是被确定的 M 的标准分数值；10 是被确定的 SD 的标准分数值。根据这一公式计算出的标准分数，便可以了解某一被测验者在某一量表上所表现的偏离情况。

MMPI 在实际应用过程中，已逐步形成一种“编码分析法”作为人格评估的解释模式（纪术茂、戴郑生，2004）。在临床使用最多的是两点编码模式。这种方法是把 10 个临床量表按 1 至 0 的顺序进行编码，根据两个具有高峰点的临床量表构成的特殊剖析图来分析评估人格方面的主要问题，分数高的量表编码写在前面，如 1/2，表明编码为 1 的 Hs 表分数高于编码为 2 的 D 表分数，而这两个表的分数在 10 个分量表中是最高的；如果两个量表分数一样高，则将其写在一起，例如 Hs 和 D 两个临床量表 T 分都是 65 分，在剖析图上是高峰点，并高于中国常模均数一个标准差以上，就形成 12/21 型的剖析图式。具有这种剖析图模式的人，多见于神经症病人，主要表现为疑病、焦虑、抑郁，担心自己的身体健康不佳，喜欢找医生，但又不相信医生。而在精神分裂症病人中常见到的剖析图则是 68/86 型为多，即 Pa 和 Sc 两个量表的标准分数超过 60 形成的高峰点，它反映了精神分裂症病人常有的多疑、不信任、退缩、情感淡漠、思维紊乱、妄想、脱离现实等症状。两点编码法在临床诊断中具有较高的参考价值。除了两点编码法外，还有三点编码法、四点编码法，当然那些是更为复杂的分析方法。

以下是 MMPI 的应用解释举例。

【案例 3-2】

姓名：××× 性别：女 年龄：28 岁

测验原因：易疲劳，头昏，烦躁不安等。

测查结果（t 分）：效度量表：Q＝44，L＝55，F＝58，K＝47；

临床量表：Hs＝82，D＝55，Hy＝79，Pd＝65，Mf＝31，Pa＝63，Pt＝58，Sc＝60，Ma＝65，Si＝46。

有效性分析：被试作 MMPI 时合作，4 个效度量表均在可接受范围，提示 MMPI 剖析图结果有效。也提示被试能对任务作恰当反应。

评分型式分析：两点编码为 1/3（Hs，Hy），表现为混合症状形式，被试主要表现出躯体症状，如疲劳、疼痛、虚弱、昏眩等。面对这些症状，被试并不表现出焦虑或抑郁（D 不高），提示被试面对冲突时，表现出过分的否认和压抑。被试有强烈的情感需要，寻求注意(Hy 高)。

Hy 高分和 Mf 低分提示人际关系倾向于被动、依赖,对人际交往要求高,有以躯体症状来控制他人的倾向。

诊断考虑:测验结果提示被试为神经症性适应问题,临床可考虑转换障碍或躯体化障碍诊断。

轴Ⅱ诊断为:"依赖性人格"。

治疗考虑:这种剖析图的被试,因缺乏心理领悟,容易对治疗产生阻抗,对自己的问题主要寻求药物的帮助。她可能过分防御,不愿自我揭露;另一方面,她对自己的情境很少焦虑,也许会缺乏改变行为的动机。安慰剂、轻度暗示对被试可能会有些帮助,需要长时间的心理治疗。

2. 艾森克人格问卷

艾森克人格问卷(Eysenck Personality Questionnaire, EPQ)由英国心理学家艾森克夫妇根据以往所编制的几个人格调查表发展而来。EPQ 和 MMPI 一样,采用自我报告的形式。问卷分为成人和少年两种:前者适用于 16 岁以上的成年人,后者由我国心理学家陈仲庚、龚耀先等人分别对 EPQ 作了修订。他们认为,此量表项目较少,手续简便,内容也较适合我国国情。在我国南方和北方的测试中,都表明有一定的信度和效度。问卷包括以下 4 个彼此相互独立的分量表(陈仲庚,1986)。

(1) E 量表:反映性格的内外倾向。高分表示外向,低分表示内向。

(2) N 量表:反映情绪的稳定性,又称为神经质量表。高分者表现焦虑,紧张,易怒,常带抑郁,对各种刺激的反应都非常强烈;而情绪稳定的人,N 量表的分数很低。

(3) P 量表:又称为精神病质量表。高分者表示孤独,不关心别人;常有麻烦,可能缺乏同情心,感觉迟钝;对人抱有敌意,具有攻击性;喜欢一些古怪的事情,有冒险行为。

(4) L 量表:测定被测验者的掩饰程度。

一般根据各维度 t 分的高低来评定被试的人格倾向或特征。

若以 E 量表得分为横轴,N 量表得分为纵轴,便构成 4 个象限,即可把人格划分为 4 种主要的类型:外向情绪稳定(相当于多血质)、外向情绪不稳(相当于胆汁质)、内向情绪稳定(相当于黏液质)、内向情绪不稳定(抑郁质)。

在实际生活中,多数人属于两极端之间,倾向内向或外向,或倾向情绪稳定或不稳定。因此每一维度又根据 t 分范围设立内向(或外向)或稳定(或不稳定)、倾向内向(或外向)或倾向稳定(或不稳定)及中间型共 5 级。这样,除完全的中间型外,还可有 24 种不同偏向的人格类型。

3. 16 项人格因素问卷

16 项人格因素问卷(16 Personality Factor Questionnaire, 16PF)是卡特尔(R. B. Cattell)根据人格特质说观点,采用因素分析的方法编制而成。卡特尔应用多种问卷和调查表，发现从1946个题目中可以提出20个因素，几经修改和淘汰，最后留下187个题目组成包括15个人格因素和1个一般智力因素的16PF，于1949年第一次出版因素分析的结果。16PF自问世以来，作过多次修订和补充，现已发展有5种复本：A,B,C,D和E式。16PF主要目的是确定和测量正常人群基本人格特征，并进一步评估某些次级人格因素，适用于16岁以上成年人。国内辽宁教科所李绍衣等于1981年修订了这一量表（见陈仲庚，1986）。

此量表可测查16项基本人格因素，而16种基本人格因素还可进一步组合成4种次级人格因素，分别是：① 焦虑因素，反映适应水平与焦虑情况；② 内外向因素，反映内向与外向特点；③ 情感因素，反映情感活动和处事特征；④ 顺从与独立因素，反映被动与主动、依赖与独立、顺从与攻击等特征。此外，还有反映心理健康水平、专业成就和创造力特征的分数。

16PF各因素的粗分可转换成标准分。采用标准10分，分数范围从1至10，均数为5，标准差为1.5。通常认为3分以下为低分，7分以上为高分。各因素含义及高低分反映的主要特征见表3-4。

表3-4 16PF各因素分数的意义

因　素	高分特征	低分特征
A 因素（乐群性）	外向、热情、喜参与	孤独、冷漠
B 因素（聪慧性）	聪明、善于抽象思维	迟钝、学习与理解能力差
C 因素（稳定性）	情绪稳定、适应现实	易烦恼、受环境影响
E 因素（支配性）	独立、好强、积极、反抗	谦虚、顺从、消极
F 因素（兴奋性）	活泼、随遇而安	少语、拘谨、深思熟虑
G 因素（有恒性）	责任心强、细心	敷衍、缺乏原则
H 因素（敢为性）	自信、敢作敢为	自卑、退缩
I 因素（敏感性）	感情丰富、幻想	冷静、现实
L 因素（怀疑性）	多疑、刚愎、固执	信赖、随和
M 因素（幻想性）	多幻想、不实际	循规蹈矩
N 因素（世故性）	社会经验丰富、理智	单纯、坦诚、感情用事
O 因素（忧虑性）	多虑、患得患失、自卑	自信、冷静、安全感
Q1 因素（反抗性）	自由、开放、尝试新事物	保守、被动、接受
Q2 因素（独立性）	自立、有主见	依赖、附和
Q3 因素（自律性）	自制力强、自尊	自制差、矛盾冲突多
Q4 因素（紧张性）	紧张、易烦恼、缺乏信念	平静、随和

（引自郑日昌，1999）

在对16PF的分数解释时，要考虑到不同人群常模的差异，如男女差异、文化和职业差异等。还要考虑受测者的态度有无伪装，或是随机回答，这可以从3个效度量表分反映出来。以下是一个简要的16PF的临床分析，供应用参考。

【案例 3-3】

某女，23 岁，在 16PF 的得分(标准 10 分)如下：

因　素	A	B	C	E	F	G	H	I	L	M	N	O	Q1	Q2	Q3	Q4
标准分	3	8	6	10	8	4	4	7	5	10	9	8	7	8	1	6

分析：这是一个支配性和攻击性很强的年轻女士，她自我控制能力很差(自律性因素，Q3=1)。她在兴奋性因素(F)的高分(8 分)表明其不成熟特点，社会责任感较差(有恒性因素，G=4)，较高内心冲突(忧虑因子，O=8)。她的稳定性因素分(C=6)在平均水平，表明她有能力提高个人的适应水平。这一点，加上她较好的智力水平(聪慧性因素，B=8)表明她的心理治疗的效果会较好。她在支配性因素(E)的极端的高分(10 分)和在反抗性因素(Q1)的相对高分(7 分)，表明她将是一个难于相处的人。她在幻想性因素(M)的高分(10 分)提示她有太多的精力，可能浪费在无用的白日梦上，而不是把精力放在建设性的事业方面。她不适合从事需要细心、注意细节的那一类工作。

(二) 投射测验

投射测验或称投射技术(projective techniques)，假设个体不是被动地接受外界的刺激，而是主动地有选择地给外界的刺激赋予某种意义，然后表现出适当的反应，人们可从这些反应中推论他的人格。如罗夏墨迹图、主题统觉测验、画人测验(Draw-a-Person Test，D-A-P)等，都是常用的投射技术。

投射测验与其他人格测验比较，有以下一些特征：① 呈现给被试的是一个模糊而相对无结构的刺激情境，这使被试有机会表达他内心的需求及许多特殊的知觉和对该情境所作的许多解释，许多潜意识的东西在问卷式的人格测验中常常不能显露出来的。② 在呈现测验时被试不知测验的目的，因此，不易伪装。③ 被试可以各种方式来自由回答，不同于问卷方法的强迫性回答。④ 此类测验注重人格的整体分析，而一般的人格测验往往只能测量某些人格特征。

1. 罗夏墨迹图测验

罗夏墨迹图测验(Rorschach Inkblots Test，简称罗夏测验)是一种投射技术。它是由瑞士精神病学家罗夏(H. Rorschach)设计编制的一套测验。多数心理学家认为，罗夏测验是适用于成人和儿童的良好的人格投射测验，对于评估了解人格有一定的实用价值。罗夏测验的价值在于能了解人格的结构和动力系统。但其结果分析和解释比较复杂，掌握有较大的难度，因此应用受限。

罗夏测验是由 10 张墨迹图组成的，其中包括 5 张各不相同的灰色阴晕的墨迹图片和 5 张全部或部分彩色的墨迹图片。

罗夏测验实施的最一般的方法是，将 10 张墨迹图片按规定的顺序逐一呈现给被测者，让他看图片并说出他在墨迹图上看到的“事物”。对每一张墨迹图，他可以说出一种或几种事物,他认为是什么就说什么,不加任何限制。测验者根据被测验者说出的事物按其内容和特征进行记录,作为对测验结果进行分析的依据。

罗夏测验的解释是一个艰巨的过程,需要施测者有广泛的人格理论、心理病理的知识和经验。对任一反应的解释都要综合该反应的各种性质,即每图第一回答时间、回答所指部位、所用的决定因素、知觉的性质、内容等进行分析。归纳起来至少可从以下两方面着手:① 对各类反应的分布情形做量的分析,对测验的各种变量,如回答次数、决定因素的次数、各种比例等进行量的分析。② 对个人知觉内容做质的分析,如被试看到的多半是动物或无生命的东西,是人或动物,是表现情感的或敌意的,在解释被测者人格时就有很大的不同(龚耀先,2003)。具体对每一被测者来说,解释并非根据某一反应而是要将量和质的分析综合起来对整体的分数做出解释。同时要注意记录被测者所表现的一切特异的行为细节,如经常要求指导的被测者,提示依赖性强。施测时被测者表现紧张,问很多细节问题,又翻看卡片背面等,提示被试怀疑心重,可能有妄想症。

【案例 3-4】

某被试看卡片 2 后的回答是:"有 2 只熊,熊掌贴着熊掌,好像在玩拍巴掌,或者也可能是在打架,红色是打架后流出的血。"

记录:

(1) 反应部位:D 明显的局部反应。

(2) 决定因素:F(较相似),M(动物在动),C(红色表示血)。

(3) 内容:A(动物)。

(4) 反应普遍性:P(看到熊是常见的回答)。

解释:被试开始以动物回答做出反应,是常见反应,比较现实,开始回答是游戏或幼稚的行为,然后是打架、流血的敌对行为,这提示他有可能难以控制自己对环境的反应,试图用幼稚的表面现象掩饰内在的敌意和破坏情绪。(引自陈仲庚,1986)

在实际解释过程中,情形比上例中要复杂得多,应密切结合临床资料进行综合分析。

2. 主题统觉测验

主题统觉测验(Thematic Apperception Test,TAT),由美国哈佛大学心理学家 N. A. Murray 设计编制。1938 年 Murray 及其同事在哈佛心理诊所用它来研究人格问题,以后便把它推广到精神疾病的临床诊断及研究儿童的心理发展。

TAT 是由 30 张图片和 1 张空白卡片组成的,图片都是含义隐晦的情景。按年龄、性别把图片组合为 4 套测验,分别适于男用、女用、男孩用和女孩用。每套测验 20 张,包括 19 张图片和 1 张空白卡。TAT 的 30 张图片有些是 4 组共用的,有的是男性成人和男孩共用的,有的是女性成人与女孩共用的,也有男女成人共用或男女成人分别使用的。使用前要根据被测试者的情况分出相应的 19 张图片。

TAT 的使用方法是，施测者按编号大小逐一向被测验者呈现图片，让被测验者按照要求对每一张图片做出回答：根据图片讲一个故事，描述发生了什么？图片中人物的特点、情感和思想，并给出故事结局。每套测验的两个系列分两次进行。测验后，测验者与被测验者会谈，了解其新编讲的故事的根据、来源，以供分析时参考。

被测验者把图片编成故事，一般都具有某种主题的想象，反映内心存在的某种观念、想法，表现出他的心情、情感、某种矛盾的冲突。所以，TAT 的作用主要是据其了解被测验的人格倾向，因为这与他的生活经历和经验有很大的关系，在临床上使用具有一定的意义。

在临床上，通常用 TAT 来发现一些具有特征性病理征的精神障碍病人。例如情绪不稳的被测者常常对刺激图有过分的情绪反应，如批评、哭泣、过于重视故事的情感等。有强迫观念的被测者倾向于给予过于详细的描述和刻板的回答。偏执的被测者描述的主题常常是猜疑、特务行为、偷偷摸摸和从背后袭击等。抑郁病人可能主要集中在过去，对现在的强调很少，对将来根本没有兴趣；描述的故事内容受限，反应慢，故事中可能包括自杀念头、拒绝等主题。癔症病人倾向于情绪易变，故事内容陈旧，强调规范、道德等。精神分裂症病人描述的故事结构无组织性，用特殊的言语表达，缺乏连贯的主题等。

三、神经心理测验

神经心理测验主要通过对心理行为的测量来评估大脑功能的状况及大脑功能受损的性质和程度。神经心理测验大多采用操作行为或空间知觉方面的项目，以定量分析的方法来测验人的智力、感觉-运动技能、记忆能力、语言和思维能力、反应速度等，评估脑疾病病人的知觉运动能力、语言能力、智力状况等，为临床诊断、鉴别及评估治疗效果提供有效的证据。

神经心理测验大致可分为单项测验和成套测验。

(1) 单项测验重点突出、简捷，如本顿视觉保持测验，重点测查空间知觉和记忆力，省时。但单项测验形式单一，功能局限。

(2) 成套测验由多个分测验组成，形式多样化，测查范围广泛，可全面反映脑功能状况。如 HR 神经心理成套测验，由 10 个分测验组成，测查从感知觉和运动到记忆与思维等多方面的功能。但成套测验也有费时、重点不突出的缺点。

从广义上讲，神经心理测验还包括多种与脑功能关系密切的测验方法，或者在实际应用中结合这些测验方法，如记忆测验、智力测验和人格测验等。

若按测验的主要功能分类，神经心理测验可包括智力测验、记忆测验、言语测验、感知觉测验、运动测验、空间和结构能力测验、抽象思维能力测验、注意和定向测验、人格测验、其他（如特殊能力测验）。

以下是一些常用的神经心理测验方法。

1. 本德-格式塔测验

本德-格式塔测验(Bender-Gestalt Test)由 L. Bender 编制,主要测查空间能力。要求被试者临摹一张纸上的 9 个几何图形,根据临摹错误多少和错误特征判断测验结果。

早期的临床研究表明,此测验能有效地区分脑损伤患者和正常人。但后来的研究提示,单独用此测验结果判断有无脑损伤是不够的。目前此测验常作为简捷的空间能力测查和有无脑损伤的初步筛查工具。

2. 本顿视觉保持测验

本顿视觉保持测验(Benton Visral Retention Test)由 A. L. Benton 编制,测验要求被试者凭记忆临摹所看过的几何图案,有 C,D,E 三式图片和 A,B,C,D 四种实施方法,测查瞬时记忆、视知觉和空间结构能力。根据临摹图正确与错误进行评分。

临床应用表明,正常人与脑损伤患者在此测验中的成绩差异非常显著,测验可用于判别有无脑损伤和视知觉及瞬时记忆能力的评估。

3. 威斯康星卡片分类测验

威斯康星卡片分类测验(Wisconsin Card Sorting Test)首先是由 C. Berg 于 1948 年用于检测正常人的抽象思维能力,后经 R. K. Heaton 等修订、发展,已成为评估心理灵活性和检测大脑功能障碍常用临床神经心理评估工具。测验要求被测者根据要求按照颜色、形状、数量三个不同维度对卡片进行分类。而选择的维度在测试中是经常变化的,这就要求被测者形成正确的假设,并且有能力根据施测者提供的反馈信息调整假设,因此该测验测量了概念性思维和心理灵活性。

分类卡片有 4 张刺激卡片和 128 张分类卡片,卡片上绘有 1～4 个数量不同的图案,图案由红、绿、蓝、黄 4 种不同颜色和方、圆、五星、三角 4 种不同形状组成。测验要求被测者依次把卡片摆放在刺激卡片下面,施测者每次都告诉被测者放对了还是放错了,但指导语中不给任何有关分类原则的提示。分类顺序为颜色、形状、数量。当被试连续 10 次分类正确,可转换到下一个形式分类,依此类推。完成三种形式分类后,再重复一遍。共完成 6 次正确分类,或不能正确完成 6 次分类者,全部用完 128 张卡片为止,即结束测试。结果评分标准为:① 总正确数;② 总错误数;③ 持续反应数;④ 非持续错误数;⑤ 持续错误数;⑥ 完成分类次数;⑦ 概括力水平(%)。测验要求被测者根据接受到的反馈信息模式,推导出转换分类原则,从而测量了被测者的抽象分类、概念性思维及转换心理定势的能力。

威斯康星卡片分类测验成绩差被认为与前额叶损害有关,是一个比较好的反映概念形成和抽象思维能力的测验。也有报告认为,威斯康星卡片分类测验成绩不好反映了全面的认知功能减退。Heaton 认为,除非有其他的证据,否则威斯康星卡片分类测验成绩差无法分辨是额叶功能损害还是弥漫性大脑功能损害。还有研究认为,威斯康星卡片分类测验成绩不好可能与额叶和基底神经节的连接通路损害有关。

4. 汉语测评方法

汉语测评方法由胡超群等人 1990 年编制(见李心天,1998),可用于判断有无失语症状和对汉语语言机制进行研究。测验包括基本分测验和延伸分测验两大部分。基本测验项目包括:① 口语理解;② 口语表达;③ 阅读理解;④ 书写表达。另有与言语能力相关的其他心理能力的测评,如言语动力状态、记忆和思维能力等。此测验已在临床研究广泛应用,结果表明对判断有无失语及失语类型有效。

5. HR 神经心理成套测验

HR 神经心理成套测验(Halstead-Reitan Neuropsychological Battery,HRNB)由 W.C. Halstead 编制,R.M. Reitan 加以发展而成,在中国已有修订版(龚耀先等,1986)。这一测验用于测查多方面的心理功能或能力状况,包括感知觉、运动、注意力、记忆力、抽象思维能力和言语功能等。此测验有成人、儿童和幼儿三式。在此介绍有代表性的成人式。成人 HRNB 由下列 10 个分测验组成(龚耀先等,1986)。

(1) 范畴测验(the category test)。要求被测者通过尝试错误发现一系列图片(156 张)中隐含的数字规律,并在反应仪上做出应答,测查被测者分析、概括和推理等能力。测验成绩用错误数多少表示,一般正常人错误数不超过 70 个。此测验有助于反映额叶功能。

(2) 触摸操作测验(the tactual performance test)。要求被试者在蒙着双眼的情况下,凭感知觉将不同形状的形块放入相应的木槽中。分利手、非利手和双手三次操作,最后要他回忆这些形块的形状和位置。测查被测者触知觉、运动觉、记忆和手的协调与灵活性能力。测验结果用完成任务的时间和回忆形块数多少表示。一般情况下,正常人完成任务总时间在 20 分钟左右,第一次(利手)与第二次(非利手)时间之比为 1.4 左右,记忆块数在 3~4 个以上。此测验利手、非利手操作成绩比较有助于反映左右半球脑功能差异。

(3) 节律测验(the rhythm test)。要求被测者听 30 对音乐节律录音,辨别每对节律是否相同。测查注意力、瞬间记忆力和节律辨别能力。测验结果用正确辨别数表示。一般人群正确数在 15 个以上。此测验有助于了解大脑右半球的功能。

(4) 手指敲击测验(the finger tapping test)。要求被测者分别用左右手食指快速敲击计算器的按键,测查精细运动能力。结果用每 10 秒的平均敲击次数表示。正常人 10 秒平均敲击 40 次左右,右手比左手快 1.1 倍左右。比较左右手敲击快慢的差异,有助于反映大脑左右半球精细运动控制功能状况。

(5) Halstead-Wepman 失语甄别测验(Halstead-Wepman aphasia screening test)。要求被测者回答问题、复述问题、临摹图形和执行简单命令,测查言语接受和表达功能以及有无失语。结果根据有无错误、错误多少和类型判断。正常人错误通常在 5% 以下。

(6) 语声知觉测验(the speech-sounds perception test)。要求被测者在听到一个

单词或一对单词的发音(录音)后,从 4 个备选词中找出相应的词,共有 30 个(对)词,测查被测者注意力和语音知觉能力。结果用正确选择数表示,一般人正确数在 20 个以上。

(7) 侧性优势检查(the test of lateral dominance)。通过对被测者写字、投球、拿东西等动作的询问和观察,判断其利手或利侧,进一步判断言语优势半球。

(8) 握力测验(the strength of grip test)。要求被试者分别用左右手紧握握力计,尽其最大力量,测查运动功能。结果用握力公斤数表示。此测验因个体差异较大,临床应用不只看绝对握力大小,还比较利手和非利手的差异,一般人群利手比非利手握力大 1.1 倍左右。左右握力比较有利于反映左右半球功能和运动功能差异。

(9) 连线测验(trail making test)。此测验分甲乙两式:甲式要求被试者将一张 16 开大小纸上散在的 25 个阿拉伯数字顺序连接;乙式除数字系列外,还有英文字母系列,要求被试者按顺序交替连接阿拉伯数字和英文字母。测查空间知觉、眼手协调、思维灵活性等能力。测验结果用完成任务时间和连接错误表示。正常人完成甲式时间为 1 分钟左右,错误在 1 个以内;完成乙式时间为 3 分钟左右,错误 2 个以内。

(10) 感知觉障碍检查(test of sensory perceptual disturbances)。此测验包括听觉检查、视野检查、脸手触觉辨认、手指符号辨认和形块辨认等 6 个方面,测查有无周边视野缺损、听觉障碍、触觉和知觉障碍。此测验的特点在于检查被试者的感觉时,双侧同时给予刺激,刺激部位和次数相对固定。测验结果用错误数多少表示,大部分正常人在各部位感知错误少于 2 次。比较左右两侧错误数的差异,有助于了解大脑两半球功能的差别。

成人 HRNB 采用了划界分(即区分正常与异常的分数线)来判断各单项测验结果正常与否,并根据划入异常的测验数计算出损伤指数,再根据损伤指数判断有无脑损伤。损伤指数为划入异常的测验数与测验总数之比。例如某人做了 7 项分测验,其中 3 项划为异常,则其损伤指数为 3/7,得 0.43。对损伤指数的解释见表 3-5:

表 3-5　HRNB 损伤指数的解释

损伤指数	解释
0.00～0.14	提示正常
0.15～0.29	为边缘状态
0.30～0.43	提示轻度脑损伤
0.44～0.57	提示中度脑损伤
0.58 以上	提示重度脑损伤

临床研究表明(刘士协等,1985),脑损伤患者、精神病患者和正常人 HRNB 的成绩差异显著,用此测验诊断脑损伤,符合率在 80%左右。此测验中各分测验的成绩差异也有助于了解不同部位脑功能的状况,反映左右、前后等不同部位的脑损伤。有必要指出的是,研究时选用的病例大多较典型,因而容易反映出脑损伤者与正常人的差异。测验结果分析者的水平等也对应用效果产生较大影响。此外,损伤指数虽然简单方便,但

有研究结果表明,单纯依靠损伤指数判断有无脑损伤时,误差较大。

在临床上常将 HRNB 与韦氏智力量表、MMPI、韦氏记忆量表结合使用,评估更全面,更准确。

6. Luria-Nebraska 神经心理成套测验

Luria-Nebraska 神经心理成套测验(Luria-Nebraska Neuropsychological Battery, LNNB)由 C. J. Golden 及其同事根据苏联神经心理学家 A. R. Luria 的神经心理测查方法编制而成,通过测查感知、运动技能、言语能力和认知等能力综合反映大脑功能状况,为临床有无脑损伤和损伤的定位提供帮助。此测验有成人版(LNNB)和儿童版(LNNB-CR),并已有中国修订版(徐云、龚耀先,1987)。在此介绍有代表性的成人版。

LNNB 共有 269 个项目,组成 11 个分测验。

(1) 运动测验:测查运动速度、运动控制和运动协调等能力。

(2) 节律测验:测查近似声音、节律和音调的听辨能力。

(3) 触觉测验:测查触觉、肌肉和关节感觉及实体觉。

(4) 视觉测验:测查视觉辨认、空间定向和空间关系等能力。

(5) 感知言语测验:测查音素辨别和言语理解等能力。

(6) 表达性言语测验:测查发音、语句表述和命名等能力。

(7) 书写测验:测查临摹和口授下写词及短句的能力。

(8) 阅读测验:测查词的分解与组合,诵读字母、词、短句和短文等能力。

(9) 算术测验:测查数字辨认、数字大小比较、计数和计算等能力。

(10) 记忆测验:测查短时的言语和非言语记忆,有或无干扰时的记忆能力。

(11) 智力测验:测查词汇、理解、概念形成、物体分类和推理等能力。

在上面 11 个分测验的基础上还派生出 3 个附加量表,即大脑的左半球定侧量表、右半球定侧量表和病理征量表。

此测验的项目用 0,1,2 三级评分,然后得到各分测验量表分,量表分进一步转换为 T 分,有利于分测验成绩高低和分测验之间差异的定量比较。还有人对此量表进行了因素分析,得到进一步的因子分,利用因子分进行深入分析。除利用 T 分和因子分进行定量比较之外,还可以对被试者在各项目的反应特征、错误特点等进行定性分析。

临床研究表明,此测验用于区别正常对照组和脑损伤患者时,正常对照组符合率达 76%～96%,病人组达到 58%～95%(徐云,1987)。

四、临床评定量表

临床评定量表多是以实用为目的,理论背景不一定严格,多是在一些问卷的基础上进行结构化、数量化而发展起来。由于临床评定量表强调实用性,另一个突出特点就是简便易操作,如对病人的检查常用作筛查工具(而不作诊断用),评价也多采用原始分直接评定。

此外，临床评定量表不像心理测验那样控制严格，有些可公开发表，许多评定量表非专业工作者稍加训练就可掌握。具有上述特征的评定量表既有他评的，也有作自评的。在医学心理学中常用的评定量表，大体上有适应行为量表和精神症状量表两类。

1. 适应行为量表

适应行为是指个体维持生存的能力以及对周围环境和社会所提出要求的满足程度。适应行为与智力具有较大的相关，前者可以说是后者在实际活动中的具体体现。关于适应行为的评定，H. C. Gunzburg 提出了 4 个指标：① 自理能力，如饮食、穿戴及大小便等生活自理能力。② 沟通能力，指自我表达和了解他人的能力。③ 社会化能力，指与人交往的社会技能。④ 职业技能，指手工、体力以及其他工作技能。

对于婴幼儿、老年人、智残者和重症病人，进行适应行为评定有时具有特殊的重要意义，可用于智力低下诊断、分类、训练和指导等方面。为此，美国智力低下协会编制了适应行为量表(Adaptive Behavior Scale，ABS)。

姚树桥和龚耀先在此基础上编制了适合中国使用的儿童适应行为评定量表(姚树桥，1993)。儿童适应行为评定量表共评定包含 59 个项目、近 200 种行为，共分为下述 8 个分量表：

(1) 感觉运动(共有 6 个项目)。主要评定了视、听、坐、站、走、跑、身体平衡等技能。

(2) 生活自理(共有 10 个项目)。评定了饮食、大小便、穿戴、洗漱等技能。

(3) 语言发展(共有 9 个项目)。包括掌握词的数量与复杂性、数的概念、书写与阅读以及社会沟通言语等技能。

(4) 个人取向(共有 9 个项目)。包括了注意力、主动性、行为控制能力、日常爱好及个人习惯等反映个人动力方面的内容。

(5) 社会责任(共有 9 个项目)。主要包括了与遵守社会规范及社会交往有关的行为技能。

(6) 时空定向(共有 4 个项目)。测验了时间概念、空间定向及利用交通工具方面的技能。

(7) 劳动技能(共有 7 个项目)。包括了日常家务劳动和职业劳动技能。

(8) 经济活动(共有 4 个项目)。包括了钱的概念、购物技能及计划用钱的能力。

测验结果采用分量表百分位常模和适应能力商数等表示。

此外，还有用于儿童的品行评定以及对住院病人的状况进行评定(护士用)等不同方面的适应行为量表。

2. 精神症状评定量表

精神症状评定量表多应用于精神科，这是因为采用量表化的评定具有客观性、数量化和全面等优点。目前这类量表也越来越多地应用于门诊心理咨询和治疗、心身疾病的调查以及科研等领域。前已述及，这类量表可分为自评和他评两类。常用量表涉及：

(1) 90项症状自评量表(Symptom Checklist 90,SCL-90)。由L. R. Parloff等编制。标准版本因有90题而得名。测查9个方面的内容:躯体化、强迫症状、人际关系敏感、抑郁、焦虑、敌意、恐怖、偏执和精神质。每一症状由轻至重分5个等级。最后评定总平均水平、各方面的水平以及表现突出的方面,借以了解问题范围以及严重程度等。SCL-90可前后几次测查,用以观察病情发展或评估治疗效果。

(2) 抑郁自评量表(Self-Rating Depression Scale,SDS)和焦虑自评量表(Self-Rating Anxiety Scale,SAS)。SDS和SAS由W. K. Zung分别于1965年和1971年编制。量表各包含20个项目,分四级评分,特点是使用简便,能相当直观地反映病人抑郁或焦虑的主观感受,使用者也不需经特殊训练。目前多用于门诊病人的粗筛、情绪状态评定以及调查、科研等。

此外,还有"简明精神病量表"、"汉密顿抑郁量表"和"汉密顿焦虑量表"等,也在临床中广为应用。

专栏 3-3

精神病筛选表

一、精神病筛选表的内容

1. 既往或最近(指调查时近一个月内,以下同)有没有下列异常行为表现?

(1) 逐渐孤僻少语,不与周围人接触。

(2) 无目的的出走,出现别人不能理解的行为或不知羞耻的行为。

(3) 不明原因的自伤、伤人或毁物。

(4) 动作变得显著缓慢,甚至卧床不语不动(不是因躯体病所致)。

(5) 日常活动比平时明显增多,终日忙碌不停,爱管闲事或乱花钱,或过分喜欢与异性交往。

2. 既往或最近有没有下列情感不正常的表现?

(1) 常常无缘无故大发脾气,这种脾气与现在不相协调。

(2) 情感反常,哭笑与现实不一致,常出怪相做鬼脸,或独自发笑。

(3) 异常愉快、兴奋、话多,自称脑子特别灵活。

(4) 无事实可解释的情绪低落,悲观厌世,忧郁哭泣或焦虑不安。

(5) 情感冷淡,话少,对什么事情都无所谓,对家人变得无感情,不关心。

3. 既往或最近有无思想紊乱的现象?

(1) 胡言乱语、自言自语或说些别人听不懂的话。

(2) 认为自己的思想不受自己控制。

(3) 敏感多疑,无根据地认为别人言行针对他,迫害他,有仪器控制他。

(4) 不现实地夸耀自己才智超人,有特殊权势。

(5) 无根据地认为被异性所追求，或感到爱人变心，行为不轨。

4. 既往或最近有无感觉到实际上不存在的事情？

(1) 听到声音和他谈话或议论他(别人听不到)。

(2) 看到、闻到或尝到实际上不存的形象、气味或味道。

5. 既往或最近有没有因脑部病变逐渐变得工作生活能力下降，或呆傻？

(1) 记忆力明显减退，当天的事记不住，亲属的姓名说不对，常常忘了自己东西放的地方，出门后找不到回家的路。

(2) 工作能力明显下降，原来的工作(或家务)常出差错，或明显地不会做了。

(3) 生活不会自己照顾，衣着不整，不知清洁，饮食不知饥饱，二便需别人照顾。

(4) 情感脆弱，哭笑不能自控，或表情呆傻迟钝。

(5) 偏瘫或失语后，精神不正常，有上述四项中的任何一项者。

6. 经常抽“羊角风”(癫痫)后出现精神不正常，如：

(1) 一段时间内神智不清楚，表情呆愣，不认识亲人，说糊涂话，兴奋不安，行为没有目的，不能准确回答问题(指癫痫引起意识障碍)。

(2) 性格粗暴、任性、凶狠、呆傻(癫痫性人格障碍和智能障碍)。

7. 既往或最近有无因发高烧或躯体疾病表现精神不正常，如：一段时间内神智不清楚，表现呆愣，不认识亲人，说糊涂话，兴奋不安，行为没有目的，不能准确回答问题。

8. 经常吃大量安眠药或别的药(不包括因病需要长期服的药)成了瘾，不能停，或大量饮酒成了习惯。

9. 18 岁以上的人，有无自幼即脾气特别古怪？表现为：

(1) 一贯与家人、邻居或社会难以融洽相处，常常发生冲突，甚至影响到社会治安或发生违法行为。

(2) 追求同性的人搞恋爱，穿戴异性服装，打扮为异性或其他性行为异常，为社会风俗习惯所不容。

10. 有无脑子笨、智力低下等表现？

二、精神病筛选表使用说明

1. 筛选表的内容说明：

(1) 问题 1～4 用于筛查精神分裂症、心境障碍和神经症等疾病；

(2) 问题 5 筛查器质性精神障碍；

(3) 问题 6 筛查癫痫性精神障碍；

(4) 问题 7 筛查躯体疾病伴发的精神障碍；

(5) 问题 8 筛查药物依赖和酒精依赖；

(6) 问题 9 筛查人格障碍和性心理障碍；

(7) 问题 10 筛查精神发育迟滞。

2. 筛选表评分标准和分数的意义：

(1) 先对每个大问题进行综合评分，分数从0～2(没有任何问题时评0分、有问题但无具体事例时评1分、有问题并有具体事例时评2分)。

(2) 求总分，将所有大问题的评分相加。总分大于2时提示筛查阳性，建议专科会诊或进一步诊治。

(引自张维熙，1985)

第三节 心理障碍的分类与诊断

分类与诊断对于认识心理障碍和治疗十分重要。心理障碍时表现出的异常行为或症状通常没有特异性，例如抑郁症状，可以在多种心理障碍中出现，如抑郁可以是精神分裂症的症状之一，也可以是心境障碍的症状之一。有相同的症状，并不等于是相同的障碍类型，病因不同，治疗方法也不相同，因此，就有了对心理障碍分类和诊断的需要。心理障碍的分类和诊断标准，是由精神病学专业组织按照生物医学的框架制定的分类和诊断体系。在这类体系中，更多地反映了精神病学的概念和思想，例如更多应用精神障碍等词汇。心理学专业工作者在其教学、科研和临床工作中也使用这些分类和诊断标准，以便能够定义心理问题或障碍，参考相关诊断进行心理干预，并可以此为共同语言进行学术研究和交流。

一、分类学

生物医学中对疾病的分类学研究，其目的是把种类繁多的不同疾病按各自的特点和从属关系，划分为病类、病种和病型，并归成系统，为诊断和鉴别诊断及治疗和临床研究提供参照依据。

病因病理学分类与诊断是根据疾病的病因和病理改变建立诊断。在症状出现后，诊断不变。同一病因可有不同症状，如酒精所致精神障碍。病因学分类有利于病因治疗。症状学分类与诊断是根据共同症状或综合征建立诊断。症状或综合征改变时，临床诊断会作相应改变。同一症状或综合征可有不同病因。症状学分类有利于对症治疗。

由于精神障碍多数病因与发病机制不明，缺乏实验室诊断手段，因此对于精神障碍的分类，一般遵循病因病理学分类和症状学分类兼顾的原则进行。国际上常用的精神障碍分类与诊断标准，如世界卫生组织(WHO)组织编写的国际疾病分类和美国的精神障碍诊断与统计手册，均按这一原则处理(郝伟，2001)。在我国，中华医学会精神科分会参考以上两种分类和诊断标准，结合我国的实际情况，制订了中国精神障碍分类与诊断标准。

专栏 3-4

与心理障碍相关的概念

对心理障碍的分类体系，是建立在临床描述的基础之上的。对于临床描述，我们在第一章已经有所涉及，例如发病率和患病率，另外还有一些重要概念需要我们进行了解：

病程(course)：指某种疾病发病后倾向于持续的时间。例如精神分裂症倾向于慢性病程，即指其会在很长一段时间出现，甚至持续终身。

预后(prognosis)：预期某种心理障碍会向什么方向发展，如变好或变坏，并预期这一过程的大致时间。

病原学：是指引起或促成心理和医学问题的形成的那些因素，即寻找致病的原因。

此外，相关的词汇还包括疾病或障碍是否突然发展(急性发作)或逐步发展(慢性发展)等概念。

1. 美国精神障碍的分类

美国的《精神障碍和统计手册》(DSM)最初出版是在 1952 年(DSM-Ⅰ)，以后在 1968 年(DSM-Ⅱ)、1980 年(DSM-Ⅲ)和 1987 年(DSM-Ⅲ-R，即 DSM-Ⅲ修订版)分别进行了修订，第 4 版发表于 1994 年 5 月(DSM-Ⅳ)。2000 年发行的 DSM-Ⅳ-TR (APA，2000)是对第 4 版的修订，这一版本分类定义和描述了 200 余种精神障碍。

DSM-Ⅲ和 DSM-Ⅳ，其分类框架对前两版有较大的修订，对每个诊断都定出了一个明确的诊断标准，这可以说是在精神障碍诊断史上的一个里程碑；另外，还提出了以临床轴为主的多轴诊断概念。DSM 系统的分类，虽然主要通行于美国，但因其有详细的诊断标准，所以具有巨大的国际影响。ICD-10 也参照它对每种病增加了诊断标准。

DSM-Ⅳ系统将所有精神障碍分为 17 大类，分类如专栏 3-5 所示(APA，2000)：

专栏 3-5

DSM-Ⅳ的分类

1. 通常在儿童和少年期首次诊断的障碍
2. 谵妄、痴呆、遗忘及其他认知障碍
3. 由躯体情况引起；未在他处提及的精神障碍
4. 与物质有关的障碍
5. 精神分裂症及其他精神病性障碍
6. 心境障碍
7. 焦虑障碍(应激障碍也归在本类)

8. 躯体形式障碍
9. 扮演障碍(factitious disorder)
10. 解离障碍
11. 性及性身份障碍
12. 进食障碍
13. 睡眠障碍
14. 未在他处分类的冲动控制障碍
15. 适应障碍
16. 人格障碍
17. 可能成为临床注意焦点的其他情况
    - 影响医学情况的心理因素
    - 药物引起的运动障碍
    - 药物引起的其他障碍
    - 亲友关系问题
    - 与虐待或忽视有关的问题
    - 可能成为临床注意焦点的补充情况

在DSM-Ⅳ经历几年的修订过程中，1000多位研究者参与其中，在70多个地点进行了12项现场测试工作，涉及被试6000多人。修订工作参考了ICD-9和ICD-10的分类和标准，与ICD系统具有可比性(APA，2000)。从1980年出版的DSM-Ⅲ开始，对精神障碍的分类开始建立在可观察到的行为之上，而不再按照假设的病因学基础进行分类，其结果是改变了神经症和癔症的分类方法等。对于不同障碍，其分类及诊断方面的改变，读者可参考本书不同疾病或障碍相关章节中的具体内容。

2. 国际精神与行为障碍分类

国际疾病及相关问题的统计分类标准(International Statistical Classification of Diseases and Related Problems，ICD)，是由WHO组织全球的专家制定的，该系统中包括各科疾病的诊断标准。1948年WHO在巴黎举行第6届国际疾病和死亡原因分类会议，公布了ICD-6，首次包括了精神障碍的分类，并于1952年正式发表。目前的ICD-10于1992年出版，其中第五章为精神障碍，我国于1993年翻译出版了相关书籍(世界卫生组织，1993)，其主要分类见专栏3-6。

ICD-10是在各国精神病学家通力合作下完成的。在亚洲，中国、日本和印度均有专家参加了此项工作。ICD-10的制定参考了各国的诊断标准，也参考了DSM体系，在某些方面兼顾了不同国家的文化和诊断分类的考虑，例如对于精神分裂症所需症状时程的考虑、对于神经衰弱诊断的保留等。

专栏 3-6

ICD-10 第五章精神障碍的分类

F00-F09 器质性(包括症状性)精神障碍(主要以综合征为分类依据)
F10-F19 使用精神活性物质所致的精神及行为障碍(列出“使用烟草所致的精神及行为障碍”)
F20-F29 精神分裂症、分裂型及妄想型障碍(保留精神分裂症的传统分型)
F30-F39 心境(情感性)障碍(仍保留单纯的“躁狂发作”的诊断)
F40-F49 神经症性、应激性及躯体形式障碍(取消了“神经症”的名称,仅采用“神经症性”这一形容词,不再使用癔病一词)
F50-F59 伴有生理障碍及躯体因素的行为综合征(把“非成瘾物质滥用”归入此类)
F60-F69 成人的人格与行为障碍(性心理障碍归入此类)
F70-F79 精神发育迟滞
F80-F89 心理发育障碍
F90-F98 通常发生于儿童及少年期的行为及精神障碍
F99 待分类的精神障碍(指的是上述 F00-F98 均未能包括的精神障碍)

3. 中国精神障碍分类与诊断标准

中国精神障碍分类与诊断标准(Chinese Classification and Diagnostic Criteria of Mental Disorders,CCMD),是我国精神病学工作者多年努力的成果。这一工作始于1958年,第一次制定分类方案,即精神疾病分类(试行草案)。并于1978年中华医学会第二届全国神经精神科学术会议拟定,1981年公布了中华医学会精神病分类,1989年公布了 CCMD-2。1994年在广泛征求意见的基础公布了 CCMD-2-R,于1995年正式出版。1995年成立了中国精神障碍分类与诊断标准第3版工作组,在1996年到2000年期间,对17种成人精神障碍及7种童年和少年精神障碍的分类与诊断标准开展前瞻性现场测试与随访观察,完成了 CCMD-3 编写工作,于2001年正式出版。该版本进一步向国际上疾病分类靠拢,多数疾病的命名、分类方法、描述、诊断标准都尽量与 ICD-10 保持一致,以便和国际接轨。

专栏 3-7 是 CCMD-3 分类第1位编码的精神障碍(中华医学会精神科分会,2001)。

专栏 3-7

CCMD-3 的分类

0—器质性精神障碍

1—精神活性物质与非成瘾物质所致精神障碍

2—精神分裂症和其他精神病性障碍

3—心境障碍

4—癔症、应激相关障碍、神经症

5—心理因素相关的生理障碍

6—人格障碍、习惯和冲动控制障碍、性心理障碍

7—精神发育迟滞、童年和少年期心理发育障碍

8—童年和少年期多动障碍、品行障碍、情绪障碍

9—其他精神障碍和心理卫生情况

CCMD-3 具有以下特点：

(1) 反映主流学派(现象学派)观点，主要以病因、病理学兼顾症状学作为分类和诊断标准依据。

(2) 以前瞻性现场测试结果为依据，同时参考以前的 CCMD 版本和ICD-10与DSM-Ⅳ。

(3) CCMD-3 分类进一步向 ICD-10 靠拢，增加了类别编码，以满足学科发展需要。

(4) 注意分类与诊断标准为精神科专业所接受，也为医学总体和其他医学分支接受。

(5) CCMD-3 编写时，注意了文字表达和写作格式的规范，要求条目分明与规范，以增强分类与诊断标准的可理解性、可接受性和可操作性。

(6) 继续保留某些精神障碍或亚型，如神经症、反复发作躁狂症、同性恋等。

(7) CCMD-3 改变了 ICD-10 突出“痴呆”症状的分类特点，而强调有关章节也需注意病因学分类，如将克-雅病明确为颅内感染所致精神障碍的亚型。

(8) 根据我国的社会文化特点和传统，某些精神障碍暂不适合于国内，如 ICD-10 中的性欲亢进、童年性身份障碍、与性发育和性取向有关的心理及行为障碍的某些亚型、出于心理原因渲染躯体症状及同胞竞争障碍等未纳入 CCMD-3。

由上可见，近 20 年来精神障碍分类与诊断标准的发展，是精神病学领域研究方法中最重大的进展之一。由于它们重要的实用价值，因此除精神病学专业以外，其他相关学科，如心理学、药理学、神经病学，甚至内、外、妇、儿等基础与临床各科也在日益广泛地应用这些诊断和评定工具。有关的精神障碍分类与诊断标准，在探讨各种精神障碍

的病理生理和病理心理机制和心理因素对各种躯体疾病的影响，以及有关新药研制、临床评估和合理用药等方面均发挥了重要作用。

这三种分类系统在某些方面有所不同，例如，DSM 系统已经取消了神经衰弱的诊断分类，而 CCMD 系统中仍然保留这一分类；又如，DSM 系统将以前称之为神经症的一类障碍改名为焦虑障碍，但 CCMD 系统仍然延用神经症的名称。但总体而言，三个分类系统的相似点多于不同点。例如 ICD-10 中精神障碍的分类描述与 DSM-Ⅳ已经有了相当大的重叠（Nolen-Hoeksema，2001），这对于专业人员和读者都非常重要。因为在国际上，许多国家采用的是 ICD 或 DSM 系统，而我们国家采用的是 CCMD 分类。在大部分分类相同的情况下，我们有可能读懂相关的国际书籍和专业论文，并有可能进行国际间的交流。

由于美国采用 DSM 系统，而欧洲许多国家也采用这一分类系统，又由于三类系统有相当大的重叠，为使读者更好的理解相关文献，本书采用以 DSM 系统分类为主、以 CCMD 和 ICD 系统为辅的方法对各类障碍进行分类描述。

二、诊断学

1. 精神障碍的诊断标准

有了统一的分类并不等于彼此间诊断一致。由于大部分精神障碍无确切的客观指标作为诊断依据，所以，诊断一致性不高一直是限制功能性精神病研究的重要因素。1978 年美国精神病学家 R. Spitzer 在前人工作的基础上，研究制定了精神障碍研究用诊断标准（RDC），使各种精神障碍有了诊断标准，极大地提高了诊断的一致性（见郝伟，2001）。

诊断标准是将不同疾病的症状表现按照不同的组合形式，以条理化形式列出的一种标准化的条目。诊断标准包括内涵标准和排除标准两个主要部分。内涵标准又包括症状学指标、病情严重程度指标、功能损害指标、病期指标、特定亚型指征、病因学指标等。症状学指标为最基本的，又有必备症状和伴随症状之分。

以 CCMD-3 中精神分裂症的诊断标准为例，说明诊断标准的应用。

CCMD-3 对精神分裂症的诊断标准（中华医学会精神科分会，2001）

1. 症状标准：至少有下列 2 项，并非继发于意识障碍、智能障碍、情感高涨或低落，单纯型分裂症另有规定：
   （1）反复出现的言语性幻听；
   （2）明显的思维松弛、思维破裂、言语不连贯，或思维贫乏；
   （3）思想被插入、被撤走、被播散、思维中断，或强制性思维；

（续诊断标准）

(4) 被动、被控制或被洞悉体验；
(5) 原发性妄想（包括妄想知觉，妄想心境）或其他荒谬的妄想；
(6) 思维逻辑倒错、病理性象征性思维，或语词新作；
(7) 情感倒错，或明显的情感淡漠；
(8) 紧张综合征、怪异行为，或愚蠢行为；
(9) 明显的意志减退或缺乏。

2. 严重程度标准：自知力障碍，并有社会功能严重受损，或无法进行有效交谈。

3. 病程标准：
(1) 符合症状标准和严重程度标准至少已持续 1 个月，单纯型另有规定；
(2) 若同时符合精神分裂症和心境障碍的症状标准；当情感症状减轻到不能满足心境障碍的症状标准时，分裂症状需继续满足精神分裂症的症状标准至少 2 周以上，方可诊断为精神分裂症。

4. 排除标准：排除器质性精神障碍及精神活性物质和非成瘾物质所致精神障碍。尚未缓解的精神分裂症病人，若又罹患本项中前述两类疾病，应并列诊断。

按照上述标准，某个特定的病人必须满足具有两项或以上在其诊断标准中列出的症状，同时满足严重程度标准、病程标准和排除标准，才可诊断为精神分裂症。如某项标准没有达到，例如其病程不足一个月，而其他各项均已满足，仍不能给予精神分裂症的诊断，需考虑精神分裂样的诊断。

在不同版本的精神障碍分类与诊断标准中，都列出了各类精神障碍的诊断标准，用于临床诊断。各分类诊断体系均有各自对于某障碍的具体标准，需对照实施。

2. 诊断原则

(1) 等级诊断原则

按照等级诊断原则，在对来访者进行诊断时，必须考虑按照下列步骤进行工作：

- 分析其心理活动是否异常，即是否可以用正常范围的变异来解释。
- 在确定是异常后，再通过症状分析和躯体检查等分析是否为器质性问题，只有排除了器质性问题，才考虑“功能”性精神障碍。
- 在诊断“功能”性精神障碍的过程中，要分析其主导症状是什么，是精神病性障碍还是非精神病性障碍，如神经症、人格障碍等（精神病性障碍与非精神病性障碍的区分要点参见表 3-6）。
- 同时还要考虑心理应激因素与疾病的关系。然后再按最可能出现这一症状的疾病逐一鉴别，得出诊断。在诊断某一疾病时，一般应该有肯定诊断和排除其他诊断这两方面的依据。

表 3-6 精神病性障碍与非精神病性障碍的区分要点

精神病性障碍	非精神病性障碍
精神病性障碍是指检验自我和检验现实能力的丧失，把主观体验和外界客观现实混为一谈，具有幻觉、妄想等精神性症状。	非精神病性障碍指患者并没有丧失检验自我和现实的能力，没有幻觉、妄想等精神病性症状。
精神病性障碍患者常否认有病，自知力缺乏，不愿主动求医。	非精神病性障碍患者对疾病有自知力，主动求医，希望得到帮助。
精神病性障碍常伴有行为紊乱或冲动毁物行为，不能为社会所接受，其工作、学习能力严重受损。	非精神病性障碍患者虽可有行为障碍，其工作、学习能力也会受损，但不如精神病患者严重。

（2）多轴诊断原则

美国精神病学学会于 1980 年正式将多轴诊断原则列入 DSM-Ⅲ，共列出了 5 个轴。由于其缺乏具体的操作格式、诊断过程太复杂且不易掌握等原因，未能推广使用。DSM-Ⅳ对其作了适当改进，列出的 5 个轴分述如下（APA，2000）。

轴Ⅰ：临床障碍（clinical disorders），包括诊断分类中的 1～15 类（但精神发育迟缓除外）；可能成为临床注意焦点的其他情况，即诊断分类中的第 17 类。

轴Ⅱ：人格障碍和精神发育迟缓（personality disorders and mental retardation），其中人格障碍涉及诊断分类中的第 16 类；精神发育迟缓为诊断分类第 1 类中的一项。

轴Ⅲ：一般医学情况（general medical conditions），指精神科以外的各科疾病。

轴Ⅳ：心理社会问题及环境问题（psychosocial and environmental problems），这些问题可归纳为 9 点，即：① 基本支持集体（家庭）问题；② 与社会环境有关的问题；③ 教育问题；④ 职业问题；⑤ 住房问题；⑥ 经济问题；⑦ 求医问题；⑧ 与司法单位有关的问题；⑨ 其他问题。

轴Ⅴ：功能的全面评定（global assessment of functioning，GAF），通过 GAF 量表以百分制评分。如果没有症状，可以很好地把握日常生活中的问题者评分范围为 91～100；而有严重症状，在社会生活、学校生活或工作等某方面功能受到损害者评分范围为 41～50。

上述等级诊断原则和多轴诊断原则各有其优势。其中等级诊断原则较多和较细致地考虑了异常现象的区分和辨别中应注意的问题，分等级情况确定诊断，思路明晰；而多轴系统则将异常现象放在更为全面的框架中进行考虑，其思路不仅仅限于异常现象的辨别，而是考虑到了人的整体状态和人与其生活的情境的关系等方面的情况。在临床工作中，可结合运用两种诊断原则，使其长处能够在实践中更好地发挥作用。

3. 诊断过程

诊断过程是指通过横向的交谈观察与纵向的病史回顾相结合，全面掌握来访者的精神状态及其动态变化，详细了解其生活方式、发病前的相关社会心理因素，综合分析生物学因素(如遗传、躯体疾病、药物等)在起病中的作用,就可以将其归纳到精神障碍分类诊断标准中的一个恰当的诊断类别之中。其中横向诊断是指对来访者心理活动的观察和对来访者精神状况的检查。这一诊断过程注重现在,重在发现占优势的心理活动和精神状态,以进行诊断,如抑郁症病人的情绪低落等。纵向诊断过程在于结合来访者的个人情况、人格特点、个人史、家族史等及起病形式、症状和病程特点进行诊断。

具体工作可遵循以下诊断步骤:

(1) 收集资料:① 收集临床病史,区别可靠与存疑的事实。② 进行体格检查包括躯体和神经系统检查。③ 进行精神状况检查以获取主要精神症状。④ 进行实验室检查,包括常规检查、脑电图、CT、磁共振(MRI)、脑脊液检查等。⑤ 病程观察,考察疾病的演变情况。

(2) 分析资料:① 如实评价所收集的上述资料。② 根据资料的价值,排列所获重要发现的顺序。③ 选择至少1个,最好2～3个重要症状与体征。④ 列出主要症状、体征存在于哪几种疾病,按器质性精神疾病、重性精神疾病到轻性精神疾病的等级逐一考虑。⑤ 在几种疾病中选择可能性最大的一种。⑥ 以最大可能性的一种疾病建立诊断,回顾全部诊断依据、正面指征与反面指征,最好能用一种疾病的诊断解释全部事实,否则考虑与其他疾病并存。⑦ 说明鉴别诊断与排除其他诊断的过程。

上述过程侧重于按照等级原则进行诊断。如果将多轴原则结合考虑,需要考虑来访者的躯体状况,即是否存在某种或某些疾病,这些疾病对于异常心理与行为可能造成的影响;另外,在社会、心理及环境方面存在哪些值得关注的问题,而这些问题对于其症状的作用程度如何;最后对其整体的功能进行全面评价。

综上可见,分类和诊断使定义心理异常成为可能,而DSM,ICD,CCMD等诊断体系为定义心理或行为异常提供了有益的框架,使众说纷纭的异常标准有了相对健全的衡量体系,得到了不同领域专业人员的接受和认可。但由于这一框架是人为制定的,同样存在着不足和缺陷。在过去的几十年里,各个分类系统均经过了多次修订,删除了一些障碍的诊断分类,又增加了一些诊断分类,例如三个系统均将同性恋从性心理障碍的分类中去掉了;而DSM系统在1980年增加了进食障碍的诊断标准。随着专业领域对不同障碍认识的不断深化,类似的改进仍会不断出现。上述的分类系统在改进的过程中还注意在诊断标准中减少主观成分,而代之以可以观察到的行为模式的"操作性"定义(Nolen-Hoeksema,2001)。

尽管如此,许多病人的症状仍然是难以按照这些系统进行确认的。例如,有的障碍需要检测出4条症状才可以达到诊断的标准,但病人只符合诊断体系中的3条症状。对此,DSM系统提出了"非典型性精神障碍"(psychotic disorder not otherwise specified,NOS)的诊断进行应对。还有一些病人,自己感到非常痛苦,但其症状很难对应于分类体系中的任何一种障碍;也有时,分类系统要求在诊断一种障碍时先要排除另一种障碍的可能性,但在临床诊断中,有时两种情况都同时存在,例如焦虑与抑郁。

另一类对上述诊断系统的批评意见指出，对障碍的诊断仅仅是给某个人贴上了一个标签，而这个标签所能表明的只是一个人的某些行为模式和社会功能的变异情况，无法说明一个人本身的情况和个体的病理学状况及相关因素。当一个人被贴上某种标签时，对专业人员而言，可能会影响其进一步对个体的客观观察和对其个人的了解；对那个个体本身，可能会影响其按照所贴标签的角色行事（Nolen-Hoeksema，2001）。此外，即使诊断非常清楚，有助于对个体进行有效的治疗和干预，诊断仍有可能使被贴上某种标签的人受到周围人的歧视（Nevid，Rathus，& Greene，2000）。

另外诊断标准的信度也存在差异。WHO 在 39 个国家对于 100 个临床中心的 700 个专业人员使用 ICD-10 对于 2460 个精神病人诊断的研究发现，专业人员对于某些障碍的诊断信度（kappa 系数）可达 0.70 以上，例如对于偏执型精神分裂症、强迫症、物质使用障碍等的诊断；但对于另一些障碍的诊断则信度偏低，例如对于紧张型精神分裂症、广泛性焦虑障碍的诊断信度低于 0.50，而对于人格障碍的诊断信度总体偏低，有的仅为 0.12（表演型人格障碍）（Oltmanns & Emery，2004）。

因此，在运用对心理障碍的分类诊断系统时，必须了解这些体系的局限性，而且在定义某种障碍时必须十分谨慎。值得注意的是，我们在对某个人的障碍进行探讨时，不仅仅要对其障碍进行定义，而且要关注我们所面对的人，关注那些引起障碍发生的影响因素。

总　　结

临床心理评估，是指通过观察、会谈和测验等手段对来访者的心理或行为进行深入分析描述的方法和过程。通过临床评估，可以描述和判断来访者的心理状态是否异常，进行辅助诊断。临床心理评估方法包括观察法、会谈法和测验法三个方面。

心理障碍的分类和诊断标准，是由精神病学专业组织按照生物医学的框架制定的分类和诊断体系。心理学专业工作者在其教学、科研和临床工作中也使用这些分类和诊断标准，以便能够定义心理问题或障碍，参考相关诊断进行心理干预，并可以共同语言进行学术研究和交流。

分类学研究的目的，是把种类繁多的不同疾病按各自的特点和从属关系，划分为病类、病种和病型，并归成系统，为诊断和鉴别诊断及治疗和临床研究提供参照依据。由于精神障碍多数病因与发病机制不明，因此对于精神障碍的分类，一般遵循病因病理学分类和症状学分类兼顾的原则进行。国际上常用的精神障碍分类与诊断标准包括世界卫生组织（WHO）的 ICD 系统和美国的 DSM 系统，在我国有中华医学会精神科分会制订的 CCMD 系统。本章介绍了 DSM-Ⅳ，ICD-10 和 CCMD-3 的基本分类情况。

诊断标准是将不同疾病的症状表现按照不同的组合形式，以条理化形式列出的一种标准化的条目。实施诊断标准时包括两种诊断原则，即等级诊断原则和多轴诊断原则。在临床工作中，可结合运用两种诊断原则，使其优势能够在实践中更好地得以发挥。

分类和诊断使定义心理异常成为可能，而 DSM，ICD，CCMD 等诊断体系为定义心理或行为异常提供了有益的框架。但在运用对心理障碍的分类诊断系统时，必须了解这些体系的局限性。

思　考　题

1. 临床心理评估包括哪些方面，这些方面在评估中各具有什么作用？

2. 评定量表与心理测验相比有哪些不同之处？

3. 在实施心理测验的过程中，应注意哪些问题？

4. 常用的精神障碍诊断体系有哪些，这些诊断体系是依据什么原则制定的？

5. 等级诊断原则和多轴诊断原则各有何优势？

6. 精神障碍的分类和诊断体系存在哪些优点和不足？

推荐读物

1. 龚耀先(2003). 心理评估. 北京：高等教育出版社，68～79

2. 世界卫生组织著，范肖冬，汪向东，于欣，刘平译(1993). ICD-10 精神与行为障碍分类：临床描述要点. 北京：人民卫生出版社

3. 中华医学会精神科分会(2001). 中国精神障碍分类与诊断标准(第 3 版). 济南：山东科学技术出版社

4. American Psychiatric Association(2000). Diagnostic and Statistical Manual of Mental Disorders (4th ed). Washington, DC: American Psychiatric Association

5. Nolen-Hoeksema S (2004). Abnormal Psychology. New York: McGraw-Hill

4

精神分裂症

下面病人的叙述给我们提供了一个的典型的精神分裂症患者体验的例子。

【案例 4-1】

我仿佛是做了一场梦，这梦真长，长得快到一年了。在梦境中我并没有一点害怕，而现在梦醒了，却有不少害怕的想法冒出来。

记得一年前，自己感到越来越控制不住自己的思想，看到一切似乎都飘飘渺渺，简直已进入了虚幻环境。我怀疑这世界是否存在，不能解释为什么世上一切既存在又消亡的矛盾。给我印象最深的是有一天，我的妈妈叫我起床，我突然觉得这个人虽说是我妈妈，却又不是我妈。虽然她长得与我妈一模一样，也穿着她平时穿的衣服，但她却是一个不知来自何处的坏人冒名顶替的，当然对我不会怀有好意，要我起床，要我吃饭，这些都是她企图谋害我、折磨我的手段。果然，我吃了她给我的早餐，越吃头越胀痛，这不是食物中毒的证明吗？我不仅感到全身不舒服，而且感到这些毒药使我脑子变得透明，这个冒充我妈妈的人就能看清我全部的思想，控制我一切行动。不但她如此，她背后还有无数坏人呢。她们怎么能这样呢？我的思想、感情、意志都没有了，却掌握在这伙人手里，但是我不怕，我却感到可笑——花这么大力气来对付我一个小姑娘，真可笑！

……

（摘自《精神康复报》，第 29 期《我做了一场梦》）

病人向我们描述了她发病时的异常体验和思维活动：她毫无根据地认为母亲是冒名顶替的坏人，并且坚信不疑，甚至把母亲要她起床，要她吃饭，都看做是企图谋害她、折磨她的手段。认为饭里下了毒，吃了以后使她脑子变得透明，这个冒充她妈妈的人就能看清她全部的思想，进而控制她一切行动。她还感到自己的思想、感情、意志都没有了。从以上叙述我们可以看到，病人的感知、思维出现了异常，使其对现实环境得出了错误的判断，因而丧失了正常生活的能力。

精神分裂症属于精神病的范畴，是所有精神疾病中最严重的一类。正常人具有以一种适应的方式对环境刺激进行感知、体验并做出适当反应的能力，而精神病患者的这种“与现实接触”的能力受到了损害，以致其社会功能严重受损。我们之所以说精神病是最严重的精神疾病，就是因为其他精神障碍，如焦虑障碍、物质依赖——这些病人在大多数情况下都能照顾自己，能自己谋生、完成工作，即他们的社会功能基本还是完整的。而精神病患者在其疾病急性发作期却通常会失去这些能力，并且因为他们的行为不能为周围人理解，而且往往由于其言行对别人造成了困扰，他们通常不得不住院治疗甚至是长期住院。

本章将讨论精神分裂症（妄想障碍）的主要临床表现、病程发展与结局、目前我们对其病因的了解和观点以及治疗与康复的措施。

第一节 概 述

在日常生活中，人们有时会遇到这样的一些人，他们行为怪异，表情或呆滞或古怪，衣着褴褛，哭笑无常。当人们遇到他们时常有一种恐惧与鄙视的心理，常把这样的人称之为精神错乱、疯子或神经病。在晋代的《肘后备急方》中就有“女人与邪物交通，独言独笑，悲想恍惚”的记载。古代人们无法理解这些现象，只能根据其疯狂的表象用魔鬼附身来解释。由于他们不知道如何治疗，便用对付魔鬼与异类的方法：肉体折磨、铁链束缚或放置于浴盆中作长时间的水浴，甚至火刑来“治疗”它。

随着科学的进步，特别是当研究者与治疗者开始以一种科学与人性的态度去研究它时，人们渐渐认识到这是一类精神疾病，尽管目前尚未完全了解，但无疑是由于大脑功能的紊乱导致的，人们把它称之为精神分裂症。在这里所说的“分裂”是指人的主观感觉、思维、意志、情感、行为等心理机能与客观现实之间的分离与不一致，而非指任何器质性的分裂样的病变。

一、精神分裂症概念的形成

虽然精神分裂症作为一组疾病，其存在与整个人类文明史一样久远，但它真正为人们所认识并加以科学的研究只不过是近一二百年的事。人类对精神分裂症的认识经历了一个漫长而曲折的过程，并且，这种认识还远远没达到完善和终止的程度。

精神分裂症这一概念的提出，不足百年，这主要应归功于三位精神病学家：克雷丕林（Emil Kraepelin，1856—1926），Eugen Bleuler（1857—1939）和 Kurt Schneider（1887—1967）。

19 世纪前叶，欧洲的精神病学家从临床现象学出发对精神病进行了描述，其中包括 Benedic A. Morel 1860 年所描述的早发性痴呆（demesne precooked），Magnum 所描述的慢性妄想症，K. Kahlbaum1863 年所描述的紧张症（catatonia）和他的学生 Eusol Hecker 1871 年所描述的青春痴呆（hebephrenic）（见夏镇芬，1999）。在前人工作的基础上，克雷丕林在 1898 年提出，上述所有疾病应归于一类，即早发性痴呆（dementia praecox）。早发性痴呆的核心在于早期发病、慢性进行性病程和“痴呆”的结局。这里的痴呆不同于老年痴呆或精神发育迟滞的痴呆，而是特指心理机能的衰退。克雷丕林认为幻觉、妄想、注意障碍、刻板行为、情感不协调都是早发性痴呆的重要症状，这些症状和慢性进行性病程是诊断早发性痴呆的主要依据，其中后者尤为重要(Alloy, et al, 1996)。此外，他还认为心理因素只是起些临时性的作用，因而完全忽视人的生活史、个性的影响，把关注的重点放在了通过显微镜和试管来客观地研究疾病上。

专栏 4-1

克雷丕林

要讨论变态心理学和现代精神医学，有一个人物的贡献是永远无法忽视的，实际上直到今天，我们都必须承认他是对变态心理学和现代精神医学影响最大的人物之一，这就是克雷丕林。克雷丕林 1876 年毕业于维尔茨堡大学医学院，师承于 Flechsig 学习脑神经解剖学，后在现代心理学的奠基人冯特教授的第一个现代心理学实验室工作。1883 年出版了著名的《精神病学纲要》，开始致力于建立精神病学的分类系统。1885 年之后先后在多尔帕特和海德堡大学执教，1903 年起任慕尼黑大学临床精神医学教授，1922 年任慕尼黑精神病学研究所所长。

在克雷丕林之前，精神疾病分类混乱，精神科医生之间的诊断纷繁复杂，各执一词，难以交流。克雷丕林依据长期大量的临床观察，运用病理学和临床试验心理学的方法，首次对精神疾病进行了分类。他以疾病的自然过程-起病、病程、结局及其临床表现作为分类的基础，将精神病分为内源性和外源性两类；区分了早发性痴呆(即精神分裂症)和躁狂抑郁性精神病等内源性精神病和脑器质性精神病的诊断名称。他指出，早发性痴呆分为三种类型：紧张型、青春型和偏执型。此外，克雷丕林还到爪哇一带进行了精神病学调查，发表了《比较精神病学》，开创了现代跨文化精神病学。

克雷丕林的主要著作有《精神病学概要》，《精神病学临床引论》，《工作曲线》，《论脑力劳动》，《临床精神学讲义》等。

对开创者的工作人们总是会有这样那样的疑问，Bleuler 至少在三个方面不同意克雷丕林的观点(Alloy, et al, 1996)。首先，许多病人不一定是早期发病，其病程可能是急性或亚急性的，其结局也不一定是痴呆。而克雷丕林本人也承认大约有 17%的病人可以完全康复或明显缓解。其次，克雷丕林仅仅定义和描述了早发性痴呆的症状，却没有去分析这些症状之间的内在联系和本质。再次，Bleuler 受同时代的精神分析大师弗洛伊德对神经症研究的影响，认为无论是通过怎样可能的潜在的过程或机理，许多症状都可以说是有其心理的原因的。

因此，Bleuler 在 1908 年提出了精神分裂症(schizophrenia)这一概念。这个词源于希腊语 schizein(意为分裂)和 phren(意为精神)，他认为此即是这类疾病的本质。Bleuler 用精神分裂来作为联系各种各样的精神症状的核心。这里的分裂被比喻为"联系线索的中断"。Bleuler 认为，不仅是言语，思维也是通过联系线索来组织在一起的。只有在这些联系线索完整无缺时，有明确的目标指向，有效的思维和交流才是可能的。而正是由于精神分裂症病人的联系线索被破坏了，所以出现了各种症状。例如，Bleuler 认为注意障碍的产生是由于思维失去了目的方向，进而引起病人对周围发生的人或物的反应消极而被动；而思维中断则是联系线索的完全受损引起的(Alloy, et al, 1996)。

Bleuler 进而提出了精神分裂症的 4A 症状理论(Walker, et al, 2004)：联想障碍(disturbance of association)，情感淡漠(apathy)，自闭(autism)和矛盾(ambivalence)观念为基础症状。他认为，这 4 种基础症状出现在所有的精神分裂症患者以及精神分裂症的各个阶段中，因此可以作为精神分裂症的诊断依据。在基础症状之外，还有一些附加症状，如妄想、幻觉、心身症状、躁狂和抑郁症状以及紧张性症状，虽然这些附加症状常给人以深刻的印象，但它们并不是必不可少，在其他精神疾病中也可以出现，因此不具有特异性，对诊断不起决定性的作用。值得注意的是，Bleuler 认为精神分裂症是一种病因不同而症状类似的异质性的一组疾病。

但是，从临床诊断的角度来看，Bleuler 的精神分裂症概念过于广泛而模糊了，因此 Schneider 提出了更为精细且容易达成一致的诊断系统，即"一级症状"(first rank symptoms)，包括：① 思维化声，② 争论性幻听，③ 评论行为的幻听，④ 思维被夺，⑤ 躯体被动体验，⑥ 思维被插入感，⑦ 思维扩大或被广播，⑧ 情感被动体验，⑨ 冲动被动体验，⑩ 妄想知觉，⑪ 思维阻塞。其中①～③症状为幻听，④可视为一种神秘体验，⑤～⑩则可总称为异己体验，这是一种原发性的病理体验。如果一级症状存在，又没有发现器质性原因，则精神分裂症的诊断可以成立。除此之外的与精神分裂症相关的症状被称为二级症状，因为它们在其他精神障碍中也可以看到。但 Schneider 也承认，没有一级症状也能诊断精神分裂症(Alloy，et al，1996)。Schneider 希望这一分类方法可使检查者能容易地发现并诊断异常的、只发生在精神分裂症中的行为表现，并且不同的检查者之间有很好的一致性。但实际上 Schneider 的这一目标只取得了部分的成功。因为至少有 1/4 的双相情感障碍病人也有上述一级症状(Hoening, 1984 见 Alloy, et al, 1996)，此外，是否存在一级症状，看来与预后无关(Silverstein, 1981 见 Alloy, et al, 1996)。

从上面的描述中可以发现，克雷丕林的早发性痴呆的概念比较严格而清楚，他认为研究者应研究大脑结构与精神分裂症症状的关系。而 Bleuler 的概念范围较广，也较模糊。他认为精神分裂症更多地与患者的环境应激有关，治疗应从此下手。Schneider 则希望更好地描述症状，提供可靠的分类系统。在倾向于 Bleuler 诊断概念的美国，被诊断为精神分裂症的病人占纽约精神病学会住院病人总数的比例从 20 世纪 30 年代的 20%上升到了 1952 年的 80%。而在倾向于克雷丕林诊断概念的欧洲，如在伦敦的 Maudstey，在同期的 40 年中这一比率一直相对稳定在 20%。

由于摆脱了克雷丕林对发病时间、病程、结局的严格限制，在 DSM-Ⅲ发布之前的美国，包括急性精神病、分裂情感性精神病、任何存在幻觉、妄想的病人甚至人格障碍的病人，都被诊断为精神分裂症（这种诊断思想至今仍具有影响）。自 DSM-Ⅳ开始，美国专业人员对以前显然扩大化的精神分裂症的诊断进行了反思，并又开始更倾向沿用克雷丕林的概念。

而自 20 世纪 80 年代以来，研究者开始将关注的重点投向区分阳性症状和阴性症状上（Harvey & Walker，1987）。阳性症状主要是指一些异常的观念、感觉体验和行为，主要包括幻觉、妄想和怪异的行为。与之相反，阴性症状主要包括一些衰退的行为，如情感平淡、情感淡漠、情感缺失、注意缺陷、言语贫乏、动机缺乏等（蔡焯基，2000）。

不难看出，精神分裂症概念的产生虽然只有百年，但在这百年之中，人们对它的认识经历了种种反复。产生这种反复的根本原因是人们对它的研究主要建立在临床现象学的基础上，通过可以观察到的临床症状并结合其起因或诱因、病程、结局来研究其内在的一致性，试图以此来抓住其本质。虽然这种努力确实取得了很大的成绩，但离真正了解、掌握、克服精神分裂症还有很长的路要走。在沈渔邨（2001）所主编的《精神病学》中将其定义为：精神分裂症是一组病因未明的常见精神疾病，多起病于青壮年，常有感知、思维、情感、行为等方面的障碍和精神活动的不协调，病程多迁延。

二、精神分裂症的流行病学研究

精神分裂症是一种发病率、患病率、致残率都很高的疾病，根据 WHO 的报告，在统计了从 1946～1992 年全世界各国的报告后发现，精神分裂症的发病率为 0.07‰至 0.52‰，平均为 0.24‰，患病率为 0.9‰至 17.4‰，平均为 5.8‰。若以世界人口 50 亿计，则全世界精神分裂症患者可达 2900 万。在美国精神分裂症的致残率为 50%，占到了全部残疾人的 10%（Rupp，1993 见 Davison & Neale，1998）。

我国学者分别于 1982 年和 1993 年在同样的 7 个地区（北京、大庆、湖南、吉林、辽宁、南京和上海）用相同的方法，进行了两次精神疾病的流行病学调查，结果发现精神分裂症的时点患病率在 1993 年为 5.31‰，终生患病率为 6.55‰，均高于 1982 年的数字，在各种精神疾病中仍占第一位（沈渔邨，1994）。而根据《精神病防治康复工作九五实施方案》，我国精神病总患病率已由 20 世纪 80 年代的 10.54‰上升至 90 年代的 14.05‰，精神病患者已达 1500 多万（沈渔邨，2001）。

有流行病学研究表明，功能性精神病从农村、郊区到城市有一个明显的患病梯度，即农村居民中精神分裂症比城市居民少，并且这种梯度不是就诊差异造成的。这可能是因为那些易造成精神分裂症的环境因素(如病毒感染、脑外伤、生活事件应激等)在城市里较多。婚姻状况与精神分裂症患病危险也有关。有研究表明,未婚者与已婚者相比,危险度增加2.6%~7.2%。但这可能是由于精神分裂症患者的症状使其较难找到结婚的对象所致(Eaton,1985)。在我国12个地区协作调查资料中发现,患病率以35岁及55岁两组人群最高。性别差异以在35岁以上年龄组比较明显,男:女为1:1.60(沈渔邨,2001)。男性的平均发病年龄要比女性早4年(Riecher-Rossler & Hafner,2000)。此外,人们还观察到精神分裂症的入院率有明显的季节变化,民间有俗语:"菜花开,痴子忙。"即指精神分裂症在春末夏初发病率最高的现象。有人认为这可能与气压变化或日照量变化有关,但是目前这些解释还没有得到科学的证明。

精神分裂症的另一个流行病学特点是,大多数病人是在20~25岁之间第一次被诊断患有该病。人生的这一时期,正处于从依赖父母到渐渐独立,并开始与异性发展亲密关系,寻找工作,开始自己的职业生涯(DeLisi,1992)。因此,该疾病会对患者的社会适应、职业生涯的成功造成严重、持久而深远的负性影响。总的来讲,研究者认为精神分裂症是一种没有"界限"的疾病,任何种族、国家、社会阶层、性别的人都有患病的可能(Walker, et al,2004)。

第二节 精神分裂症的临床症状和诊断

本节将对精神分裂症中最主要的也是最常见的临床症状,如思维联想散漫、妄想、异己体验、幻听、情感淡漠、紧张症等进行讨论与分析。限于篇幅,本节将着重于症状的心理分析,若读者希望对症状的具体情况有更多的了解,可以参考精神病学方面的书籍。

一、精神分裂症的主要症状特征

(一)思维障碍

对病理性思维一般从五方面进行考察:① 思维内容,看它是否与客观现实相一致;② 思维体验,指思维在出现、停止、消失时的体验;③ 反思,指病人对自己行为的评价;④ 思维进程,指思维进行的快慢,观念的丰富;⑤ 思维形式,指思维内在的逻辑结构连贯的完整性(许又新,1998)。对于精神分裂症来说,常见的思维障碍主要表现在思维形式、思维内容和思维体验上。

1. 思维形式障碍

思维形式障碍(formal thought disorder)又称言语紊乱(disorganized speech),是指患者思维与语言的组织出现了问题,以至于使人难以理解。由于思维形式障碍很难客观地测量,在DSM-Ⅳ中用可以观察测量的言语紊乱来描述它。思维形式障碍的表现形式很多,较常见的有思维散漫(思维出轨)、思维破裂、语词新作、象征性思维等。

(1) 思维散漫。指联想范围过于松散，缺乏固定的指向，思维内容虽有些关联，但缺乏必然的逻辑联系，显得整篇谈话结构不紧密，内容很散漫。

(2) 思维破裂。指联想破裂，思维内容缺乏内在联系，其每句话的语法结构虽然正确，意义也可以理解，但整段谈话中句与句之间无任何联系，往往是一些语句的堆集，缺乏中心思想。例如：问病人："你叫什么名字？"病人回答说："今天天气很好，新闻说拉登被抓了，太阳系有九大行星，早上吃的油条太老了……"

(3) 语词新作。指患者将同源的现象，近似的词汇归集一起，对其中的一些词赋予新的含义。如将"日"和"夕"字罗列在一起，形成"旳"是指一昼夜。

(4) 象征性思维。指病人把一些很普通的概念、词句或动作和物品赋予某种特殊的意义，把抽象概念具体形象化。例如，一位女性精神分裂症患者入院时穿着红毛衣，不肯换衣服。睡眠时拆除暖气片的木架，抱着暖气片睡。病人的解释是：红色代表共产党，暖气片是工人阶级，拆掉木架是知识分子不应该摆架子，抱着暖气片睡是知识分子和工人阶级应该团结起来。

(5) 言语贫乏。语量显著减少，当言语内容贫乏时，即使说话很流利，但所表达要领的数量本质上明显减少（沈渔邨，2001）。

思维形式障碍曾被认为是精神分裂症的核心症状，Bleuler 就认为思维联想松弛是精神分裂症的原发症状，其他一切症状都是继发的。Meehl 认为这是一种认知迁移（cognitive slippage）（Alloy, et al, 1996）。

思维形式障碍在其他精神障碍（如躁狂症和器质性精神障碍）患者身上也能观察到。但精神分裂症患者的思维障碍特点是交替性（cross）（许又新，1998），也就是说在精神分裂症患者中健康与异常的思维特性是并存的。

2. 思维内容障碍

思维内容障碍主要为妄想（delusion）。一般而言，似乎很难给妄想一个十分贴切的定义。许多研究者一致认为，妄想有三个缺一不可的特征（许又新，1998）：妄想是一种坚信，它不接受事实和理性的纠正，可以说是不可动摇和不可纠正的；妄想是自我卷入的；妄想是个人独特的。

临床上常见的妄想有：

(1) 被害妄想。病人觉得周围发生的事不仅与他有关，而且矛头是指向他的，认为别人在侮辱、贬低、伤害甚至毁灭他。在环境中无害的事件可被感觉为威胁和跟踪迫害的迹象。例如，某患者认为家人在自己饭菜里下了无色无味的毒，要害死自己。

(2) 牵连观念，又称为关系妄想。指病人认为在他周围出现和经历的事情都是为了他的缘故，不断地思考这对他将意味着什么。病人把周围与他无关的事情都当成是与他有关的。

(3) 嫉妒妄想。指患者毫无任何依据地认为自己的配偶不忠。

(4) 影响妄想。指患者认为自己的精神活动受外力干扰、控制、支配、操纵，或认为外力作用于自己的身体，产生种种不舒服的感觉。例如，有患者感到拉登运用高科技的电脑来控制自己的思维，自己的一举一动包括在想什么，他都能知道。

（5）非血统妄想。指患者无故认为自己不是父母亲生的。

妄想可以分为原发性妄想和继发性妄想两类。原发性妄想是在精神状况相对正常的情况下突然产生的，而且很快就产生妄想性确信。继发性妄想则是在已有的精神障碍的背景上发展起来的妄想。

妄想是精神分裂症患者最常见的症状之一，至少有 3/4 的精神分裂症患者存在有妄想的症状，在精神分裂症的国际试点研究（IPSS）中有 97%的病人缺乏自知力（Girolawo & Warner，1997），即病人完全不认为自己的思维、感知、行为等有任何异常，哪怕是在他们面对确切无疑的证据表明他们的妄想多么荒谬时，也不会放弃，并且拒绝治疗。M. Rokeach 曾做过这样的一个研究，他把三个声称自己是耶稣的精神分裂症病人安排住在同一个病房，在两年中这三个病人一直生活在一起。两年后对他们进行了检查，结果发现他们对事实上的矛盾都视而不见，也没有任何争论，仍还都认为自己是耶稣（Alloy，et al，1996）。所以我们常说，妄想是不可能被说服的，能被说服的就不是妄想。

对于妄想，医生最大的困惑在于有时妄想和现实的想法并不是那么容易区分，Kraft 和 Babigian 曾报道了这样一个病例，一个妇女来到医院称她的双臂都有针在里面。体检没有发现体表有针刺的迹象，但经询问知道，她曾有 9 年里先后八次的精神病院住院史，每次住院都是由于在幻听支配下自伤自残，并且她还有 7 年的酗酒史，这一切都支持说明这是妄想。但令人惊奇的是，在此后的 X 线检查中，医生发现的确有针在她的双臂中——她在某次自残中刺进的。在这次自残后的三次住院中都没有被发现，可能她的关于双臂针刺的主诉一直被认为是一种妄想（Alloy，et al，1996）。因此在对病人的思维内容进行判断时，必须经过详细的病史和精神检查。

并不是只有精神分裂症患者才会有妄想，器质性精神障碍和情感性障碍的患者也可以有妄想，但相比较而言，精神分裂症患者的妄想内容更为荒谬。

3. 思维体验障碍

思维体验障碍主要为异己体验，主要包括：

（1）思维被插入感（thought insertion）。认为自己大脑中某些想法不属于自己，是被别人放入的。

（2）思维扩大或被广播（thought withdrawal）。感到自己的思维即使不讲出来别人也能够知道，并且被广播出来，似乎人人都知道。

（3）妄想知觉（delusional perception）。在知觉的同时突然产生妄想。知觉本身没有什么变化，只是在知觉的同时出现妄想反应，其内容与情绪背景密切联系。如某病人看报后认为别人已经知道他在看什么内容，在想些什么了，而不看报即无此事，因此病人生气而不看报（陈弘道，1984）。

专栏 4-2

妄想的分类

许又新(1998)将妄想按其内容的不同分为六类:

(1) 被害妄想(包括影响妄想、被害妄想等);

(2) 夸大妄想(包括血统妄想、发明妄想等);

(3) 抑郁性妄想(包括自罪妄想、疑病妄想、虚无妄想、贫穷妄想等);

(4) 与性爱相联系的妄想(包括妒忌妄想、钟情妄想等);

(5) 变形妄想;

(6) 其他:如非血统妄想、附体妄想等。

(4) 思维云集(pressure of thought)。思潮不受患者意愿的支配,强制性的大量涌现在脑内。

在正常情况下,我们的思想、情感、内心冲动和决定,都被体验为“我自己的”,是我的意志所发动的。在某些特殊情况下,如极度困乏或快要入睡时,心中的表象和观念出现和更换,可伴有不随意的体验。此时,健康人可以做到听其自然,不加以抵抗和干预,精神是放松的。

精神分裂症病人的异己体验包含不随意体验,但不仅仅是一种不随意体验,病人体验到有某种无形的力量在发动或中止自己的思考,却不是出于自己的意志。病人把自己的意志异化了,自己的意志被体验为完全与意志无关,是意志以外的某种无形的力量在发动和终止那些异己体验。异己体验具有不可理解性,这提示我们应将其考虑为是某种生物学疾病过程的产物。

(二) 知觉障碍

最具戏剧性的知觉障碍是幻觉(hallucination),在患者周围的环境中并无任何刺激,但患者却能产生感觉。幻觉包括有听幻觉、视幻觉、嗅幻觉、前庭性幻觉、内脏性幻觉、味幻觉、性幻觉和触幻觉等,在 IPSS(精神分裂症的国际试点研究)的研究中有 74% 的精神分裂症患者有幻觉。

听幻觉是最常见的幻觉。在精神分裂症患者中有 70% 有听幻觉(Cleghorn et al, 1992)。幻觉同样也可以出现在其他精神障碍(如脑器质性疾病、意识障碍、各种情绪状态)中,并且,用药物(如可卡因)也可以诱导出幻觉。

听幻觉主要有以下几类:

(1) 评论性幻听。听到别人在议论自己,议论的内容以负性的批评、讽刺、责骂、诬陷常见。

(2) 命令性幻听。听到有声音命令自己去做某事,如打人、拒绝进食、自伤或自杀。

(3) 争论性幻听。听幻觉的内容与患者本人无关,患者听到的是另外两个人的争论,有时舌战的内容可以以患者为中心,其中一人揭露患者的错误,另一人为这位患者辩护,但均以“他”来称呼患者。

(4) 思维鸣响。在病人感觉到思维活动的同时,其脑内出现与思维活动一样的言语伴随思维活动而出现(陈弘道,1984;沈渔邨,2001)。

幻觉是突然产生的,有的患者称声音来自于自己的脑中,有的患者搞不清它是否是真实的或是想象的,更多的患者坚信这是真实的。

(三) 情感平淡

情感平淡(flat affect)和言语贫乏一样被认为是精神分裂症的典型的阴性症状,指病人缺乏活动的兴趣和能量,在讨论感人的事件时缺乏情感反应。在这种情况下,他们的工作、学习能力严重受损,往往整天坐着什么事都不干。

情感平淡的精神分裂症病人虽然并不缺乏与人交流的能力(他们的智力是良好的)但却缺乏与人交流的动机,当他人试图与之交流时会有一种特殊的受挫感,因此有人认为精神分裂症病人是难于接触的。事实上精神分裂症病人的情感并没有消失,如果坚持与之接触,在一段时间后会发现,在其冷漠的外表后依然存在着活力,甚至具有敏感的情绪活动(但他的表达是受阻的)。按照心理动力学的观点,精神分裂症病人将自己过分敏感的特性隐藏在淡漠的面具之后,是为了避免情感负担过重,尤其是在人与人之间的交往方面。

有研究证明,精神分裂症病人虽然情感的外在表现的确不明显,但他们的内在感情同正常人却没有差别。Kring 和 Neale 在 1996 年的一项研究中,让精神分裂症病人和正常人一起观看一些电影片段,同时记录下他们的面部表情。在每个电影片段后,他们都被要求报告这段影片引起自己怎样的情感,结果发现精神分裂症的面部表情的确要比正常人少得多,但他们报告的情感的数量和正常人一样多(Davison & Neale,1998)。

(四) 紧张症

紧张症(satatonic syndrome)包括运动、姿势和行为等症状,其共同特征是其自身的不自主性,如木僵、自动症、作态等。它是本能内驱力和运动技能方面出现的障碍(Tŏlle,1997)。

(1) 木僵状态(stupor state)。指患者的动作和行为明显减少或抑制,常常会保持同一种姿势,如空气枕头。

(2) 违拗症(negativism)。指患者对所有外来吩咐或要求的一种不自主的拒抗,并非有意的不合作。

(3) 紧张性自动症。患者的某种运动、动作都不是按照自己本人的意志,而是根据某种外界的作用或影响表现为行动的。如感到本人是在某种外界的指令下做出闭眼、伸舌、举手动作和说话,完全丧失了自我控制能力。

(4) 作态与特殊姿态。病人做出一些幼稚而又愚蠢的姿态、表情、步态和动作,这些表现并不离奇。病人是在故意的装相动作。

(5) 刻板症。即病人无意识地、重复地、刻板地做一些简单的动作。这些动作不具任何目的性,也无现实意义。如有节奏地将头转向一方等。

(6) 多动或兴奋。病人突然出现运动性兴奋,行为冲动,不可理解,言语内容单调刻板。如突然起床砸物、伤人,无目的的在室内徘徊,不停地原地踏步等(陈弘道,1984;沈渔邨,2001)。

紧张症是一种特殊的意识障碍,常伴有各种躯体异常表现,如肢端冰凉、低血压等。需要指出的是木僵的病人虽然几乎不能活动,也不能讲话,但他们的意识是清晰的,感觉甚至很敏锐。病人可以非常敏感地察觉周围所发生的事件,但自己却无法投入其中,并且这些病人大多还有其他的精神分裂症症状(如妄想、听幻觉),所以他们是非常痛苦的。

根据心理动力学的观点,紧张症症状是"自我"受到了最严重的精神威胁、又无力防御时所作出的表现。刻板动作是为了证实自己仍有一定的行为能力。用头撞墙也可以是精神分裂症病人体会疼痛,证实自己仍然活着的一种行为表现(Tŏlle,1997)。

(五) 自知力障碍

自知力(insight)也称为内省力,是指病人对其本身精神状态的认识能力,即能否觉察或辨识自己有病和精神状态是否正常,能够正确分析和判断,并指出自己既往和现在的表现和体验中哪些是属于病态的(沈渔邨,2001)。

精神病患者一般都有不同程度的自知力缺陷。自知力的完整程度及其变化是精神病病情恶化、好转或痊愈的重要指标之一。

二、精神分裂症的诊断

1. 精神分裂症的诊断标准

在这里我们主要介绍 DSM-Ⅳ 和 CCMD-3 中关于精神分裂症的诊断标准及其差异之处。

ICD-10,DSM-Ⅳ 和 CCMD-3 在对精神分裂症的症状的认识上基本一致,也同样强调病程的重要性,重视考虑精神分裂症病人社会功能的损坏以及与其他精神障碍的鉴别。对于病程,DSM-Ⅳ 要求至少 6 个月,应包括至少 1 个月符合 A 标准(即急性期症状)的症状(如经有效成功的治疗,限期可较短)。而 CCMD-3 则要求至少持续 1 个月(若有精神分裂症症状,但未满 1 个月则诊断为分裂样精神病),应该说,从实际诊断的角度 DSM-Ⅳ 较 CCMD-3 对病程的要求更严格。此外,DSM-Ⅳ 还提出了精神分裂症与广泛性发育障碍的关系。

DSM-Ⅳ对精神分裂症的诊断标准(APA,2000)

A. 特征性症状:表现出下列2项以上,均应在1个月内的(如经有效的治疗,限期可以较短)有明显表现。
   (1) 妄想; (2) 幻觉;
   (3) 言语紊乱(例如,常常乱扯或散漫); (4) 明显的紊乱或紧张行为;
   (5) 阴性症状,即情感平淡、言语贫乏或意志减退。
   注:如妄想荒谬怪异,或幻觉是对患者的行为或思想作实况转播样的评议,或有2个以上的声音在互相对话,则仅需1项便已足够。
B. 社交或职业功能不良:自起病以来在显著较长时间内,一个以上重要方面的功能(如工作、人际关系或自我照料)明显的较起病前差得多(如起病于童年或青少年,则为未能达到应有的人际关系、学业或职业水平)。
C. 病期:病情的持续性表现至少6个月,此6个月应包括至少1个月符合A标准(即急性期症状)的症状(如经有效成功的治疗,限期可较短)。可包括前驱或残留期,在前驱或残留期中,病情可表现为仅有阴性症状或A所列2项以上较轻的症状(例如,古怪想法、不寻常的知觉体验)。
D. 排除心境障碍及分裂情感性精神障碍:分裂情感性精神障碍及伴有精神病性表现的心境障碍均已排除,因:(1)无重性抑郁、躁狂或混合发作同时出现于急性症状期;(2) 而且,如在急性症状期出现情感(心境)发作,其持续时期与急性期或残留期相比均明显较短。
E. 排除物质或一般躯体情况:此病并非由于某种物质(例如,滥用某种药物、某种治疗药品)或由于一般躯体情况所致直接生理效应。
F. 与广泛性发育障碍的关系:如有婴幼儿孤独症或其他广泛性发育障碍的病史,除非出现至少1个月(如经有效的治疗,限期可较短)的明显妄想或幻觉,否则不作精神分裂症附加诊断。

CCMD-3中精神分裂症的诊断标准与DSM-Ⅳ存在某些差异。例如,其所描述的症状标准比较具体,涉及:① 反复出现的言语性幻听;② 明显的思维松弛、思维破裂、言语不连贯,或思维贫乏或思维内容贫乏;③ 思想被插入、被撤走、被播散、思维中断或强制性思维;④ 被动、被控制或被洞悉体验;⑤ 原发性妄想(包括妄想知觉,妄想心境)或其他荒谬的妄想;⑥ 思维逻辑倒错、病理性象征性思维或语词新作;⑦ 情感倒错或明显的情感淡漠;⑧ 紧张综合征、怪异行为或愚蠢行为;⑨ 明显的意志减退或缺乏。另外,明确提出自知力障碍作为严重程度的标准(中华医学会精神科分会,2001)。

不同诊断系统的诊断类型比较见表4-1。

2. 精神分裂症的量表评定

对精神分裂症的诊断、评估和研究可以通过供医生使用的精神科量表来进行。最常用的精神分裂症评定量表主要是简明精神病量表(BPRS)和阴性阳性症状量表(Positive and Negative Syndrome Scale, PANESS)。简明精神病量表和阴性阳性症状量表都主要用于近一周的精神症状评定,前者18题,后者33题。通过应用这些量表,可以

表 4-1 不同诊断系统对精神分裂症诊断标准的比较

	CCMD-3(2001)	ICD-10(1992)	DSM-Ⅳ-TR(2000)
定义	本症是一组病因未明的精神病，多起病于青壮年，常缓慢起病，具有思维、情感、行为等多方面障碍及精神活动不协调。通常意识清晰，智能尚好，有的病人在疾病过程中可出现认知功能损害，自然病程多迁延，呈反复加重或恶化，但部分病人可保持痊愈或基本状态。	以基本的和特征性的思维和知觉歪曲、情感不恰当或迟钝为总体特点，通常意识清晰，智能完好。	
严重程度	自知力障碍，并有社会功能严重受损或无法进行有效交谈。		社交或职业功能不良：自起病以来在显著较长时间内，一个以上重要方面的功能（如工作、人际关系或自我照料）明显较起病前差得多。
病程	符合病症标准和严重标准至少已持续 1 个月，单纯型另有规定。	特征性症状在至少 1 个月以上的大部分时间内肯定存在。	病情的持续性表现至少 6 月，此 6 月应包括至少 1 月符合急性期的症状。
分类	偏执型 青春型 紧张型 单纯型 未定型 其他型或待分类的分裂症	偏执型 青春型 紧张型 未分化型 残留型 单纯型 其他精神分裂症	偏执型 瓦解型 紧张型 未分化型 残留型

评估病人症状的严重程度、治疗前后病人症状的变化以及所用药物的疗效。但需要强调的是精神科评定量表对精神分裂症的临床诊断具有良好的辅助作用，但确诊还是需要临床医生根据统一的诊断标准（ICD-10，DSM-Ⅳ和 CCMD-3），在进行了详细的精神检查和临床观察，根据其症状、病程和社会功能的特点，排除了其他精神疾病的可能性后才能做出。

专栏 4-3

阳性阴性症状量表①

近年来的研究表明，精神分裂症可能至少是由两组不同发病机理的症状组成：即阳

① 何燕玲，诸索宇，张明园译. 阳性和阴性症状量表中文版。

性症状和阴性症状。前者由生发性症状构成，如幻觉和思维散漫，通常抗精神病药物治疗有效；后者由缺损性症状构成，如情感平淡和被动性社交退缩、抗精神病药治疗疗效不佳。

阳性阴性症状量表为区分阳性症状和阴性症状提供了较成熟的评定工具，它具有较好的结构效度、纵向信度以及详细的精神检查和症状严重度评定的操作标准。

评定过程包括30～40分钟的正式精神检查，共30个症状，每个症状的评定分7级，从1(无)～7(极重度)。其中7项评定阳性症状，7项评定阴性症状，16项评定一般精神病理，还包括3个补充项目以评定攻击危险性，这样共33个项目。评定得出阳性症状量表分、阴性症状量表分、复合分数(阳性-阴性)、一般精神病理量表分和补充的攻击危险性条目。根据5个量表的得分，可以描述疾病的严重程度，并对其进行分型，即病人是属于阳性亚型、阴性亚型、非阳非阴亚型还是混合型。据此，对临床治疗，特别是药物治疗有重要的指导作用。

第三节 精神分裂症的类型、病程和预后

精神分裂症的临床症状一直是人们研究的重点之一，也是诊断精神分裂症的主要依据。对数以百计的精神症状如何去分类，如何确定其诊断和治疗价值，乃至如何从症状背后去寻求其意义、寻找其原因则一直是人们孜孜以求的目标。

一、精神分裂症的分型

(一) Ⅰ型精神分裂症和Ⅱ型精神分裂症

目前，将精神分裂症的症状分为阳性症状与阴性症状两类，进而将精神分裂症分为Ⅰ型精神分裂症和Ⅱ型精神分裂症。这种分类法得到了许多临床治疗家和实验研究的支持。阳性症状(positive syndrome)与阴性症状(negative syndrome)最早是在19世纪，由英国医生Reynolds和Jackson提出的。他们认为，精神分裂症阳性症状是由于某种病理原因引起潜在的脑功能解除抑制的结果，从而产生了正常人不应存在的症状；阴性症状则是由于大脑高层皮质活动过程的解除，使患者缺乏正常人精神活动中应具备的某些方面的功能(Alloy, et al, 1996)。这一理论通过Crow的工作，在1980年又有了新的发展。Crow提出精神分裂症的症状可以分为Ⅰ型和Ⅱ型。Ⅰ型是阳性症状亚型，其原发症状是幻觉和妄想，其潜在的病理生理机制是脑内生物化学机制过程的失衡，如多巴胺2受体功能的亢进；而Ⅱ型是阴性症状亚型，其原发症状是情感淡漠、言语贫乏等，此亚型患者的脑CT显示其有脑室扩大和皮质萎缩等征候，提示可能存在潜在的脑结构异常。在讨论两型的关系时，Crow认为Ⅰ型可以发展为Ⅱ型，也可以同时存在，Ⅱ型可以单独存在。

(二) 精神分裂症的分类

精神分裂症的Ⅰ、Ⅱ型分类法是目前在对精神分裂症研究中最受重视的方法之一，但在临床诊断中，被广泛采用的则是 DSM-Ⅳ 分类法。在 DSM-Ⅳ 中，精神分裂症被分为五类，下面将分别论述。

1. 偏执型

【案例 4-2】

“固执”今年 56 岁了，自从 14 年前她第八次也是最后一次住进精神病院后就再也没有离开过医院。25 年前，她在被下放到农村劳动后一直闷闷不乐，此后出现了失眠，胡言乱语，半夜里无目的地外跑，并坚信别人要害她，在自家楼梯上放石头和刀，称“××要暗算我”。在家整日不停地写材料，主要是写给新华社和党中央等权威机构。时常自言自语或对空言语。曾独自去北京被遣送回家。先后 8 次住院，但抗精神病药物的疗效不理想，其妄想和幻觉未能完全消除。在住院期间仍存在有明显的妄想和幻觉症状。每天都会利用能找到的一切纸张写信，内容荒诞，多为某人要害她等被害妄想，或要给某些人(多为医护人员和病友)一笔数目巨大的财产等。尽管这些信件永远不会寄出，仍写个不停。[①]

偏执型(paranoid schizophrenia)又称妄想型，是精神分裂症中最常见的类型。起病较缓慢，发病多在青壮年和中年。一开始表现多疑敏感，逐渐发展为妄想，妄想可以是系统的也可以是零乱的。有时伴有幻觉和感知觉综合障碍(如视物变形等)，其中听幻觉最为常见。听幻觉的内容与妄想往往紧密相关，如病人听到要伤害他的声音因而产生被害妄想并坚信不疑。其情感和行为常受幻觉和妄想支配，表现为多疑，甚至出现伤人或自伤的行为。但病人的精神衰退(指部分患者在起病后一个长短不一的时期之后，适应性认知能力、意志和情感反应、动机和社交技巧均进行性下降)不明显，在不涉及其妄想症状时，其行为、言语和思维无明显异常，故在发病后相当长的时间内，病人可以维持日常工作。

2. 紧张型

【案例 4-3】

患者“和尚”，18 岁时出现行为紊乱，胡言乱语，经治疗后缓解。此后三次住精神病院治疗。第三次住院出院后，到当地某佛寺出家为僧。出家 10 个月后，又出现行为异常，寺庙掌门通知家属将其送至医院。入院后不言不语，行为呆滞，表情紧张，拒绝进食。整日卧床，保持着同一个姿势不动，对医生的提问拒不回答。经过一段时间治疗后，有所改善，白天仍旧整日不动，但晚上会起床自行吃饭、走动、如厕。入院 2 个月后，基本缓解[②]。

---

① 本书中案例除专门注明的以外，均来自各位作者曾经治疗过的临床与住院病人病历。

② 案例来自苏州广济医院住院病人病历。

紧张型(catatonic schizophrenia)病人多在青壮年起病,以木僵状态常见,主要症状是言语运动不同程度的受抑制。患者失去所有活力,以一种僵直的姿势维持不动,有时相同的姿势可以维持好几个小时甚至几天,直至其手脚都因为长期不动而变得苍白肿大,我们称此状态为木僵状态。病人也可出现运动缓慢、少语少动的情况(亚木僵状态)。紧张性木僵也可与短暂的紧张性兴奋交替出现。紧张性兴奋时,病人出现冲动行为,可能大声谈话或叫喊,无目的地砸东西,或进行性活动,或自杀自伤,甚至攻击并试图伤害他人。应该注意的是,木僵并不意味着病人丧失了意识;相反,许多木僵病人对周围发生的事十分敏感,症状缓解后能够描述木僵期间别人对他的所言所行。也有的病人表现出违拗行为,即对要求他们做的事不但不做,而且去做相反的事。

3. 瓦解型

【案例 4-4】

患者"本能",男,21 岁,是一位大二学生,在一所大学学习,学习成绩比较好。入院前一周无明显诱因出现上课注意力不集中,回答问题时答非所问。入院后行为表现混乱,思维破裂,哭笑无常,时而大笑,时而哭啼。反复脱衣服,甚至赤身裸体。把被子、衣服都扔在地上。看到异性即冲上去欲拥抱,要家人都把衣服脱光,称"我对不起你们","我要跟爸爸做爱",并反复说有关性器官的脏话。将病房里的报纸撕成碎片,到处乱撒。医生进行精神检查时发现其答非所问,思维破裂,有片断的被害妄想。

瓦解型(disorganized schizophrenia)又称青春型。此型病人青少年起病,主要症状是思维内容荒谬、思维破裂,情感不协调,表情做作,其行为幼稚、愚蠢,做鬼脸,傻笑,常有兴奋冲动行为和本能(主要是食欲和性欲)意向亢进,如当众脱光衣服、追逐异性等。瓦解型病人的幻觉妄想凌乱,他们的社会退缩行特别严重,往往完全退缩到自己的世界里不受周围世界的任何影响,病程发展快,症状丰富,在所有的分裂症类型中是最符合一般人对"疯子"的印象的。

4. 残留型

指过去至少有一次发病,目前仍存在有个别的症状,如妄想、情感平淡、社会性退缩、人格改变等,症状保持相对稳定,近一年来无明显好转或恶化。

5. 未分化型

【案例 4-5】

"爱慕"是名 18 岁的女孩,生活在一座美丽的江南小城。她从小学习成绩优异,一直是父母的掌上明珠和骄傲,现在是当地一所著名的重点中学的学生。可是最近几个月来,其父母突然发现女儿不太说话了,追问之下了解到"爱慕"认为班里有个男生爱她,她也爱他。父母请来了该男生,男生说明了他并无此意,"爱慕"当时无特殊反应,但心里仍坚信该男生是爱她的。此后出现了自言自语,哭笑无常,睡眠差,可以整夜不眠看电视。与父母交谈时仍认为此男生的确因她漂亮而爱她，而她也喜欢他漂亮、学习好。后渐认为父母不是亲生的，称看到父母的脸变了样，像猫脸一样。在家发脾气，敌视父母，认为父母要害她。遂被送至当地精神病院，经抗精神病药治疗3个月后，精神症状基本消失。

我们可以看到，“爱慕”存在非血统妄想、钟情妄想等妄想症状，同时又存在视物变形等感知觉综合障碍以及哭笑无常等情感不协调症状，因此并不符合偏执型精神分裂症的诊断标准。有些病人的症状不符合以上任何一种类型，或是同时存在有多种类型的部分症状，又有明显阳性症状的被称之为未分化型(undifferentiated schizophrenia)。随着对精神分裂症治疗水平的提高，早期诊断、早期治疗，诊断为未分化型的病人在精神分裂症病人中所占比例呈上升趋势。

专栏 4-4

单纯型精神分裂症

【案例 4-6】

“无语”是位农村女性，今年28岁。她的起病发生在14年前读小学时。当时她的学习成绩突然下降，人也显得多疑，见到别人讲话就疑心是在讲她，有时无端手舞足蹈，但更多的时间表现呆滞，不言不语，自笑，懒散，什么事都不肯做。曾在当地精神病院就诊，诊断为“抑郁状态”。但此后10年一直未治疗。病人就在家中做做家务，尚能胜任。25岁时结婚，28岁时育一女。在女儿出生后，“无语”对她一直不闻不问，漠不关心，女儿再哭再闹也不管。家人来看她时也不理不睬，对任何人都十分淡漠。平时在家生活极为懒散，不洗脸，不吃东西，常呆坐在房里一动不动数小时之久①。

除按照DSM-Ⅳ的分型之外，在CCMD-3中还分出一种类型：单纯型。这类病人在青少年期起病，起病缓慢，早期可出现类神经衰弱症状，易疲劳、软弱无力、失眠、工作效率下降等。主要临床表现为日益加重的孤僻、被动、言语贫乏、意志缺乏、社会退缩、生活懒散和情感淡漠，阳性症状不明显。此型病人发病早期常不被注意，因而易耽误治疗。DSM-Ⅳ未列出此型，其理由是如果仅仅只有情感淡漠和退缩，不应认为是一种精神病，只不过是一种人格异常。但许多临床医生认为，此型病人的临床表现、治疗及预后与其他各型有明显的不同，故仍应将其单独划分为一种类型。

(三) 其他精神病性障碍

在DSM-Ⅳ中，除了精神分裂症以外，还有一些有精神分裂症症状，但不符合精神分裂症诊断标准的精神障碍，在临床中应与精神分裂症相鉴别，简述如下：

① 案例来自苏州广济医院住院病人病历。

(1) 精神分裂症样障碍。在CCMD-3中被称为分裂样精神障碍，指除了在病程上不足1个月(CCMD-3)或6个月(DSM-Ⅳ)外，符合精神分裂症其他诊断标准的一类精神障碍。

(2) 分裂情感性精神障碍(schizoaffective disorder)。主要是指已符合精神分裂症的症状标准，但其间又存在有情感症状(重性抑郁或躁狂)的一类精神障碍。

(3) 妄想性精神障碍。主要指有1个月以上并不怪异的妄想和与妄想主题有关的触、嗅幻觉，但没有其他精神分裂症症状，不符合精神分裂症的症状标准的一类精神障碍。

(4) 短暂精神病性障碍。指有一项以上的精神分裂症症状，病程超过1天但少于1个月，最后能完全充分恢复的一类精神障碍。

(5) 分享(感应)性精神病性障碍。主要指患者在与其有密切关系的另一人出现妄想之后，也表现出与其妄想内容相似的症状。

此外，还有一些躯体疾病和物质也可引起精神病性障碍。我们需要指出的是，有时候专业的精神科医生也很难明确地界定精神分裂症。例如，很多时候精神分裂症和心境障碍之间的区分也很模糊。有一些符合精神分裂症诊断的病人同时存在明显的抑郁或躁狂症状。而某些符合心境障碍的病人，在其病程中也出现了明确的精神病性症状(如幻觉、妄想)。因此，在DSM-Ⅳ，ICD-10，CCMD-3中都提出了分裂情感性精神障碍的诊断。

二、精神分裂症的病程和预后

大多数精神分裂症病人初次发病年龄在青春期至30岁之间。发病初期，常常先出现不寻常的行为方式和态度，这些变化往往不被重视，只是在追述其病史时才被发现。这种早期症状可以持续数年之久，学习成绩明显下降通常发生在13～16岁。一些病人表现为敏感、害羞、胆怯，缺乏积极的情绪反应，社会适应能力差(Done, et al, 1994)；另一些则表现为注意力不集中，过分的活跃，对抗性增强，固执，不服从师长。这段时间被称之为前驱期[①]。

在一段时间的潜伏期后，在一定的诱因作用下，病人会出现明显的精神症状，即初次发病。以目前的治疗水平，大多数初发病人(约75%)可以获得临床痊愈。精神分裂症在初发后可有不同的病程变化，但并无肯定的规律可循，大约有20%～30%的病人可能终生不再发病；1/3的病人在一定诱因下会有复发；另一些病人可能反复发作，其间歇期长短不一，发病的起始和终止并无明显的界线。其中一些(约1/4)病人在反复发作后会出现人格改变。每一次复发都会使人格的毁坏和崩溃加重(季建林，2003；Tölle，1997)。

① Patrick D. McGorry等(1999)，早期精神病干预指南，杨森科学委员会精神分会。

根据一些研究者的资料(Muller,1976),精神分裂症病人的病程可以归纳为4种情况:① 慢性起病,最终能痊愈或带有轻度症状,约占35%;② 慢性起病,无明显缓解,最终仍有中重度症状,约占20%;③ 急性起病,波动发作性病程,最终能痊愈或带有轻度症状,约占15%;④ 急性起病,单一病程,无明显缓解,最终仍有中重度症状,约占30%。

影响精神分裂症预后的因素很多,综合国内外的多项研究,特别是国际精神分裂症试点研究(IPSS)的结果,可以归纳为表4-2。

表4-2 影响精神分裂症患者预后的因素

因素	预后良好	预后不良
发病形式	急性起病	渐隐起病
发病持续时间	短	长
既往精神病史	无	有
症状特点	阳性症状为主	阴性症状为主
类型	偏执型、未分型	青春型、单纯型
婚姻状况	已婚	独身、分居、离婚
发病年龄	晚	早
发病至接受治疗时间	短(一年之内)	长(一年以上)
病前性格	无异常	异常
工作情况	良好	差
诱因	有	无
社会交往	好	差
家庭支持	佳	差
性别	女	男
维持治疗	能坚持	不能坚持

(引自蔡焯基、汤宜朗,2000;沈渔邨,2001)

第四节 精神分裂症的病因

正如前面已提到的那样,精神分裂症是一种严重致残的精神疾病,数百年来,人们一直在努力寻找它的病因以及治疗方法。对精神分裂症的认识,大致经历了下面几个阶段。

第一阶段。19世纪末至20世纪初,克雷丕林提出了早发性痴呆的概念,病因学研究主要在病理解剖和病理组织学方面,但没有肯定的结果。Bleuler提出了精神分裂症的概念,受弗洛伊德影响,他认为应重视精神分裂症的心理病因。因此在这个阶段,精神分裂症被认为是非器质性疾病。此阶段主要的治疗方法有注射肾上腺素、发热疗法、水疗法、输精管切除等，基本上没有什么疗效。

第二阶段。20 世纪初至 50 年代，这一阶段在临床遗传学调查方面做了许多工作，心因论很受重视。30 年代出现了电抽搐、药物抽搐疗法、精神外科手术疗法和胰岛素昏迷疗法，有一定的疗效。

第三阶段。20 世纪 50～70 年代，氯丙嗪合成并取得确切的疗效，人们开始认为精神分裂症是一种代谢障碍（主要是氨基酸代谢障碍），诊断量表及数据的统计处理被广泛使用，心理现象开始走向量化。通过对特效抗精神病药氯丙嗪和利血平的应用，精神分裂症的治疗有了质的飞跃。

第四阶段。20 世纪 70 年代至今，分子生物学和影像诊断技术的飞速发展，给精神分裂症的研究带来了新的巨大的推动力。目前人们关注的重点在于精神分裂症的基因与脑器质性改变上，而新型抗精神病药物的不断诞生和广泛应用使得精神分裂症的结局大为改观。

20 世纪 90 年代以来，大多数精神分裂症的研究者都认为精神分裂症是一种多因素影响的疾病，人们主要从遗传（包括谱系、双生子、寄养子、染色体、基因）、免疫、实验临床心理、脑影像、神经生化、社会心理因素（包括家庭教养环境、人格特点、生活事件等）等方面进行研究。

一、遗传因素

对于精神分裂症的遗传因素，不少研究支持精神分裂症是多因素遗传，即这种遗传是由许多基因的积累作用造成的。没有显性基因或隐性基因那种明显的遗传规律，但有一个阈值，超过这个阈值，就出现异常。精神分裂症的发生是遗传的易感性和环境因素共同作用的结果。这种多基因的遗传没有特异性的基因，即在一般人中这种不正常的基因也有存在。

1. 双生子的研究

双生子包括同卵双生子（MZ）和异卵双生子（DZ）。这种研究的出发点是双生子在遗传上具有最大的相似性，特别是同卵双生子，在遗传上是完全一致的。如果精神分裂症是一种完全性的遗传疾病，那么同卵双生子的共患率应该是 100％。但研究结果表明，同卵双生子的共患率为 48％，异卵双生子的共患率为 17％（Alloy, et al, 1996）。这些数据说明，一个人的双胞胎兄弟姐妹若是患有精神分裂症，他会有较高的患精神分裂症的危险，也就是说精神分裂症与遗传有关，但它并没有证明精神分裂症完全是通过遗传来传递的，环境的因素未能被排除。研究到了这儿似乎又步入了两可的出发点。但 Fischer 进一步提出这样的假设：如果这些数据的确反映了遗传的作用，那么双生子中未发生精神分裂症一方的子女患精神分裂症的概率应很高。这些未患精神分裂症的双生子有着精神分裂症的基因型，而非表现型，即未在行为上表现出症状，但这种患精神分裂症的危险性可能带给他们的子女。事实证明，在这些未发生精神分裂症一方的子女中，精神分裂症和精神分裂样精神病的发病率为 9.4%；在发生精神分裂症一方的子女中，发病率为 12.3%(Alloy, et al, 1996)。这两个数字均远高于一般人群。也有人认为双生子本身就是易患因素，但进一步的研究表明，双生子的患病率并不比单生子高。

2. 家庭研究

家庭研究表明，病人家属患有精神分裂症的概率远高于一般人群。一般人群中精神分裂症的患病率只有 1%，而精神分裂症的家属患病率要高得多，并且与病人的血源关系越近，患病的危险越大，其子女为 13%，孙子女为 6%，父母为 6%，舅、姨为 2%(Sarason,1999)。看来，对家庭的研究支持了精神分裂症的易患性是通过遗传来传递的观点。但这样的研究仍不能排除环境的影响，因为患者与其家属不仅基因相近，其生活环境与经历也是相近的。

Gottesman 等 1982 年曾就 20 世纪对精神分裂症的临床遗传研究做了小结，认为精神分裂症患者的养父母的患病率不高。正常人的子女由精神分裂症患者抚养，其患病率并未增高(见徐韬园，1999)。

3. 寄养子研究

寄养子研究也是为了区分遗传因素和社会因素的作用。通过将精神分裂症母亲的子女交给无精神分裂症的养父母养育，来排除可能的环境因素的影响。Heston 在 1966 年对 47 位被交给养父母抚养的精神分裂症母亲的子女与 50 位在同样环境中抚养的非精神分裂症患者的子女进行了对照研究。结果发现，47 位精神分裂症母亲的子女中被诊断为精神分裂症、情感障碍或精神病的人数为 18 人，而对照组中只有 2 人被诊断为精神病。此外，精神分裂症母亲的子女被诊断为神经症的人数为 13 人，对照组只有 9 人。结果显示，来自精神分裂症母亲的寄养子，其患病率高于健康母亲的寄养子。并且精神分裂症母亲的子女的犯罪率也较高(Alloy, et al, 1996)。

另一项研究也从另一个角度支持了上述观点。研究者调查了一群从小被领养的孩子，对他们的养父母进行了精神病的检查，并根据其健康状况分为健康家庭、中度障碍家庭和重度障碍家庭。选择出儿童生母患精神分裂症为研究组，在余下的孩子中选择出相匹配的为对照组。然后对这两组孩子进行研究，看他们是否有精神疾病史。结果如表 4-3 所示：在所有健康家庭中长大的儿童，都未出现精神分裂症；在中度和重度障碍家庭中长大的儿童，73 位研究组被试中有 9 位患有精神分裂症；对照组 94 位中有 2 位患有精神分裂症。这些结果说明，有相当程度的影响被认为是遗传的原因，但遗传影响的幅度又受掣于领养家庭的健康状况(Tienari,1987; Alloy, et al, 1996)。

表 4-3 领养儿童的精神疾病发病与领养家庭健康状况的关系

子女诊断	健康家庭		中度障碍家庭		重度障碍家庭		总人数
	研究组	对照组	研究组	对照组	研究组	对照组	
无重大障碍	41	42	11	26	6	5	141
神经症	8	10	10	18	14	15	75
人格疾患	2	1	5	7	18	11	44
精神分裂症	0	0	3	0	6	2	11
总计	51	53	29	51	44	43	271

(引自 Tienari，1987)

4. 染色体与基因研究

尽管上面的许多研究结果看起来都支持精神分裂症是一种由遗传决定的疾病，但我们仍不能说它是一种完全由遗传决定的疾病。遗传只是为精神分裂症的发生提供了易感性，应激使得易感性得以在行为上表达。

对精神分裂症的遗传的基因研究有着许多困难，因为研究者很难确切地知道易感性是怎样传递的。对精神分裂症行为基因研究的发现使人们得出了这样的一个认识：精神分裂症是一种多基因而非单基因的疾病(Gottesman，1991)。

人们试图通过对精神分裂症家系的研究找到其基因的染色体定位，但这些努力并没有获得成功(Kato，et al，2002)。Crow 用这样的方法提出精神分裂症的基因可能定位于性染色体假性常染色体区域的假设；Sherrington 曾于 1988 年报道，对 7 个精神分裂症家族聚集性较明显的家系研究，提出本病的病理基因位于第 6 对染色体。也有报道在第 5 对染色体的，但上述结果都未能被进一步的研究所证实(见徐韬园，1999)。

而当研究者们运用分子遗传技术(molecular genetic techniques)进行研究时，则发现了一系列看来能说明一小部分案例或易感性变异的基因。候选者基因分析(candidate gene analyses)、基因组扫描(genome scans)以及关联研究(linkage studies)提供了一些特殊基因(以及一些染色体区)的证据(Badner & Gershon，2002；Mowry & Nancarrow，2001)。

分子遗传学的研究也推进了对精神分裂症病因和诊断的认识。早年的行为遗传研究认为，精神分裂症和其他精神疾病(如心境障碍、精神病性抑郁)是有着可区分的遗传倾向的。但最近的研究证据表明并非如此。在运用了定量遗传技术对双生子样本进行研究后研究者发现，与精神分裂症有关的基因和分裂情感性精神障碍、躁狂症之间的基因有着显著的重叠现象 (Cardno，et al，2002)。

二、神经生化研究

1950 年氯丙嗪的发现，使得人们看到了征服精神分裂症的曙光，也促使研究人员从神经生化方面去寻找精神分裂症的病因。虽然存在许多问题和困难，但抗精神病药的确切疗效和进展始终鼓舞着人们对神经递质的研究，其中最早最著名的是多巴胺假说。

1. 多巴胺假说

多巴胺是脑内的一种单胺类神经递质。吩噻嗪类药物的主要药理作用是阻滞多巴胺受体。经临床和实验证明吩噻嗪类药物对精神分裂症的某些症状有着明显的疗效，同时又有着类似帕金森氏病的副作用。研究者据此提出了多巴胺假说(dopamine activity theory)。根据多巴胺假说，精神分裂症是多巴胺在某些突触部位的过量活动所造成的，或者是多巴胺数量增多，或是突触后多巴胺受体过多，或是多巴胺受体由于某些原因变得过度敏感而造成的。但经过几十年的深入研究，人们发现多巴胺假说并不能完全解释精神分裂症。首先，抗多巴胺药物对精神分裂症的疗效是非特定的，此类药物对其他精神疾病也有疗效；其次，抗多巴胺药物只对精神分裂症的部分症状(主要是阳性症状)有效，对阴性症状的疗效则不明显。此外，对精神分裂症进行药物治疗后，药物阻碍受体的作用一般在几个小时内就起作用了，但临床症状的控制通常要经过好几个星期，临床疗效与药理作用在这里出现了难以解释的分离。因此，有人提出是其他未明的因素引起了精神分裂症，多巴胺则放大了这些症状。

但近年来的一些研究又使得多巴胺假说重新被重视起来。尸体解剖和 fMRI 的研究都发现，精神分裂症病人大脑内多巴胺 2 受体较正常人明显增高 (Kestler, et al, 2001)。还有研究发现，在精神分裂症病人大脑中的多巴胺的合成和释放可能都增加了(Lindstrom, et al, 1999)。这些研究发现再次引起了研究者对于多巴胺的关注。

2. 5-HT 假说

尸检表明，精神分裂症患者的前额叶皮质 5-HT 2A 受体密度减少，而 5-HT 1A 受体密度增加。5-HT 2A 受体能抑制多巴胺的合成和释放，5-HT 1A 受体则与5-HT 2A 受体拮抗竞争。利坦舍林通过抗 5-HT 2A 受体而激活中脑皮质多巴胺通路，从而改善阴性症状和认知功能。而新型非典型抗精神病药物(如维思通、氯氮平、奥氮平)既抗多巴胺 2 受体，又抗 5-HT 2A 受体，故对阴性、阳性和认知症状都有效。

3. 乙酰胆碱能假说

乙酰胆碱在几个脑区内都有抗多巴胺能的效应，在精神分裂症前驱期，多巴胺能增加，乙酰胆碱也代偿性地增加，但乙酰胆碱本身能引起阴性症状，故此期主要表现为情感迟钝、行为退缩。在急性期，多巴胺进一步增加，乙酰胆碱失代偿，引起阳性症状，在用抗精神病药阻断多巴胺能后，阳性症状得到控制，但增高的乙酰胆碱恢复比多巴胺慢，故此期主要表现为阴性症状和精神病后抑郁。

除了上述假说之外，关于精神分裂症成因的假说还包括：① 去甲肾上腺素能假说，认为精神分裂症病人的去甲肾上腺素功能亢进；② 谷氨酸假说，认为精神分裂症病人的谷氨酸能低下；③ γ-氨基丁酸(GABA)能假说，认为精神分裂症病人的 γ-氨基丁酸能低下等。

目前各种假说仅能解释通过抗精神病药物的效果发现的部分现象，无法真正解释精神分裂症的病因。对于神经生化物质的研究存在着许多困难，其中最大的困难是在精神分裂症病人身上发现的异常生化改变，很可能是由于第三种变量而不是疾病本身引起的。事实上，服用抗精神病药、吸烟、喝咖啡等都会引起体内生化水平的变化。

三、大脑及脑影像学研究

自从克雷丕林提出早发性痴呆起，人们就一直想从大脑中找到精神分裂症的器质性成因，但始终未能取得确切的结果。直到近年来计算机和 X 射线成像技术相结合产生了断层扫描（CT）、磁共振（MRI）、正电子发射断层扫描（PET）等对人体的研究和诊断革命性的技术突破，这方面的研究才取得了实质性的进展。目前根据脑 CT 和 MRI 的研究发现，约 30％～40％精神分裂症病人有脑室扩大或其他脑结构异常的情况。

大多数病人尸体大脑解剖发现，病人的脑结构异常主要出现在颞叶-边缘区（如海马、杏仁核）和前皮质（Benes，1992 见 Davison & Neale，1998）。更多的结果则是应用 CT，MRI 对活着的精神分裂症病人进行研究得出的。这些研究发现，一些精神分裂症病人尤其是男性病人的后脑室增大，边缘结构体积减少，提示脑组织的破坏和萎缩（Chua，1995 见 Davison & Neale，1998）。某些精神分裂症病人的脑萎缩可能是早期脑损伤的标志，脑损伤增加了个体对精神分裂症的易患性。但是这些脑室扩大的程度并不大，许多精神分裂症病人的脑室与正常人并没有不同，而且这种脑室的扩大也不是特异性的，在其他精神病（如躁郁症）中也能发现。也有人提出，精神分裂症病人的这种脑结构改变至少有部分是由于长期服用抗精神病药或苯二氮䓬类药引起的（Rieder，1983 见 Davison & Neale，1998）。

大量的数据表明大脑前皮质有着特殊的重要性。通过在病人做心理测验时应用 PET 扫描病人的脑区的葡萄糖代谢情况，发现精神分裂症病人的前皮质葡萄糖代谢低下。而病人在做 Wisconsin 测验（一种测查前皮质功能的心理测验）时，成绩很差，而通过对流向前皮质的血流测定，发现流向该区域的血液减少（Rubin，1992；Weinberger，1988 见 Davison & Neale，1998）。

在一项对精神分裂症病人和其健康的同卵兄弟姐妹及正常人的对照研究中，研究者用 MRI 研究发现，精神分裂症病人和其健康的同卵兄弟姐妹相比，第三脑室容积无差异，但他们均大于正常对照组。三者小脑体积无差异，较其健康的同卵兄弟姐妹及正常人，精神分裂症病人的额叶灰质体积减少，而尾状核和侧脑室体积增加。其他脑结构，三者间无明显差异（Alloy，et al，1996）。但也有研究发现，与其健康的双生子兄妹相比，精神分裂症患者的大脑体积比较小（Baare，et al，2001），这就提示了大脑的异常可能部分地与大脑发育有关。

越来越多的证据表明精神分裂症的起因与神经发育的失调有关。病人的大脑中丧失了灰质，但不知道这是发生在神经发育的早期还是晚期的。Thompson 等人（2001）

对早发性精神分裂症病人进行研究，分析了灰质减少的动力学。研究者用高分辨率的磁共振影像扫描病人大脑在5年中的结构变化，还比较了精神分裂症病人和正常人及其他神经失调疾病病人的大脑，发现该症病人与正常青少年灰质的丧失相比，极为显著，丧失的空间模式随时间而发生变化。正常人的灰质也会有少量减少，但该症病人表现出特殊的从顶叶皮层开始，进展到额叶和颞叶区域。其他的非精神分裂症病人也表现出灰质显著减少，但减少得没有精神分裂症病人明显，而且不包括颞叶皮层。

以前的工作证明了成年精神分裂症病人灰质在大脑某些区域的丧失与遗传因素有关，而另一些区域的灰质丧失与环境因素有关。顶叶的灰质丧失被认为是属于后者的，而额叶和颞叶的灰质丧失是受顶叶的灰质丧失所影响的，研究者认为，这说明是环境因素的影响诱导了精神分裂症的早期症状。而且在大脑不同区域的灰质还有不同的功能，颞叶皮层的灰质丧失与一些恶劣的阳性症状有关，例如暴躁等；而额叶的灰质丧失则会引起阴性症状的发展，例如沉默寡言。

近年来研究者归纳汇总了精神分裂症脑成像的工作，他们认为，把精神分裂症定位于某一脑区的观念已不切实际。脑区应为较复杂的脑通路所取代，此通路的三个关键部位是前额叶、丘脑和小脑。Andreasen 认为，精神分裂症可能是由于前额叶-丘脑-小脑通路的发育障碍所致，其主要症状可通称为“认知发育不良”。在整个发育阶段所遭遇的损害均可引起发育不良，但问题主要产生在生命早期（见徐韬园，1999）。

对精神分裂症病人大脑的器质和功能变化的研究方兴未艾，和其他研究领域一样，由于精神分裂症本身的复杂性，即尚未能真正被区分清楚它是几种疾病的综合，以致各种研究很难得出一致的结果。有待于开展更深入的研究，才有可能最终区分其原因。

专栏 4-5

精神分裂症的眼动图研究

眼动图是一种描记眼球运动轨迹的方法，即受试者在随意注视静止图像时出现的眼球运动轨迹（search eye movement while viewing a figure, SFMVF）。这一方法由日本学者小岛卓野（1972）首次应用于对精神分裂症病人的研究。具体的方法是受试者头部带一头盔样的检查装置，两侧分别装有一个微型红外线光源，此光源以“十”作为标记，直接反映眼球活动的轨迹运动。检查装置前上方的自动照相镜头记录被试正前方屏幕上的图像，经过自动控制器的合成作用，将全部资料记录在录像带上。应用眼球轨迹运动标记系统，对受试者进行检查，把3个横位的S形几何图案依次分别放映在距受试者1.5米的屏幕上，记录受试者观看该图形时眼球运动轨迹，然后评定出眼运动注视点（NEF）、眼运动总距离（TESL）、眼运动平均距离（MESL）、反应性探索分（RSS）、认知性探索分（CSS）、画图评价-1.2（ERP-1.2）等各项得分。应用判别分析，小岛卓野指出，结果为负的是分裂性障碍，为正的是非分裂性障碍。小岛卓野还指出，NEF 数目减少、CSS 和 RSS 分数降低是精神分裂症的特征性症状之一。TESL 的改变是临床精神症状是否存在的一项指标，而 MESL 的改变是分裂症患者临床慢性化的指标之一。眼球活动的异常，特别是 RSS，可能提示精神分裂症的基因易感性，而一级亲属 SFMVF 异常将是分裂症遗传素质指标的研究假设。

我国的韩永华、沈渔邨(1999，2000)等报道，发现正常人对照组判别式分析平均分为－1.275，精神分裂症显著症状组、缓解组、慢性组均为正分，分别为 1.858，2.332，3.499。病人家属与对照组相比，在 NEF、CSS、RSS 差异非常显著，而与分裂症组无显著差异。这一结果证明了小岛卓野的观点。

四、社会心理因素

虽然许多研究者坚持认为精神分裂症是一种内源性的疾病，它的发生是由于目前尚属未知的器质性病变，但流行病学、个人史、心理动力学以及对精神分裂症病程的研究仍表明，精神分裂症的发病、病程和预后是受社会心理因素影响的。

（一）早期的心理创伤、心理诱因和生活事件

各种形式的儿童期虐待引起的儿童的退缩性行为被认为与精神分裂症的发生有关。同正常人相比，精神分裂症病人患病前负担过重的生活境遇更为常见。有研究表明，精神分裂症病人在发病前的 3 周内，各种严重程度的应激事件发生率显著高于一般人群。有 60%～65%的急性发作病人报告发病前的 2～3 周内有应激生活事件。由于精神分裂症病人往往存在有人际关系方面的问题，在他们遇到严重的生活事件时，所受到的压力更大。他们既害怕与人过于接近，同时又很需要他人的关心与爱，这是具有特征性的精神分裂症病人的矛盾冲突。如与病患共同生活的家庭成员表达了更多的负性态度或情感，则病患的复发率更高(Butzlaff & Hooley，1998)。因此，针对减少应激的治疗(Norman，et al，2002)，会有益于病人的康复和病情的稳定。目前认为，应激性生活事件是精神分裂症发病的一个因素，但它既非必要条件，也非充分条件(Girolawo，1997)。

（二）心理学对精神分裂症病因的研究

1. 心理动力学的观点

对于精神分裂症的病因，心理动力学早已有自己的解释和治疗方法。在氯丙嗪发明之前，这一治疗方法曾是精神分裂症主要治疗方法，直到现在仍不失为一种有益的思想。心理动力学认为，在神经症病人中，自我受到防御机制的保护，而在精神分裂症病人中自我则被挫败。弗洛伊德认为，在对自我的把握不足时，高度发展的自我就无法守住他的全部界线，潜意识就会在自我失控之处入侵。倒退至早期的(幼年的)自我状态之后，他的进一步变化如受到限制，这种状态则保持下去，并由此引出了精神分裂症的

三个最重要特征：

(1) 非现实性侵袭，即表现出受压抑的潜意识内容的泛滥，或表现为与潜意识相关的妄想体验。

(2) 这种侵袭可使自我逃脱，退行至早期(幼年)发育阶段。表现为说话口齿不清，不讲卫生等。

(3) 对自我界线的把握不足可进一步导致现实性与非现实性的混淆，由此引起概念、抽象及整合性思维障碍(Tŏlle，1997)。

新心理分析学派不完全同意 Frued 的关于精神分裂症退化的观点，而强调人与人之间的相互关系及焦虑的作用。他们认为精神分裂症是起源于人的焦虑并以混乱的方式对待他人的一种病态的状态。所谓的精神分裂症，似乎是为了逃避正常的生活，逃避焦虑，对付恐惧而发展起来的一种行为方式(Tŏlle，1997)。对精神分裂症病人的防御机制的研究表明，精神分裂症病人较正常人更多的应用不成熟的防御机制(路敦跃、张丽杰，1992)。

2. 家庭研究的观点

家庭治疗可以说就是起源于对精神分裂症病人家庭的研究和治疗。对精神分裂症病人的生活史和家庭史的研究，发现许多病人在童年时期起就有不良遭遇，如缺少家庭照料、父母亲患有精神或神经机能方面的疾病、父母酗酒、父母离婚、家庭关系破裂等，更为重要的因素是父母关系异常、孩子得不到爱、父母教育上的不一致、兄弟姐妹之间的较强的竞争对抗。

1956 年 Bateson 和他的同事发表了著名的“指向精神分裂症理论”，提出了双重束缚的概念，认为病人是疯狂家庭环境的延伸。想象一下，一个人处于如此的人际关系中，他无法逃离这一环境，不得不做出必要的反应。当他获得两个不同水平上自相矛盾的信息，而自身又很难发现并评价矛盾时，这个人就处于双重束缚状态(Nichols，2005)。Lidz，Fleck 和 Cornelison (见 Davison & Neale，1998)的研究认为病人幼年期与母亲之间的关系，特别是可通过母亲缺乏理解同时又过分溺爱、约束而产生障碍，母亲的担忧或焦虑导致了对孩子既严厉又迁就的前后矛盾性态度，并可使家庭的整体性行为态度受到干扰。而 Wynne 与 Singer(见 Nichols，2005)的研究则发现，病人家庭中存在着交谈与思维方式混乱的情况。病人幼年在这种不确定、不协调的环境中成长，促使了以后的精神分裂性的交往障碍的形成。

精神分裂症患者家属的情感表达(expressed emotion，EE)也被认为对疾病的复发和预后有重要的作用。当精神分裂症病人的家属属于高情感表达者时，精神分裂症病人的疾病复发率也较高。这类研究在英语国家进行得较多。我国也曾在 1998 年做过这方面的研究，结果表明精神分裂症患者家属的高情感表达者占 28.2%，类似于同一次研究中印度的比例(23%)，显著低于英国的比例(54%)；敌视的比例为 15.5%，也较低(冉茂盛等，1998)。

五、心理病理学研究

1. 思维形式障碍

许多临床心理学家认为，思维形式障碍是由于联系的松弛(loosening of association)造成的。在和一个人交流时，人们会产生许多种连接他们自己固有观念和所要谈的观念的心理联系。但在说出话来之前，人们会编辑整理这些联系，选择出最切题的一种而抛弃其他的联系。而精神分裂症病人的这种选择过程被破坏了，因此他们说话时无法切题(Alloy, et al, 1996)。但这并不是说精神分裂症病人不能对一个问题给出直接的答案。对于一个刺激，精神分裂症病人能够做出一个简单直接的反应，但对于更精细的进一步层次上的联系，他们往往会陷入困惑与混乱。这种现象为 Cohen 等的实验所证明。在他们的实验中，对正常人和精神分裂症病人两组被试出示两种颜色的卡片，这两张卡片同时也呈现给听众，然后要求被试向听众描述其中的一种卡片，使听众能根据他们的描述选择出被描述的那张。实验结果发现，当这两张卡片的颜色差异很大时，精神分裂症病人能和正常人做得一样好；而当这两张卡片的颜色之间的差异很细微时，精神分裂症病人的思维就开始脱轨了，无法传递有效的信息。为什么精神分裂症病人的思维会脱轨呢？一些研究者认为，当精神分裂症病人产生了一个联系后，他们不能像正常人一样放弃它以寻找更适宜的联系，而是粘着在第一个联系上。这样本来应有的一连串的“联系链锁”的余下部分就从第一个联系处脱链了(Alloy, et al, 1996)。

2. 妄想

妄想究竟是怎样产生的，研究者从不同的角度提出了许多假设。

德国的精神病学家认为，事实上，妄想的内容也是源于现实的，绝大部分也会出现在健康人的体验中。新兵第一次穿着军装上街，会觉得街上的人都在看他；青春期的少男少女会将异性的一些无关紧要的讲话和表情看做是爱的暗示；一个罪犯会从周围环境中某些无害的事件中体验到自己已被识破。又有谁从未有过怀疑周围有人会对自己不利的体验呢？然而健康人在任何时候都可转变自己的想法，可以转变参照体系或判别标准，会问自己“为什么别人都要看我，这是不可能的。”当一个人失去了这种超越、转换的能力时，妄想就开始了，他自己变成了中心人物。而妄想的本质特征不是它的不可理解性，而是病人不去追究妄想体验的根源，不对妄想的内容提出质疑，对他人的异议也不去检验核实(Tŏlle, 1997)。

B. A. Maher 认为，并不是妄想者的思维过程出了问题，而是其感知过程出现了异常。荒谬的妄想只是为了用来解释异常的感觉。那么，如果说妄想是对异常感知的正常解释的话，为什么精神分裂症患者在无法证明自己的妄想时仍旧坚信不疑呢？从科学史上，不难发现有时科学家的偏执与精神分裂症病人的妄想一样顽固，他们很少会更改他们建立在单一依据上的理论。例如，在 19 世纪，对霍乱的认识有两种理论。德国的罗伯特·科赫通过大量的临床研究，发现了霍乱弧菌，他认为霍乱正是由霍乱弧菌引起的。而当时的霍乱权威，马科思·佩藤科夫认为霍乱的流行必须同时具备病原菌、适宜的地理条件、相当的气候状况以及个人的易感性 4 个因素。尽管当时已经有许多证据支持科赫的观点，但佩藤科夫仍坚持自己的理论。为了证实他的正确，甚至不惜当众喝下了有霍乱弧菌的溶液，结果大大损伤了自己的健康。这样的例子在科学史上举不胜举。Maher 认为，对于精神分裂症患者的妄想来说，其竞争理论就是事实，但由于妄想能更好地解释他们的体验，所以不愿放弃妄想而接受事实（Alloy, et al, 1996）。有人对 Maher 的理论提出了不同的看法，他们认为当精神分裂症患者在试图解释他们古怪的体验时，他们的解释方式也有偏差（Garety，Helmsley，& Wessely，1991 见 Alloy，et al, 1996）。在他们的实验中，妄想患者被给予了大量的信息，要求他们做出推论。结果发现，与正常人和无妄想的精神分裂症患者相比，妄想患者只用了很少的信息就做出了推论。就是说，妄想患者首先是存在有认知障碍，在解释他们的古怪体验时，他们倾向于用最简单的方式——直接跳至结论。

心理分析学说对妄想的产生也有自己的解释，认为妄想的形成是一种投射的过程，这里的投射是指将个人的不协调、彼此矛盾的体验完全转向外界，因此导致了与现实联系的障碍。根据现象学的观点，现实被划分为客观现实和主观现实，矛盾向客观现实、向外界的表现是一种妄想性重新解释的形式。有妄想的病人使自己处于事件的中心，同时将自己束缚、孤立起来。妄想首先是一种主观的、与他人联系的错误，是参照系的僵化状态，是一种固执己见、不求突破的状态（Tŏlle, 1997）。

专栏 4-6

妄想产生的条件

（1）在认知异常基础上产生的妄想。由于某种体内外的刺激作用，病人对外界刺激物的认识出现了异常（感知、体验），此时病人的意识是清醒的。

（2）在意识障碍基础上产生的妄想。此时病人会出现很多恐怖的幻觉或错觉，如看到地上爬满了蛇，墙变成了血红色等。并且，此时病人往往还存在有定向障碍，因此就会在错幻觉基础上产生妄想。此种妄想多见于器质性精神病人。

（3）在情绪障碍基础上产生的妄想。在强烈和反常的情绪状态下，如躁狂或抑郁状态，病人的思维指向性和逻辑检验过程都会受到影响，因此就会做出错误的判断和推理。躁狂病人会感到自己精力充沛，头脑异常灵活，无人能比，就会产生夸大妄想；抑郁病人会感到自己思维缓慢，情绪低沉、沮丧，就会产生自责、自罪妄想。

（4）在思维障碍基础上产生的妄想。病人的分析综合能力、抽象概括能力受损时，其反映现实的能力受到歪曲，因此产生歪曲的概念和思想，在此基础上产生各种各样比较系统且结构严密的妄想。精神分裂症病人的妄想多属于此。

（5）在人格障碍基础上产生的妄想。由于病人的人格发展的不协调，其人格结构中某一部分过分发展，而对自己作出了过高的评价，产生夸大妄想。但由于其实际能力与他在夸大妄想背景下产生的期望的差异，必然造成病人的许多想法根本无法实现。但又由于病人的人格障碍，会把这种受挫归因于社会和他人的不公、敌对和妒忌，因此产生被害妄想。

3. 幻听

研究者认为幻听的产生是由于患者不能区分真实的感觉和想象。这一观点得到了Bentall(1991)的实验的支持。在实验中给具有听幻觉的患者呈现两类刺激：一类是提出线索要求患者做出反应，如用“H”打头的词命名一个地点；另一类是提供线索和反应，如什么是脚穿的东西？鞋子。一周后，所有的反应都重新呈现给他们，要求被试说出哪些反应是他们自己做出的，哪些是实验者提供给他们的。结果发现，与正常人和无听幻觉的精神分裂症患者相比，有听幻觉的患者很难区分出自己的想法和来自外界的信息。

也有研究者研究了听幻觉患者对自己的听幻觉的反应，Miller在1993年就50名听幻觉患者让他们对自己的幻听的态度进行了调查，结果是令人惊奇的。超过半数的患者认为他们从听幻觉中获得了益处，很多患者认为他能控制自己的幻听。也有病人说他感到孤单，是幻觉给他带来了伙伴。甚至还有病人认为幻觉有保护的作用，他说我在幻觉中杀了我的父亲，这样就不必在现实中这样做了。幻觉支持了患者的自尊，甚至有助于其工作。其中10名患者称只要他们能控制幻听，他们就希望幻听继续存在。当然，更多的患者认为听幻觉影响了他们的生活(Miller，1993 见 Alloy，et al 1996)。

听幻觉究竟是患者听到的，还是想象出来的呢？PET的研究发现，在精神分裂症患者出现幻听时，可以看到就像正常人在听到自己讲话的声音时在大脑的语言区出现一种同样的活动方式。这提示听幻觉患者听到的是自己的声音(Cleghorn，1992 见 Alloy，et al 1996)。

Asaad提出了“鉴别机制转换机能异常”学说(1990)。Asaad认为，在脑干网状结构中可能存在某种鉴别机制中枢，该中枢能调节外部或脑本身的刺激输入。这个鉴别机制可能有多种神经递质参与，当在觉醒状态或慢波睡眠时，这一机制处于正常工作状态；而在快速眼动睡眠时，则处于休息状态。在休息状态时各种病理反应或某种生理性变化可使其中的转换机能发生紊乱，其结果不仅仅是引起病人对外部刺激的感知产生破绽，更重要的是将对脑本身的刺激(记忆)作为错误性知觉加以感觉。

六、认知功能研究

目前，研究者已经发现并接受这样的一个观点：就整体而言，精神分裂症病人在所有认知功能领域都存在明显的缺陷(Walker，et al，2004)。研究者最初是通过智力测验和神经心理测验对精神分裂症进行研究的。目前这类研究关注的焦点是病人的基本感知觉处理的能力。这些研究都发现,精神分裂症患者在完成认知任务的过程中存在着明显而广泛的缺陷(Green, et al,2000)。研究者也已经证实,初发的、未经药物治疗的精神分裂症患者同样存在着广泛的认知功能缺陷,这就表明这些认知功能缺陷并不是由药物的副作用引起的。

Green 等人(1999)在一项运用向后标记(backward masking)的实验范式进行的感觉信息处理研究中发现,精神分裂症病人对视觉刺激最初处理的速度要比健康人来得慢。另一项运用脉冲抑制(prepulse inhibition)的实验范式就人对重复感觉刺激的反应所进行的研究发现,精神分裂症患者的脉冲抑制能力明显降低(Perry, et al,2002)。也就是说,精神分裂症患者在对已经出现过的"旧"感觉刺激再次做出反应时的表现好像这是一个"新"刺激一样。除了这样的一些早期的感觉信息处理过程的损害以外,在选择反应速度和执行运动反应的速度方面精神分裂症患者也存在着明显的缺陷(Flyckt, et al,2000; Krieger, et al,2001)。此外,在言语与空间记忆、注意和执行功能等高级认知功能损害方面,也存在着明显的损害(Kuperberg & Heckers,2000)。这些研究都提示我们,一些精神分裂症患者存在非常基本的认知功能损害,这些损害是大脑功能损害的结果(Walker, et al,2004)。

虽然研究者在精神分裂症病人的认知功能方面已经有了很多进展,但是这些进展还不能说已经令人满意了。这是因为:① 就整体而言,几乎在所有的认知功能方面精神分裂症患者都存在缺陷,这似乎是一种广泛性的缺陷。这也就意味着,我们还没能找到特征性的、存在于所有或者大多数精神分裂症患者中的缺陷。② 就个体而言,某些患者在某些认知功能方面的成绩甚至比健康人更好,而某些患者则比健康人明显的差。

七、产前和产后的因素

有研究表明,产科并发症(obstetrical complications,OCs)对胎儿的大脑发育有着不利的影响,与健康人相比,精神分裂症病人有产科并发症的病史可能性更大(Dalman, et al,1999; McNeil, et al,2000)。(美国)国家围产期协作项目(National Collaborative Perinatal Project)对 9000 名以上的儿童从出生到成年进行跟踪调查,结果发现,精神分裂症的发生与组织缺氧相关的产科并发症呈线性相关(Cannon, et al, 2000; Cannon, 1998)。

另一个增加精神分裂症危险性的产前因素是母亲的感染。研究者发现,在母亲怀孕期间经历了流感(Barr, et al, 1990)或风疹(Brown, et al, 2001)感染的,其孩子发生精神分裂症的危险性提高了。

近来的研究发现,产后的大脑损伤也会增加精神分裂症的危险性。

由于精神分裂症是一种危害极大、发病率很高的精神疾病,它一直是精神病学家和心理学家们研究的重点。有研究者综合各方面的因素,提出了相关的病因模型(见图 4-1)。从本节介绍的目前研究状况来看,各个不同领域都取得了很多进展,人们也一直在致力于通过新的理论、新的技术来对它进行研究，但是我们也不得不承认，在各种不同角度的研究中都遇到了困难，还存在着许多问题。比如，用同一种方法对精神分裂症进行研究，但却往往会得到不一致的结果。这可能是因为取样时没有做到随机抽取样本，也可能是由于所取病人的诊断尚有疑问，也可能收取病人来自不同类型的精神分裂症类型。要避免这些情况，需要研究者与临床医生的密切配合。但有的研究即便做到了以上的要求，仍得不出肯定的结果，这可能就是由于我们今天所说的精神分类症，从其本质上来说可能是由几种性质不同的疾病构成，而我们目前对它的认识和分类方法没有反映这种质的差异。这种可能性应是研究者在研究中予以充分注意的。

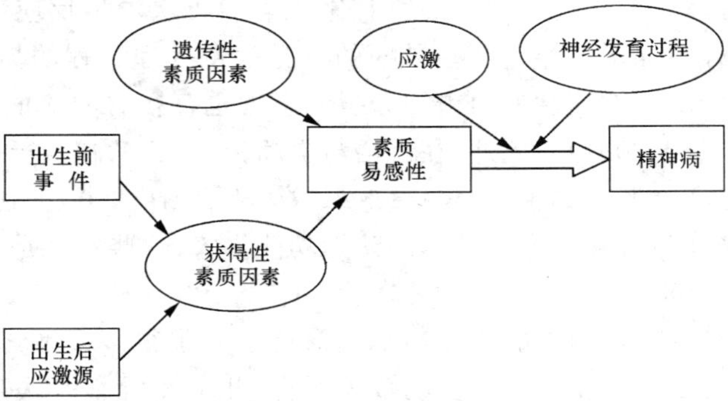

图 4-1　精神分裂症病因学的素质-应激模型（Walker, et al, 2004）

第五节　精神分裂症的治疗

对精神分裂症的治疗，基于对其病因不同角度的认识，目前有多种不同的治疗手段。大多数临床治疗家都认为治疗的前提是详细的精神病理检查，并且很多时候这种检查不必急于立即做出结论，而应密切关注病人，包括观察其健康的一面。通过全面的躯体检查，首先排除器质性精神障碍的可能。在此基础上，选择适当的治疗手段。通常，综合治疗、全面治疗的疗效最佳。一般来讲，在疾病的急性发作期，应以生物学治疗为主，着重控制病人的精神症状；在其精神症状逐步得到控制以后，进行心理治疗，主要目标是恢复病人的自知力，促进其社会功能的恢复。

专栏 4-7

同精神病人交往的心理治疗性态度

(1) 谈话内容必须明确，交流方式应直率。

(2) 进行医学治疗的主治医生不可经常更换。

(3) 要试图将精神分裂症的症状理解为病人克服其病态的尝试，同时强化其健康的自我成分，然后对过去的诱发因素进行处理。

（4）应尽最大可能对病人讲清治疗的目的。

（5）应把与病人建立起互相信任的治疗关系作为治疗的出发点。

（6）同病人交往时不应带有任何偏见，对病人所说、所表达的全部内容都应认真地对待，首先把病人看做是人，而不是症状的携带者。

一、生物学治疗

1. 药物治疗

20世纪50年代氯丙嗪的发明，使精神分裂症的治疗出现了划时代的飞跃，氯丙嗪能缓解大约70%的急性期精神分裂症病人的阳性症状。氯丙嗪的主要治疗作用是通过阻抗多巴胺受体，特别是多巴胺D2受体来治疗精神病性症状。但由于它同时能阻抗去甲肾上腺素受体等其他受体，故又会引起许多副作用，如锥体外系副反应(extrapyramidal syndromes，EPS)（包括静坐不能、类帕金森氏症、急性肌张力异常、迟发性运动障碍）、过度镇静与嗜睡、恶性症状群、体位性低血压等，使部分病人表现行为呆滞。精神分裂症病人的精神病性症状虽然被控制住了，但其社会功能受到了严重的损害，这显然不是人们所希望看到的。此外，氯丙嗪等经典抗精神病药对精神分裂症的阴性症状疗效不明显。因此，人们致力于开发副作用小、同时对阴性症状也有效的新型抗精神病药。自20世纪90年代开始，维思通等新型抗精神病药物的面世以来，已取得了很大的进展，其中的代表药物是氯氮平、维思通、再普乐。氯氮平的抗精神病性作用明显，是目前公认的疗效最佳的抗精神病药，它引起锥体外系副反应小，有较强的镇静作用，但有0.26%病人在服药后引起白细胞减少（颜文伟，1996）。维思通为一种高度选择性5-HT 2受体阻滞剂，对精神分裂症的阳性症状与阴性症状均有效，其锥体外系副反应较传统抗精神病药为小，并有报道称能改善精神分裂症病人的认知功能。再普乐的药理作用与氯氮平相似，但目前尚未见有明确的白细胞减少的报道。总的来说，新型抗精神病药尽管也有对其他神经递质系统的影响，但也都具有抗多巴胺的作用，它们的主要优势在于可明显减少早发与迟发的运动障碍（Marder, et al, 2002）。

对于精神分裂症的药物治疗，还应特别注意维持治疗的问题。目前，尚无一种抗精神病药能只通过一个疗程的治疗就完全治愈精神分裂症。为了防止复发，初发病人通常需要维持服药2～3年，有些病人甚至需要终生服药。

精神分裂症药物治疗的一个新的潜在的发展方向是针对遗传基因进行治疗(tailor medication)。基因治疗的目标是基于病人的基因图谱来提出个体化的治疗方案(Basile, et al, 2002)。表象类型或基因类型是否能预测病人用药的最佳药物和最佳剂量，目前研究还不清楚，但这应该是目前一个有价值的发展方向(Basile, et al,

2002)。

2. 电抽搐治疗

随着抗精神病药物的不断发展,电抽搐治疗(ECT)已不常用。但对于一些难治性的病人,ECT 仍不失为一种有效的治疗方法。它常被用于对紧张症状、情感症状的治疗。使用全身麻醉和肌松剂的无抽搐电抽搐治疗正渐渐替代传统的电抽搐治疗,以提高其安全性,减少由于肌肉的强烈抽搐引起的骨折。

3. 精神外科治疗

早在 19 世纪末,精神外科手术就被尝试应用于躁狂抑郁症患者,到了 20 世纪 30 年代,葡萄牙神经外科医生 Egas Moniz 首创了额叶白质切除术治疗精神分裂症,并曾因此获得了 1949 年度的诺贝尔生理学或医学奖。但此手术后遗症较多,常导致受术者智能减退,人格改变,出现继发性癫痫等,所以在盛极一时之后,很快被淘汰了。

20 世纪 50 年代后,神经外科医生又发展出一种新的方法:立体定向手术(即通过各种脑影像学手段,在颅外确立手术靶位的三维立体定位,然后在颅骨钻孔,插入电极,用电凝、电频、超声、冷冻等方法毁损相关组织)来破坏大脑局部结构,以求控制冲动暴力等极度危险的异常行为。与额叶白质切除术相比,它疗效高,脑组织损害小,并发症小,术后癫痫发生率低,手术死亡率几乎为零。

由于精神外科是通过破坏脑组织来改变行为的方法,而脑细胞缺乏再生能力,一旦破坏就无法复原,因此精神外科的方法一直受到人们质疑和反对。近几年来对它的应用与研究也日益稀少。目前一般认为,这一方法应是在最后不得已时才采取的方法。由于精神外科治疗的神经心理学理论基础是脑功能局部定位理论,即特定的脑区域是与特定的心理功能相对应的,因此可以通过毁损某一脑区来改变某种心理功能。但目前我们已经清楚地知道,人类的脑功能是十分复杂的,特别是高级的心理功能是不可能定位于大脑的一个孤立的部位或神经细胞群。因此,在理论上通过目前的精神外科治疗手段是很难达到改变某一特定的心理功能的目标的。

二、心理治疗

1. 心理动力学治疗

对精神分裂症的心理分析治疗所涉及的主要不是病人的过去经历,而更多的是目前的问题。治疗目的主要是共同去处理解决问题。同对神经症的治疗相比,对精神分裂症的治疗一般可以更为积极主动,但不可一味纠缠于病人恐惧焦虑的内容。对有些病人,可允许他们的退化或退行性行为;对另一些病人,则要更多地注重于环境的适应。治疗中积极地处理问题比交谈对话形式更能把握移情现象,如对精神退化的病人在日常小事方面给予帮助。在治疗中提倡多鼓励病人向较为理想的目标迈进,这比单纯的解释更为重要。

精神分裂症的心理动力学治疗的方法很多,主要原理是使病人的早年未获满足的要求、欲望(如父母的爱和关心)在治疗关系中得到满足。

2. 认知行为治疗

对精神分裂症病人的认知行为治疗应注重建立、培养病人有利的、适应性的行为方式,尽可能避免再次出现冲突的情形。通过解决问题的训练(以认知方向为主),认清病人(也包括家属的)不利的反应和行为方式,并给予治疗性矫正,目的是尽可能避免产生新的冲突或问题,减少病情复发的概率。

操作性条件反应形式的行为治疗对长期住院的病人疗效显著。治疗主要是对每个病人的行为进行认真的观察和记录,然后制定出详细的对病态行为有针对性的治疗方案或计划目标,要求病人有规律地执行。一旦出现"正常的"行为,要立即给予奖励(正性强化)。

对精神分裂症病人认知行为的治疗(CBT),主要是基于 Beck 的认知治疗的原则。CBT 帮助病人直接处理他们的症状。治疗师和病人一起工作,识别出一些特殊的精神症状(如幻觉、妄想),然后有针对性地进行工作(Dickerson,2000)。已经有一些实验研究表明,认知行为治疗能够有效地减少那些对药物不敏感的精神分裂症病人的幻觉妄想症状,而对急性发作的精神分裂症,CBT 也是一种有益的补充(Bustillo,et al,2001)。

对于慢性病人,特别要注意心理功能的明显缺陷。特别是长期住院的病人,他们有许多社会功能产生退化。治疗可以分为 5 个方面:

(1) 认知训练。目的是提高病人的注意能力与技巧,如注意的选择、转移等,同时也提高病人的抽象能力,如概念的形成、词的定义等。

(2) 对社会的理解。目的是提高病人分析社会、生活中各种信息的能力。主要的治疗方法包括使用一系列幻灯图片来展示现实生活中的各种信息,然后要求病人对幻灯图片的信息进行描述、归纳、解释、分析,最后由治疗者在治疗时与病人讨论其对社会信息的理解和分析是否正确,如何采取措施来应付与病人有关的各种信息等。

(3) 交谈。目的是提高患者的交流技巧,训练病人对问题的注意力和领悟力。应用联想语言过程来诱导、启发病人,指导病人对他人提出的问题如何作出适当的回答。

(4) 社交技能。目的是训练和提高病人的生活技能和工作技能,树立正确的、适应社会的行为规范,重建病人的自我保护及应对困难处境的能力,包括生活技能的培训、工作技能的培训、社会技能的培训。

(5) 人际间问题的解决。目的主要是提高病人解决人际矛盾的能力。

3. 家庭干预

病人所处的环境对病程、结局有很大的影响,其中家庭的作用尤为明显。家庭干预的目的在于提高病人对治疗的依从性和减少应激的影响。主要的方法有以下几方面。

(1) 心理教育。包括关于精神分裂症的一般常识，了解该病的易复发性，理解为控制症状而治疗的必要性以及病程中应激的作用。我国于1993年进行了一次关于精神病的家庭心理教育的研究，并提出了精神分裂症家庭教育讲座方案(见专栏4-9)，近年来在北京、上海、苏州等地都有计划地定期组织精神分裂症家庭教育讲座活动，取得了很好的效果。

(2) 应激处理。帮助病人增进交流，澄清要求、需要，提供明确的正性或负性反馈，处理日常问题，处理不同的、但很突出的应激，提供解决问题的一般技巧。

(3) 危机干预。病人对治疗的依从性差，甚至拒绝服药，这些导致精神分裂症复发的最常见原因之一。此时就应该对此易导致复发的危机及时处理，因此帮助病人计划处理威胁治疗依从性的问题也是家庭干预的重要内容。

三、康复治疗

精神分裂症的康复治疗分为基于医院的康复治疗(hospital-based rehabilitation, HBR)和基于社区防治的康复治疗(community-based rehabilitation, CBR)。

1. 基于医院的康复治疗

由于精神分裂症病人多接受封闭式管理模式的住院治疗，在住院期间缺乏与社会接触的机会，在这种情况下，尤其是一些长期住院的病人，会产生衰退的倾向(例如情感淡漠，兴趣丧失，丧失个人人格特点、个人的习惯、修饰及一般生活标准的退化等)，人们把这种情况称为住院综合征(institutional syndrome)。

避免住院综合征的措施主要有：① 调整环境条件，倡导开放式病房管理模式，改善病房的生活治疗环境。② 进行医院内的康复训练和治疗，包括进行生活行为、学习行为和工作行为的训练，以及进行音乐治疗、绘画、书法治疗和烹饪治疗等。③ 使用适当的新型抗精神病药，目前认为如氯氮平、奥氮平、维思通等新型抗精神病药较传统抗精神病药对患者的认知能力损害较小，可能促进精神康复。

2. 基于社区防治的康复治疗

社区康复的主要目标是为社区的精神病患者提供过渡性的生活空间及相应的精神卫生与康复服务，尽可能地安排他们接受适应社会生活的各项训练，从而尽可能促进其社会功能的康复，早日重返社会。在我国，通过在基层社区创办工疗站的形式，形成了市-区(县)-街道、乡(镇)三级精神病防治工作模式，被称为上海模式。这一模式对于精神病人的康复是有积极作用的。具体情况可参见有关精神康复书籍。

总体而言，目前人们倾向于认为精神分裂症的发生是由应激和心理因素引发了病人的生物易感性所导致的，因此对精神分裂症的治疗应该是一个全面、综合、长期的过程。应将生物和心理因素同样作为治疗的重点，这就需要医患之间、医生和家属之间、医生和心理治疗师之间的密切合作，需要特别强调保持良好的治疗关系的重要性，以达到最理想的治疗效果。目前认为精神分裂症治疗的一般趋势是：

（1）病人及其家属应被告知关于精神分裂症的科学的真实的知识，即精神分裂症是一种能被控制的、但可能终生致残的疾病。和其他慢性病一样，对于控制疾病，使病人能正常生活，服用药物是必须的。

（2）药物治疗只是整个治疗的一部分，家庭治疗的目的在于在病人出院回到家里以后能减少其在家庭中的应激体验，减少家庭内的敌对、过分卷入和批评。

（3）教给病人社会技能也十分重要，这样病人在出院以后就能更正常地生活。

（4）研究表明，病耻感普遍存在于重性精神障碍患者的家庭，社会地位较高者尤为显著（陈熠，2000）。因此，应鼓励受到精神分裂症影响的家庭参加支持团体以减少家庭成员的被孤立感和羞耻感。

总　结

精神分裂症是一类严重的精神疾病，通常在青少年期或成人早期发病，在中国终生患病率为6.55‰。它的症状包括知（思维、认知）、情（情感）、意（意志）、行（行为）等心理过程的各个方面，这些症状可以划分为阳性症状和阴性症状两大类。

不同的精神分裂症患者的预后和转归可能很不一样，有一些病人一次发病后可能获得痊愈，终生不再发病；更多的病人则可能反复发作。按照 DSM-Ⅳ的诊断标准，可以将精神分裂症划分为偏执型、青春型（瓦解型）、紧张型、未分型、残留型 5 种亚型，不同亚型之间的症状有着明显差异，因此很多学者认为精神分裂症可能并非一种疾病，而是一组疾病的总称。

形成和影响精神分裂症的原因很多，研究者从遗传（家庭研究、双生子研究、染色体和基因研究）、神经生化、大脑影像解剖、社会心理、病理心理、认知功能和产前产后等各种角度进行了大量的研究，每一个领域都有各自独特而有价值的发现。目前应激易患模型为许多研究者接受和推崇。

抗精神病药物治疗还是目前治疗精神分裂症的主要手段，抗精神病药是通过影响脑内神经递质的受体，适当地阻断信息通路来达到对症状的治疗。心理治疗和康复治疗可以有效地帮助精神分裂症病人处理现实问题，提高社交技能，应对应激事件，培养对病人有利的、适应性的行为方式。

思 考 题

1. 请回想一下你是否有过接触“疯子”或者“怪人”的经历。学习过本章后，你认为他们是精神分裂症患者吗？如果是，哪些症状符合精神分裂症的诊断标准（DSM-Ⅳ）？如果不是，你排除这一诊断的依据是什么？

2. 请说明如何区分不同类型的精神分裂症。

3. 通过对本章的学习，你认为对精神分裂症的发病有着更重要影响的是生物因素，还是社会心理因素？

4. 如果你来到一个精神病院工作，你的任务是帮助精神分裂症患者尽快康复并保持病情的稳定，你会从哪些方面考虑开展工作？

推荐读物

1. 沈渔邨主编(2001). 精神病学(第4版). 北京：人民卫生出版社

2. Tölle R 著，王希林译(1997). 实用精神病学(第10版). 北京：人民卫生出版社

3. 许又新(1998). 精神病理学：精神症状的分析. 长沙：湖南科技出版社

4. Walker E, Kestler L, Bollini A, & Hochman K M (2004). Schizophrenia: etiology and course. Annual Review of Psychology, 55: 401～430

5

心境障碍与自杀

第一节　概　　述

在中文和英文中，与“情”相关的词汇都很多，最常用的有情绪（emotion）、情感（feeling）、感情（affection）、心境（mood）等。在实际研究和运用中，需要明确地将这几者加以区分。在DSM-Ⅲ-R和ICD-10之前，本章所讨论的一类疾病曾被称为情感障碍（affect disorder）或情感性精神障碍。从DSM-Ⅲ-R（1987）和ICD-10（1992）开始，则被命名为心境障碍（mood disorder）。我国的精神疾病分类诊断系统CCMD传统上还沿用情感性精神障碍这一名称，直至2001年出版的CCMD-3上才改称心境障碍，同时仍保留情感性精神障碍这一名称。

疾病诊断名称的改变对于人们对该疾病的认识和研究来说是件非常重大的事，为什么会有这样的改变？情感，情绪，心境感情之间究竟有着什么样的区别和联系？这是我们在讨论这一类疾病前首先应明确的一个问题。

感情（affection）是一种区别于认识活动、并同人的特定需要相联系的感情性反应。一般而言，它是包含着情绪和情感的综合过程。情绪是个体与环境意义事件之间关系的反映，代表着感情性反应的过程。情绪标定的是感情的活动过程。情感则经常被用来描述具有稳定而深刻社会含义的高级感情。它所代表的感情内容，是指对这些事物的社会意义在感情上的体验。

总之，情绪或情感同属于感情性心理活动的范畴，指的是同一过程的两个方面。情感是对感情性过程的体验和感受，侧重于其社会性；情绪是对这一体验和感受状态的活动过程，侧重于其生物性（孟昭兰，1994）。

情绪主要有两种存在形式，心境状态（mood）和激情（passion）。心境是一种比较微弱而在长时间里持续存在的情绪状态，它不是关于某一事件的特定体验，具有弥散和广延的特点。它似乎成为一种内心世界的背景，所有心理事件都受这一情绪背景的影响，使之产生与这一心境相关的色调。而激情是一种强烈的、爆发式的、短暂的情绪存在形式，常由意外事件或对立意向冲突所引起（孟昭兰，1994）。

关于感情、情绪、情感、心境、激情之间的关系，可参见图5-1。

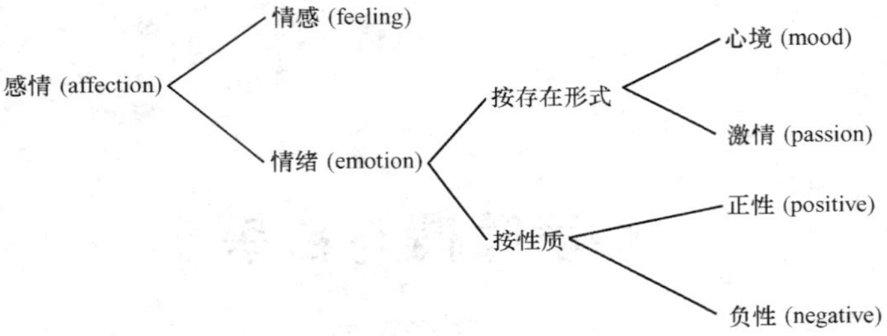

图 5-1　感情、情绪、情感、心境、激情之间的关系

如上所述，心境代表了一种较持久的和稳定的情绪，因此，用它来描述病程可以长达数年的抑郁发作和躁狂发作现象较传统的情感障碍这一名称更为确切。

本章主要根据 DSM-Ⅳ的分类诊断系统来进行讨论，并使用心境障碍这一名称，但在一些引用的研究报告中，若原作者用的诊断名称是情感障碍，则仍予以保留。读者应注意，这两者并不完全指的是同一类疾病。

一、心境障碍的由来和历史

心境障碍自从医学史的开端时期就被认识和研究了。早在公元前 2600 年，古埃及文献中就出现了抑郁症这一术语。在公元前 4 世纪，抑郁和躁狂曾被希波克拉底描述过。在他的抑郁症概念中包括躁狂和抑郁的心境，但当时这两种心境是被视为同义的。公元前 100 年左右，Soranas 指出，躁狂和抑郁是两种不同的疾病。公元 1 世纪，古希腊的内科医生 Aretaeus 观察到躁狂与抑郁症状有时会出现在同一个人身上，由此推测，它们可能属于同一种疾病。到了公元 6 世纪时，Trallianus 提出，躁狂是抑郁发展到狂乱的状态，是抑郁的严重阶段。这一观点在目前的精神病研究者中还有不少支持者(Alloy, et al, 1996)。

1845 年，Griesinger 描述了躁狂和抑郁的相互转化。1851 年，Farlet 提出“循环性精神病”，第一个明确地指出躁狂和抑郁的连续循环是一种疾病实体。Flemming(1799—1880)在其《精神病理学和治疗》一书中对原发性心境障碍与伴有智力缺损的原发性精神病作了区分。Kahlbaum 在 1882 年首先提出，躁狂与抑郁是同一疾病的两个阶段。在 19 世纪前叶，巴黎精神病院的院长 Philippe Pinel，以罗马皇帝 Tiberius 和法国国王路易十六为例，写了一个有趣的说明抑郁症的文章。克雷丕林参考 Neumann 的纵向病程分类法，在其第 6 版的精神病学教科书中，依照病程是否进行性恶化，将内源性精神病一分为二，即躁狂抑郁症和早发性痴呆，这就是著名的克雷丕林二分法。直到今天，克雷丕林二分法在精神病学分类学中仍然有着最权威的影响。1896 年，克雷丕林正式明确把躁狂和抑郁划为一个疾病分类单元，并命名为躁狂抑郁性精神病(Alloy, et al, 1996)。

二、抑郁症与正常的抑郁

1. 正常的抑郁

实际上，每一个人在生活中都感到过哀伤、沮丧、悲观甚至是绝望。抑郁情绪本身不足以使心境障碍的诊断成立。与此相反，在遇到可悲伤的事件时，如果没能感到抑郁，反而可能存在问题。只要在遭遇令我们感到悲哀的生活事件后能够尽快地从抑郁状态中走出来，生活没有受到过度的困扰，那就不需要寻求干预。

情绪本身并没有正常或异常之分，可以说，抑郁、焦虑、恐惧等情绪是负性的，高兴等情绪是正性的。但不能就此认为负性情绪就是异常的。抑郁本身的体验是不愉快的，但这并不意味着它就是异常的。就像疼痛，固然是令人痛苦的，但也是对人的一种保护性措施。人如果没有了疼痛感，则很容易在受伤害时不能及时采取保护性反应。同样，抑郁本身也有积极的作用。综合目前的一些研究，抑郁的积极作用可以归纳为以下几点：① 轻度的抑郁从长期来看有适应性的功能；② 抑郁可以使人面对一些平常试图避开的思考和感受。

因此，抑郁应该和其他负性情绪一样，是从正常到异常的一个连续体，而且在正常和异常之间并没有绝对的界限。大体上当抑郁达到了某一特定的严重程度，严重影响到了人的正常生活和社会功能时，我们说这是异常的，需要治疗的。但这种界限有时连有经验的精神科医师和临床心理学家也不能完全区分清楚。科学和严格的区分需要临床医生通过临床观察、病史采集、精神检查，根据统一的诊断标准才能做出。即使是这样，有时也还不能得到肯定的判断。关于心境障碍的诊断，我们将在第二节中详细地讨论。

那么，什么样的抑郁是正常的抑郁呢？通常我们认为经历了近期的应激后出现的抑郁（如遭受挫折，居丧反应等）被视为是一种适应性的反应，大多情况下，这种抑郁能在短期内自行缓解，因此不需要寻求专业的治疗。下面具体讨论一些较轻微的正常抑郁。

（1）哀伤（grief）

通常被视为人失去所爱的人后所经历的心理历程。其他形式的丧失，如地位的丧失、分居或离婚、经济的损失、失恋、退休、第一次离家、失去友谊，甚至包括宠物的走失也会使人产生类似的情绪。

不管是由于以上什么原因，这些事件通常都会引起当事人一段时间的悲伤期。在这段时间内，他对外界发生的事情失去了兴趣，借此避免再度受到伤害的可能。与此同时，他往往会沉浸于对美好过去的回忆中。最初自然会很痛苦，但在这些回忆不断重复后，将会渐渐失去引发痛苦的能力，这就是一种反应消除的历程。

弗洛伊德在 1917 年发表的论文“悲伤和忧郁”中，对哀伤和抑郁进行了区分，他认为前者是对丧失的正常的和有意识的反应；而后者则被假定是由于把对所失去的人的无意识的矛盾和敌对情感转向自己的结果（Alloy, et al, 1996）。在典型的案例中，经过几周或几个月不定的时期后，个体对外界的反应能力逐渐恢复，哀伤减退，重新恢复对生活的乐趣。一般认为居丧反应在半年到一年内可以完成。如果哀伤的症状持续超过一年，则应寻求专业治疗。

(2) 其他正常的心境变化

另有一些情景也可能引起抑郁的感觉，如有些母亲(甚至是父亲)在婴儿出生后出现产后抑郁反应(postpartum depressive reaction)。有研究者指出，有50%的女性在婴儿出生后曾体验到至少是轻微的抑郁发作，其中10%出现严重的抑郁反应。研究者认为，怀孕和分娩过程后激素的重新调整是产生这种现象的原因。但心理因素也起了重要的作用，它可能反映了长期的预期及努力后的一种失望，或是作为父母的个人对婴儿的预期没有包括某些现实的层面，如对婴儿的照料、婴儿对母亲的依赖等，因而导致了抑郁。

但并不是所有的产后抑郁反应都是正常的。如上所述，有10%的产妇会出现严重的抑郁反应，这时应被诊断为产后抑郁症，并应予以积极的治疗(参见专栏5-1)。

2. 抑郁症 (major depressive disorder)①

在全世界范围，有3.4亿抑郁症患者，在全世界的十大疾病中，抑郁症排到第五位，预计到2020年它将跃升到第二位。在世界上十种致残或使人失去劳动能力的主要疾病中，有五种是精神疾病，它们是抑郁症、精神分裂症、双相情感障碍、酗酒和强迫性神经症(王希林，2000)。20世纪80年代中期，Robins、Helzer和Weissman曾调查了9500名从都市和乡村随机挑选出来的被试，欲了解在他们一生中发生了多少次严重的抑郁。结果发现：在20～25岁人群中，5%～6%至少有一次发作；在25～44岁人群中为8%～9%。也就是说一个人活得越久，发生抑郁的机会越多。但在70岁以上的人群中，抑郁症的发生率只有1%(Alloy，et al，1996)。

抑郁症对人的劳动能力的损害也日益得到重视。Benjamin G. Druss(2000)调查了1995年一家美国大公司填写健康声明的15153名职员的健康和职员档案资料。分析比较了抑郁症和其他四种情况——心脏病、糖尿病、高血压、衰退问题的心理卫生支出、药费、病假和总医药费的关系。用回归模型来控制人口统计学和分工的影响，结果发现，该公司职员每年治疗抑郁症的医药费为5415美元，远远多于高血压，而与其他三种情况近似。职员同时患抑郁症和其他任何一种疾病的费用比单独患这种病多1.7倍。抑郁症患者平均每年病假9.86天，显著高于其他疾病。40岁以下患抑郁症的职员比那些40岁或以上的职员每年多休3.5天病假。抑郁症的支出，特别是工作日的损失，是与许多其他疾病一样大或更大的花费，尤其是当抑郁症与其他疾病合并出现时更是如此。

那么，究竟什么是抑郁症呢？

---

① major depressive disorder按字面应译为重性抑郁障碍，颜文伟译(1994)的《诊断与统计手册》(第4版)(DSM-Ⅳ)中也译为重性抑郁障碍。但此译法容易与疾病严重程度的轻、中、重度混淆，引起误解。实际上在此诊断名称下，包含了轻、中、重度抑郁障碍，因此我们在此译为抑郁症。同理，我们将major depressive episode译为抑郁发作。

经历了一次或多次的抑郁发作，期间没有躁狂发作，被称为抑郁症①，它也被称之为单相障碍(unipolar disorder)。这种疾病是最严重的心理障碍之一。它的发病率很高，在美国，一年中的任何一个月，其男性发病率为4%，女性为6%，其终生患病率大约是17%(Blazer，et al，1994)。抑郁症的另一个特点是容易复发，大约80%的病人(包括抑郁症、恶劣心境和环性心境障碍)会在经历了第一次发作的一年内经历第二次发作；大约15%的抑郁症会转为慢性，即病程长逾2年(Lara & Kline转引自Acocella，1996)。在被送进精神病院住院治疗的病人中，抑郁症仅次于精神分裂症，排在第二位。私人开业的内科医生报告，在他们的门诊病人中有12%～48%的病人有抑郁的问题，这些病人更为虚弱，许多时候不能上班，较糖尿病和关节炎病等慢性病人更多的需要卧床。并且这种情况正变得越来越严重，在第二次世界大战后出生的人较前人有更高的抑郁症发生率。在美国，1990年抑郁障碍的总花费约为437亿美元，相当于所有心血管疾病的总和(世界卫生组织，1997)。

独居和离婚的人对抑郁症具有更高的易患性，而女性的抑郁症患病率较男性要高1.5～3倍。研究者用从激素差异到妇女的社会角色的改变来试图解释这种现象。其中一种理论认为，差异的原因在于男性与女性对抑郁心境的反应不同。Nolen-Heoksema认为，当女性情绪低落时，她们趋向于关注自己的抑郁情绪，思考为什么自己会抑郁，抑郁会怎样发展。而男性则采取相反的方式，他们会试图转移自己的注意力。有证据表明，对抑郁症状的关注会延长病程，而忽视它则会减轻抑郁，因此女性会出现更长、更严重的抑郁(Alloy，et al，1996)。

人们曾经认为抑郁症的易患性与年龄有关，中年人和老人是高发人群。现在看来，易患性最高的人群是青年人。抑郁症的女性高发期是15～19岁，男性是25～29岁。(Burke，et al，1990)，并且在人生的每一阶段都会发生抑郁症，甚至包括婴儿期。

一般认为大约50%的抑郁症病人的第一次发病也是他们的最后一次发病，但也有专家认为这样的说法并不可靠，因为所作的随访研究不够充分。但至少有一半的病人在第一次发病后还会有第二次甚至更多次的发病，并且较前一次更严重。病人的第一次发病越早，病人所承受的痛苦越严重，所获得家庭支持越少，他们的负性认知也就越多。

抑郁症复发的情况多种多样，有的人是连续复发，有的人在两次发病间有很长的正常期。这里的"正常"，其意义也有所不同：有的人能恢复到病前状态，有的人在恢复后工作状况、收入、婚姻状况、社会关系和娱乐活动方面还残留有较严重的损害。抑郁症还会影响免疫系统，使患者更容易生病。所有这些因素使得抑郁症患者很难完全恢复到正常的生活中去。有研究表明，抑郁症发作引起应激生活事件，而应激生活事件又反过来加重了抑郁症，形成了慢性应激和损害的恶性循环。无疑，抑郁症发作持续的时间

① 还有一个关于抑郁症的概念是忧郁症(melancholia)，这是一个目前已不常用的概念，主要是指抑郁症状极其严重，伴有躯体不适主诉或精神病性症状的抑郁症。

越长，完全恢复的可能性就越小。对抑郁症病人的随访研究表明，有50%的病人仅发作一次，30%的病人变为慢性抑郁，20%的病人反复发作(Alloy, et al, 1996)。

三、双相(心境)型障碍

双相型障碍(bipolar disorder)[①]是一种既有躁狂发作又可能有抑郁发作的疾病。双相障碍的终生患病率要低于抑郁症，约为1%，它与抑郁症的区别不仅仅在于有一个躁狂发作期，还在许多重要的方面有所不同。首先，双相心境障碍发病率与抑郁症不同，在成人中约有0.8%～1.6%患有双相情感障碍，平均发病年龄为20岁左右(Kessler & McGonagle,et al, 1994)。其次，两者在人口统计学上有差异，与抑郁症不同的是，双相情感障碍在两性间没有明显差异，同时，双相情感障碍在高社会经济阶层更多见。第三，是否已婚与抑郁症发病率有关，但与双相情感障碍没有明显相关。第四，抑郁症患者的心理特点是自尊、依赖、固执，而双相情感障碍者往往有轻躁狂史。第五，双相情感障碍患者在抑郁发作期较抑郁症患者更易出现弥漫性的迟缓状态，如精神运动性迟缓、过度睡眠。第六，两者的病程有所不同，双相情感障碍的病程较短但发作较频繁，超过50%的病人发作次数为4次或更多(Alloy, et al, 1996)。根据以上差异，许多学者认为两者存在不同的病因。

尽管心境障碍已被详细的研究达数世纪之久了，但这种情感的“虚弱”在某种程度上仍是一个谜。对这一疾病的进一步讨论将在本章的第二～三节中进行，在第四节中将讨论对其的治疗。

第二节　心境障碍的分类、临床表现及诊断

心境障碍是以情感或心境改变为主要特征的一组精神障碍。本章主要介绍三类重要的心境障碍：抑郁症、双相心境障碍、恶劣心境障碍与环性心境障碍。心境障碍与正常的心境区分的一个明显的特征是它们的时间特性。在疾病状态中，几周，有时是几天内，一个行为举止正常的人会突然陷入绝望和躁狂状态。一旦病情发作，病人其后有可能恢复到正常或近乎正常的状态，但更多的时候是症状持续不能缓解，并出现更严重的情感紊乱。

一、抑郁发作与抑郁症

【案例5-1】

“忧郁”是一名34岁的银行职员，他有一个聪明的女儿、贤惠的妻子和慈爱的父母。

---

① 虽然情感障碍已经改名为心境障碍，但由于许多研究或调查是在名称修改之前进行的，因此这里仍根据研究的原文延用情感障碍一词。下文同。

三天前,“忧郁”突然离家出走,在外地投河自杀,被人救起后通知了家属,并将其送到医院。“忧郁”对医生说,因为最近几月来,单位要进行改革,工作压力会增大,他怕自己不能胜任,家里又有些琐碎小事没处理好,逐渐出现夜不能寐,情绪特别低落,做什么事都没兴趣,也没有食欲,体重明显减轻,每天早起后感到特别难受,觉得活着太痛苦了,所以就想到了一死了之。在家里已经服安眠药自杀过一次了,被家人及时发现后抢救脱险。追诉病史时发现,“忧郁”在10年前读大学时就曾出现过类似的症状,主要表现为长时间失眠、情绪低落、不愿与人交往,并因此休学1年,后未经治疗,逐渐恢复。①

在一些病例中,一个心理创伤可能使一个人一夜间陷入抑郁状态,但更多的情况下抑郁的发生是逐渐的,在经历了几个月甚至几年后才明显表现出来。通常这种状态在持续数月后会像一开始的那样逐渐地结束。

一个陷入抑郁状态的人,在他的大多数心理机能方面都经历了深刻的变化,不仅是心境,还包括动机、思维、生理和运动技能。WHO(1985)的报告表明,抑郁症最常见的症状是忧愁、寡欢、焦虑、紧张、缺乏精力、丧失兴趣、集中注意的能力丧失、缺陷观念和无用观念。

1. 抑郁发作的特征性表现

(1) 抑郁心境(depressed mood)。几乎所有的抑郁症发作病人都报告有某种程度上的不快,从轻度的抑郁到极度的无助感。这种抑郁感被人们描述为完全的绝望、孤独感或只是厌倦。轻度的抑郁者时常哭泣,更严重的会说他们想哭却哭不出来。严重的抑郁者通常认为他们的情况已不可逆转,既无法自救,别人也不能帮助他们。

(2) 在平常的活动中丧失兴趣和乐趣。除了抑郁心境外,最常见的抑郁症发作症状是丧失兴趣,即快感缺乏(anhedonia)。无论这个人以前喜欢干什么:做家务、打牌、旅游,现在觉得什么都没有意思了:食物不再可口,性生活不再有乐趣,也不再想和朋友聊天。严重的抑郁症患者会处于一种完全的愿望麻痹状态——甚至早上不能起床。

(3) 食欲紊乱(disturbance of appetite)。许多抑郁症患者的食欲很差,体重减轻;而另一些则食欲增加,体重增加。无论体重怎样变化,增加还是减少,这种变化会在每次抑郁发作时出现。

(4) 睡眠紊乱(sleep disturbance)。失眠也是抑郁症的一个显著的特征。早醒后不再能重新入睡是最常见的,也有人表现为入睡困难或整个夜晚中不断醒来。但和进食障碍一样,睡眠紊乱有时是睡得过多,这种病人可以每天睡15小时以上。

(5) 精神运动性迟缓或激越(psychomotor retardation or agitation)。在迟缓性抑郁中,病人看起来非常的疲乏,姿势经常是停滞的,运动缓慢而审慎,说话声音低沉、犹豫不决,在回答提问前有长时间的停顿。激越性抑郁则以完全相反的方式表现出来,这

① 本章所引用的案例均来自于作者的工作。

类病人不断地活动，不知休息，不停书写，走来走去，不断呻吟。

(6) 精力减退(loss of energy)。抑郁症患者的动机减退，通常伴有明显的精力水平的降低。尽管什么事都没有干，他们还是整天感到十分疲倦。

(7) 无价值感和内疚感(feeling of worthlessness and guilt)。抑郁症患者常把自己看得一无是处，智力、外貌、人缘、能力等一无可取之处。这种无价值感常伴有深刻的内疚感。抑郁症患者看起来似乎在拼命地寻找自己做错事的证据。如果他们的孩子学习有问题或车胎没气了，抑郁患者都会认为这是自己的错误所导致的。

(8) 思维困难(difficult in thinking)。在抑郁状态下，心理过程和生理过程一样通常会减慢。抑郁症患者总是犹豫不决，他们常报告说思考困难，不能集中注意力，记忆力减退。越是困难的、需要全神贯注的心理操作，他们越难完成。

(9) 欲死亡或自杀的想法(recurrent thoughts of death or suicide)。抑郁症患者总是反复想到自杀。他们总是说，如果自己死了就解脱了，并且这样对大家都好。事实上的确有一些抑郁病人这样做了，他们最终选择了自杀。

(10) 其他的抑郁发作症状。此外，抑郁症患者还可能出现妄想和幻觉等精神病性症状，其内容是与心境相协调的，且总在抑郁存在一段时期后才出现，并先于抑郁心情显著好转前消失。儿童抑郁症患儿常表现为主述躯体痛苦，如头痛和胃痛；而老年人的抑郁常表现为注意力不集中和抱怨记忆力减退。文化对抑郁症状的表现也有着影响，在中国文化中，疼痛、疲劳和衰弱的主诉较为普遍。

在不同的年龄期，抑郁症临床症状也有所不同：在婴儿期，抑郁症最常见的表现是不进食；稍大的儿童则表现为冷漠和不活跃，或者表现为严重的分离性焦虑——孩子严重依赖父母，拒绝长时间离开父母以致不能上学，受死亡或对父母死亡的恐惧所困扰；在青少年中，最常见的症状是恼怒、违拗、停止对感到自己受忽视和不被理解或欣赏的抱怨，可能出现反社会和药物滥用的行为。也就是说，青少年中常见的问题在抑郁病人身上更加严重了。老年人的抑郁症状主要表现为缺乏快感和动机，表达出无望感以及精神运动性迟缓或激越，也可能伴有幻觉和妄想。

当一个病人的临床症状符合了抑郁发作的临床诊断标准后，根据其症状的严重程度、是否伴有精神病性症状、抑郁发作的次数、社会功能的损害程度，可以进一步做出不同的抑郁症的诊断(参见抑郁发作与抑郁症诊断标准)。

2. 抑郁发作的程度

按照病情的严重状况，根据 ICD-10，抑郁发作可以分为重度、中度和轻度。为了区分这三种类型，ICD 诊断系统首先将抑郁发作的症状分为典型症状和附加症状(见表 5-1)。

表 5-1 抑郁发作的典型症状和附加症状

典型症状	附加症状
(1) 几乎整天心境抑郁,几乎天天如此	(1) 缺乏自信心或自尊
(2) 对日常活动缺乏兴趣或愉快感	(2) 不合情理的自责
(3) 精力减退,易疲劳	(3) 反复出现自杀或想死的念头
	(4) 思维能力减退,注意力不集中
	(5) 精神运动性改变,激越或迟滞
	(6) 睡眠障碍
	(7) 食欲改变

(引自:世界卫生组织,1993)

根据在病人身上出现的典型症状和附加症状,ICD 对于抑郁病人的疾病程度作出以下区分(世界卫生组织,1993):

(1) 重度(severe)抑郁发作。全部 3 条典型症状+5 条附加症状,整个发作至少持续 2 周。

(2) 中度(moderate)抑郁发作。2 条典型症状+3 或 4 条附加症状,整个发作至少持续 2 周。

(3) 轻度(mild)抑郁发作。2 条典型症状+2 条附加症状,整个发作至少持续 2 周。

3. 抑郁发作与抑郁症诊断标准

DSM-Ⅳ 对抑郁发作与抑郁症诊断标准(APA,2000)

A. 在同一个 2 周时期内,出现与以往功能不同的明显改变,表现出下列 5 项以上,其中至少 1 项是(1) 心境抑郁或(2) 丧失兴趣或乐趣。

注:不包括明显是由于一般躯体情况,或者是与心境不协调的妄想幻觉所致的症状。

(1) 几乎每天的一天中大部分时间都心境抑郁,这或者是主观的体验(例如感到悲伤或空虚),或者是他人的观察(例如,看来在流泪)。注:儿童或青少年,可能是心境激惹。

(2) 几乎每天的一天中大部分时间,对于所有(或者几乎所有)活动的兴趣都显著减低。

(3) 显著的体重减轻(未节食)或体重增加(一月内体重变化超过原体重的 5%),或几乎每天食欲减退或增加(注:儿童则为未达到应增体重)。

(4) 几乎每天失眠或嗜睡。

(5) 几乎每天精神运动性激越或迟缓(由他人观察到的情况,不仅是主观体验到坐立不安或缓慢下来)。

(6) 几乎每天疲倦乏力或缺乏精力。

(7) 几乎每天感到生活没有价值,或过分的不合适的自罪自责(可以是妄想型的程度,不仅限于责备自己患了病)。

(8) 几乎每天感到思考或集中思想的能力减退,或者犹豫不决(或为自我体验,或为他人观察)。

(9) 反复想到死亡(不只是怕死),想到没有特殊计划的自杀意念,或者想到某种自杀企图或一种特殊计划以期实行自杀。

B. 这些症状并不符合混合发作的标准。

C. 这些症状产生了临床上明显的痛苦烦恼,或在社交、职业和其他重要方面造成功能缺损。

D. 这些症状并非由于某种物质(例如滥用某种药物,某治疗药品)或由于一般躯体性情况(例如甲亢)所致之直接生理效应。

E. 这些症状不能归于离丧;后者即,在失去所爱者后出现这些症状并持续 2 个月以上,其特点为显著的功能缺损,病态地沉溺于生活无价值、自杀意念,精神病性症状或精神运动性迟缓。

表 5-2 中以 CCMD 和 DSM 及 ICD 比较的形式列表,并对其异同进行描述。

表 5-2 不同诊断系统抑郁发作诊断标准比较

分类	CCMD-3(2001)	ICD-10(1992)	DSM-Ⅳ-TR(2000)
定义	抑郁发作以心境低落为主,与其处境不相称,可以从闷闷不乐到悲痛欲绝,甚至发生木僵。严重者可出现幻觉、妄想等精神性症状。某些病例的焦虑与运动性激越很显著。	在各种形式的典型发作中,病人通常有心境低落、兴趣和愉快感丧失,导致劳累感增加和活动减少的精力降低。	
严重程度	社会功能受损,给本人造成痛苦或不良后果。		这些症状产生了临床上明显的痛苦烦恼,或在社交、职业和其他重要方面的功能缺损。
病程	符合症状标准和严重标准至少已持续 2 周。	整个发作至少持续两周。	在同一个 2 周时期内。

另外,值得注意的是,对抑郁症的诊断标准随着研究和认识的深入还在不断地变化,一个明显的趋势是被诊断为抑郁症的病人越来越多。20 世纪 50 年代,情感障碍的患病率估计为 3‰～4‰,到了 80 年代就上升为 3%～9%(许又新,1999)。这种现象很大程度上应归因于诊断标准的变化,及对抑郁症诊断的标准放宽了,因而纳入抑郁症诊断的疾病增加了。

4. 抑郁障碍的特殊类型

(1) 季节性抑郁障碍。是一组特殊类型的心境障碍,其特征是周期性秋冬季抑郁发作,因此也有人称之为冬季抑郁症。青少年发病,女性多见。发作时多见食欲增高、体重增加、疲乏、焦虑、易激惹。

(2) 快速循环性双相障碍。指长期以躁狂与抑郁发作交替出现或以混合形式出现,每年至少 4 次,每次循环周期不短于 48 小时,正常间歇期很短或没有的情况。

(3) 产后抑郁症。产后抑郁症是一种在产后 4 周内起病的疾病,详见专栏 5-1。

(4) 混合性焦虑抑郁综合症。一种焦虑和抑郁症状同时存在的状态,但是单一症状并未严重到符合诊断,详见本章中关于焦虑与抑郁共病的论述及专栏 5-4。

(5) 短暂复发抑郁症。一种不快心境或兴趣丧失,在过去的一年里几乎每月发生一次,且每次发生不超过两周。

(6) 更年期抑郁症。是一种在更年期发生的精神疾病,详见专栏 5-2。

(7) 阈下抑郁症。病人将来发生抑郁的危险性很高,且功能和状态显著低下。

专栏 5-1

产后抑郁症

2001 年 6 月 20 日,美国休斯敦的一名结婚已 8 年的 36 岁妇女 Andrea Yates 亲手杀死了自己的 5 个孩子,其中最小的 Mary 只有 6 个月大,最大的 Noah 也只有 7 岁。Andrea Yates 在事后主动打电话报警自首,在接受警方调查时,也很合作,交代了用洗澡盆溺死 5 个孩子的经过。

Andrea Yates 在两年前生下第四个孩子后就患上了严重的产后抑郁症,此后一直在接受药物治疗。她的丈夫,美国航空航天局的电脑工程师 Lothe Yates 在得知这一惨剧后表示自己仍深爱着妻子,他说妻子是爱孩子的,只是由于受到了严重的产后抑郁的影响才淹死孩子的。Lothe Yates 说,他沉浸在夜不能寐的痛苦中,他说"这是她干的,但又不是,因为那个人已不再是她自己。"(摘自 News Week, 2001 年 7 月 2 日: Motherhood and Murder)

产后抑郁症是一种在产后 4 周内起病的疾病,在产妇中的发病率约为 1/10。据统计,在美国每年有 200 名幼童被母亲杀死。我国郭素琴等人在 1996～1999 年期间先后进行的 6 项研究中显示,产后抑郁症的发病率为 0～17%(见翟书涛,1999)。李芬等(1997)对 168 例产妇运用流调中心用抑郁量表(CES-D)进行了产后抑郁的筛查,结果显示有抑郁症状的 9 例,占 5.36%,其中 5 例生产时出现了并发症。

产后抑郁症有三种形式:

(1) 三分之一的产妇在产后早期出现产后郁闷,通常不需要治疗。

(2) 近 10%的产妇在产后一年内出现轻度或中度的产后抑郁,治疗同其他类型的中重度抑郁障碍。

(3) 产后精神病往往表现为躁狂特征,与后来发生的双相情感障碍有密切关系。

对产后抑郁症的治疗不仅应包括及时的抗抑郁治疗,还应对有患病的危险因素的孕妇进行有效的事前干预。

在 CCMD-3 中,增加了轻躁狂和轻抑郁的诊断,将心境障碍分为轻度和重度两个等级,同时将心境障碍划分为有精神病性症状和无精神病性症状,保留复发性躁狂症和复发性抑郁症，增加了恶劣心境诊断并撤销了抑郁性神经症的诊断，将恶劣心境归入持续性心境障碍。

专栏 5-2

更年期抑郁症

更年期抑郁症(Involutional melancholia)是一种在更年期发生的精神疾病。它的主要特点是：

(1) 更年期首次发病，女性更年期一般在绝经期前后，约45～55岁，男性约在55～65岁。

(2) 以情感抑郁、焦虑和紧张为主，可有疑病、自罪、妒忌等妄想，但无智力障碍。

(3) 大多数病人伴有失眠、躯体不适和植物神经功能紊乱等症状，并伴有内分泌功能尤其是性腺功能衰退。

(4) 本病以女性多见，发病率约为男性的2～3倍。

何敏慧等(1999)运用整群抽样法对上海市普陀区朝阳街道的更年期居民进行焦虑抑郁调查后发现，在4746人中有12.05%有抑郁症状，5.12%有焦虑症状。且性别差异显著，即得分女性均多于男性。施慎逊等人(1999)的研究发现，在462例更年期居民中，4%有肯定的抑郁症状，8.1%有焦虑症状，抑郁症患病率为1.1%。抑郁性神经症患病率为3%，焦虑症患病率为1.3%。

目前，大多数研究认为更年期抑郁症是外源性的。在一个人的后半生，孩子长大成人离开了自己，而自己的体力、性能力和性欲都减退了，健康状况也在走下坡路，眼看着就要退休了，感到自己没能如己所愿有所作为，等等。诸如此类的问题都摆在面前，需要自己调整。从这个角度来看，可以用埃里克森的心理社会发展理论来解释，即出现了中老年期的发展障碍：颓废迟滞(sagnation)和悲观绝望(despair)。

二、躁狂发作(manic episode)与双相心境障碍

【案例 5-2】

×医生：

我的十四次进院，才碰到您这样的医师！我尊敬您！爱戴您！愿您的医术一年胜一年!!!

因为我们是精神病患者需要更多的谈心和理解……

这次你用药恰到好处才使我安心?!?!

但有些事令人难以承受！难道清爽病人就应该永远退让，今天中午我很不高兴。(不是要吃，是要挣回13年的伙食费将心比心，和平共处医患携手共享天伦…)明天我妹可能冒病来看我，我俩是母亲的××××。老头子是迂夫子，闭门造车、杯弓蛇影、亡

羊补牢，搬石头砸脚。一个与世无争的标准的书呆子……可惜，我俩是毛主席做的媒××年××月××日登记结婚今年逢××周年，一切是有缘无情…糊涂添丁…养不教父之过 我懒，嘴凶残…我是一个永远的麻醉不死的眼镜蛇 我的病不是能有医院解决的。是社会的病，新旧社会的弃儿……一个永远不会听话的宠儿！娇女，贤妻良母。我日夜思念香港×医师。忘记过去意味着背叛。诚实是祸根，只有氯氮平伴我终生 向前看，向前看！"钱"何以这样有魅力，我有804元买两条老牛三双四条头。阎王好见小鬼难当 当今社会 勾心斗角 互相妒忌。为谁服务为谁争啊！…话太多了，只有电休！

××× ××年×月

××

上面是一个躁狂症病人在发病期写给其主治医生的信，从这封信中，你可以体会到典型的躁狂症患者的某些症状特点。典型的躁狂发作起病往往很突然，经历数天的病程后，通常其病程较抑郁为短。一次躁狂发作可以持续数天到数月，它的终止经常也和发作一样突然。从这位患者的信中，我们可以看到她所表现出来的思维奔逸、夸大、思维散漫，但她的这种散漫又不完全同于精神分裂症的思维散漫，上下文有一定联系，并且语言有一定的感染力，可以清楚地感受到患者长期为躁狂症折磨的痛苦情感。

1. 躁狂发作的主要特征

(1) 情感高涨与易激惹。这是诊断躁狂发作的本质特征。情感高涨(elevated)的典型表现是，患者感觉极好，将世界看得十分美好，对他们正在做和将要做的事都充满了热情。躁狂症病人的这种情感的高涨在多数情况下与环境是协调的，因此对周围的人甚至有一些感染力，例如病人会声情并茂地唱歌，使得别人不由自主的和他一起哼起歌来。但这种夸大的情绪往往混杂着易激惹(irritable mood，一般刺激即可引起情绪波动)的成分，以他们高度的陶醉感的体验，躁狂发作者往往认为别人行为迟缓、笨拙又碍事，并且别人会由于"妒忌"他们的能干而对他们充满敌意，特别是在有人要干涉他们的行为时。

(2) 自尊的膨胀。躁狂发作病人总是把自己看做是充满吸引力的、重要的、强有力的人物，能在他实际上没有什么才能的领域取得非凡的成就。他们可能开始发明新的技术，设计核武器或打电话给国务院建议如何治理国家。这种自尊的膨胀(inflated self-esteem)可以发展到妄想的程度。

(3) 睡眠需要减少。躁狂发作患者的睡眠需要明显减少(sleeplessness)，他们整夜可能只需要睡2～3小时，但第二天精力仍比平常充沛得多，这种精力和工作能力提高的假象往往会导致不能及时引起他人对其患病的注意。

(4) 言语增多(talkativeness)。躁狂发作者总是试图大声、快速、持续的讲话。他们的言语中充满了双关语、音联(将近似的音韵连在一起)、意联以及无关联的细节和患者自己感到好笑的笑话。

（5）思维奔逸（flight of ideas）。躁狂发作者总是不停地思考，这是为什么他们说话如此之快的一个原因——他们只有这样讲话才能跟得上自己思考的速度。而他们的思路也总是飞快地从一个话题转向另一个话题。

（6）注意力分散（distractiblity）。躁狂发作者的注意力非常容易分散，当他们在做一件事和讨论一件事时，他们会注意到环境中的其他事物，并且很快地将注意力转向它们。

（7）精力充沛（hyperactivity）。高涨的心境通常伴随着对休息需要的减少，活动的增加。

（8）行为鲁莽（reckless behavior）。躁狂发作病人的安乐浮夸感常使得他们陷于易冲动的和不听劝告的行为中：乱花钱，莽撞地驾车，狂饮，轻率的性行为。他们根本不考虑别人的不同需要，不考虑后果的在酒店里乱叫，三更半夜给朋友打电话，或用尽全家的积蓄去买一只钻戒。

2. 躁狂发作的诊断标准

DSM-Ⅳ对躁狂发作的诊断标准（引自颜文伟，1994；APA，2000）

A. 持续至少1周（或更短时期，只要达到必须住院程度）的一个异常的、而且持续的表现出心境高涨，夸大或激惹。

B. 在此心境障碍时期内，持续表现出下列症状中的3项以上，并有较显著的程度：

（1）自我估价过高或夸大；

（2）睡眠需要减少（例如，感到只要3小时睡眠便休息好了）；

（3）比平时更健谈，或感到一直要讲话的紧迫感；

（4）意念飘忽，或主观上体验到思想在赛跑；

（5）随境转移，容易分心（即注意很易转移到无关紧要的外界刺激上）；

（6）有目的的活动增加（不论社交、工作或学习、性活动都是如此），或精神运动性激越；

（7）过分的参与某些有乐趣的活动，而这种活动有潜在或可能会乐极生悲的造成痛苦的后果（例如无节制的狂欢狂饮，轻率的性行为或愚蠢的商业投资）。

C. 这些症状并不符合混合发作的标准。

D. 此心境障碍已严重到会产生职业和日常社会活动的明显缺损，或严重到必须予以住院以防止伤人或自杀，或者具有精神病性表现。

E. 这些症状并非由于某种物质（例如滥用某种药物；某治疗药品其他治疗方法）或由于一般躯体性情况（例如甲亢）所致的直接生理效应。

注：确定由于躯体性抑郁治疗（例如治疗药品，电休克治疗，光疗）所致引起的躁狂样发作，不应归于双相Ⅰ型障碍。

3. 混合发作

一个短期的（在至少1周内）较轻的病人会同时符合躁狂发作和抑郁发作的诊断（如他们既有躁狂的夸大和活动过多，又有流泪和自杀行为），这时被称为混合发作

(mixed episode)。

4. 轻躁狂发作

轻躁狂发作(hypomanic episode)的主要表现为言语增多、精力充沛和活动增加,情感高涨和易激惹达到了肯定异常的程度。病人的情绪不稳,如果其要求不能得到及时满足,就非常容易与家人、同事发生争吵。病人自我感觉良好,自高自大,过于自信;同时社交能力增加,睡眠需要减少,常乐意加班加点工作。轻躁狂发作和躁狂发作的主要区别是轻躁狂发作不会出现精神病性症状,并且其社会功能受损不明显,无需住院治疗。

5. 双相(心境)障碍

著名的电影演员,电影《乱世佳人》中郝思嘉的扮演者费雯丽曾两获奥斯卡奖,堪称是电影史上最优秀、最美丽的天才演员之一。但她同时也是一位深受疾病所害的双相障碍患者。在她的传记《费雯丽传》中,作者安妮·爱德华兹描写道:"费雯丽发起狂来是蛮横、执拗的,忧郁的时候就像是一个受惊吓的、需要怜爱的孩子,其余时候才是朋友们所熟悉的甜蜜迷人、聪悟豪爽的夫人。"(安妮·爱德华兹,1983)

什么样的病人应该被诊断为双相障碍呢?双相障碍又有哪些类型呢?以下是一个典型的双相心境障碍病例。

【案例 5-3】

"转换"是名护士。还是在卫校上学时,她就曾出现无名的情绪低落,不说话,说自己浑身都是病,治不好了,活在世上一点意思都没有,多次以各种方式(服安眠药、开煤气、割手腕)自杀。到医院经抗抑郁治疗后缓解。一年后又没有明显诱因突然出现兴奋,表现为行为轻率,爱发脾气;经常说自己很漂亮,有很多人看中她,追求她;认为自己能力很强,可以当领导;乱花钱买一些无用或昂贵的东西;夜间睡眠差,有时整夜不眠。经住院以抗躁狂治疗后缓解。出院后病情一直很稳定,并恋爱结婚。但她在怀孕后出现情绪低落,又出现多次自杀行为,反复诉说别人对自己不好,婆婆虐待,丈夫不关心,不如死了算了。在其生产后又转而出现兴奋,讲话滔滔不绝,爱发脾气,经常与周围人因一些小事争吵,乱花钱买东西。

在目前的DSM诊断系统中,双相障碍主要分为两种类型。有一些病人有一次躁狂发作,其后没有抑郁发作,但即使只出现两极中的躁狂一极,这种情况也应诊断为双相障碍,即Ⅰ型双相型障碍。另一些病人没有躁狂发作,但有轻躁狂发作,又有抑郁发作,这种情况则应诊断为Ⅱ型双相型障碍。具体的讲,Ⅰ型双相(心境)障碍至少要有一次轻躁狂发作、躁狂发作或混合发作,但无抑郁发作的历史。Ⅱ型双相(心境)障碍至少要有一次抑郁发作和至少一次轻躁狂发作,但从未有躁狂发作或混合发作。即Ⅰ型双相心境障碍一定有躁狂发作,Ⅱ型双相心境障碍一定无躁狂发作。在CCMD-3的诊断标准中,则未做此区分。

抑郁症、双相Ⅰ型障碍、双相Ⅱ型障碍之间的差异，可参见表5-3和表5-4。

表5-3 抑郁症、Ⅰ型双相障碍和Ⅱ型双相障碍之间的差异

	抑郁发作	躁狂发作	混合性发作	轻躁狂发作
抑郁症	有	无	无	无
Ⅰ型双相障碍	可有	有	可有	可有
Ⅱ型双相障碍	有	无	无	有

表5-4 单相心境障碍和双相心境障碍抑郁的不同

	单相心境障碍(抑郁症)	双相心境障碍(抑郁相)
运动行为	常有激越	在抑郁相时常迟缓
睡眠	睡眠困难	抑郁时较平时睡眠增多
发病年龄	35～45岁	30岁左右
家族史	一级亲属具有发生单相抑郁的高风险	一级亲属同时具有发生单相和双相抑郁的高风险
性别	女性发生频率较高	无性别差异
生物治疗	有些对锂盐类药物有反应，但大多对三环类抗抑郁药反应佳	对锂盐类药物反应最佳

要诊断躁狂发作，其症状必须持续至少一周(或更短时间，只要达到必须住院的程度)，并且已经严重地影响了病人的社会功能。

此外，只有躁狂发作、没有抑郁发作的情况在DSM系统也被诊断为双相障碍。尽管看起来这种情况只有“单相”，因为许多精神病学家认为不存在纯粹的躁狂发作，在躁狂发作之后总会出现抑郁发作。在诊断双相障碍方面，CCMD系统有所不同，在这一系统的诊断中，躁狂发作和抑郁发作均出现过的情况才可诊断为双相障碍。

读者还应该注意的是，情感障碍和心境障碍并不是两个完全等同的概念。从不同的诊断系统出发，根据DSM-Ⅳ，心境障碍主要包括抑郁症、双相心境障碍、恶劣心境障碍、环性心境障碍。根据CCMD-3，心境障碍主要包括抑郁症、双相心境障碍和环性心境障碍。在CCMD诊断系统里的抑郁性神经症和抑郁性人格障碍在DSM-Ⅳ中被归入到了心境障碍中的恶劣心境中。在新出版的CCMD-3中，将抑郁性神经症改称为恶劣心境，并与神经症分离而归入心境障碍中(陈彦方，2001)。但是CCMD-3的恶劣心境与DSM-Ⅳ不同的是，它不包括抑郁性人格障碍和抑郁症前漫长的前驱期。此外，CCMD-3没有抑郁性人格障碍的诊断名称，但在CCMD-3相关精神障碍的治疗与护理中给出了参考的诊断标准。

双相障碍是一种既有躁狂发作又可能有抑郁发作的疾病。在典型的病例中，双相障碍病人会先出现躁狂发作，下一次发作可以表现其他形式。第一次躁狂发作后可以有一个正常的间歇期，然后是一次抑郁发作，其后又有一个间歇期，如此发展。也可以是一次发作后立即紧接着一次反相的发作（即抑郁发作），在这两次、一对发作后才有一次间歇期。快速循环型（rapid-cycling type）则表现为长期处于躁狂与抑郁发作交替出现或以混合形式出现，正常间歇期很短或没有。这种类型的病人预后较差。

专栏 5-3

评定抑郁和躁狂的常用量表

对于抑郁症和抑郁状态的评定，人们可以运用标准化量表来进行，这种量表可分为两类：诊断性量表和非诊断性量表。根据评定方式，可以分为自评量表和他评量表。

1. 诊断性量表

诊断性量表是用于临床诊断的结构式和半结构式的标准化精神检查工具，它是一系列由精神科医师和心理学家根据诊断要点或标准设计的条目组成的，每一个条目代表一个症状或临床变量。这类量表都具有一定的检查程序、提问方式及评分标准，并附有词汇解释，由医师或研究者严格按照规定进行询问和检查。评定者必须严格遵循词汇定义，对回答及观察的结果进行评分编码，确定症状是否存在，并判定其严重程度。应该注意的是，诊断性量表是专供研究用的，需要配合一定的诊断系统，并不能直接使用于临床诊断。常见的评定心境障碍的标准化诊断性精神检查工具有：

（1）情感性精神障碍和精神分裂症检查提纲（SADS）。

（2）精神现状检查（PSE）和神经精神病学临床评定表（SCAN）。

（3）复合性国际诊断交谈检查表核心本（CIDI-C）。

2. 非诊断性量表

非诊断性量表不像诊断性量表那样严格和具有标准化的评定方法。此类量表大多是由被评定者自评，主要运用于抑郁的筛查和抑郁严重程度的评价。这些非诊断性量表设计时所依据的抑郁概念很不一致，评定的侧重点也有很大区别，体现出量表制定者对抑郁的理解和理论观点。在这类量表中不仅包括客观的可以观察到的症状，也包括被评定者的主观体验，有些量表还包括制定者对抑郁病因的假定。常用的非诊断性量表有：

（1）Beck 抑郁问卷（BDI）是目前最常用的抑郁评定量表，具有良好的信效度。

（2）自评抑郁量表（SDS）。

（3）抑郁状态问卷（DSI）。

（4）Carroll 抑郁量表（CRS）。

（5）流调中心用抑郁量表（CES-D）。

(6) 老年抑郁量表(GDS)。

(7) 汉密尔顿抑郁量表(HRSD)。

各种评定工具基本上是针对对于抑郁的评估而编制的,针对躁狂的评定量表极少。在非诊断性评定工具中,Bech-Rafaelsen 躁狂量表(BRMS)系针对躁狂的量表。

三、恶劣心境障碍与环性心境障碍

有许多病人有慢性抑郁病史或抑郁与兴奋的病史,但他们的症状从未严重到符合抑郁症或双相心境障碍的程度。在这种情况下,如果他们的病程持续两年以上,则可以分别诊断为恶劣心境和环性心境障碍。

1. 恶劣心境障碍

恶劣心境(dysthymic disorder)或称心境恶劣是一种轻度的抑郁。这样的病人通常是忧郁的、内向的、审慎的,缺乏获取快乐的能力。此外,他们缺乏精力,自尊水平低,有自杀的想法,他们的饮食、睡眠和思维都存在紊乱,与抑郁症很相似,只是其症状还不是那么严重或不够多。它的发病率约是抑郁症的一半,DSM-Ⅳ中提到恶劣心境的终生患病率为6%,时点患病率为3%(APA,2000)。

恶劣心境主要包括以下四种情况:① 抑郁性疾病前驱期的抑郁变种;② 抑郁性疾病急性发作后的不完全缓解;③ 对长期存在的社会或个人问题的反应;④ 人格障碍的抑郁类型(许又新,1999)。

为了弄清既往患抑郁人格障碍的个体是否比正常人更易患心境恶劣和抑郁症,Jun Soo Kwon(2000)等以85例女性抑郁人格障碍患者为研究对象,将85位年龄匹配的健康女性作为对照组,3年后,再次评估这两组个体心境恶劣和抑郁症的患病情况。结果发现,有抑郁人格障碍组被试的心境恶劣发病率要明显高于健康对照组,而两组间抑郁症的发病率差异不显著。

Daniel N. Klein 等(2000)以86例早发心境恶劣障碍及39例抑郁障碍的门诊患者为被试进行前瞻性的随访研究。随访人员分别在病人入组后30～60周用纵向间歇性随访评定量表及Hamilton抑郁量表评定。结果发现,心境恶劣障碍病人的5年恢复率是52.9%。已恢复的患者中,经过平均23个月的观察,测定的复发率为45.2%,心境恶劣障碍患者在随访期大约70%的时间内符合心境障碍的全部诊断标准。随访期间,心境恶劣障碍患者较抑郁症患者表现出更丰富的症状、更低的社会功能,且想自杀者更多、住院者也更多。而那些入组前未有抑郁症状的心境恶劣障碍患者出现首次抑郁障碍发作的危险性为76.9%。根据以上研究结果,Klein 等认为心境恶劣障碍病程迁延且容易复发。另外,几乎所有心境恶劣障碍患者最终都可能发展到共患抑郁障碍。因此,虽说心境恶劣障碍患者症状为轻到中度,但从纵向发展来看,情况却是严重的。

DSM-Ⅳ对心境恶劣的诊断标准(APA,2000)

A. 在至少 2 年内的多数日子里,一天内大多数时间出现抑郁心境,可以是主观的体验,也可以是他人的观察。

注:如是儿童和青少年,心境可为易激惹,而病期至少一年。

B. 在抑郁时,至少表现出下列 2 项以上:

(1) 食欲差或食量过多;

(2) 失眠或睡眠过多;

(3) 精力不足和疲劳乏力;

(4) 自我估计过低;

(5) 注意力集中差和难以做出决断;

(6) 感到绝望。

C. 在此障碍的 2 年病期中(儿童或青少年为 1 年),没有一次 A 或 B 症状消失长达 2 月以上。

D. 在此障碍的 2 年病期中(儿童或青少年为 1 年),从无重性抑郁发作,即不可能归于慢性重性抑郁障碍,重性抑郁障碍,部分缓解。

注:在心境障碍之前可以先有一次重性抑郁发作,随之为充分缓解(无明显症状两月之久)。此外,在 2 年(儿童或青少年为 1 年)心境恶劣障碍中,可以叠加重性抑郁发作,此时可以同时给予两种诊断,只要符合诊断标准。

E. 从来没有过躁狂发作、混合性发作或轻躁狂发作,而且也从不符合环形心境障碍的标准。

F. 此障碍并非发生于某种慢性精神病性障碍,例如精神分裂症或妄想性精神障碍。

G. 这些症状并非由于某种物质(例如滥用药物或治疗药品),或由于一般躯体性情况所致之直接生理效应。

H. 这些症状产生了临床上明显的痛苦烦恼,或在社交、职业和其他重要方面的功能缺损。

2. 环性心境障碍

环性心境障碍(cyclithymic disorder)的病人可以在数年内一直处于轻躁狂或抑郁状态中,症状和恶劣心境一样较轻微,以致其成为了病人的一种生存方式。在他们的轻躁狂期,他们不知疲倦地工作直至进入正常期或抑郁期。有人认为在从事创造性工作的人中,环性心境障碍和双相心境障碍特别常见,这可能有助于他们做好工作。

DSM-Ⅳ对环性心境障碍的诊断标准(APA,2000)

A. 至少 2 年,呈现多次轻躁狂症状及多次抑郁症状,但不符合重性抑郁发作。

注:如系儿童或青少年,病期至少 1 年。

B. 在这上述 2 年中(儿童或青少年为 1 年),没有一次 A 症状消失长达 2 个月。

C. 在这 2 年中,从无躁狂抑郁发作、轻躁狂发作或混合性发作。

注:在环性心境障碍 2 年中(儿童或青少年为 1 年),可以叠加轻躁狂或混合性发作、重性抑郁发作(此时可诊断为双相Ⅱ型障碍即环形心境障碍)。

D. A症状不可能归于分裂情感性精神障碍，也不是叠加于精神分裂症、精神分裂样精神障碍、妄想性精神障碍或未注明精神病性障碍。
E. 这些症状并非由于某种物质(例如滥用药物或治疗药品)，或由于一般躯体性情况所致之直接生理效应。
F. 这些症状产生了临床上明显的痛苦烦恼，或在社交、职业和其他重要方面的功能缺损。

恶劣心境和环性心境障碍都会在青少年期逐渐发生并可能持续终生。从这种意义上来说它们是与障碍有联系的一种人格障碍。和抑郁症或双相心境障碍的病人一样，恶劣心境和环性心境障碍病人的亲属，其心境障碍的发生率要较一般人群为高。恶劣心境和抑郁症一样有着发病率的性别差异，女性发病率较男性高1.5～3倍；而环性心境障碍则和双相心境障碍一样，其发病率没有明显的性别差异。在一些病例中，恶劣心境和环性心境障碍是抑郁症或双相障碍的早期表现，大约10％的恶劣心境病人会发展成抑郁症，15％～50％的环性心境障碍病人会发展成双相心境障碍。

四、关于心境障碍分类的几种重要观点

除了抑郁症和双相心境障碍的区分外，在临床治疗中人们发现还有一些类别，对于认识和研究心境障碍的分类是有益的，以下择要对它们进行讨论。

1. 精神病性和神经症性心境障碍①

【案例5-4】

“多病”是位富裕的农民企业家的妻子，今年38岁。14年前她产下了第一个孩子，但产后即出现了睡眠差、多梦、全身不固定的疼痛等症状，服用安定和五味子糖浆后有所改善。但此后每当她遇到不愉快的小事时，就会出现情绪波动，爱哭泣，称感到手脚发麻、心慌、浑身发冷。情绪正常时能正常学习工作，但也时常感到身上不舒服。十几年来一直在各种医院辗转求治，经医院各科检查未发现器质性病变，以安神抗焦虑药物治疗，病情时好时坏。春节期间，其丈夫因工作需要出差在外，“多病”感到心里担忧，不安，遂又出现情绪低落、全身游走性疼痛、手脚发麻发抖、噩梦不断等症状。“多病”感到活着十分难受，曾有自杀的想法但未实施。

精神病性和神经症性的主要区分在于与现实接触(reality contract)的能力。神经症性心境障碍患者没有丧失以一种有效的方式与环境接触的能力，而精神病性心境障碍者会因其思维过程受到了幻觉、妄想、错误的感觉和错误的信念的影响，而失去了与现实接触的能力。精神病性心境障碍患者的幻觉、妄想，或严重的退缩，割断了他们与

① DSM和CCMD系统都已经取消了抑郁性神经症的诊断，但从临床症状、病程迁延的特点，对药物治疗的敏感性等方面，抑郁性神经症还是表现出了异质的特点，因此本章对其进行讨论。

环境的联系。躁狂发作者也可以有精神病性的症状(即幻觉、妄想等精神分裂症症状),而神经症性心境障碍者没有精神病性的症状。尽管神经症性心境障碍也可以对人的生活造成严重的破坏,但这类患者仍旧知道他们周围究竟在发生什么,并在很大程度上还保持着他们的社会功能。

那么,精神病性和神经症性心境障碍是两类不同的疾病吗?传统的观点认为它们是两类不同的疾病。克雷丕林在其分类系统中将所有失能的心境障碍都分在了躁狂抑郁性精神病中,他认为这些疾病与那些较轻的心境紊乱(即我们现在所说的神经症性心境障碍)是不同的。许多理论支持这一观点,也得到了许多研究证据的支持。精神病性心境障碍与神经症性心境障碍的不同不仅在于现实接触能力上,还在于他们的精神运动性症状、生物学特性、家族史和对不同治疗的反应上。一般来说,精神病性抑郁较神经症性抑郁为严重,其社会功能的受损更严重,发作间期更短(Coryell, et al, 1996;引自 Acocella,1996)。Schatzberg 等(2000)在不用药的情况下,对 11 名精神病性抑郁症患者、32 名非精神病性抑郁症患者和 23 名健康对照者进行了一组神经心理学测查,结果发现在注意、应答抑制及记忆的口头表达方面,精神病性抑郁症患者比非精神病性抑郁症患者或健康对照者表现出更大的损害,显示前者在由额叶和中颞叶介导的功能方面存在损害。

2. 内源性和反应性心境障碍

Endogenous 是一个拉丁语,意为"来自内部"。许多连续假说的支持者认为抑郁是日常生活中忧伤的一种夸大的形式,因此所有的心境障碍都是心源性的。而持克雷丕林传统观点的人们认为,只有神经症性心境障碍才是心源性的,精神病性心境障碍是生物源性的(Acocella,1996)。根据其观点,心境障碍应分为内源性(endogenous)和反应性(reactive)心境障碍。与一次负性的生活事件联系的抑郁被称为反应性的;没有的,则是内源性的。根据克雷丕林的观点,神经症性心境障碍一般是反应性的,也就是心源性的;而精神病性心境障碍通常是内源性的及生物源性的。

在 WHO 关于抑郁障碍标准化评定协作研究的报告中,对内源性(内因性)和反应性(心因性)抑郁专门作了区分,详细内容见表 5-5。

表 5-5 不同类型抑郁的区分

内因性抑郁	心因性抑郁	其他抑郁
周期性(单相)抑郁	耗竭性抑郁	分裂情感抑郁性疾患
更年期(晚发)抑郁	神经症性抑郁	其他抑郁性疾患
循环性(躁狂-抑郁、双相)抑郁	反应性抑郁	未分类抑郁疾患
56.7%	37.2%	6.1%

(引自 WHO,1985)

但是这种区分并不是那么轻易就可以得出的,因为人们往往很难判断一次抑郁发作是否是由一个特殊的事件引发的。即使确有这样的事件,随着病情的发展,该因素所起的作用也会改变。常常在病人的第一次抑郁发作时，有明显的生活事件，但此后发作时并没有生活事件在起作用了。在WHO的(1985)研究中，内源性和心源性抑郁两组病人最常见的15种阳性症状是非常相似的。而最有鉴别诊断意义的6项指标是：早醒、晨重、思维缓慢或迟滞、精神运动性迟滞、自杀观念、攻击和易激惹。其中前5项是在内源性抑郁中较常见，攻击和易激惹在心源性抑郁中较常见。对研究获得的数据进行因素分析和多元方差分析(MANOVA)后发现，内源性和心源性抑郁疾患的病人仅在因素分析得出的15种因素中的2种上有明显不同：因子1(缺乏精力、迟钝)和因子3(异常人格)。心因性病人在缺乏精力、迟钝分数上得分较高，异常人格得分较低。由于存在上述困惑，内源性和反应性心境障碍不再用于区分是否存在生活事件，而是用来描述不同类型的症状了。那些具有快感缺乏，植物性的或生理性的症状的病人(如早醒、体重降低、精神运动性改变)，以及那些在亲人去世后描述自己的抑郁超过了他们应有程度的病人被称之为内源性的。那些没有抑郁特点的，主要是由于情绪和认知造成的障碍被称为是反应性的。

内源性的病人在睡眠方式上与反应性的有所不同，他们表现出了更多的生物学方面的异常，对躯体治疗(如电抽搐治疗、抗抑郁药)的反应更好。因此许多学者认为内源性的抑郁症更多的是生物源性的。但也有一些证据支持相反的观点。例如，如果内源性的抑郁具有更多的生物化学的基础，那么这样的病人应该比反应性抑郁的病人表现出更明显的抑郁家族史。但许多研究表明并非如此。

3. 早发性和迟发性心境障碍

在过去几年中，有许多研究证明抑郁症的发病情况是对其进行分类的一个重要的依据。对抑郁症、双相心境障碍、恶劣心境和环性心境障碍患者的研究表明，疾病发生得越早，其亲属已有或将有心境障碍的可能性越大。在一项对抑郁症患者子女的研究中发现，若父母发病时年龄小于20岁时，其子女的抑郁症终生发病率约是父母在30岁以后发病的子女的两倍。另一项研究发现，在40岁以后发病的病人，其亲属的发病率与一般人群无明显差异。

疾病的早发看来也与病人及其家属发生其他相关疾病有关。在对恶劣心境的一项研究中发现，94%的早发患者出现了抑郁症，而在晚发者中这个数字只有55%。

Gabrielle等人(2000)的一项对双相障碍病人的两年的随访研究发现，早发型(年龄小于21岁)大部分为男性，有童年行为障碍、物质滥用、表现偏执，在24个月随访中完全缓解次数比成年发作型少。作者认为，这些资料进一步提示许多早发型精神病性躁狂易发展成一种更严重和更复杂的双相心境障碍亚型。

总之，对于早发者和他们的亲属来说，他们会遇到更多的问题。上述发现也许提示早发者的心境障碍的“遗传负荷”更重，另一方面早发者亲属的更高的发病率也可以归因于环境的因素。因为他们长期地与抑郁者一起生活，也就是说，早发者的孩子有更多的机会从他们的父母那儿“学会”抑郁的认知和行为。

4. 焦虑和抑郁的共病

对抑郁症研究的一个重要趋势是许多研究提示抑郁和焦虑障碍的共病(comorbidity)。也就是说,一个被诊断为其中一种疾病的人往往也符合另一种疾病的诊断标准,有时是同时符合两种诊断,即即时共病(intraepisode comorbidity);有时则发生在一生中的不同时期,即终生共病(lifetime comerbidity)。共病的概念最早是由 Feinstin 于 1970 年提出来的,最初的定义为"同一患者患有所研究的索引疾病以外的其他任何已经存在或发生在索引疾病过程中的疾病"(Acocella,1996)。被诊断为抑郁和焦虑这两种病的患者一般对抗抑郁药有同样的反应,还具有同样的内分泌异常以及抑郁和焦虑障碍的家族史。

焦虑和抑郁之间的关系,特别是焦虑症和抑郁症之间的共病问题,一直是变态心理学和精神病学领域中最令人感兴趣也是争论最多的问题之一。

(1) 正常人中焦虑和抑郁情绪的共存。实际上,当我们将抑郁和焦虑作为一种情感或心境而不只是临床症状来研究时,也会发现这两者是高度相关的。

(2) 综合性医院病人中的焦虑和抑郁的共病。WHO 在 1988 年的一项对综合性医疗单位精神疾病的调查表明,抑郁障碍和焦虑障碍的共病率近 50%。Korff 在 1987 年的一项对 1224 名基层保健部门的病人的研究表明,一半以上的病人具有焦虑或抑郁症状,但只有 8%符合特定的 DSM-Ⅲ的诊断中的一个或多个(抑郁症、惊恐障碍、心境恶劣、广泛性焦虑或强迫症)诊断。

(3) 焦虑症和抑郁症病人的共病。徐斌(1993)对 42 例焦虑症病人和 38 例抑郁性神经症病人的研究发现,抑郁性神经症中出现焦虑症状者占 76.23%,焦虑症中出现抑郁症状者占 66.6%。美国密歇根大学进行的一次全国性精神疾病的研究发现,抑郁障碍和焦虑障碍的一年共病率达 50%,终身共病率达 51.2%。在抑郁症所伴发的焦虑障碍中,以社交恐怖和单纯恐怖为最多。焦虑症病人同患有抑郁症的共病率也很高。约有 42%的广泛性焦虑的病人至少有一次抑郁发作;有 35%~70%的社交恐怖症病人伴发有抑郁障碍;31.7%的强迫症病人同时伴有抑郁症状,66%的焦虑障碍病人在一生中有过一次抑郁发作(祝卓宏,1999)。

对抑郁症这些研究再次激起了一个古老的争论——抑郁和焦虑是否确实是两种不同的疾病,还是同一种疾病的不同表现。对抑郁和焦虑的高共患性,近来也有研究者作了更深入的探讨。Lenze(2000)等发现,35%的老年抑郁症患者既往至少共患过一次焦虑障碍,而 23%有现症。最常见的现症共患焦虑障碍有恐怖症(9.3%)、特殊恐怖(8.8%)及社交恐怖(6.6%)。经过单独评估后,27.5%抑郁个体存在有符合广泛性焦虑障碍诊断标准的症状。但进一步的多元分析发现,只与单纯抑郁障碍有关的变量是年龄较小和外向的心理控制源(external locus of control)因素,而与单纯焦虑有关的则是大量代表易感性和应激的危险因素。即外向的心理控制源因素是唯一的共同因素。焦虑和抑郁共患者的危险因素完全不同,可能代表了一种更严重的障碍。由此 Lenze

认为，虽然发现抑郁障碍和焦虑障碍共患率较高，但是单纯抑郁障碍和单纯焦虑障碍各自相关的危险因子的不同点却多于相似点。

专栏 5-4

混合性焦虑抑郁障碍及其诊断

共病性的发现导致了一种新的疾病类别的产生：混合性焦虑抑郁障碍(mixed anxiety and depressive disorder，MADD)将被加入到 DSM 诊断系统中。而在世界卫生组织的 ICD-10 中已经有了这一疾病类别，它的特点是病人同时存在焦虑和抑郁障碍，但两组症状分别考虑时均不足以符合相应的诊断，且持续或间歇存在一些植物神经症状。但 ICD-10 并没有给出明确的诊断标准。

为了验证混合性焦虑抑郁障碍诊断的信效度，DSM-Ⅳ 的测试组提出了其诊断标准：

A. 病程标准。持续或反复发作的烦躁不安至少 1 个月。

B. 症状标准。病人至少在同一时间具有下列 10 项症状中的 4 项：

(1) 注意力不集中； (2) 脑子空白；
(3) 睡眠紊乱； (4) 疲劳；
(5) 无力； (6) 警觉性提高；
(7) 预感到有某种坏事情发生； (8) 无望感；
(9) 自卑； (10) 无价值感。

C. 排除标准。

(1) 症状直接由物质依赖或常见的内科疾病引起；

(2) 具有抑郁症、惊恐障碍、心境恶劣、广泛性焦虑等轴Ⅰ诊断史；

(3) 处于部分缓解期的某种焦虑或抑郁障碍。

D. 严重程度标准。存在显著的社交、职业或其他功能性损害。

混合性焦虑抑郁障碍这一概念的提出，给人们对那些具有焦虑和抑郁的混合症状但有还没有符合焦虑症和抑郁症诊断标准的病人以一个明确的诊断。实际上这样的病人很多，他们处在发生焦虑症和抑郁症的危险中，特别是在没有得到及时治疗的情况下。如果对此类疾病没有一个合适的疾病标签，那么可以想象，这些病人将很难得到及时的治疗。

二、焦虑和抑郁的合病问题的病因学研究

对于焦虑和抑郁的合病问题，人们提出了许多模式来解释。Van Praag(1996)曾将此归纳为 5 种解释。近年来又有一些新的假说提出，现总结如下：

(1) 疾病的集合(disorders abound)。即共病现象是相互独立的疾病发生在同一病人身上。

(2) 疾病的等级关系(hierarchical order)。即某一疾病是原发的疾病，而其他疾病是由它衍生的。

(3) 人格缺陷的结果(the offspring of a defective)。即以共病形式表现出的几种疾病都有相同人格缺陷的基础。

(4) 一干多枝(one stem,many branches)假说。即某一神经系统的功能障碍是几种疾病合病的基础。

(5) 废除分类假说(nosology abandoned)。即应该废除目前关于各种精神疾病的分类而按不同的变态心理学范畴去研究异常的认知、信息处理、情绪调节、焦虑调节、冲动控制等。该学说认为目前的分类将精神疾病的病因学引入了歧途,因为每种现在所定义的精神疾病都是个体对来自社会、环境、心理、生理等方面不良刺激的反应。个体之间的不同反应形式是千变万化的,从而决定了各种疾病的异质性,这也是目前生物精神病学所遇到的最大障碍。

(6) 连续谱假说。针对焦虑和抑郁的症状重叠问题,Nutt 在 1997 提出用疾病症状之间的连续谱的模式来解释焦虑和抑郁的共病。他认为焦虑和抑郁并非是独立的、不相关的两种疾病,而是两组连续变化的症状群谱带的两个极端。

(7) Kendler 在 1987～1996 年的一系列多变量遗传学分析研究表明,抑郁和焦虑都受相同的遗传因素影响,而不同的家庭环境、生活经历似乎是造成不同症状的原因(祝卓宏,1999)。Tyrer 也有类似的观点,他提出了一个一般性神经症综合征(general neurotic syndrome)的概念,认为焦虑和抑郁有着共同的神经症性素质,在此基础上可以发展为焦虑障碍、抑郁障碍,或同时或先后表现为两种形式的障碍。

三、治疗

对焦虑和抑郁的共病,目前还没有标准的治疗方案。一般性的考虑是抗焦虑和抗抑郁药物治疗和心理治疗相结合,根据不同病人的具体情况决定其侧重点(参见本章的治疗部分)。

第三节 心境障碍的病因

由于抑郁较躁狂常见,也由于许多理论家将躁狂看做是对抑郁的二级反应,许多关于心境障碍的理论都将抑郁作为主要关注点(除了生物学观点外)。在此首先讨论抑郁。

一、抑郁的生物学因素

目前关于抑郁的遗传和生物化学,神经生理学研究表明,无论环境因素如何起作用,生物因素也在心境障碍中扮演了重要的角色。

1. 遗传学因素

心境障碍病人的一级亲属,其发病率通常要高于一般人群。其中抑郁症病人的亲属的发病率为一般人群的1.5～3倍,双相心境障碍为10倍。Slater(1944)发现,躁郁症病人的直系亲属中有15%也出现同样的病症,而一般人群的躁郁症发病率只有0.5%(Alloy, et al, 1996)。

但仅此不足以说明遗传的影响力,因为家族的共患率同样也包含了环境的因素。而双生子研究则能更有力地支持遗传因素的作用。M. G. Allen的研究发现,同卵双生子的双相心境障碍共病率为72%,而异卵双生子为14%。对单相心境障碍来说,同卵双生子共病率为40%,而异卵双生子为11%。这些数据表明,遗传因素对双相心境障碍的影响要较单相心境障碍来得大。Kendler的研究表明,同卵双生子与异卵双生子之间差异的40%～45%应归因于基因,余下的则归因于环境的个体差异,即在个体生活中经历的不同生活事件(引自Alloy, et al, 1996)。

给人以更深刻印象的证据来源于对寄养子的研究。对双相心境障碍病人的生母和养母与正常被领养者的生母和养母的比较研究表明,双相心境障碍病人,其生母的双相心境障碍发病率为31%,而正常人为2%。(Mendlewicz & Rainer,1977 见Alloy, et al, 1996)。Wender等人在丹麦的研究表明,被试直系亲属的抑郁症发病率为正常控制组的8倍,在自杀率方面为15倍(引自Alloy, et al, 1996)。

2. 神经生理学的研究

如果说器质性因素在心境障碍中有着重要的作用,那么接下来的一个问题是,什么是器质性因素?对于神经生理学家来说,答案与生物节律有关。正如上文提到的,睡眠障碍是抑郁的一个重要的症状,而已有研究发现有些抑郁症患者的睡眠周期的脑电图有异常,特别是在REM睡眠(快速动眼睡眠期)开始时会有一种异常的短暂延迟。耿直等(2000)连续两晚测量14例抑郁症住院患者的多导睡眠图,比较其两晚的睡眠参数,结果发现患者的睡眠总时间、睡眠潜伏期、醒起时间、运动觉醒时间、醒觉次数、睡眠效率、睡眠结构、REM睡眼潜伏期等指标,第一晚与第二晚的差异均无显著性(均是$p>0.05$),也就是说抑郁症住院患者存在适应性睡眠改变的相对缺乏。

还有些研究人员发现,心境障碍在某种程度上带有季节性的特点,这些疾患与环境中所供应的整体光线数量有关。这类疾病患者倾向于在秋季和冬季出现抑郁,在春天和夏天正常或出现轻度躁狂。因此人们提出了一种抑郁的特殊形式——季节性心境障碍(seasonal affective disorder,SAD)。冬季时日间光照时间减少,导致松果体分泌褪黑激素增加被认为是SAD的重要病因。从这一观点出发,由研究人员设法控制这类病人暴露于光线的程度,然后评估疗效,结果发现有良好的效果(Blehar & Roseental,1989)。

3. 生物化学的研究

如果抑郁是由于某种神经异常所造成的话,那么应该是神经生化的异常。目前主要的生化理论是神经递质失衡理论。

有大量证据(主要来源于临床)表明,用来治疗心境障碍的药物和电抽搐治疗通常会影响神经突触部位的神经传导物质的浓度,因此决定了特定脑通路在传达信息上的快捷或迟缓。在20世纪60～70年代,研究的重点是两类单胺类物质——NE和5-HT。这是因为研究者发现,抗抑郁药有增加突触处神经递质浓度的作用的一致效果,而对脑脊液、尿和血液儿茶酚胺水平的测定常常显示这些单胺类物质和情绪状态是有关的,所以人们认为抑郁是这些物质的不足,而躁狂是由于这些物质的过量。但进一步的研究表明脑部的生化功能极为复杂,并不是用这样简单的机制所能说明的。近年来新研制出的抗抑郁新药“达体朗”不是增加5-HT的浓度,而是通过增强突触前5-HT的再摄取来减少突触间5-HT的浓度,这与人们以往对单胺类物质与情绪状态的认识是矛盾的。因此近年来研究的重点渐转移到患者的受体系统可能的异常上。

4. 神经内分泌系统

激素会影响心境的观念由来已久,目前强调下丘脑-垂体-肾上腺皮质的共同作用,特别是肾上腺皮质所分泌的肾上腺皮质激素,在抑郁症患者身上,这种物质在血浆中的浓度要比正常量高50%～75%。俞东山(2000)总结了对皮质醇与抑郁症的关系的研究后认为,皮质醇的升高可能是抑郁症的促进因素。C. DeBattista(2000)检测了对抑郁症患者静脉输入皮质醇和绵羊皮质醇释放激素(CRH)的快速抗抑郁效应。结果发现,经汉密尔顿抑郁评定量表评定,接受皮质醇治疗者平均分数减少8.4%或37%,比接受绵羊CRH(平均减少为1.2分)和安慰剂(平均减少为1.3分)的患者的汉密尔顿抑郁评定量表全部21项得分降低更为显著。显然,快速输入皮质醇对抑郁症状有迅速而有力的控制作用。

也有研究认为抑郁与甲状腺激素有关。Joffe(2000)在75名单相重度抑郁症门诊患者中,用Cox回归生存分析来评估抑郁症的病程和甲状腺素(T3)、四碘甲状腺原氨酸(T4)和促甲状腺激素的基础水平间的关系,结果发现重度抑郁的复发时间和T3水平成负相关,而与T4水平无关。

二、抑郁的社会心理学因素

(一) 心理动力学观点

1. 对丧失的反应:自我惩罚

对克雷丕林的生物源理论提出的最大的挑战来自于弗洛伊德和其他早期心理分析家。他们认为抑郁不是器质性损害的症状而是自我对内心冲突的防御的表现。弗洛伊德在其经典的论文《悲伤和抑郁》中明确指出,抑郁是对丧失(显义的和象征的)的反应。如果一个人面对丧失时的悲痛和愤怒没能发泄出来仍处于无意识中,那么就会弱化自我。而抑郁则是对自我的一种惩罚形式。一个表面上看起来是因为失去丈夫而极度抑郁的妇女,实际上是在为她对她丈夫以往怀有的恶感而自我恼怒。抑郁和躁狂症状是一个人为想象中的罪恶而惩罚自己的手段。

这一理论为弗洛伊德的一个学生——K. Abraham 所发展。Abraham 认为，当一个人具有矛盾(正性的和负性的)的感情对象时，抑郁便产生了。面对失去所爱的对象，负性的感情转化为强烈的愤怒。与此同时，正性的情感引起内疚，他会感到自己对刚失去的东西没有作出恰当的行为反应。由于这种内疚，内疚的人就把他的愤怒内投(anger in，又译“指向自身的愤怒”)而不是外泄了。这就造成了自罪和绝望，即我们所说的抑郁。在自杀的案例中，病人确实试图去杀死那个不会合作的对象，愤怒的内投变成了对自己的谋杀。

这些理论也得到了一些实验的支持。Hauri 把已经恢复了的抑郁病人的梦与正常成年人的梦进行了比较，两组被试都间断地被唤醒，结果发现患过抑郁症的人有较多带有愤怒的自我惩罚的梦。

现代的心理分析对经典的理论又有了新的发展和修正。现在有许多关于抑郁的心理分析理论，但这些理论也有一些共同的和核心的观点。

首先，一般认为，抑郁源于先天的缺陷，常常源于早年的丧失。

其次，个体早期的创伤被现在的事件(如失业或离婚)所激活，这将患者带回到了婴儿期的创伤。

第三，这种退行的一个重要的后果是无望感和无助感。这反映了一个婴儿在面临伤害时的无能为力。由于无法控制自己的世界，抑郁者便产生了退行。

第四，许多理论家不再认为愤怒的内投是抑郁的核心，而认为对对象的矛盾心理是抑郁者心境困扰的基础。

第五，自尊的丧失是抑郁的主要特征。

2. 对丧失的补偿

长程的心理动力学治疗一般通过揭示目前抑郁的童年期根源来揭示对先前和目前失去的东西的矛盾心理。但正如前文所指出的那样，现代的心理动力治疗家们趋向于用比他们的前辈更直接的方式进行治疗，他们更关注患者目前的环境而不是过去的经历，因此他们更注重当前抑郁的原因以及患者是怎样以抑郁的方式来处理与他人的人际关系的。Klerman 和他的同事发展出了一种 12～16 个单元的治疗方案。这一方案主要针对 4 个核心的问题进行治疗，即悲伤、人际关系的纠纷、角色转换(如退休)和缺乏社交技能。治疗师和患者一起积极努力解决上述问题。近期研究表明，这种动力学的人际关系的治疗方法对防止未能坚持药物治疗的抑郁症患者的复发是有效的(Alloy, et al, 1996)。

(二) 人本主义和存在主义观点

存在主义者认为，抑郁是源于未能完整和真实地生活而产生的一种非存在感。如果抑郁者说他们感到很内疚，人本主义和存在主义者会解释说这是由于他们没有能够做出正确的选择，发挥自己的潜能，以及对自己的生命负责。总之，抑郁是对一种非真实存在的可理解的解释，自杀是这种非真实感达到极致后的选择。

这种不真实感的一个方面可能是对孤独的恐惧。抑郁者常常是高度的依赖者，Fenichel 把他们称为“爱的成瘾者”。因此孤独感可能是抑郁的一个重要的组成部分。从存在主义的观点来看，孤独本身不是需要避免或治疗的，而是应被人们所接受的。正如抑郁者应接受孤独一样，自杀者应懂得死亡的重要性。Rollo May 认为，死亡给予生命以绝对的价值。由于死亡是不可避免的，这使得我们珍惜生命。

（三）行为主义观点

行为主义者对抑郁的解释主要有两种，一种强调外界的强化，另一种关注人际关系过程。

1. 消退

许多行为主义者将抑郁看做是消退的结果，认为抑郁是一种不完全或不充分的活动。消退的含义是指人的某种行为一旦不再被强化，人再表现出这种行为的概率就会逐渐减少甚至消失。他们会变得不参与活动并出现退缩情况，也就是说出现了抑郁。

是什么导致了强化的减退呢？Lewinsohn 指出，一个人所获得的阳性强化物的数量主要依靠三个因素：① 强化刺激的数量和范围；② 环境中这些强化物的可利用性；③ 人获得这些强化的能力。人的环境的突然改变，会导致对上述因素的影响。例如，新近并不情愿的退休者会发现，办公室以外的环境缺乏真正的强化物；一个妻子刚去世的男人会发现，虽然他具有营造一个成功婚姻的社会能力，却又困惑于怎样去开始新的约会。在新的环境中，这些人很少知道如何去获得强化，因此就产生了退缩行为。最后，某些抑郁者可能开始将死亡而非生存看做为强化物，因为这会使得别人感到后悔和内疚。在这种情况下，抑郁将导致自杀（Acocella，1996）。

许多研究支持了 Lewinsohn 的观点，研究证明如果抑郁者和正常人一样学会了降低不愉快事件的频率、增加愉快事件的频率的话，他们的心境也许会改善。而抑郁者正是缺乏获得强化和与他人交往的能力（Acocella，1996）。一项对企图自杀而住院的青少年的研究表明，与虽然抑郁但没有自杀行为的青少年相比，自杀组的被试在遇到问题时更容易采用社会隔离（sicial isolation）方式来应对。自杀者更喜欢回避问题，把问题看得不紧急，用更情绪化的方式来作出反应（Acocella，1996）。显然，这种糟糕的应对方式导致他们难以获得帮助。

2. 回避型社会行为

研究发现，抑郁者较非抑郁者更容易对他们接触的人作出负性的反应，这一发现构成了抑郁症的人际关系治疗的基础。根据这一观点，抑郁者有着一种令人讨厌的行为风格。他们总是迫使那些他们感到对自己不再充分关照的人“关照”自己，但抑郁者从他们的家庭和朋友那儿得到的往往不是爱而是拒绝，也就是说抑郁是一种呼救，但又很少起作用。另一种人际理论认为抑郁是在寻求拒绝，因为对抑郁者来说，拒绝那些比较积极的反馈对他们来说是自己更熟悉的，这样做，他们能在事先对结果更好地进行预测（Acocella，1996）。

同样有许多研究支持抑郁的人际关系理论。例如有研究发现，同样是抑郁症患者，在治愈后的9个月中常被其配偶批评的较获得配偶接受的患者更易复发。但现在人们还不能说这种人际关系风格导致了抑郁的发作，因为有研究证明，这种风格的人际关系只在抑郁发作时出现，在抑郁治愈后便消失了。但无论怎样讲，抑郁者的糟糕的人际关系是抑郁持续存在的重要因素之一。

3. 强化

行为主义认为，个人所获得的社会奖励取决于他们的个人能力和要求、社会经济地位及与他们相互影响的"依恋"的人数。当这些强化因素中的任何一个发生变化，如朋友去世、能力或财产地位的丧失，强化的频率和量都会减少。一旦这些强化减弱，依赖行为也随之减少，进而较低级的反应水平（例如情绪低落）则可以由社会奖励（如同情）所强化。因此一方面是正常的情感的强化量不断减少，另一方面对异常的情绪症状的奖励量增加，由此出现了异常情绪的恶性循环。

Werner 和 Rehm 检验了行为主义的理论观点，他们对96名女大学生进行了情感评定。随后，根据评定结果将她们分为高强化和低强化两组。被试不了解研究的真正目的，以为自己在参加一个智力测验。对于低强化组故意只给予20%的强化奖励（即告诉被试反应正确），而高强化组则给予80%的强化。结果显示，通过心理测验自我评分和对反应速度的行为指标的测定，低强化组表现出明显增多的抑郁行为。某些起初只有轻微抑郁的被试，往往低估强化的数量（即被试感觉被告知其正确的次数少于实际次数），而且也变得更加抑郁了（见陈仲庚，1985）。

（四）认知理论的观点

认知理论的主要论点是，个体的想法和信念是引发和影响情绪状态的关键因素。在理解抑郁方面，Aaron Beck 的认知模型是目前最具影响力和实践性的，我们将着重介绍他的抑郁理论。

1. Beck 的理论

Beck 起先是一位经过了心理分析训练的精神病学家，在临床实践中，他发现病人在报告中常常歪曲事实，充满了自我否定和悲观消极的思想。由此，他提出抑郁者之所以抑郁，是因为他们的思维有消极的歪曲（见图5-2）。

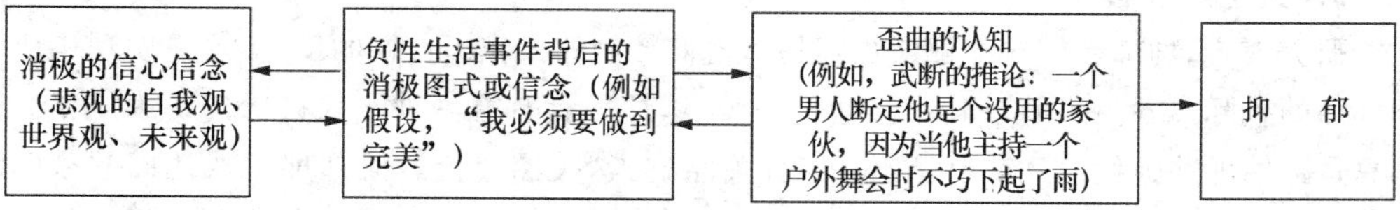

图5-2　Beck 的抑郁理论中的三个层面的认知

依照 Beck 的理论，我们每个人都拥有各种各样的图式（schemata），通过这些图式，我们规范着自己的生活。抑郁者在童年或青少年时，因为种种的原因，如父母的去世、被同龄人的小团体拒绝、老师的批评、父母的抑郁态度等，发展出消极的图式或信念——消极地看待周围世界的倾向。此后，一旦遇到和以往学到的图式的情境相类似的新情境，可能只有一点点类似之处，这些消极图式就会自动地发挥作用，严重地影响抑郁者的生活。譬如，一个自我非难的图式令抑郁者时常陷入无意义感的深渊，一个负性的自我图式会导致无价值感。

抑郁者还有许多认知歪曲，这些认知歪曲使他们不能真实地认识现实世界。认知歪曲和消极图式相互作用，更进一步加深了抑郁者的消极倾向，并发展出 Beck 所谓的消极的三联征（negative triad），即负性的自我观、世界观和未来观。

以弗洛伊德为代表的许多理论家认为，人只能被动地承受情绪，智慧很难控制感受。Beck 却相信，人的情绪是其逻辑判断的产物。我们的情感反应主要取决于我们是怎样看待这个世界的，而实际上抑郁者的解释与大多数人对世界的看法并不一致。Beck 将抑郁看做是抑郁者的不合逻辑的自我判断的胜利。

大量的证据支持 Beck 的观点。人们根据 Beck 的抑郁理论编制了评估抑郁的认知偏差的问卷，如自动思维问卷（ATQ）、抑郁体验问卷（DEQ）、认知偏差问卷（CBQ）等。许多研究表明，经过治疗后抑郁者在这些问卷上的得分都出现了显著的降低。Krantz 和 Hammen（1979），Hollon 和 Kendall（1980）的研究都表明，抑郁者的反应符合 Beck 的理论（见 Dobson & Shaw，1986）。通过对抑郁的有效治疗，一个人的消极想法会显著减少（Simons，Garfield & Murphy，1984）。

但是，也有研究不支持 Beck 的观点，并不认为抑郁者的认知被扭曲了。譬如，认为抑郁者对成功有恰当的期望，而普通人则倾向于高估成功的可能（Lobitz & Post，1979）。另一个挑战 Beck 的理论是：究竟是抑郁导致消极的认知，还是消极的认知导致抑郁。实验心理学的众多研究表明，一个人对事件的诠释影响着他的心境，但心境反过来也可以改变一个人的想法。现在还没有直接证据证明抑郁的情感和生理方面是负性的图式和偏差的二级症状和功能。

2. 无助感和无望感的三种理论

除了 Beck 以外，其他研究者从不同的角度对抑郁的产生及持续进行了解释。其中最具影响的是关于无助感和无望感的三种理论。无助感和无望感是抑郁症的一个重要的症状，人们对它的认识和理论解释走过了一条从最初的习得性无助理论，到更具认知色彩的归因和习得性无助理论，乃至目前的无望感理论的道路。

（1）习得性无助理论（learned helplessness）

该理论认为，个体的消极状态和无法有所行动、无法控制自己的生命的感觉来自于个体的不成功的控制尝试的经历和心理创伤。

习得性无助感的研究始于对实验室里狗的行为观察。研究者首先将狗置于一个完全无法逃脱的情景，然后给予电击。电击引起了狗的惊叫和挣扎，但它无法摆脱电击。

然后将狗置于中间有隔板的房间中，隔板的一边有电击设备，另一边没有。隔板的高度是狗不费力就能跳过的。然后将狗置于有电击的一边，并给予电击。电击开始后，狗只要跳过隔板就能够摆脱痛苦。实验结果发现，狗除了在接受电击的最初半分钟内有一阵惊恐外，一直就躺在地板上，接受电击的痛苦，纵有逃脱的机会也不去尝试（张春兴，1994）。Seligman 提出，动物在面对不可控制的痛苦情景时产生了“无助感”。这种无助感此后变得越来越严重，有害地影响到了它们在可以控制的应激情境下的行为表现，以致失去了学习有效地对痛苦情景进行反应的能力和动机（张春兴，1994）。

在此研究的基础上 Seligman 认为，无助感可以用于解释抑郁的某些症状。和许多抑郁的患者一样，这些产生了无助感的动物出现了厌食、进食困难、体重降低等表现，并且脑内的去甲肾上腺素也下降了（见抑郁症的神经生化理论）。

习得性无助感的实验研究的结果获得后来很多学者对其他动物和人类被试研究和观察的支持。那些面对无法摆脱的噪声、打击或无法解决的问题的人，在此后面对摆脱噪声、打击和解决简单问题时会出现失败（Roth & Kubal，1975 引自 Davison，1998）。此外，那些根据 BDI（贝克抑郁量表）评定为抑郁的大学生在完成任务时的表现，类似于那些刚经历了同样的产生无助感情景的不抑郁的大学生（Davison，1998）。

（2）归因和习得性无助理论（atrribution and learned helplessness）

随着研究的深入，无助感理论的不充分和无法解释的方面渐渐显现出来。1978 年，Abramson，Seligman 和 Teasdale 提出了对无助感理论的修正。这一理论的本质是以归因（atrribution——人如何解释自己的行为）来解释抑郁的产生，这种解释中包括了认知和学习的因素。抑郁不仅仅在消极的、不可控的事件发生时才产生，而是取决于人是否将它归因于自身的相对稳定的内部特征以及生活的其他方面。

这一理论受到维纳归因理论的影响。按照归因理论，在个体经历了失败的情境中，个体会将这种失败归结为某些原因。按照其归因的不同情况，可区分出个体不同的归因方式：① 失败是由于内在（自身），还是外在（环境）原因造成的；② 导致这类问题产生的原因是稳定的，还是不稳定的；③ 导致这类问题产生的原因是特殊的，还是一般的。表 5-6 中的例子有助于读者了解抑郁者的归因倾向。

表 5-6 抑郁者对于自己在重要的英语考试中失败的归因

	内在（自身）		外在（环境）	
程度	稳定的	不稳定的	稳定的	不稳定的
一般	我太笨了	我今天太累了	考试都是不公平的	今天是个坏日子（今天不是黄道吉日）
特殊	我缺乏学好外语的能力	我讨厌学英语	英语考试不公平	英语考试对我来说就是倒霉

归因和习得性无助理论认为，人对失败的解释方式决定了失败的影响作用。一般

性的归因会使失败的影响泛化。归因于稳定的因素会导致失败对个体产生长期的消极影响。将失败归因于内在的自身的原因,会导致个体自尊的下降。从归因和习得性无助理论出发,抑郁是因为人们将负性的生活事件归因于一般的和稳定的原因。人的自尊是否会崩溃,取决于人是否将失败归因于自身的缺陷。抑郁者被认为有着一种“抑郁的归因方式”,即将坏的结果归因于自身的、一般的、稳定的特质。当具有这种归因方式的人遇到不愉快的、痛苦的经历时,他们就变得抑郁,自尊就被摧毁了。

许多研究支持了归因和习得性无助理论,魏立莹等(1999)对46例抑郁症患者和46例正常人的对照研究表明,抑郁者在ASQ(一种用于测量个体归因特点的量表)坏事件上的归因,稳定性、一般性、无望感和总分均明显高于对照组。

(3) 无望感理论(hopelessness)

20世纪80年代以后,无助感理论又有了新的发展。一些形式的抑郁被认为不是由于无助感而是由于无望感造成的。即个体存在一种对自己所希望的结果不会发生或自己不希望的结果将会发生的预期,并因此不再作出任何行动以改变这种情境的心理反应。

在归因理论的公式中,负性的生活事件(应激源)被看做是与素质(diathese)相作用,产生了无助的状态。归因方式就是一种素质,将负性的生活事件归因于稳定的和一般性的因素。

无望感理论考虑的则是另一种素质,即一种认为负性的生活事件将会有严重的消极结果和倾向于对自己作出消极的推论(negative inference)的倾向性。无望感理论的优点在于能够解释抑郁和焦虑障碍的共病问题,即抑郁常常与焦虑障碍同时存在。个体对无助的预期会导致焦虑的产生。当对无助的预期产生时,包含了焦虑和抑郁的症状就随之而来了。最后当负性事件发生时,无望感就产生了。

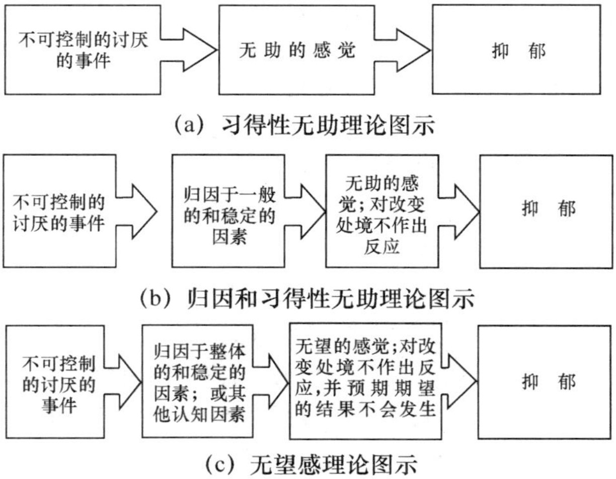

(c) 无望感理论图示

图5-3 无助感和无望感的三种理论

（五）社会因素

有关抑郁的社会因素进行过大量的研究。人们发现生活事件对心境性障碍的发病也有着重要的影响，Brown 等人在 1978 年设计了生活事件和困难事件量表，用来评估过去发生的个人事件。结果发现，89%的患有抑郁症的被试者，在他们患抑郁症之前的 9 个月里经历了极其严重的威胁性事件，或是遇到令他们讨厌的人或一件具有持续性困难的事件。而没有患抑郁症的被试中，只有 30%的人经历了上述现实的事件（艾森克，2000）。潘桂花和陆峥等（1999）对 112 名首次发病的心境性障碍病人（病例组）和 112 名正常人（对照组）用生活事件量表进行了测试，结果发现病例组发病前一年内的生活事件的频度、严重程度均显著高于对照组。

消极事件不仅导致患抑郁症的可能性提高，患抑郁症也同样会导致个体经历更多的消极事件。Coyne（1976）让被试完成一项与陌生人谈话的任务，然后对被试的情绪状态和他们与陌生人进一步交谈的自愿程度进行评估。结果发现，在交谈结束后，那些与抑郁症病人交谈的被试，其抑郁程度和敌视态度高于那些与正常人交谈的被试，其自愿与陌生人进一步交谈的愿望也低。这一发现表明，别人的反应会对抑郁症病人产生重要的影响，可能导致他们的诸如被拒绝的消极经历。这样就形成了恶性循环（艾森克，2000）。

此外，文化的差异也有重要的影响。世界卫生组织关于抑郁障碍标准化评定协作研究的报告（1985）中表明，在对日本的长崎、东京，伊朗的德黑兰，瑞士的巴塞尔和加拿大的蒙特利尔所做的研究中发现，两个西方城市里的心因性抑郁的比例均高于内因性抑郁，而三个东方城市里则正好相反。此外，在德黑兰，躯体症状较为多见（57%），而在巴塞尔（32%）和蒙特利尔（27%）则较少见。同一研究还发现，在这些地区中的产业工人患病率较低（占患者总数的 1.9%），而家庭主妇最多，占患者总数的 30.4%。

三、有关双相心境障碍的心理学理论

与抑郁症相比，双相心境障碍一直为心理学理论家所忽视。双相心境障碍的躁狂相被认为是对心理的虚弱状态（debilitating state）的防御。

在对躁狂症病人间歇期的人格和临床体验的研究表明，在两次发作的间歇期，他们表现得相对适应良好。如果说躁狂是一种防御，那么他一定是在防御某种具体的东西。也就是说间歇期的躁狂症病人表面上的适应良好并不是对他们状况的真实体现。为了避开可能的防御反应，Winter 和 Neale（1985）运用一个特殊的发展测验来检查躁狂症病人。该研究将缓解期的躁狂症病人、抑郁症病人及正常人分为三组，均给予两种测验，一种是自尊调查（自我报告的纸笔测验），另一种是特殊的结构性记忆测验。而后一种测验是对躁狂症病人的期望的低自尊的敏感的测量。在记忆测验中，被试首先阅读一篇描述一系列事件的文章，其中有些事件有积极的结果，有些事件的结果是消极的。然后再让被试做一个测验来测量他们对每个故事的回忆。例如，一个故事是围绕一个刚刚失业的人展开的，他失业的原因没有直接给出，但故事提供了两种推论可供选择，二者必须选择一个：被试可以选择并不是失业者自己的错而是因为经济不景气，或者选择是因为那个人工作得很差。研究者认为低自尊者会选择第二种推论。实验结果的确符合研究者的预期。在第一个纸笔自尊测验中，躁狂症病人和正常人的得分均比抑郁症病人为高。而在记忆测验中，躁狂症病人的结果就类似于抑郁症患者，两者都表现出低自尊。因此躁狂症病人的自尊水平比正常人是低的。但是，一般来说，他们的表现成功的防御了自己的不成功感(Acocella，1996)。

第四节 心境障碍的治疗

对心境障碍的治疗，一般首先强调的是对症状和体征的控制，因为严重的抑郁患者有自杀或自残的危险，因此人们一般认为首先应该运用医学手段，包括抗抑郁药治疗、适当的监护和必要时的住院治疗，甚至在紧急情况下应用电抽搐治疗，以及时控制住病情，渡过危险期。在病情较稳定以后，即症状和体征缓解后，应积极恢复患者的职业和心理社会角色和功能，并通过给予适当的心理治疗和教育以及必要的药物维持治疗，使患者复发、再发的危险降低到最低的程度。

一、生物治疗

(一) 电抽搐治疗

目前电抽搐治疗(ECT)已不常使用。但对于一些难治性的病人和症状特别严重、需要迅速控制的病人，如严重的妄想性抑郁症、急性自杀者、药物治疗无效或不能使用抗抑郁药者，ECT 仍不失为一种有效的治疗方法。它常用于病患治疗严重的抑郁症状。使用全身麻醉和肌松剂的无抽搐电抽搐治疗正渐渐替代电抽搐治疗，以提高其安全性。由于电抽搐治疗直接作用于人的大脑，人们总会担心这种治疗方法会对人的脑功能产生不可逆的损害。D. Cohen 等人(2000)的一项长期随访研究是对 10 位因为严重的心境障碍而接受 ECT 治疗的成年病人进行的，结果表明，其中 6 位报告在 ECT 治疗后出现即时的记忆丧失，但只有 1 位在随访中报告有主观的记忆损害。这提示 ECT 治疗没有造成可测量的认知损害。

(二) 药物治疗

目前一般认为药物治疗是对严重的抑郁症和躁狂症的最好的选择，因为它们能较快地控制症状。

1. 抗抑郁药

(1) 三环类抗抑郁药(TCA)。1957 年 Kuhn 首先发现丙咪嗪有抗抑郁作用，其后一大批结构类似的三环类抗抑郁药相继问世(此类药物以其化学结构中有 3 个环为核心而得名)。目前 TCA 还是临床上抗抑郁的首选药之一。TCA 的药理较为复杂，其机理尚未肯定(姚芳传,1998)。常用的三环类抗抑郁药有多虑平、丙咪嗪、氯丙咪嗪、阿米替林等。TCA最常见的副作用有心动过速、低血压、心律失常等心血管系统的副反应,其他副作用还有口干、便秘、视力模糊、嗜睡、头晕等。

(2) 四环类抗抑郁药。四环类抗抑郁药是继三环类抗抑郁药以后应用于临床的又一类抗抑郁药,主要有马普替林和米安舍林(脱尔烦)。前者的抗抑郁机理是选择性阻断中枢神经突触前膜对去甲肾上腺素的再摄取,后者主要是通过阻断突触前α2肾上腺素能受体来恢复正常的突触传递。

(3) 选择性5-HT再摄取抑制剂(SSRI)。20世纪90年代以来,以百忧解为代表的SSRI类抗抑郁药渐渐成为抗抑郁药的主力军。这类药主要有氟西汀(百忧解)、帕罗西汀(赛乐特)、氟伏草胺、舍曲林、西酞普兰。这类药物的主要治疗机理是选择性地阻断5-HT的再摄取,其共同特点是副作用较三环类抗抑郁药要小,没有明显的镇静作用,一般一天只要服药一次。因此目前在临床上得到了广泛的运用。

(4) 心境稳定剂。以往将碳酸锂称之为抗躁狂药,现在研究发现碳酸锂不仅能治疗躁狂发作,而且对双相心境障碍的抑郁相也有良好的疗效,因此称之为心境稳定剂。还有研究发现,锂盐治疗能有效地预防对锂盐治疗有效者抑郁症的复发,M. Bauer等(2000)将经6周开放性试验、急性期锂盐辅助治疗有效的30名顽固性重度抑郁发作患者,随机、平行分组,与在维持治疗中加入锂盐辅助治疗的双盲、安慰剂对照试验。经过缓解后的2～4周的稳定期,随机指定患者接受4个月的锂盐或安慰剂,并在试验过程中继续使用抗抑郁剂。结果发现,接受抗抑郁剂加安慰剂的15名患者中有7人(47%)复发(包括1人自杀),在试验的双盲期中接受锂盐辅助抗抑郁剂治疗的14名患者中无一人(0%)复发。安慰剂组复发的7人中有5人为抑郁发作,另外2人为躁狂发作。看来在单相重度抑郁症的维持治疗期,锂盐的辅助治疗能有效地防止患者复发。

(5) 最新进展。目前应用于抑郁症的临床治疗的抗抑郁药有5-HT与NE再摄取抑制剂(serotonin-noradrenaline reuptake inhibitor,SNRI)、NE及特异性5-HT抗抑郁药(NaSSA)。前者的代表药物是万拉法新,它主要通过抑制5-HT的再摄取和NE的再摄取产生抗抑郁作用;NaSSA的代表药物米氮平(瑞美隆),也能同时增加5-HT能和NE能神经传导,噻奈普汀(达体朗,Tatinol)则通过增强5-HT突触间隙的重吸收来达到抗抑郁的效果。

抗抑郁药的种类很多,它们的抗抑郁的作用机制、药物代谢动力学机制各不相同。在运用抗抑郁药治疗时另一个应该特别注意的问题是,抗抑郁药可能会诱发躁狂发作。研究表明,抗抑郁剂的总转躁率为7.8%,治疗双相心境障碍的转躁率高达28.6%,治疗抑郁症转躁率为5.3%(唐文新,2000)。

2. 抗躁狂药

(1) 心境稳定剂。锂盐(碳酸锂)最早在20世纪40年代就被澳大利亚医生Cade用于对躁狂症的治疗,但因为其具有严重的副作用,且其治疗剂量与中毒剂量过于接近，使用时风险较大。所以直到70年代，当人们能通过检测血锂浓度来防止其严重副作用的产生后才得以广泛应用。也有人将其应用于对抑郁症的治疗，但一般认为它只对双相心境障碍的抑郁相有疗效。

（2）抗癫痫药。氯硝安定、卡马西平、丙戊酸钠（德巴金）等抗癫痫药也具有良好的抗躁狂作用。

3. 抗精神病药

抗精神病药也被运用于对心境性精神障碍中，一方面它们对躁狂的兴奋冲动有良好的控制作用；另一方面，也用于控制心境障碍中发生的幻觉妄想症状。

（三）光疗法

美国的Lewy在1982年首先报告应用人工亮光模拟延长日间光照来治疗季节性心境障碍并取得了良好的疗效。大量研究证实，应用人工全光谱亮光模拟日光照射是治疗SAD的最有效的方法。也有研究者认为，应对SAD病人采用预防性光疗（高安民，1999）。

（四）维持治疗

和许多其他的疾病一样，对心境障碍的治疗并非是一劳永逸的，即在急性期治疗有效，症状和体征都稳定甚至症状消失后并不意味着治疗的结束。因为药物治疗只是抑制了症状，并没有立即纠正病理和生理的异常，因此必须重视维持治疗。一般来讲，维持治疗可与急性期治疗使用相同的药物，可以是同样的剂量，也可以根据病人情况适当减量。例如，如果急性期运用ECT治疗有效，则可以采用药物进行维持治疗。有研究者认为，单次抑郁发作者，当急性期治疗有效时至少应持续治疗6个月。若既往抑郁发作2次以上、慢性抑郁、双相抑郁、严重抑郁或存在一直复发或复燃[①]的社会心理因素者，则应长期治疗。而对50岁以上首次抑郁发作者、40岁以上抑郁发作2次以上或以往抑郁发作3次以上者，则需终生治疗（汪春运，2001）。

二、心理治疗

对心境障碍心理治疗的研究和实践主要集中于抑郁症，限于篇幅，本章中对各种不同的心理治疗方法也只作原则性的或病种特异性的介绍，具体内容请参考相关的心理治疗书籍。

1. 心理动力学治疗

正如上文在对抑郁的心理动力学观点中提到的，对抑郁的心理动力学治疗强调工作的重点是支持和再保证，通过减少病人的焦虑，使他们感到安全，获得支持、舒适和轻松来缓解症状。待病人情绪稳定后，再揭示其症状的根源。值得指出的是，心理动力学

---

① 复燃（relapse）是指症状部分缓解或完全缓解不足2个月又发作者；复发（recurrence）是指症状完全缓解2个月以上又发作者。

的以解决内心冲突为中心的心理治疗不是对每一个抑郁症病人都适用的。抑郁症病人的压力、负担和心理冲突，主要产生于抑郁体验。而进行心理动力学治疗可能加重抑郁症病人的负担，并可加重罪恶感。特别是在无把握或病人有较大的自杀可能性时，这种治疗可能带来危险（Tölle，1997）。

心理动力学对自杀者的治疗与对抑郁的治疗基于同样的原则。不同的是其重点在于给抑郁病人以情感支持；对于潜在的自杀者，治疗师特别注意避免说或做任何可能会被看做是拒绝病人的事。在对自杀行为的解释中，他们喜欢将自杀解释为“自杀是对治疗师和他人的爱的呼唤”。

2. 认知治疗

认知治疗是通过认知和行为技术来改变病人的认知歪曲和思维上的习惯性错误，以达到治疗的效果。认知治疗强调此时此地的困扰，不讨论较远的起因。已有充分的证据表明其治疗效果不逊色于药物治疗。

抑郁症病人常会歪曲自己对事件的解释，这样他们就会保持对自身、环境和将来的负性观点，这些歪曲的认知是偏离于人们正常的思维逻辑的。例如当丈夫回家比平时晚时，患抑郁症的妇女会作出这样的结论——他一定是有婚外恋了。即使并没有其他证据支持这一结论，她仍然这样想。这个例子就是所谓的武断推论，病人没有经过有效的证据的检验就作出了结论。其他的认知歪曲，包括全或无的想法、过度概括化、选择性概括和夸大等（Beck，et al，1979）。有关认知歪曲类型的具体内容，可参见异常行为的理论模型一章。

认知治疗的目标是改变抑郁性的想法，这些改变通过行为实验、逻辑辩论、证据的检验、问题解决、角色扮演、认知重建等途径得以实现。其中认知重建是用积极的、符合现实的认知替代那些消极的、与现实不相符合的认知，这是认知治疗最为重要的方面。

一项对门诊抑郁病人治疗效果的随访研究发现，认知治疗至少是和三环类抗抑郁药同样有效的（Beck，et al，1979）。在一项以刚完成治疗之后的门诊病人为对象进行的研究中，以抑郁得分的减分率作为指标来研究。结果发现，仅接受认知治疗的病人的抑郁得分减分率为 66%，仅接受三环类抗抑郁药的为 63%，同时接受两种治疗者为 72%（Williams，1997）。尽管得出这样结论的研究并不多，但确实有研究发现，对住院的抑郁症患者进行认知治疗也具有良好的疗效（Stuart & Browers，1995；Wright，1996 见 Barlow，2004）。

3. 行为治疗

根据行为治疗的消退理论，行为治疗是通过操纵强化的时机、提高患者获得强化的比率来消除抑郁状态的。Fensterheim 提出了如何使患者重新学会快乐的方法。首先，要求患者想象一个使其满足的行为：如吃一个冰激凌，读一本侦探小说，然后他们必须和自己定下一个约定去实施这些行为，当约定的时间到了的时候，无论他们是否喜欢去做，他们都必须执行。这一过程将重复进行许多次，同时还要记录下他们对自己的快乐旅行(pleasure excursions)的反应。通过这样的活动,不仅能增加患者与强化物的接触,而且还能强化他们对快乐的体验。

对抑郁行为治疗的另一种重要措施是借助于一种社会技能训练(social-skillls training)的技术来帮助患者,这些技术包括渐进的达成目标训练、决策训练、自我强化训练、社交技能训练以及放松训练等。治疗者通过这些训练直接教给患者一些基本的人际交往的技能或其他应对技能。治疗时可以根据患者的不同问题,通过行为训练来达到治疗的目的。

实际上,行为治疗师在运用这些行为治疗技术时往往是将上述方法结合起来运用的。例如行为治疗家 Lewinson 的治疗方案中包括心境和行为的自我监控,对应对技能、社交技能、时间管理等的训练,以此来达到降低不愉快的体验、增加快乐体验的目的。

4. 人本主义治疗

人本和存在主义治疗家在治疗中尝试帮助抑郁和自杀的病人认识到他们的情感痛苦是一种真实的反应。病人还要学会,人不能通过过分地依赖他人来获得满足感,真实地生活是追求自己的目标。人本和存在主义治疗家力图引导病人发现实现自己个人生活目标是获得更好的生活的理由。在治疗过程中,治疗家们努力地应用罗杰斯所提倡的心理治疗的原则,通过共情、理解去倾听抑郁病人的心声。实际上,这种方法也被自杀热线的志愿者所使用,即不加评论,而仅仅是倾听。

5. 团体心理治疗

如果说心理治疗与药物治疗的结合是治疗心境障碍的一个主要的趋势的话,那么对心境障碍和其他精神疾病患者进行团体心理治疗(group therapy)则是另一个治疗的主要趋势。与个别心理治疗相比,团体心理治疗的主要优点有两个:一是高效,一般的团体治疗能对 8~12 个患者同时进行治疗,因此治疗的效率较高;二是通过团体治疗可以激发和运用患者之间的积极的互动作用,同一种疾病甚至不同疾病的患者,他们具有许多相同的症状、病感、体验、相似的病程和治疗反应(包括服用药物的副作用),正所谓“同病相怜”。这些相同之处,可以成为病人之间互相交流、互相鼓励、互相启发的基础,通过团体治疗者的引导和治疗,可以促进这些互动向正性积极的方向发展,不再仅是同病相怜,而且是“同病相励”、“同病相治”,从而提高治疗的效果和病人对治疗的信心和依从性。

因为操作性比较强的特点,认知行为团体治疗常被运用于心境障碍患者。通过心理教育,帮助组员了解抑郁症的症状特点、发病率和复发率、治疗的过程和特点。通过集体讨论、小组互动、角色扮演、分组练习的方式,帮助组员识别自动思维,与负性自动思维辩论,相互帮助,相互督促,在日常生活中运用应对引起心境波动的负性自动思维,重建积极认知。

三、家庭教育

与精神分裂症病人一样，对心境障碍患者及其家属进行家庭教育也是治疗的一个重要的组成部分。家庭教育首先应理解病人的人格和他们及其家属对心境障碍的先入之见，然后根据这些信息进行针对性的家庭教育。通过家庭教育，一方面可以提高病人对疾病的认识，增强其战胜疾病的信心，提高对治疗的依从性；另一方面，可帮助病人获得更多的来自家庭的支持和有效的帮助。

本节主要介绍了心境障碍的药物治疗、电抽搐治疗、心理治疗（包括认知治疗，心理动力学治疗、行为治疗和团体治疗等）。将心理治疗和药物治疗相结合是目前治疗的主要趋势。应该注意的是，不同的病人之间，其个体差异很大，当一种类型的治疗对特定的病人有效时，另一种治疗可能疗效很差，因此我们认为，因为某种疗法的某些优点而盲目地肯定它或因为某种方法的某种缺点而盲目地否定它都是不足取的。

第五节 自 杀

任何对心境障碍的研究都必然包括对自杀的讨论。因为人们由于很多原因而结束自己的生命时，其中最常见的即是抑郁症。患有心境障碍的病人的自杀的终生发生率高达 19%。在对成人自杀的调查中发现，约 50% 的自杀者在自杀前存在抑郁症状（Acocella，1996）。

一、自杀的表现

1. 概况

对自杀的研究很难得到精确的结果，这是因为许多自杀者总是试图使他们的自杀行为看起来像一次事故。估计约 15% 的交通事故实际上是自杀的结果。1986 年，美国有超过 3 万次自杀的报告。在一般人群中，估计每 8 个想自杀的人中就有 1 个真的自杀了，据此推算，在美国每年有 24 万人想要自杀。而其他国家，如法国、荷兰，自杀率更高；匈牙利的自杀率是 44.9/10 万，是世界上最高的。而在某些文化中，其自杀率可能为零（如澳大利亚西部沙漠的原住民），这可能是与他们的文化中对死亡有着强烈的恐惧有关。根据有关报道，1990 年全世界自杀死亡的人数为 140 万，占该年总死亡人数的 1.6%（赵梅，2000）。

我国目前的全国自杀率尚缺乏定期发布的数据。世界卫生组织《世界卫生统计年报》曾公布，1989 年中国自杀率男性为 14.7/10 万，女性为 19.6/10 万。按照中国国家统计局公布的全国人口数，根据逐年自杀死亡人数推算出的自杀率为 17.07/10 万。1999 年 WHO-北京精神卫生高层研讨会上卫生部首次正式对外公布的中国（1993 年）年自杀率为

22.2/10 万(赵梅,2000)。对不同地区、不同性别和不同年龄统计表明,农村的自杀率高于城市,妇女高于男性,青年人与老年人自杀率构成两高峰(翟书涛,2000)。

表 5-7 不同国家的自杀率(部分)(单位:每 10 万人)

国家	年度	男性	女性
中国(部分城乡地区)	1999	13.0	14.8
中国(部分乡村)	1999	20.4	24.7
中国(部分城市)	1999	6.7	6.6
法国	1999	26.1	9.4
日本	1999	36.5	14.1
俄罗斯	2000	70.6	11.9
英国	1999	11.8	3.3
美国	1999	17.6	4.1
津巴布韦	1990	10.6	5.2
埃及	2000	0.1	0.0

(根据 WHO 数据引自 Wasserman,2003)

自杀除了在宗教和道德上被认为不当之外,对自己和家人也被看成是不人道的。许多自杀者对于是否要中止自己的生命是十分矛盾的,他们往往是在独自一人的时候,在严重的心理痛苦的状态下做出自杀决定的。在这种情况下,他们往往无法客观地看待自己的问题或寻求其他可能的途径。因此有些人并非真的想死,他们似乎是在无意识的状态下失去生命的。而他们的这种行为给还活着的家人带来了无尽的痛苦和精神上的压力,所以有人说:"自杀者把他的心理尸体放在了活着的人们的情绪衣柜里。"(Acocella,1996)

专栏 5-5

中国自杀情况简述

最近15 年的有关自杀的数据显示,中国总的自杀率及自杀流行病学特征相对稳定。费立鹏等(2001)将卫生部死亡率数据推算到全人群,得出中国总的自杀率为 23/10 万,自杀死亡人数为 28.7 万。基于此估计,自杀是中国第五位重要的死亡原因,是 15～34 岁人群首位重要的死亡原因。根据 WHO 的数据,1998 年自杀和自伤导致 880 万伤残调整生命年(DALYs)的损失,占中国全部疾病负担的 4.2%,这使得自杀成为继慢性阻塞性肺部疾病、重性抑郁和脑血管疾病之后,位居全国第四位的重要的卫生问题。

中国自杀的独特性在于农村自杀率是城市的 3 倍,女性自杀率比男性高 25%左右。女性自杀率高,主要是因为农村年轻女性的自杀率非常高所致——农村年轻女性的自杀率比年轻男性高 66%。

卫生部报告，每年至少有200万人自杀未遂。费立鹏等(2001)通过分析1.4万自杀未遂者的资料，发现农村地区综合医院急诊自杀未遂人数占急诊总人数的1.65%，而城市仅为0.34%。这提示自杀未遂和自杀死亡一样，也是农村显著高于城市。各类医院诊治的女性与男性自杀未遂人数之比为2.5∶1，且2/3的自杀未遂者分布在15～34岁年龄段。

北京回龙观医院和中国疾病预防控制中心在全国23个疾病监测点，总共调查895例自杀案例，其中，85%居住在乡村或乡镇，28%从未上过学，58%服用农药或鼠药，47%的亲友或熟人有过自杀行为，27%有过自杀未遂既往史，63%有精神疾病，仅9%自杀前曾在精神科或心理科就诊过。死前一年最常见的负性生活事件为经济困难(40%)、严重躯体疾病(38%)以及夫妻矛盾或不和(35%)。在58%服用农药或鼠药的自杀死亡案例中，62%服毒后曾接受医疗救治。

对882个自杀案例的分析，发现10个有独立影响的自杀危险因素(按相对重要性大小排列)：死前两周抑郁程度重、有自杀未遂既往史、死亡当时的急性应激强度大、死前一个月的生命质量低、死前两天有剧烈的人际冲突、慢性心理压力大、朋友或熟人曾有过自杀行为、有血缘关系的人曾有过自杀行为、失业或从事没有薪金的工作以及死前一个月社会交往少。个体面对的危险因素越多，自杀的危险性越高——在收集了所有变量的案例中(1567例)，暴露于上述0～1，2～3，4～5，6～10个危险因素的案例死于自杀的比例分别为1%，20%，72%和94%。

目前没有全国性的有关自杀未遂特征的资料，但在上述提及的中国北方1.4万自杀未遂案例中，91%服用药物或毒药，其中：54%服用医疗药品(通常为抗焦虑药或镇静催眠药)，27%服用农药(其中90%为有机磷农药)，10%服用其他毒药。与预计的一样，农村综合医院诊治的服用农药的自杀未遂案例比大城市综合医院更常见(36%∶9%)。

了解自杀未遂的特征，有助于我们解释中国相对高的自杀率和独特的自杀特征。与其他多数国家不同的是，在中国没有强大的反对自杀的宗教或法律禁令，因此患有严重精神疾病或长期存在不良生活刺激(如无法治愈的疾病)的个体会将自杀视为解脱痛苦、减轻他们给家庭带来的经济或感情负担的一种可接受的方法。在这种宽容的大环境下，那些没有潜在精神疾病的个体，特别是那些社会支持网络薄弱的年轻农村女性，在急性应激状态(如家庭内部冲突)下也可能出现冲动性自杀行为。和其他国家相似，中国的自杀未遂者(自杀意图不强)也是女性多于男性(2.5∶1)，但是在中国，尤其是农村地区，自杀未遂者所采取的自杀方式的致死性高，加上农村医疗保健系统对此进行急救的能力差。因此，与那些自杀未遂者采用不太致命的方式自杀的国家相比，或者与那些急救服务较好的国家相比，中国自杀“未遂”者死亡的比例可能较高，这就导致了总的自杀率升高以及女性(特别是农村女性)自杀率相对较高。

(节选自自费立鹏，2004)

有人把自杀分为情绪型(冲动型)和理智型(非冲动型)。情绪型自杀常常由于爆发性的情绪所引起,其中有委屈、悔恨、内疚、羞愧、激愤、烦躁、赌气和报复等情绪状态所引起的自杀一般来说进程较快,常突然发生。而理智型自杀不是由于偶然的刺激唤起的,而是由于自身经过长期的评价和体验,作了充分的判断和推理以后,逐步地萌发自杀的意向,有目的有计划地执行自杀措施,其进程较缓慢。

根据自杀者自杀前考虑时间的长短,李献云等(2003)将自杀未遂者划分为冲动性(≤2小时)与非冲动性(>2小时)。对冲动性与非冲动性自杀未遂者的特征进行比较,发现冲动性自杀未遂者更年轻,他们居住在乡村的比例高、自杀前一个月内生命质量比较高、抑郁程度较轻、精神障碍的患病率和自杀意图强度较低,有较多的急性诱发生活事件。

Poeldinger(1983)认为,非冲动性自杀的发展可分为下列几个阶段:① 当事人遇到问题后,把自杀当成是解决问题的一种可能的方法;② 准备自杀者发出“求助的呼唤”,内心的矛盾冲突激烈;③ 自杀者作出坚决的自杀决定,外表平静。

当一个人自杀身亡时,他的家人和朋友往往会感到很惊讶。类似像“他看上去精神很好”和“可是他有充分的理由活下去”的反应十分常见。但是,正如我们看到的那样,许多自杀者会在行动前明显地表达出他们的意图。例如,他们会说“我不想继续生活了”或“我知道我是所有人的负担”。即便是那些没有明确说出他们的计划的人,通常也会表现出一些征兆。有些人退缩到一种冥想的状态,另一些人表现得好像要准备去做一次长途旅行一样,还有些人扔掉或分掉了他们最值钱的财产。有时这些征兆当时看起来并不直接,但事后回溯时,人们发现其实其所表达的含义很清楚。例如一个抑郁症病人在周末离开医院回家时说:“我要感谢你如此努力地帮助我。”在这种情况下,病人可能早已有了自杀的想法,并准备一步步地实施其计划。

在一段平静时期过后,往往病人会做出自杀的决定,特别是一个原本很激动的抑郁病人突然平静下来,这不是一个好兆头。但人们往往会把这种变化误认为是病情的好转,以致反而放松了对病人的看护,这样病人就更容易实施他们的自杀计划。应该指出的是,准备自杀者会表现出好像他们已渐渐走出抑郁,因为他们已决定以死解脱,所以反而看起来轻松了。

2. 与自杀相关的因素

(1) 年龄。一般来讲,一个人自杀的可能性与年龄呈函数关系,男性尤其如此。在美国,企图自杀的高峰年龄在24～44岁之间。14岁以内的儿童自杀少见,而10岁之前尤为罕见。10～14岁自杀率为每年1.1/10万,15～19岁为13.4/10万,20～24岁达26.5/10万。中年自杀率相对稳定,但到老年又有所上升(张朝阳,2001)。大多数自杀发生在人际关系不协调或有其他严重生活压力的背景下。

表 5-8 不同年龄阶段的自杀率(单位:每 10 万人)

年龄(岁)	5～14	15～24	25～34	35～44	45～54	55～64	65～74	75 以上
男性	0.7	12.7	18.3	20.5	17.0	13.9	9.6	7.3
女性	0.9	13.3	15	15.4	14.7	13.9	13.7	13.1

(根据 WHO 数据引自 Wasserman,2003)

(2) 性别。在世界上大多数国家,在企图自杀者中,女性约为男性的两倍,而在自杀成功者中,男性约为女性的 3 倍。这是因为男性更多的选择致命的自杀方法,如枪击自己。不过,我国是一个例外:妇女的自杀率和自杀未遂率均高于男性(王希林,2000)。但近期的资料已指出,女性的自杀成功率正快速提高,这种变化可能与社会文化变迁有关,包括性别角色的变化。

(3) 婚姻。离婚、守寡、鳏独者的自杀率较已婚者都高(张朝阳,2001)。单身者的自杀率为已婚者的两倍;没有子女的女性较有孩子的母亲更易于去自杀。

(4) 职业。有一些职业也有较高的自杀率,如医生、律师和心理学家。女医生和女心理学家的自杀率为一般女性的 3 倍,而男医生和男心理学家的自杀率约为一般男性的 2 倍。但这些统计数据并不见得一定可靠,因为越是这样的一些高知识和专业的人群,其死亡越容易被仔细地检查,自杀者也较多留下遗书。

(5) 经济状况与教育水平。一般而言,收入低者自杀率高,教育水平与自杀率呈负相关。

(6) 疾病。抑郁症是导致自杀的最常见因素之一,10%～15%的抑郁症病人会自杀,三分之二的病人有自杀的念头[①]。WHO(1985)的报告表明,59%的抑郁症患者有自杀观念。除了抑郁者外,还有这样的一些人更易自杀,如物质滥用者和酗酒的人(尤其在其自愿或被迫戒断期)、老年人、分居和离婚者、独居者、移民。先前有过心理疾患的病人有较高的自杀率,曾被诊断为精神分裂症的女性自杀率是正常人口的 18 倍。一项对 250 名情感障碍病人、170 名精神分裂症病人和 109 名对照组的 40 年的随访研究表明,情感障碍病人有 14%的自杀率,分裂症病人有 4%的自杀率,对照组自杀率为零(见陈仲庚,1985)。

根据 Shneidman 和 Farberow 在 1970 年的一项调查,反映美国自杀者高危因素的自杀未遂者模型(modal suicide attemper),以此模型说明什么样的人会自杀未遂:即一名美国本土出生的白人家庭妇女,在她 20～30 岁时最容易通过过量服用安定类药物来自杀,原因多是由于婚姻问题或抑郁。而自杀成功者模型(modal sucide committer)是一名美国本土出生的白人男子,在其 40 岁以后,由于健康、抑郁或婚姻问题通过枪击、上吊和打开煤气来结束自己的生命(Acocella,1996)。

① 世界精神科联合会-抑郁症防治国际工作委员会,抑郁障碍教育规划:概述与基本情况(内部资料)。

此后的研究结果基本与该研究一致，但相关变量也有一些新的变化，特别是年龄。其中最大的变化在于超过 60 岁的男性的自杀率的下降，也许这应归因于退休者的经济和社会状况的改善。另一方面，年龄在 30～40 岁男性的自杀率在过去的几十年中明显的上升了。老年人仍较青年人更易自杀，但两者间的差距减小了。目前的一个趋势是青少年甚至是儿童的自杀率逐渐地增高。根据近期的估计，高中生试图自杀的比例为 8%～9%，其中 5%～40%是重复自杀者（Acocella，1996）。年轻人的自杀会呈现一种流行的特点，可能会在短期内出现一连串的自杀事件。香港影星张国荣的自杀就曾在香港引发了类似的自杀事件。

李献云等（2002）对主要服务于农村地区的 4 家综合医院诊治的 326 例病情较重的自杀未遂者进行深入调查后，得出其特征如下：平均年龄 32 岁（标准差 13），76%是女性，75%已结婚，其家庭的平均收入与当地的一般水平相比并无差异，62%自杀前两天有急性诱发生活事件（通常为人际矛盾，其中多数为夫妻矛盾），51%的家人或朋友有自杀行为，15%报告有自杀未遂既往史，仅 38%自杀当时有精神疾病（主要为抑郁症），仅 11%曾在精神或心理科就诊过。在这些自杀未遂者中，许多自杀行为属于冲动行为，46%报告在自杀前考虑自杀的时间不超过 10 分钟。

专栏 5-6

常见的对自杀的误解

尽管自杀在日常生活中并不是十分罕见的，但人们对它仍存有种种误解。

(1) 自杀是一种不合理的行为。从自杀者的角度看，几乎所有采取行动自杀的人都有充分的理由。自杀干预者如果不能理解和接纳他们，那么信任的关系就难以建立，有效的干预就难以进行了。

(2) 那些声称要自杀的人并不会真的自杀，只有一声不吭的人才会自杀。这一看法非常错误。一项对 71 个自杀成功者案例的研究结果发现，其中一半人在自杀前 3 个月明确说过他们要自杀。也就是说，人们说自己要自杀时，他们可能是认真的。

(3) 试图自杀但失败了的人并不是真的要自杀，他们只是在寻求别人的同情。相反，在所有的自杀成功者中，有 40%曾有过自杀的经历。先前的自杀尝试越多，自杀成功的可能性就越大。

(4) 在与自杀者交谈时，自杀是一个不应提及的话题。持此观点的人认为，这样做或者会使自杀的想法进入他们的脑海，或者，如果他们已经有自杀的想法了，会强化这一想法。实际上与此观念相反的是，几乎所有的临床治疗家都认为应鼓励病人谈论自杀的想法，这样才有可能帮助自杀干预者与他们建立起信任的关系，使其获得控制感，进而才能帮助他们克服这种想法。

(5) 自杀者的确想死，所以阻拦他们是没用的。企图自杀者中只有很少一部分人坚决要死，大多数人是在与死亡赌博。他们往往期望有人来救他们，因此及时给予真诚的关注和援助非但是必要的，也是有效的。

(6) 一个人自杀未遂后，自杀的危险可能结束了。事实上，自杀最危险的时候可能是情绪高涨期。当想自杀的人严重抑郁后，或刚刚自杀未遂，变得情绪活跃起来的时候（即欣然期），自杀的危险最大。

(7) 自杀者有精神疾病。事实上，仅有少部分自杀者患有精神疾病。自杀者中的大部分是具有严重抑郁、孤独、绝望、无助、被虐待、受打击、深深失望、失恋或者别的情感状态的正常人。

(8) 自杀是一种冲动性的行为。事实上，有些自杀是冲动行为，另一些则是在仔细考虑后实施的。

二、自杀的原因

1. 自杀的心理因素

Bancreft 等人在 1976 年对 128 名服过量药物自杀得救后的人进行了调查，其中多数人表示其自杀明显地未经过认真的思考，把自己最后的抉择交给了机遇或命运。其中 33%的人称是为了寻求帮助，42%的人是为了逃避绝望的处境，52%的人是为了寻求解除自己的可怕的精神状态和抑郁，19%是为了试图达到接近或操纵某人的目的。从上面的数据我们还可以看到，自杀的动机往往是多重的，自杀可以是人的许多深层次需要的结果（见陈仲庚，1985）。

自杀通常与应激有关。研究表明，人际关系冲突、被拒绝和分离是最常见的促使年轻人自杀的问题，而经济问题和疾病则分别是中年人和老年人的最重要因素。与抑郁一样，自杀行为常与生活中失去的事件有关；但与抑郁不同的是，自杀行为也会与“得到”的事件有关，如孩子的出生、结婚、某个家庭成员的回归。

不同的心理学流派对人类的自杀现象都有着自己的解释。

弗洛伊德的死亡本能和生命本能相抗衡的假说认为，破坏性的倾向和建设性倾向都是自我指向的，但随着出生、成长和人生经验而逐渐外向。一旦这种外部投注被强行中断，或遇到巨大的困难而不能继续维持，破坏冲动和建设冲动都会转向自己。如果自我毁灭的冲动被中和，就会演变为各种形式的局部自我毁灭和慢性自我毁灭。如果自我毁灭冲动遥遥领先于建设冲动的中和作用，其结果就是立即发生戏剧性自我毁灭，即通常所说的自杀（门林格尔，2004）。

认知的因素也许是预测自杀的最有用的因素，其中无望感是最常见的。在一项对表达出自杀想法的住院病人的十年的随访研究中发现，无望感是最终自杀者最好的预测因素。进一步的研究表明，这一结论同样适合于门诊病人。通过对自杀幸存者和自杀成功者的研究，E. Scenario 对自杀者作出自杀决定的要素作了总结。

(1) 与心理需要直接相关的无法忍受的心理痛苦。

(2) 自我否定,一种不包括心理痛苦的自我图像。

(3) 一种标志性的压抑感和对生活中行为的不现实的限制。

(4) 孤独感,一种被抛弃感和失去生活中的重要人物支持感。

(5) 决心自杀的意图,终止生命是唯一的或至少是最好的解决无法忍受的痛苦的方式。

正如以上所说的,许多自杀者认为自杀是唯一摆脱自己痛苦的方式,在他们的遗书中常常可以清楚地看到这一点。真正自杀者的痛苦是别人无法假造的。有趣的是,一个真正的自杀者,其遗书中也会包括许多中性的内容,如指示、警告及他死后该做的事情的清单等。但是并非所有的自杀者都经历了完全的绝望,根据 Farberow 和 Litman 的研究(Acocella,1996),只有大约 3%～5%的有自杀企图者真的决定一定要死。另有 30%的人被研究者称为“生存还是死亡”者,这些人处于生与死的矛盾感情中。余下的大约三分之二的尝试自杀者并非真的想死,但他们的确真的尝试去死了,他们用这种方式来告诉家人和朋友他们的痛苦。对于后两种人来说,他们的这种复杂的心理并不意味着他们不处于危险中,事实上,许多人这次没有下决心,但下一次就会有更大的决心。

从行为主义的观点看自杀,认为自杀是习得的。操作性条件反射理论视自杀行为为操纵行为,是一种“呼吁帮助”的行为,即通过自杀行动来引起周围人的注意。66%的自杀未遂者应用操纵机制(张朝阳,2001),如阻止别人离去、中断关系或企图在其他一些方面控制另一些人的行为。自杀行为可得到很多正性强化物,包括周围人对其注意的增加、关注或爱护的表达,或使别人受累等;负性强化物包括使其摆脱应激性处境而住院,从而缓解压力,逃避现实的问题。

2. 自杀的文化、宗教和社会因素

宗教信仰在人类的精神生活中扮演了极重要的角色。对生命价值的看法或是自杀议题,各宗教有不同见解,但一致的是,多数宗教是反对自杀的。

在中国的传统儒教文化中,一些特殊的情况下(如殉夫),自杀在文化上是被接受的,甚至是受到政府和社会鼓励的道德的行为。

法国社会学家 E. Durkheim 将自杀看做是发生在社会中,在某种程度上也是在社会控制之下的一种行为。他认为,自杀并不是一种简单的个人行为,而是对正在解体的社会的反应。由于社会的动乱造成了社会文化的不稳定状态,破坏了对个体来说是非常重要的社会支持和交往系统,因而也就削弱了人们生存的能力、信心和意志。这时往往导致自杀率的明显增高。时至今日,人们也认为社会经济因素会对自杀率产生影响。在大萧条时期的 1932 年,美国自杀率较往年增加了近一倍。而在 20 世纪 70 年代的经济衰退时期,西方自杀率也比以往上升了(Acocella,1996)。

这种状况是怎样造成的呢?社会变动对其是有影响的。例如,在传统的社会群体中,自杀率较低。在新几内亚的 Kaluli 部落中,自杀现象看来并不存在。Kaluli 人的社会是传统的、紧密联系的、非工业化的,他们有稳固的家庭、稳固的社会结构以及长期保持的信仰和习惯。而在现代社会中,人们常常离开家庭,离开出生地,在社会经济阶梯中上上下下。人们必须自己靠自己,而这使他们无助感明显地提高了,增加了发生抑郁和自杀的危险性。

三、自杀的预防

1. 评估自杀的危险因素

有学者提出了评估自杀危险的4P模式,即痛苦(pain)、计划(plan)、既往史(previous history)和附加情况(plus),他们以此评估自杀的危险因素[①]。其中:

(1) 痛苦。指评估者个人受到了多大的伤害,其所受到的伤害是否是无法承受的。

(2) 计划。指评估他是否定下了自杀的日期?是否有什么特殊的日子?自杀计划的具体内容是什么?其内容是致命的吗?他是否真有可能实施这个计划?

(3) 既往史。指评估既往的自杀企图、重要他人的丧失、疾病、婚姻关系的破裂、身心上的创伤以及性侵犯的情况。

(4) 附加情况。指评估社会支持的情况,个体抱有的希望与活下去的理由。

如果一个人遭受了常人难以承受的创伤,既往有自杀的尝试,或着他还经历了亲人的亡故、婚姻的破裂、身患重病,周围没有可以对他进行帮助的人,而且他已经设想了在什么时间、用什么方式结束自己的生命的话,他自杀的危险程度就非常之高,必须引起高度重视,并采取必要的预防措施。

2. 热线干预与危机干预

正如我们指出的那样,大多数企图自杀者并没有完全下决心要死。基于这样的发现,也是由于存在这样的事实——自杀常常是对危机的反应,因此,人们建立了自杀热线来帮助自杀者。第一条自杀者救助热线建立于20世纪50年代末,自杀热线的工作人员,通常是志愿者,他们会努力倾听来电话者的诉说,同时与其讨论为什么不要自杀,并告诉他们在什么地方去寻求专业的帮助。当接到电话时,自杀热线的工作人员首先会设法鼓励对方保持接触,建立一种信任关系,进而通过问话和简单的心理测量来评估对方自杀行为的可能性和紧迫性。如果对方不愿交谈,也要力图安慰、鼓励和说服对方平静下来,等待一下,以便寻求恰当的替代方法。

另一种预防方式是针对自杀的高危人群进行教育,包括学校的有关课程。在这类课程中,教师、家长和青少年组成讨论小组,共同讨论有关自杀的危险信号,以便来发现那些处于危险中的人。

一般来讲,对自杀者的治疗需要采取一系列的措施。对自杀者危机干预的基本原则包括积极倾听(采用开放式提问、封闭式提问)、表达自己的感受、良好的共情及以真

① 4P模式节录于黄蘅玉讲稿。

诚的态度与其交谈等。

具体地讲，首先是要对紧急情况作出反应，并缓和或消除与自杀直接有关的危机。治疗师或医生要与自杀者本人交谈，使其对内心积郁的情绪、自杀的想法和冲动等自我表达不受阻碍。如果欲使外界因素对自杀产生重要作用，还要进行必要的社会协调工作，对有关的因素尽可能予以影响。其次应对自杀者予以必要的心理治疗和药物治疗，除了住院和门诊治疗外，还可以成立自杀者监护小组（由那些关心自杀者的人，如父母亲、配偶、子女和亲友及职业咨询者组成）。他们可以参与到自杀者的康复过程中，给其以安慰、支持和保证等一般性心理治疗，同时帮助他们解决问题。监护人员应对随时可能出现的再次自杀的迹象保持警惕。

危机干预热线是干预和处理自杀行为的一种被普遍采用的有效手段。保持交谈、建立信任是热线干预的基本原则。在热线咨询中，咨询师要建立起心理上的接触与沟通，评估自杀的危险性、可能性，确定问题、探索问题解决的可能途径，并得到对方暂时不实施自杀的承诺和保证，以便争取时间，使其危机及态度有所转机。

总　结

心境障碍是以情感或心境改变为主要特征的一组精神障碍。本章主要介绍三类重要的心境障碍：抑郁症、双相心境障碍和心境恶劣障碍与环性心境障碍。抑郁症患者存在有一系列情感、认知、行为和生物（躯体）症状，情绪低落、思维迟缓、意志活动减退是典型的“三低”症状。Beck 的认知理论和无助感和无望感理论对抑郁症的形成做出了心理学的解释，并形成了系统有效的认知治疗方法。

双相心境障碍的患者经历了抑郁和躁狂或轻躁狂两个极端的心境状态。当躁狂发作时，通常表现为与抑郁发作完全相反的症状：情感高涨、思维奔逸、精神运动性兴奋。生物因素在双相心境障碍的发生中扮演着重要的角色。

心境障碍的主要治疗方法包括药物治疗、电抽搐治疗和心理治疗。已有充分的证据表明，认知行为治疗效果不逊色于药物治疗，尤其在防止抑郁症的复发方面有着独特的优势。

任何对心境障碍的研究都必然包括对自杀的讨论。患有心境障碍的病人，其自杀的终生发生率达 19%。费立鹏等研究指出，中国总的自杀率为 23/10 万，自杀死亡人数为 28.7 万。我国自杀的特点是农村的自杀率高于城市、妇女高于男性、青年人和老年人自杀率呈现两个高峰。

心理分析理论认为自杀是个体将死亡本能投注向自己的结果。认知理论强调无望感的作用。行为主义理论则视自杀是一种“呼吁帮助”的行为，即通过自杀行动来引起周围人的注意。

对自杀的危机干预，强调首先要评估自杀的危险因素，积极倾听、表达自己的感受，良好的共情，以真诚的态度与自杀者交谈。保持交谈，建立信任是电话热线干预的基本原则。

思　考　题

1. 如何区分抑郁症与正常的抑郁情绪？
2. 抑郁症与心境恶劣障碍的相似点与不同点有哪些？
3. 如何看待抑郁症产生的心理学原因？
4. 比较一下冲动性自杀与非冲动性自杀，二者各有何特点？

5. 如何看待中国女性自杀比率高于男性这一现象？

推荐读物

1. Wasserman D著，李鸣等译(2003). 自杀：一种不必要的死亡. 北京：中国轻工业出版社

2. Barlow D H 等著，刘兴华等译(2004). 心理障碍临床手册(第六章抑郁症的认知治疗). 北京：中国轻工业出版社

3. Division G & Neale J(1998). Abnormal Psychology(7th ed). New York: John Wiley & Sons

4. 门林格尔著，冯川译(2004). 人对抗自己. 贵阳：贵州人民出版社

6

焦虑障碍

第一节　概　　述

一、焦虑的概念

焦虑(anxiety)是一种内心紧张不安、预感到似乎将要发生某种不利情况而又难于应付的不愉快情绪。焦虑与恐惧情绪相近,不过恐惧是面临危险时发生,而焦虑发生在危险或不利情况来临之前。焦虑与烦恼不同,烦恼主要是对已经发生的事件而言,而焦虑是指向未来的。

焦虑虽然是一种痛苦的体验,但它具有重要的适应功能。第一是信号功能:它向个体发出危险信号,当这种信号出现在意识中时,人们就能采取有效措施对付危险,或者逃避,或者设法消除它。焦虑提醒人们警觉已经存在的内部或外部危险,在人们的生活中起着保护性作用。第二是动员机体处于战斗准备状态:焦虑发生时受植物性神经支配的器官产生兴奋状态,警觉增强,血液循环加速,代谢升高,为采取行动对付危险作出适当准备,因此,适度焦虑时行为的效能可能更好。第三是参加学习和经验积累的过程:焦虑帮助人们提高预见危险的能力,帮助人们不断调整自己的行为,学习应对不良情绪的方法和策略。由上可见,焦虑并不都是有害的,适度的焦虑甚至是有益的。只有焦虑过度,焦虑无明确的诱因或仅有微弱的诱因时,才能视为病理性的。

Lewis(1967)基于临床实践和文献回顾,认为作为一种精神病理现象的焦虑具有以下几个特点(见许又新,1993a):

(1) 焦虑是一种情绪状态,病人基本的内心体验是害怕,如提心吊胆、忐忑不安,甚至极端惊恐或恐怖。

(2) 这种情绪是不快的和痛苦的,可以有一种死在眉睫或马上就要虚脱昏倒的感觉。

(3) 这种情绪指向未来,它意味着某种威胁或危险即将到来或马上就要发生。

(4) 实际上并没有任何威胁和危险,或者,用合理的标准来衡量,诱发焦虑的事件与焦虑的严重程度不相称。

(5) 在焦虑体验同时，有躯体不适感、精神运动性不安和植物神经系统功能紊乱。

由于焦虑是一种令人不快的情绪，因此，过高的焦虑总是迫使人们逃避。对焦虑情境的回避或减轻焦虑的行为成为一组焦虑性障碍的基本特征。患者为了回避焦虑或减轻焦虑，耗费了巨大精力和时间，这些精力和时间本来可用在有用的和重要的事情上。并且由于回避或减轻焦虑的即时性后果，使神经症性行为得到强化，他们不能有效地解决产生焦虑的原因，不能学习使他们能有效应付焦虑的新行为。正是在此意义上，荣格意味深长地指出："神经症总是合理痛苦的替代"。这说明生活中产生焦虑、恐惧本来是自然的事，这些体验和疼痛一样是令人痛苦的，但又是人类生存所必需的，不应当试图否定、逃避它们。逃避的结果，不但问题得不到解决，神经症性行为反而延续下来。

二、焦虑的分类

弗洛伊德对焦虑的研究作出了重要贡献，按焦虑的不同来源，他将其分为三类（见许又新，1993a）：

(1) 现实性焦虑。产生于对外界危险的知觉，如人们害怕毒蛇、持有凶器的暴徒和失去控制的汽车等。

(2) 神经症性焦虑。人们体验到的焦虑，其原因不是外界的危险事物，而是意识到自己本能冲动有可能导致某种危险。这就是说，焦虑的来源在于潜意识的本我(id)。要注意，这里说的是焦虑的来源可能不为焦虑的人所认识，并不是说焦虑本身，因为焦虑总是能意识到的。此时，人们害怕被不可遏止的冲动所支配，而干出结果将证明对自己有害的事情来，或者害怕产生出这类危险的念头。神经症性焦虑可有三种表现形式：①"游离型"(free-floating type)焦虑。在某些有焦虑倾向人群中尤为多见，起源于某些内心矛盾冲突，或者说他们总是害怕本我可能控制自我，使自我陷入无能为力的境地，以致即使在比较顺利的环境中，他们也总是杞人忧天地担心着什么可怕的事情将要发生。以后焦虑可能游离开而依附于别的地方。② 强烈的非理性恐惧，临床上叫做恐怖症。③ 惊恐反应。

(3) 道德性焦虑。这种焦虑是自我对罪恶感和羞耻感的体验，其产生的原因是自我意识到来自良心惩戒的危险。人们害怕因为自己的行为和思想不符合自我理想的标准而受到良心的惩罚。同神经症性焦虑一样，危险不在于外部世界。道德性焦虑是对超我的恐惧。

Spielbeger(1966)将焦虑分为两类：一类称为状态焦虑(state anxiety)，另一类称为特质性焦虑(trait anxiety)（见许又新，1993a）。前者指焦虑是一种病理状态，持续时间较短，焦虑程度较重，植物性神经功能失调较显著。它往往与个体关注的生活情景有关，例如分离、手术、考试、求职、现实的或者可能的疾病等。后者则指从幼年时期开始逐渐形成的一种人格特性，这种人自幼显示出焦虑倾向，且持续终生。具有较高特质焦虑的人"所见皆是威胁，时刻准备着遭受威胁"。高特质焦虑的个体比起低特质焦虑的个体来说更容易感受到当前焦虑状态的威胁性(Kast,2003)。焦虑常在某种重要生活事件之前或有较高期望的情况下出现,此时又称为期待性焦虑(expectation anxiety)。Spielbeger 曾于 1977 年编制了状态-特质焦虑问卷(state-trait anxiety inventory,STAI),这一量表既可反映当前焦虑症状的严重程度,又能反映被试一贯的焦虑特性。

三、焦虑障碍的研究历史和类型

1. 焦虑障碍的研究历史

1980 年修订的 DSM-Ⅲ首次提出了焦虑障碍(anxiety disorders)这一心理疾病的类型,其实它脱胎于神经症(neurosis)。神经症一词最早来自英国人 William Cullen 在 1769 出版的《疾病分类系统》一书,原指神经系统的感觉异常(沈渔邨,2002)。它反映了长期以来人们的一种观念,认为神经系统的异常是神经症行为的一部分。

在 19 世纪,随着显微镜、切片和染色等技术的发展以及临床神经病学的进步,凡是发现有神经病理形态学改变的疾病都陆续从神经症中分离出去了。Charcot 关于歇斯底里的研究对神经症理论的发展起了巨大的作用,他的研究让人们看到了心理因素致病的作用。到 19 世纪后期,弗洛伊德对神经症进行了广泛、深入的研究,提出了神经症源于内部心理冲突的观点,认为神经症包括癔病、焦虑性癔病(大致相当于现代的广场恐怖)、强迫症等。至此,神经症被认为是没有神经病理形态学改变的一类神经功能性疾病,这一观念到 20 世纪 60 年代仍普遍地被接受,这也是 20 世纪 50～70 年代我国一直把 neurosis 译为神经官能症的缘故(直到现在,仍有许多临床医生在使用神经官能症一词)。

美国的 DSM-Ⅰ受 Adolr Meyer 生物精神学派和弗洛伊德心理分析学派的影响,把神经症称为"精神神经症反应"。DSM-Ⅱ恢复使用神经症的名称,包括 10 种类型。而 DSM-Ⅲ采用非理论描述性的诊断方法,神经症这个疾病类型由于被认为与"心理分析理论有千丝万缕的联系"以及焦虑并不是所有神经症的主要特征,因而被摒弃,同时取消神经衰弱这一疾病类型,代之以焦虑障碍、躯体形式障碍、分离性障碍、做作障碍四组。DSM-Ⅳ主要采用症状学的分类方法,对"器质性"与"功能性"不作为分类基准,因而把所谓"器质性"的神经症性症状群分别列入不同的疾病类别之下,如把躯体疾病所致焦虑障碍、成瘾物质所致焦虑障碍也归入了焦虑障碍中。

我国在 20 世纪 50 年代把神经症划分为神经衰弱、癔症、精神衰弱和强迫神经症四种类型,60 年代补充了恐怖性神经症、焦虑性神经症、疑病性神经症、抑郁性神经症等类型。1989 年的 CCMD-2 中,神经症包括恐怖症、焦虑症、强迫症、抑郁性神经症、癔症、疑病症、神经衰弱、未特定的神经症等。而 2001 年制定的 CCMD-3 对神经症的分类作了不少改动,把"抑郁性神经症"归入情感性精神障碍,"癔症"被单独列了出来与神经症并列(归入癔症、应激相关障碍、神经症一大类),增加了"躯体形式障碍"类型(疑病症归入此类型中)。

2. 焦虑障碍的流行病学情况

根据美国一项大规模的流行病学调查，大约30%的女性在生活中的某一时间里可能患焦虑障碍，这是女性中最常见的心理障碍；而男性的发生率大约为19%，是第二常见的心理障碍；此障碍女性12个月的发生率大约为23%，男性为12%，而恐怖症是最常见的焦虑障碍(Kessler et al,1994)。

在我国，1982年对北京、黑龙江、广东、湖南、上海、四川、新疆等12地区进行了精神疾病的流行病学调查。调查对象共6754人，年龄为15～59岁。结果表明，神经症的患病率为2.22%，男女比例为1∶8.49，其中神经衰弱的患病率最高，为1.3%；结果还表明，文化程度低、经济条件差、家庭气氛不和睦者患病率较高，而城市和农村之间没有明显差别(向孟泽等，1986)。此类病人在心理门诊就诊率较高，例如在某医院的心理咨询门诊接待的2100位就诊患者中，1467例为神经症，占69.86%(赵耕源等，1991)。

3. 焦虑障碍的诊断和类型

在DSM-Ⅳ中，焦虑障碍是指过分地、没有理由地担忧为主要症状的一类心理障碍，它包括恐怖症、惊恐障碍、广泛性焦虑障碍、强迫症、创伤后应激障碍等主要类型(APA，2000)(见表6-1)。在CCMD-3中，神经症被定义为是一组主要表现为焦虑、抑郁、恐惧、强迫、疑病症状，或神经衰弱症状的精神障碍，它包括了以下几种类型：恐怖症、焦虑症、强迫症、躯体形式障碍、神经衰弱和其他神经症(中华医学会精神科分会，2001)。

表6-1 DSM-Ⅳ焦虑障碍与CCMD-3神经症的比较

DSM-Ⅳ焦虑障碍		CCMD-3神经症	
疾病编码	疾病名称	疾病编码	疾病名称
300.01	不伴广场恐怖的惊恐障碍	43.1	恐惧症
300.21	伴广场恐怖的惊恐障碍	43.11	场所恐惧症
300.22	广场恐怖，无惊恐障碍病史	43.12	社交恐惧症
300.29	特殊恐怖症	43.13	特定恐惧症
300.23	社交恐怖症	43.2	焦虑症
300.3	强迫性障碍	43.21	惊恐障碍
309.81	创伤后应激障碍	43.22	广泛性焦虑
308.3	急性应激障碍	43.3	强迫症
300.02	广泛性焦虑障碍	43.4	躯体形式障碍
293.89	躯体情况(注明)所致焦虑障碍	43.5	神经衰弱
	物质(注明)引致焦虑障碍	43.9	其他或待分类的神经症
300.00	焦虑障碍，未特定		

归纳起来，神经症具有以下几个特征：

(1) 神经症的发病通常与不良的社会心理因素有关，不健康的素质和人格特性常构成发病的基础。

(2) 症状复杂多样，其典型体验是患者感到不能控制他自认为应该加以控制的心理活动，如焦虑、持续的紧张心情、恐惧、缠人的烦恼、自认毫无意义的胡思乱想、强迫观念等。患者虽有多种躯体的自觉不适感，但临床检查未能发现器质性病变。

(3) 患者一般能适应社会，其行为一般保持在社会规范容许的范围内，可以为他人理解和接受，但其症状妨碍了患者的心理功能或社会功能。

(4) 患者对存在的症状感到痛苦和无能为力，常迫切要求治疗，自知力完整或基本完整。

(5) 症状持续时间至少已 3 个月(惊恐障碍除外)。

本章将主要参考 DSM-Ⅳ系统对于不同的焦虑障碍类型(恐怖症、强迫症、广泛性焦虑障碍、创伤后应激障碍)进行介绍，但为方便读者理解和参考中国的 CCMD-3 的分类，对于场所恐怖症和惊恐障碍将按照中国的 CCMD-3 的分类进行介绍，即将场所恐怖症列入恐怖症中介绍，并单独对惊恐障碍进行介绍。

专栏 6-1

神经衰弱

“神经衰弱”(neurasthenia)一词，是美国医生 Beard 于 1869 年首先创用的，他认为这是一种神经系统功能障碍，没有可证实的病变存在。弗洛伊德把它归入神经症一类。在 19 世纪末叶，神经衰弱成为当时社会十分流行的诊断名词。然而，它又是一个富有争议的概念。DSM-Ⅰ(1952)把此病列入“植物神经和内脏心理生理障碍”类别；DSM-Ⅱ(1968)、ICD-8(1968)、ICD-9(1978)把它作为神经症的类型之一；而 DSM-Ⅲ(1980)认为它与抑郁症和焦虑障碍有很大重叠，而取消了神经衰弱这一诊断名称；ICD-10(1992)把此症归于其他神经症性障碍之下。我国的 CCMD-3 诊断标准里仍保留了这一名称，但随着认识上的变化和各种特殊综合征的分出，对其诊断也明显减少，但它仍然是一个非常常见的诊断，同时也是一个能让大众普遍接受的诊断。

在 CCMD-3 中，神经衰弱被定义为一种以脑和躯体功能衰弱为主的神经症，它以精神易兴奋却又易疲劳为特征，表现为紧张、烦恼、易激惹等情感症状以及肌肉紧张性疼痛和睡眠等生理功能紊乱症状。这些症状不是继发于躯体疾病、脑器质性病变，也不是其他心理障碍的一部分(中华医学会精神科分会，2001)。神经衰弱多数缓慢起病，就诊时往往已有数月的病程，并可追溯导致长期精神紧张、疲劳的应激因素，偶有突然失眠或头痛起病，却无明显诱因者。

我国在 20 世纪 50 年代末 60 年代初，对神经衰弱的病因曾进行大量调查研究，认为神经系统功能过度紧张是神经衰弱的主要原因，且多见于脑力劳动者。凡是能引起持续的紧张心情和长期的内心冲突的一些因素，如学习和工作不适应、人际关系紧张、事业挫折、婚恋问题和长期思想矛盾等，可使神经活动过程强烈而持久地处于紧张状态，超过了神经系统功能所能承受的限度，即可发生神经衰弱。此外，脑力劳动的过分紧张繁重并伴有情绪的持续紧张，工作和学习安排不当，忙乱无绪，缺乏劳逸结合或生活和睡眠规律的破坏，也可能导致神经衰弱。性格孤僻、胆怯、敏感多疑、好强、遇事易紧张、缺乏自信者易得此病。在疾病的发展过程中，由于患者对神经衰弱缺乏正确认识，而对疾病所引起的各种身心反应存在过分担忧和紧张情绪。沉重的心理负担可进一步加重原有的神经活动过度紧张的状况，而形成恶性循环，使症状持续下去，或反复波动而迁延不愈。

神经衰弱的治疗一般应以心理治疗为主，辅以药物、物理以及一般的心理卫生措施。在心理治疗方面，应重视支持性心理治疗，注意与患者建立良好的治疗关系，根据不同的情况进行治疗。与此同时，引导患者认识疾病的性质，指出此病是完全可以治疗的，消除患者的紧张情绪和顾虑心理，打破由此而发生的“恶性循环”。

20世纪50年代末，我国提出的“综合快速疗法”，便是以心理治疗为主结合药物和理疗的综合治疗方法，对治疗神经衰弱有较好的效果。其基本方法是调动患者的主观能动性，帮助患者认识疾病的性质、发生的原因和规律，解除患者对神经衰弱的忧虑和痛苦体验以及与此有关的各种消极情绪。纠正对疾病的不正确认识和错误观念，确立治愈疾病的信心和积极乐观的情绪状态，同时合理安排好患者的生活、学习和工作，并积极主动配合医务人员所采取的各种治疗措施。在具体实施过程中，包括集体、个别或两者相结合的形式。

此外，近年来生物反馈治疗、音乐治疗、森田疗法的疗效也得到肯定，并已在一些医院开展。药物治疗对神经衰弱仅具有对症的作用，目前应用得最多的是各种抗焦虑剂或镇静催眠药物。

第二节 恐怖症

恐怖症(phobia)，又译为恐惧症，是指对于特定事物或处境具有强烈的恐惧情绪，患者采取回避行为，并有焦虑症状和植物性神经功能障碍的一类心理障碍。患者所害怕的物体或处境是外在的(患者身体以外的)，尽管当时并无真正危险，但患者仍然极力回避所害怕的物体或处境。患者知道自己的害怕是过分的、不应该或不合理的，但这种认知并不能阻止恐怖发作。

现代精神医学关于恐怖症的描述，是从德国医生C. Westphal(1872)开始的。他的专著(*Die Agoraphobie*)对病例作了具体的描述，他创造的名词也就成了各种恐怖症命名的开端(许又新,1993a)。弗洛伊德(1895)把恐怖症分为两类:一类是普通恐怖症,如害怕死亡、黑暗、蛇等,这些东西是大多数人都多少有些害怕的;另一类是特殊恐怖症,例如怕上街,这是大多数人并不害怕的事。Marks(1969)也曾把恐怖症分为两类,即对外在刺激的恐怖症(包括广场恐怖症、社交恐怖症、动物恐怖症和其他各种特殊恐怖症等)和对内在刺激的恐怖症(包括疾病恐怖症和强迫性恐怖症)。最近的诊断标准,如ICD-10,DSM-Ⅳ和CCMD-3则把恐怖症分为广场恐怖症、社交恐怖症和特殊恐怖症三类,这是目前常用的分类标准。只是DSM-Ⅳ认为广场恐怖症常伴发惊恐障碍,将其作为附属于惊恐障碍的一种状态加以描述,如伴有广场恐怖的惊恐障碍和不伴广场恐怖的惊恐障碍,此时广场恐怖症不是一种可编码的精神障碍,只是注明在惊恐障碍中有无广场恐怖而已。只有在没有惊恐障碍病史时,才以"广场恐怖症,无惊恐障碍病史"作为一个诊断类别。为符合国人的习惯,本节更多的是采用CCMD-3的分类来阐述。

可以引起恐惧的物体或情境非常多,人们对恐惧的对象曾一一给予命名,即在所恐怖对象的希腊语后加上一个后缀"-phobia",这样就创造了诸多以"phobia"结尾的英文词汇(专栏6-2)。这种命名方法,虽有助于患者确认自己的恐怖症,但对于病因探索和治疗并无多大意义。

专栏 6-2

常见的恐怖症及英文名

高空恐怖症(acrophobia)、蜂恐怖症(apiphobia)、蜘蛛恐怖症(arachnophobia)、雷电恐怖症(brontophobia)、幽闭恐怖症(claustrophobia)、呕吐恐怖症(emetophobia)、昆虫恐怖症(entomophobia)、血液恐怖症(haematophobia)、恐水症(hydrophobia)、不洁恐怖症(lyssophobia)、黑夜恐怖症(nyctophobia)、恐蛇症(ophidophobia)、恐鸟症(ornithophobia)、学校恐怖症(scholionophobia)、动物恐怖症(zoophobia)。

一、流行病学的研究

恐怖症在人群中很常见,是仅次于抑郁症、酒精依赖,位于第三位的精神障碍。Magee(1996)等报告,在美国,男女的社交恐怖症终生患病率分别是11.1%和15.5%,其初始年龄大约15岁半;年纪较轻的群体患病率较高(15~24岁:14.9%;25~34岁:13.8%),年纪大一些的人患病率相对低一些(35~44岁:12.1%;45~54岁:12.2%)。他们还发现年轻人的社交恐怖症患病率还在上升。特殊恐怖症的终身患病率大约为11%(其中男性7%,女性16%)。而广场恐怖症,Keller等人的调查认为其终身患病率为5.3%(其中女性大约占75%),常于20岁前后起病(Alloy, et al,1996)。

1978年以前,我国未将恐怖症列为独立的类别,故调查所得患病率极低。我国

1982 年精神疾病流行学调查，在 15～59 岁居民中时点患病率为 0.059%（向孟泽等，1986），这一比例与国外的资料相差甚远，显然并非是因为我国恐怖症的患病人数较少所致。近年由于恐怖症的概念逐渐被接受，被诊断为恐怖症的越来越多。在心理治疗与咨询服务中，恐怖症患者的比例相当高。赵耕源（1991）在 2100 例门诊咨询中发现 162 例，占 7.7%。

二、临床表现与诊断

1. 广场恐怖症

广场恐怖症（agoraphobia），又译场所恐怖症，它最初用来描述对聚会的场所感到恐惧的综合征，目前已不限于广场。它不仅包括害怕开放的空间或害怕离家（或独自在家），也包括害怕置身于人群拥挤场合以及难以逃回安全处所（多为家）的地方，如置身于商店、剧院、电梯间、CT 检查室、车厢或机舱等。

广场恐怖症的临床表现有三个特点：① 焦虑症状，患者担心在公共场所中昏倒而无亲友救助，或失去自控又无法迅速离开。这种恐惧是对即将发生危险的一种预期，预感到自己将发生可怕的后果，且伴有植物性神经功能激活的表现。很多病人在焦虑程度严重时出现惊恐发作（panic attacks）。② 焦虑均在特定情境中发生，多数场合是拥挤人群、封闭场所、难以立即逃到安全地方等情境。③ 回避行为，即立即从恐怖情境中逃走或回避恐怖情境，是广场恐怖症的一个重要特征。

广场恐怖症患者开始时只是回避那些不容易迅速离开的场所，如公共车辆或拥挤的商店等，即使到公共场所去，也总是坐在靠近门的地方，以便感到焦虑时可以尽快“逃离”。病情的严重程度各不相同，有的人初期只要有熟悉的人陪同，就可以外出。随着病情的加重，恐惧的场所泛化，他们会避开任何可能产生“包围感”的场所，最严重者，终年不敢跨出家门，生活受到严重妨碍。

广场恐怖症大约 1/3～1/2 的患者伴发抑郁症状，少数病人可能伴发强迫症状、人格解体或社交恐怖等其他症状，只要它们不主导临床相，并不妨碍广场恐怖的诊断。患者当中，女性比男性较为多见。一个可能的解释是与社会对男人和女人的不同期待有关，社会期待男人战胜焦虑，并且男性也因此期待自己去战胜焦虑；对女性而言，回避引起恐惧的情境则可能更易为人们所接受（Silove & Manicavasagar，1997）。

需要指出的是，在 DSM-Ⅳ 中“agoraphobia”不再作为一个独立的诊断类别而存在，常作为一种状态给以描述，此时译为“广场恐怖”。广场恐怖症特指没有惊恐障碍病史的一类障碍，可以说在 DSM-Ⅳ 中强调“惊恐障碍”的诊断，而 CCMD-3 则强调广场恐怖症的诊断，不管有无惊恐障碍。在 CCMD-3 中，广场恐怖症恐惧的场所更为广泛，包括幽闭和黑暗的场所；而在 DSM-Ⅳ 中，这二者属特殊恐怖症中的情境型。

【案例 6-1】

患者是位 40 多岁的会计，10 年前从外地坐火车回家途中，由于旅途疲劳，近傍晚时突然感到心里发慌,心跳加快,随后开始感到眩晕、出汗、胸口发紧。当时唯恐心脏病发作而困在火车里。这些反应虽仅持续了10分钟左右,但从此心有余悸,凡外出乘车时心里总是紧张,常常担心恐慌会突然发作。久而久之,恐惧心理愈加严重,初期外出时结伴尚可,后来结伴亦心慌,难以自控。在恐慌发作时曾多次去医院检查,均未发现异常。近两年来,曾服用镇静剂治疗,但效果不明显。来门诊就诊时,已发展到去拥挤的购物场所、排队等候、坐电梯也会出现类似情况,而且回避这些情境。

上述案例如按照DSM-Ⅳ的诊断标准即为伴广场恐怖的惊恐障碍;但如参照CCMD-3的诊断标准,则可以诊断为场所恐怖症。

DSM-Ⅳ对广场恐怖的诊断标准(APA,2000)

A. 对置身于某处感到焦虑,觉得难以逃脱(或感到难堪),或感到在发生意想不到的惊恐发作时找不到帮助。典型的广场恐怖易发生的情景有:独自离家在外;在一群人中或正在站队;在一座桥上;在公共汽车、火车里。(注:如只是某一个或一二个特殊情景,那就可以考虑特殊恐怖症;如果仅限于社交情景,那就应诊断为社交恐怖症。)

B. 患者设法避免这种情景(例如回避旅行),或者带着痛苦忍受着,或者带着焦虑心情担心惊恐发作的发生,或者就此提出要有人陪伴。

C. 排除社交恐怖症、特殊恐怖症、PTSD或离别性焦虑障碍等精神障碍引起的各种焦虑或恐怖性回避。

2. 社交恐怖症

社交恐怖症(social phobias)也被称作社交焦虑障碍,是指对一种或多种人际处境存在持久的强烈恐惧和回避行为。恐惧的对象可以是某个人或某些人,也可以相当泛化,可包括除了某些特别熟悉的亲友之外所有的人。与特殊恐怖症相比,社交恐怖症害怕的社交情境往往不易回避,因此社交恐怖症对个人生活的影响往往更为明显。

【案例6-2】

患者是一个懂事理,听话的女孩,个性比较内向、敏感、好担心、追求完美。两年前读高中时,有一天路上与老师相遇,感到紧张,没有抬头和老师说话,低着头匆匆走过。旁边有一同学看到这一情形,对她说:"你不和老师说话,老师直用眼看你。"患者听后深感内疚,第二天到学校时,不敢抬头看那位老师的眼睛。后来逐渐加重,连别的老师的眼睛也不敢直视,进而扩展到连普通人的眼睛也不敢看。偶尔与人的目光相遇,便感到特别紧张,心跳加快、全身直冒汗,并认为自己的表情肯定很尴尬,会引起别人的耻笑。从此,在路上骑自行车或走路,总是低着头,唯恐看到别人的目光。由于对人紧张、心情不安,上课无法专心听讲,学习成绩下降,患者没有考上大学。后来症状越加严重,以致不敢出门,她为此感到非常痛苦,不得不求助于心理治疗师。

大多数人在众人面前发言、面对老师或领导时都会有些紧张,这是一种正常的现象。但是案例 6-2 中,患者的紧张已经超出了正常的范围,她在感到紧张的同时,还有心跳加快、出汗症状,且回避别人的目光,回避接触人。她害怕与别人对视,恐惧自己会做出丢脸的言谈举止或表情尴尬,临床上被称为"对视恐怖症"。社交恐怖症还可表现为害怕自己当众出丑,使自己处于难堪或窘困的地步,因而害怕当众说话或表演,害怕当众进食,害怕在公共厕所里解便;或者,由于旁边有人而恐惧得手发抖以致无法写字;害怕在公共场所呕吐,等等。害怕见人脸红,被别人看到,因而惴惴不安者,被称为"赤面恐怖症"(erythrophobia)。事实上,可能只是潮热的主观感觉,并无真正的脸红,但患者却深信周围人已觉察并正在注意他,因此更觉局促不安、浑身不自在。临床上还发现,此类患者中不少人借酒壮胆,久而久之成了酒精依赖者。

除焦虑和害怕外,还有心慌、震颤、出汗、恶心、尿急等植物神经功能症状。严重的社交恐怖症者,极度紧张时可诱发惊恐发作。在认知方面,他们特别注意自己的表情和行为,并对自己的评价过低,害怕别人评论自己。由于害怕,他们拒绝参加各类聚会,也可能回避所有公众场合如餐厅、剧场和公共车辆等。害怕社交场合十分广泛的病例称广泛性社交恐怖症(generalized social phobia)。这类患者常害怕出门,不敢与人交往,甚至长期脱离社会生活,无法工作。

多数患者起病于青少年,常逐渐起病,无明显诱因。也有的在一次羞辱的社交经历之后急性起病。一般病程缓慢,起病较迟且无其他精神障碍者预后较好。社交恐怖症常继发抑郁症。而当继发于惊恐障碍时,要注意病史和临床发展情况判断谁是原发性的。社交恐怖症与广场恐怖症的不同在于,患者的先占观念是害怕别人给予不好的评价和自己感到发窘、狼狈不堪,从而行为上表现出避开与他人的接触与交谈,而不是害怕无法离开某处。社交焦虑和回避可以见之于其他精神障碍,如抑郁症、精神分裂症以及人格障碍。因此,只有排除了这些可能性,才能确诊为社交恐怖症。

关于社交恐怖症的诊断标准,DSM-Ⅳ和 CCMD-3 的区别不大,只是 DSM-Ⅳ的规定更为具体些,它要求注明是否是广泛型,以及强调如果患者年龄小于 18 岁,病程至少 6 个月。

DSM-Ⅳ对社交恐怖症的诊断标准(APA,2000)

A. 患者对某种或多种社交场合有显著或持久的恐惧。在这些场合下,患者被暴露于不熟悉的人们面前或可能有人在注意或观察,害怕自己可能会作出一些使人难堪的行为或表现出焦虑症状。如果是儿童,则是在与年龄相称的熟悉的人们交往时发生问题,或在同伴中出现焦虑,而不是与成人的交往问题。

B. 一旦暴露于所害怕的社交场合下便引起焦虑,并可能出现与处境密切相联系的惊恐发作。如果是儿童,焦虑可表现为大哭大闹、发呆或从社交处境中退缩。

C. 患者知道自己的害怕是过分的或没有道理的。如果是儿童,这一点可以没有。

D. 患者设法回避所害怕的社交场合，否则便要忍受极度的焦虑或痛苦。

E. 对恐怖处境的回避、焦虑性期待或者痛苦，显著妨碍了患者的生活、工作或社交活动，或者对于患有恐怖症感到极度的精神痛苦。

F. 如患者年龄小于 18 岁，病程应持续至少 6 个月。

G. 这种害怕或回避不是由于某种物质或一般性躯体状况所致的直接生理性反应，并排除其他精神障碍而引起的焦虑或恐怖性回避。

H. 如存在某种一般躯体情况或其他精神障碍，那么标准 A 的害怕与之无关，例如不是害怕自己的口吃、帕金森氏病的震颤或神经性厌食或贪食症的异常进食行为。

注明亚型：特殊性社交恐怖症（只限于某一两种特殊场合）、广泛性社交恐怖症（害怕涉及几乎所有社交处境。这种广泛性亚型通常要考虑患者具有回避性人格障碍）。

3. 特殊恐怖症

【案例 6-3】

在我身上存在一种可笑的心理现象：当我看到猫时，就会极度恐惧，甚至见了一幅画着猫的画，也会如此。在感到恐惧的同时，还会出现恶心、呼吸心跳加快、心慌、全身出汗。此时，我的脑子会出现如下的想法："赶快离猫远一些，我不能忍受这种局面。"然后就跑到见不着猫的地方去了。

我从三四岁时起，就已开始怕猫。记得我当时看见两只猫正在打架，打得满身是血，其中一只转过身，双眼瞪着我，这让我浑身打颤，害怕极了。从此以后，我就再不敢去可能有猫的地方。去邻居家前，必须了解他家是否有猫。我也不敢逛卖贺卡的商店，因为那里有许多印着猫的卡片。这些情况极大地影响了我的日常生活，随着时间过去，问题变得越来越严重了。

（引自 Kennerley，1997）

案例 6-3 即为特殊恐怖症（specific phobias）中对动物恐怖的例子。特殊恐怖症又称单纯恐怖症，是指对存在或预期的某种特殊物体或情境的不合理焦虑。最常见的恐惧对象包括：某些动物（如狗、猫、蛇、老鼠）、昆虫（如蜜蜂、蜘蛛）、登高、雷电、黑暗、坐飞机、外伤或出血、锐器，以及特定的疾病（如放射性疾病、性病、艾滋病），等等。

特殊恐怖症以儿童常见。成人特殊恐怖症中动物恐怖通常起于儿童期，登高、幽暗、雷雨等恐怖则起于青年或中年。病人在接触特殊的恐怖对象和场合时感到焦虑，甚至出现惊恐发作，可伴有某些植物性神经症状，如心跳加快、出汗、头晕等。病人通常有回避恐怖情境的习惯，导致功能残缺的程度取决于患者回避恐怖情境的难易程度。如狗在人们的生活比较常见，对狗恐惧者的社会功能影响就较大；而对一位患有蛇恐怖症的城市居民来说，其所受的影响就很小，只要避免去动物园就可以了。

大多数恐怖症发作时，都会出现心跳加快和血压升高，但有一种特殊的恐怖症——血液或外伤恐怖症（blood-injury phobia）则与此不同。这种患者在见到血液或受外伤时，可出现心跳和血压下降，并伴随恶心、头晕或晕厥。有研究发现，血液恐怖症有明显的家族史，一级亲属的同病率达到 2/3，是其他恐怖症的 6 倍（Marks，1987，1991；参见 Davison & Neale，1998）。有研究者认为，在出血时心跳和血压的下降可以减少出血，晕厥则可免受更多的打击，这是一种进化的结果。治疗血液恐怖症的方法基本上与其他类型的相同，唯一不同的是不用放松技术，而用紧张技术。因此在处理此种障碍时应注意，不能用放松来缓解或消除躯体的不适感，而应学会紧张肌肉来提升血压。

特殊恐怖症的诊断标准在 DSM-Ⅳ与 CCMD-3 中存在着某些区别。除在上述场所恐怖症里提到的外，DSM-Ⅳ强调如果患者年龄小于 18 岁，应至少有 6 个月的病程，且还要注明类型。

DSM-Ⅳ对特殊恐怖症的诊断标准（APA，2000）

A. 由于存在或预期某种特殊物体或情境（如飞行、高空或动物）而出现显著或不合理的持续害怕。

B. 暴露于所恐惧的刺激时，几乎不可避免地立即产生焦虑，并可能出现仅限于此情境的惊恐发作。注：若是儿童，焦虑可表现为哭闹、发脾气或紧紧地拖住他人。

C. 患者认识到这种害怕是不合理的或过度的。注：若是儿童，则无此项。

D. 患者一般都设法避免这种情景，否则便以极度的焦虑或痛苦忍受着。

E. 这种对恐怖情境的避免、焦虑的期待或害怕反应，显著地干扰个人的生活、工作或社交，或者对于患有恐怖症感到极度的精神痛苦。

F. 如患者年龄小于 18 岁，应至少有 6 个月病程。

G. 排除其他精神障碍如强迫症、PTSD、分离性焦虑障碍、社交恐怖症、惊恐障碍而引起的焦虑、惊恐发作或恐怖性回避。

注明类型：动物型、自然环境型（例如高度、雷雨、水）、血液-注射-外伤型、情景型（例如飞机、电梯、闭室）、其他型（例如，惊恐性地躲避会导致窒息、呕吐或感染疾病的情境场合，如是儿童，躲避响声或某种服装）。

三、病因

（一）生物学因素

在生物学方面，目前研究较多的是 5-HT 系统和 NE 系统。有人推论，恐怖症患者可能存在突触后 5-HT 受体超敏现象。另有研究发现，社交恐怖症患者脑脊液中 NE 水平高于惊恐障碍患者及正常对照组。但目前尚无肯定的结论。

恐怖症具有明显的家族聚集性，因而引起了一些研究人员的兴趣。一项调查显示，患恐怖症一级亲属患恐怖症的可能性是非恐怖症一级亲属的 3～4 倍（Hettema，2001）。在血液和注射恐怖症患者中尤为明显，其一级亲属的患病率可达 64%，而普通人群的患病率是 3%～4%。研究认为这类恐怖症的发病与特定而强烈的血管-迷走反射有关，而血管-迷走反射与恐怖情绪关系极为密切，而且常常是通过遗传而袭得（Öst，1992）。对社交恐怖症的研究结果也类似，患者一级亲属中有16%符合社交恐怖症的诊断，而无任何精神障碍者的一级亲属则只有5%患有社交恐怖症（Fyer，et al，1995）。双生子的研究也支持恐怖症具有遗传倾向（Kendler，et al，1999）。尽管研究证实了遗传因素的作用，然而另一些研究提示遗传因素的作用是有限的，而且模仿学习及其他因素也可能在其中起着十分重要的作用（Carson，et al，1996）。

（二）心理社会因素

1. 心理分析理论的观点

心理分析理论认为，恐惧是对抗焦虑的一种防御反应，而焦虑的产生根源则在于被压抑的无意识的本我冲动。由于人们害怕为这种无意识的本能冲动所支配，通过置换的防御机制，焦虑就被某些外在对象或情境替代。这些对象或情境同样具有引起冲动、诱发焦虑的作用，然而它们通常是能够远离的，通过附加的回避机制，患者便能避免严重的焦虑。

弗洛伊德在1909年曾报告一个例子，即4岁的小汉斯（Little Hans）对马的过分恐惧表现。弗洛伊德认为，在俄狄浦斯阶段汉斯开始害怕本我的冲动，他3岁的时候曾通过触摸阴茎并要求母亲把手放在阴茎上向母亲表达性的感受，他母亲威胁要割掉阴茎，并指责说他的欲望是下流的。这让汉斯感到害怕，并无意识害怕其父会知道其欲望而惩罚他，甚至阉割他。然而，汉斯并没有有意识地害怕本我冲动、他的母亲或父亲，而是压抑了本我冲动，并把害怕转移到一种中性客体——“马”的身上。弗洛伊德认为，汉斯无意识选择马的原因是由于他把马与他的父亲联系在了一起。通过置换，汉斯能够利用回避马这一策略来减轻焦虑，然而对马的恐怖也一并固定了下来（Comer，2002）。

事实上，虽然心理动力学理论可以解释一部分病例，但无法对所有的恐怖症作出合理的解释，且许多学者也不认同这一观点。

2. 行为治疗理论的观点

在当今临床领域，行为理论关于恐怖症的观点得到了相当广泛的支持。行为主义观点有一个基本假设，即所有的行为都可以通过学习而获得。恐惧反应可以经过条件反射而建立，这个观点可以追溯到20世纪20年代美国心理学家华生和赖恩的一个著名的条件反射实验——使一个本来喜欢动物的11个月男孩小阿尔伯特（Little Albert）对白鼠产生恐惧反应的实验（陈仲庚，1985）（具体实验见第3章的介绍）。

在行为主义学派实验研究的这一基础上，Mowrer提出了恐怖症形成和发展的著名的两阶段模式：① 通过经典条件反射，一个人习得了对条件刺激（即中性刺激）的害怕反应；② 为了减少对条件性的害怕反应，习得了回避性条件反应的行为。这是一个操作性条件作用过程，它使得回避行为得到了强化而长期存在，同时使得对原本中性刺激的恐惧得以持续（Davison & Neale，2000）。而这一观点很可能是暴露治疗起效快且疗效稳定的理论基础。

某些例证支持了回避性条件反射(avoidance-conditioning)的观点,如 Öst 和 Huadah(1981)对 106 例恐怖症患者进行了调查,发现 58%的患者提到了创伤性条件刺激的经历(Carson, et al, 1996);DiNardo 等(1988)一项报告表明,50%的狗恐怖症患者有被狗咬的经历。临床上一些例子也支持了有关解释,如某次交通事故后患上开车恐怖症,爬梯子摔了下来以后患上了登梯恐怖症,"一朝被蛇咬,十年怕井绳"说的也是同样的道理。

然而,回避性条件反射的理论无法适用于所有的恐怖症。不少临床案例并无恐惧的创伤性经历,如 DiNardo 对狗恐怖症的调查中,50%的人就没有创伤经历;而许多经历过惨痛事故的人,如严重的交通事故或从梯子上重重地摔下来,并没有发展成汽车或登梯的恐怖症。这说明条件反射并不是恐惧症的唯一条件。很多证据表明,恐惧反应可以通过观察习得(通常称作间接学习(vicarious learning,又译替代性学习)),而不必经历创伤性经历。例如,一个怕蜘蛛的母亲,其怕蜘蛛的反应被孩子经常地看到,其孩子通过了"模仿作用"也患上蜘蛛恐怖症。上面提到的 Öst 和 Huadahd 的研究,表明有 17%的患者是通过这种间接学习而出现恐怖症的。

班杜拉和罗森塔尔(1966)作了一个实验,他们让被试观看他人坐在电击装置上,当蜂鸣器发声时"遭受"电击的痛苦模样。多次观看以后,即使被试没有直接经历痛苦的事件,只要听到蜂鸣器声音这一无害刺激,被试即开始出现了一种害怕反应。这说明,人们的害怕反应可以从一个人身上传递到另一个人,仅仅是看到某人在特定情境下的恐惧反应,这个情境就会变成是"可怕的"情境。Mineka 和她的同事(1984)用猴子做实验,在实验室里饲养的猴原先对蛇并不害怕,当这些猴子观看野猴怕蛇的反应后,就很快地形成了对蛇的惧怕反应,并且 3 个月后也未消失(Davison & Neale,2000)。

间接学习也可以通过语言教导和收听信息的方式完成,也就是说,通过听他人描述某一恐惧的事件也可以习得恐怖性反应。如孩子被母亲谆谆告诫高处危险而患了高空恐怖症,新闻媒体频繁报道艾滋病的危害性可使某些人"染上"艾滋病恐怖症。

可是,以上的观点难以解释这样的一个现象:为什么人们容易对某些物体和处境,如蜘蛛、蛇和高处等产生恐怖,而对另一些,如花、羔羊、手枪则不易产生恐怖?许多学者比较认可的解释是:人类存在着易患某些特定恐惧的素质,而时刻"准备"获得某些恐惧,并把这种倾向称之为准备状态(preparedness),认为这种准备状态是进化论适者生存、优胜劣汰的结果(Comer,2002)。一些研究部分支持了这一理论观点,如 Ohman 等人(1975)对被试呈现房子、脸和蛇的幻灯片,同时给予电击,被试获得了对所有不同幻灯片的恐怖反应,然而,在对这些反应进行消退的过程中,对房子和脸的恐怖反应很快就消失了,而对蛇的恐怖反应则维持了相当长的时间。Cook 和 Mineka(1989)用猴子作被试,发现猴子对"蛇和鳄鱼"与"花和兔子"的恐怖反应也存在着区别。

另一些研究者,如 Twentymand 和 Mcfall(1975)、Fischetti 等(1977),则认为缺乏

社交技巧或不合适的行为是社交恐怖的原因。因缺乏社交技巧给别人造成不好的印象，引起别人不好的反应，导致尴尬的处境，同时，其本人觉察到了自己的社交笨拙，也容易造成紧张和害怕。另一种能被更多的人接受的观点，是把社交技巧和自我评价结合起来，强调认知和行为的相互作用。

3. 认知理论

认知理论认为，恐怖症的患者总是高估所害怕情境和事物的危险性，过分担心某一消极事物将会发生。这一原理能对社交恐怖症作出很好的解释。

社交恐怖症患者往往持有关于自己和他人的负性信念，认为自己很难被别人所接受，认为别人内心对自己持批评态度，如“别人会讨厌我说的话”、“我总是说不好”，等等。正是这些信念使得社交恐怖症个体对于出现在别人身上预示不满的迹象（比如皱眉、打哈欠等），以及对于出现自己身上那些可能会让别人有不好印象的表现（比如发颤音、穿着有些不合适，或很明显的发抖）非常警觉（Barlow 等，2004）。研究中也证实，社交恐怖症个体对社交中威胁性信号存在注意偏好（陈曦等，2004；钱铭怡等，2004；Asmundson & Stein，1994）。注意力集中于这些威胁性信息的一个后果，就是会夸大这些负性信息的作用，比如一个几乎让人觉察不到的脸红，会认为是满脸通红而很尴尬。而对负性信息的注意和判断倾向，会干扰个体对于正常信息的加工。而且，干扰个体对正在进行的工作的认知加工，包括注意、编码加工和提取与当前任务相关的记忆，从而干扰个体正常的工作。

还有研究表明，社交恐怖症个体在激发焦虑的社交情境中，会形成关于他们自己的一些图像和记忆，这反映出他们对自己的过度注意。他们看自己就像别人从外部观察者的角度看他们自己，看自己在焦虑情境中的表现。但是他们对别人是如何看自己的观念常常是扭曲的（Barlow 等，2004）。Spurr 等（2002）指出，自我为焦点的注意是疾病长期存在的重要因素，因为它增加了对负性思维和感情的注意，干扰了人们的活动和操作，阻止个体观察到与他的恐惧不符的外部信息。

社交恐怖症个体还会揣度他人（观众）对自己的评判标准。观众的特点（比如重要性，是否妩媚动人）和情境的特点（比如正式还是非正式）会影响社交恐怖症个体投射到观众身上的对自己的评判标准。然后他们就会估计自己的表现与这个标准相差有多大。由于他们对自己的负性认知倾向，往往会认为自己的表现达不到这个标准，他们就觉得自己失败了，进一步可能会失去社会地位、工作机会等一系列后果。对未来的负性预测进而引发行为、认知和生理上的焦虑症状，这些症状会导致社交恐怖个体对自己的表现给予更加负性的评价，从而导致更高的焦虑，造成恶性循环。

总之，社交恐怖个体遇到他们所恐惧的情境时，他们看待自己、看待他人的独特方式，以及加工社交信息的独特特点，决定了焦虑产生和维持的过程。图 6-1 所示的模型描述了这一过程（Barlow 等，2004）。

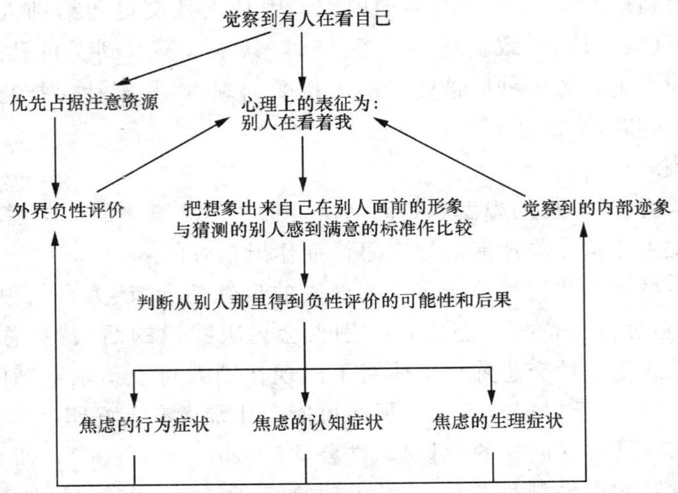

图 6-1 在被评估的社交情境中,焦虑的产生和维持过程模型

Leary 则提出了自我推荐学说,以此来解释社交恐怖症。他认为,决定社交恐怖症的共同因素是动机,即想在别人心目中留下良好印象的动机。一个人只有当他希望在别人心目中造成某种特殊的印象,才可能会感到紧张不安甚至恐怖。假如不论别人对自己有什么看法,一概毫不在乎,就不会紧张害怕。决定动机的因素有两个,即处境和人格。处境是指交往的对象和情境的特征。如想和异性交朋友,对方愈是漂亮或有才华,动机就愈强烈,也就愈容易紧张不安。将要会见的人大权在握,将对自己的一生起关键作用,见面时也容易紧张。一般地说,第一次与人见面容易紧张,这是因为人们皆知给人留下良好的第一印象的重要性。可见,抱着特定动机的某种处境往往是紧张和害怕的一个诱因。人格特性也决定一个人的动机。如果一个人倾向于控制别人对他的印象,或者特别爱面子,有完美主义倾向,那么这种人就容易患社交恐怖症。Leary 的观点认为,人到了中年以后,社交恐怖症自行缓解,这是由于社交的特殊动机随着年龄的增长而相应地减退。几乎所有患者都不会在父母面前感到恐惧,其原因也是缺乏社交动机之故(许又新,1993a)。

4. 人格和父母教养方式

个性因素与恐怖症的发生也有很大关系,不少研究认为行为退缩(表现为胆小、羞怯)的婴儿,长大后易发生恐怖症(Biederman, et al,1993;Hudson & Rapee,2000),Hayward 等(1998)一项研究表明,行为退缩的儿童在高中阶段发展为社交恐怖症的比例是非退缩儿童的 4 倍。国内一些研究对恐怖症患者的个性特点进行分析,发现他们往往表现为社会内向、神经质、害羞、被动、依赖(冯冬梅等,2004;吴彩云等,1994;杨文娟、陆培,1998)。

父母不当的教养方式,被认为是恐怖症,尤其是社交恐怖症发生的一个危险因素。

Bruch 等的一系列研究表明，与无焦虑的被试相比，社交恐怖症患者常常将其父母描述为：阻止他们参与社交，过分重视他人的意见和建议，采用羞辱作为惩罚的方法（见张亚林，2000）。有关社交恐怖症患者与正常人的父母教养方式一些对照研究发现，患者组的父母往往对子女缺乏温暖、理解、信任和鼓励，而有较多的拒绝、惩罚、干涉和过度保护（林雄标、胡纪泽，2002；王丽颖等，2004）。

四、治疗

（一）药物治疗

对恐怖症而言，药物治疗从整体上说是辅助治疗，其作用往往是缓解患者的焦虑情绪或伴随的抑郁情绪。抗焦虑药能减轻患者的境遇性焦虑状态，使心理治疗容易进行，但其本身不能淡化恐惧的条件联系。

（二）心理治疗

1. 行为疗法

在恐怖症的治疗中，被研究得最为彻底、同时又是最有效的治疗方法之一要数行为治疗。最为常用的行为治疗技术包括：系统脱敏法、满灌疗法（flooding therapy）和模仿法。

（1）系统脱敏法。该法是先让患者学会放松，将患者恐惧的刺激或情境按照其恐惧的程度由小到大按等级排列出来，然后在患者放松的状态下逐一循序渐进地暴露于引起焦虑、恐惧的刺激，从而减轻对恐怖性刺激的害怕反应。用系统脱敏法成功治疗恐怖症的关键是对恐怖症全面而精确的评定，确定害怕的等级系统。暴露可采取想象暴露或现场（in vivo）暴露的形式。为了使治疗更好地发挥作用，也为了使患者看清楚自己的进步，要求患者对每次暴露做记录。常见的问题是患者一次跨的步子太大，反而易造成挫败感。对每次暴露做记录则有利于治疗者及时发现问题，并帮助解决问题。

（2）满灌疗法，又称冲击疗法。该法是把患者置于最令其恐惧的情境中，并要求和鼓励患者在恐惧面前不退缩，坚持到底，直到恐惧程度下降，最终不感到恐怖或焦虑为止。如乘电梯恐怖者就让他乘电梯上 10 层楼，对视恐怖者就让他看着人说话。与系统脱敏法相比，满灌疗法的优点是方法简单，疗程短，收效快；缺点是患者难以耐受，而不易接受（张亚林，1999）。

（3）模仿法。该法是治疗师作为榜样去面对患者害怕的事物或处境，而患者进行观察学习。行为治疗师通过示范，证明患者对于某种刺激或情境的害怕是没有事实根据的，同时让患者也跟着学习治疗师的样子去接触害怕的对象。这一方法通常和系统脱敏法结合起来使用。例如治疗猫恐怖症，治疗师摸一个猫的玩具，然后让患者同样做一次；治疗师抱着猫的玩具，接着让患者同样做；治疗师摸一个活猫，患者也跟着摸……如此进行，按等级层次系统的事件进行演示和学习。通过观察及模仿学习，从而降低患者在特定刺激面前和情境中行为的恐惧和焦虑水平。

临床研究表明，这些暴露的技术治疗恐怖症尤其是特殊恐怖症是有效的，而治疗成功的关键是患者要接触和面对所害怕的对象。同时，现场脱敏比想象脱敏更为有效，现场冲击比想象冲击更有效，参与性模仿(participant modeling)则优于仅仅观察性的模仿(Comer，2002)。

2. 认知疗法

有观点认为，认知疗法用于治疗特殊恐怖症值得怀疑，因为恐怖症的核心定义是患者认为其害怕是过分和不合理的。若一个人已经认识到自己的害怕是无害的，难道还要改变这种认知吗？事实上也没有证据表明，单独改变不合理的认知而没有暴露于害怕对象，可以减轻恐怖症回避(Davison & Neale，2000)。

对社交恐怖症而言，因为患者往往持有不合理的信念，认知疗法帮助患者识别和挑战负性的、不合理的想法而起到治疗作用。通常它与行为治疗技术，如暴露技术、社交技巧训练、满灌法、松弛训练等，联合使用。Mattick 等(1989)比较了认知暴露综合疗法(综合治疗)、单独暴露疗法和单独认知疗法的疗效，还另外设一个等待控制组。相对于控制组来说，3 个治疗组都获得了积极的效果，但不同的治疗组被试得到改善并不相同。治疗结束后，3 个治疗组的被试都减少了恐怖性回避，但是只有认知治疗组和综合组的个体在非理性信念和负性自我评价这些认知方面获得了改善。与其他疗法相比，综合治疗组的个体在行为指标上的进步更大。另外的一些研究认为，认知与行为治疗的联合使用，不论是近期疗效还是远期疗效都要优于单独的行为疗法(曹中昌等，1995)。

认知行为疗法在治疗社交恐怖症中，可以采取小组的形式进行。小组的成员对其中的个体来说是一个听众群体，正好可给每一个成员提供了一个暴露机会，同时小组成员可帮助个体挑战其对于自己行为的负性、灾难化思维。研究认为这种团体治疗的形式是有效的，而且更为经济可行(Barlow 等，2004)。

3. 其他心理疗法

森田疗法也是恐怖症的适应症，其治疗原则是“顺其自然，为所当为”，如对于社交恐怖症治疗，就是要让患者接受社交中的“胆怯、紧张或脸红”的症状，不把其当做身心异物加以排斥，不再关心体察心理症状，而是要带着胆怯、紧张或脸红像正常人一样交往，使症状在不知不觉中消失。其治疗作用在实践中得到了证实，研究还表明，对社交恐怖症中的治疗，森田疗法的疗效要优于药物治疗(张勤峰等，2002；郑玉英等，2001)。

心理分析取向的治疗方法，如分析性心理治疗、钟氏认识领悟疗法，也可用于恐怖症的治疗。

第三节 惊恐障碍

【案例 6-4】

在我突然感到我不能很舒畅地呼吸时，恐慌就开始发作了。随后我开始感到眩晕、出汗，并注意到心跳加速。有时我感到恶心或好像要窒息。我手指有些麻，脚有些刺痛感。我感到奇怪，好像我并不真的去“那里”，好像我和现实隔离了。我开始想，我将会失去控制或死去。这令我极度恐惧……尽管发作只持续了5分钟或10分钟，但感觉就像症状会永久存在，而且我永远恢复不过来(Silove & Manicavasagar，1997)。

案例中的“我”遭受了惊恐发作，它是突然、短暂而极度恐惧的一种状态，并通常伴有一些躯体症状和灾难临头的想法，如心跳加快、眩晕、出汗、失去控制感等。不少人都曾经历偶尔的惊恐发作，尤其面临强烈的应激时容易发生。1993年，美国国家疾病调查中心统计，普通人群中约15%的人一生中有1次惊恐发作，3%的人在过去1个月中有1次惊恐发作(Etaon，et al，1994)。尽管惊恐发作令人难受，但大多数不会对个体的生活造成影响。倘若惊恐发作反复出现或个体担心惊恐发作，并对其生活造成干扰，这些人可能患了惊恐障碍(panic disorder)。

惊恐障碍又简称惊恐症，是指以反复出现的惊恐发作为原发的和主要临床特征，并伴有持续地担心再次发作或发生严重后果的一种焦虑障碍。在DSM-Ⅳ里，惊恐障碍是作为一个独立的诊断类别，分为伴有和不伴有广场恐怖的惊恐障碍；而CCMD-3把惊恐障碍归属为焦虑症的一个子类，与广泛性焦虑并行。

一、流行病学的研究

据估计，惊恐障碍的终生患病率大约为2%～4%。美国20世纪80年代对成人的一项大规模的流行病学调查表明，惊恐障碍的终生患病率大约为1.5%，惊恐发作的终生患病率为3.6%，而有9%～10%的人经历过一次惊恐发作(王年生等，1993)。90年代的另一项调查表明，美国人群中的终生患病率为3.5%，其中男女比例为2∶5(Kessler，et al，1994)。我国缺乏相应的调查资料。

惊恐障碍大多在成年早期发病，年龄范围为15～40岁，平均发病年龄是25岁。不过，此病在各个年龄段均可发生，其发生与社会经济状况无关。

二、临床表现与诊断

惊恐障碍的核心症状是惊恐发作。不同个体或同一个个体在不同的时期里惊恐发作的频度有很大区别，有的一天几次，有的几周或几个月才一次。惊恐发作的发生，有的与某些特定的情境或事件有关，如在空旷的场所、驾驶车辆时、体力劳累、性活动或者中度情感创伤后发生;有的可自发产生,没有明显诱因,如在放松的状态或睡眠中也可发生。临床治疗师有必要弄清与患者的发作有关的习惯或特殊情境。

惊恐发作常突然产生,10 分钟内症状就达到高峰。其最主要的精神症状是极度的恐惧、濒死感、末日感,且患者不知道自己恐惧的来由,同时伴有许多急性发作的躯体症状,这包括心动过速、心悸、呼吸困难、胸闷、多汗、颤抖、恶心等,约 20%发作时有晕厥表现。由于发作时过度换气,有可能引起呼吸性碱中毒,从而出现其他与之相关的症状,如头晕、眩晕、刺痛等。发作通常持续 20～30 分钟,极少有超过 1 小时者。在发作时进行精神检查可发现,患者往往说话唠叨、言语困难或记忆力受损,有时还会有现实解体或人格解体症状。

伴随惊恐发作时的躯体症状,患者还会出现多种令其苦恼的想法,如"我快要发疯了""我将晕厥""我要犯心脏病了""我快要死去了"等。这些灾难性的想法是惊恐障碍的核心,可以帮助我们与其他焦虑障碍区分开来。患者往往试图离开自己所处的环境以寻求帮助,医院的急诊室里常可见到此类患者;另一些人则会为自己失去自控能力而感到害羞或难堪,默默地忍受它,而不愿把问题展示给他人或获取专业人员的帮助。发作后,患者会感到全身虚弱,筋疲力尽,似乎刚从一个创伤事件中死里逃生;同时会认为身体出现了问题,如"把心悸以及心前区疼痛认为是心绞痛发作""把头晕看做脑子患了病"。在两次发作间隙,患者往往因害怕下一次发作而有期待性焦虑。

惊恐障碍与抑郁症常同时并存,大约 1/3 的患者符合重性抑郁症的诊断标准,中重性抑郁症的终身患病率则达 70%(王年生等,1993)。此外,惊恐障碍往往与其他的焦虑障碍相伴发,如广场恐怖症、其他恐怖症、强迫症等。由于疾病的影响,患者往往不能坚持正常工作,同时影响夫妻关系等方面。

虽然多数研究认为,此症通常不存在心理社会方面的诱因,但也有一些研究提示,应激性生活事件会增加患者在 1 个月内惊恐发作的危险度。在开始的一二次发作之后,患者对自己疾病的情况已经比较熟悉,因而不太害怕。相反,他们往往考虑如何掩盖自己的症状。而由于极力掩盖症状,患者的行为举止就会有所反常,这会引起家人、朋友的关注。

惊恐障碍患者最常见的社会问题是酒精或药物滥用及自杀企图。国外的资料显示,此类患者中约有 1/5 对酒精或其他药物发生依赖。患者以为酒可解除焦虑症状,事实上,酒精不仅无助于焦虑症状的缓解,反可使焦虑症状加重。Weissman 等认为,自杀意念和自杀企图在精神障碍中以惊恐障碍居首位,约为 19.8%,是正常人的 18 倍(王年生等,1993)。作为继发症状的惊恐发作,可见于多种不同的精神障碍,如恐怖症、抑郁症、酒精中毒、人格障碍等。

在 DSM-Ⅳ里,要求至少拥有 13 项症状中的 4 项以上才能被诊断为惊恐发作。而要满足惊恐障碍的标准,患者必须至少一次惊恐发作,且害怕再次出现惊恐发作、或担心其他后果、或与发作相关的行为显著变化,并至少持续一个月的时间。在按 DSM-Ⅳ

诊断时，还要区分伴有和不伴有广场恐怖的惊恐障碍。与 DSM-Ⅳ不同，CCMD-3 并没有对惊恐发作的诊断作出规定，强调广场恐怖伴发惊恐发作应诊断为广场恐怖症。

DSM-Ⅳ对惊恐发作的诊断标准（APA，2000）

在一个独立的具有强烈恐惧或不适感的阶段，此间下列症状中的 4 项或更多可能突然出现，并在 10 分钟内达到顶峰：

(1) 心悸或心跳加速；(2) 出汗；(3) 震颤或发抖；(4) 感觉气短(憋气)或窒息感；(5) 感觉喉部有堵塞感；(6) 胸部疼痛或不适感；(7) 恶心或腹部难受；(8) 感到头晕，站立不稳或晕倒；(9) 现实解体(不真实感)或人格解体(感到并非自己)；(10) 害怕失去控制或将要发疯；(11) 濒死恐怖；(12) 感觉异常(如麻木或刺痛感)；(13) 寒战或潮热感。

DSM-Ⅳ对不伴广场恐怖(伴广场恐怖)的惊恐障碍的诊断标准（APA，2000）

A. 下列两点必须同时存在：
  (1) 复发性难以预料的惊恐发作。
  (2) 至少在 1 次恐慌发作后，表现出至少下列 1 项持续 1 个月以上时间：
    (a) 持续地担心会有再次发作；
    (b) 担心发作会产生并发症或其他后果(如失去控制、心脏病发作、"发疯")；
    (c) 与发作相关的行为显著变化。
B. 没有广场恐怖(存在广场恐怖)。
C. 这种惊恐发作并非由于某些物质(如物质滥用或治疗药品)或一般躯体变化所致的生理性效应。
D. 排除社交恐怖症、特殊恐怖症、强迫症、创伤后应激障碍、离别性焦虑障碍(如离家或离开家人时的反应)、抑郁症等继发的惊恐发作。

由于惊恐发作时表现出突然的心悸、胸痛、呼吸困难、濒死感等躯体症状，患者常常就诊于综合性医院，其躯体症状通常是唯一的主诉，加上临床医生缺乏对惊恐障碍的认识，因此常被误诊，或被进行反复的躯体检查和化验(胡华等，2004；任清涛等，2002)。通常，应予以鉴别的躯体疾病有心脏病发作、肺病、癫痫、甲状腺功能亢进、二尖瓣脱垂等。

三、病因

1. 生物学因素

(1) 遗传因素。患者的一级亲属中约有 10%受累，而非惊恐障碍的一级亲属发病率则约为 2%(Hettema, et al, 2001)。同卵双生子和异卵双生子也有很高的同病率，但研究认为仅 30%～40%的变量归因于遗传(Scherrer, et al, 2000；见 Nolen-Hoeksema，2004)。国内的一个调查发现，惊恐发作患者中 23.33%有家族史(张亚林，2002)。这些研究提示惊恐障碍的生物学易感性至少部分与遗传有关。

（2）神经递质学说。Klein 根据抗抑郁剂能影响神经递质——NE 的水平，而认为 NE 活性的异常可能与惊恐发作有关。此后的一些研究更支持了这一观点，并提出脑干蓝斑区（locus ceruleus）是这一异常的主要区域。蓝斑含有整个中枢神经系统 50% 以上的 NE 神经元，神经纤维投射到海马、杏仁核、边缘叶和额叶皮层。动物实验发现，电刺激猴子的蓝斑区可导致惊恐样发作，而损害这个区域使猴子在面临真正的危险时也不能体验到害怕（Redmond，1985）。在人类，服用有激活蓝斑活性作用的药物，惊恐障碍患者发生惊恐发作的比例大大高于正常人群，而能减少蓝斑冲动发放的药物，则能抑制惊恐发作（沈渔邨，2002）。黄兴兵等（2005）研究表明，患者血清中 NE 的水平明显高于正常人，而经过治疗后，其浓度也逐渐恢复到正常水平。

（3）乳酸盐假说。研究发现，给焦虑症患者静脉滴注乳酸钠（类似于躯体运动时产生的乳酸的一种物质），可使大多数患者惊恐发作；而在 16 名正常人中，仅 2 人产生类似发作。Gorman 等（1984）给焦虑症患者在室内吸入 5% 的 CO_2 混合气体，像乳酸盐一样，也可引起惊恐发作（沈渔邨，2002）。类似的，患者过度换气或在一个纸袋里呼吸，也可导致惊恐发作。这类现象的机制目前尚不明确，可能的解释是：乳酸在体内代谢水解为 CO_2 和 H_2O，CO_2 穿过血脑屏障，使脑内 CO_2 浓度增加。吸入 CO_2、过度换气或通过纸袋呼吸也可使脑内 CO_2 浓度增加。惊恐障碍患者的脑干化学感受器可能对 CO_2 过度敏感，CO_2 浓度微小的升高就可使呼吸加快，并刺激脑干蓝斑核，使 NE 能神经元冲动释放增加，激活自主神经系统，从而诱发惊恐发作。

（4）神经解剖学。惊恐发作只是惊恐障碍的一个部分，惊恐障碍的患者还包括对可能发生惊恐发作的期待性焦虑，伴有广场恐怖的患者还存在恐怖性回避行为。基于这一现象，Gorman 等（1989）认为，惊恐障碍的不同表现涉及大脑的不同区域：惊恐发作与脑干蓝斑的功能异常有关，期待性焦虑与边缘系统的功能损害有关，而恐怖性回避可能与前额叶皮层（涉及学习活动大脑区域）的功能异常反应有关（Carson，1996）。

李惠春等（1989）应用单光子发射计算机断层扫描（single photon emission computed-tomography，SPECT）发现，患者双侧前下额叶、下颞叶和左侧基底节脑血流失调，提示其皮层-纹状体神经环路在惊恐障碍的神经病理机制中起重要作用。沈鑫华等（2004）研究发现患者的大脑中动脉血流异常，认为脑血流的改变可能是惊恐障碍的神经生物学机制之一。有人应用磁共振成像（MRI）研究还发现患者颞叶尤其是海马存在结构上的改变，如皮质萎缩（张亚林，2002）。

2. 心理社会因素

心理分析理论认为，个体都有一些容易引起焦虑的冲动，同时也有对抗这些冲动的防御机制，当防御不成功时，就会出现惊恐发作。此时，以往轻微的焦虑情绪就有可能转化为突发而强烈的惊恐感，而且伴发丰富的躯体症状。此外，患者在童年期有较高水平的分离焦虑，或者经历过惊吓、虐待和创伤，也可能与成年后发生惊恐障碍有关。

行为学派中较早对惊恐障碍的发生作出解释的是“对恐惧的恐惧”（fear of fear）的

观点。这一学说认为，当人们接近发生过惊恐发作的情境或与之相似的情境时，就会担心焦虑再次出现，而害怕接近可能发生惊恐发作的情境，就将发展成广场恐怖症的回避症状。这提示广场恐怖并不是对公共场所的害怕，而是害怕在这个场所会发生惊恐发作。与之相关的观点，Hout(1988)则认为惊恐障碍与内感受害怕(interoceptive fears)有关，他认为与惊恐发作相关联的各种躯体内部感受经过内感受条件作用，可以获得激发惊恐发作的能力。如在一次完全的惊恐发作开始之时出现心悸，可以成为以后惊恐发作的预警，这样"心悸"就获得了激发惊恐发作的能力，即"心悸"与惊恐发作之间建立了条件反射(Carson，1996)。

在以上行为主义观点的基础上，学者们提出了惊恐发作的认知模型(Beck & Emery，1985；Clark，1988；Craske & Barlow，2001)。这一模型的要点是惊恐障碍的患者对自己的躯体感受过度敏感，并易于对这些感受作出灾难化的解释和评价。例如，患者出现心跳加快时，就可能草率地下出结论——"我得了心脏病"；或者仅仅有些头晕，就会认为"我将会晕倒"。这种灾难化的想法，可导致更多的焦虑性躯体症状，而这些躯体症状又可激发更可怕的想法，从而形成一种恶性循环，并最终出现惊恐发作(如图 6-2 所示)。

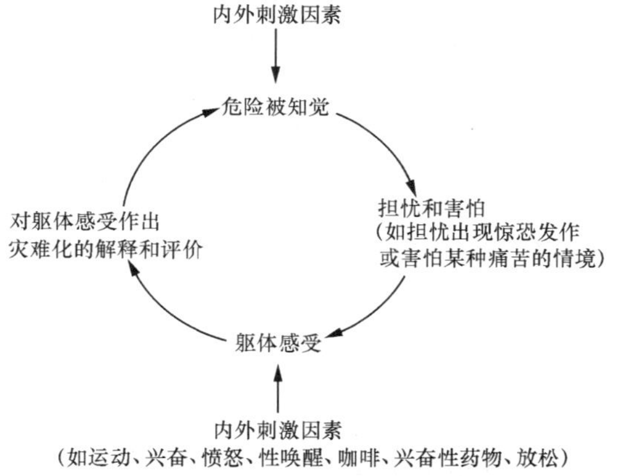

图 6-2 惊恐发作的循环过程

任何危险被知觉，都可能导致一种害怕和担忧，并伴随着各种躯体感受。根据惊恐障碍的认知模型，如果一个人对自己的躯体感受作出灾难化的解释和评价时，将提高被知觉的危险水平，促使更强烈的担忧和害怕，以及相应的躯体症状，从而激发更可怕的想法。这一恶性循环过程就将最终导致惊恐发作。(引自 Clark 1988 见 Crason，1996)

研究认为，惊恐发作易感者往往具有高"焦虑敏感性(anxiety sensitivity)"——他们较关注躯体感受，并易对躯体感受做出有害的解释(Muris, et al，2001；Reiss, et al，1986)。相对于低焦虑敏感性的个体，较高焦虑敏感性者易患惊恐障碍，易发生频繁的惊恐发作。这一点得到了几项纵向研究的支持。如一项研究报告，在 1984～1987 年间第一次体验到惊恐发作的个体，其中 3/4 的人是在 1984 年焦虑敏感测验中得高分的个体(Maller & Reiss,1992)。Ehlers(1995)在更自然的实验情境中,经 1 年的跟踪调查发现,焦虑敏感还能预测那些没有得到治疗的惊恐障碍患者症状的维持现状,另外还能够预测特殊恐怖症和非焦虑患者的惊恐发作情况。

将焦虑(尤其是焦虑的躯体症状)视为有害的观念,其起因可能是来自于个人生活中的一些负性经历(如个人遭受重大疾病或伤害)、社会观察学习(如家庭成员受到躯体疾病折磨表现出来的痛苦),或者是环境信息(如父母的警告或对躯体健康的过度保护)。据此,Ehlers(1993)的研究发现,相对于其他焦虑障碍患者或正常者的父母,有更多的惊恐障碍患者的父母患有慢性疾病,或者表现出焦虑的典型躯体症状;而且,惊恐障碍患者更多地观察到其父母身上的惊恐症状(Barlow 等,2004)。

Craske 和 Barlow(2001)整合了生物学和认知的理论观点,提出了"易感性-应激"(vulnerablitily-stress)模型来解释惊恐障碍。这一模型认为:发展成为惊恐障碍的患者往往具有"战斗-逃跑"反应过度敏感的生物学易感性,例如仅仅一个轻微的刺激,这些人的心跳和呼吸就开始加快,汗腺开始分泌。然而,除非他们持有对这些生理症状具有灾难化的观念,才会发展成惊恐发作。灾难化的认知不但提高了个体起初生理症状的强度;同时,还引起个体对另一次惊恐发作迹象的过度警觉,使他们持续处于一种轻至中度的焦虑水平,持续的焦虑提高了个体再次惊恐发作的可能性,导致一个反复循环的过程(见图 6-3)。

"战斗-逃跑"反应过度敏感的生物学易感性 × 对生理症状持灾难化的认知的倾向 = 惊恐发作和对惊恐发作迹象的过分警觉

图 6-3 惊恐障碍"易感性-应激"模型

四、治疗

1. 药物治疗

由于惊恐障碍患者有明显的躯体症状,很多患者会首先选择药物治疗。治疗惊恐障碍的药物主要有抗抑郁类药物和苯二氮草类药物。抗抑郁药中近年来较多使用 5-HT 再摄取抑制剂。苯二氮草类药物适用于对各种抗抑郁药不能耐受者;预期焦虑或恐怖性回避很突出,需要快速控制症状者,常用的药物有阿普唑仑和氯硝西泮。

2. 心理治疗

由于人们缺乏对惊恐障碍的认识,大多数患者往往把自己的症状当做躯体疾病来看待,因此向患者解释惊恐障碍就显得尤为重要。这一方面的工作主要有下面几点:① 指出惊恐障碍是一种心理疾病,不是器质性病变,也不是性格上的弱点;② 向患者保证他的疾病可以得到有效的治疗;③ 告诉患者惊恐障碍症状表现形式的特点;④ 指出药物是用以纠正生物学方面异常的一个手段,仅需暂时服用;⑤ 应让配偶、家属及其对患者有重大影响的人一同参与治疗。

心理治疗可以帮助患者克服痛苦的症状，恢复社会功能。常用的技术有认知治疗和行为治疗，或将这两种方法联合使用(被称之为认知行为治疗)。在行为治疗方面，最常用的是逐级暴露法或系统脱敏法，具体做法是让患者暴露于现实的或想象的恐怖情境，并反复进行，直至对所害怕的情境不再感到恐惧或焦虑。认知疗法有三部曲：① 找出消极或适应不良的思维模式；② 挑战这种消极的思维模式；③ 用积极的或者更为有益的想法代替消极想法(Silove & Manicavasagar，1997)。认知治疗中，布置家庭作业，让患者记录症状反应和当时的想法，并完成上述的三部曲，有助于治疗的进程和效果。

目前临床上倾向于采用认知行为疗法(cognitive-behavioral therapy，CBT)对惊恐障碍进行治疗。Barlow 和他的同事们(Davison & Neale，2000)，以放松训练(参见专栏 3)、基于 Ellis 和 Beck 的认知行为治疗技术和暴露于能激发惊恐的内在刺激的三个部分组成一个治疗模型，取得了良好的效果。内部感觉暴露的目的是通过重复的、系统的对某些躯体症状的暴露，来减少对它们的恐惧。具体做法是通过做某些练习，稳定地引起类似惊恐的感觉，如让始于过度换气而引起惊恐发作的患者快速呼吸 3 分钟，或者有眩晕症状的患者在转椅上旋转几分钟。当患者感受到类似惊恐发作的症状时，如头晕目眩、口干、心跳加快等，要求患者体会这些症状是安全的，以及应用已经学会的认知和放松技术缓解症状。通过实践和治疗师的鼓励，患者认识到“失去控制”的躯体感受是无害的，并能通过有效的手段加以控制。这种有目的的制造某些躯体反应，同时予以有效的应付方法，不仅减轻了患者对不可控制性的担忧，而且改变了他的认知。

一项临床研究表明，认知行为疗法、三环类抗抑郁剂(丙咪嗪)与认知行为疗法与药物的综合方法在控制惊恐发作的症状上都取得了良好的疗效。但在治疗结束后 6 个月的追踪发现，有较多的药物治疗患者复发，特别是综合治疗组的患者，复发的比率更大。这个结果说明，认知行为疗法比药物治疗有更为持久的疗效(Barlow, et al, 2000)。药物影响认知行为综合治疗的效果的原因可能有五方面：① 患者可能将他们的治疗效果归于药物。而一旦停药，由于缺乏对自身控制能力的信任，导致复发率升高，或者患者会一直服用药物。② 药物成为患者的“安全护卫神”，或者成为患者将自己从痛苦和负性体验中解脱出来的一种工具。而这个“安全护卫神”将长期维持患者的恐惧和回避，使得患者难以纠正对躯体症状的错误评价。③ 药物会阻碍躯体对焦虑和惊恐的唤起，依据情绪加工理论，这些初始症状的出现正是行为暴露治疗中所需要的，只有开始出现焦虑，患者才会最终体验这些症状是可以自然缓解的。④ 药物会影响患者投入认知行为技能训练的动机，尤其是在药物能缓解他们的焦虑和惊恐发作的时候。⑤ 药物会影响在服药期间的心理治疗中获得的经验推广到停药以后的生活中，这也是导致复发的一个因素(Barlow 等，2004)。

国内有人尝试森田疗法治疗惊恐障碍，也取得了良好的效果(曲一凡，2003；沈怡芳，张晓庆，2003)。

专栏 6-3

放松训练

放松训练有助于降低焦虑障碍患者的焦虑水平，也能在日常生活中帮助我们应对环境压力，对抗焦虑。

1. 呼吸法

这是一种快速的放松法，且可应用于让你感到焦虑和愤怒的几乎所有情境。具体的要点：

(1) 通过鼻子吸气，让你的胃部鼓起来，这意味着你用全肺呼吸。尽量使上胸部活动最少，保持缓慢的吸气。

(2) 屏住呼吸 2～3 秒钟。

(3) 缓慢、均匀地将气从鼻子完全呼出。

(4) 呼气时，让你的双肩和下颚下垂，使你的双手和双臂感到放松。

2. 渐进性肌肉放松

渐进性肌肉放松(PMR)，最早由美国生理学家 Edmund Jacobson 于 20 世纪 30 年代创立，后来逐步完善，广为应用，是目前一种良好的放松术。它通过全身主要肌肉收缩-放松的反复交替训练，使人体验到紧张和放松的不同感觉，从而更好地认识紧张反应，并对此进行放松，最后达到心身放松的目的。因此，这种放松训练不仅能够影响肌肉骨骼系统，还能使大脑皮层处于较低的唤醒水平，并且能够对身体各个器官的功能起到调整作用。

在这种放松训练的每一个步骤中，最基本的动作是：紧张你的肌肉，注意这种紧张的感觉。保持这种紧张感 3～5 秒钟，然后放松 10～15 秒钟。最后，体验放松时肌肉的感觉。

渐进性肌肉放松要求对全身肌肉进行放松。放松的程序是：

(1) 足部：把脚趾向后伸，收紧足部的肌肉；然后放松。重复。

(2) 腿部：伸直你的腿，跷起脚趾指向你的脸；然后放松，弯起你的腿。重复。

(3) 腹部：向里向上收紧腹部肌肉(好像你的腹部正要受一拳)；然后放松。重复。

(4) 背部：拱起背部；放松。重复。

(5) 肩与脖子：尽可能耸起你的双肩(向上、向内)，头部向后压；放松。重复。

(6) 手臂部：伸出双臂、双手，绷紧手臂肌肉，放松，弯起手臂。重复。

(7) 脸部：紧张前额和脸颊。皱起前额，皱起眉头，咬紧牙关；放松。重复。

(8) 全身：紧张全身肌肉(足、腿、腹部、背部、肩颈部、手臂和脸)。保持全身紧张几分钟；然后放松。重复。

做完后，若仍感到紧张，可重复一次。如果是仅一部分身体还感到紧张，可重复此部分的练习。当你完成这一练习，且感到放松时，应休息一小会儿时间，放松你的心理。可想象一些让你最感舒适、宁静的情景。此时要注意呼吸，节奏缓慢，从鼻子深深地吸气，慢慢地呼出来。持续1～2分钟后，睁开双眼。起身时，动作要缓慢、轻柔。

3. 简单放松术

简单放松术比前一种方法更为简短，通过练习，你能够轻松地达到放松状态。这一方法是一位心脏病学家 Herbert Benson 在20世纪70年代提出的。当时，他的目的是为了帮助心脏病患者减少会导致身体损害的应激，后来，这一方法演变成为一个广泛应用的放松技术。

练习这一放松方法时，首先应该想象出一个让你心情平静和放松的目标，即诱导物，用于训练过程。常用的诱导物有：能让你放松的声音或语句（如听大海的浪涛声，或默念“放松，放松……”）；或是优美的特殊东西（也许是一幅你喜欢的画）；或是能让你平静的情景（如乡下某个幽静的地方，或海滨的沙滩）。

练习时，做到以下几点有助于放松效果：

(1) 闭上眼睛以一个舒适的姿势坐着，想象你的身体逐渐变得发沉和放松。

(2) 用鼻子吸气，并把注意力集中于你的吸气过程。呼气时，注意心理感受，且呼吸要自然、放松。

(3) 不要担心自己能否掌握这一方法，按照自己的节奏让自己紧张和放松。练习时，分散注意力的念头可能会进入你的脑海里，对此不必担忧，也不要沉溺于这些念头，只要继续注意你的心理感受和呼吸。

(4) 练习持续的时间就是你能感到放松的时间。这一过程有的需要2分钟，有的需要20分钟，结束练习的判断标准是你感到了放松。当你完成练习后，闭上眼睛静静地坐一会儿，然后睁开双眼。站起身体时，动作不要太快、太猛烈。

（引自 kennerley，1997）

第四节　广泛性焦虑障碍

【案例 6-5】

患者，男，是一名32岁的工程师。近来他常常感到心理发慌，无缘无故地紧张而害怕。他心里想的几乎都是担忧的事情，如害怕上班迟到、担心被解雇、怕和同事之间的关系处理不好，等等。他诉说每时每刻都感到全身酸痛，肌肉紧张。这种状况让他如此的苦恼，以至于难以入睡，无法正常工作，身体健康状况也不佳。

问题起于半年以前，他被提拔为部门主管，他是一位好强、工作认真的人。数年来一直渴望能得到提升，当他得到此机会时，在高兴的同时又有不安。他怕自己工作不出色，在同事中没有威信，得不到上级的赏识，因此每天都拼命地工作。一段时间以后，他发现自己很疲劳，且无法集中注意力，经常发生不该发生的差错，这使他压力更大、精神更紧张了。一些同事总是说他工作太紧张了，可他认为这不是问题，工作紧张应该是精力充沛的一种表现。而过去他也常以此来获得成功的。他曾试图听听音乐让自己放松一些,但仍无法集中注意力,也难以消除越来越明显的烦恼。现在比以往更紧张,沮丧极了,不知道这种糟糕的状况何时才能结束。

案例6-5中的患者出现了广泛性焦虑障碍(generalized anxiety disorder,GAD)。在DSM-Ⅳ中广泛性焦虑障碍被定义为,具有对一系列生活事件或活动感到过分的、难以控制的担忧,并伴以6种相关的负性或紧张症状中的至少3种。其基本特征是慢性、不可控的担忧。就像案例中的描述,GAD患者可对生活中各种各样的事情(如身体情况、工作、人际关系等)感到担忧。GAD最初是由DSM-Ⅲ(1980)界定的,认为GAD的诊断标准是患者必须具备如下4种特征中的3种,且要持续1个月:① 运动性紧张;② 自主神经系统亢进;③ 忧虑性期望;④ 警觉和检查。这个诊断标准在DSM-Ⅲ-R(1987)中做了较大修改,即把过分或不现实的忧虑看做为GAD的主要特征,症状持续的时间标准也从1个月延长到了6个月。在DSM-Ⅳ中,保留了这种更改,确定GAD的主要诊断特征就是“过度的焦虑和担忧”,且持续时间要超过6个月,而且还明确指出这种担忧被个人视为是难以控制的。

一、流行学的研究

由于广泛性焦虑症的概念不尽一致,故各家的流行学数据有所不同。一般认为GAD患病率为2%～5%,如美国一项大型的社区研究调查,它依据DSM-Ⅲ-R,结果发现GAD当前患病率和终生患病率分别为1.6%和5.1%(Wittchen, et al,1994)。GAD常与其他的焦虑障碍,如恐怖症和惊恐障碍以及抑郁障碍相伴发。在我国,由于患者对GAD缺乏认识,常常到神经内科或其他内科就诊,常以神经衰弱或失眠症来治疗,只有约1/3患者到精神科就诊,其余大多到综合医院就诊。

此症女性多见,男女之比为1∶2。但在门诊和住院患者中,男女基本持平。其发病年龄难以确定,可见于各个年龄段,在老年人当中也较常见。许多患者认为病症是在不知不觉间缓慢加重的(Barlow,1988;Rapee & Barlow,1993,见Carson,1996),应激性生活事件是发病的一个重要诱因。

二、临床表现与诊断

广泛性焦虑症的核心症状是漂浮不定的焦虑。患者的症状与现实生活似乎有些联系,然而其担忧的内容及严重程度跟日常生活中的琐碎事物是很不相称的。焦虑的内容完全取决于日常生活环境中的变动,没有中心主题,也没有明确的社会倾向性。若追问患者,他自己也想不通到底整天害怕什么。与恐怖症不同,患者对担心的内容并没有明显的回避行为,但也会表现出轻微的回避性行为,如延迟做事、多次检查,然而GAD患者的这种行为并不能有效地减轻他们的焦虑。

患者在焦虑的同时常伴有易激惹、注意集中困难、难以作决定以及害怕犯错误的情况。病人常诉记忆力减退，实际上是因注意力不能集中导致的识记困难。由于焦虑妨害了其工作、学习效率和生活，反过来又加重了患者的焦虑，甚至害怕自己会完全失控。

焦虑症患者往往表情紧张，双眉紧锁，姿势僵硬而不自然，常伴有震颤，同时有程度不等的运动性不安，包括小动作增加、不能静坐等。有些患者的语言能力也受到影响，严重者出现口吃。

睡眠障碍也较为多见，典型者为入睡困难，睡眠浅而多梦也不少见。但早醒并非 GAD 的典型症状，如有发生，常提示焦虑是抑郁的继发症状。躯体性焦虑主要是自主神经功能亢进的表现，可涉及许多系统，常见的是心血管、消化、呼吸、泌尿系统。其中的许多症状，如心悸、胸闷、恶心、口干、尿频、皮肤苍白多汗等，可能成为患者就诊的主诉，尤其是到基层医疗机构或综合性医院就诊时，患者往往不主动述及焦虑心情，应予注意。焦虑情绪容易使患者集中注意于他们的躯体症状，而躯体症状又可成为病人担忧的内容，加重了他们的焦虑，形成恶性循环。

DSM-Ⅳ对广泛性焦虑症的诊断标准（APA，2000）

A. 对多种事件或活动（例如工作或学习）呈现出过分的焦虑和担忧（一种提心吊胆的等待和期待），至少持续 6 个月以上。
B. 患者感到难以控制自己不去担忧。
C. 这种焦虑和担忧同时伴有至少如下 3 项（至少在 6 个月的大多数时间里存在）。注：如是儿童只需 1 项。
   (1) 坐立不安或感到紧张；
   (2) 容易疲劳；
   (3) 思想难以集中或脑子一下子变得空白；
   (4) 易激惹；
   (5) 肌肉紧张；
   (6) 睡眠障碍（入睡困难、睡眠浅或易醒）。
D. 排除发生在其他轴 I 精神障碍的焦虑和担忧，如惊恐发作时的焦虑和担心（惊恐障碍）、在公众场合感到难堪（社交恐怖症）、担心被污染（强迫症）、害怕离家或离开亲人（分离性焦虑障碍）、担心肥胖（神经性厌食症）、多种躯体不适的主诉（躯体化障碍）、担心患严重疾病（疑病症）以及创伤后应激障碍的焦虑和担心。
E. 焦虑、担心和躯体症状造成了患者的严重痛苦，并且患者的人际交往、工作等社会功能严重受损。
F. 排除由某种药物（如某种滥用药物、治疗药物）、躯体疾病（如甲亢）、心境障碍、精神病性障碍或广泛性发育障碍所致的焦虑症状。

根据 DSM-Ⅳ的标准，诊断 GAD 关键是对“担忧”的确定，即担忧是过分的、难以控制的，且至少持续 6 个月以上。与 DSM-Ⅲ相比，DSM-Ⅳ的诊断则要求删去了自主神经系统亢进的症状。其理由是：GAD 最常出现的是易激惹、烦躁不安或情绪不稳定、易疲劳、难以入睡以及难以集中注意力，而自主神经系统亢进的症状群（如心跳加快、胸闷、出汗)相对较少;而且,机体紧张、警觉和检查这些症状比自主神经系统亢进的症状,与GAD之间的联系更紧密。一些研究认为GAD伴随的症状中,负性情绪或紧张(如肌肉紧张、易激惹)症状显著,而自主神经系统亢进症状相对罕见,存在着自主神经功能抑制的现象(Barlow等,2004)。

CCMD-3与DSM-Ⅳ关于GAD的诊断标准并没有多大差别,只是在CCMD-3中对担忧伴随的症状笼统地做了规定,即伴随自主神经症状或运动性不安。临床上常需要与之鉴别的是抑郁症,因为抑郁症常有焦虑症状或激动不安。其鉴别要点是:GAD患者通常先有焦虑症状,患病较长时间才觉得生活不幸福;无昼重夜轻的情绪变化;常难以入睡和睡眠不稳,而早醒少见;患者并不像抑郁症那样对事物缺乏兴趣,或对前途无望。其他还需要鉴别的有惊恐障碍、创伤后应激障碍和疑病症等。

三、病因

(一)生物学因素

遗传研究显示,此症的某些方面具有遗传特性。患者的一级亲属中大约15%患有GAD,远大于普通人群4%的患病率(Comer,2002)。在一项对1033名女性双生子的研究中,同卵双生子的同病率要明显高于异卵双生子的同病率。研究者认为GAD是一种中等程度的家族性障碍,估计其遗传因素约为30%(Kendler, et al,1992)。

神经生物学的研究认为,GAD与大脑尤其是大脑边缘系统的γ-氨基丁酸(GABA)不足或GABA受体不足有关。这一研究结果可以追溯到20世纪50年代,当时发现苯二氮䓬类药物有明显的抗焦虑作用,后来认识到其抗焦虑效应是通过激活了GABA能系统而起作用的,从而推测GABA这一神经递质,对于在人们处于应激情境时控制焦虑反应起到了重要作用。尽管是GABA能系统功能低下导致了焦虑,还是焦虑时出现了这一功能低下,到目前为止尚不明确。但是可以明确的是,GABA功能的低下可导致焦虑症状的持续存在。

需要注意的是,CCMD-3把GAD和惊恐障碍共同归入焦虑症的范畴,而DSM-Ⅳ则将其分为两类疾病,这有其道理的。因为一些研究者认为,GAD与惊恐障碍具有不同的生物学基础,如GAD患者的弥散性焦虑被认为是与边缘系统和GABA有关的,而惊恐障碍的害怕和惊慌则与脑干系统的蓝斑有关;惊恐发作时,会出现明显的交感神经系统增强的表现,如心跳和血流的加快、战斗和逃跑的反应,而GAD患者的这种反应要弱得多(Hoehn-Saric,et al, 1981,1989 见 Barlow, 1995)。

(二)心理社会因素

1. 心理分析理论的观点

心理分析学派认为,自我与本能冲动之间无意识的矛盾冲突是GAD的根源。本我中性或攻击的欲望,力求在自我中表现出来,而自我因为无意识地害怕被惩罚,不允许这些冲动表现出来,从而导致了一种漂浮不定的焦虑(Free-floating anxiety)或无名焦虑。GAD与恐怖症的不同在于,恐怖症患者成功地运用了防御机制,以某些外在对象替代了焦虑;GAD患者没有形成合适的防御机制,无法成功地应付自己的焦虑,未能使之被某些外在的对象所替代,从而使得焦虑几乎持续存在。由于焦虑的根源是无意识的,因而患者意识不到焦虑的真正原因。心理分析理论特别强调童年期的心理体验被压抑在潜意识中,成年后一旦因特殊境遇或压力的激发,便成为意识层面的焦虑。

近年来,越来越多的心理分析学者关注早期亲密关系对自我概念的发展。他们认为不良的教育方式导致脆弱的、冲突的自我映像,从而造成GAD。较少温暖和关怀,而且父母过于严厉或受到过多批评的孩子,可能发展出自我是脆弱的和他人是敌意的映像。这样的孩子在成年后,会竭力克服或掩盖自己的弱点,但是压力经常压垮了他们的应付能力,从而不断遭受焦虑的袭击(Zerbe,1990 见 Nolen-Hoeksema,2004)。一些经验性的研究证实,经常受到惩罚和威胁的孩子,成年后容易害怕和焦虑,是对这一观点的有力支持(Comer,2002)。

2. 人本主义和存在主义理论的观点

人本主义的观点认为,GAD的个体在小时候没有得到父母无条件的积极关注,会使他们学会抛弃他们自己的真实情感和愿望,而只是接受父母赞许的那一部分自我,形成了价值条件化(conditions of worth)。到了成年,还在继续价值条件化的过程,这会使个体只是把那些最有可能被生活中重要人物赞许、爱和支持的内容纳入自我概念。当外在的信息与自我概念不一致时,个体就会产生焦虑。为了对付焦虑,个体就使用扭曲或否定等防御机制阻止这个信息进入意识层。扭曲和否定可以在短期内有效地降低焦虑。但每一次使用防御机制,都会使个体离真实生活越来越远。当自我概念与现实差距非常大的时候,防御机制就不能发挥作用,其结果导致极端的焦虑(Burger,2000)。

存在主义理论认为GAD的发生归因于存在的焦虑,即人类对自身存在的限制和责任的害怕。当我们面临死亡时,就会产生生存的焦虑,其结果是我们可能非故意地伤害了某些人,或者认为自己的生活是没有意义的。通过接受生存的限制和努力地使我们的生活有意义,可以避免生存的焦虑;或者通过避免责任或建立其他的准则而压制焦虑。然而,不能面对生活中生存的问题,只会使焦虑永远存在,导致一种不真诚的生活(Nolen-Hoeksema,2004)。

3. 认知行为理论的观点

行为理论认为,GAD的形成与恐怖症类似,也是经过条件反射而形成的,只是条件刺激的范围更加广泛而已。然而,纯粹的行为观点难以全面解释GAD的演化过程。因为目前人们认为GAD的本质是对各种可能发生不测事件的一种担忧,而不是行为主义观点所认为的对已存在的内外刺激的忧虑(Barlow,1988;Borkovec,1985,1988;见Carson,1996)。

随着认知心理学的发展,焦虑的认知模式逐渐受到了重视,这一模式主要有以下三个观点。第一,GAD患者易于对应激事件感到不可控或不可预测,而这种思维倾向的形成与患者在过去生活中经历了若干不可控的重要事件有关。第二,如果人们对危险作出过度评价,焦虑反应与客观情境不相称,则将形成病理性的焦虑反应。人们之所以产生对“危险”的过度评价,有其深层的原因,主要在于早年经验形成的功能失调性假设或图式(underlying dysfunctional assumptions,or schemas),使人们倾向于以功能失调的方式过度消极地评价内外信息,形成以“不好”为主题的负性自动化想法,如“别人会嘲笑我”“我是一个笨蛋”“我没有机会获得好工作”等,从而激活“焦虑程序”。第三,研究发现,GAD患者在加工含有危险的外界信息的过程中,倾向于把注意力自动化地投向环境中具有危险含义的信息,并且要比正常人更容易对模糊信息以一种负性的、带有危险的方式作出评价。这一认知模式必然加重患者当时的情绪反应。若患者已经处于焦虑状态,那么他的焦虑就会更加严重(Carson,1996)。

专栏 6-4

忧虑——GAD形成的主要原因以及病理性担忧模型

Borkovec(1994)认为,忧虑是一种旨在解决问题的语言性、概念性活动,表现为努力逃避所厌恶的负性事件和图像(例如对威胁的认知回避)。处于这个过程中的担忧者体验到大量的负性情感和失控感。病理性担忧与一些弥散性认知相联系,这些认知往往认为,世界正在遭到威胁,人们不能处理或控制未来的消极事件。担忧使人在短期内回避危险的情景,回避了能引发痛苦烦恼的躯体活动——自主神经系统激活的症状,从而使担忧获得了负性强化。

GAD患者会认为担忧具有一些好处,如可以预防灾难事件的发生,或使人们对未来的某些消极事件做好应对的准备,从而把担忧看成是一种解决问题的有效方法。然而当他们这样做的时候,同时又害怕关注所忧虑的消极后果。所以对于他们来说,最好的策略就是避免对忧虑的需要。然而,这样做往往是不大可能的,他们在无意识状态下采用忧虑作为处理问题的策略,同时又害怕关注忧虑的消极后果,从而导致对忧虑的忧虑,进而陷入到广泛性忧虑之中。与此同时,GAD个体倾向于以一种消极的方式来评价忧虑,认为忧虑是不好的,或者说在某种程度上是不正常的,是神经症人格特征的迹象之一,是不被社会所接受的,并试图以一种特定的方式来控制焦虑,他们往往会通过压抑或逃避忧虑的方式来完成(付翠,2001)。

根据Borkovec的观点,尽管回避行为使得个体能够暂时从痛苦烦恼中解脱出来,但是回避带来的长期后果是抑制了情绪加工过程,并将引发焦虑的认知一直保持下来。研究认为,担忧抑制了记忆中恐惧认知结构的全面激活,威胁性材料的情绪加工就会被阻止。而激活和全面加工记忆中的恐惧结构被认为是消除慢性焦虑的必要因素。恐惧记忆结构不能得到激活,也可能是GAD相关的自主神经系统被抑制的原因。担忧的回避特性还会妨碍患者有效地解决现实生活中的问题。然而，由于病理性担忧被认为是难以控制的，并且这种担忧阻碍情绪加工过程，受此折磨的个体在将来可能会体验到更强的负性情绪和认知闯入。

根据这个模型，结合暴露治疗原理，产生了治疗 GAD 的一个方法——担忧暴露。其要点是让患者将注意力集中于与担忧相关的认知，并且想象可能发生的最令人害怕的、最坏的结果，唤起患者的担忧，通过反复暴露使患者对最坏结果的习惯化，由此阻断之前的担忧。

四、治疗

1. 药物治疗

自从苯二氮䓬类于 20 世纪 70 年代问世以来，种类繁多的苯二氮䓬类药物被广泛地用于治疗焦虑障碍，且证实它们能有效地降低 GAD 的焦虑水平。但是它们的作用在短期内（4～8 周）效果较佳，长期使用，则效果明显下降。这类药物都有共同的副作用，一般只在必要时服药。较为合理的建议是，症状严重或有短暂的危机（应激性事件）发生时，服用快速作用的苯二氮䓬类药物。

2. 心理治疗

心理分析理论认为，GAD 的产生是由于被压抑的心理矛盾冲突，因此心理分析的治疗主要是帮助患者认识到这种冲突的真正根源，其治疗过程与恐怖症的治疗相似。建立在客体关系理论（object relation theory）（心理分析学派的一个分支）上的治疗，主要集中于患者在童年时代与母亲的早期关系，帮助他们认识和解决儿童时的关系问题。许多研究表明，心理分析对 GAD 的治疗是行之有效的（Comer，2002）。

由卡尔·罗杰斯创立的以人为中心疗法在 GAD 的治疗中得到了临床验证。这一疗法重视创造一种有利于患者成长的人际关系，无条件的积极关注、真诚和共情是建立治疗关系的最基本的条件。在真诚的接纳和关心的良好气氛中，患者拥有一种心理上的信任感和安全感，使其能够无拘无束地表达自我和探索自我，从而认识自己真正的需要、思想和情感。当他们最终达到对自我的理解和接受，达到自我概念与经验的和谐时，焦虑或其他症状就自然得以消除。

在行为疗法中有多种形式的技术可用于治疗 GAD，例如放松训练、系统脱敏法、生物反馈疗法等。若患者有相对明确的焦虑情境，可采用系统脱敏法；若难以明确焦虑的对象和情境，则可采用放松训练的方法，帮助患者在出现焦虑时，通过躯体放松降低躯体和心理上的不适感，阻止焦虑反应的恶性循环。有研究证实，放松训练的方法可有效地减轻 GAD 患者的症状（Borkovec，et al，1994，1996 见 Davison & Neale，2000）。

认知疗法也常被采用，其治疗要点是改变患者对外界刺激的"危险"评价。目前，人们倾向于把认知疗法和行为疗法结合起来使用，这不仅可提高疗效，同时可缩短疗程。

在此我们推荐 Barlow 建立的认知行为综合疗法，这一方法包括三个部分（Barlow 等，2004）：① 针对焦虑的生理症状（如肌肉紧张）采取渐进性肌肉放松法。② 对与焦虑相关的认知采取认知重建的方法。③ 对焦虑的行为成分如回避、谨慎、兴奋和烦躁，采用担忧行为阻止法、时间管理和问题解决的方法。

认知重建类似于在惊恐障碍一节里介绍的认知三部曲。在 GAD 中与过度担忧相关的认知歪曲主要是“可能性夸大”和“灾难化思维”。可能性夸大是个体高估负性事件的发生概率（实际上不大可能发生），例如，“一个工作表现不错的人仍担忧失业而十分焦虑”。灾难化思维是指把已经发生的或者即将发生的事件看做是如此的糟糕和难以忍受或不可控制，以至于不能够承受它，尽管实际上它并不像看起来的那样具有“灾难性”，例如，“如果我失败，那将太可怕了”。

担忧行为阻止法是认为 GAD 的担忧都伴随一些纠正性的、预防性的或者仪式性的行为，如“担心孩子上学迟到，总要检查闹钟有没有上好”，而担忧行为通常能带来焦虑的暂时减轻，对患者起着负性强化的作用。与对强迫症的治疗一样，系统地阻止与担忧相关的功能性行为也是对 GAD 治疗的一个有效的干预措施。

GAD 患者的问题中除了要应付日常的琐碎事情之外，还包括被各种各样的任务压得无法承受。这是因为 GAD 本身的性质，患者倾向于夸大日常小事，夸大这些事件的影响。因此，时间管理和任务设定的技巧可以帮助患者把注意力集中于努力完成当前的任务，而不是担忧未来没有完成的任务。时间管理策略主要有三个部分，包括把任务委派给他人、自信心训练（如学会说“不”）以及合理安排时间并遵守日程安排。

问题解决法能帮助患者组织和集中思维，想出解决问题或困难的方法，从而避免在问题或困难面前感到焦虑。GAD 患者通常面临两种类型的困难：① 用一种泛泛的、模糊的、灾难化的方式看待问题；② 不能找到有效的解决方式。第一种情况的处理，是教给患者如何把问题明确化，如何把问题分解为多个可以掌控的小问题。第二种情况的处理方法，是协助患者找到尽可能多的解决办法，而不管方法的合理与否。然后，评估每一个解决方法的利弊，确定最可行的那种方法，并付诸行动。

第五节　强　迫　症

强迫症（obsessive-compulsive disorder，OCD），是严重影响个体日常生活的一种心理障碍，它以反复出现的强迫观念和强迫行为为主要临床特征。强迫观念是以刻板形式反复进入患者意识领域的思想、表象或冲动意向，尽管患者认识到这些观念是没有现实意义、不必要或多余的，虽极力摆脱和排斥，但又无能为力，因而感到十分苦恼和焦虑。强迫动作是为阻止或降低焦虑和痛苦而反复出现的刻板行为或动作。

1838 年，法国精神病学家 Esquirol 首次报告一例强迫性怀疑的病例，并将其归于

"单狂(monomania)"一类。而当时以妄想为几乎唯一症状的病也叫单狂,可以推断,强迫观念与妄想在那时尚未明确区分。1861 年,Morel 创用"强迫观念"一词,认为这是一种情感性疾病。1866 年他将其命名为 OCD,从此这类疾病在精神病学中才有了公认的专门术语。1878 年,Westphal 归纳了前人的看法,将强迫观念定义为:一种不由自主的或与病人意志愿望相对立的思想,而该思想对病人来说是"外来的",它不是任何特殊情感状态的产物,智力也完整无缺,是一种独立于任何情感之外的疾病。弗洛伊德在神经症分类中,把强迫性神经症作为独立的疾病与癔症并列,归入神经症一类。1936 年,Lewis 对 OCD 的概念进行了文献述评,并指出认识到强迫体验无意义,并不是 OCD 的必要特征,主观上感到必须加以抵抗才是主要的。Lewis 的这一看法促进了人们对 OCD 的认识(许又新,1993a)。目前,在 CCMD-3 和 ICD-10 分类中,OCD 属神经症性障碍中的一个疾病类别,DSM-Ⅳ则把它列入焦虑障碍。

一、流行病学的研究

人们曾经认为 OCD 是一种罕见的疾病,估计在普通人群中的终生患病率为 0.05%。但在 1984 年,研究者运用 DSM-Ⅲ诊断标准和结构式访谈的方法在美国五座大城市进行了一次大规模流行病学调查,结果表明,OCD 在普通人群中的终生患病率为 2.5%,6 个月的时点患病率为 1.6%,OCD 的患病率两倍于惊恐障碍和精神分裂症(见满常红等,1997)。近年许多研究表明,在美国和英国 OCD 的患病率也比以前估计的要高得多,其终生患病率大约为 2%,成年男女比例基本接近(APA,2000;Bebbington,1998;Regier, et al, 1993;见 Comer,2002)。在儿童中,男女比例为 2∶1(Hanna,1995)。在离婚、分居或失业的人群中,此病的患病率较高,其原因是 OCD 往往使患者社会功能受损,从而导致失业、离婚以及其他人际问题。

1982 年,我国对 12 个地区精神疾病流行病学调查结果,OCD 在 15～59 岁人口中的患病率是 0.03%,占全部神经症的 1.3%,城乡比率相近(向孟泽等,1986)。心理咨询门诊中,OCD 是比较常见的。如在一项调查中表明 OCD 在门诊就诊的神经症中比例为 19.02%,仅次于焦虑症(赵耕源,1991)。

二、临床表现与诊断

临床上根据其表现,强迫症状分为强迫观念(obsessions)和强迫行为(compulsion)两类。二者虽有不同之处,但共同之点更值得注意:① 症状反复、持续出现,患者完全能够觉察;② 症状具有"属我"性,即非外力所致,但又"非我所愿";③ 症状往往令自己内心焦虑、痛苦;④ 患者明知症状表现是不应该、不合理、不必要或无意义,并有一种强迫抵抗的欲望,但难以控制和摆脱。

我们中大多数人可能都曾有过某些轻微的强迫观念或强迫行为,如不停地考虑第二天的面试或约会而一时无法不去想,或关好门窗而又重复检查。但在 OCD 中,这种想法或行为会更持久、苦恼，而且明显不合理，对日常活动也会产生明显的干扰。研究者认为，正常和不正常的强迫观念（或行为）是一个连续体，主要的区别在于症状的频率和强度、患者对症状感到苦恼以及存在对抗的意念（Butcher, et al，2004a）。

1. 强迫观念

强迫观念是OCD的核心症状，是指反复进入患者意识领域的思想、表象或意向。这些思想、表象或意向对患者来说，是没有现实意义的，不需要的或多余的；患者意识到这些都是他自己的心理活动，极力摆脱，但又无能为力，因而感到十分苦恼和焦虑。

（1）强迫思维

一些字句、话语、观念或信念，反复进入患者意识领域，干扰了正常思维过程，但又无法摆脱。可有以下几种表现形式。

- 强迫性穷思竭虑。患者对日常生活中的一些事情或自然现象，寻根究底，反复思考，明知缺乏现实意义，没有必要，但又不能自我控制。如“到底是先有鸡，还是先有蛋？”“秋天的叶子为什么会变黄？”等。这种患者诉苦“脑子老是不闲着”，其实痛苦并非来自思考本身，而是病人非想不可，又极力要控制自己别想它，老是跟自己作对，以致伴随着紧张和焦虑。
- 强迫怀疑。患者对自己言行的正确性反复产生怀疑，明知毫无必要，但又不能摆脱，常因此伴有强迫行为。如出门时怀疑煤气是否关紧，门和抽屉是否锁好等，虽然检查了一遍、二遍、三遍……，但还是不放心。在怀疑的同时，常伴有焦虑不安，因而对自己的言行反复检查。
- 强迫联想。患者脑子里出现一个观念或看到一句话，便不由自主地联想起另一个观念或语句。如果联想的观念或语句与原来相反，如别人说“好人”，他总是想到“坏蛋”，人家说“神圣”，他总是想到“肮脏”等，则被称为强迫性对立性思维。由于对立观念的出现违背患者的主观意愿，常使患者感到苦恼。
- 强迫性回忆。患者对过去的经历、往事等反复回忆，虽知毫无意义，但总是反复萦绕于脑中，无法摆脱。如在看书时，反复出现半年前考试时曾作弊的经历。

（2）强迫表象

强迫表象为反复呈现逼真、形象的内容，而强迫观念指抽象的思想。出现的表象通常是令患者难堪或厌恶的，多见的是生殖器或性行为的形象。其内容可以与强迫观念有联系，也可以并存。少数患者的表象外向投射，形成假性幻觉。

（3）强迫性恐惧

OCD的症状也可以表现为情绪方面。与恐怖症不同的是，并非对特殊环境和物体的害怕，而是对自己情绪的恐惧，害怕自己失去控制、会发疯、会做出什么违反社会规范，甚至是伤天害理的事。与强迫意向的区别是，患者并没有马上要行动的内在驱使。

（4）强迫意向

强迫意向又称强迫冲动，这是一种强有力的内在驱使，一种即将要行动起来的冲动感，但患者从来不会有真正的行动。患者明知这样做是非理性的、荒谬的、甚至是不可能的，努力控制住不去做，但其内心的冲动无法摆脱。这类冲动常常是伤害性的，如杀人、砸碎玻璃、跳过飞驶的汽车、在高处的阳台上往下跳，或是非常不合时宜的，如在大庭广众之下脱衣服、见到异性就有拥抱接吻的冲动等。尽管这些想法不会付诸实施，但却一直折磨着病人。在下面案例中，一个女病人这样描述自己（见王登峰，1993）：

【案例 6-6】

我总有一些"可怕"的想法。当我想到自己的男朋友时，会希望他去死；当母亲下楼梯时，我会希望她从上面滚下来摔断脖子；当姐姐说要带她的小孩去海滩时，我会希望他们都被淹死。这些想法简直快把我弄疯了。我爱他们：为什么我还希望他们遇上这么可怕的事情呢？这使我变得野蛮，觉得自己是不齿于社会的疯子，也许让我去死都比"诅咒"我所爱的人更好。

2. 强迫行为

强迫行为又名强迫动作，是指反复出现的、刻板的仪式化动作，患者感觉到这样做不合理，别人也不会这样做，但却不能不做。强迫行为常见下面几种形式：

（1）强迫洗涤。常见有强迫洗手、洗衣等。如有位患者外出时若接触到其他物品，回家后就要反复多次洗手；上了厕所后，要反复地洗手 10 多次，甚至睡前关门窗、脱袜子后也是如此。睡前的这一重复行为往往要耗费患者一个小时的时间，家里人制止也无济于事。

（2）强迫检查。大都继发于强迫性怀疑之后。有位患者强迫性地怀疑电视机是否关好，每次走出家门后，必再走回家中检查电视机是否关好，这样反复走出走进不计其数，并为此影响了上班或约会。他对此深感痛苦，但无法摆脱。

（3）强迫询问。OCD 患者常常不相信自己，为了消除疑虑或穷思竭虑给患者带来的焦虑，常反复要求他人不厌其详地给予解释或保证。如一个男学生，反复询问自己考试考好了会不会得罪别的同学，起因是有一次考试后，同班考得较差的几个同学被老师批评。有的患者可表现在自己头脑里，自问自答，反复进行，以增强自信。

（4）强迫计数。表现为要反复计数台阶级数、或大楼层数、或路边树木数等。有位患者每次上班总要点计街上电杆数目，如中间发现漏计，则回头重新计数。这种计数意在消除某种担心或避免焦虑的出现。

（5）强迫整理（arranging/ordering）。表现为按某种固定的样式或顺序摆放某些物体，过分要求整齐。如一位患者必须把抽烟后的烟蒂在烟灰缸里按一个固定的顺序很整齐地放置，如感觉不整齐，就要多次整理。

（6）强迫仪式行为。疾病初期，患者的强迫行为总是简单的，只不过是采用某些动作以缓解焦虑和不安。以后，原先的动作不足以缓解焦虑，于是增添了新的内容，逐渐形成了复杂的有固定格式的行为组合，称为强迫仪式行为。患者必须按照仪式的程序操作，稍有差错，便从头做起。

(7) 强迫性迟缓(compulsive slowness)。这类患者过分强调事情的对称性或精确性，从而导致动作迟缓，并明显影响患者的社会功能。例如，每次吃饭或刮胡子要花1～2小时甚至更多；看书时一字一字的看，或者目光停留在第一行第一个字而不能顺利地阅读下面的内容。

在DSM-Ⅳ中，强迫行为被定义为旨在减少由于强迫思维带来的痛苦烦恼而被迫进行的外显的行为(如洗手、检查或排序)或内隐的精神活动(如计数、祷告、默默地重复字词)。这个定义强调了强迫思维和强迫行为是相互联系的，并强调强迫行为既可以是观念性的，也可以是行为的。与DSM-Ⅲ-R相比，这个定义是一个很大的变化。当然这个修正是有道理的，因为一些实证研究认为，90%的OCD患者主诉，他们的强迫行为就是为了预防强迫思维的出现或是减少强迫思维带来的痛苦而进行的。研究还表明，98%的患者同时具有强迫思维和强迫行为方面的症状(Foa, et al,1995,见Barlow等，2004)。不管是仪式行为还是仪式化精神活动，二者功能是相同的，都是为了预防或减少强迫思维带来的难以摆脱的痛苦，都是为了降低恐惧，寻求安全感。

具有典型的强迫症状，患者能够认识到强迫症状来源于自身，干扰了自己的日常生活、学习和工作，并为之感到苦恼，试图加以排除或对抗，以及迫切要求治疗。一般诊断并不困难。DSM-Ⅳ与CCMD-3相比，除增加了上面所述的对强迫行为与强迫观念的关系作了描述外，还认为有一少部分患者并没有意识到其观念和行为是过分的(即缺乏自知力)。

DSM-Ⅳ对强迫症的诊断标准(APA,2000)

A. 或者是强迫思维，或者是强迫动作：

强迫思维的定义是下列四项：

(1) 在病程中某一时间所体验过的思想、冲动意念或表象，会反复或持久地很不合时宜地闯入头脑，以致引起显著的焦虑或痛苦；

(2) 这种思想、冲动意念或表象不单纯是对于现实生活中一些问题的过分担心。

(3) 患者企图忽视或压制这些思想、冲动意念或表象，或者用其他思想或行动来中和它们；

(4) 患者认识到这些强迫性思想、冲动意念或表象都是他自己头脑的产物(并不是被强加的思想插入)。

强迫动作的定义是下列2项：

(1) 患者感到为了被迫作为强迫思维的反应或按照应当僵硬执行的规则而不得不进行的反复行为(例如，洗手、排次序、核对)或精神活动(例如，祈祷、计数、默默地重复字词)；

(2) 这些行为或精神活动目的在于预防或减少痛苦，或为了预防某些可怕事件或情景的发生；然而这些行为或精神活动实际上并不能起到所设想的中和或预防作用，或者实际上是明显过分的。

B. 在病程中的某一时，患者自己曾认识到这种强迫思维或强迫动作是过分的或不合理的。
注：这一点不适用于儿童。

C. 带来显著痛苦的强迫思维或强迫动作，是费时的（一天花费 1 小时以上）或明显地干扰了正常的日常活动、职业（或学生）功能或平常的社交活动或关系。

D. 如有另一种轴 I 型诊断存在，强迫思维或强迫动作的内容并不仅限于它（例如，进食障碍之沉湎于食物；拔毛症之拔除毛发；躯体变形症之考虑到自己的外貌；物质滥用障碍之沉湎于滥用药物；疑病症之沉湎于患有重病；性变态之沉湎于性冲动欲望或性幻想；重性抑郁障碍之反复地自责自罪。）

E. 此障碍并非由于某种药物（例如某种滥用药物、治疗药品）或由于一般躯体情况所致之直接生理性效应。
若有以下情况，请注明：伴自知力不全，如当前发作的大部分时间，患者不能认识这种强迫思维或强迫动作是过分的或不合理的。

3. 病程、共病及预后

此病大多于青春期前后或成年早期起病，也有些病例起病年龄更早，在儿童中也不少见。据研究，男性发病高峰在 13～15 岁，女性在 20～24 岁，平均起病年龄为 20 岁（Rasmussen & Eisen，1990）。通常，OCD 起病较慢，是一个逐步发展的过程（少量急性起病），而一旦变成严重的情况则趋向慢性化，且其症状有起有落，在遇到应激时往往加重。起病的诱因各式各样，分娩、性生活和婚姻关系上的问题、生活和工作中的挫折是最常见的诱发事件。

由于患者在疾病初期大多极力掩盖症状，故很多人需要历经 5～10 年才到精神科或心理门诊就诊。一项研究发现，OCD 患者从第一次有明显的症状到第一次寻求治疗的时间平均超过 7 年（Rasmussen & Tsuang，1986）。据 Rasmussen 在 1992 年对 3100 例患者的研究，85％为持续病程，10％的患者其症状进行性恶化，2％为发作性病程，间歇期正常（张亚林，2000）。近年来，随着药物治疗和心理治疗的研究进展，OCD 患者的预后已有明显改善，但仍有约三分之一的患者是持续性或渐进性的病态，严重影响了患者及家庭的生活质量，对家庭和婚姻关系、社会功能也造成了不同程度的影响（郭慧荣、肖泽萍，2004）。

OCD 常常伴发其他的心理障碍，最常见的是抑郁障碍。有研究认为，至少 67％的患者在他们生活中的某个阶段经历抑郁障碍（Gibbs，1996）。OCD 与社交恐怖症、惊恐障碍、广泛性焦虑障碍和特殊恐怖症等共病的现象也比较常见。在 OCD 患者中，同时患有人格障碍也很多见。王振等（2003）的一项调查表明在 47 例 OCD 患者中有 29 例同时诊断为人格障碍，且主要是强迫型、回避型和偏执型。国外的一些研究结果也类似（Bejerot，et al，1998）。

一般来说，OCD 具有如下特点者往往预后不良：① 病前有不良人格；② 病前人际关系和社会功能差;③ 童年期即起病;④ 强迫症状怪异;⑤ 伴有抑郁障碍。相反,如果患者病前人格健康、社会及职业方面适应良好、起病有明显的诱因、症状呈发作性,则往往预后较好(张亚林,2000)。

三、病因

(一)生物学因素

近年来,人们一直在探索生物学在OCD发病中的作用,随着遗传、脑影像、生化研究等方面的进展,表明OCD有着比其他焦虑症更为明显的生物学基础。

1. 遗传学

OCD的遗传学研究集中在双生子及其家庭方面的研究上。已有的研究提示,OCD具有一定的遗传基础。Billett等人的一篇综述复述了14篇有关双生子研究的文章,在80对同卵双生子中有54对共同患了OCD,在29对异卵双生子有9对共同发病(Butcher, et al,2004a)。据Rauls等(1995)的研究,患者的一级亲属中OCD的患病率为10.3%,远远高于一般人群的1.9%;与此同时,Rauls发现有明显遗传基础的Tourtte's综合征的患者中,23%的人同时被诊断为OCD。国内杨彦春等(1998)对90例OCD患者进行家系研究发现,OCD患者一级亲属中多种心理障碍的患病率(5.9%)明显高于一般人群(0.3%)。

2. 脑影像学

通过PET、SPECT、fMRI等手段,进行了OCD的大脑功能和结构研究。发现OCD可能存在额叶眶区-基底节-丘脑结构的神经回路异常。采用PET扫描的研究表明,OCD患者额叶眶区、基底节内的尾状核代谢活性增强(Baxter, et al,2001,1990; Saxena, et al, 1998),而在强迫症状被特定刺激激发的情况下,与静息状态相比,其额叶眶区、尾状核以及扣带回的某些区域代谢活性显著增高(Rauch, et al, 1994)。陈晓丽等(2004)采用fMRI技术,比较静息和症状诱发状态下的脑局部血流灌注(regional cerebral blood flow,rCBF),发现在双侧额叶眶区、右尾状核、前扣带回、左额下回等区域的rCBF明显增多。此外,采用有效的药物或行为治疗减轻了强迫症状后,局部脑代谢水平相应降低(Baxter, et al,1992;Schwartz, et al,1996;史尧胜,1999)。

额叶眶区是性、攻击、排泄等原始冲动产生的地方,这些冲动传递至尾状核,尾状核起到过滤器的作用,只能让最强烈的冲动传递到丘脑。如果冲动传到丘脑,就使个体思考这些冲动,并具有作出某种行为的可能。一旦个体完成了该行为,冲动就消失。然而,OCD患者由于额叶眶区或者尾状核过度活动,无法正常关闭这些冲动或行为,从而导致一种不断的令人烦恼的想法和行为。例如,当我们有手脏的想法时,大多数人都会作出一种正常的清洁方式——洗手;可是OCD患者由于他的大脑不能关闭关于脏的想法或关闭已不再需要的行为,因而会有不断洗手的冲动。支持这个观点的学者认为,大多数强迫观念和强迫行为都与污染、性、攻击,以及行为的重复有关,而它们都通过这

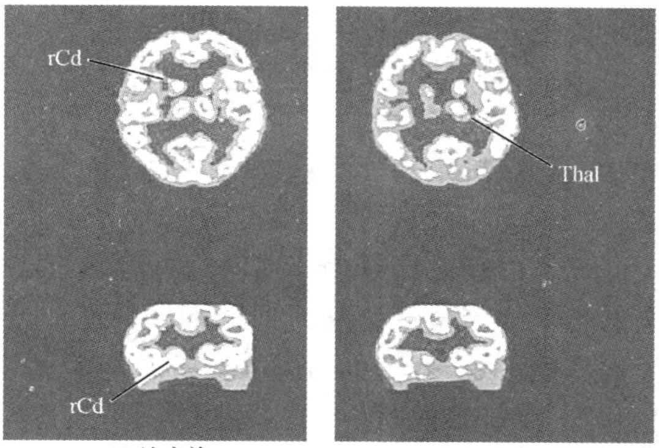

(a) 治疗前　　(b) 治疗后

图 6-4　强迫症患者行为治疗前后大脑 PET 扫描的对照图

图中显示经过行为治疗后，强迫症患者大脑的右尾状核（rCd）的活性降低。（引自 Schwarta, et al, 1996）

个原始大脑环路进行处理。

3. 生化机制

生化研究主要集中在 5-HT 上。研究发现，几乎所有具有抗强迫作用的药物如氯丙咪嗪、氟西汀和舍曲林等均有 5-HT 摄取抑制作用，而对 5-HT 摄取作用较弱的抗抑郁剂，如阿米替林、丙咪嗪则几乎没有抗强迫作用，故推测 OCD 的发生与 5-HT 能低下相关联（Flament & Bisserbe,1997）。但是，5-HT 能低下并不能完全解释 OCD 的发生机理，因为仍有 40%～60%的 OCD 患者用 5-HT 摄取抑制剂无效。有的研究者还认为，给 OCD 患者服用选择性 5-HT 激动剂，可使强迫症状加重，这提示 OCD 患者可能存在 5-HT 活性的过高（而不是低下），或存在对 5-HT 过度敏感的某些大脑结构（Dolerg, et al, 1996a,1996b; Murphy, et al,1996 见 Butcher, et al,2004a）。

5-HT 异常假说支持 OCD 患者 5-HT 功能异常，但 5-HT 功能改变的性质仍不清楚，仅用 5-HT 活动增强或减弱还无法解释 OCD 的复杂发病机制。

（二）心理社会因素

1. 心理分析理论的观点

心理分析学派认为，强迫行为来源于被压抑的攻击性冲动或性欲望。OCD 患者没有处理好性器欲阶段的本能冲突，他们的性驱力要么退行至肛欲期，要么这一时期无法顺利地发展。回顾患者的个人史，可以发现他们自幼年起就受到了过于严厉的管教，攻击冲动及性欲往往受到了压抑。根据这一理论，来自本我和自我之间的强烈冲突形成了一系列防御机制，从而最终产生强迫症状。与 OCD 相关的防御机制主要有四种，分别是：分离、替代、反向形成和消退（Carson, et al, 1996）。一种亵渎的念头出现和与此相关的情感反应毫无关联，患者出现暴力的念头时没有愤怒的体验，这是由于分离的作用。替代是指某些非常可怕的念头或冲动被另一些可以被人接受的念头或行动所代替。出现要杀死自己孩子的念头同时出现“我是一个好母亲”的念头，这是一种反向形成的作用。出现某些想象中“越轨”的想法时，试图以某些不可思议的强迫行为获得原谅，这是消退的机制。如出现亵渎的想法时，伴随过分的祈祷或洗涤的仪式。心理分析学家认为，由于患者的性驱力退行至肛欲期，故他们的症状内容常表现为对排泄系统特别关注或惧怕被污染。

由钟友彬创立的认识领悟疗法则认为，OCD的根源在于儿童时受过的精神创伤，这些创伤或幻想引起的恐惧体验虽然被压抑到无意识中而被遗忘，但并没有消失。成年后在一定的诱发因素作用下，这种幼稚的恐怖情绪即再现出来，患者不自觉地用幼年方式来排除这种幻想和恐怖情绪，此时患者表现出的就是强迫症状(钟友彬，1999)。

2. 行为主义理论的观点

Mowrer用来解释恐惧和回避行为的获得和维持的二阶段理论通常也用来解释OCD。该理论认为，在第一阶段，一个中性事物当它与能够引发焦虑或者躯体不适的刺激同时出现后，这个事物与恐惧就联系在一起。通过条件反射，诸如想法和意象等一些中性事物就具备了让人不舒服的能力。在第二阶段，为了减轻痛苦，回避和逃避行为就产生了，而且如果回避和逃避能够成功降低焦虑，这些行为就会得到强化，一直保持下来。由于强迫思维往往具有闯入性质，很多引发强迫思维的情境难以真正回避。因此，患者采取更为积极主动的方式，比如仪式行为，来减轻焦虑。这些仪式行为因为能够暂时缓解焦虑就被强化，从而反复出现，形成了强迫行为(Barlow 等，2004)。例如，把触摸门把手或与人握手与害怕被污染的观念相联系，就会产生焦虑反应，而洗手后焦虑反应得以减轻，洗手的行为就被强化，从而在相同或类似的情境中反复出现：焦虑→洗手→焦虑减轻的行为表现。

上述观点得到了一些研究的有力支持。研究显示，大多数OCD患者暴露于能激发强迫观念的情境会产生痛苦，并持续相对长的时间才逐渐消退。如果在强迫观念被激发的情况下允许患者马上采取强迫性仪式行为，其焦虑水平通常很快地下降(Butcher, et al，2004)。这个模型提示我们，暴露于恐惧的物体或情境而不发生仪式行为，可用于治疗OCD。事实上，这是行为治疗对于OCD能够有效的核心成分。

但是，上述观点并不能很好地解释在最开始时强迫观念是如何发展的，而且也难以解释不伴有强迫行为的OCD。

3. 认知理论的观点

近年来，关于OCD的认知观点也受到了重视，且常与行为主义的观点共同解释OCD。认知观点认为，大多数人都会有重复性的、闯入性的、消极的念头，比如伤害他人、不能接受的性行为、被细菌污染等，通过忽略这些想法或者随着时间推移，这些念头自然消失，就不至于发展为OCD。然而，某些人难以消除这些想法，他们就可能发展成为OCD。那一部分人为何会难以消除这些想法呢，原因主要有以下几方面(Comer，2002；Nolen-Hoeksema，2004)：

(1) 他们经常处于抑郁或焦虑状态，因而一些轻微的消极事件就能引发闯入性的、消极的念头。研究证实，当人们处于压力和情绪困扰时，更容易有闯入性的、消极的念头，或作出僵化的、仪式化的行为(Clark &Purdon，1993)。例如，许多刚刚成为妈妈的人，由于睡眠不足和照顾新生儿的压力，会出现要伤害孩子的想法，即使不会做出来也会因有如此想法而恐惧。

(2) 他们对品行和道德持有僵化的、过高的标准。与普通人相比，他们对闯入性的、消极的念头更加不能接受，从而为此感到焦虑和内疚，而焦虑使得他们难以忽视这些念头。

(3) 他们持有过高的责任感。他们认为，想到了那些难以接受的想法，就等同于做了那些行为，其罪过是一样的；如果一个闯入性想法发生了而没有压制下去就等同于希望那样的事情发生。因此，他们感到有责任去消除这种想象性的危险，而压制不必要的想法反而导致其随后的思维更加关注这些想法。

(4) 他们认为应该极好地控制所有的想法和行为。他们不能接受偶尔出现的可怕的想法，习惯于认为有这些想法意味着会发疯，或者作出实际的行为(如“如果出现伤害自己的孩子念头，就好像真的伤害了自己的孩子一样而感到内疚”)。结果是，当他们有这些想法时，会造成他们极度的焦虑，而难以排除这些想法。

反复出现的闯入性想法与他们的自身信念系统(比如，绝对化思考方式、过高的责任感、完美主义的要求和夸大危险的想象)相互作用，就会引发负性自动想法。而强迫想法因其负性的影响而获得了情绪内涵，因为这些强迫想法中包含了威胁和对未来的伤害，患者因此而出现以焦虑为主的负性情绪。也因这些想法的威胁性，于是患者觉得必须采取具体的或象征性的中和行为(neutralising)，旨在预防和排除这种威胁或危险。一系列仪式行为和回避都有类似的意义。由于患者采取的这类行为(包括精神仪式)减轻了焦虑，因而这类行为被强化，形成了持久的强迫症状。引起焦虑的强迫观念和减轻焦虑的强迫行为及精神仪式之间的恶性循环，形成了 OCD 病人的“自我搏斗”的核心征象。患者感到停止中和很难，他们认为，不中和将感到痛苦或危险。

以上观点主要强调 OCD 患者的功能性失调想法，另有观点认为 OCD 患者认知加工机制存在偏差。这一观点认为，患者对危险的错误估计、对恐惧事件过度的负性认知、认知防御、错误的推理规则都会阻止信息的正常加工。如果情境缺乏安全的信息，即便是这个情境并不具有危险性，也会导致患者感到危险，使他们不能根据情境中缺乏危险的信息，来得出这个情境是安全的结论。其后果是，重复那些不会真正导致安全的仪式行为来减少焦虑(Barlow 等，2004)。

四、治疗

OCD 是比较难以治疗的一种心理障碍，一般认为，可采用心理治疗或药物治疗以及两者相结合的治疗方法。

(一) 药物治疗

很多临床医生将药物治疗作为OCD的一线治疗,而另一些心理社会取向的治疗师则将药物治疗作为辅助手段。在治疗OCD的药物中,作用于5-HT的氯丙咪嗪和SSRI(如百忧解、帕罗西汀),目前已经成为治疗OCD的首选药物。研究表明,50%~80%患者服用这些药物有改善(Black, et al, 1997;张静等, 2004)。药物治疗的缺点是有副作用,且存在停药后容易复发的问题。至于药物与心理治疗联合的治疗是否优于单独使用时的效果,目前还不确定。

(二) 心理治疗

治疗时要仔细了解OCD的类型和程度、外界诱因和使症状固定的强化因素。帮助患者树立治疗的信心,尽力克服心理上的诱因,以消除焦虑情绪;同时鼓励患者多参加集体性活动,从事令其感兴趣的工作。此外,在治疗过程中要重视家庭在疾病的发生、发展以及治疗中的作用。

1. 心理分析疗法

心理分析疗法最早用于治疗OCD,弗洛伊德对它进行了详细的阐述。治疗的目的是揭示被压抑的欲望和冲动,并让患者面对其所真正害怕的东西——某种给他带来满足的冲动。由于强迫观念和强迫行为保护了自我免遭被压抑冲突的困扰,使得治疗的进程容易受阻,治疗难以达到有效的目标。这一缺陷促使了一些心理分析治疗师采用更为积极的行为治疗方法(Jenike,1990)。心理分析和行为治疗联合使用提高了患者的依从性。对OCD还有这样一种假说,OCD患者的犹豫不决来自于内心的一种需要,即保证将要采取的行动的正确性的需要。而真实的世界是,并不是所有的事物都是确定的和绝对可控的。因此,当患者面对生活时,必须学会容忍人们都会感受到的不确定性和焦虑。治疗的最终目标仍是让患者领悟症状中无意识的真实含义(Salzman,1985;见Davison & Neale,2000)。

在国内,不少专业人员采用认识领悟疗法治疗OCD。认识领悟疗法强调对幼年经验不勉强追忆,主要让患者领悟症状是用儿童幼稚逻辑推断出来的,是用不切实际的儿童态度去对待某些事物的结果。在此基础上,鼓励患者用成人的态度重新审视自己的情感和行为,放弃儿童模式,用成人方式思考行事(钟友彬,1999)。相关研究多将单纯药物治疗与认识领悟疗法联合药物治疗进行对照研究,结果显示联合治疗组的临床疗效较高(杜宏群、陈玉民等,2002;宫翠凤等,2004;王法鑫等,2000)。

2. 认知行为疗法

就行为治疗而言,最受关注的是暴露与反应阻止法(exposure and response prevention)。此法要求患者反复地长时间暴露于引发焦虑、强迫思维或强迫行为的物体和情境,同时克制强迫行为。如对一个担心被细菌污染而强迫洗手的患者,治疗师让他触摸脏东西,并忍着不去洗手。通过暴露可以提供给患者丰富的信息,打破原来的错误联系,矫正患者一直持有的负性评价,最终促进患者对先前的威胁性刺激形成习惯化。

暴露可采取现场暴露或想象暴露，逐级暴露或满灌的形式。这一疗法的有效率可达60%～90%，且能维持远期疗效(Comer，2002)。然而，这一疗法对于大约25%的患者没有疗效，预测治疗失败的因素包括：① 不遵医嘱；② 抑郁症状严重；③ 纯强迫观念；④ 伴有分裂型或边缘型人格障碍(满常红等，1997)。

根据认知理论对OCD的解释，认知治疗的基本目标应是使患者重新分配注意力、恢复认知过程的平衡，建立一个更合理、更灵活的思维世界。常用的技术有三种：① 挑战强迫性的思维，② 思维阻断法(thought stopping)和③ 挑战消极的自动式思维。前两种方法直接针对强迫思维，而第三种则针对伴随强迫思维出现的消极的自动式联想。研究证实认知技术是有效的，与暴露疗法的疗效相近，理性情绪疗法与暴露疗法结合的疗效也相当(吴桂英等，1997)。

3. 森田疗法

森田疗法应用于OCD的治疗可采取住院和门诊两种形式，其疗效在临床上得到了验证。王斌(2003)门诊治疗OCD 52例，治愈16例，好转29例，其有效率为86.5%；王世强(2003)等采取小组治疗的形式，其有效率为83%。另有研究显示，与单纯药物治疗相比，联合应用森田疗法的疗效更为明显(杜宏群等，2002；梅其一等，2000)。

森田疗法对OCD的治疗，被认为主要对强迫观念有效而不适应于强迫行为。张向阳、吴桂英等(2000)在遵循森田疗法基本原则的基础上，吸取行为疗法的优点，根据自己的实践经验，将森田疗法的治疗原则"顺应自然，为所当为"改进为"忍受痛苦，为所当为；忍受痛苦，有所不为；寻找痛苦，为所怕为"。简要解释为：患者对强迫观念采取任其出现、任其存在的态度，忍受痛苦，该做什么就做什么，而且要主动、积极行动，越是出现强迫观念越要进行有意义的活动；对于强迫行为，应"忍受痛苦，有所不为"，即任强迫观念出现，坚决克制强迫行为，克制因强迫观念而伴随的联想、回忆等；同时还要求患者"寻找痛苦，为所怕为"，即在从事有意义活动的同时，应主动接触引起强迫观念、恐惧、焦虑的对象。用此疗法治疗OCD，显著好转率达75%，且对于是否伴随强迫行为，不影响疗效。

第六节　创伤后应激障碍

【案例6-7】

我永远不会忘记这一切。当第一架飞机撞击美国世贸中心时，我正在大楼第十层的办公室里工作。我听到了撞击声，但我不能想象发生了什么。很快，有人大声喊道："快出去，发生爆炸了。"我们大家都快速往楼梯跑，灰尘和烟雾扑面而来，似乎花了漫长无限的时间才跑到了地面。当我跑到楼外时，看见有些人在快跑，也有一些人在极度恐惧中站在那里看。当我看到大楼的顶部着火，我惊呆了，我无法走动。这时，第二架飞机撞击了大楼。有人抓住了我的胳膊，拉着我快跑。混凝土和玻璃开始到处飞洒，人们跌跌撞撞，大家被笼罩在灰尘之中。当我跑到足够远的地方时站了下来，此时正看到了大楼倒塌。我无法相信所看到了这一切。有的人在大哭，有的在尖叫。我不能相信这一切。

现在，我难以入睡。我努力让自己能睡好觉，但每当我躺下来想睡觉时，那些情景会充满了我的大脑。我看见了正在倒塌的大楼，看见有人的脸被碎片击伤，看见有不认识的人被压死。我闻到了灰尘和烟雾。有时，我难以抑制地哭泣，以至泪水湿透了枕头；有时，我会呆呆地望着天花板，好像看见倒塌的大楼。在此期间，我仍然在工作，但我的大脑好像常常在另外的地方。有时，别人对我说话，我会没听到。我常常感觉似乎自己飘浮在空中，周围的一切都不存在。但是，每当我听到城市里经常会听到的汽车警笛时，我会心惊肉跳。（引自 Nolen-Hoeksema，2004）

这是美国“9·11”恐怖袭击中一位幸存者所描述的情境，这即是一个创伤后应激障碍的例子。所谓创伤后应激障碍（posttraumatic stress disorder，PTSD），是指经历异乎寻常的威胁性或灾难性应激事件或情境后而引起精神障碍的延迟出现或长期持续存在，其特点是时过境迁后的痛苦体验仍然驱之不去，持续回避与事件有关的刺激，并长期处于警觉焦虑状态。患者经历过一次极为严重的精神创伤，这类事件几乎能使每个人产生巨大的痛苦，如天灾人祸、战争、严重事故、目睹他人惨死、遭受酷刑、强奸、绑架或其他恐怖犯罪活动。患者可以是直接受害者，也可以是可怕场面的目击者或幸存者。通常是在创伤事件后经过一段无明显症状的潜伏期才发病。潜伏期从几日、几周或数月不等，但大多数在6个月之内，超过半年以上出现症状者少见。

图 6-5 美国“9·11”恐怖袭击目击者是发生 PTSD 的高危人群

（引自 www.sohu.com）

创伤后应激障碍在1980年修订的DSM-Ⅲ首次出现，后来的ICD-10、CCMD-2也增加了对这一疾病的诊断。对这种障碍的描述可追溯到1666年英国的一位著名日记作者 Samuel Pepys，当时他目睹了发生在伦敦的一场大火，这场火灾导致了巨大的人员伤亡和财产损失，并使整个城市一度陷入混乱之中。随后，他报道了这一事件。不幸的是，Pepys 未能逃脱这一可怕事件的影响。他在6个月后写道：“很奇怪，由于对火的巨大恐惧，我经常在夜里醒来。由于总想着那场大火，我不到凌晨2点就再也睡不着了。”根据其描述，他完全符合现代 PTSD 的诊断标准（Daly，1983）。在我国最近10年来，心理创伤的研究和干预也引起了广泛的关注，1994年克拉玛依大火、1998年张北地区地震和2002年大连“5·7空难”，均有心理工作者介入。

一、流行病学的研究

PTSD的早期研究主要以退伍军人、战俘及集中营的幸存者等为研究对象，后来扩展到各种人为和自然灾害中的受害者。PTSD在各种年龄均可发生，其发病率尚不明确。据美国有关PTSD发病率的研究显示，5%～6%的男性和10%～14%的女性在其一生中的某段时间曾患过PTSD(Yehuda，2002)。国内对河北张北地区地震受灾群体中的调查发现，3个月和9个月内PTSD的发生率分别为18.8%和24.2%(汪向东等，1999)，17个月后受灾青少年中PTSD的发生率为9.4%(赵丞智等，2001)。对交通事故受伤而住过医院的幸存者的调查发现，PTSD的发生率约为35%～40%(韩建波、刘兰芬，2003；何鸣等，1993；刘光雄等，2002)。

研究表明，涉及人与人之间创伤性事件比交通事故和自然灾害等事件更常引起PTSD。比如，在遭受强奸的受害者中55%的人发生PTSD，而事故受累者为7.5%，耳闻创伤事件者为2%；经历自己爱人突然意想不到死亡的人群中，近14%发生PTSD，这类PTSD占男性PTSD病例的39%和女性的27%，标志这一事件无论对男性还是对女性都是最常发生的独立创伤事件(Yehuda，2002)。女性在一生中有更高的PTSD发生率，但难以肯定女性对PTSD有更高的易感性，这种现象可能与女性更易遭受性攻击和躯体攻击有关，女性由这些事件引起PTSD者占50%以上，而在男性中仅占15%。在诸如事故、自然灾害和爱人死亡等事件后反应性发生PTSD的发病率中，在统计学上男女比例基本相同(具体见表6-2)。

表6-2 创伤事件的发生率和男女两性中这些事件后的PTSD发生率(Yehuda，2002)

创伤事件	事件发生率/(%)		事件发生后的PTSD发生率/(%)	
	男	女	男	女
强奸	0.7	9.2	65.0	45.9
骚扰	2.8	12.3	12.2	26.5
身体攻击	11.1	6.9	1.8	21.3
事故	25.0	13.8	6.3	8.8
自然灾害	18.9	15.2	3.7	5.4
战争	6.4	0.0	38.8	—
目击伤亡	40.1	18.6	9.1	2.8
获悉创伤事件	63.1	61.8	1.4	3.2
爱人突然死亡	61.1	59.0	12.6	16.2
任何创伤事件	60.7	51.2	8.1	20.4

二、临床表现与诊断

最先对创伤后应激综合征的研究，是对参加过战争的军人，他们表现出了许多和严重应激反应相似的症状。创伤后应激综合征的主要症状表现在下列三方面。

1. 反复体验创伤性事件

这是PTSD的中心症状，它以各种形式反复重新体验创伤性事件，主要表现为反复地闯入性地出现有关创伤性事件的痛苦回忆，没有警告，就像"从天而降"，不需要刺激或者相关引发物。有的可能会生动地看到当时的情境，并伴发相应的情绪和行为反应，好像创伤再次发生，如同电影中"闪回"(flashback)。有的可在梦中反复重现创伤性事件或做噩梦。当患者接触类似创伤性的处境，如看到电视屏幕上的类似情况、旧事重提、故地重游或周年纪念日，或接触象征该创伤性事件的刺激，如曾在树林中遭受暴力者见到树林、亲身经历越战者听到直升机螺旋桨的声音，患者容易触景生情而引发强烈的心理反应(如恐惧、痛苦或抑郁等等)，或者是生理反应(如心悸、出汗、发抖、呼吸加快等)。

在实验室里，类似的症状也得到了证实。美国的McNally等(1990)对患有PTSD和没有PTSD的越战退伍军人进行Stroop实验，测定对不同词语的反应时间，发现患有PTSD的退伍军人仅在与PTSD有关的词(如运尸袋)上，明显慢于后者。同样的实验在被强奸的受害者身上得到了验证。此外，Vrana等人在1995年的研究发现，PTSD患者比正常人更容易回忆起与创伤经历有关的词语(Davison & Neale，2000)。

2. 回避与创伤性事件有关的刺激，或情感麻木

患者回避谈及与创伤有关的想法、感受及话题，或回避可能勾起恐怖回忆的事情和环境，似乎已经遗忘了此事。有时可表现出一种"麻木"感(情绪迟钝)，患者在整体上给人以木然、淡漠的感觉。患者感觉自己似乎难以对任何事情发生兴趣，过去热衷的活动同样兴趣索然；感到与外界疏远、隔离，甚至格格不入；似乎对什么都无动于衷，难以表达与感受各种细腻的情感；对未来心灰意冷，严重者可万念俱灰，以致自杀。此外，有的患者可以部分或完全不能回忆创伤时的经历，这种对创伤史的遗忘会增加诊断的困难。例如有一类患者，具有创伤后应激障碍的其他所有症状，但却唯一回忆不起明确的心理创伤。

对创伤性记忆的回避可以暂时缓解痛苦，但是却强化了回避性行为。分离或者麻木也是为了切断闯入性创伤记忆与痛苦情感之间的联系。情感分离所带来的结果有积极的一面，即避免了强烈的情感，但也有消极的一面。严重的情感分离会阻碍个体与他人建立正常联系，享受日常生活，保持创造力以及计划未来等多个方面。

3. 警觉性增高

经历创伤的人会体验到过度的警觉性。这说明个体长时间处于"战斗或逃跑"的状态，就像正在经历创伤性事件一样。即便是在比较"安全"的情境中，个体也做好了随时应对威胁的准备。在这种状态下，个体会花很多的时间和精力去寻找环境中的威胁性信息(高易感性)。过度的警觉性会扰乱个体的正常生活，使人容易疲劳。同时，个体还会体验到难以入睡、睡眠不深或者易醒，易激惹或暴怒发作，过分担惊受怕，注意力难以集中，即使集中也不能持久。

4. 其他表现

PTSD患者的内疚和自责的情绪反应也非常常见。它有多种形式，如：因为自己的幸存而产生负罪感，因为不能阻止别人的死亡而产生负罪感，因为在某些情况下未表现出勇气而产生负罪感，因为别人受更多的痛苦而产生负罪感，因为创伤部分是由于受害者的过错而产生负罪感。他们最常见的想法是："如果我做得更好的话，那么他还会活着"，或"如果我不这样做的话，也许这一切都不会发生"。他们常常把可怕的结果归结为自己的责任，认为他们本应该在创伤前或创伤发生的过程中做出不同的决定。如一名交通事故的幸存者会为妻子的死而自责，认为那天不坐那辆车就不会出事了；一名洪灾中的幸存者因没有对邻居的呼救做出反应，而只管自己的家人而感到内疚。

失去亲人的居丧反应与负罪感密切相关。这种负罪感可加重他们的悲伤与痛苦，不利于情绪的表达，不利于对丧失亲人与失去生命中一部分的生活状态进行调整，这妨碍了他们与他人的沟通以及建立新的建设性的社会关系。

还应注意的是，儿童也可发生PTSD，但表现与成人有所不同。儿童患者常可出现害怕、担心、身体不适、敌意、失眠、带有鬼怪形象的噩梦；行为变化也较常见，如原先活泼的儿童变得安静了，而安静的反而变得吵闹、富于攻击性。有些经历创伤的儿童可能会出现自己活不了多久的念头。有些儿童会失去已经习得的技能，如说话的能力，或失去对大小便的控制能力。由于年幼的儿童不善于描述自己的问题，因此了解其所遭受的身体虐待或性创伤就十分重要。创伤对儿童的影响不仅仅在于其本身当时所造成的伤害，更重要的是对其成年后的后遗效应。早期创伤可导致成年期出现性格问题、焦虑、精神病态思维、分离症状、对自己和别人有暴力倾向、自杀意念和行为、酗酒以及不良的人际关系等。

如果提供的临床资料很完全，临床表现典型，对PTSD的诊断是不难的。但是，如果病人主诉不太主动，医生或治疗师又不善于提问，则可能漏诊。为了避免漏诊，在询问时要注意对下述线索的发掘(许又新，1993b)：

(1) 对于有睡眠障碍的可疑病人，要详细了解病人关于做梦的情况，尤其是噩梦的细节。

(2) 对于有社会性退缩的可疑病人，要详细了解病人对周围人的态度、交往的各种表现，与人相处时病人的情感体验，病人对亲友关怀的反应等，以确定有无PTSD特征性的回避或一般性迟钝麻木的表现。

(3) 对于有行为问题的可疑病人，要比较事件发生前和现在的行为模式看有无改变。情绪暴发，行为粗鲁尤其是暴力或破坏性行为，酒精或药物滥用尤其是为了"麻醉自己"不去回想往事，平时心情不稳定，等等。如果青少年期没有过这些情况，那就要高度怀疑PTSD的可能。

(4) 有些病人的主诉是一堆模糊的躯体不适，而病人又回避谈论创伤性往事，会谈时应该想到 PTSD 的可能而对病史和精神现状进行全面的评定，以免误诊。

DSM-Ⅳ中 PTSD 的具体诊断标准中按病程的不同划分了不同的亚型，3 个月之内称为急性 PTSD，超过 3 个月称为慢性 PTSD。对于一些比较少见的现象，如在创伤性事件发生至少 6 个月以后出现者，称迟发性 PTSD。CCMD-3 关于 PTSD 的诊断标准与 DSM-Ⅳ唯一的差别是病程标准必须达到 3 个月。

DSM-Ⅳ对 PTSD 的诊断标准（APA，2000）

A. 患者曾暴露于某一（精神）创伤性事件，存在以下二者：
(1) 患者亲自体验、目睹或遭遇某一或数件涉及到真正的或几乎导致死亡或严重的损伤，或者涉及到自己或他人躯体完整性遭到威胁的事件；
(2) 患者有强烈的害怕、失助或恐惧反应（注：如是儿童，则代之表现为行为紊乱或激越）。

B. 长时间反复地再体验创伤性事件的经历，至少表现出下列 1 项以上：
(1) 反复地闯入性地出现有关创伤性事件的痛苦回忆，包括意象、想法或知觉（注：如是儿童，为反复地进行表达创伤主题相关的一些游戏）；
(2) 反复出现关于类似创伤性事件的梦境（噩梦或梦魇）（注：如是儿童，可能是叙述不清的令人可怕的梦）；
(3) 突然发生的情感体验或行为，似乎创伤性事件又在重演（包括某些在清醒或酒醉时的似乎轻松的感觉，如错觉、幻觉及分离性闪回）（注：如是儿童，可出现持续创伤的再现）；
(4) 患者接触类似创伤性的处境或接触象征该创伤性事件的刺激时，产生极大的精神痛苦；
(5) 患者接触类似创伤性的处境或接触象征该创伤性事件的刺激时，产生明显的生理反应。

C. 持续地回避与创伤性事件有关的处境和事件，或有普遍性反应迟钝或麻木（创伤前并不存在），至少包括以下 3 项：
(1) 努力避免有关创伤性事件的想法、感受或话题；
(2) 努力避免从事或接触可以唤起痛苦回忆的各种活动、处境或人物；
(3) 不能回忆创伤性事件的某些重要方面（心因性遗忘症）；
(4) 对多种重要活动的兴趣显著减退；
(5) 与其他人疏远，对亲人有陌生人似的情感；
(6) 情感范围显著变窄（如不能表示爱恋）；
(7) 对未来失去向往，缺乏对未来的想象、希望和打算（例如，不期望有一个好的工作、婚姻、儿女或正常的生活享受）。

D. 警觉性增高的症状，表现出下列 2 项以上：
(1) 难入睡，不能维持长时期熟睡，易醒；
(2) 易激惹或易发怒；
(3) 注意力难以集中；
(4) 过分警觉；
(5) 过分的惊跳反应。

E. 病程超过 1 个月。

F. 此障碍产生了临床上明显的痛苦烦恼，或在社交、工作或其他重要方面的功能受损。
注：急性指病程在3个月之内；慢性指病程在3个月以上；迟发性指症状在应激后至少6个月才发生。

在DSM-Ⅳ中，若创伤后的精神障碍不足4周，并在创伤事件之后4周内发病者，称急性应激障碍。暴露于创伤后的急性反应阶段，分离反应、睡眠紊乱、焦虑、恐惧反应和躯体症状通常是主要的问题，而易激惹和抑郁症状比较少见。急性应激障碍的症状表现与PTSD相似，主要区别是分离性症状比较突出。急性应激障碍虽不一定继发PTSD，但它是预测PTSD发生的一个高危因素。

DSM-Ⅳ对急性应激障碍的诊断标准（APA，2000）

A. 患者曾暴露于某一（精神）创伤性事件，存在以下2项：
(1) 患者亲自体验、目睹或遭遇某一或数件涉及真正的或几乎导致死亡或严重的损伤，或者涉及自己或他人躯体完整性遭到威胁的事件；
(2) 患者有强烈的害怕、失助或恐惧反应。
B. 在体验这种令人痛苦事件之时或之后，表现出至少3项以上的下列分离性症状：
(1) 麻木、分离或没有情感反应的感觉；
(2) 对周围环境的意识能力下降（如“一种茫然状态”）；
(3) 事物的不真实感（现实解体）；
(4) 身体与思想失去联系感（人格解体）；
(5) 不能回忆创伤的重要方面（分离性遗忘）。
C. 以反复的意象、观念、梦、错觉、闪回发作或这种体验的生动再现感，持续地重新体验到这种创伤事件；或者暴露于创伤事件的提醒物时感到痛苦。
D. 明显回避能引起创伤回忆的刺激（例如观念、感受、话题、活动、地点、人物）。
E. 明显的焦虑或警觉性增高症状（例如难以入睡、易激惹、注意力不集中、过分警觉、过分的惊吓反应、坐立不安）。
F. 此障碍产生了临床上明显的痛苦烦恼，或在社交、工作或其他重要方面的功能受损，或者影响了患者继续其必需的事业（例如花了不少时间去告诉家人这些创伤体验以获得帮助）。
H. 此障碍并非由于某种物质（如某种滥用物质、治疗药品）或由于一般躯体情况所致的直接生理性效应，也不能归于短暂性的精神病性障碍，而且也不只是已有的轴Ⅰ或轴Ⅱ障碍的恶化加重。

三、病因

临床观察发现，许多人经历了同样的创伤性经历并未发展成PTSD，而有些人仅遭遇了并不严重的创伤也足以导致它的发生。这说明，PTSD的发生是一个复杂的过程。

一般认为是创伤性经历与生物、心理、社会等因素相互作用的过程。

1. 创伤性事件

突如其来且超乎寻常的威胁性生活事件和灾难是发病的直接因素。对个体来说，创伤性事件是难以承受的，或对生命具有严重的威胁。创伤性经历对于PTSD的发生是一个基本的要素，而且创伤事件的严重程度和性质与PTSD的发生有着密切关系。创伤事件持续的时间长容易诱发本症，症状也较严重；直接经历某一创伤（如妇女遭受强奸、抢劫）对人的影响较大，而非直接经历创伤性事件（如爆炸发生时目睹他人死亡或受伤的情境），则对一个人的影响较小。创伤性事件多种多样，大体上可以分为三类：

（1）人为灾难。指由人的错误或人所设计的机器或系统的错误所造成的，如严重的交通事故、空难、火灾或煤气爆炸、矿井发生爆炸或塌陷。典型事件，如1994年发生在克拉玛依造成323人死亡的大火、1986年苏联的切尔诺贝利核灾难。

（2）自然灾难。如特大山洪暴发、大地震、火山爆发、森林火灾、飓风、亲人突然死亡等。典型事件，如1976年唐山大地震、2004年12月26日印度洋大地震引发的海啸。

（3）暴力、犯罪和恐怖主义事件。如遭受歹徒袭击、被强奸、性虐待、战争、恐怖性爆炸、家庭财产被抢劫等。典型事件，如美国"9·11"恐怖袭击。

2. 生物学因素

遗传学的研究认为，有其他焦虑障碍家族史的人发生PTSD的可能性明显增加。True等(1993)对4000多对越战老兵的双生子研究表明，在目睹过激烈战斗的士兵中，约有一半的人出现了PTSD症状。并且，同卵双生子发生比率明显高于异卵双生子。这些结果提示PTSD的发生有一定的遗传倾向。

有关神经生物学的研究，近年来取得了快速发展。已经证实，PTSD患者两个重要的大脑结构（即海马和杏仁核）发生改变。许多研究发现，PTSD患者有海马萎缩、海马功能活动下降以及海马N-乙酰天冬氨酸的减少。研究发现，经历高强度应激的动物多有海马损害现象，包括突触萎缩、电生理信号传导减少等。这些研究提示PTSD患者特征性闯入性回忆和其他认知功能问题有神经解剖基础（Gurvits, et al, 1996；Yehuda, 2002；王丽颖等，2004）。PET和fMRI显示，PTSD患者在进行与创伤有关的活动时，杏仁核活动增强，前扣带回和眶前额区的活动下降，而脑中这些区域与恐惧反应有关。

不少PTSD患者和正常人的对比研究表明，创伤可激活NE系统，导致患者警觉性和情绪体验比正常人表现出更强烈的反应（True, et al, 1993 见 Davison & Neale, 2000）；在与精神分裂症和心境障碍病人的对比研究中，也得到了一致的结果（Krystal, et al, 1989 见 Davison & Neale, 2000）。在一项实验中发现，刺激PTSD患者的NE系统可诱发70%患者出现惊恐发作，40%患者出现"闪回"，而正常对照组则无一例出现这些反应（Southwick, et al, 1993）。有人认为，噩梦、闪回等体验是由于记忆通路的强化所致，这一通路由源于蓝斑的NE通路介导，创伤后蓝斑通路的活性长期增强构成了重复闯入性创伤再体验的基础，而由蓝斑发出到海马和杏仁核通路的强化，使得创伤性噩梦的特征极为逼真（贾福军等，1999）。

3. 心理社会因素

心理分析观点认为，创伤性事件的经历不断地在脑海里闪现是一件十分痛苦的事，以致痛苦的记忆要么通过分散注意力等方法加以克制，要么无意识地被压抑。而患者在是否把创伤经历整合到自己原先的信念中，内心存在着冲突。

学习理论认为，PTSD的产生是害怕的一种条件反射。创伤记忆和其他的一些线索（CS）能够引发焦虑和恐惧（CR），个体回避或者逃避这些线索，以使焦虑和恐惧水平下降；于是，对于CS的回避行为得到了负强化。例如一位被强奸的妇女，害怕走进邻居家（CS），是因为邻居家是被强奸的场所，建立在无条件刺激（UCS）的经典条件反射基础上，害怕性回避就建立起来了，而且回避害怕的场所能减轻害怕则对她的行为起到了强化作用。虽然学习理论能够解释PTSD恐惧和回避的大部分症状，但是它解释不了闯入性的记忆。

认知理论强调创伤对个体预存信念系统的影响，从而导致各种各样的创伤后反应。目前，对PTSD的认知理论存在着社会认知理论、信息加工理论和双重表征理论等不同的解释。PTSD的社会认知理论，偏重创伤对个体生活的影响，强调个体将创伤经验整合于预存模型所需要作出的艰巨的重新调整，强调创伤事件及其严重后果的广泛影响，它以Horowitz和Janoff-Bulman为代表。Horowitz（1986）提出，信息加工过程具有"竞争趋势（completion tendency）"，即在心理上需要把新的、与原来信念所不一致的信息整合到人的认知加工系统中。经历创伤事件之后，人们起初会惊叫哭喊或目瞪口呆，接着是信息超载。此时，人们关于创伤的思考、记忆和想象无法与现有图式融合，使一些心理防御机制发生作用，力图将与创伤有关的信息撇于意识之外，个体变得麻木或者回避。然而，竞争趋势会促使与创伤有关的信息活跃于记忆中，使这些信息冲破防御，以突然闪现、噩梦和强迫思维等方式，闯入意识中来，力图使个体将其整合于已有的模型中。竞争趋势与心理防御机制之间的冲突，使个体在整合创伤信息和现有图式的渐进过程中，不断在闯入性信息和回避之间摇摆。创伤性事件没有得到完全地加工和整合，就导致了慢性的PTSD。Janoff-Bulman（1992）的理论主要强调认知的内容，认为创伤性事件改变了个体关于世界最基本的假设。这些假设包括自己不会受到伤害、自己是有价值的、世界是公正合理的，等等。从创伤恢复的过程是重新建立基本的信念、达到心理平衡的过程。

较有代表性的信息加工理论是Foa及其同事提出的观点。他们认为PTSD的症状源于记忆中已建立的一个恐惧网络，它包括创伤事件的刺激信息、个体的反应和刺激与反应相互连接的信息。如果恐惧图式被某些刺激或线索激活，相关的信息就会进入意识（闯入性症状）。对于试图回避的图式被激活，就造成了个体的回避症状。只有将恐惧网络的信息与现有的记忆结构整合，才能消除 PTSD。而创伤事件的不可预测性和不可控制性，使有关信息难以同化进入预存图式，因为在预存图式中人们认识世界是可以控制和预测的。此外，在创伤发生时，事件的严重性会干扰注意和记忆等认知过程，这种干扰使形成的恐惧网络支离破碎，难以整合到有组织的现存模型（见李雪英，1999）。

Brewin 等（1996）综合社会认知和信息加工理论，提出了 PTSD 的双重表征理论（dual representation theory）。他们认为创伤经历形成双重表征：一是言语通路记忆（verbally accessible memories），它可以从自身经历中有意识地提取出来，在言语通路记忆中包含感觉信息、情感和身体反应的一些信息，以及对该事件的看法；二是情境通路记忆（situationally accessed memories），它在很大程度上是对创伤情境的无意识加工形成，通常的形式是闯入性景象或者是伴有生理唤醒的闪回。双重表征理论提出了两种类型的情感反应：首先是涉及创伤事件发生时的条件化情绪反应（比如害怕、愤怒）；而伴随创伤而来的情绪称之为次级情绪，包括恐惧、愤怒、悲伤、羞耻和罪恶感等，它来自于对创伤事件的解释。另外，个体对创伤事件还存在情绪加工，情绪加工至少有两种成分：第一种成分涉及高特异的情境通路记忆的激活，其作用是通过提供与创伤事件有关的详细的感觉和生理反应信息（突然闪现），以矫正认知。第二种成分是通过寻找意义、归因和自责等方式，减少由于创伤性事件导致的事件前后信念的差异，其目的是恢复安全感和控制感，减轻负性情绪。为达到这个目标，需要处理个体的言语通路记忆，改变个体对事件持有的非理性信念。经历创伤的人可以通过认识他的创伤性记忆，重新构建预存的信念系统，以适应新的环境。情绪加工可能导致三种不同结果：① 完成整合：创伤记忆与个体关于自身和世界的预存信念系统完全整合，个体不再出现 PTSD 的各种症状。② 持久的情绪加工：个体长期沉湎于创伤，为闯入性记忆所困扰，情绪加工多次重复，却不能改变已有的表征。在这种情况下，个体处于高度警觉状态，由于长期情绪加工影响的泛化，个体还会出现抑郁、焦虑、恐怖和回避等反应。③ 情绪加工过早抑制：个体极力回避创伤经历，不对其进行意识加工，以免引起负性情绪。此时，个体似乎已从创伤影响中恢复，但在以后的生活中，如果个体遭遇类似的情境或处于同样的心境，那些未经加工的记忆很容易再次激活。双重表征理论融合各派的观点，较为全面地解释了 PTSD 的临床特征。

此外，病前的人格特点和社会文化因素也与 PTSD 的发生有关。某些人格特性，如依赖性人格、边缘性人格、反社会性人格，会妨碍人们成功地应付困境。童年的创伤，如受歧视、受虐待、被遗弃、性创伤、与父母分离的创伤等，都可以使后来的创伤性事件更容易引起 PTSD 的发生。既往有过某种精神障碍，如惊恐障碍、强迫症、抑郁症，也增加了危险性。遭受创伤时如果患者处于孤立无援状态，发生 PTSD 的可能性就比较大。这就是为什么家破人亡和家园被毁对一个受害者的打击特别沉重的缘故。另一方面，若干有利因素可以具有保护作用，降低 PTSD 发生的危险，如自我调节或控制情绪的能力强、有自尊心、能够把挫折和失败变成经验教训、有良好的社会支持等。

四、治疗

1. 药物疗法

PTSD急性期，尤其是在病人焦虑和痛苦严重时，药物治疗往往是必要的。即使在慢性期，药物也在治疗中有一定的作用。短时间作用的苯二氮䓬类药物对急性焦虑有效。SSRI、三环类抗抑郁剂或单胺氧化酶抑制剂已经有效地用于治疗慢性创伤后应激障碍。SIIrs被认为是一种一线治疗药物，因为这些药物有更安全和更好的耐受性。

2. 心理治疗

心理治疗的初期目标在于减轻焦虑症状，缓和其情绪痛苦。支持性心理治疗对症状不严重者可以有效，治疗师要鼓励患者倾诉其痛苦体验，设身处地地理解患者的情感，持共情的倾听态度，可以有效地缓解症状。向患者说明这类障碍的本质，尤其是各种常见症状（如失眠、易激惹、与家人疏远）的来龙去脉，并向患者保证他们的症状不会导致发疯，且能够康复，这些都有助于治疗的进程。

在治疗中，患者所讲述的创伤经历可能是令人恐怖的，或者是社会所不能接受的，因此揭示创伤对受害者来说是一件困难的事。然而，在深入系统的心理治疗中，创伤性经历必须逐渐加以澄清。这就需要在治疗中建立一种良好、可靠的治疗关系，要求治疗师有良好的倾听和反应技巧，对患者有和蔼、投入、积极和真诚的态度，高度尊重其个性。而且，当事件讲出来以后，患者会体验到强烈的无助感和痛苦感，有可能在一段时间内情绪变得更糟。治疗师在治疗之初向患者讲清楚这一点是有必要的，而放松和稳定化技术可有效化解这一问题。

目前，最常用的心理治疗方法是行为疗法和认知疗法。在行为疗法中，主要采用以暴露于患者所害怕的事件或情境为主的技术，系统脱敏法是首选的方法之一。由于许多所害怕的事件或情境无法采用现实的形式进行暴露，因此常采用想象的技术。在系统脱敏法中，如何设计逐级创伤性事件是一件比较困难的工作，也是治疗中重要的一环。对于暴露疗法是如何减轻或消除恐惧反应的这一点，Foa等(1992)引入情绪加工这个概念来解释——他们认为暴露矫正了错误的关联和评价。这种矫正过程的本质是情绪加工，它通过恐惧刺激激活恐惧网络，在这样的过程中，恐惧刺激得到进一步的评价并形成习惯化。例如，在安全的情境下回忆创伤没有危险；让患者意识到回忆创伤并非相当于再经历一遍这件事；在恐惧情境和记忆存在的情况下，焦虑并不会无限期保留，若不回避，焦虑就会减轻或消失；体验焦虑或PTSD症状不会导致失去控制，等等。焦虑明显者，可指导患者作放松训练或生物反馈治疗。行为疗法中决断训练技术可有效地治疗患者不合适的愤怒表现。认知疗法主要帮助患者处理被创伤破坏的想法和信念，它常与行为疗法联合使用。

近年来，一种称之为眼动脱敏和再加工(Eye Movement Desensitization and Reprocessing，EMDR)的技术用于治疗 PTSD，取得了较好的效果。EMDR 最初由 Shapiro 创立，她一次偶然在公园散步时，发现让她感到非常烦恼的想法随着树叶的摆动得到解决。Shapiro 随后在这个观察的基础上发明了 EMDR，她认为在 EMDR 治疗中产生了一种神经生物状态，这与快速眼动相睡眠很类似，这种状态可减轻由海马调节的关于创伤性事件的记忆发作强度，同时也可减轻相关记忆和负性情感，促进将那些与创伤相关的负性认知的重建。EMDR 是一个程序化的治疗，治疗的过程分为 8 个步骤：① 采集一般病史和制定计划；② 帮助患者稳定情绪和进行必要的准备；③ 对记忆的意象、消极想法和躯体感受进行评估；④ 通过眼动进行脱敏和修通；⑤ 植入；⑥ 身体扫描；⑦ 结束；⑧ 再评估(Shapiro，1995)。由于 EMDR 不仅有眼动的成分，也包括暴露和认知的成分，因此被认为是一种认知行为疗法。

由于 PTSD 常常是在同一事件之下发生的，因此常可采取小组或团体治疗的形式。在 20 世纪 80 年代，美国对越战退伍军人中的 PTSD 患者，就常采用小组治疗的形式。实践表明，小组治疗是有效的，患者在一起可以互相分担各自的痛苦经历，感受相互支持的力量，减轻耻辱感，增强恢复的信心。

在治疗过程中，社会支持系统可起到积极的作用。研究证实，人们的理解、信任和真诚的关怀，可以起巨大的治疗作用。如果患者能得到一份职业或工作，能增强他们的自尊心和自信心。相反，失业和家庭破裂往往使患者的处境更加艰难，并使情况复杂化。

总　　结

焦虑障碍是指以焦虑为主要症状的一类心理障碍，它包括恐怖症、惊恐障碍、广泛性焦虑障碍、强迫症、创伤后应激障碍等主要类型。

恐怖症是指面对特定事物或处境时具有的强烈的恐惧情绪，患者采取回避行为，并有焦虑症状和植物性神经功能障碍的一类心理障碍，包括特殊恐怖症、社交恐怖症和广场恐怖症三类。心理分析理论认为，恐怖症归因于无意识的冲突被置换为象征性物体的结果；行为理论认为，恐怖症通过经典条件反射和操作性条件作用发展而来；认知理论认为，个体对自己和他人的负性观念，以及对社交行为的过高标准导致社交恐怖症。治疗恐怖症最有效性的方法是行为疗法，即把患者暴露于恐惧的对象中，并指导其学习降低焦虑的技巧。

惊恐障碍是指以反复出现的惊恐发作为原发的和主要临床特征，并伴有持续地担心再次发作或发生严重后果的一种焦虑障碍。惊恐发作是突然、短暂而极度焦虑的一种状态，并通常伴有一些躯体症状和灾难临头的想法。生物学结合认知的观点认为，惊恐发作和惊恐障碍是对"战斗-逃跑"反应过度敏感的生物学易感性与对生理症状持灾难化的认知的倾向交互作用的结果。认知行为疗法可有效治疗惊恐障碍，而抗抑郁和抗焦虑药物可减轻惊恐的症状。

广泛性焦虑障碍指对一系列生活事件或活动持续性地感到过分的、难以控制的担忧。大脑的边缘系统和神经递质 GABA 可能与 GAD 有关。心理分析学派认为，自我与本能冲动之间无意识的矛盾冲突是GAD的根源。GAD患者易于对应激事件感到不可控性或不可预测性,往往持有对陌生和威胁情境没有能力应付的图式,倾向于对可能的威胁作出负性的评价。认知行为疗法可有效治疗GAD,而抗抑郁和抗焦虑药物可减轻焦虑症状。

强迫症是以反复出现的强迫观念和强迫行为为主要临床特征。强迫观念是以刻板形式反复进入患者意识领域的思想、表象或冲动意象,患者认识到这些观念没有现实意义、不必要而极力控制,但又无能为力;强迫动作是为阻止或降低焦虑和痛苦而反复出现的刻板行为或动作。生物学的观点认为,OCD与遗传、调节原始冲动的大脑功能及神经递质有关。心理分析认为,强迫症是无意识的冲突和分离、替代、反向形成等防御机制作用的结果。认知行为观点把强迫观念归因于僵化的思维,强迫行为归因于操作性条件作用。心理分析疗法、认知行为治疗、森田疗法以及药物治疗对OCD有效。

创伤后应激障碍是指经历创伤性事件后而引起的精神障碍,其特点是反复体验创伤性经历、持续回避与事件有关的刺激和过度警觉。PTSD患者大脑结构(指海马和杏仁核)可发生改变。学习理论认为PTSD的产生是害怕的一种条件反射。认知理论强调创伤对个体预存信念系统的影响。创伤事件直接性、持续时间和严重性,既往的创伤,社会支持,应付策略影响PTSD发生的可能性。心理治疗主要是让患者暴露他们的痛苦感受,挑战消极认知,提供有效的社会支持。眼动脱敏和再加工是治疗PTSD最近出现的一种方法。药物治疗也可以尝试。

思考题

1. 行为理论如何解释恐怖症?哪些证据可以支持这些解释?
2. 惊恐障碍如何与躯体疾病相鉴别?生物学观点如何对它作出解释?
3. 认知理论如何解释GAD?
4. 心理分析如何解释强迫症?如何治疗强迫症?
5. PTSD发生的机制如何?

推荐读物

1. 沈渔邨主编(2002). 精神病学(第4版). 北京:人民卫生出版社
2. Barlow等主编,刘兴华等译(2004). 心理障碍临床手册. 北京:中国轻工业出版社
3. Butcher J N, Mineka S, & Hooley J M (2004). Abnormal Psychology (12 th ed). Boston: Pearson education
4. Nolen-Hoeksema S (2004). Abnormal Psychology (3th ed). New York: McGraw-Hill

7

躯体形式障碍与分离性障碍

第一节　概　　述

自 1980 年的 DSM-Ⅲ之后，DSM 系统对精神障碍的分类开始建立在可观察到的行为之上，而不再是按照假设的病因学基础分类。于是将神经症（neurosis）这个疾病名称取消了，因为它太模糊，几乎可以囊括所有非精神病性的心理障碍；取消的原因还在于这个名称暗示了一种对这类障碍的病因学解释。这种解释是建立在心理动力学基础之上的，尽管很独特而又明确，但却不能被证实。相应地，将原本列于神经症下面的各种心理障碍分门别类"另立门户"。与此同时，还取消了"癔症"这个疾病单元。下文将谈到的躯体形式障碍中的转换性障碍与分离性障碍，在原来的诊断系统中，是并列归在"癔症性神经症（hysteria neurosis）"中的（Barlow & Durand，1995）。

一、癔症的研究历史

癔症（hysteria），亦译作歇斯底里，这个词可以追溯到希波克拉底以及在他之前的古埃及人，即这一疾病在古希腊和古埃及医书中就曾有记载。当时的医生认为，这种疾病多发作于女性之中，是由于女性的子宫在体内到处游走所致。中世纪时则认为，癔症起因于魔法或妖魔作怪、精灵附体。18 世纪初有癔症起源于神经系统和大脑异常的说法。到 19 世纪末，精神病学家 Charcot 认为癔症是中枢神经系统的生理障碍造成的，而弗洛伊德则认为癔症是无意识的动机冲突所致（张伯源、陈仲庚，1986）。

1941 年，一个英国人给癔症所下的定义为："癔症是这样一种状态，它所呈现的精神和躯体症状并不源于器质因素，产生和维持的动机不完全自觉，这些症状旨在获得某种实际的或幻想的利益"（张伯源、陈仲庚，1986）。1978 年 ICD-9 中对癔症的定义与此类似，认为癔症是一种"似乎未被病人觉察的动机造成了意识范围的缩小、运动或感觉机能的障碍，病人因而似乎取得了心理上的利益或象征性价值"（见张伯源、陈仲庚，1986）。

如前所述，自 1980 年以后，DSM 系统取消了"癔症"这个疾病单元。在今天的 ICD-10 和 CCMD-3 两个诊断系统中，转换性障碍也都与分离性障碍有着密切的关系。

具体而言，ICD-10 取消了癔症这个诊断名称，但保留了神经症这个诊断类目，将躯体形式障碍与分离性(转换性)障碍并列归在神经症性、应激相关的及躯体形式障碍这个大类别下，其中转换性障碍放在分离性(转换性)障碍之下。CCMD 系统则从 20 世纪 50 年代开始，一直在神经症类别之下保留着癔症的诊断分类和标准，直至 2001 年制定的 CCMD-3，才将"癔症"单独列了出来，与神经症并列(归入癔症、应激相关障碍、神经症一大类)。

二、躯体形式障碍和分离性障碍的比较

1. 两类障碍的相似之处

在变态心理学的教科书中，通常把躯体形式障碍和分离性障碍放在一起讨论，这似乎暗示了这两者有很紧密的联系。近些年在这个领域占重要地位的研究者 Kilhstrom 提出，在新一版的 DSM 中应该将转换性障碍归于分离性障碍，而不是像现在一样归于躯体形式障碍之下。而且，ICD-10 与 CCMD-3 都是将转换性障碍放在分离性障碍之下的。很多变态心理学的教科书，尤其是近几年的教科书都会讨论是否应该将转换性障碍放到分离性障碍之下，而且基本采用的都是 Kilhstrom 的观点。就笔者来看，将转换性障碍放在躯体形式障碍或者分离性障碍中，似乎都有其道理。按照目前 DSM-Ⅳ 以症状学分类的观点，转换性障碍以躯体障碍的形式反映出内部心理困扰，这表明可以将转换性障碍放在躯体形式障碍之下。但如果按照分离性障碍是一个人的整体心理功能有所分离、遭到破坏来看的话，转换性障碍是运动或感觉功能与高级的认知功能分离了，似乎也可以放在分离性障碍之下。

除此之外，这两类障碍本身也有某些相似之处。首先，这两类障碍都找不出真正的器质性损伤，它们在神经病理学方面没有缺损，只是在意识层面上存在障碍；其次，这两类障碍都"模拟"了真正的神经病性障碍的形式，比如就像真正的视神经病变一样的失明，或者就像大脑有器质性损伤一样出现遗忘(Alloy, et al,1996)。这也是尽管它们被贴上不同的标签，但在很长时间里还是被放在同一个很宽泛的疾病类型——"癔症性神经症"中的原因。

并且，经典心理分析理论认为，这两类障碍都可以看做是"神经症"。即外在的症状表现是由无意识的内部心理冲突所致，用来防御不被接受的性与攻击的冲动(Carson, et al,1996)。另外，19 世纪末，法国著名调查者 Pierre Janet 认为，当做为癔症的躯体形式障碍(现在称作转换性障碍)基本上可以看做是对过去创伤性事件的记忆分离性表达，即不再记得过去的创伤性事件。与弗洛伊德不同，Janet 认为创伤-分离-躯体症状并不是暗示着积极的内部心理冲突的存在，相反，它可以被认为是更被动的、几乎可以说是结构化的中枢神经系统的状态。分离这个词在这里是指与自我意识隔离开、自主的一种过程(见 Carson,et al,1996)。Janet 也是认为分离与躯体形式症状有关联的一位早期学者。

2. 两类障碍的差异

粗略地讲，这两者是在两类障碍所涉及到的心理功能的水平层次上的差异。按照DSM系统，分离性障碍现在只包括更高层次的认知功能的障碍，如记忆障碍、身份识别障碍等；而转换性障碍，它影响的不是认知功能，而是感觉（如失明）或运动（如偏瘫）功能，所以把它移放在躯体形式障碍之下了。而躯体形式障碍，顾名思义，是将心理困扰采用躯体或生理障碍的形式表达出来，也就是此类障碍包括相对更低水平层次上的功能，即躯体感觉或运动功能。

三、DSM，ICD和CCMD系统诊断分类的异同

目前，在DSM-Ⅳ，ICD-10和CCMD-3之间，关于躯体形式障碍和分离性障碍的诊断分类方面还存在某些差异，表7-1列出了三者之间诊断分类的异同比较。

表7-1 DSM-Ⅳ，ICD-10和CCMD-3诊断分类比较

	躯体形式障碍	分离性障碍
DSM-Ⅳ	躯体化障碍	分离性遗忘
	疑病症	分离性漫游
	转换性障碍	分离性身份识别障碍
	疼痛障碍	人格解体
	身体畸形障碍	
ICD-10	躯体化障碍	分离性遗忘
	未分化的躯体形式障碍	分离性漫游
	疑病症	分离性木僵
	躯体形式自主神经功能紊乱	出神与附体障碍
	持续性躯体形式疼痛障碍	分离性运动障碍
	其他躯体形式障碍	分离性抽搐
	躯体形式障碍，未特定	分离性感觉麻木和感觉丧失
		混合性分离（转换）性障碍
		其他分离（转换）性障碍
		分离（转换性）障碍，未特定
CCMD-3	躯体化障碍	癔症性遗忘
	未分化的躯体形式障碍	癔症性漫游
	疑病症	癔症性木僵
	躯体形式自主神经功能紊乱	癔症性身份识别障碍
	持续性躯体形式疼痛障碍	癔症性附体障碍
	其他或待分类躯体形式障碍	与文化相关的癔症性附体障碍
		癔症性运动障碍
		癔症性抽搐发作
		癔症性感觉障碍
		混合性癔症躯体——精神障碍
		其他或待分类癔症

如表 7-1 所示，DSM-Ⅳ中的躯体形式障碍和分离性障碍，在 CCMD-3 和 ICD-10 中都有所不同。其中很大的不同是，DSM-Ⅳ把转换性障碍放在躯体形式障碍之下；而在 ICD-10 系统中，转换性障碍称作分离性运动和感觉障碍，放在了分离性（转换性）障碍类目下；在 CCMD-3 中，转换性障碍称作癔症性躯体障碍，与癔症性精神障碍（即 DSM-Ⅳ中的分离性障碍）并列归于癔症类目之下。而且这两大障碍类别下的具体诊断分类和名称也与 CCMD-3 和 ICD-10 有差异，譬如在 DSM-Ⅳ中只有转换性障碍这一种诊断，而 CCMD-3 和 ICD-10 又对转换性障碍进行了细分，给出了进一步的分类诊断，如癔症性运动障碍、癔症性抽搐发作等。

CCMD-3 和 ICD-10 在分类上基本一致，但也有一些差别。如 CCMD-3，在癔症、应激相关障碍、神经症这个大类别下，癔症这个类目包含了癔症性躯体障碍（转换性障碍）和癔症性精神障碍（分离性障碍），而躯体形式障碍属于这个大类别下的神经症类目。而 ICD-10 中，在神经症性、应激相关的及躯体形式障碍这个大类别下，并列分离性（转换性）障碍和躯体形式障碍以及其他几个诊断类目。在 CCMD-3 与 ICD-10 中，具体的诊断分类和名称十分接近，但在分离性障碍和转换性障碍下的具体诊断名称上，后者用的名称是分离性，而前者用的是癔症性，例如，ICD-10 中的分离性遗忘、分离性抽搐等，到了 CCMD-3 中就成了癔症性遗忘和癔症性抽搐发作等。

第二节 躯体形式障碍

躯体形式障碍（somatoform disorder），顾名思义，是指心理冲突或者心理障碍以身体障碍的形式表现出来，比如胃疼、呼吸问题等；或者表现为突然丧失了某些生理机能，如看、听及行走等机能，而这些身体形式的障碍找不到任何器质性的病变，相反，却有证据或者至少可以说有理由怀疑这些症状与心理因素相关。还有很重要的一点是，这些躯体形式的障碍都不是有意识假装出来的；而且，即使经过严格细致的医学检查之后，这类病人依然不认为自己没有器质性病变，他们很真诚地相信自己真的有病，而且很严重，只是医生还没有发现而已。DSM-Ⅳ中列出 5 种躯体形式障碍（见表 7-1）。

一、疑病症

1. 流行病学的研究

疑病症（hypochondriasis）可能是最常见的躯体形式障碍之一。关于普通人群中疑病症的患病率，所知甚少。根据官方估计，一般就医的人群中有 2%～7%最后被诊断为疑病症（APA，2000），当然也有人认为此类疾病的患病率还要高一些。疑病症的患病率没有性别差异，并且可能会发病于任何一个年龄段。不过，这种障碍的发病高峰阶段为青春期早期。一旦有疑病症状出现，如果不加以治疗，病程可能会迁延，当然，症状严重程度可能会有所起伏（Butcher, et al, 2004b）。

疑病症患者经常并发情绪障碍、惊恐障碍或(和)躯体形式障碍(特别是躯体化障碍)(Butcher, et al, 2004b)。

疑病症的具体表现有文化差异,一些在东方文化中表现出来的疑病症状在西方文化中从来没有出现过。比如东方男性中有一种害怕生殖器会缩回腹腔的疑病恐惧,称之为恐缩症(Koro),几乎在西方文化中没有发现对这种病例的报道,而这种障碍的患者又大多数为华裔男性(Barlow & Durand,1995)。而且 CCMD-3 中,也包括对女性恐缩症的诊断。不过,在 CCMD-3 中,恐缩症并不是疑病症中的一种,而是归在“与文化相关的精神障碍”条目之下,与文化相关的精神障碍与癔症、神经症、应激相关障碍并列归于癔症、应激相关障碍、神经症这个大类别之下。

专栏 7-1

恐 缩 症

恐缩症是一种与文化相关的害怕生殖器、乳房或身体某一部分缩入体内导致死亡的恐惧、焦虑发作。下列病例可反映此症的相关情况。

患者男性,20 岁。1998 年 3 月 7 日患者与其同事发生争执,被领导批评不服,大吵大闹,在卫生室强行肌注安定 10mg,某人同时说:“打针后让你解不出大便,看你还嘴硬?”患者顿感觉肛门逐渐向腹内收缩,症状持续出现,病人惊恐万分,时常用手抠拉肛门部肌肉并纠缠医生,因管理困难,于 1998 年 3 月 12 日转入某医院治疗。患者初中毕业,病前性格敏感、神经质及受暗示性高,无精神病家族史。体格检查及神经系统检查阴性,会阴部感觉存在。精神检查:意识清楚,对答切题,自述:“大夫,我的肛门缩进腹腔去了,快给我治疗,否则就死了。”同时伴有气促、出汗、面色苍白、烦躁等情绪反应,无幻觉、妄想等精神病性症状。心脑电图检查均正常。按 CCMD-2,诊断为恐缩症(赵兰民,1998)。

恐缩症的发作一般在 30 分钟之内,多数患者只发作一次,少数可发作 2~8 次或更多,病程一般在 10~15 天,长者可达月余(沈渔邨,2002)。在 CCMD-3 中恐缩症的诊断标准如下:

(1) 由明显的心理社会因素诱发。

(2) 害怕生殖器、乳房或身体某一部分会缩到身体里去而导致死亡。常采取某种预防措施(如系带牵引),同时有强烈的焦虑或恐惧情绪。

(3) 急性起病,病程短暂。

恐缩症在我国广东海南一带流行已有悠久的历史,文字记载始于清咸丰十一年(公元 1861 年)。20 世纪 40 年代以来海南岛先后发生 6 次恐缩症大流行,最后一次是 1984 年。1984 年 8 月~1985 年 6 月在海南岛和雷州半岛发生恐缩症大流行,波及 16

个县市，罹患者超过3000人（沈渔邨，2002）。

恐缩症并不限于我国，在泰国、马来西亚、新加坡、印度等均有报道。恐缩症似为男性特有，但女性也可发生，男女比例为1∶0.19。青少年居多，农民占首位，教育程度低者居多（沈渔邨，2002）。

有作者认为恐缩症的发生与相关地区的文化习俗有关——相信有鬼要取人的生殖器等，环境中迷信盛行，出现令人紧张的气氛、社会不安定，发生恐缩症时众人围观等均与此症发生流行相关。此外，个体具有敏感、受暗示性高、神经质等人格特点者易罹患此症（沈渔邨，2002）。

2. 临床表现与诊断

【案例7-1】

王×，男性，32岁，已婚，机关干部，因心悸、胸闷伴失眠一年而来就诊。经询问早期经历，了解到患者是家中唯一的男孩，有两个姐姐，自幼深得父母宠爱。幼年时身体状况欠佳，易得病，性格内向，对自身状况敏感。后经加强体育锻炼，身体较为健康。

一年前，因患者的岳父患“冠心病、心功能不全”多年，在床前长时期护理，对病人发病时痛苦面容及死亡前的表现深感恐惧，恰好其岳父死亡时仅有来访者自己在其身边。时值深夜，周围无人，更加恐惧不已，即出现心悸、胸闷、伴手足出汗。此后反复出现心跳、胸闷、脉率加快、面色苍白、手足出冷汗，并伴有焦虑不安、夜间失眠、越怕睡不着越失眠等症状。遂怀疑是得了“严重的心脏病”，自认为发病时如不及时抢救就有可能危及生命。往往一有症状，立刻到急诊科就诊。长期口服速效救心丸及安定等药物无效。虽经多次心电图、超声心动图、化验等全面检查，均证实无器质性病变，仍然怀疑自己得了心脏病，且病情很严重，因而更加焦虑不安，为自己的健康担心。其结果是心悸、胸闷发作次数日渐增多，一个人独处时更怕发病，家人只好陪他一起说话、打扑克，以转移其注意力，以致影响了工作和生活。后又经多次到大医院检查，确未发现器质性病变。

（引自赵明、朱洪，1997）

疑病症是最常见的躯体形式障碍之一。从前面的案例可以看出，它的核心表现是焦虑或恐惧——对自己患有一种严重疾病的可能性的焦虑或恐惧。有学者认为，疑病症本质上是一种焦虑障碍。研究显示，疑病症与焦虑障碍，尤其是惊恐发作，具有很多类似的特征（Barlow & Durand，1995）。因为焦虑或恐惧，疑病症病人会对自己的身体状况过分关注，便导致了对自己身体生理现象和感觉的曲解，认为某种生理现象或感觉即是疾病的征兆或表现。病人主要表现为对心脏、胃、肠道、泌尿生殖系统、脑及脊髓疾病的担忧，不过几乎所有的生理现象和感觉都可以成为诱发病人病态关注身体健康的因素。疑病症病人没有任何真正的生理疾患，他们只是坚信自己要得或已经患了一种严重的疾病，从而导致焦虑或恐惧。

出于对自己身体状况的担忧，疑病症病人频繁出入医院，要求医生给自己做各种身体检查，结果是并没有发现任何器质性的病变。但他们不相信医生的检查结果及保证，或者说某一次无恙的检查结果只能令病人心安几天，不久，他们就会带着确信无疑的“更进一步”的症状表现再次要求医生诊治，要么干脆换一家医院及大夫就诊。有些病人一年会看几个不同的医生，他们确信是因为医生的疏忽而忽略了自己“真正的”疾病。

这类病人通常还是流行杂志上关于保健、医疗文章的热心读者，而且他们很容易感到自己正是在忍受着刚刚看到或听到的某种疾病的折磨。经常出现的情况是，此类求治病人根据所谓“自己已掌握的医学知识”，已经给自己做出了诊断，他们来医院求医是为了寻求适当有效的治疗措施。

DSM-Ⅳ对疑病症的诊断标准（APA，2000）

根据对躯体症状的错误解释，沉湎于害怕患有或已经患有某些严重疾病的想法。

A. 尽管已有适当的医学评价与保证，仍然坚持这种想法。

B. 上述想法（指A）没有达到妄想的程度（如妄想性精神障碍），也不只限于外貌的有限方面（如躯体畸形障碍）。

C. 这种想法产生了临床上明显的痛苦烦恼，或在社交、职业或其他重要方面的功能缺损。

D. 此障碍的病期至少6个月。

E. 此种想法不可能归于广泛焦虑障碍、强迫症、惊恐障碍、重性抑郁发作、离分性焦虑，或另一种躯体化精神障碍。

有一点需要强调，疑病症病人并不是在假装有病。他们确确实实感觉到了他们自己所报告的痛苦，或者他们是真真切切地害怕自己马上就要遭受可怕疾病的侵袭。此类病人深信自己的恐惧或焦虑既合情又合理，对于别人的质疑，他们非常困惑不解。

二、躯体化障碍

1. 流行病学的研究

躯体化障碍（somatization disorder）不如其他躯体形式障碍那样被充分地研究过。通常认为此障碍发病于青春期，并且多发于女性，女性的患病率为男性患病率的10倍。我国也有研究发现，临床上躯体化障碍患者女性明显多于男性（女性患者占75%）（刘玉局，2004）。据估计，其终生患病率在女性中为0.2%～2%，而在男性中低于0.2%（APA，2000）。

躯体化障碍经常与其他几种障碍共病，其中包括双相障碍、惊恐发作、恐怖症和广泛性焦虑障碍等（Butcher, et al, 2004b）。一般认为躯体形式障碍是一种相当慢性的疾病，且预后较差，不过其严重程度会随时间有所变化，当然在应激时期会更严重些。

躯体化障碍的具体表现是有文化差异的，而在有些文化中，男性的患病率要更高一些,有时甚至比女性高(Barlow & Durand,1995)。通常认为受教育水平低的人,以及在不提倡口头表达情感困扰的文化与民族中,躯体化障碍病人会更多一些。国内有研究者发现,躯体化障碍患者有述情障碍问题,对自身情绪体验缺乏描述能力,缺乏象征性意义,思维过于具体且僵化(胡立荣、黄文武等,2003)。

2. 临床表现与诊断

1859 年,法国医生 Pierre Briquet 描述了一种奇怪的病症,病人去看他的时候,叙述自己有各种各种的身体不适,但却发现不了任何器质性病变,此病因此被称为 Briquet 综合征,现在 DSM-Ⅳ 中称其为躯体化障碍(Barlow & Durand,1995)。

【案例 7-2】

A 女士,41 岁,离异,专业画家。瘦弱矮小,装束普通。只读到初二,但显得相当有教养、有文化。因多种躯体症状,如头晕、心慌、气喘、头部麻木、面部抽动、胃肠不适、胀气、身体多处疼痛、月经紊乱及失眠而入院。她一直与家人住在一起,1997 年上半年开始独自生活。独自生活之后总是有些不安全感,容易受到惊吓。1998 年上半年开始觉得不舒服,感到体内发热,不时这痛一下,那痛一下,此外还有头晕、乏力,有时会心跳、心慌。1998 年 11 月开始搬家,为此有很多的活要做,觉得非常劳累,症状也开始加重。1999 年 1 月又开始办个人画展,忙得不可开交,病症也越来越重,到开幕式那天实在顶不住了,觉得天旋地转,右上腹部感到一收一缩的痛,面部也感到在抽动,头皮发麻,结果无法支撑,当即退场。以后一直不好,有一天突然又出现半身麻木,心跳得非常厉害,自认为得了中风,立即去医院。当时住一家中医院,十几天也不好,并且开始气喘。检查也没有任何器质性发现,后转入另一医院治疗。经检查,A 女士有四种以上的疼痛,多种胃肠道症状,面部和半身麻木等假性神经系统疾病症状,有月经紊乱等,查无器质性原因。记忆中 20 岁时即有类似的症状,因此,符合 DSM-Ⅳ 躯体化障碍的诊断。

(孟宪璋,2002)

从以上病例可以看出,此障碍主要特征为多种多样、反复出现、时常变化的躯体症状,有时有模拟的神经系统症状,患者反复申诉变化不定的躯体症状,可涉及身体的任何系统和任一部位,往往有所夸大,他们强调众多的躯体症状,常常到综合性医院寻求治疗,很少主动提出心理问题。最常见的症状是:胃肠道感觉(疼痛、打嗝、反酸、呕吐、恶心等),异常的皮肤感觉(痒、烧灼感、刺痛、麻木感、酸痛等),性与月经方面的申诉也较常见,可伴有明显的焦虑与抑郁情绪。由于病程呈慢性波动,有多年就医检查或手术、用药的经历,患者可有药物依赖或滥用,常有社会、人际及家庭方面的长期功能损害(徐俊冕,2004)。这种不适出现于 30 岁以前,通常会持续好几年。病人反复求医,但未能发现可观察到的器质性病变。尽管没有器质性病变,但躯体化障碍病人可能会发展成真正的器质性障碍,这是由于不必要的住院、手术及药物所引起的。

我国有研究者发现,女性患者在泌尿、生殖器、性症状及皮肤软组织症状方面较为突出，这可能与女性对这些部位感觉和功能的变化更为敏感有关。女性患者紧张焦虑者明显多于男性，而男性患者消极企图或行为的发生率明显高于女性（刘玉局，2004）。

有研究显示，大约25%～50%的躯体化障碍患者伴有严重的抑郁，60%～100%的患者伴有心境恶劣或抑郁症状（马丽霞、邱亚峰，2004）。相当一部分躯体化障碍患者的抑郁症状因躯体症状的掩盖而得不到正确的诊断和处理。香港 Cheung 的研究发现，躯体化问题是中国抑郁症病人最常见的临床表现之一（马丽霞、邱亚峰，2004）。

躯体化障碍与疑病症的区别在于，躯体化障碍病人真正关注的是"症状"本身，而不是疑病症病人所关注的所谓症状代表什么疾病的存在。两类病人对待症状的方式也不一样，疑病症病人自己尽量讲究科学化，比如一天量几次血压，然后详细报告结果；而躯体化障碍病人会用含糊、戏剧性、夸张的方式描述症状。疑病症病人通常只害怕一种特定的疾病，所以他们的主诉是有限的；而躯体化障碍病人的主诉不仅多样，而且会变化。

DSM-Ⅳ对躯体化障碍的诊断标准（APA，2000）

A. 在30岁前起病，有持续几年的、众多躯体主诉的历史，结果是到处求治，或产生了在社交、职业或其他重要方面的功能明显缺损。

B. 符合以下每一项，而且在病程中任何时候都有个别症状：

(1) 4种疼痛症状：至少4处不同部位的疼痛病史（例如，头、腹、背、关节、四肢、胸、直肠、月经时、性交时或排尿时）。

(2) 2种胃肠道症状：至少2种除疼痛之外的胃肠道症状病史（例如，恶心、腹胀、除妊娠以外的呕吐、腹泻或不能忍受几种不同食物）。

(3) 1种性症状：至少1种性的或生殖系统症状的历史，除疼痛之外（例如，性冷淡、阴茎勃起或射精障碍、月经不规则、月经过多、整个孕期呕吐）。

(4) 1种假性神经系统情况，除疼痛之外（转换症状，例如，平衡不良，麻痹或局限性的肌力软弱，吞咽困难或咽喉梗阻感、失音、尿潴留、幻觉、触觉或痛觉丧失、复视、失明、失聪、抽搐；分离症状，如遗忘；或是除晕厥之外的意识丧失）。

C. 表现出下列至少1项：

(1) 经适当调查了解，B的每种症状都不能用一般躯体情况或某种物质（例如，某种滥用药物，某种治疗药品）的直接效应来解释。

(2) 如存在某种有关的一般躯体情况，那么躯体主诉或所造成的社交或职业缺损都比从病史、体检、或实验检查所能期望的更为严重。

D. 这些症状都不是有意识产生或假装的（例如，人为性障碍或诈病）。

真正能够符合诊断标准的躯体化障碍病人是很少的。相对于DSM-Ⅲ-TR来讲，DSM-Ⅳ对躯体化障碍的诊断条目少了一些，只要求有8项。而按照DSM-Ⅲ-TR的标准，要符合35个条目中的13项或更多，才可以被诊断为躯体化障碍。另有人提出一个新的名词："未分化躯体形式障碍"，实际上就是符合少于8个症状的躯体化障碍（Barlow & Durand，1995）。

在临床上做出躯体化障碍的诊断时，要注意与以下几种障碍相鉴别（杨叶凡、刘平，2001）。

（1）躯体障碍。长期患躯体化障碍的患者与其同龄人一样，有同等机会发生其他独立的躯体障碍，如果病人躯体主诉的重点和稳定性发生转化，这提示可能有躯体疾病，应考虑进一步检查和会诊。如果起病年龄小、疼痛部位固定、呈持续性，可能存在器质性疾病，需慎重。

（2）焦虑障碍。焦虑障碍有惊恐障碍和广泛性焦虑障碍。惊恐发作时也有躯体主诉，但主要见于发作期。如果惊恐发作期以外出现躯体症状，可分开诊断。广泛性焦虑的病人有许多躯体主诉，但焦虑和忧愁的中心并不局限于躯体症状。

（3）抑郁障碍。抑郁障碍有时也可有躯体主诉，尤其是隐匿性抑郁症伴有多种躯体主诉症状，抑郁症状常被掩盖，鉴别较困难。但隐匿性抑郁的躯体主诉以胃肠道为多，且可做抑郁量表评定，躯体化障碍的抑郁为轻度。如果同时符合躯体化障碍和抑郁障碍，可下两个诊断。ICD-10 指出，40 岁以后发病的多种躯体症状可能是原发性抑郁的早期表现。

（4）疑病障碍。躯体化障碍病人关注的重点是症状本身及症状的个别影响，而在疑病障碍患者，注意力更多地指向潜在进行性的严重疾病过程及其致残后果；疑病障碍患者倾向于要求进行检查以确定或证实潜在疾病的性质，而躯体化障碍病人要求治疗以消除症状。在躯体化障碍中，常有药物过度使用、同时也存在长期不遵医嘱的情况；而疑病障碍患者害怕药物及其副作用，常频繁更换医生，寻求保证。

（5）妄想障碍。精神分裂症的躯体妄想，内容较荒谬离奇，较固定，躯体症状不多。躯体化障碍合并精神分裂症者少见，可同时下两个诊断。

三、转换性障碍

1. 流行病学的研究

多数转换性障碍患者，发病于青春期早期及成年期早期；女性患者至少为男性的两倍（APA，2000）。他们通常是在极端的压力下突然发病，如果压力事件消失了，一般会在两周内好转（Butcher, et al, 2004b）。转换性障碍（conversion disorder）不太常见，约 5‰（Comer，2001）。在心理卫生机构中很少发现转换性障碍，但这也可能是因为这种障碍的病人更可能去向神经病学家或其他医学专家求助。而在神经病学机构中，患病率的统计差异非常大，从 1%～30%（Jrimbell，1981；Marsden，1986；Barlow & Durand，1995）。

前面提到过，转换性障碍在 CCMD-3 中是归在癔症下面，并且称为癔症性躯体障碍。在我国，癔症的患病率在农村明显高于城市，已被流行病学调查所证实，30 岁以前首次发病多于 30 岁以后，女性居多（张淑芳、邢丽等，2001）。而且城乡患者的临床表现也有差异（王立娥、郭玉岚等，2005；张淑芳、邢丽等，2001）。我国具体的癔症患病率未见报道。

与其他多数躯体形式障碍一样，转换性障碍常并发于其他障碍，特别是双相障碍、焦虑障碍、躯体化障碍和分离性障碍(Butcher, et al, 2004b)。

转换性障碍曾经在非和平年代，特别是战争年代中相当广泛地存在过。第一次世界大战中，转换性障碍是士兵中最常见的精神病性症状，并且也常见于二战中。典型情况是，在高度紧张的战斗局势下，转换性障碍出现了。这样，瘫痪了的腿就既可以使士兵免于上前线，同时也无需承担胆小鬼的骂名或者军事法庭的惩处。

在某些文化中，在宗教或治病仪式中也会经常见到一些转换性障碍症状。

2. 临床表现与诊断

【案例 7-3】

患者男，47 岁，农民，已婚。因肢体无力伴失语半年余，于 2003 年 11 月 4 日以“失语待查”入住某医院。患者于一年前因“感冒”而出现头晕、乏力、胃口差、懒散等表现，去当地多家医院就诊，均未能做出明确诊断。患者一直怀疑自己有病，遂自行服中药(具体不详)，但症状无好转反呈进行性加重。至入院前半年余，出现整日思睡，食欲减退，且突然失语，四肢无力，渐呈瘫痪状，遂至当地多家医院做颅脑 CT、磁共振、心电图、UCG、胃镜、胸部 X 线片、胸及腹部 B 超等全面检查，均未见异常。用药治疗无效(具体不详)，因家境窘迫自行回家，但病情未见好转，感到治愈无望而情绪低落，一直瘫卧在床，一言不发，日渐消瘦，生活不能自理，故来住院就诊。既往无精神疾病史，否认发病前受过精神刺激。体温、脉搏、呼吸、血压正常；神志清晰，但表情呆滞，消瘦，行走艰难(要使用拐杖)。体格检查合作，但问而不答，声音嘶细不清，用手势比划作答。五官正常，胸、腹、骨骼及关节、神经系统检查均正常。喉科检查正常，未见器质性病变。实验室及辅助检查各项指标均正常。拟诊为“癔症性失语”。

(引自孙钧，2005)

上面引用的病例具有转换性障碍的典型表现。自从中世纪起，“转换”这个术语就已经开始使用，不过，还是弗洛伊德使其在人群中广为人知的。弗洛伊德认为，来自于无意识冲突的焦虑以躯体症状的形式表现出来，这样就可以使个体既消除焦虑而又可以避免直接体验到无意识冲突。

转换性障碍通常是指身体机能发生障碍，比如瘫痪、麻痹、抽搐、失明、失音、失聪等，但经过细致而认真的检查，这些机能障碍却没有任何生理性或器质性病变；相反，起病常与心理社会因素有关(中华医学会精神科分会，2001)。尽管转换性障碍的症状几乎可以涵盖所有的身体机能障碍的表现，大部分的症状还是表现出似乎是由于某种神经系统的疾患从而影响了感觉-运动系统。目前 CCMD-3 区分了运动障碍和感觉障碍，另外癔症性抽搐障碍也包括在癔症性躯体障碍之中。

DSM-Ⅳ对转换性障碍的诊断标准(APA,2000)

A. 影响着自主运动或感觉功能,并提示是一种神经系统或其他一般躯体情况的一种以上症状。
B. 可以判断有心理因素伴随于这些症状或缺陷,因为在症状的发生或恶化之前都有心理冲突或其他应激存在。
C. 这些症状或缺陷都不是有意识地产生或伪装的(如做作性障碍或诈病)。
D. 在适当的调查了解后,可以发现这些症状或缺陷不可能用一般躯体情况或某种物质的直接效应来解释,也不像其文化所认可的行为或体验。
E. 这些症状或缺陷产生了临床上明显的痛苦或烦恼,或在社交、职业、或其他重要方面的功能缺损,或者要找内外科医生做出评价及保证。
F. 这些症状缺陷不限于疼痛或性功能失调,可以排除是在躯体化障碍中发生的,也不可能归于其他精神障碍。

在临床上做出转换性障碍的诊断,需要考虑以下几个问题:

(1) 转换性障碍、诈病(malingering)与做作性障碍(factitious disorder)、躯体障碍的比较

要想鉴别出转换性障碍、诈病、做作性障碍与真正的躯体障碍有时是比较困难的。诈病,即有意假造生病,以得到某些外在的利益,如财力的补偿或延期服兵役等(Comer,2001)。而做作性障碍,指一个病人有意制造或捏造身体症状,仅是希望成为病人;亦即,假装病人角色的动机,是在于角色本身(Comer,2001)。要准确诊断、区分出这几种障碍,需要从下面几方面来考虑。

- 转换性障碍表现出对症状的漠不关心。但是,尽管这曾被认为是转换性障碍的极好证明,可它并不是万无一失的证据,对疾病无动于衷的态度有时也可在真正的身体障碍病人中发现,而且有些转换性障碍的病人也会对疾病相当忧虑。
- 转换性障碍一般发生在大的应激事件之后,发作比较快,比较突然。而真正的躯体障碍一般有个逐渐的发展过程。Ford(1985)提出,12%~93%的转换性障碍的病例是发生在明显的应激事件之后(Barlow & Durand,1995)。
- 如果症状是选择性的,就有可能是转换性障碍。比如,"失明"了的病人应看不到东西,但他们却通常不会撞到其他人或物体;"瘫痪"了的腿能够做某些活动,却不能够做另外一些活动。
- 如果病人在催眠或麻醉(某些药物引起的类睡眠状态)状态下,机能障碍能够消除、变化,在治疗师的暗示下也能够再现的话,也可以认为是转换性障碍。
- 转换性障碍的病人是能够正常行使功能的,但他们确确实实不知道自己有这种运动能力或已经接收到了感觉输入。他们并不是有意假装出来症状的。而诈病病人是有意识装出某些症状,其动机是很明显的,要么是为了逃避某些东西,如工作或法律责任,要么是为了得到某些东西,比如经济赔偿。做作性障碍似乎处于诈病与转换障碍之

间，这种障碍也是自己能控制、有意装出来的，但动机却不像诈病那样明显，除了能够扮演病人这个角色，从而给自己获得更多的关注及同情以外，似乎装病并不会给患者带来什么好处。

另外有一点要强调，一定要尽量避免将真正的身体障碍误诊为转换性障碍。但众所周知，目前的医疗检查还远未达到尽善尽美的地步，要想完全鉴别出是心理方面的问题还是身体方面的问题，是有一定困难的。一项研究发现，25%～50%的被诊断为转换性障碍的病人随后被发现有真正的器质性疾患；不过幸运的是，随着医疗检验技术日趋成熟，近几年这种误诊率已经有显著下降，在美国大约在 4%～13%之间(Butcher，et al，2004b)。

(2) 无意识心理过程对于转换性障碍的鉴别

尽管无意识的心理过程似乎并不像弗洛伊德认为的那样，在许多心理病理学中都起作用，但在转换性障碍及其他相关障碍中，讨论一下无意识过程还是必要的。现在，新的资料表明，无意识认知过程变得重要起来。已有研究发现，人有能力在并未觉察的情况下接受和加工来自几个感觉通道的信息。

Sackeim，Nordlie 和 Gur(1979)曾在实验室中通过催眠两个被试，评估过"真正"的无意识过程与装假的潜在差异(引自 Barlow & Durand，1995)。研究者暗示两个被试，他们是完全失明的，然后指示其中一个被试，要在每个人面前都表现得像个盲人一样，这非常重要；但对另一个被试仅仅是给了失明的暗示，并没有做进一步的指示。第一个被试在实验中竭尽全力表现失明，在一个视觉辨别任务中，完成得远比机遇水平要差，几乎每一次试验她都选择错误的答案；而另一个被试，却竭尽全力在视觉辨别任务中表现得很好，尽管她报告说看不见任何东西。

怎样识别做作性障碍或诈病呢？回顾这些研究发现，一个真正失明的人会在类似的视觉识别任务中，表现出机遇水平的成绩；相反，转换性障碍病人会在这些任务中完成得很好，但他们却不知道自己能够觉察到物体；而诈病，或许还有做作性障碍的病人可能会尽一切努力去假装他们是看不见东西的。

转换性障碍(癔症性躯体障碍)有时会有集体发作的现象，我国研究者对此屡有报道。这种现象常常发生在儿童、青少年或受教育水平低，易受暗示的人群之中，农村比城市更易于发生集体发作的现象。专栏 7-2 即是一个例子。

专栏 7-2

癔症集体发作

2002 年阴历十月初一晚，某中专学校二年级几名女生上街，见路边有人给已故的人烧纸钱。回宿舍后讲给同宿舍的其他同学听，有的同学称阴历十月初一是鬼节，所有的鬼聚在一起过节；有的同学讲鬼故事，大家都感到恐惧；有一同学称对面楼上曾死了一名女生，使气氛更加恐慌不安。第二天早晨，有一同学称头痛、恶心、疲乏无力、站立不稳、四肢阵发性抖动，恐惧害怕，称自己看见鬼了，被鬼缠住了，随之出现意识障碍，呼之不应。几分钟后，另外2名同学也出现类似情况，随后又有4名同学相继发病，均称有鬼。体格及化验检查未见异常，考虑为癔症集体发作。对首发者留院观察；其余6例分别隔离，并给予暗示性药物治疗、心理治疗和卫生宣教，几小时内相继缓解。首发者在次日病情缓解。其后，7名患者均正常参加学习，经随访未见异常。

上述7例均为某校中专二年级同一宿舍的女生，年龄为17～19岁。发作有以下特点：① 与心理因素相关，看见给死人烧纸，讲鬼的故事，精神处于紧张和恐惧之中；② 与所处环境有关，称前面楼上曾有一女死亡，加深了联想；③ 发病者多为独生子女，农村女生较多；首发者来自农村，与从小所受的迷信观念影响有关；④ 同一宿舍的7名女生都先后发病，其症状基本相同；⑤ 给患病者予药物暗示、心理治疗和卫生宣传，病情很快缓解（张建芳、马艳玲等，2005）。

有文献报道，癔症集体发作发生于学校的较多见。因此，面向青少年的教育工作者应具备有关精神卫生知识，对学生开展全面的健康知识讲座，加强培养独生子女的健全人格，以防止类似事件发生。

四、疼痛障碍

1. 流行病学的研究

疼痛障碍(pain disorder)较为常见。据美国一项社区调查显示，持续性疼痛障碍的患病率为0.6%（骆艳丽、吴文源等，2002）。而持续性躯体形式疼痛障碍在我国疼痛门诊及普通门诊均较为常见，黄明生等报道该病占就诊病人的30%～60%，卢光增报道占门诊总数的13%（见王元秀、任泽华等，2003）。

女性比男性更经常被诊断为疼痛障碍，而且此障碍很常见地与焦虑和/或心境障碍共病，但共病障碍发生的先后顺序并不一定（APA，2000）。

2. 临床表现与诊断

【案例7-4】

在开刀之前，我仅有轻微的关节痛，它并没有带给我很大的困扰。但开刀之后，我的胸部和肋骨有严重的疼痛，这些问题在开刀之前是没有的……我必须在半夜十一点、十二点，或一点去急诊室。我服了药，第二天它停止疼痛，但我还要再回去。在这一段时间里，我去看其他的医生，抱怨同样的事，想查明是什么毛病；他们也查不出我有什么毛病……

……在某些时候，当我外出或我的丈夫和我外出时，因为我开始疼痛，我们必须提早离开……由于某种原因，我的胸部在疼痛，许多时候我不想做事……两个月前，当医生在为我作检查时，另一位医生看着X光照片，当时他说没有看到任何肉状瘤的征象，他们现在正在研究血液或各种可能的情况，以了解它是否和肉状瘤病有关……

（引自 Comer，2001）

此症很重要的一个特征是，病人主诉的无论是生理还是心理因素引起的疼痛都是真实的感受，而且，它损害了病人的健康（King & Strain，1991 见 Barlow & Durand，1995）。我们现在知道，不管疼痛的起因是生理性的还是心理性的，疼痛都有很强大的心理成分（Barlow & Durand，1995；Butcher，et al，2004b）。

在这种障碍中，至少在刚发作时，可能疼痛是有明显的生理原因的，但心理因素在随后的维持疼痛中起了主要作用。有人建议在 DSM-Ⅳ 中，将疼痛障碍从躯体形式障碍中删除，单列一项，原因是很少出现没有生理基础（如事故或疾患）而报告的固定位置的疼痛。但因为它很接近躯体形式障碍的范畴，即因为明显的心理因素而主诉有生理症状，所以还是将其列为躯体形式障碍的一种了（Barlow & Durand，1995）。

DSM-Ⅳ 对疼痛障碍的诊断标准（APA，2000）

A. 在一个或几个生理解剖位置的疼痛是临床表现的突出焦点，并且足够严重到证明对其的注意是正当的。
B. 疼痛引起了显著的临床苦恼，或社会、职业或其他重要领域的功能缺损。
C. 判断心理因素在疼痛的发作、严重程度、恶化或维持中起重要作用。
D. 症状或缺损不是有意制造或假装的（像在做作性障碍或诈病中那样）。
E. 疼痛不能被情绪、焦虑或精神病性障碍很好地说明，也不符合性交困难的诊断标准。

CCMD-3 中，疼痛障碍称作持续性疼痛躯体形式障碍，又称心因性疼痛、原发性疼痛、不典型疼痛（毛洪祥，2003），主要表现为一个或多个解剖部位的慢性持续性疼痛，病因未明，无法用躯体原因来加以解释。我国研究者（毛洪祥，2003）通过 SCL-90 测查发现，疼痛障碍患者抑郁、焦虑及躯体化因子分数明显升高，人际敏感、恐怖、偏执、精神病性及强迫因子分数亦明显升高，反映了躯体化疼痛患者中普遍存在躯体不适及负性情绪。研究中，45 例（72％）患者均具有抑郁障碍的症状，66％达到心境恶劣的诊断标准，27％符合重性抑郁标准，具有疼痛与抑郁共病的特点。

有人认为躯体化疼痛可能是一种变异，即抑郁被隐匿或是抑郁的躯体形式表现。上述研究者发现（毛洪祥，2003），54 例患者存在不同程度的疑病观念，这加重了紧张情绪，增加了疼痛感受。此外，有疑病观念的患者在知觉方面可能存在夸大或曲解正常感觉（如将腹胀知觉为腹痛）的情况，对躯体不适的耐受性差，这也可能是疼痛症状不能被医学解释的一个重要原因。另外，躯体化疼痛患者可能存在述情障碍。

此类患者中能够得到早期诊断和正确治疗的只是少数。根据国内研究者（骆艳丽、吴文源等，2002）的临床经验，原因主要有以下三方面：① 绝大多数患者不认为这是一种躯体形式障碍;② 目前大多数综合性医院尚缺乏心身科,而其他专科的医务人员缺乏对该病的认识;③ 疼痛的部位、性质及严重程度变化多样,绝大多数患者首先在相应的各专科诊治,常至病情十分严重且其他专科又无法治疗时,才转为到心身科就诊。骆艳丽、吴文源等(2002)做的研究发现,62 例患者中真正属于在心身疾病科首诊并被确诊的仅 5 例(8%),而大部分是之前曾到 2 个及 2 个以上其他专科进行诊疗;且由于病程较长,患者多伴有一定程度的抑郁,增加了治疗的难度。

另外有研究者(周伟平、吴育娟,1999)提出了诊断疼痛障碍应该注意的问题,如要注意与神经系统器质性疾病、抑郁症躯体化、疑病症等疾病鉴别,还提到诊断时需要注意的要点:① 患者发病有无社会因素;② 患者主要临床表现为躯体疼痛而缺乏器质性疼痛所伴有的生理反应;③ 患者的临床表现与神经解剖生理相矛盾;④ 医生需有充分的根据排除神经系统器质性疾病;⑤ 医生需细心了解病史,并通过多种心理量表测验而有充分理由排除抑郁症躯体化。

五、身体畸形障碍

1. 流行病学的研究

身体畸形障碍(body dysmorphic disorder,BDD)患者一般会因为羞耻而不愿寻求治疗,导致估计此病的发病率有困难,所以目前还没有关于此障碍的正式报道。美国有研究者估计,普通人群中的患病率为 1%～2%,抑郁症患者中有 8%罹患此病;寻求门诊心理治疗的人中有 12%受此症困扰,而也有人的估计值更低一些(Butcher, et al, 2004b)。不过,如果不采取任何形式的治疗,这种障碍一旦发生,倾向于贯穿终生。有个极端的例子是,一位 80 岁的老妇为此寻求心理治疗,诉其深受该病之苦整整 71 年了(见 Barlow & Durand,1995)。在心理卫生门诊中,这种障碍相对少见,可能因为大多数此症患者会去求助于其他健康专家,比如去做整形手术,尽管他们是不会对整形手术感到满意的。

身体畸形障碍患者没有明显的性别差异。据有关报道,美国的此症患者女性稍多于男性,但日本的此症患者 62%为男性。这种障碍的患者几乎都没有结婚。发病年龄为青春期早期到 20 多岁,高峰年龄为 19 岁(Barlow & Durand,1995)。

身体畸形障碍患者通常合并有抑郁的诊断(估计大概有 70%～80%),而且在很多病例中,这类患者会有自杀企图或者最终导致自杀(Butcher, et al, 2004b)。除此之外,身体畸形障碍患者并发社交恐怖症和强迫障碍也很常见(尽管不如抑郁症那么常见)。

因为 CCMD-3 没有身体畸形障碍这个诊断分类,所以国内鲜有关于此症的相关报道。

2. 临床表现与诊断

【案例 7-5】

某患者,男性,20 多岁,被诊断为社交恐怖症,但对此诊断尚存疑问。他是一名年轻的犹太法学博士,刚刚完成了法学课程,在一个邻近城市的犹太教会得到一个职位,但他无法接受这份工作,因为他非常害怕与人打交道。随后,他开始闭门不出。

患者是位外表很精神的年轻人。尽管在会谈中有些抑郁,但没有发现任何突出的问题,也没有精神病性表现。医生将会谈集中在探讨社交焦虑症病人常见的问题,即与人打交道或在人前做某些事方面的情况上,但发现这不是他所忧虑的方面。

医生最后发现,患者确信,任何与他打交道的人,包括他的好朋友,与他讲话时都盯着他看,并把注意集中在他身体的一部分,而这一部分绝对是非常奇怪的。他认为,陌生人不敢提这个话题,而他的好朋友不愿让他难堪而不提这个话题。到底是什么问题呢? 原来他认为他的头是方形的。为了掩饰这一点,他戴松软的帽子。在能够最大限度遮盖住头部的冬天,他感觉最好。而在别人看来,他的头形绝对是正常的。

(引自 Barlow & Durand,1995)

很多人都想象着能够改变自己外表的某些方面,也就是说对自己外表的某些方面不满意,这是很正常的,尤其是在青春期(这是个非常关注自己外部形象的年龄段)。但是,有些人觉得自己非常丑陋,以致他们不能与其他人交往或不能履行正常的社会功能。他们害怕别人会嘲笑自己丑陋,而实际上这是一些在别人看来很正常的人,即使有些小小的生理缺陷,但这些人对此的关注也太过分,就像我们上面提到的病例一样,也有人称此为“想象出来的丑陋”(imagined ugliness)(Phillips,1991;引自 Barlow & Durand,1995)。

这种症状是否属于妄想,目前还存在争议。

DSM-Ⅳ对身体畸形障碍的诊断标准(APA,2000)

A. 沉湎于自己的外貌有一种想象出来的缺陷。如确有轻度的躯体性异常之处,患者的考虑也明显得过了分。
B. 这种想法产生了临床上明显的痛苦烦恼,或在社交、职业或其他重要方面引起的功能缺损。
C. 这种想法不可能归于其他精神障碍(例如,神经性厌食患者对体型的不满意)。

很多此症患者会一天花上几个小时在镜子前,以期望那些他们想象出来的丑陋之处会发生一些改变,或做出一些努力修饰自己。例如,一位女患者每天花几个小时照镜子,修理自己的头发,试图使它们对称(Hollander,et al,1989 见 Barlow & Durand,1995)。而有些病人则逃避镜子,对于镜子害怕到了恐惧的程度。可以想象的是,这种障碍经常会引发自杀观念、自杀企图,甚至真正的自杀行为。这些患者有牵连观念(ideas of reference),他们认为自己周围的每一件事都多少与自己有关或是针对自己的，也就是说针对那些想象出来的丑陋之处。所以，为了逃避被他人发现自己的缺陷，此症患者通常会闭门不出，这样就直接妨碍了个体的正常生活，因为不敢出门会导致退学、离职、不参加聚会等各种社会性退缩行为。

身体畸形障碍患者关注的身体畸形几乎囊括了所有的身体部位。比如，皮肤有瑕疵，胸部太小或太大了，脸太瘦或太胖了，或者脸部的血管太清晰可见以至于让人恶心了，等等。当然，不同的社会和文化对美的要求和标准不一样，所以此症患者的具体表现也大相径庭。一定要记住的是，尽管几乎我们每一个人都会在乎自己的外表，都希望自己能够更漂亮更完美一些，但是这些身体畸形障碍患者实在是太极端了，他们因太多地沉溺于此而忍受着很大的情感痛苦。

还有一点，身体畸形障碍患者会经常从他们的亲戚朋友处寻求证实，证实他们没有那么丑陋，但这种安心只能够持续一小段时间。他们经常用发型、服装或者化妆来过多地整饰自己。

六、躯体形式障碍的病因

对于躯体形式障碍的病因学解释，很多概念最初是来自弗洛伊德。后来人们普遍认为，躯体形式障碍患者对生理现象太过敏感，过分关注，甚至夸大了某些生理现象。我国研究者（毛洪祥，2003）发现，人格、心理因素在本病的发生发展中可能起了重要作用，其中患者 EPQ 测定结果主要表现为 E 分降低，N 分增高，女性患者 P 分增高。这些患者大多表现为谨小慎微、敏感多疑、求全责备、易于焦虑抑郁。人格缺陷为慢性躯体化疼痛发生和发展提供了条件，具有一定的病因学意义。下面依次看一下生物学、心理动力学、行为主义、认知理论对躯体形式障碍的病因学解释。

1. 生物学观点：基因与大脑机能失调

躯体形式障碍的患者基本上都有躯体症状的家族史，这或许是基因决定的，而不是学习的产物，对此需要进行进一步的双生子和收养研究。Torgersen（1986）做过一项双生子研究，发现同卵双生子比异卵双生子有更高的躯体形式障碍的共病率。但这也或许是因为同卵双生子不仅有更相似的基因类型，还有更相似的环境（见 Alloy, et al, 1996）。

我国研究者发现躯体化障碍与遗传易感性有关，在此素质基础上病人对各类社会因素反应强烈，易产生各种非器质性的躯体症状。在病人的一级亲属中患病率为7.7%，而正常对照为 2.5%（杨叶凡、刘平，2001）。

梁文香、贺敬义等人（2001）发现癔症的遗传倾向十分明显，亲属患病率为 1.53%，一级亲属患病率为 3.15%，明显高于二级亲属患病率 0.49%，表明本病有家族聚集倾向。血缘关系越近，患病率越高，加权平均遗传率为 60.5%，提示遗传因素可能在癔症中发挥重要作用。其研究结果支持癔症遗传方式符合多基因遗传模式。

杨永信、吴绍兰等人（2005）的研究也支持上述结果，研究结果显示癔症的加权平均遗传率为30.3%,癔症的一、二、三级亲属预期发病率分别为2.6%,0.66%和0.44%,且符合多基因遗传模式,进一步肯定了癔症家族聚集性的存在。父亲年龄与子女患病之间的偏相关系数为0.704。进一步的分析显示,癔症的发病与癔症家族史、季节、家庭暴力、家庭环境和父母养育方式等因素有关(正相关),癔症的每一亚型均有着其相同或不同的发病危险因素。

还有一个很有意思的发现,躯体化障碍病人的一级亲属中,女性有更高的患躯体化障碍的可能性,而男性有更大的可能性具有反社会型人格障碍。更为有趣的是,患躯体化障碍的女性倾向于和反社会型人格障碍的男性结婚。而且,在一个人身上,同时表现出躯体化障碍和反社会型人格障碍的概率远大于机遇水平(Alloy, et al, 1996)。这些结果提示,或许躯体化障碍和反社会型人格障碍有相似的生物基础,而决定表现出躯体化障碍或反社会型人格障碍的因素是他们的性别。

躯体形式障碍患者的躯体主诉更经常(70%)发生在身体的左侧,而身体左侧是由大脑皮层右半球控制的,这提示我们,或许躯体形式障碍根源于右侧大脑半球的功能失调。这种假设已被某些神经学研究所支持(见 Alloy, et al, 1996)。

有些内容还需要强调一下,疑病时的担忧也可以是医源性的,即可通过医生不恰当或不正确的解释引起,或因医生的不正确解释使之变得恒定。

关于身体畸形障碍的病因和治疗,这两方面的知识都很少,目前没有可靠的资料可以说明有哪些生物性或心理性因素对此障碍的发生、发展具有影响。

疑病症、躯体化障碍、转换性障碍,许多情况下倾向于共同发生在同一个病人身上。但身体畸形障碍却不会与其他的躯体形式障碍共同发生,也不会发生在有这种躯体形式障碍患者家庭的其他成员身上。不过,有研究发现躯体畸形障碍经常与强迫障碍一起发生,而且有过强迫障碍病人的家庭中其他成员出现躯体畸形障碍的情况报道(见 Alloy, et al, 1996)。躯体畸形障碍是不是强迫障碍的一种变形呢?它们有很多相似之处:躯体畸形障碍病人有很多关于外表的强迫性想法,而且他们似乎也有很多强迫行为,比如反复照镜子;并且躯体畸形障碍与强迫障碍有大致相同的起病年龄,还有相同的发展过程;最令人感兴趣的是,某些药物(如氯丙咪嗪与氟西汀)对躯体畸形障碍和强迫障碍都有较好的疗效。如果能够证明躯体畸形障碍是强迫障碍的一种变形,那么我们对躯体畸形障碍的病因及治疗都会把握得更好一点。

2. 心理动力学的观点:防御焦虑

转换性障碍在心理分析的理论中,占据了核心的位置。因为在治疗这些病例的过程中,弗洛伊德提出并发展了许多心理分析的主要概念。转换性障碍为弗洛伊德提供了一个很好的机会去探索无意识的概念。

弗洛伊德最初认为,没有能够表达出的强烈情感将会导致躯体症状。后来,弗洛伊德假定,女性中的转换障碍根源于早期的、未被解决的恋父情结。小女孩最初会对自己的父亲萌发性依恋,如果她的父母对此的反应是粗暴的、严厉的,这些早期冲动会被压抑。结果，就会造成一种矛盾，既会有对性的过分关注，同时又力图回避它。发育至青春期，性意识觉醒，这些被压抑的冲动要复苏，便会产生焦虑。这些焦虑转换成躯体症状，既曲折地表达了性欲望，又阻止了它的实现。性欲望并不是唯一的原因，敌意也可以导致转换性障碍。举例说，癔症性瘫痪可能是防御谋杀愤怒的表达(一个不能动的人是不能去杀人的)。

今天，多数的心理动力学理论家修正了弗洛伊德关于恋父情结的解释，然而他们继续相信，此症患者有儿童期产生的潜意识冲突，它会引起焦虑，个人于是转化此焦虑为"更可容忍"的躯体症状。

从心理动力学的观点来看，疑病症是对焦虑的防御，而这焦虑是由不能被接受的愿望引起的。弗洛伊德假定，超我阻止性能量指向外部客体，从而将其指向自己，最后，自我指向的性能量泛滥，于是变换成躯体症状(见 Alloy, et al, 1996)。其他的一些心理动力学学者更倾向于认为是敌意而不是性欲望导致了疑病症。有一种理论(Brown & Vaillant,1981)认为，疑病症患者对不被爱和被伤害感到非常愤怒。但他们并不去表达他们的不满，而是将这种不满置换到身体上，就像是身体被伤害了一样。对躯体化障碍的病因学解释类似于此(见 Alloy, et al, 1996)。

按心理动力学的理论，还是可以将身体畸形障碍解释为防御机制中的一种——置换，即未解决好的"无意识"中的冲突会引起太大的焦虑，以致不能让它进入到意识中去，就将其置换到对身体部分的关注上。

在所有躯体形式障碍的病因中，心理动力学的理论家都强调，退行作用(regression)是一个很突出的成分。在焦虑的压迫下，倒退回一个生病孩子的状态，要么是希望得到关注、得到对于婴儿似的照料，也或许是为了逃脱责任，这就是心理动力学派提出的所谓"二级获益"。相对应的"初级获益"，是指通过使用防御机制而解除焦虑。

在过去的 20 多年里，研究结果基本一致地表明躯体化障碍与创伤后应激障碍有密切关系，而儿童期的创伤对躯体化障碍的形成具有重要作用(见孟宪璋，2002)。

3. 行为学和社会文化学的观点:病人角色

疾病并不仅仅是一种生物功能失调，它同时包含社会性成分。如果人们拥有了"病人角色"，他们就可以呆在家里，不用去工作或上学；还可以逃脱正常的责任；并且可以期待他人给予怜悯和关注。行为学家和社会文化学家认为，躯体形式障碍都是对病人角色的一种不恰当的采用。

人们是怎样学习着采用"病人角色"的呢？Ullmann 和 Krasner(1975)提出，有两种条件会增加一个健康人采用病人角色的可能性。第一，这个人必须有一些关于这种角色的经验，可以是直接的，即以前病过；也可以是间接的，即看过别人生病。疑病症、躯体化障碍和转换性障碍患者，他们大都有早期个人或家庭成员患有生理疾病或躯体症状的历史。第二个条件是，采用病人角色后患者肯定会得到某些强化。事实证明情况的确如此(见 Alloy, et al, 1996)。

社会文化学家也认为躯体形式障碍是对病人角色的一种采用,但他们更少关注家庭,而是关注影响更大的文化力量。从社会文化学的观点来看,人们是否采用病人角色作为一种应付方式,取决于他们所处的社会文化对待不明原因的躯体症状的态度。如果这种理论是正确的,那么在不同的文化中,躯体形式障碍的患病率应该有所不同。事实正是如此。例如躯体化障碍和转换性障碍更多地发生在非西方以及非工业化的文化中,在这些文化中,表达情感的困扰更少被他人所接受。在美国,躯体化障碍和转换障碍更多地发生在农村地区和社会经济地位较低的群体中,同样的,这些群体不赞成情感问题的表达。我国的情况也类似,癔症的患病率农村明显高于城市(张淑芳、邢丽等,2001)。

还有一点,也可以证明社会文化因素在躯体形式障碍的发病中起作用,即近几十年来,这种障碍的患病率总起来讲是下降了。最可能的解释是,现代知识的普及已经使对引发和维持此障碍而言非常重要的强化物或二级获益减少了。

4. 认知的观点:身体感觉的曲解

对于疑病症和躯体化障碍,从认知的观点来看,它们的病因与惊恐障碍的病因基本相同:实质上是对身体感觉的曲解,即疑病症是一种伴有强烈情感因素的认知或知觉障碍(Clark & Salkovskis,1992 见 Barlow & Durand,1995)。疑病症发展的关键是对生理现象和感觉的错误解释,以致把它们当做了生理疾病的征兆。个体焦虑不安地将注意力过分集中在身体方面,机体功能就会失去它的自然性,就会出现偏差。如果个体将这种现象解释为生理疾患的表现,会使焦虑增强,增强的焦虑会进一步引发植物神经系统的功能紊乱,就产生了更严重的生理症状。这样,就形成了一个恶性循环。

疑病症病人还倾向于将微小模糊的生理现象解释为有很大威胁、致命性疾病的征兆。比如说,他可能会把一次小的头痛看做是脑瘤存在的确切证据。这样,也能形成如前所述的恶性循环。

对躯体化障碍的认知病因学解释与疑病症类似。

我国有研究者发现,神经质个性是罹患躯体形式障碍的因素之一,因为患者多把注意力集中于自身的躯体不适及其相关事件,感觉阈降低,对躯体感觉的敏感性增加,易产生头痛和各种躯体不适。患者的感觉阈和痛觉阈都较低(杨叶凡、刘平,2001)。

另外,躯体畸形障碍的跨文化研究也带来令人感兴趣的发现。在日本,一些社交恐怖症患者坚信自己发出带有恶臭的呼吸气味或有体臭,这在美国的文化中或许会被简单地诊断为患有躯体畸形障碍。

七、躯体形式障碍的治疗

躯体形式障碍患者通常把寻求心理治疗当做最后的求助手段,因为他们十分相信他们的问题是生理医学的。当一位医生告诉他们,他们没有生理问题时,他们通常再去求助于另一位医生。经过许多次这样的反复之后，他们才会转向求助于心理治疗。徐俊冕(2004)提出治疗躯体形式障碍患者时应该注意的问题：

(1) 对躯体形式障碍病人应进行全面评估。这种全面评估是适宜治疗的基础，评估涉及生物、心理和社会诸方面。全面细致的医学检查是至关重要的，以防疏漏了严重躯体疾病。然后进行深入的精神医学检查。

(2) 特别需要注意治疗关系。由于躯体形式障碍的病人反复陈诉躯体症状，坚持将这些症状归咎于并不存在的躯体疾病，因此，他们的态度和目标常和医生的期待不一致。医生模棱两可的说明，无效的治疗与手术常引起患者的失望与不满。这种情况要求综合医院各科医生对这类病人的医患关系给予特别注意。通常对这类病人应申请精神科会诊。

(3) 躯体形式障碍的治疗原则。躯体形式障碍的出现与心理社会应激有密切关系，病人对其症状的解释和采取的应对行为方式，都表明他们需要心理治疗。由于这类患者常伴抑郁和焦虑，又有躯体化的申诉，使用 SSRI 类抗抑郁药或副作用少、抗焦虑作用显著的其他抗抑郁药也是有价值的。认知行为治疗和 SSRI 类抗抑郁药联用被认为比单用药物或单用认知行为治疗更为有效。

对于躯体形式障碍的治疗，系统的研究还是比较少。目前较为大家认可的治疗包括药物治疗，心理治疗中的动力学治疗、认知行为治疗、暗示治疗等，国内还有学者做了家庭治疗的尝试。

(一) 药物治疗

三环类抗抑郁药阿米替林是治疗躯体形式障碍的主要药物之一，有效率为88.8%，这与国内研究者(刘红霞，2003)发现的阿米替林治疗躯体形式障碍有效率80%结果一致。氟西汀治疗躯体形式障碍有效率为78.79%，与阿米替林疗效相当。患者常因不能耐受三环类抗抑郁药的副作用而中断治疗(刘红霞，2003)；而氟西汀不仅疗效好，且副反应小，是更好的选择。

另外，国内有研究者对内科误诊的96名躯体形式障碍病人给予帕罗西汀，同时配合支持性心理治疗，进行了8周的系统治疗。治疗后躯体症状随之明显改善，显示帕罗西汀治疗躯体形式障碍，具有较好的临床疗效(任清涛、李广，2001)。

(二) 心理治疗

在实施任何理论取向的心理治疗时，对躯体形式障碍患者提供心理支持，建立良好的治疗关系，耐心倾听患者的倾诉，对患者表示关心、理解、同情，让其对治疗师产生信任，对治疗抱有信心，这都非常重要。

1. 心理动力学治疗

尽管在临床实践中，运用心理动力学理论的治疗方法揭示出病人无意识中的冲突是很普遍的，但关于这种方法的疗效少有报道。施琪嘉(2000)曾发表过论文“心理动力学对癔症治疗的理论和实践问题”，其中详细介绍了对一例癔症患者的心理动力学治疗。他提到,治疗的关键是理解病人的症状背后所蕴涵的意义,并对病人解释该意义,所以说分析性治疗是具有重构性的、深层的和注重过去的。

2. 认知行为治疗

有报道说,认知行为疗法能够帮助疑病症患者,主要是改变他们的思维习惯及改变强化方向。而躯体形式障碍的认知行为治疗要点如下(徐俊冕,2004):

(1) 治疗目标是帮助病人认识问题的性质。帮助病人认识问题的性质以评估、询问方式进行。

(2) 治疗师应表明对病人体验症状的痛苦等事实的接受,表达对其的关心,鼓励病人说出自己的观点和论据,然后一起对其论据进行审视,提出可能的替代性解释。

(3) 同病人讨论对健康的焦虑与躯体症状的联系。焦虑多伴有自主神经功能亢进。对身体感知方面注意聚焦,增强了躯体不适的敏感性。治疗师在全面评估的基础上,提议病人考虑和检验其对健康的焦虑同身体症状的关联。

(4) 盘诘和检验病人的威胁性负性信念。治疗师要鼓励病人说出自己的疑虑和想法,盘诘时要强调躯体检查结果的正面信息,或与病人协作设计行为实验,以检查其信念的不真实性。

(5) 改变回避性行为模式。治疗师要说明对心理社会应激可有不同的应对行为。澄清问题,面对现实,勇敢接受现实挑战,是积极的应对行为;过度的医学检查、重复的寻求保证,只会强化躯体化倾向。因此,要鼓励患者尝试积极的应对行为,改变以往回避问题的消极应对行为。放松、生物反馈等技术也有一定的使用价值。

放松训练是行为治疗的方法之一。这一训练通过对全身肌肉有意识的放松、杂念的消除,从而使患者的躯体不适症状、焦虑、抑郁及失眠症状得到改善,并且消除了病人紧张情绪,缓解了病人的心理压力,淡化了病人对躯体疾病的优势观念,以达到治疗效果。国内有研究者发现,通过放松训练配合药物治疗躯体化障碍,效果明显优于单纯应用药物治疗。说明放松训练对躯体化障碍有较好的治疗效果,值得推广(张静,刘向阳等,2004)。

躯体形式障碍的行为疗法包括两部分。首先,治疗者要设法消除维持病人生病行为的强化物,比如家人不再对患者的疾病及抱怨嘘寒问暖,而是要求其承担起力所能及的家务或其他义务。第二方面是,治疗者要努力提高病人的应付技能,缺乏应付技能或许是使病人采用“病人角色”的部分原因。提高应付技能通常包括社交技能训练和决断训练。

另有一项研究提到对身体畸形障碍患者的行为治疗。此研究用的是暴露和反应阻止法(exposure and response prevention),即在4周的疗程中,患者一再被提醒他们所感知到的身体缺陷,但阻止他们做任何其过去所一贯采取的行为(如检查他们的外貌),以帮助减轻他们的不适感觉。在治疗后期,他们变得较不在意他们的缺陷,检视身体各部分和照镜子的时间较少,以及较少逃避社会活动(见 Comer,2001)。然而,这种方法的疗效，尚未被广泛地验证。

3. 暗示治疗

暗示疗法是一个世纪前由 Charcot 首创，至今仍通用于世界，是治疗癔症的经典方法。作为消除癔症性躯体障碍的一种有效措施，它特别适用于急性起病且发作频率不高的患者，国内外经常见到治疗成功的报道（于宗富、张朝等，2002）。这主要是因为癔症的起病与暗示有密切关系，因此在其治疗中，暗示也同样起着极其重要的作用。暗示疗法对于缓解癔症患者的症状具有明显的疗效。初次使用者效果很明显，有效率达 73.3%，如果第二次发作仍用原暗示方法，则有效率降低，但是改用其他暗示方法后，仍明显有效，有效率为 75.0%，与初次使用效果相当。同时，暗示疗法由于快速起效，因此还能明显缓解癔症患者发病时围观者的情绪。暗示疗法对癔症患者之所以具有较为明显的疗效，是因为癔症病人本身就具有易于接受暗示的心理特点，许多患者还具有明显的"癔症人格"（王汝楠，2004）。

在使用暗示疗法的过程中，有几点必须注意：① 在进行暗示疗法时，医生或治疗师一定要镇静自若，要显得对所用治疗方法充满信心（这种态度本身，就是一种很好的暗示）；同时明确告知病人该方法一定有效（可用直接或间接的方法告知，间接方法如让其观察自己尿液的颜色等）。② 对多次发作的患者，一般要使用与以前不同的暗示方法才有较好效果。③ 对某些明显有不同临床表现的癔症患者，有时也应使用不同的暗示疗法，以防患者之间"交流"而产生怀疑："不同的病怎么都用一种方法治？"。④ 在回答病人的咨询时，可告知"癔症"的病名，但一般不应解释过细，即使对围观者也是如此（王汝楠，2004）。

但是，暗示疗法不能解决患者的癔症人格问题，因此必须进行进一步的心理治疗，以巩固疗效（黄继真、赖淑珍等，2001；于宗富、张朝等，2002）。

4. 家庭治疗

家庭治疗注重了解个体在成长环境中受到重要影响的不同背景因素，认为调整个体的家庭或其他使之受到影响的系统，才有助于患病个体产生改变。国内外有报道表明，家庭治疗对于躯体形式障碍的治疗是有效的。

例如国内有研究者通过对于一例患者及其家庭进行的治疗，摸索了结构式家庭治疗如何应用于躯体形式障碍的治疗的实践。治疗师应用加入技术，再现家庭互动模式。当患者在治疗时"痛斥"母亲种种不是，而母亲却连连称自己没做好，患者就更加觉得自己的"病"是被母亲逼出来的，自己就可以在家什么都不做，也可以不上学等，这种纠结的互动模式的转化，首先需要动摇系统的平衡状态。治疗师在家庭治疗中与母亲建立联盟，打破平衡，重新界定出母女子系统的界限。在后续的治疗中，治疗师运用重构技术，挑战女儿，是愿意做一个什么都要母亲负责的尚未月经来潮的小女儿，还是愿意做一个 21 岁的青年。母女二人因治疗师的加入而重新定位，母女之间新的动力也因此活跃起来，一种新的互动模式在逐渐建立。患者闭经症状改善，这样使得家庭发生更加深入的改变,患者的情绪症状、疑病症状也明显缓解。总之,本例躯体形式障碍患者的结构式家庭治疗临床疗效较好。虽然只是个案临床实践的总结,但仍不失为今后躯体形式障碍治疗中的有效手段(沈怡芳、李晓驷,2004)。

第三节 分离性障碍

分离性障碍(dissociative disorder),从文字面上理解,是说那些本来属于一个整体的心理活动现在相互分开了;一个心理活动的共同体解散了(这与精神分裂症的分裂并无相关);脱离整体生活,并不再有完整的自我意识能力。患有此类障碍的人有的会意识不到自己具有的某些心理功能,如识别、记忆,有的甚至感觉不到对自己或周围世界的知觉。还有人想不起来某些关于自己的事件,有的以一个新的身份生活,还有些人会离开自己原来的生活环境而到一个完全新的地方去,并且不记得自己的过去。而所有这些障碍并没有可检测出的大脑损伤。

如果偶尔感觉到分离性的出现,是比较正常的,尤其是在儿童及青少年身上,偶尔体验到对自己的陌生感或短暂的记忆缺失或身份混乱,比如做白日梦或者对原本进行的谈话突然不知所云的时候,这是生活中的正常现象;分离现象也可能会在成年人非常疲倦,比如熬夜准备考试后出现,或者当人遭受了重大的生理或心理创伤后发生,这时候,个体认为自己知道产生分离感觉的原因,所以并不会觉得有多么可怕。这些现象属于正常范围,不能看做是分离性障碍。

有研究者倾向于认为转换性障碍应该看做是属于分离性障碍的一种而不是躯体形式障碍(见 Carson, et al,1996)。根据前面所述,这种看法也有一定的道理。但在DSM-Ⅳ中,分离性障碍是包括了人格解体障碍、分离性遗忘、分离性漫游、分离性恍惚障碍及分离性身份障碍等。因为对这类障碍了解得都较少,本节仅对人格解体障碍、分离性遗忘、分离性漫游、分离性恍惚障碍进行简单地描述,然后对分离性身份障碍作较为深入的论述。

一、人格解体障碍

1. 流行病学的研究

人格解体障碍(depersonalization disorder)的终生患病率还不得而知,应该是很少见的。有研究者提出,这种障碍的平均发病年龄为16岁(见 Butcher, et al, 2004b),迁延不愈,而且对治疗有很强的阻抗。也有研究者报道说,此障碍倾向于在十几岁或二十几岁发病(见 Alloy, et al,1996),随后发展较快,而恢复却比较慢,容易形成慢性病程。

人格解体障碍很常见地共病于焦虑和情绪障碍以及回避型、边缘型和强迫型人格障碍(Butcher, et al, 2004b)。

2. 临床表现与诊断

【案例 7-6】

患者，女，20 岁，高中生，因感觉面部变样，某些躯体神经被剪断，与外界有隔离感等 4 年，曾多次主动到我院就诊，于 2004 年 2 月 17 日门诊以神经症收住院。患者于 4 年前在读初三时无诱因逐渐起病，自感“人变呆板了，像个木头人”，头脑反应不灵活，感到与外界疏远了等，但仍能坚持上学。初中毕业时，以第一名的成绩考入本县一所重点高中。高中三年间仍持续自感头脑变空，像个木头人，体力、脑力已耗尽，左脑无用，右脑好用，有时感到心脑血管及某些躯体神经像被剪断而与躯体联系不密切等，为此焦虑，紧张不安，在家人陪同下四处求医问药。曾用万拉法新 50～100 mg/天，利培酮 2～4 mg/天，安定、健脑等药物治疗，但无明显疗效。患者仍能坚持读完高中，并于 2003 年 6 月参加高考，考取了云南民族学院。由于患者及家属不愿就读普通本科大学而至今仍在读高中补习班。近半年来仍感身体不适，感到脑脊液从头上往下流，全身气血不通，双眼固定并与大脑失去联系，脸变得很难看，像个僵尸，整天戴墨镜等。既往体健，无特殊病史。入院后体格检查：神志清晰，发育正常，营养中等，头颅五官无异常，心、肺、腹正常，神经系统检查无异常。精神检查：意识清晰，定向力正常，注意力集中，接触好，主动诉说病史，对其所患疾病有痛苦感，情绪轻度焦虑、抑郁，迫切要求治疗，未引出任何幻觉及妄想，有人格解体的大量症状，如诉“感到脸上有东西流出来，可能是脑脊液，脸变小了，变丑了，觉得自己与外界和周围人群有隔离感，像个木头人，像行尸走肉一样，眼睛像个装饰品，和大脑已失去联系，感到自己是个不完整的人，许多神经像被剪断一样”等，意志活动无明显减退，智力正常，有自知力。入院后先后选用多虑平 50～150 mg/天，氯氮平 50～200 mg/天，氯硝西泮 2～4 mg/天等药物治疗，并辅以支持性心理治疗等，2 周后稍有好转，可以不戴墨镜，但其余症状无法消除。经医院会诊讨论，诊断为人格解体神经症，由我院转至省精神病医院诊治（张迎锋、杨镇涛，2004）。

从上面的病例可以很直观地看出，人格解体障碍表现为病人突然丧失了对自己的感觉，主要特征就是感觉到自己很奇特或不真实。该症病患感觉到他们好像从自己的身体中游离出来，正在从远处或上方看着自己；或者觉得自己变得很机械，就像自己和别人都成了机器人；或者自己就像生活在梦里一样不真实。奇特的感觉通常是对自己身体或精神而言的，比如说觉得自己四肢变大了或缩小了，或者自己举止很机械，或者自己就像死了一样，或者自己像被束缚在其他人的身体里。

我国有研究者（于清汉，1995）总结了人格解体常见的几种症状，见表 7-2。

人格解体障碍患者对于自己的这种奇特感觉经常与现实解体感（derealization）一起出现，即对于这个世界的奇特感觉：其他的人像自己一样，似乎变得或者像机器人，或者像死了一样或者像在演戏那样的多少有些不自然。人格解体与现实解体者会对某个地方有似曾相识的错觉，即觉得自己以前来过但又知道这并不是事实；或者也可能有相反的错觉，即明明是很熟悉的地方却觉得好像从未见过。认知心理学的观点认为，人格解体与现实解体者都丧失了再认记忆（recognition memory），即这些患者不能将当前的经历与过去的经验联系起来。人格解体患者通常情感反应减少，对外界与其他人普遍缺少兴趣。他们并没有丧失现实感，他们知道自己的这种奇特感是不真实的，并且，这种感觉依然很可怕，他们可能会感觉自己要精神错乱了。

表 7-2　人格解体常见的几种症状

自我（精神）人格解体	自身（躯体）人格解体
自我存在感丧失，如感到自己的精神和灵魂已消失了，不在了，只有肉体还存在等。	自身存在感丧失，如感到自己的身体或肢体已不在世界了，只有精神和灵魂还活着。
自我统一感丧失，如感到自己的精神活动不协调，右脑在思考，左脑不活动、反抗、不配合等。	自身所属感丧失，如感到自己的头或肢体不是自己的，是其兄、妹、妻的，是属于他人的。
自我相同感丧失，如感到现在的自己和过去自己不同了，过去脑子聪明伶俐，现在愚笨了、痴呆了等。	自身常态感丧失（自身变形感），如感到自己身体变大、变小、变亮、变成小孩了，或变成残疾人了等。

DSM-Ⅳ对人格解体障碍的诊断标准（APA，2000）

A. 持久或反复地体验到自己精神过程或躯体的脱离感，似乎自己是一个旁观者（例如，似乎做梦的感受）。

B. 在人格解体时，现实检验能力仍完好无损。

C. 这种人格解体产生了临床上明显的痛苦烦恼，或在社交、职业或其他重要方面的功能缺损。

D. 这种人格解体的体验并非发生于其他精神障碍的病程之中，例如精神分裂症、惊恐障碍、急性应激障碍或另一种分离性障碍，也并非由于某种物质（例如某种滥用药物、治疗药品）或一般躯体情况（例如颞叶癫痫）所致之直接生理性效应。

按照诊断标准，人格解体障碍需要与惊恐障碍、边缘型人格障碍、精神分裂症等进行区分。这些障碍的患者偶尔也会出现这种奇特的感觉。尽管严重的人格解体症状非常令人恐惧，而且可能会使个体担心自己的心理即将完全崩溃，不过这种担忧还是不太常见。精神分裂症患者的解体症状感觉通常更强烈些，最重要的一点区别是，精神分裂症患者不会说情况好像改变了，他们会认为这种疏离自己的感觉是真实的、完全的。

如前所述，人格解体有时会短暂地发生在日常生活中，而且人格解体有时也表现在其他心理障碍中，同时它也是其他分离性障碍的常见症状。并且，人格解体障碍经常在个体遭遇重大创伤性事件之后发生，不过，有些研究指出，在一个创伤性事件中，人格解体是有适应性意义的,它可以降低创伤性事件所带给个体的抑郁与焦虑(见 Alloy, et al,1996)。因为感觉到创伤性事件是发生在梦里或者别人身上,这或许可以保护个体免受创伤的灭顶打击。

还要注意的一点是,这种分离性障碍并不同时伴有遗忘,而遗忘是其他分离性障碍共同的特征。

二、分离性遗忘

1. 流行病学的研究

分离性遗忘(dissociative amnesia)的流行病学数据未见报道。它通常发生在个人经历重大创伤性事件之后。有研究者说,发生在军事战斗中的心理疾患,至少有 5%是属于分离性遗忘(见 Comer,2001)。在战争与自然灾害时,这种分离性障碍的发病率要高一些。实际上,许多关于分离性遗忘的病例报道是在参加第一次和第二次世界大战的士兵中发生的(见 Alloy, et al,1996)。

在一项关于 25 个分离性遗忘病人的调查中发现,几乎一半的人会忘掉不止一个情节,而且,遗忘会伴随着其他很多症状,主要是抑郁、头痛、性功能失调(通常是性欲减退)等。实际上,大多数情况下,都是仅仅通过问卷调查就能发现分离性遗忘,而且此类病人通常的主诉是抑郁(见 Alloy, et al, 1996)。

2. 临床表现与诊断

【案例 7-7】

患者,女,50 多岁,刚开始是带女儿到心理卫生机构就诊,原因是女儿不肯上学,并有其他严重的破坏行为。后来发现,家庭中男主人(拒绝参与治疗)非常好争吵,严重酗酒,并且偶尔使用毒品。女孩的哥哥,已有 20 多岁,依然呆在家里,并成为家庭的负担。整个家庭一周内会有几次爆发大战,彼此谩骂、推搡,并抱怨其他人给家庭带来了问题。而这位妈妈,一位非常坚强的女性,是这个家庭的和平使者。大约每 6 个月,通常是在一次家庭战争之后,患者会忘掉所有的事情(广泛性遗忘),这时家庭其他成员会送妈妈去医院。一般是几天之后,她会恢复记忆,回家,但下次还会重复这个过程。尽管这个家庭没有得到系统的治疗,但当孩子们离开家庭并且矛盾减少了时,这种状况自发地有所缓解(见 Barlow & Durand,1995)。

分离性遗忘大概是最容易理解的一种分离性障碍了。遗忘症(amnesia)是指将过去经历的事件部分或全部都忘掉。真正的遗忘是由头部受重创,或某一种大脑障碍所引起的。但分离性遗忘与遗忘不同,是在没有任何明显的器质性原因的情况下出现的,它可以被看做是对心理应激的一种反应。而且在分离性遗忘中,记忆的漏洞非常大,已经不能用普通的健忘来解释了。

有五种类型的分离性遗忘。上面提到的病例是广泛性遗忘,即把所有的事情都忘掉了。

(1) 局限性遗忘(localized amnesia),这是一种最常见也最重要的遗忘,是指将发生在特定时间段里的所有事情都忘记了。比如说,一个男人从一场火灾中死里逃生,而其他家人都丧生于大火中,这个男人将火灾发生直至其后三天的事情都忘掉了。

(2) 选择性遗忘(selective amnesia),就好像个人将记忆抹去了一些斑点,即只将发生在特定时间里的某些特定事情忘记了。借用上面的例子,如果这个男人还能记得救火车来了以及自己被救护车送到医院的情节,但却不记得他的孩子们被抬出屋子或者第二天辨认孩子们尸体的事情,这就是选择性遗忘。

(3) 广泛性遗忘(generalized amnesia),指忘记了个人所有过去的生活。我们前面引用的案例 7-7 中的患者,发生的就是广泛性遗忘。尽管这种遗忘经常出现在小说或电影等艺术作品中,但实际上是很少见的。

(4) 延续性遗忘(continuous amnesia),指个体把发生在某个特定时间直到现在所有的事情都忘记了,包括所有的发生在遗忘之后的事情,只保留了在此之前的一些记忆。举个例子来说,如果一个人从周一开始发生遗忘,那么他在周三将不会记得自己周二都做了些什么,但这个周一以前的事情都还记得。这就是延续性遗忘。

(5) 系统性遗忘(systematized amnesia),是指个体只忘记特定类型的信息,比如说关于自己家庭的全部信息,而其他的记忆保持完好。

其中有些遗忘形式会比较常见,而广泛性遗忘是很少发生的。在小说和电影中,会看到有人突发分离性遗忘障碍,而且遗忘是唯一的症状,同时恢复记忆也充满了戏剧性,遗忘了的人突然就什么都想起来了,继续自己以前的生活。但显然这不是通常的一种模式。许多遗忘病人会不经治疗而突然痊愈,但也有很多病人迁延不愈,而且即使恢复后也会复发(见 Alloy, et al, 1996)。

在分离性遗忘中,病人经常表现出心理的混乱与定向障碍,特别是在广泛性遗忘及延续性遗忘中。患者在心理上清除掉全部或很多个人的过去生活经历,患者会不知道自己是谁,自己在哪里,认不出家人或朋友,而且他们不能告诉别人自己的姓名、住址或其他关于个人的任何信息。换句话说,分离性遗忘的病人丧失了情节记忆(episodic memory),即关于个人经历的记忆消失了。但他们的语义记忆(semantic memory,一般性知识)、程序性记忆(procedural memory,关于技能的知识)却保存完好,即能保持自己的读、写、听、说和推理能力,还保留有以前获得的关于世界的知识及如何运用这些知识的能力。同时,病人的外显记忆虽然缺失,却有证据证明其内隐记忆是存在的,也就是说,病人不能提取到的意识中的一些记忆依然在起作用并能够影响其行为。

DSM-Ⅳ对分离性遗忘的诊断标准(APA,2000)

A. 明显突出的障碍是:一次以上的发作,发作时不能回忆重要的个人问题;往往属于创伤性或应激性质,而且太过分以致不能用通常的健忘来解释。
B. 这种障碍并非发生于分离性身份障碍、分离性漫游、创伤后应激障碍、急性应激障碍或躯体化精神障碍的病程之中,也不是由于某种物质(例如滥用药物、治疗药品)或某种神经系统或其他一般躯体情况(例如颅脑外伤所致遗忘性障碍)所致之直接生理性效应。
C. 这些症状产生了临床上明显的痛苦烦恼,或在社交、职业和其他重要方面的功能缺损。

怎样鉴别器质性遗忘与分离性遗忘呢?除了医学检查之外,还可以从另外几个方面去考虑:第一,分离性遗忘更多是逆行性(retrograde)的,即病人将创伤性事件发生之前的某段时间内的事情忘掉了,特别是关于自己的个人信息方面;而器质性遗忘,特别是脑部受伤引起的遗忘,更多是顺行性(anterograde)的,即创伤性事件之后一段时间内的记忆出现了缺失,也就是不能记住新的信息和经历。第二,分离性遗忘经常是选择性的,空白的阶段倾向于是大多数人都想忘掉的部分。第三,分离性遗忘患者通常不太关心自己的症状,即不受自己遗忘症状的困扰,这种漠不关心暗示了一种个体从冲突中解脱出来的境况。最后一点,分离性遗忘所忘掉的事情仅仅是从意识中被掩蔽掉了而不是像器质性遗忘那样真正丢失了,所以这类患者经常可在催眠状态下回忆起被忘掉的信息。

三、分离性漫游

1. 流行病学的研究

约有0.2%的人体验到分离性漫游(Comer,2001)。像分离性遗忘一样,分离性漫游(dissociative fugue)也是在战争期间和自然灾害之后更可能出现。此外,这类障碍也倾向于在严重的心理创伤之后发生。有些青少年离家出走,可能处于漫游状态(见Comer,2001)。

分离性遗忘与分离性漫游一般不会在青春期前出现,更常见的是发生在成年期。但50岁之后首次发病的情况也是很罕见的。不过,一旦这些障碍出现,它们可能会持续到老年(Barlow & Durand,1995)。

2. 临床表现与诊断

【案例7-8】

患者,男,32岁,下岗工人,高中文化,性格忠厚老实、内向。3年前所在单位怀疑他偷窃,患者有口难辨,之后被迫下岗。患者情绪低落,痛苦难眠,感觉有一阻塞物吐不出来,又咽不下去。某日不辞而别,随便登上一列火车,走进一座新的城市,次日找到工作(患者是钳工),过起被动、孤独、自食其力的生活,成为与他原先完全不同的另一个人。他从不与家人联系,远离生活烦恼,没有对亲人的牵挂。数月后患者突然猛醒,环顾眼前陌生的城市和人群，思念家中的母亲妻儿，随即停止打工，踏上回归的列车，心情轻松愉快，回家后生活又归于从前。此后，每当他遇到无法排遣的心理困境或生活中的压力，自觉无力承受时，又会不辞而别，远走他乡，开始又一次漫游。3 年期间共出走 4 次，对其漫游的经历有大致的回忆，细节多遗忘。多次发作对患者的人格、智能和记忆无影响，自觉不正常又淡然处之，不主动就医。

本病例突然发作，突然停止，发作期有自我身份障碍，能维持被动的、基本的、自食其力的生活，事后仅有部分回忆。诊断为反复发作的癔症性漫游。

近一年，患者又遭遇了生活中的重大变故，母亲病故，因料理丧事工作被辞退，表现失眠、焦虑抑郁，此时给予抗焦虑抑郁药和心理疏导，漫游没有发生。可见，心理治疗对患者间歇期的影响是有效的，发病前的早期干预治疗可预防漫游的发作（王敬英，2005）。

漫游(fugue)，原引自法语，意思是“flight”，从字面上理解是逃走。从上面的病例可以看出，漫游是病人从自己无法排遣的心理困境或自觉无力承受的生活压力中逃走。这是与分离性遗忘相关的一种分离性障碍，患者不仅忘记了自己所有或大部分的过去，而且会突然地、令人意想不到地离开家去漫游，可以看做是一种旅行性遗忘。不过，它比分离性遗忘要复杂。分离性遗忘病人因为遗忘而处于一种混乱的状态，可能会无目的地四处游逛；而漫游病人的活动是有目的性的。并且分离性遗忘病人可能只是忘记了自己的身份，而漫游病人可能不仅为自己的身份感到困扰，而且会更进一步地为自己创造出一个新的身份。

漫游的时间及复杂程度差异很大，有些人可能只是去附近的一个小镇，在一个电影院里或用一个假名字登记住一夜旅馆，然后第二天就一切恢复正常了。当其恢复时，病人并不知道自己为何要来这里以及自己是怎么来的。这种较轻的症状在分离性漫游中是比较普遍的。在一些极端的案例中，病人甚至会出国旅行，而且采用一个新的身份，捏造一段详细的既往历史，甚至会以新的人格特点开始一段完全崭新的生活，时间可长达几个月甚至几年。在这段时间里，他们在别人眼里看起来是完全正常的，而且在他们自己的感觉上也是正常的。最后，终于有一天，一般这也是很突然的，患者“清醒过来了”。通常在某些案例中表现为，当患者再次在心理上感觉到很安全时，他们会突然“清醒”。“清醒”之后的患者会经历第二次遗忘（第一次遗忘是漫游期间，他们完全不记得漫游之前的事情），即完全不记得他们在漫游期间做了一些什么。他们所能记得的最后一件事是在某一个早晨离开了家。很显然，在漫游期间他们是不会寻求专家的帮助的，因为自我感觉很正常。他们只可能会在漫游结束后寻求帮助，部分原因是他们想知道自己在漫游期间到底做了些什么事情。

DSM-Ⅳ对分离性漫游的诊断标准(APA,2000)

A. 明显突出的障碍是:突然、出乎意料地离家或离开平常工作单位出外旅行,而不能回忆自己的过去。
B. 对于个人的身份搞不清楚,或假设了一种新的身分(部分的或全部的)。
C. 此障碍并非发生于分离性身份障碍的病程中,也不是由于某种物质(例如,某种滥用药物,治疗药品)或一般躯体情况(例如,颞叶癫痫)所致之直接生理性效应。
D. 这些症状产生了临床上明显的痛苦烦恼,或在社交、职业和其他重要方面的功能缺损。

在不同的文化中,分离性障碍在很重要的方面是不一样的。在世界上的许多地区,分离性现象或许是以恍惚或附体的形式表现出来,关于这一点,读者可参考专栏3中的内容。

专栏 7-3

分离性恍惚障碍

在世界上的许多地区,分离性现象或许是以恍惚或附体的形式表现出来,而本地的文化决定了这些恍惚或附体状态的特征。这种障碍包括常见的分离性症状,比如人格的突然改变等。不过当地文化认为这种改变是由于个体被某个灵魂附体所致。通常的情况是,附体灵魂的表演需要被附体者的家人或朋友在场或提供帮助,而且这种表演会符合当地的文化特点。与其他分离性症状相似,此障碍似乎也是在女性中更为常见,并且通常与生活中的应激性或创伤性事件相联系。

有时,这些恍惚或附体状态也可能作为某些传统宗教或文化的很正常的一部分,在那种情境下,人们并不认为这种现象是异常现象。西方文化中几乎看不到恍惚与附体状态,但它们却是其他文化中最常见的分离性障碍形式之一,有些人建议在将来的DSM的修订中,将此类障碍列入其中。

我国有"与文化相关的精神障碍"这一诊断类目(CCMD-3)。此类目与癔症、应激相关障碍、神经症等类目并列于癔症、应激相关障碍、神经症这一大类别之下,其中包括气功所致精神障碍、巫术所致精神障碍、恐缩症(在疑病症部分讲述过)、其他或待分类的与文化相关的精神障碍。对此的描述是这样的:"指一组与特定文化相关的综合征,其特点如下:(1) 被特定文化或亚文化范畴所理解接受;(2) 病因代表着和象征着这一文化的核心含义及行为模式;(3) 诊断依赖于特定的文化知识和概念;(4) 治疗的成功与否也取决于本文化的参与者。如我国的气功所致精神障碍以及我国南部和马来西亚华人区域的恐缩症,均有以上特点"(CCMD-3,2001)。

其中,气功是我国传统医学中健身治病的一种方法。通常做法是维持一定体位、姿势，或做某些动作，使注意集中于某处，沉思、默念、松弛及调节呼吸等，可出现某些自我感觉和体验。气功所致精神障碍系指由于气功操练不当（如每日练习过多），处于气功态时间过长而不能收功的现象，表现为思维、情感及行为障碍，并失去自我控制能力，俗称“走火入魔”。

四、分离性身份障碍

1. 流行病学的研究

分离性身份障碍（dissociative identity disorder，DID），以往称之为多重人格障碍（multiple personality disorder）。1979 年以前，全世界范围内的心理学和精神病学文献中，一共才报道了大约 200 个 DID 病例。不过，1979～1999 年的 20 年间，仅在北美洲就有超过 3 万个此类病例被报道（见 Butcher，et al，2004b）。但确切的患病率尚不得而知。Coons 于 1984 报告了最早的系统性流行病学调查结果，估计普通人群中 DID 的患病率为 0.01%，Ross 等（1991）估计它在精神病院住院患者中的患病率在 3%，Loewenstein（1994）报告北美洲 DID 的患病率在 1%（见吴艳茹、肖泽萍，2004）。被诊断患有 DID 的女性是男性的 3～9 倍（APA，2000）。此障碍通常在儿童期开始发病，典型的是在 5 岁以前，有过一段时间的被虐待的经历之后开始（见 Comer，2001），但大多数病人都是在 20～30 多岁期间首次被诊断出患有此症（见 Butcher，et al，2004b）。

一旦出现此种障碍，如果不经过治疗，将会持续一生。一般此障碍一旦形成之后也不会有较大的、实质性的变化，尽管有证据表明，身份转换的频率会随年龄的增长而下降（见 Barlow & Durand，1995；Butcher，et al，2004b）。不过，目前有些研究者认为此障碍的患病率比我们早先估计的要高（见 Barlow & Durand，1995）。

很大一部分 DID 患者同时表现有其他的心理障碍，如药物滥用、抑郁、躯体化障碍及边缘人格障碍、惊恐发作、进食障碍等。有意思的是，DID 几乎只发生在西方文化中（Barlow & Durand，1995）。

2. 临床表现与诊断

【案例 7-9】

在著名的书和电影《三面夏娃》中，病患有三个子人格，其中 Eve White 是原始的主导性的人格，她对第二个人格——Eve Black 的存在毫无所知，尽管 Eve Black 经常与 Eve White 交替出现已有好几年了。当 Eve Black 出现的时候，Eve White 会报告说自己暂时性地失去了知觉。相反，Eve Black 与 Eve White 息息与共，知道后者做的任何事情，甚至会带着轻视与她交谈。Eve White 温柔、安静、严肃，是一个相对不那么活泼的人格；而 Eve Black 恰恰相反，无忧无虑、顽皮、不受约束，她会在最不恰当的时间出现，留给 Eve White 宿醉、账单和在当地酒吧不好的名声。治疗过程中，病人出现了第三个人格——Jane，她知道所有 Eve Black 与 Eve White 的情况，但对在她出现之前的事毫无记忆。Jane比其他两个人格都更成熟,似乎是作为治疗的结果而出现的人格。书中三个子人格最后合并为Evelyn,实际上是三个子人格整合的稳定人格。

但真实的故事到此并没有结束。其实,这并不是Eve分离性身份障碍的结局。在20年后的自传中,她披露在其一生中,总共出现过22个子人格,包括在Evelyn之后的9个子人格。通常他们是以三个子人格为一组出现,因此"三面夏娃"的作者显然并不知道她后来子人格的真正情况。她现在已克服她的疾患,有了单一稳定的身份,而且人家称她为Chris Sizemore已有25年(见Alloy, et al,1996;Comer,2001)。

DID就是在同一个个体身上存在两种或两种以上的不同的身份或人格状态,如上面提到的Eve,这些不同的身份或人格状态通常被称作子人格(subpersonalities)或者交替人格(alter personalities)。每个子人格都有独特的一组记忆、行为、思想以及情感。这些不同的子人格交替、反复地控制着患者的行为,在某一段时期内,其中一个子人格占据中心位置,并控制此人的功能。通常有一个出现得比其他人格更频繁的子人格,称为主人格(primary/host personality)。而且DID患者不能回忆重要的个人问题,并且太广泛以致不能用通常的健忘来解释。也就是说,正常情况下原本整合在一起的包括各个层面的记忆、身份和意识等,在DID患者那里分离了。

DSM-Ⅳ对分离性身份障碍的诊断标准(APA,2000)

A. 存在2种以上明显不同的身份或人格(每一种都有自己相对长久的对环境和自我的认识、关系、或想法)。
B. 至少有2种身份或人格反复地控制个体的行为。
C. 不能回忆重要的个人问题,而且太广泛以致不能用通常的健忘来解释。
D. 此障碍不是由于某种物质(例如急性酒中毒时的丧失理智或混乱行为)或一般躯体情况(例如复合性部分性抽搐)所致之直接生理性效应。

注:如是儿童,症状并非由于想象性的游戏伙伴或其他幻想性游戏所致。

到底有多少个不同的子人格存在于DID个体之中,是不重要的,不论是2个、3个,甚至100个,都不会影响对于这种障碍的定义或诊断。研究者过去认为,大部分DID患者包含2个或3个子人格。不过,现在的研究指出,女性患者所具有的子人格数平均为15个,而男性平均是8个。事实上,也有个案被观察到有100个或更多的子人格(APA,2000)。所以,一个DID个体身上所具有的子人格数可从2～100多个。那么,这些不同的子人格之间是怎样的一种关系呢?

从一个子人格变到另一个,称为转换(switch)。转换通常很突然(几秒钟之内),也很戏剧性,但慢慢逐步的转换也可能发生(APA,2000)。对于不同的个案来说,这些子人格彼此之间的关系或者说互动是不同的。通常有三种不同的关系形态,分别是相互失忆(mutually amnesic)、相互认识(mutually cognizant)和单向失忆。相互失忆的关系中,子人格彼此不知道相互的存在;反之,相互认识的关系中,每个子人格都对其他的子人格很熟悉;而单向失忆,是最常见的模式,即有些子人格不知道其他子人格,而另一些子人格则比其他子人格对于彼此的存在知道得更多,也就是子人格之间的觉察不对称。那些察觉到其他人格存在的子人格,称为共同意识(co-conscious)子人格,他们是"安静的观察者",观察其他子人格的行动和思想,互不干涉。有时,正在执行功能的子人格,会通过幻听察觉到共同意识子人格的存在。

这些子人格之间有哪些不同呢?就像本章开始提到的例子一样,各个子人格之间经常表现出戏剧性的差异,包括性别、年龄、左右利手、笔迹、性取向、讲的语言或外语等。有时候,被主人格严厉禁止的某些行为和欲望,会被某一个或某些子人格酣畅淋漓地表达和满足,就像超我和本我的关系一样。这类似于上面例子中 Eve Black 与 Eve White 的迥然不同的表现。另外,经常发现不同的子人格,有不同的专业领域或不同的能力,有一个可能会开车、讲某门外语或弹奏某种乐器,但其他的人格或某些人格就不会。不同的子人格通常对食物、朋友、音乐有不同的偏好。更有意思的是,子人格可能有生理的差异。例如,自主神经系统、血压水平、过敏情况(见 Comer,2001)、皮肤电反应和 EEG(见 Barlow & Durand,1995)等都有所不同。

这些不同的子人格的本质到底是什么呢?现在 DSM 系统用 DID 代替了多重人格障碍的诊断名称,很大原因是因为人们已经逐渐认识到,这些不同的子人格并不是有差异的、充分组织好的、一致的人格。Colin Ross(1997)——一位对 DID 做出重大贡献的学者提出,他指出,"子人格不是人,它们甚至不是人格……子人格是内部冲突、驱力、记忆、情感的高度程式化的外在表现……它们是一个人的不同碎片。人只有一个。"(见 Butcher, et al, 2004b)

这些不同的子人格到底是真实的,还是个体为了逃避某种责任或躲开某些应激性事件而假装出来的呢?或者是在治疗过程中,被治疗师有意无意制造出来的呢?近 20 年来,自从某些艺术作品展现了这种非常戏剧性的障碍类型之后,临床报道的个案显著增加(Butcher, et al, 2004b)。而且,有证据表明,DID 患者是非常易受暗示的。那么,这些不同的子人格就可能是在治疗过程中(如治疗师提出问题时,或在催眠状态下)发生。而且有些学者研究了个体模仿或假装的分离性经历的能力(见 Barlow & Durand, 1995),并用一个实验说明,如果暗示被试的假装是合理的、真实的,那么个体是可以扮演或假装出一种身份改变的。

尽管有这样或那样的疑问,但越来越多的临床工作人员接受了有这样一种障碍分类的观点(Butcher, et al, 2004b;Comer,2001)。但在临床工作中,还是要注意 DID 与其他障碍的鉴别诊断。由于 DID 患者常出现幻听,而且当他们说自己的身体被不止一个人占据时常被认为是一种妄想,因此 DID 经常被误诊为精神分裂症。另外,不同的人格状态的转换可与环性心境波动相混淆,以致被误诊为双相障碍(快速循环型);突然的人格状态的改变,可逆的遗忘,在分离和催眠易感性(hypnotizability)的测验上有很高的评分,没有其他精神障碍的表现,以上这些是支持诊断 DID 的依据(吴艳茹、肖泽萍,2004)。

要鉴别一个个体是否故意假装 DID,根据上面提到的 DID 的表现症状,可以做出判断。比如,真正的 DID 患者子人格相互转换的时候,通常转换速度很快,而且转换时有生理反应,比如短时间剧烈的头痛、改变了的外表(如扭曲了的面部表情、变粗了的嗓音等)(见 Alloy, et al, 1996);而且他们这些子人格相互之间的遗忘更多是不对称的;更重要的是,真正的 DID 患者子人格的生理反应指标是有差异的。当然,也可以根据“患者”在其假装 DID 的过程中能否获得实际的利益来部分辅以判断。另外,DID 通常伴随其他症状,如抑郁、惊恐发作等。

五、分离性障碍的病因

关于分离性障碍病因的所有理论,几乎都是从这样一个假设开始的,即分离症状是人们用以逃避他们不能应付的情境的一种方法。至于一些具体的问题,比如这些过程是怎样发生的,该怎样治疗这些障碍,不同的理论则有不同的回答。

1. 生物学观点:大脑功能缺失

分离性障碍,包括一些精神病性症状,看起来像是神经病学疾病的产物,而不是心理过程的产物。从神经科学研究者的观点来看,有些所谓的分离性障碍或许根本就是神经病性障碍。有一种理论(见 Alloy, et al, 1996)指出,分离性症状可能是未诊断出的癫痫的“副产品”。在对 DID 患者第一次正式临床描述中,就提到过癫痫样抽搐。另外,有些癫痫症患者报告有分离性体验,如人格解体及恶魔附体。不过,这种理论只适用于某些分离性症状,不可能解释 DID,因为这种障碍远远比癫痫患者所报告的分离性体验更为复杂。

另一种更生物性的假设是,在我们人体内部都有一个反叛的亚部分,这一部分在体验一种不同的现实,过着一种另类的生活。只不过,正常的大脑知道怎样压抑这些亚部分。当压抑这些亚部分的大脑受到损伤或有改变时,分离性症状会出现,也就是允许反叛的部分表现自己。这种想法受到一些研究的支持,如有一个此类病人,在其胼胝体切除后左手经常做自己不喜欢的事,如偷钱、在公共场合解开衬衣等;并且这个病人还用另一个名字来称呼做这些事的自己的那部分。还有一个支持证据,即 DID 病人的主人格和主要子人格被大脑的两半球分别控制着(见 Alloy, et al, 1996)。

当然,这个理论比癫痫理论更属尝试性的,并且这两种理论都没有排除心理的原因。

另外,还有一种神经发育的观点。Kelly A. Forrest 在整合前人工作的基础上,提出了 DID 的眶额叶模型(orbital frontal model,OFC)。这个模型假设眶额叶通过它对颞叶的组织行为功能的保护性的抑制,在 DID 的形成中起了决定性的作用。在一个受虐待的环境中,“我”(Me)或“关系中的我”(Me in relation)的概念非常的矛盾,以致把它们整合起来会破坏直接的目标指向的行为,发展中的 OFC 会把感觉到的冲突的"我"或"关系中的我"的概念整合到目前的神经纤维联系中。然而,被感觉到的,在一个情境中被抑制的"我"的概念,在另一个矛盾的、需要它来组织当前行为的情境中不能被分离。在这种情况下,通过对"冲突我"(conflicting Me)的抑制,维持了所需要的"矛盾我"(contradictory Me)的概念系统。也就是说,当一个更加连贯的"我"或"整体我"(global Me)在儿童发展中的一些情境下起破坏作用时,OFC 对直接情境下的行为的整合起了保护作用,却牺牲了对更高水平的、有组织的"我"这一概念的整合和跨情境运作的功能(见吴艳茹、肖泽萍,2004)。

至于 DID 有没有生物遗传性,目前还不得而知。但有研究者发现,在某些案例中,DID 病人的父母,也显示出某种的分离性症状(见 Comer,2001)。

2. 心理动力学的观点:防御焦虑

19 世纪末,分离性障碍才开始被比较广泛地研究。这方面的先驱是法国心理学家 Pierre Janet,他首先于 1929 年(见 Alloy, et al, 1996)提出心理分离这个观点。他认为,一个或几个心理功能可以与其他的心理功能分开,并在意识之外执行这种功能。Janet 将这种现象称之为"分离"。不过,与 Janet 同时代的弗洛伊德提出了关于分离性障碍的病因学,当时把分离性障碍作为癔症的一种来看待。

弗洛伊德相信,人类的许多基本欲望是与现实或超我相冲突的,这种冲突产生了令人痛苦的焦虑。为了保护心灵免受焦虑的折磨,自我压抑这些欲望,并设法防御它。分离性障碍,实际上,正如弗洛伊德认为所有神经症的那样,都是极端的、不恰当的防御造成的。举例来说,心理动力学派学者认为,分离性遗忘是压抑的简单例子。分离性漫游与分离性身份障碍要复杂些,即人们采用直接或象征性的方式将被压抑的欲望表达出来。例如漫游的病人停止原来的一切外出并有了奇遇;分离性身份障碍的病人成为一个不同的、过去被禁止的我(self),而其自我(ego)对这一切毫无所知,这样就可以保护个体的心灵免于受到严厉的、超我的谴责。

经典的动力学派对分离性身份障碍的这些解释显得有些不足。有研究者指出,在这种障碍中,被禁止的我并不是无意识的,相反,它是有意识的。现代心理动力学学者提出了对分离性身份障碍更复杂的病因学解释(见 Alloy, et al, 1996)。Kluft 的解释是这样的,如果一个孩子在面对极大的困境时有一种分离的特殊能力,即极端关注一件事,而将其他事都丢开的能力,分离障碍的症状就会逐渐形成。比如,一个小女孩,她有想象出来的同伴(许多 DID 病人都报告曾有过这类同伴)。当她遭到性虐待并且没有成人可以保护她时,她可以将受虐经历扩展想象为发生在她想象出来的同伴身上,以最终否认自己有这样的经历;她还可能形成第三个惩罚性人格,惩罚当然是针对虐待者的;也可以发展出一个保护者人格,以满足她被保护的需求。时间久了,这些不同的人格或许在个体碰到其他令人不快的事情时,也会起作用。这些子人格可能会在很长时间里并不显露,但当个体遭遇新的重大创伤时,它们会表现为外显的交替人格,即出现了分离性身份障碍。

DID 患者使用了分裂(splitting)和分离(dissociation)的防御方式来保留好的自身和好的客体,分离了不相容的心理内容。分离同时意味着除去感觉或认识的某些方面,或者说它意味着意识状态的改变,以此来从意识中除去某种事件或情境(见吴艳茹、肖泽萍,2004)。

很多研究指出,有 97%的 DID 病人,在他们的生命早期中经常是受到身体或性虐待的(见 Comer,2001)。但这种报告都是回溯性的,这些回忆出来的虐待到底是不是真实的,在研究者之间存在争议(Butcher, et al,2004b),而且,受到虐待的儿童中也只有一小部分发展出 DID。另外,童年期遭受过虐待的经历不仅出现在 DID 病人的报告中,也出现在边缘型人格障碍、进食障碍、抑郁等病人的报告中。目前的看法是,童年期残酷的虐待并不罕见,而且这种虐待对个体的发展有非常不利的影响,也可能使病人发展出病理性的分离症状(Butcher, et al,2004b)。

3. 行为学和社会文化学的观点:社会角色的分离

行为学家认为,分离性身份障碍是一种习得的应付方式,是为了获得奖赏或逃避压力的一种反应。人们在分离过程中采纳了与自己原来身份不同的一种社会角色,而这种角色得到了强化,因此固定下来(见 Alloy, et al, 1996;Comer,2001)。这种观点与心理动力学观点的相似之处在于焦点都是在病人的动机上,而其动机都是逃避。不同点是,心理动力学认为这个过程是无意识的,而行为学观点认为分离性症状是由于强化才维持下来的。

与行为学者相似,社会文化学者认为分离性症状是社会强化的产物。Spanos(见 Alloy, et al, 1996)于 1994 年提出一种理论,即分离性身份障碍是人们用来为他们的某些行为获取同情和逃避责任的一种策略。他们会说,这些行为是另外的人干的,他们无需负责任。更有意思的是,Spanos 认为,在发现、治疗这种障碍的同时,临床治疗师也得到了奖赏,因为他发现了一个这种引人注目的障碍的病例。于是,这种障碍被创造了出来,治疗师和病人都开始相信它的存在,因为他们各自有理由这么做。

4. 认知的观点:记忆功能失调

认知心理学家认为,分离性症状本质上是记忆障碍。在每一个病例中,分离的是病人"自传作品"的全部或部分。这种障碍被发现时,病人的技能(程序性记忆)和一般的知识(意义记忆)通常完整无损。受到损害的是病人的情节性记忆,或者说是个人经历的记录。并且,它也只是部分受损。还有一点,有证据证明,病人保持了关于他们过去历史的内隐记忆。病人失去的是关于分离性材料的外显记忆,也就是说,失去了将这些材料提取到意识中的能力。

是什么导致了这种选择性外显情节性记忆的缺失?有三种不同的认知理论。

第一种称为"状态依赖"(state-dependent memory)记忆。意思是说,如果一个人处于与原事件发生时相同的情绪状态下,对这件事就更容易回忆起来(见 Alloy, et al,

1996;Comer,2001)。这可以解释为什么有些严重创伤性事件被遗忘,因为类似的极端情绪状态不可能再次出现。这种理论也能解释分离性身份障碍,即不同的人格有不同的情绪特点。

第二种理论涉及控制要素(control elements),意指那些将其他信息分类及可以激活或抑制其他信息提取的事实。Schacter 和他的同事们认为(见 Alloy, et al, 1996),一个人的名字或许是情节性记忆最大的控制要素。如果忘记了名字,生活也被忘记了。在某些病例中,当遗忘病人面对自己的名字时会突然恢复记忆,这个发现支持了这种理论。

第三种理论与"自我参照"(self-reference)有关。Kihlstrom(见 Alloy, et al, 1996)于 1987 和 1990 年指出,我们提取自传性记忆是通过将它们与代表自己的情况联系起来。比如我们不会单独记忆高中时代的舞会,我们会把它们记忆为发生在自己身上的事。而其他种类的记忆,如 2+2=4,不牵涉到自己。在分离性遗忘和漫游中,被忘掉的都是有关自己的信息,即所谓情节性记忆,因为它是依赖于自我参照的信息,而知识性的记忆不涉及个体自己,因此没有被遗忘。

六、分离性障碍的治疗

1. 药物治疗

迄今为止,任何药物对 DID 患者的分离症状都没有直接的疗效,因此药物治疗仅用于控制折磨 DID 患者的其他临床症状或者共病情况,如抑郁、焦虑、假性癫痫和 PTSD 等症状。对 DID 患者而言,所有药物中,抗抑郁剂是最有用的。由于分离的人格状态会影响药物的服用,治疗中应注意服药的依从性,不愿意服药的子人格可能会有藏药行为,而另一种人格状态则可能会过量服药;此外,要注意药物的疗效有状态依赖性,这可能表示 DID 不同子人格间有心理生理的变化(吴艳茹、肖泽萍,2004)。

抗抽搐药被用于治疗抽搐障碍和冲动,抗精神病药常被用于误诊为精神分裂症的 DID 患者身上,但是这些药物很少有肯定的疗效,且可引起严重的副作用,应尽量避免使用(见吴艳茹、肖泽萍,2004)。

2. 心理治疗

对于分离性障碍,心理动力学治疗是最常用的方法。既然心理动力学认为分离性障碍与焦虑障碍有相同的机制——冲突、焦虑、防御,那么治疗方法基本上与对焦虑障碍的治疗相似——揭露并修通那些被自我防御的创伤性材料。治疗师的特殊任务是让病人明白,那些分裂的材料不是其他人或自己之外的,恰恰相反,是自己的一部分,是必须整合进自我的一部分。

大部分 DID 患者接受心理动力学或认知行为导向的心理治疗,治疗的目标是整合 DID 患者分离了的人格状态。由于对童年期创伤这一病因有较好的认识,对 DID 的临床现象、治疗可以有一个比较清楚的认识,所以有可能治愈相当一部分患者。荣登《纽约时报》畅销书排行榜的《24 重人格》，在某种意义上可以将其理解为一份通过心理治疗获得康复的 DID 患者的病例报告。然而，对 DID 患者的心理治疗是一项费时费心的艰难的工作。Kluft 提出的三分之一原则是非常有用的指导方针。即把心理治疗前三分之一的会谈用在评估患者目前的心理状态和生活问题上，并定义一个问题区域，它能得益于恢复到意识中的记忆，并进行修通；把治疗的第二个三分之一的会谈用来评估和修通这些记忆；最后三分之一的会谈用于帮助患者消化这些信息、调节和适应情绪反应，并讨论对治疗者的反应，以及对近期的计划（见吴艳茹、肖泽萍，2004）。

Herman 观察了对受创伤患者的治疗，第一步是建立安全的氛围，然后是回忆创伤事件，并感受这些痛苦的体验，最后是重新认识这些事件并获得康复。这与 Braun 和 Putman 等描述的治疗 DID 的三步骤相对应（见吴艳茹、肖泽萍，2004）。

Kluft 列出了治疗 DID 的 9 个步骤：① 确定心理治疗；② 初步的干预；③ 病史收集；④ 创伤的处理；⑤ 走向整合/解决；⑥ 整合/解决；⑦ 学习新的应对技巧；⑧ 巩固所取得的成绩和修通；⑨ 随访。治疗技术包括一般性技术和专门技术。一般性技术，例如“谈通”（talking through），指的是把整个人格系统作为一个整体来与之交谈。治疗师要向患者解释心理治疗中的保密原则在替身之间是不适用的。一般性技术还包括在治疗中运用患者建设性的人格作为同盟，以及“绘图”（mapping）。绘图指的是要求通常处于控制地位的子人格把自己的名字写在一张纸的中间，并邀请其他的替身写下自己的名字。这一方法反复使用可以不断发现一些新的子人格。专门技术主要是催眠（见吴艳茹、肖泽萍，2004）。

长久以来，催眠术在 DID 的诊断和治疗中均起了很大的作用。催眠可诱发分离状态，便于接近分离的子人格。催眠患者并使其年龄倒退，可帮助患者再适应不同子人格出现的时期；随后让时间回到现在的指令，通常会引出另一子人格。可以教患者用这种方法来控制分离状态。催眠缓和了创伤所带来的影响，帮助患者缓解焦虑，是探索和影响交替人格系统、患者情感，控制情绪发泄过程，促进整合的一项卓越的技术。

有研究者说，在对 DID 的治疗方法中，个体心理治疗和催眠术排第一、第二位，应用最广，不同类别的治疗工作者都普遍采用（Putnan，1993）。近年来，随着快速眼动脱敏和再加工（EMDR）应用的增加，有临床专业人员也将其应用于对 DID 病人的治疗之中。

对于分离性遗忘和漫游患者，常见的也是催眠治疗。更重要的是，要为这些病人创造出安全的氛围和环境。

根据行为学派及社会文化学派，治疗分离性障碍的方法是停止强化它们。

关于分离性障碍的认知疗法几乎还未被研究。不过，许多治疗师在治疗分离性障碍病人中使用认知技术。举例说，治疗师会让病人随意拨打电话号码，以借助于内隐记忆来帮助发现遗忘或漫游病人的真实身份。

关于分离性障碍的有效治疗，还需要进一步的探索和验证。无论采用何种治疗方法,对于 DID 病人和某些分离障碍的病人的治疗均需要经过一个长期的过程。

总　结

患有躯体形式障碍的个体会病态地关注外表或身体的功能,并且带着这些症状去求助健康专家和医生,但通常在他们身上不会发现有任何生理性病变。

躯体形式障碍有几种不同类型。疑病症是指患者相信自己患有严重的疾病,并为这种可能性感到非常焦虑。躯体化障碍患者不停地主诉躯体症状。躯体症状包括很多方面,同时它们影响了个体的生活和人际关系。转换障碍指丧失某种生理功能,如偏瘫、失明,但找不到任何躯体问题可以解释这种功能缺失。疼痛障碍中,心理因素在疼痛的维持中起主要作用。躯体畸形障碍患者是指一个人看起来很正常,但沉溺于某些想象出来的外表缺陷(想象出来的丑陋)之中。

对躯体形式障碍的病因研究还不很充分,但某些障碍,如疑病症和躯体化障碍似乎与焦虑障碍非常相关。治疗躯体形式障碍也有待于进一步研究。

分离性障碍以知觉的改变或分离的感觉为特征,分离的感觉包括与自己周围的世界或记忆分离。在这些障碍中,个体可能失去个人记忆的全部或部分或真实感,最极端的是分离性身份障碍,在分离过程中病人会形成两种以上不同的全新的人格。

分离性障碍的病因同样未得到充分研究,不过,分离性身份障碍通常被认为与创伤性事件有关。并且,个体似乎是在从心理上逃避这些创伤性事件的体验或记忆。

对分离性障碍的治疗集中在对这些创伤性事件的重新体验上,当然是用控制好的治疗性方式,目的是使个体发展更好的应付技能。治疗分离性障碍通常是一个长期的过程,有时偶尔会使用抗抑郁药。

思 考 题

1. 把躯体形式障碍和分离性障碍放在一起介绍,其原因有哪些?
2. 疑病症和躯体化障碍的相同与不同之处有哪些?
3. 转换障碍形成的心理学原因是什么?
4. 对于转换障碍的暗示治疗有哪些利弊?
5. 分离性障碍形成的心理学原因是什么?

推荐读物

1. Butcher J N, Mineka S, & Hooley J M (2004). Abnormal Psychology(12th ed)(影印版). 北京:北京大学出版社

2. Alloy L B, Acocella J, & Bootzin R R (1996). Abnormal Psychology:Current Perspectives. New York: McGraw-Hill

3. Tŏlle R 著,王希林译(1997). 实用精神病学(第 10 版). 北京:人民卫生出版社

4. 张伯源,陈仲庚(1986). 变态心理学. 北京:北京科学技术出版社

8

进 食 障 碍

第一节 概 述

在 DSM-Ⅳ诊断标准中，进食障碍包括神经性厌食症(anorexia nervosa, AN)和神经性贪食症(bulimia nervosa, BN)两大综合征(APA，1994；APA，2000)。两者都以严重异常的进食态度及行为为特征。害怕发胖和对体形、体重的歪曲认识与期望是神经性厌食症和神经性贪食症共同的重要心理病理特点(世界卫生组织，1993)。在近30～40 年中，这类障碍的患病率明显增高，其诊断术语、诊断标准及在疾病分类学中的地位随着临床现象学和病因学研究的深入也在不断变化。这类障碍已经逐渐引起心理卫生工作者的关注与兴趣。

一、进食障碍概念的历史演变

1. 神经性厌食症概念的建立

首次对神经性厌食症症状进行全面描述的是英国的内科医生 Richard Morton。1694 年他发表了一篇题为“消耗症的治疗”的文章，详细描述了一位 18 岁的女孩没有食欲、慢性消耗性病容及相应体征、情绪不佳、过度活动、闭经等，治疗很困难，尤其是劝其进食总是失败。当时他称之为“神经性消耗”(nervous consumption)(张大荣、沈渔邨，1993)。在这之后的 200 年中，仅有个别类似病例报道，几乎没有任何研究进展。

19 世纪后，人们对该病的兴趣达到一个高峰，并发现这类障碍有某些心理学特点。19 世纪 70 年代法国的 Charles Lasegue(1873)和英国的 William Gull(1874)先后发表了文章，首次使用“厌食”这一术语，并将其作为一种心理障碍，归于癔病的一个亚型(张大荣、沈渔邨，1993)。这种观点的提出在神经性厌食症的研究中有着重要的意义，常被作为对该病认识的开端。此后，对该类疾病的报道陆续增多。

在 1914 年后的一段时间，研究者曾因 M. Simmouds 报道了垂体前叶萎缩的患者表现出类似“神经性厌食”的症状，一度把该病作为原发性垂体功能障碍。直到 30 年代，人们注意到神经性厌食症患者的特有心理特征，才逐渐把神经性厌食症又作为心因性障碍重提(张大荣、沈渔邨,1993)。

20世纪30年代,有些学者注意到病人怕胖怕增重、对体形极为关注、极度清瘦等是该病的主要特征,并对患者的心理特征进行了分析。随着研究的深入,在40年代后,神经性厌食症逐渐从癔病中分离出来,成为独立的疾病单元(张大荣、沈渔邨,1993)。这也是现代神经性厌食症的概念。

2. 神经性贪食症概念的建立

20世纪初法国医生 Pierre Jan(1903)报道神经性厌食症患者有暴食、呕吐、导泻等症状,后来的 Key 和 Leigh(1954)、Meyer 等均有相同的报道,但他们都认为这是神经性厌食症的某些症状。直到1959年,美国人 A. J. Stunkard 发表一篇题为"进食模式与肥胖"的文章后,才产生概念上的变化,出现"贪食"这一术语。此作者报道在肥胖或正常体重的人群中也存在暴食,继之呕吐、导泻等现象,他称之为"狂吃综合征",后来改称为"贪食症",并得到大家的公认(张大荣、沈渔邨,1993)。

20世纪60年代以来,人们对这一新概念保持着浓厚的兴趣,并在大量的流行学报道中发现,贪食的行为在人群中是常见的。但各类报道中"贪食症"的概念及诊断标准都很不一致,所以这组症状在疾病分类学的地位一直存在很大争议和分歧。有许多学者提出,贪食仅是暴食的学术用语,而病人的特点是以暴食为主导行为的障碍,暴食有发作性、不可控制等特征,这意味着精神病性症状的存在。1979年,英国的 Gerald Russell 首先提出使用"神经性贪食症"这一术语(张大荣、沈渔邨,1993)。这一观点逐渐被公众接受。到了1980年,神经性贪食症才首次作为进食障碍中的一组综合征,被列入 DSM-Ⅲ中,得到认可。

尽管自1987后出版的教科书和各种诊断分类标准版本中,均采用神经性贪食症这一术语,但至今学者们对该综合征的确认及其在诊断分类学中的地位等方面仍存在着分歧意见。争论的焦点在于神经性贪食症和神经性厌食症的关系上,主要分为以 Gerald Russell 为代表的英国派和以 DSM-Ⅲ制定者为代表的美国派。

Gerald Russell 在1979年发表题为"神经性贪食症:神经性厌食症的变异?"的文章,报告并分析了对30名神经性厌食症患者的6年随访结果,提出神经性贪食症是神经性厌食症的慢性阶段,是不进行自我控制的神经性厌食症。即认为神经性贪食症可被视为持续的神经性厌食症的延续,这两者在精神病理方面是相同的(张大荣、沈渔邨,1993)。目前国际上,大多数学者倾向采纳 Russell 的观点,在 ICD-10 中可以找到这一证据:"神经性贪食这一术语应限定在与神经性厌食相关的一类障碍内,因为二者精神病理相同。这一障碍可被视为持续的神经性厌食的延续(尽管相反的次序也可能出现)。当以往患厌食症的病人开始出现体重增加,月经也可能恢复,显示病情改善,然而随后便出现一种恶性形式的暴食及呕吐。"(世界卫生组织,1993)这种观点在神经性贪食症的疾病分类、诊断标准等研究中有着重要的影响。

最近也有研究者提出类似上述的看法。Paolo Cotrufo、Augusto Gnisci 等人

(2005)研究发现，神经性厌食症和神经性贪食症应该具有相同的心理病理核心，神经性贪食症可以被认为是一种"失败"了的神经性厌食症。

美国派学者则提出，神经性贪食症是完全有别于神经性厌食症的一种独立的疾病单元(张大荣、沈渔邨，1993)，这是他们与 Russell 的根本分歧。在他们制定的 DSM-Ⅲ中强调要排除神经性厌食症后才可诊断贪食症，这很明确地代表了他们的观点。

二、进食障碍诊断标准的演变

进食障碍的诊断标准经历了一个不断修订和变化的过程。初期，是研究者"各持所见"，各家分别采用自己的诊断标准，其间有很大差异，也很难对诊断标准依据的全部研究作统一的肯定性结论。随着对进食障碍研究的不断深入，诊断标准也在不断修订之中。

1970 年 Russell 提出对神经性厌食症的诊断标准，包括：① 病态的减重行为；② 病态的害怕发胖；③ 已经成熟的女性出现闭经现象。1979 年 Russell 再提出神经性贪食障碍的诊断标准，包括：① 强大及难以控制的贪食驱力，导致反复出现贪食；② 避免因进食而发胖，包括引吐和(或)滥用泻药；③ 病态的害怕发胖。Russell 对进食障碍的诊断标准为日后 DSM-Ⅲ和 ICD-9 中的进食障碍诊断标准奠定了基础。

1980 年进食障碍被引入美国精神障碍诊断与统计手册，提出明确的、规范化的进食障碍诊断标准，其后陆续被各国学者采用。随着心理学家对进食障碍的不断研究及有更深入的了解，诊断标准在 DSM-Ⅲ-R(APA，1987)中做了重大的修订。对神经性厌食症的诊断标准有三处改动，包括：① 体重标准放宽，由低于标准 25%更改为低于 15%为正常最低线；② 明确规定闭经 3 个月才达到诊断标准；③ 取消"除外器质性疾病"一项内容。神经性贪食症的诊断标准中，取消了"排除厌食症"和"贪食后心境不良"，增加"过分注意体重和体形"和"病程与发作频率"两个标准。而这些修改表明，美国专家们的认识与 Russell 等的观点在逐渐靠拢，即原来存在的有关神经性厌食症与神经性贪食症关系的意见分歧在逐步缩小。

三、DSM-Ⅳ、ICD-10 和 CCMD-3 各系统诊断分类的异同

目前，在 DSM-Ⅳ，ICD-10 和 CCMD-3 之间，关于进食障碍的诊断分类方面还存在某些差异，表 8-1 列出了三者之间诊断分类的比较。

从表 8-1 可以看出，进食障碍在 ICD-10 诊断系统中的分类最全面细致，其涵盖并细化了 DSM-Ⅳ和 CCMD-3 两个系统中所包括的障碍类型。在实际的临床工作中，完全符合神经性厌食症或神经性贪食症诊断标准的病人是很少的，更常见的还是非典型性进食障碍。

表 8-1 DSM-Ⅳ、ICD-10 和 CCMD-3 对进食障碍诊断分类的比较

	DSM-Ⅳ	ICD-10	CCMD-3
	神经性厌食症	神经性厌食症	神经性厌食症
		非典型性神经性厌食	
	神经性贪食症	神经性贪食症	神经性贪食症
		非典型性神经性贪食	
进食障碍		伴有其他心理紊乱的暴食	
		伴有其他心理紊乱的呕吐	神经性呕吐
	非典型性进食障碍	其他进食障碍	其他或待分类非器质性进食障碍
		进食障碍，未特定	

在 DSM-Ⅳ中，进食障碍除了包括神经性厌食症与神经性贪食症之外，还包括非典型性进食障碍，这是一类病情相对较轻的进食障碍。各类型的非典型性进食障碍诊断标准内容涉及：女性除了仍有正常月经外达到神经性厌食症的诊断标准；达到神经性厌食症的其他诊断标准，只是目前的体重仍在正常范围内；或者贪食和不适当的补偿行为的频率少于一周二次，或持续时间少于 3 个月；正常体重的个体吃了少量食物后，经常使用不适当的补偿行为，比如吃了两块饼干后就自我引吐；反复咀嚼大量食物然后吐出来而不咽下去。另外，还包括反复出现贪食，但不使用不适当的补偿行为的暴食症（APA，2000）。

非典型性进食障碍有可能进一步恶化，所以对研究者和临床实践者而言，此类障碍也需要引起重视。

综上所述，从对神经性厌食症症状首次进行全面描述，发展到 1980 年 DSM-Ⅲ中对进食障碍提出明确的、规范化的诊断标准，到今天人们对进食障碍关注的增加，我们有理由相信，对进食障碍的临床现象、病因学及治疗的了解会越来越深入丰富。

第二节　进食障碍的临床表现

一、流行病学的研究

根据西方的流行病学研究，神经性厌食症的发病率约为 0.2%～1.5%；神经性贪食症的发病率约为 1%～3%（APA，2000；Hoek，1993）。女性的发病率比男性高 10 倍，患神经性厌食症的青少年及年轻女性为 2%～4%，其发病率约 5 倍于其他年龄阶段的女性。神经性厌食症发病的高峰期是 14～19 岁，贪食症发病的高峰期为 15～21 岁。不过，暴食行为的早期症状可能很早就会出现。大约有 10%的青少年女性出现不同程度的神经性厌食症或神经性贪食症的症状（APA，2000；Hoek，1993；Barlow & Durand，1995）。

如果把整个人群作为一个整体来考查的话，神经性贪食症患病率的情况有些不同。Bushnel 和 Well 等人(1990)发现，年龄在 18～44 岁间的女性，其神经性贪食症的终生患病率为 1.6%。当然，较年轻的女性中患病率更高一些，比如，18～24 岁的女性患病率为 4.5%，25～44 岁的女性患病率为 2%，但 45～64 岁的女性患病率只有 0.4%。Kendler 等人 1991 年报告说，神经性贪食症的终生患病率为 2.8%，如果只包括显著的暴食症状而不需达到所有诊断标准的话，这个数字将上升到 5.3%。而且，如果按年龄来划分的话，年轻女性的患病率要高得多(见 Barlow & Durand,1995)。但有一点一定要注意，经常会有例外情况出现，比如有一个女性第一次表现出进食障碍是在 92 岁(见 Butcher, et al, 2004b)!

因为神经性厌食症与神经性贪食症有许多重合的地方，而使得确证这两种障碍的患病率有些困难，但还是有数据表明，神经性贪食症比神经性厌食症更为普遍(见 Barlow & Durand,1995)。

而最近的研究结果似乎有些不太一样，Paolo Cotrufo、Augusto Gnisci 等人(2005)发现，17～20 岁的女学生中，完全符合进食障碍诊断的占 0.77%，均为神经性贪食症，而 3.47%的人符合部分症状的神经性贪食症(partial-syndrome bulimia nervosa)，0.38%的人符合部分症状的暴食症(partial-syndrome binge eating disorder)，6.94%的人符合亚临床症状(subclinical-syndrome)的诊断标准，其中大部分(5.79%)是亚临床症状的神经性厌食症。

目前国内还没有见到关于进食障碍的大规模流行病学调查结果的报道，但也有研究者就此做了些工作。如国内相关研究对上海和重庆的大学生研究发现，女大学生中有 1.11%达到神经性贪食症的诊断标准，但没有发现神经性厌食症的个案(Zhang, Mitchell & Wang, et al, 1992)。肖广兰、钱铭怡等人(2001)对国内女中学生通过问卷筛查和面谈，发现非典型性进食障碍的检出率为 1.11%。

跨文化研究发现，不同的社会对肥胖的态度是有差异的，进食障碍的患病率也有差异。Barlow 等人(1995)认为，进食障碍是有很大的文化特异性的，90%以上的进食障碍患者是生活在一个竞争性环境中的社会经济地位较高的白人女性。但是结论并不统一，近年来一些学者的研究认为，进食障碍已经较普遍地存在于亚洲的一些国家与地区。

二、神经性厌食症的临床表现与诊断

【案例 8-1】

患者，女，21 岁，待业，未婚。因厌食、消瘦、闭经 10 个月，于 1997 年 5 月 2 日以"神经性厌食症"收住院。10 个月前，患者面临高考，学习、精神压力较重，出现消化不良，食欲差，常胃痛、腹胀、便秘，服中药后出现腹泻。高考落榜，心境不好，恰亲友来访无意中说其腿没有其姐好看。此后，患者怕胖，每餐饭都与父母讲条件、赌气闹事，逼其姐先吃规定的饭量后自己方进食，食量渐减至每日2两主食，几乎不吃副食，日渐消瘦并闭经。5个月后因双下肢浮肿，住院内科，经物理及化验全面体查均不能确诊躯体器质性疾病。经精神科会诊诊断为神经性厌食症，但患者拒绝转科治疗。此后除吃少量巧克力、糖块外，不进食，不服药，渐不洗脸洗脚，怕别人看见她极度消瘦浮肿的肢体；因体力虚弱而行动困难，自觉病势沉重，写遗书，向父母交代后事。入精神科前10天出现昏迷不醒、小便失禁，血压测不到，被送入医院急救中心抢救，诊断为极度营养不良，休克状态。抢救治疗4天，好转出院。家属考虑患者需进一步治疗而来复诊，后患者以"神经性厌食症"入院。

个人史：早产15天。性格内向、胆怯、敏感多疑、固执、不合群。既往史、家族史无特殊。病前身高156 cm，体重43 kg。入住精神科时神志清楚，发育一般，营养极度不良，恶病质貌，体重仅29 kg。卧床，被动体位，不能抬头和活动上下肢，不能坐、立，饮食、二便需人协助在床上料理。全身皮肤干燥、脱皮、皱折无弹性，皮下脂肪消失，肌萎缩，腰背数个皮下瘀斑，骶尾部有一6 cm×10 cm Ⅲ度褥疮。心、肺、腹未见异常，双下肢Ⅲ度水肿。神经系统检查，全身肌张力低，腱反射减弱，无病理反射。精神检查：意识清晰，精神萎靡，语音低微，诉"进食后腹胀，怕发胖，不想进食"，情绪低且不稳，认为自己没救了，要父母为她准备后事。诊断：① 神经性厌食症；② 极度营养不良；③ 褥疮Ⅲ度。

（王有德、叶兰仙，1999）

上述案例中的患者体重的下降非常明显，从原来的43 kg降低到就诊前的29 kg。而且在其他方面，如怕胖、闭经等，也符合神经性厌食症的诊断标准。但值得注意的是，尽管严重降低的、有危险的体重是神经性厌食症最引人注目的特征，但这不是这种障碍的核心症状。神经性厌食症的核心症状是对肥胖的强烈恐惧以及对苗条的狂热追求。这种障碍通常发病于青春期的过重少女或那些认为自己过重的少女。一般是先开始节食，然后逐步发展成对苗条的强迫性关注。神经性厌食症病人通常也会选择过度运动。这样，通过严格地限制热量摄入或者同时采取消耗热量的行为，就可以使体重显著地降低。

另外上述案例中还要注意的情况是，该患者是在高考失败的情况下出现相关症状的。这与此类病人自我评价低，转而关注体形和体重的情况相关。

DSM-Ⅳ根据使用的限制热量摄入的方法，将神经性厌食症分为两种亚型：一种是限制型(restricting type)，即只通过节食以减少热量摄入，他们严格限制吃入食物的数量，并且控制摄入的热量；另一种是暴食-泻出型(binge-eating/purging type)，即要依赖泻出以限制热量摄入(Barlow & Durand，1995)。不过，与神经性贪食症病人不同，暴食-泻出型神经性厌食症病人吃相对较少的东西就会泻出，通常用到的泻出方法包括自我引吐(self-induced vomiting)、滥用泻药、利尿剂等，并且这种行为发生得更经常。上面案例中的患者，主要以限制自己的饮食为特征，属于限制型。

大约有一半的神经性厌食症病人会有暴食和泻出行为，而暴食-泻出型病人与限制型病人相比，有更多的强迫性行为，如偷窃、酒精和药物滥用。在这一方面，暴食-泻出型神经性厌食症病人与正常体重的神经性贪食症病人而不是限制型神经性厌食症病人更相似。而且，神经性厌食症与神经性贪食症病人都有一种对增重及失去饮食控制的病态恐惧。他们之间的区别似乎是在于个人是否因为使用了上述提到的某种方法而成功地减轻了体重。

患有神经性厌食症的人永远不会满意于自己减轻的体重。如果每天保持同一个体重或增加一点点体重，都可能导致他们强烈的惊恐、焦虑和抑郁，只有连续每天的体重减轻才能让他们满意。尽管DSM-Ⅳ对神经性厌食症的诊断标准之一是体重低于标准体重15%，但通常神经性厌食症病人前来求诊时，平均低于标准体重25%～30%(Barlow & Durand，1995)。

神经性厌食症的另一个关键诊断标准是对身体形象的歪曲知觉。神经性厌食症病人看到的自己和别人眼中的他们是不一样的，比如一个患有神经性厌食症的女孩，在别人眼中是一个憔悴、病态、极度瘦弱的女孩；而她自己却自视是一个身体的某些部位仍需要继续减肥的女孩，并且否认自己有任何问题。实际上，有些患者也可能会对自己的减肥成效相当自豪。

神经性厌食症女性患者最经常出现的临床症状是闭经。这是用以衡量限制热量摄入达到何种程度的一个客观生理指标，也是这种障碍的诊断标准之一。但是有学者质疑这条诊断标准的价值，提出有些没有闭经但符合神经性厌食症其他诊断标准的病人与那些有闭经症状的患者病得一样厉害(见 Butcher, et al, 2004b)。对于男性患者而言，与此对应的诊断标准是性欲和雄性激素水平降低。不过，这种内分泌失调是患者自己饿自己的结果而不是原因。

神经性厌食症其他的临床症状还包括皮肤干燥、毛发或指甲脆硬以及对寒冷的敏感或不耐受性，这在上面提到的案例中都有表现。另外相对还比较常见的现象有，病人的四肢和脸部长出软毛发，手足冰凉，经常感觉疲倦、虚弱、眩晕等。维生素B1缺乏也可能出现，这可能是神经性厌食症病人出现抑郁和认知改变的部分原因(见 Butcher, et al, 2004b)。

芭蕾舞演员有特别高的风险罹患此症，在其他体型要求较高的群体(如模特、体操运动员等)之中，也有较多的个体会受到神经性厌食症的困扰。

有些患神经性厌食症的个体或许是为了证明他们对进食的绝对化控制，表现出对烹饪和食物持续增加的兴趣。有些人成为很内行的厨师，为全家人准备所有的食物；还有些人会在他们自己的房间里储藏食物，不时地看看它们。

最后，还要强调一点，一般神经性厌食症病人不会主动求医，因为他们不认为自己有什么不正常。但是，从我们上面所提到的内容可以看出，神经性厌食症非常难以治愈，有时甚至会危及生命。患有神经性厌食症的15～24岁的女性，其死亡率是人群中同龄女性的12倍（见Butcher, et al, 2004b）。死亡通常是由于饥饿导致的生理后果而引发的，但也可能是由更有意图的自杀行为所造成。往往是在家人的压力和陪伴下，神经性厌食症病人才会有第一次的求医行为。

DSM-Ⅳ对神经性厌食症的诊断标准（APA，2000）

A. 拒绝维持自己的体重在最低的正常体重水平或以上（以各人的年龄和身高计算）；比如体重下降或在生长期不能达到应有的体重增加，从而导致体重持续低于标准体重的85%。
B. 尽管体重已经低于标准体重的下限，仍然极度害怕体重增加。
C. 对体重或体形的感知障碍；体重或体形状况在自我评价中有过分的影响作用；或否认目前低体重的危害性。
D. 已经成熟的女性出现闭经现象，即至少连续3个月没有月经（如果一个妇女是在激素作用下才来月经，也被认为是闭经）。

ICD系统的诊断标准主要采纳DSM体系的意见，它们之间的区别仅在于：ICD系统强调神经性厌食症的丘脑-垂体-性腺等内分泌轴的异常。

CCMD-3对神经性厌食症的诊断参考了ICD-10和DSM-Ⅳ，同时结合现场测试结果作了适当修改（中华医学会精神科分会，2001）。其中神经性厌食症也提到下丘脑-垂体-性腺轴的广泛内分泌紊乱。并且在国内，部分病人可能用胃涨不适、食欲下降等理由来解释其限制饮食（CCMD-3，2001）。但综合其他情况，即使不承认怕胖心理，依然可以诊断为神经性厌食症。

三、神经性贪食症的临床表现与诊断

神经性贪食症与神经性厌食症相比，发病年龄略晚，患病率更高。贪食症的某些特征与厌食症相似，如对于肥胖的恐惧和自我评价过分受到体形、体重的影响等。

【案例8-2】

患者，女，24岁，大学文化。自幼生长发育良好，13岁月经初潮，有规律。15岁时身高1.54 m，体重65 kg，人称小胖胖。一次偷吃母亲留下的食物，因怕长胖遂自行引吐。其后引吐次数渐多，致体重下降。16岁食量猛增，每餐主食一斤，外加大量菜类。每餐之后皆用手引吐，吐后又吃零食。16～17岁停经2年，至住院时月经周期20～90天不等。18岁进食后可自行呕吐。大学毕业后在某公司任职，上学及工作后除一日三餐外，尚偷着吃大量零食，有时一口气吃一斤饼干，食后再吐。由于每餐后必吐，患者从不敢在没有卫生间的地方吃饭。近两年家人发现患者有暴食后呕吐的现象，试图限制其吃主食和零食，但毫无效果。做CT及其他消化系统的实验室检查，结果均正常。由于患者暴食并呕吐影响了其工作（不能出差），在家人劝说下住院治疗。入院后躯体及神经系统检查未见异常，身高1.58 m，体重49 kg，无感知觉、思维和情绪障碍。自述控制不住地想多吃，因怕胖才呕吐，早期诱吐，现稍用力就能吐出胃内容物，对大量进食继之呕吐并不感到痛苦，对月经不规律感觉无所谓，愿意配合大夫治疗其进食障碍。入院诊断为神经性贪食症。

（孟凡强、侯冬芬，1995）

神经性贪食症显著的特征是有暴食（binge-eating，又译狂食）现象。不过，如何量化暴食，是一个很有争议的问题。如果从热量摄入的角度来看，暴食现象有很大的差异。鉴于此，DSM-Ⅳ委员会建议用结构化访谈来确定是否有暴食现象，其中对暴食下的定义是：在一段固定的时间里"比其他绝大部分人在同样条件下吃更多的东西"（Barlow & Durand，1995）。

在神经性贪食症中，与进食数量同样重要的一个诊断标准是：进食行为是不能控制的，即当病人想停止暴食时却停不下来。这条标准已经成为暴食定义的一部分。

神经性贪食症病人还会采取一些补偿性行为，以防止暴食引起的体重增加。最常用的是泻出（purging，又译导泻）行为，包括进食后立即进行呕吐或使用利尿剂或其他类似的药物。还有一些人会试图采用其他的补偿行为，比如过度运动；还有些人会服用甲状腺药物，以提高自身的新陈代谢率。在DSM-Ⅳ中，将神经性贪食症分为泻出型与非泻出型。泻出型更常见些，约占80%（Butcher, et al, 2004）。研究发现泻出型神经性贪食症病人比非泻出型有更严重的病态心理，包括更频繁的暴食现象、更高的抑郁及惊恐障碍的患病率，还有更病态的进食态度与行为（Barlow & Durand，1995）。非泻出型病人可能会过度运动或者禁食，但不会采取那些导泻行为。上述案例中，患者的情况就属于泻出型。

将对自己的评价或自尊在很大程度上取决于体重和体形，也是神经性贪食症病人的一个很重要的特点。

如果一个病人符合神经性厌食症的诊断标准，就不再作神经性贪食症的诊断。换句话说，神经性厌食症有"优先诊断权"，这是因为神经性厌食症有更高的死亡率。二者为数不多的显著差异之一，在于神经性贪食症很少直接导致死亡。

神经性贪食症和神经性厌食症病人都非常害怕发胖，但是与神经性厌食症不同，神经性贪食症病人的体重基本都在正常体重范围内。甚至有些此症病人还稍有些超重。贪食症一般始于因为追求苗条而开始的节食行为。在早期阶段，个体节食并吃低热量食物。然而，随着时间的流逝，对饮食的严格限制变成了对食物的"强迫性"关注，他们开始吃原本禁止自己去进食的食物，比如薯条、比萨饼、蛋糕、冰激凌等，而且有些人开始狂吃能够得到的任何食物。平均在一次暴食中，病人可以大吃大喝进约4800卡路里的食物（见Butcher, et al, 2004b）。暴食之后，病人会采取很多补偿行为。这种模式会持续进行，尽管神经性贪食症病人也很厌恶自己的行为，但对吃东西后会发胖的强烈恐惧还是使他们坚持这样的泻出行为。

对于很多人来说，暴食是一种奢侈的行为。因为高昂的食物账单会给很多人带来经济困难，这使得有些人从与自己一起住的人那里偷取食物。

一般而言，神经性贪食症病人会因为自己的暴食及随后的补偿行为而感到羞耻、内疚、自我否定(self-deprecation)，并且会想方设法隐瞒这些行为。如前面提到的患者，她不能出差，就是怕别人发现她的这种行为。病人通常还会与暴食冲动苦苦地斗争，尽管一般多以失败告终。

长期有暴食且合并泻出行为的话，会有一系列的临床后果。其中包括唾液腺肿大，这会使脸部显得圆胖；反复的呕吐会腐蚀牙齿表面的釉质。更为严重的是，持续的呕吐会造成体内电解质失衡，如果被完全忽视，可以造成严重的临床后果，如心脏功能的异常。饮食习惯恢复正常后，电解质失衡的情况将会很快缓解。最后，有些神经性贪食症病人的手指或手背上会有明显的疤痕，这是因为他们用手进行自我引吐时，手与牙齿和喉咙摩擦而造成的。

DSM-Ⅳ对神经性贪食症的诊断标准(APA，2000)

A. 反复出现暴食。这里的暴食需具备以下2项：
  (1) 在分段的一个短时间内(比如在2个小时里)，吃下大量的食物，数量明显多于大部分人在相同时间和相同情境下的食量。
  (2) 在进食过程中有失控的感觉，如感到想停下来不吃很困难，或无法控制吃什么，吃多少。

B. 反复出现的不适当的补偿行为以防止体重增加，比如自我引吐；滥用泻药、利尿药、灌肠药或其他药物；或完全禁食；进行过度运动。

C. 暴食和不适当的补偿行为至少平均每周发生两次，持续3个月。

D. 自我评价过分受到体形和体重的影响。

E. 以上障碍不是仅仅发生在神经性厌食症的发病期间。

ICD-10与CCMD-3对神经性贪食症的诊断标准与DSM-Ⅳ有较大的重合。但ICD-10更强调生理方面的变化以及神经性厌食症与神经性贪食症的相同病理性；而DSM-Ⅳ更强调病程与发作频率两个标准；CCMD-3则是结合了两家之长，而显得面面俱到。

四、进食障碍的共病性

1. 进食障碍与心境障碍的共病性

进食障碍与情感障碍的关系引起了广泛关注(刘铁榜、王晓萍等，1992)。神经性厌食症的一二级亲属中情感障碍的患病率约22%，远远高于一般人群(张大荣、沈渔邨，1993)；神经性厌食症与抑郁的密切的联系已使某些研究者试图去发现神经性厌食症导致抑郁的可能性(Davison & Neale，1998)。抑郁症状也常见于神经性厌食症病人，神经性厌食症病人的亲属中情感障碍的患病率也较高；Russell描述的神经性厌食症的临床特征中，抑郁症状是该病最突出的特征(见田志宏，1990)。

前面的论述已经提及，很多研究者发现，抑郁与进食问题有很密切的联系。而且有研究者说，重症抑郁症（major depressive disorder）是暴食障碍（binge eating disorder，BED）患者最常见的并发症（46%～51%的终生患病率），并且严重的暴食者比起中等程度的暴食者有更显著的抑郁、更多的人际关系问题、更多的精神病症状以及更低的自尊（Telch & Agras，1994）。

许多女孩在青春期会出现抑郁和进食问题。尽管临床抑郁和进食障碍经常是并发的，但人们对亚临床症状并发的实质却知道得很少（Graber & Brooks-Gunn，2001）。亚临床进食问题包括在青春期出现过度节食、暴食以及其他相关的严重影响健康的问题行为。提到亚临床进食问题对抑郁的影响，研究者们已经发现亚临床症状的作用，特别是对随后障碍的发展及自杀的企图或实施等方面。更重要的是，亚临床症状是随后抑郁障碍发展的最强有力的预测因素（Graber & Brooks-Gunn，2001）。还有研究者说，在非临床群体中，高水平的负性情感与开始暴食及补偿行为有关（Cooley & Toray，2001）。

有研究者认为，同时出现进食和情绪方面的问题，可以预期以后个体可能达到进食障碍的诊断标准的情况。并且这种女孩在她们生活的其他领域，如恶劣的家庭关系方面，似乎面临的困难最大。所以，同时出现抑郁和进食方面问题的征兆，可能会是发展成其中一种或两种障碍的危险因素，而且可能同时伴有社会功能损害（Graber & Brooks-Gunn，2001）。有研究者说，要求瘦身的社会压力、低自尊以及抑郁是预期青春前期女孩进食障碍症状的显著危险因素。

青春发育期的初始期会与进食及抑郁问题相联系。Graber 等人（2001）的研究证实了这样一个假设，即并发问题或许是青春期经历到的亚临床问题的典型。青春期女性更容易体验到抑郁及负性情绪，这种情绪又与病态进食行为相关（Cooley & Toray，2001）。女青少年和她的支持系统对进食问题应付能力的局限性可能会导致个体出现退缩、回避以及抑郁症状的增加等情况（Graber & Brooks-Gunn，2001）。

鉴于前面提到的抑郁与进食障碍、病态进食行为有如此密切的关系，有研究者怀疑，进食障碍是不是抑郁的一种变形的表现（Davison & Neale，1998）？国内有学者做过相关的研究，发现香港地区的女中学生比起湖南农村地区的女中学生，有更多的对身体的不满及对肥胖的关注和病态的进食行为与态度，但有更少的抑郁（Lee & Lee，1996）。或许由于受到更多西方文化影响的香港社会对瘦身、节食的病态态度，为原本有与抑郁相同心理病理特点的人提供了其他表达的具体方式（左衍涛，1995；Polivy & Herman，1987）。

也有研究者有不同看法。Denise 等人的研究结果发现，BED 个体表现出很高的共病性，尤其是情绪障碍。但是，其与进食障碍的心理病理程度或治疗效果并没有显著相关。作者由此推论，尽管共病性可能是暴食障碍的一个相关临床特征，但暴食并不仅是另外一种障碍，如抑郁的变体。或许，暴食的严重程度与其他和进食问题有关的方面，如对体形、体重关注的程度，有更大的相关（Willfley，Friedman，Dounchis，et al，2000）。Graber 等人的研究发现，存在抑郁问题的女孩比有进食问题的女孩表现出更多的心理社会适应困难，有并发问题的女孩比只存在一种问题的女孩通常有更糟糕的社会关系，不过，这种糟糕程度与只表现出抑郁问题的女孩差不多（Graber & Brooks-Gunn，2001）。研究者还进一步认为，有进食问题同时又体验到恶劣社会关系的病患，即有更少社会支持的女孩或许就是那些继续发展出抑郁症的女孩（Graber & Brooks-Gunn，2001）。

2. 进食障碍与其他障碍的共病性

Matsunaga 和 Kinike 等人（1998）发现，患有进食障碍的病人其中有 51%的人还符合至少一种人格障碍的诊断标准。限制型的神经性厌食症病人倾向于与 C 类群（紧张、焦虑）的人格障碍共病；相反，有暴食-泻出症状的进食障碍病人（包括神经性厌食症和神经性贪食症）更可能与 B 类群（戏剧性的、情感不稳定的）人格障碍共病，特别是边缘型人格障碍。暴食症病人中也会发现人格障碍，但还没有显现出清晰的模式（见 Butcher，et al，2004b）。

有研究者认为，躯体畸形障碍是神经性厌食症患者没有被全面诊断出来的共病性疾病，而且这种共病性导致了更严重的功能失调（Grant，Kim，& Eckert，2002）。

强迫症也是神经性厌食症病人经常并发的一种障碍。暴食-泻出型的神经性厌食症病人也会有并发物质滥用的可能性，而限制型的神经性厌食症病人一般不会有很高的物质滥用的并发现象（见 Butcher，et al，2004b）。

此外，Dohm 和 Striegel-Moore 等人（2002）发现，自我伤害及物质滥用都可能出现在神经性贪食症和暴食症患者当中（见 Butcher，et al，2004b）。

第三节　进食障碍的病因

一、生物因素

1. 基因

神经性厌食症与神经性贪食症都有家族性。患有进食障碍的年轻女性，其亲属中患进食障碍的可能性是平均水平的 5 倍。双生子研究也提示神经性厌食症有基因影响，综合一些已发表的研究报告，Hsu 计算出同卵双生子及异卵双生子的共病率分别为 47%与 10%；通过一批比较少的被试，Hsu 报告了类似的神经性贪食症共病率（见 Barlow & Durand，1995）。不过，有研究者认为在这方面还需要进行进一步的收养研究。

2. 设定点理论（set-point theory）

Garner 于 1997 年提出此理论，认为至少在一段有限的时间里，我们的身体有自己设定好了的体重正常值范围，并且拒绝大幅度的改变。这样的话，当个体想达到或维持远远低于设定点的体重时，就会遭遇到内部生理机能的反对。其中阻止我们体重变得远低于设定点的很重要的“生理性补偿”措施之一是饥饿的感觉。当我们体重越来越轻时，饥饿的感觉可能变得极端难以忍受，这就会刺激我们去吃东西、变胖，恢复到一种平衡的状态。神经性厌食症的病人远远不是对食物毫无胃口，他们经常想到食物，并且要费很大力气才能抑制住自己的饥饿感觉。因而，长期的节食可能会使个体出现不可遏制的想吃高热量食物（如蛋糕、饼干）的冲动。所以，对于神经性贪食症病人来说，这种饥饿驱力的冲动会引发不可控制的暴食（见 Butcher, et al, 2004b）。

3. 进食障碍与脑

下丘脑是调节饥饿与进食的关键中枢。动物实验表明，下丘脑外侧损伤会使动物没有食欲及体重减轻。有研究者因此假设下丘脑在神经性厌食症中起着某种作用。下丘脑调节某些激素的水平，如皮质醇，而皮质醇水平在神经性厌食症病人中确实是异常的，但这可能是神经性厌食症的结果而不是原因，因为随着体重增加，其水平会转回正常。而且，与下丘脑外侧损伤导致没有饥饿感和食欲的动物不同，厌食症病人是尽管很饿却不吃东西。另外，下丘脑模型也不能说明厌食症病人对身体形象知觉的障碍或害怕变胖的恐惧。看起来，功能失调的下丘脑似乎不能很好地说明神经性厌食症产生的原因。

此外，还有一些研究发现，内源性（endogenous）血清素（opioid）在神经性厌食症和神经性贪食症中都具有某种作用。最后，对进食障碍生物学因素的研究集中在与进食及饱足有关的一些神经递质上，比如 5-HT 和 NE。研究者发现，高水平的 5-HT 会引发过饱感，而暴食症病人中 5-HT 含量低；在神经性厌食症与神经性贪食症病人中，NE 水平都比较低（Barlow & Durand，1995）。尽管我们期待将来有更进一步的生化研究，不过，这种工作只能着眼于与饥饿、进食、饱足有关的脑机制上，而不能解释进食障碍其他的关键性特征，尤其是那种怕胖的强烈恐惧。很显然，社会文化环境在进食障碍病人的错误知觉及饮食习惯上起着某种作用。

二、社会因素

整体而言，社会文化因素在进食障碍的发生、发展上是有显著的作用的（Nasser，1988）。跨文化研究发现，不同的社会对肥胖的态度是有差异的，进食障碍的患病率也有差异。西方社会为女性设定的理想体形在不断地变化——变得越来越瘦（Comer，1995）；大部分西方工业化国家的社会文化都存在对苗条的理想性赞许；社会上对肥胖的负性态度变得更为强烈，进食障碍的患病率也在增加（Davison & Neale，1998）。Davis 等人的研究发现，女性对社会文化认同程度越高，患进食障碍的可能性也越大（见唐莉、张进辅，2004）。

大众传媒对进食障碍的发展也起到一定作用。影视、报纸杂志上的女性身材几乎都是以苗条为主，瘦即是美。女性杂志也一再强调节食、减肥、运动。在这种主流意识形态的影响下，女性为追求理想体形，极易走入进食障碍的误区(唐莉、张进辅，2004)。有意思的是，Harrison 和 Cantor(1997)研究了媒介消费与进食障碍的关系，发现每天看电视越多的人，其病态进食行为与态度越严重。

进食障碍或许是最有社会文化差异的一种障碍(Barlow & Durand，1995)，它更经常在工业化国家出现。研究者最初发现，这种障碍的患者绝大部分都是西方中上阶层的白人女性。随着西方文化的传播和渗透，以瘦为美的价值观和审美观逐渐广为流传，这就使得进食障碍在非西方国家也呈现上升趋势。非工业化的亚洲国家也有类似神经性厌食症的病例报道，只是对肥胖还没有那么强烈的恐惧(Davison & Neale，1998)。近年来一些学者的研究认为，进食障碍已经较普遍地存在于亚洲的一些国家与地区，尤其是不十分严重的病态的进食行为与态度。总体而言，神经性厌食症与神经性贪食症是类似的，与西方文化中的审美观念不可分割地联系着。

到底是西方文化中的什么观念使得那么多年轻女性陷入一种自我惩罚又危及生命的自我挨饿状况，或导致危险而又频繁的泻出行为呢？答案似乎是这样的，对于很多年轻女性而言，身材看起来好看似乎比健康更重要；对于那些中上阶层的白人女性而言，她们似乎认为外表在很大程度上决定了她们的竞争性环境、自我价值、幸福以及成功。文化对苗条的强制性赞同直接导致了可能引发神经性厌食症与神经性贪食症的危险的第一步——节食现象的出现。

当然，大部分的节食者并没有发展成进食障碍。不过，有研究者采用前瞻性研究得出结论，节食的青春期女孩在一年后患进食障碍的可能性是不节食的青春期女孩的 8 倍。Telch 和 Agras(1994)提示，在 201 个肥胖女性中，在严格的节食期间及之后，暴食现象显著增加了。至于为什么在某些人中节食会导致暴食，目前尚不是很清楚，但这两者之间的关系是很明显的。

另外有研究者(Lyer & Haslam, 2003)发现，就少数民族的妇女而言，对她们实施的种族嘲弄可能是引发进食或者体象障碍的潜在因素，但这一点往往被忽视了。

三、心理因素

尽管文化对进食障碍的影响不容忽视，但处于同样的社会文化环境中的个体对文化影响的反应是不同的。环境因素可能对易感的个体发展进食障碍起一个很重要的作用，而个体的易感性是由人格特点以及在某种程度上的生物学特性与早期环境特征决定的(Hoek，1993)。这样，关注进食障碍患者的病前人格特点对于治疗进食障碍以及更深入地了解进食障碍就是很重要的了。

1. 人格特点

国外有研究者认为，神经性厌食症患者具有完美主义、害羞、依从的特点；而神经性贪食症病人还包括其他的歇斯底里特征、情绪不稳定及好交际的倾向；进食障碍病人有较高的神经质与焦虑及低自尊，并且表现出一种对家庭及社会标准的强烈认同（Davison & Neale，1998）。人格特质可能造成易感性，而这种易感性与生活应激源及身体不满意交互作用，最后促发了病态的进食行为（Cooley & Toray，2001）。

还有学者认为，神经性厌食症病人病前人格特点常被提到的是害羞、焦虑以及强迫特质（Bemis，1978）。国内有学者认为，偏执、强迫的个性特征对异常进食行为的产生和维持有重要作用（刘铁榜、王晓萍等，1992）。左衍涛（1994）曾综合国外研究的结果，报道神经性贪食症患者的病理心理特点，包括低自尊、外控性、高神经质水平、抑郁、焦虑、冲动、强迫等。不过对这方面的研究也有矛盾的地方，如有学者总结：没有研究发现神经性贪食症有人格上的强迫性（Davison & Neale，1998）。

Kreipe 总结出可导致患进食障碍危险性增加的 13 项人格特征，包括：自我评估差，难以表达负性情绪如愤怒、悲哀或恐惧，难以处理矛盾，取悦别人，追求完美，依赖性强，被注意的需求，难以处理与父母的关系（虽然可能表面上很亲近），独立生活的困难，父母高期望，对长大或性成熟（包括青春期身体的发育）感到害怕或犹豫，要求更加独立和生活中有自我认同等问题。人格特征和气质在进食障碍的不同类型中有所差别，神经性厌食症患者表现为低好奇心、胆小、顽固和自我保护不良等，而高度的好奇心、冲动是贪食症患者气质的核心层面（见范青、马玮亮等，2005）。

不同的人格因素会导致不同的应付方式。一些研究者认为，应付技巧的缺乏使神经性贪食症女性不能有效地对付应激，暴食就是这种无能的表达形式。另外，还有研究发现，应激经历越多的女性，暴食的危险性越大（左衍涛，1994）。国外有学者认为，神经性贪食症与暴食-泻出型 AN 类似，通常在面对应激及体验负性情感时暴食（Davison & Neale，1998）。国内有学者报告病例时说，冲动攻击的应付方式在异常进食行为的产生与维持中也具有重要作用（刘铁榜、王晓萍等，1992）。

当然，心理变量可能是通过与其他变量的交互作用以影响进食结果的，而并不是起一个简单直接的因果作用（Cooley & Toray，2001）。下文将从几个心理学理论流派的观点的角度分别加以讨论。

2. 心理动力学观点

经典心理动力学理论认为，神经性厌食症是一种对口唇受孕恐惧的防御，之所以要回避食物，是因为食物象征性地等同于性和怀孕；这种焦虑在青春期不断增强，所以这个阶段是神经性厌食症的发病期。

其他心理动力学理论认为，不能发展出充分的自我感觉（sense of self）导致了神经性贪食症，而母女之间的冲突型的支配关系造成了女儿不能发展出充分的自我感觉。食物成为这种失败关系的象征，女儿的暴食和泻出行为代表了需要妈妈与拒绝妈妈的冲突。

心理动力学理论的其他观点还有，认为进食障碍和童年受虐及其他创伤（如性虐待、失去亲人、父母不合、在适当年龄未完成个体独立过程、重要的性心理发育阶段未完成自我认同等)相关。Corcos 等人的研究指出,进食障碍的核心问题存在于患者的人格和处理矛盾的能力。其人格总体特征为依赖,倾向于过度地依赖于外在个体包括父母、兄弟姐妹等,缺乏自主,混淆了自身与以上外在个体之间的领域。由于达到性成熟所带来的矛盾,即追求性欲的满足和完成自我认同的需要,依赖倾向在青少年期显现出来。然而,依赖实际起源于儿童期,尤其是儿童早期,那时与母亲之间没有能够建立有效的、稳定的和值得信赖的关系。依赖的特点使得个体将他人作为现实自身的组成部分,混乱的情感融合在一起,使之在青少年期失去自信心,感到自责和孤独,并发生行为紊乱(见范青、马玮亮等,2005)。

3. 家庭动力学观点

有人提出一种能同时解释神经性厌食症与神经性贪食症的心理动力学观点,被称为家庭动力学观点。这种观点是将心理动力学理论的因素与关注家庭联系在一起,认为孩子在生理上是脆弱的。这种家庭有几个促使孩子发展出进食障碍的特征,并且孩子的进食障碍在帮助家庭回避其他冲突中起了重要作用,这样,孩子的症状在家庭中成为其他冲突的替代物。

下面简要描述一下 Minuchin 等人于 1975 年概括的关于有进食障碍孩子的家庭的特征(见 Davison & Neale,1998):

(1) 纠结(enmeshment)。神经性厌食症病人的家庭通常有一种过分涉入与亲密的极端形式,其中父母会替孩子做决定,因为他们相信自己确切地知道孩子是怎样感受的。

(2) 过度保护。神经性厌食症病人的家庭成员过分关注其他每一个家庭成员的幸福。

(3) 僵化。进食障碍病人的家庭试图努力维持原有的状况,而不能有效地、弹性地解决需要家庭做出改变的问题。

(4) 缺乏解决冲突的能力。进食障碍青少年的家庭要么回避冲突,要么长期处于慢性冲突之中。

此外,有些研究指出,进食障碍病人比正常人自我报告了更多的儿童期性虐待。不过,有研究者认为,受虐的报告可能是在治疗中被创造出来的,所以对于儿童期性虐待在进食障碍病因中的作用依然不能够确定。当然,也有研究证明了病态进食行为与儿童期遭受性虐待之间的关系(Wonderlich, Crosby, et al, 2001)。还有研究发现了进食障碍病人有更多的儿童期生理和心理受虐经历。如果在一个很小的年龄阶段被某个家庭成员采用暴力虐待过,更可能引发进食障碍。

还有研究者假定,家庭或社会的影响是通过三种潜在的机制来作用于青春期女性的体象(body image)和节食行为的。这三种机制是:对家庭关系的知觉、母亲的行为和态度的影响以及母女之间直接的交流。例如,有进食问题的女孩可能会知觉到家庭中存在更多矛盾,更少和谐、温暖;妈妈对体重和体形的关注为女儿的体重控制行为提供了榜样；有病态进食模式的青春期女孩会有一个对她们的体重和外表更挑剔的妈妈——妈妈可能会直接施加压力让她们注意瘦身，从而影响女儿的进食行为(Byely, Archibald, & Graber, et al, 2000)。

4. 认知行为观点

用认知行为理论解释神经性厌食症，其重点在于：怕胖的恐惧和体象障碍是引起自我挨饿的动机因素，而体重的减轻是有力的强化物。达到或维持瘦弱体形的行为被降低了的焦虑所强化。有些理论在融合了人格及社会文化变量后试图解释怕胖的恐惧和体象障碍是怎样发展的。例如，完美主义和缺乏个人充分感可能会使一个人开始特别关注自己的外表，这使得节食成为一个强有力的强化物。

另外一个引发强烈求瘦欲望的重要因素是来自同伴和父母的对过重体重的批评。支持这个结论的研究是这样进行的：一组 10～15 岁的少女在间隔 3 年的时间中被两次进行评估，研究者发现，第一次评估所得到的肥胖因素与被同伴嘲弄有关，第二次评估得到的肥胖因素与对身体的不满有关；而对身体的不满与进食障碍的症状是相关的(见 Barlow & Durand, 1995)。

我们在前面已经论及，节食达到一定程度，经常会导致暴食，而跟在暴食后面的泻出行为可被看做是以对暴食引起的体重增加的恐惧为动机的。没有暴食及泻出行为的神经性厌食症病人可能会更强烈地关注及害怕体重增加，也许更能够进行自我控制。

对神经性贪食症的认知-行为理论的解释与对神经性厌食症的暴食-泻出型的解释类似。认为神经性贪食症病人过于关注体重增加和身体外表，不过严格限食的努力失败了，他们变得很焦虑，于是暴食-泻出循环便开始了。

神经性贪食症病人通常是在遭遇应激事件和体验到负性情感时发生暴食现象。神经性贪食症病人自尊水平很低，并且有证据表明，他们可以通过泻出行为减轻焦虑。当神经性贪食症病人吃完东西并且不能泻出的时候，他们报告焦虑水平上升，并且这也被生理测量(如皮肤电)的结果验证了；然而，当泻出行为发生之后，他们的焦虑水平就下降了(Davison & Neale, 1998)。

第四节　进食障碍的治疗

一般来说，进食障碍病人不会主动求医，他们否认自己存在问题。因为这个原因，大多进食障碍病人，其人数甚至可能高达 90%，都没有寻求治疗(Davison & Neale, 1998)。目前临床上对进食障碍的治疗包括药物治疗、心理治疗。但就其长远效果来看，似乎都不是太理想。不过，进食障碍本身也有一个随年龄增长而自发缓解的趋势。当然，这种缓解要在进食障碍没有给病人带来致命后果的前提下才可能出现。

要治疗神经性厌食症病人，更常见的是要求其住院治疗，因为这样才能对病人的进食给予细致的监测并使其进食量逐步增加。为了对神经性厌食症及神经性贪食症病人的其他一些复杂的临床症状(比如抑郁、电解质失衡等)进行干预,也需要住院治疗。为了达到更好的治疗效果,对进食障碍患者往往同时实施生物医学治疗及心理干预。

一、生物医学治疗

如前所述,进食障碍经常同时并发抑郁,这样,各类抗抑郁剂在某种程度上能够治疗进食障碍,就不足为怪了。近来有研究证明,百忧解在减少暴食及引吐行为方面优于安慰剂,并且能够缓解抑郁和病人对食物及进食的歪曲态度。另有一项控制不严格的研究发现,在治疗神经性厌食症方面,百忧解也是有用的。经过百忧解治疗的 37 例神经性厌食症病人中的 29 例在治疗后 11 个月的随访中,依然维持正常体重(Davison & Neale,1998)。

不过,与经过认知行为干预的进食障碍病人相比,许多药物治疗的进食障碍病人会中途脱落,这主要是因为药物的副作用。而且,当停止使用药物时,大部分病人会复发(Davison & Neale,1998)。

二、心理治疗与干预

关于对进食障碍的心理学治疗,治疗师们已经进行了很多临床实践,但较少见到相关文献报道。下面就有疗效报道的治疗方法做一简要介绍。

1. 神经性厌食症的治疗

(1) 家庭治疗。它的长期疗效还没有被充分地研究,但有报告说,经过家庭治疗的 50 例神经性厌食症女性,有 86%在治疗后的 3 个月~4 年的随访期内行为功能良好(见 Davison & Neale,1998)。

系统家庭治疗师 Salvador Minuchin 和他的同事,对神经性厌食症的治疗做了很多工作。Minuchin 关于进食障碍的心理动力学的理论是:患有进食障碍的孩子将对家庭的注意力从隐藏起来的冲突上转移开了。根据这种观点,Minuchin 治疗时,试图重新将神经性厌食症定义为人际关系的障碍而不是个人的障碍,并且把家庭的冲突表面化。Minuchin 认为,通过这种方法,家庭成员就没有必要一定表现出进食问题,因为已经不用进食障碍症状来转移对功能失调的家庭的注意力(见章晓云、钱铭怡,2004)。

(2) 认知行为治疗。主要包括两个层次。第一层直接目标是帮助病人增加体重,以避免临床并发症和死亡的可能。通常病人已经非常虚弱,生理功能严重紊乱,这就要求强制病人进食,包括静脉注射。这一阶段的行为治疗方法包括:尽可能隔离病人,吃饭需有人陪护,把看电视电影、听收音机、与护士散步、收发信件、亲属探访等作为进食和体重增加的奖励,这被证明多少是有效的。但治疗的第二层目标,即长期维持病人在上一阶段治疗中增加了的体重,则是非常困难的目标(Davison & Neale,1998)。

2. 神经性贪食症的治疗

近些年来,比起神经性厌食症,更多的研究关注了对神经性贪食症的治疗,这其中又大部分是集中在 Fairburn 在 1985 年提出的认知行为模型上(Barlow & Durand, 1995)。这个模型提出,社会文化要求女性是苗条的,同时逼迫女性顺从这个社会要求,这样就导致了女性过分看重体重和体形。随之引发女性严格、不切实际地节食,而这个过程会带来生理上以及心理上对过多进食的周期性失控(即暴食)。泻出行为和其他的控制体重的极端方法,都是对暴食行为的一种补偿。通过泻出行为,降低了病人对增加体重的焦虑,也打乱了病人已经习得的调节进食的饱食反射,由此病人维持了暴食行为。随之,暴食和泻出行为导致痛苦和低自尊,而痛苦和低自尊又不可避免地引发更严重的节食和暴食。这个过程持续发展,暴食成为一种手段,用来钝化或者逃避个人生活中面临的痛苦。在此,暴食本身就成为整个过程的一个负强化物,并且是个强有力的因素。

治疗神经性贪食症的整体目标是帮助病人建立正常的进食模式。包括:第一步,对病人进行心理教育,包括暴食及泻出行为的生理后果、引吐与使用泻药作为控制体重手段的无效性、节食的危害性,以及提供一个计划以促发病人的常规进食行为模式。病人需要学会按时按量进行一日三餐以及在正餐之间稍稍吃一些零食。第二步,致力于改变病人的不合理信念。鼓励病人质疑关于外表魅力的社会标准,发现和改变那些刺激病人挨饿以防止增重的信念,从而建立一些更合理的信念。例如,治疗师要温和但坚决地挑战诸如这样的不合理信念——"如果我比现在重几磅,将没有人会看重我"。

认知行为治疗还试图让神经性贪食症病人明白,控制体重在一个人的生活中并不是完全不合理的事情,但这可以通过常规进食而不是极端节食更好地达到这一目的,并且极端节食通常会引发暴食及随之而来的泻出行为。

认知行为治疗需对病人不现实的要求和其他的认知歪曲进行持续的挑战(如吃少量的高热量食物意味着自己是一个完全彻底的失败者,并且自己的情况注定永远无法改善等),以使病人放弃歪曲的认知,按合理的认知面对进食问题。治疗师要和病人一起工作,找出引发病人暴食的事件、想法和情绪,然后学习更多的适应性方法去应对这些情境。另外,治疗师也需要教会神经性贪食症病人放松技术,用来控制泻出行为的冲动。

从短期效果来看,认知行为治疗神经性贪食症的疗效是令人鼓舞的,并且有证据表明,认知行为治疗优于抗抑郁剂治疗。

评估不同治疗的疗效是很困难的一件事情,特别是对于神经性贪食症病人而言,因为病人的不同质性就是一个很大的问题。很多神经性贪食症病人会同时伴有其他的心理障碍,如边缘性人格障碍、抑郁、焦虑等。总体来看,就如同对神经性厌食症的治疗一样,要成功治愈神经性贪食症是非常困难的。

除此之外,目前还有治疗者运用自助技术、心理教育等方法来对进食障碍进行治疗的(见章晓云、钱铭怡,2004),也都有一定的效果。

3. 心理干预

进食障碍的心理治疗结果并不令人非常满意,因此研究人员致力于寻求在病人发展成进食障碍之前，对病态进食行为、态度进行干预，以期减少进食障碍和病态进食行为的发病率。

学校环境是一个进行心理健康教育活动的好场所，因为在学校可以很容易接触到青少年(Stewart, Carter, & Drinkwater,2001)。青少年通常是易受影响的，并且他们会被鼓励参加各种教育活动(O'Dea & Abraham,2000)。在美国、澳大利亚和以色列已经分别发展出三种以学校为基础的干预方案，旨在提高女青少年对自己体象的正确知觉并预防进食障碍。这三种干预都采用类似的以提供信息为基础的策略，即在传统的结构化教室背景中向高中女生提供关于进食障碍及相关问题的信息。O'Dea 和 Abraham(2000)归纳了这些干预的主题，它们涵盖了限制热量摄入的潜在危险、关于健康进食的因素、对理想体象的社会文化结构的分析以及关于"完美身材"的期待等。但是，这些干预的结果表明，这种以提供信息为主的对进食障碍的初步干预可能仅仅是提高了女中学生关于进食障碍和病态进食的知识，但不可能影响到个体的信念、态度倾向以及会导致进食问题发展的行为。在改善女青少年的体象、进食行为和态度方面，这种方法是无效的。而且，在增加受试者关于进食障碍的知识方面，这种方法也可能是有害的。因为它可能在无意中会介绍给青少年一些控制体重的危险方法，比如忍饥挨饿、自我引吐、使用利尿剂等。

O'Dea 和 Abraham(2000)进一步提出一种以提高自尊为基础的方法，即通过提高青少年的自尊来改善体象和进食态度及行为。结果发现，这种设计可以成功地改善男女青少年的体象和进食态度及行为，包括那些被认为最有可能发展成进食障碍的青少年。作者认为，目前这个研究之所以在改变学生的身体满意度、体象、关于进食和体重的态度以及减重行为方面有效，是因为它集中于创造出学生在自我知觉和价值方面的正性改变。这种方法不是尝试去改变青少年已有的知识，相反，它着重于找到个体自我中积极的方面。

青少年的父母在预防进食障碍方面也可以起到重要作用。有研究者表明，妈妈和女儿的自主性及母女关系的投射这些因素与女儿对体重和体形的关注的发展有关(Ogden & Steward,2000)。不过，如何让父母参与、以什么形式参与，目前尚未见到相关的报道。

也有研究者指出，肥胖恐惧或许和人们认为肥胖是自我惩罚性质的，或至少是可自我控制有关的。相应地，根据这些研究结果，临床心理学家发展出一些项目，旨在教育肥胖的来访者，主要内容就是关于体重与进食的复杂关系，以提高他们的自尊和自我接受程度。这些项目都是通过提供给来访者相关的知识，比如导致肥胖的有关遗传和新陈代谢方面的因素、节食的相对无效性以及胖人可能并不比瘦人吃得更多等信息，用以改变肥胖者原以为应对自己肥胖负全部责任的思想(Robinson, Bacon, & O'Reilly,1993)。此种方案的设计者认为这种方法是有效的。

总　结

近几十年来，进食障碍的发病率迅速上升。进食障碍主要包括神经性厌食症和神经性贪食症。神经性厌食症通常开始于十几岁，女性患病率是男性的10倍，并且常并发其他障碍，最常见的是抑郁。与神经性厌食症相似，神经性贪食症开始于青春期，在女性中远比在男性中更常见，并且也会引发其他障碍，如抑郁。预后多少比神经性厌食症乐观。

对进食障碍的病因学研究包括了对生物、社会及心理因素的考查。从目前来看，达成共识的意见是：进食障碍是受多方面因素影响的一种障碍，但社会文化对苗条的强制性要求在进食障碍的发病上似乎起很大作用，这从此障碍的流行病学方面可见一斑。

几种心理治疗，包括认知-行为方法合并家庭治疗、人际关系治疗，对于缓解进食障碍是有效的。药物治疗主要是应用抗抑郁剂，目前来看，似乎效果不佳。如果不给予治疗，进食障碍会持续一个慢性发展的很长的阶段。对于神经性厌食症而言，甚至会导致死亡。

思 考 题

1. 神经性贪食症具有什么特点？
2. 神经性厌食症与神经性贪食症相比有何不同？
3. 影响进食障碍的社会心理因素有哪些？
4. 你赞同一定限度的节食吗？节食与进食障碍的关系如何？
5. 认知行为治疗是如何看待进食障碍的成因，又是如何对进食障碍进行干预的？

推荐读物

1. 张大荣，沈渔邨(1993). 进食障碍概念的演变及病因学研究进展. 中国心理卫生杂志，7(1)：7～10

2. American Psychiatric Association (2000). Diagnostic and Statistical Manual of Mental Disorders (4th ed) Test Revision. Washington, DC: American Psychiatric Association

3. Butcher J N, Mineka S, & Hooley J M (2004). Abnormal Psychology (12th ed)(影印版). 北京：北京大学出版社

9

物质滥用及依赖

第一节　概述及诊断标准

物质滥用中的物质(substance)指的是会导致个体产生心理及身体依赖的精神活性物质,包括酒精、尼古丁、安非他明、阿片以及大麻等。之所以专门提出物质滥用这个概念,是因为相对于其他可预防的健康问题,物质滥用造成了最多的死亡、疾病以及伤残(Substance Abuse,2001)。

据 WHO 估计,全球吸毒成瘾者已逾 5000 万。20 世纪 80 年代后期,由于境外毒品渗入,吸毒在我国死灰复燃。截至 2004 年底,我国现有吸毒人员 79.1 万。国内吸毒人数总体增加,毒品滥用种类日趋多元。这近 80 万吸毒人员涉及全国 2102 个县(市、区),其中,滥用海洛因人员 67.9 万,占 85.8%。青少年、农民和无业闲散人员仍是吸毒的高危人群,分别占吸毒人员的 70.4%、30%和 45%(李薇薇,2005)。

虽然目前对于物质滥用及依赖问题的了解还远远不够,但是多方面的研究正逐步加深对其的理解,并提高治疗的效果。成瘾是一个通俗的词语,用于描述过度依赖能获得乐趣和缓解紧张的药物所带来的有害效应。成瘾,意味着个体将不择手段地使用该物质,另外一层含义指的是该药物具有让人上瘾的生物因素。各种各样的可上瘾的物质都会影响脑的某个区域以及机体的生化过程(Robinson & Berridge,2003)。然而,对于某个特定的物质滥用来说,仅仅将滥用的原因归于生物和遗传的易感性是远远不够的(Crabbe,2002)。个人以及社会因素在一定程度上影响人对物质的认知、情感和行为。正是基于这个原因,DSM-Ⅳ中并不使用成瘾这个术语,而是采用物质使用障碍(substance-use disorders)这个术语。

一、物质使用障碍

物质使用障碍指的是与使用或者滥用包括酒精、可卡因、海洛因等能够改变人们思考、感受和行为方式的物质相关的问题。物质使用障碍有两个类型:物质依赖和物质滥用。物质依赖标准主要指耐受性、戒断症状和冲动性使用行为;物质滥用标准主要指物质使用带来的心理问题以及非适应性行为(比如不能完成其应该完成的社会或者工作职责）。

与物质依赖和滥用相联系的两个概念是物质戒断和物质中毒。物质戒断指的是当物质依赖个体在突然停止使用物质时，出现的一系列生理和心理的症状，典型的比如海洛因戒断症状。物质中毒指的是摄食物质之后，引发的一系列症状，包括影响人的认知、躯体动作等。下文将简要比较 DSM-Ⅳ，CCMD-3 和 ICD-10 对物质依赖、物质滥用和物质戒断的诊断标准，以供读者参考。

1. 物质依赖的诊断标准

表 9-1 为 DSM-Ⅳ、CCMD-3 和 ICD-10 对物质依赖诊断标准的比较。

表 9-1 DSM-Ⅳ，CCMD-3 和 ICD-10 物质依赖标准及比较

	DSM-Ⅳ	CCMD-3	ICD-10
时间：最近 1 年	+	+	+
使用物质的强烈渴求	+	+	+
出现耐受性	+	+	+
固执地使用活性物质而不顾其明显的危害性后果	+	+	+
使用该物质，放弃或减少了重要的社交或娱乐活动	+	+	+
减少或停用后出现戒断反应	+	+	+
使用时体验到快感或必须该物质来消除戒断反应	+	+	+
有戒掉或控制使用该药的欲望，或曾有失败的经验	+	+	
使用过量	+		
努力获取该物质	+		
活性物质使用行为的开始、结束及剂量难以控制		+	+

注：其中“＋”表示诊断系统中含有表左栏所列的条目。

从对物质依赖诊断标准的总体描述上来看，DSM-Ⅳ系统更为强调持续使用该物质并导致的痛苦烦恼和功能缺失，CCMD-3 和 ICD-10 则强调使用物质的渴望和耐受性，以及优先于其他的重要活动性，另外，ICD-10 还强调依赖者经过一段时间的禁用后重新使用该物质时较非依赖者能更为迅速地再现依赖的症状。具体从诊断条目上，3 个诊断标准在诊断条目上是类似的，3 个诊断系统的差异主要表现在不同的表述上，比如在最后的几个条目上，DSM-Ⅳ中强调使用过量，而 CCMD-3 和 ICD-10 强调行为的难以控制，本质上是一致的。

2. 物质滥用的诊断标准

表 9-2 列出了 DSM-Ⅳ、CCMD-3 和 ICD-10 对物质滥用的诊断标准比较。

表 9-2 DSM-Ⅳ、CCMD-3 和 ICD-10 物质滥用诊断标准及比较

	DSM-Ⅳ	CCMD-3	ICD-10
多次使用某种物质而导致工作、学业、或家庭的失责或失败	+		
在躯体有危险的某种场合多次应用某种物质	+		
多次发生与某种物质应用有关的法律问题	+		
尽管由于该物质带来社交或人际关系问题，仍继续用该物质	+		
有反复使用某种精神活性物质导致心理或躯体损害的证据		+	+
病人对某种特殊物质的使用遭到他人或文化处境的反对			+

注：其中“+”表示诊断系统中含有表左栏所列的条目。

在对物质滥用的总体描述上，DSM-Ⅳ系统强调应用某种物质以致引起临床上明显的痛苦烦恼或功能缺损，CCMD-3 和 ICD-10 则强调导致躯体或心理方面的损害。从具体条目上来看，DSM-Ⅳ的描述更为细化。

3. 物质戒断的诊断标准

物质戒断主要指因停用或减少精神活性物质引起的精神症状、躯体症状或社会功能受损。症状和病程与停用前所使用的物质种类和剂量有关。DSM-Ⅳ和 ICD-10 的诊断标准较为概括，而 CCMD-3 更为详尽地描述了可能出现具体的精神症状，比如幻觉和错觉以及躯体症状。

二、致依赖性物质的分类

1973 年，WHO 根据国际公约中规定的麻醉药品和精神药物种类，并考虑到其他三种未被列入国际管制的精神活性物质——酒、烟草（尼古丁）和挥发性溶剂，将可致依赖性的药物分为八种类型，八种类型药物的作用特点和代表药物如表 9-3 所列。

表 9-3 八种类型药物的作用特点和代表药物

依赖药物类型	心理依赖性	生理依赖性	耐受性	代表药物种类
酒精-巴比妥型	+++	+++	+++	各种酒类、巴比妥类和其他镇静催眠药等中枢神经抑制剂
吗啡型	+++	+++	+++	天然来源及人工合成的麻醉性镇痛药如阿片、吗啡、海洛因、度冷丁、芬太尼、可待因、美沙酮等
大麻型	++	?	+	北美大麻、印度大麻、四氢大麻酚等大麻制品、制剂
苯丙胺型	+++	?	?	包括苯丙胺、右旋苯异丙胺、盐酸去氧麻黄碱、利他林等中枢神经兴奋剂（是冰毒、摇头丸的主要成分）

（续表）

依赖药物类型	心理依赖性	生理依赖性	耐受性	代表药物种类
可卡因型	+++	?	?	古柯叶、可卡因
致幻剂型	+	?	+	LSD、麦与卡林、裸盖菇素、南美仙人掌毒碱、色胺类
挥发剂型	+	?	?	包括氯仿、丙酮、四氯化碳等有机挥发溶剂
烟草型	+	?	?	各种烟草及其制品

注：“+”的多少表示程度的强弱，“?”表示可疑或程度不清。（引自王登峰，1993）

在物质使用过程中，服用后会出现使个体感觉放松或欣快等令其感觉良好的效应，但长期及过量使用将带来不良影响。几种常见药物使用后的典型反应以及过量使用后的反应见表 9-4。

表 9-4 几种常见药物的典型效应及过量反应

依赖药物类型	典型效应和症状	过量服用后果
酒精	紧张缓解，伴随躯体和心理抑郁	方位感迷失，丧失意识，甚至死亡
镇定药物	安眠，机体运动机能不良，紧张缓解	呼吸变浅，瞳孔变大，皮肤湿冷，虚弱，脉搏快，昏迷甚至死亡
安非他明（苯丙胺）	警觉增加，兴奋，欣快，脉搏血压增加，无睡意	激动，出现幻觉，妄想，痉挛，甚至死亡
海洛因	初期阶段欣快，之后淡漠，瞌睡，判断受损	呼吸慢而浅，恶心，皮肤湿冷，呕吐，眩晕，可能死亡
迷幻药（LSD）	幻觉，妄想，时间知觉扭曲，非真实感，心悸	精神病性反应
大麻	欣快，兴奋，胃口增加，可能方位感丧失，口干	疲劳，可能出现精神病性反应

（引自 Sarason & Sarason，2003）

为了能帮助读者更好理解物质相关障碍，本章将重点介绍酒精、大麻、阿片、烟草与尼古丁等一些物质的滥用及依赖的相关情况。

第二节 酒精滥用与依赖

一、概述

人们酿酒饮用的历史源远流长，酒精是最古老、最普通的人造饮料。每克纯酒精产生 7.1 卡热量，它是一种高热但无营养的化合物。人体摄入的酒精有 95%以上经肝脏代谢，乙醇首先被脱氢氧化成乙醛，乙醛再被脱氢氧化成乙酸，最终生成二氧化碳、水和热量。乙醛在体内的毒性是酒精的10倍。二氧化碳和水可以经呼吸排出体外，但每小时肝脏所能够分解的酒精是有一定量的，任何超额的酒精成分都会继续存在血液中，并被血液循环携至大脑。饮酒过度，血液中酒精浓度超过一定含量，就会抑制延髓中枢，可能导致个体因呼吸衰竭而死亡。在北京医科大学第六临床医院的酒精中毒病例中，酒精中毒后出现多种躯体症状，慢性酒精中毒导致肝功能异常占47.87%，肝硬化和脂肪肝共占18.09%，性功能异常占42.55%，脑萎缩占20.21%，脑电图异常和末梢神经炎的发生率为13.83%（李秀珍等，1998）。另外，在妊娠过程中，酗酒可致胎儿畸形，其特征为产前发育迟缓、异常面型、神经系统缺陷、智力低下和多种畸形等（Maier & West，2001）。

酒精对中枢神经系统的作用是抑制性的。它使神经系统从兴奋到高度的抑制，严重地破坏神经系统的正常功能，孙究伶等人（2000）研究发现慢性酒精中毒病人的记忆、智力水平均受到损害。此外林通祥（1999）等人发现，酒滥用与酒精依赖者脑萎缩的程度和临床症状的轻重与饮酒量及饮酒时间呈正相关。

长期饮酒不仅形成依赖性，还会导致精神障碍出现。近年来，饮酒中毒引起的精神障碍住院的病人明显增加。在北京医科大学第六临床医院的酒精中毒病例中，饮酒中毒后出现多种精神症状，平均每例有2.6种，以记忆力下降最为显著，占71.28%，幻觉症占48.94%，人格改变占47.87%，酒后抑郁占32.98%，妄想占15.96%（李秀珍等，1998）。

不仅如此，急性酒精中毒往往不仅对个人而且对社会带来种种不利的影响，如导致发生车祸、事故等。长期的慢性饮酒不仅会产生与急性酒精中毒类似的后果，更严重的是造成人格的病理性变化，使之不能适应社会、工作和家庭所赋予的责任，给社会和家庭都带来很大的危害和负担。

二、酒精中毒及酒精戒断的诊断

【案例9-1】

李师傅是个邻里间有名的酒鬼。他本来是位十分出色的餐厅厨师，但是自从染上嗜酒之癖后，十几年来一两瓶酒已经不能满足他的酒瘾了。早上起床，如果不喝几口酒，上班时手抖得甚至无法揉面，有时还会反胃、呕吐，最严重的一次是全身大冒冷汗，让他觉得似乎生命就要就此结束。他最常说的一句话就是："你不要再管我喝酒了，这辈子我就是喝死也甘心！"。只要大口地喝几口酒，他的症状就好多了。他一直认为这是酒虫作怪，而酒便是治虫的万灵药，所以愈喝愈多也愈频繁，直到有一天因为喝酒做错了饭菜，工作也丢了……[①]

在上面所列举的案例中，李师傅很明显具有酒精依赖和酒精戒断的症状。

---

① 案例来自：http://www.ohayo.com.tw/ohayo/medical/doctor_times/doctor_writings/n_dr_writings_1_xv.asp? DocID=19445&AuthorID=D0010

在DSM-Ⅳ中，酒精问题的诊断是以酒精依赖综合征为基础的。DSM-Ⅳ关于酒精使用障碍的两个基本诊断是酒精依赖和酒精滥用。要诊断为酒精依赖，个体必须至少吻合7条诊断标准中的3条，这7条诊断标准分别是：① 控制能力衰减（对减少或停止饮酒的渴望或者尝试反复出现）；② 实际的使用量比预计的更大或者时间更长；③ 生理的抗药性；④ 生理的戒断反应；⑤ 对其他活动的忽视；⑥ 长期以来有戒掉或控制使用酒精的欲望，或曾有失败的经验；⑦ 使用酒精的时间增加，尽管知道经常发作的生理或心理问题与酒精的使用有关，也仍然继续使用酒精。如果出现了抗药性或者戒断反应，酒精依赖就被诊断为“有生理依赖”；如果个体既没有抗药性也没有戒断反应，则将被诊断为“非生理依赖”。

在DSM-Ⅳ中，酒精滥用的诊断是针对病态的使用，包括：没有完成工作、家庭或学校中应履行的主要社会角色；反复地以一种可能产生潜在伤害的方式饮酒（如酒后驾车）；反复地引起与酒精相关的法律后果；或者尽管知道因为饮酒带来了社会性的或人际关系的问题，但仍然继续饮酒。

与DSM-Ⅳ相比，在CCMD-3中，对酒精问题使用的诊断标准中没有酒精滥用这一项，但是在酒精依赖的诊断包括了DSM-Ⅳ中酒精滥用的表现，强调饮酒影响生活、工作、学习、社交等方面。

DSM-Ⅳ对酒精中毒及酒精戒断的诊断标准（APA，2000）

1. 酒精中毒

A. 最近饮酒。

B. 正在饮酒时或刚饮酒后，出现临床上明显的适应不良行为或心理改变（例如，不合适的性行为或攻击性行为，情感脆弱多变，判断缺损，社交或职业功能缺损）。

C. 正在饮酒时或饮酒后出现下列1项以上：

(1) 言语含糊不清；
(2) 协调不良；
(3) 步态不稳；
(4) 眼球震颤；
(5) 注意或记忆缺损；
(6) 木僵或昏迷。

D. 此症状并非一般躯体情况所致，也不可能归于其他精神障碍。

2. 酒精戒断

A. 曾大量长期饮酒，现停止或少量饮酒。

B. 在A之后几小时或几天出现下列2项以上：

(1) 自主神经系统功能亢进（例如，出汗或心律超过100次/分）；
(2) 手部震颤加重；
(3) 失眠；
(4) 恶心或呕吐；
(5) 视、触或听幻觉、或错觉；
(6) 精神运动性激越；
(7) 焦虑；
(8) 癫痫大发作。

C. 由于B的症状，产生了临床上明显痛苦烦恼或社交、职业和其他方面功能的明显缺损。

D. 此症状并非由于一般躯体情况所致，也不可能归于其他精神障碍。

三、酒精及其他物质滥用和依赖的影响因素

对于酒精及其他物质的滥用和依赖原因，一些研究者强调基因和生物化学方面的因素；另外一些研究者强调心理社会因素，认为问题行为来自于学习到的应对生活压力的适应不良的行为方式；还有一些研究者强调社会文化因素，比如酒商品的普及、社会对饮酒的赞许等。这些因素往往交织在一起，增加饮酒行为问题的可能性。

（一）酒精及其他物质滥用和依赖的生物因素

酒精、可卡因以及鸦片这些物质为什么具有如此之强的吸引力，能够让一些人只是使用几次就难以自拔呢？虽然到目前为止，对于这类问题研究药物滥用及依赖的生理因素领域的专家并没有完全达成一致，但有两点是非常重要的：第一点，就是大多数成瘾性的药物能够刺激脑的某些区域，产生欣快感而成为强有力的强化物。第二点，个体的生理结构或者说体质可能与此相关。

1. 成瘾的神经生理机制

有研究者认为，成瘾的神经生化过程其核心在于药物激活了大脑内的“快乐通路”。多巴胺通路是药物在脑内作用的中心。多巴胺通路参与情绪、记忆以及愉悦感的调控。而酒精通过刺激该区域，使人产生愉悦感。在对连续的物质滥用者的测试中，均发现了伏膈核多巴胺释放。其他影响心理状态的药物也改变了大脑的正常功能，刺激了快乐通路，因此，物质使用行为就得到了强化。而且，随着药物的持续使用，耐受性和依赖就会进一步发展。

2. 生理易感性

尽管学者们认为，物质滥用中的生物因素还很不明确，缺少系统的理论，但近年来许多文献提出了遗传因素影响酒精使用和酒精依赖的证据。对双生子和寄养子的研究表明，酒精使用和滥用至少有一定的遗传性。种族和个体对物质依赖现象的差异、家系调查、双生子研究、寄养子研究、部分系列化研究及现代分子遗传学研究等都支持遗传因素在物质依赖中起到一定的作用（赵敏等，1998）。有研究者发现，第 11 对染色体的某个特殊的基因与酗酒者有某种关系。在他们调查的所有酗酒者中，有 2/3 的人携带这种基因，而其他的正常人群中只有大约 1/5 的人有这种基因。进一步的研究还发现，其他的物质滥用与成瘾和这种基因也是有关的（Barlow & Durand，1995）。另外，在一些死亡的酒精中毒者的脑细胞中发现了一种遗传基因，但还有 20%的酒精中毒者脑内未发现这种特殊的遗传基因。因此，研究者认为，酒精中毒症并非单一遗传基因的作用的结果，可能是与其他的遗传基因和环境因素共同作用的结果。

另外一个来自动物行为的研究也支持基因的作用。虽然对于大多数老鼠而言，酒不是它们所喜好的，但 Ting Kai Li 与他的合作者饲养和繁殖的老鼠——P 老鼠喜好酒精。它们甚至为了喝酒而甘愿完成一定的任务，而且它们也能够喝得酩酊大醉。更重要的是，这种饮酒的行为能够传给下一代（见 Alloy，Acocella，& Bootzin，1996）。

其他的研究发现，酗酒者之子的脑电波与非酗酒者之子有所不同。Polich 等人在 1994 年的一项认知实验中，要求被试侦查主试给予的某种信号并做出反应，同时记录他们的脑电。结果发现，酗酒者之子 P300 中的峰波明显低于正常组被试（Barlow & Durand，1995）。

（二）酒精及其他物质滥用及依赖的社会心理因素

酗酒者不仅在生理上形成了对酒精的依赖，还发展出了心理上的依赖性。到目前为止，研究者认为造成酒精滥用及依赖的社会心理因素有如下几个方面。

1. 父母教养及亲密关系

父母的生活方式、性格特点、物质使用情况和对物质使用的态度及忍耐程度，家庭关系的好坏，兄弟姐妹中的物质使用情况以及不良家庭教养方式等都会与子女的物质使用有关（蔡志基，1999）。研究发现，如果一个家庭中父母吸烟，其子女吸烟的可能性是非烟民子女的 4 倍。对物质滥用进行的大规模流行病学研究也发现，在怀孕期间吸烟的母亲所生的女孩，其吸烟可能性比在怀孕期间不吸烟的母亲生的女孩大 3 倍（Davison & Neale，1998）。与此类似，饮酒者的家庭子女饮酒的可能性很大（Davison & Neale，1998）。精神病的家庭，有法律问题、婚姻问题的家庭与物质滥用是相关的。虽然以上情况也可能存在遗传上的因素，但有一点是肯定的，就是由于父母自身的问题会带来对子女监护的缺乏。Chassin 于 1996 年的一项纵向研究发现，缺乏父母良好监护的孩子很容易与那些物质滥用的同龄人为伍，随后成为物质的滥用者（见 Barlow & Durand，1995）。

有较少亲密关系或者支持的成年个体，在心情低落或者是其他负性情绪时，更可能采取饮酒的方式（Hussong，et al，2001）。事实上，往往在婚姻或者是亲密关系出现问题的时候，个体感到受到伤害、自卑的时候，可能会过量饮酒。

过量饮酒还是离婚的重要原因（Perreira & Sloan，2001），而且过量饮酒背后还隐藏了两个重要的因素——经济问题和性功能问题。亲密关系的破坏将进一步加剧酗酒者的焦虑，降低他们的生活质量。

2. 心理易感性

心理学家发现，许多人格特征都与物质使用和滥用行为高度相关。一些心理学家认为，存在一种“酗酒者人格”或“吸毒者人格”，这些人的性格特点包括无主见、缺乏自尊、孤僻不自信、无自我调节或自我控制力、反传统、焦虑、情感紊乱、好奇心、冒险性、好冲动、过度敏感、脆弱、对环境顺应不良、缺乏社会责任感等。有研究发现，外控倾向者比内控倾向者更多地使用酒精（韩聪等，1996）。

Shadler 等人的 10 年追踪研究发现，从某些学前儿童的一些人格特点能够预测他以后的物质依赖行为。这些孩子表现得孤僻，缺乏对别人的信任感，也难以被别人所信任，不能够承认自己的负性情绪，自我效能感很低（Davison & Neale，1998）。

尽管许多基于人格特点的病因模型已成功地预测了随后的物质使用行为，但是人格特点与物质使用的因果关系和作用机制还并不十分明确，因为物质滥用也可能使一个人的人格特点发生改变。

3. 压力与紧张的缓解以及强化

使用物质本身对人体还有强化作用。在动物身上，经受过电流打击和孤独折磨后，实验组的老鼠和灵长类迅速变得乐于接受酒精。这种对酒精的习得行为被认为是用于缓解内心冲突、紧张和压抑的结果。神经心理学的研究者已经发现，酒精的作用之一是促使中枢神经系统释放多巴胺、NE及内啡肽——一种体内的“天然鸦片”（Alloy, Acocella, & Bootzin, 1996），从而造成主观的欣快感。

对于物质所具有的缓解紧张的作用，研究主要针对的是紧张缓解的机制。酒精之所以能够缓解紧张，就在于酒精能够对认知过程产生影响，并能够缩小注意的范围，这一点也被称为“酒精近视”（alcohol myopia）。酒醉的人难以区分正在进行的活动与忧愁，因此，只要有外界的刺激，就能够将他吸引过去，从而忘掉烦恼。而另一方面，如果缺乏外界的刺激，那么喝醉的人就会更加的将注意集中于其内心的忧愁，从而会更进一步地陷入抑郁之中。

4. 对酒精及其他物质的认知和态度

除了物质对人产生的强化作用之外，另一个影响物质滥用者滥用物质的心理因素是他们对物质的认知和态度。在一项追踪调查研究中发现，过分看重当前的享乐和获取，“今朝有酒今朝醉”的人生哲学，忽视未来，或胸无大志的青少年，更可能使用和滥用物质（陈科文，2000）。

研究表明，对物质使用后果的认知和态度将直接影响人们的用药行为。对物质使用的不良后果了解较少的青少年会对物质持相对肯定的态度；而那些认为物质使用是正常现象和成就期望较低的青少年更易于使用物质。例如，Smith等人在1990年进行的一项追踪调查发现，那些认为酒精能够改善他们的社会行为，或者是能够提高认知能力和体力的人，一年之后，更有可能在饮酒方面出现问题（见 Davison & Neale, 1998）。研究者认为，这是由于喝酒的人认为喝酒能够产生缓解紧张及改善社会行为的作用，也就是说是他们对此抱有期望。期望理论认为，物质使用或滥用者知道物质使用的某些危害，当使用者希望获得比可能的不良后果更多的积极效应时，便产生了滥用行为。比如说，当使用者认为物质能减轻压力和紧张（害怕、冲突或挫折），对某种物质的使用便产生了奖赏效应（Davison & Neale, 1998）。

（三）社会文化因素

一个人所在的小环境，也会对其行为造成影响。不良同伴对青少年物质使用的影响是物质滥用研究中最易于重复验证的研究发现。同伴影响包括同伴中使用物质者的比例、同伴对物质使用的态度都会影响到此人的物质使用情况。1990年的一项研究发现，学校中往往有一些由问题少年、成绩落后的学生组成的小群体，其烟草的使用率非常高。在这样的群体中，既可能由于有物质使用的榜样，也可能是由于小群体的压力造成了该群体对物质的使用问题(Davison & Neale,1998)。

文化和种族传统也会对物质使用产生一定的影响。如某些社会文化中饮酒作为一种社交场合和欢迎朋友、贵宾的必不可少的礼仪。某些民族,男人必须会喝酒,而且喝酒就要海量,一醉方休。许多青年人在青少年,甚至儿时就开始"练习"喝酒。在我国也有类似的习俗,朋友见面先递上一支烟,而无论对方是否会吸、愿不愿吸;一起吃饭必要敬酒,甚至劝酒。在法国、西班牙、意大利等国家,酒的人均消费量比其他国家要高,这与这些国家普遍饮酒的风俗是分不开的。

在同一个国家内,不同的社会群体对物质的使用也是有差异的。海员、铁路工人以及与酒有关的从业人员,如饭店主、侍者、酒的销售商,他们的饮酒量是相当高的。饮酒在这些行业中被认为是合乎规范的,甚至成为他们工作的一部分。

如果在一个社会中能够很方便地获得这些物质,比如烟酒,这就为物质使用者提供了使用物质的最起码条件。Noll 等人 1990 年调查美国一些 3～6 岁的小孩,要求他们通过嗅觉辨认苹果汁、咖啡、香料、啤酒、威士忌、烟草等九种物品。结果发现,年龄大一些的孩子一半以上能够将烟草、酒类物质区分开;年龄较小的孩子有 20%也能够将它们区分开。这项调查至少说明了这些小孩很早就接触了烟酒这类物质(Barlow & Durand,1995)。

除此之外,社会生活节奏也会影响到某些物质滥用的产生。现代社会,生活节奏紧张,压力比较大,容易产生许多形式的应激反应,也就容易诱发人们滥用物质,以寻求暂时的放松、解脱和快感。

总的来说,从客观上分析,社会文化和习俗在物质滥用的形成、发展以及防治中所起到的作用是不可忽视的。

综上所述,可以说从物质的使用开始到物质的滥用,以致物质依赖,影响因素是复杂而多方面的。图 9-1 是对各种因素作用的一种整合图示。与物质的接触、媒体的影响、父母的物质使用情况、同伴的物质使用情况、缺乏父母的监护和社会文化等因素均可影响对个体对物质的使用,心理的强化、期望,心理应激源的作用,个体自身的生理因素、人格因素均会导致物质滥用,并使之进一步发展成为物质依赖。

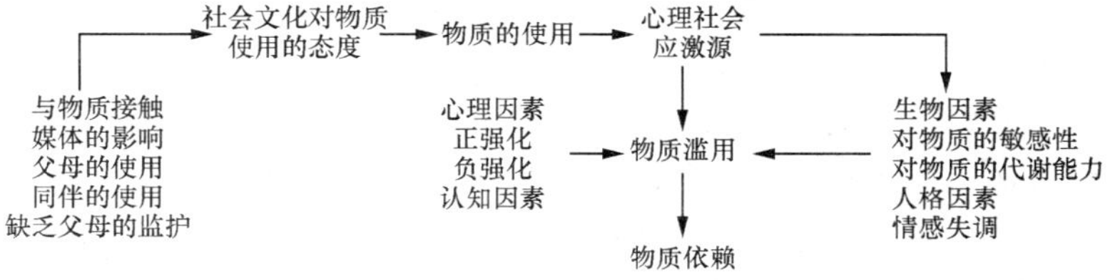

图 9-1 物质成瘾的各种影响因素图示

(引自 Barlow & Durand,1995)

四、酒精滥用及依赖的治疗

酒精滥用及依赖的治疗是非常困难的。很多酗酒者拒绝承认他们存在这方面的问题,或者有些人在治疗没有结束前就脱离了。不过,Miller、Walters 和 Bennett(2001)从对酒精滥用及依赖的治疗研究进行的综合总结中发现,大约三分之二的研究表明,治疗是有显著成效的。

通常来讲,问题酒精使用行为的成因复杂,因此,综合的治疗方法相对更有效一些。治疗目标通常包括:解毒,躯体健康恢复,酒精滥用行为的控制,个体逐步建立正常生活的信心。传统的治疗方法通常将目标定位于完全禁绝酒精的使用。不过,一些新的治疗方法将目标定位在提高问题酒精使用者对饮酒行为的控制能力上,该方法的基础是降低危害模型。值得注意的是,不论采用什么样的方法,酒精滥用问题行为的复发率是非常高的,因此,在治疗和康复阶段,复发问题都是不容忽视的问题。

(一) 生物治疗

生物治疗的目标包括减少饮酒渴望、缓解解毒过程的痛苦、治疗其他并存的躯体问题以及饮酒行为存在的下述精神问题(Romach & Sellers,1998)。

1. 用于减少饮酒渴望的药物

戒酒硫是一种乙醛脱氢酶抑制剂,酒增敏药物,能减少戒酒者对酒的渴望,其机理在于能抑制促进酒精代谢的乙醛脱氢酶。病人用药后,由于对酒精的代谢能力降低,少量饮酒就可产生恶心、呕吐、脸红、心悸、焦虑等不适的表现,从而使病人对饮酒厌恶。然而,单独使用戒酒硫并不能够产生令人满意的效果。一方面因为戒酒硫需要个体服用,在住院治疗期间这一点有保证,在结束治疗后,个体可能未必会有规律性地服药,从而容易复发。另外,与其他更有效的治疗方法相比,药物戒酒的花费相对也更高一些。另一种药物是阿片受体拮抗剂、环丙甲羟二羟吗啡酮(naltrexone),以抑制内啡呔的作用,减少戒酒者对酒的渴望。临床研究还证实,纳屈酮治疗酒精依赖具有安全、口服有效、作用时间长、副作用少等特点(Monterosso, Flannery, et al, 2001)。

2. 用于减少急性戒断反应的药物

对于急性醉酒的处理,主要集中在解毒(以减少体内的酒精含量)、治疗戒断反应、药物调养和恢复。需要治疗的戒断反应包括失眠、头痛、肠胃不适和震颤等,还需要防止心律不齐、心脏病发作、谵妄以及死亡。对此的处理最好在医疗机构展开。

为了缓解戒酒者的不适感,一般使用镇静剂(安定)。但是,镇静剂往往难以产生长期的效果,而且,还有可能让个体对它上瘾。目前,一些治疗机构开始探索新的治疗方式,比如逐渐减少个体酒精的摄入量,而不是马上就停止使用;另外,采用少量的更加温和的镇静剂,而且,要让患者逐渐不使用镇静剂。

(二) 心理学治疗方法

在解毒之后,最好是采用心理学的治疗方法以及借助社区的力量帮助和支持患者,其形式有小组治疗、环境干预、认知行为治疗、家庭治疗，等等。

1. 小组治疗

小组治疗对于很多临床问题都是很有效的，尤其是对物质滥用障碍(Velasquez, Maurer, et al, 2001)。酒精滥用者往往不承认自己的问题，而在小组治疗中，他们不得不面对这些问题，因为其他成员与他的问题类似，而且也有相似的体验。小组治疗可以帮助这些患者看到应对他们生活中问题的其他选择，在此过程中，他们也能学习到处理他们饮酒问题的有效方法。

另外，还有一种自助式的小组治疗，比如在国外非常著名的嗜酒者匿名互戒会(alcoholics anonymous, AA)。AA是最常见的自助小组。在全美国50个州乃至全世界150多个国家，都存在AA组织。戒酒自助团体的成员主要是过去或是现在的嗜酒者，其活动是举办一些定期或者不定期的交流会，一般是由资格较老的会员向新成员介绍他们的戒酒经验、过去和现在的生活等各方面。对AA会员的唯一要求是其有戒酒的愿望，并不需要缴纳会费。AA成员通常要参加不同的会议；与AA的一个帮助他们康复的负责人建立关系；参加其他与AA相关的活动，内容从会前准备咖啡到为他人"现身说法"。他们为活动投入得越多，越可能获得成功的改变(Emrick, Tonigan, Montgomery, & Little, 1993)。对于那些酒精依赖者来说，自助团体能够提供给他们情感上的支持、理解和帮助，甚至能够成为他们社会生活的一部分，有助于缓解他们的孤独感。基于酗酒是一种生理的、情绪的以及精神的疾病这样一种看法，AA认为这种疾病不能痊愈，但是可以被抑制，因此，它为酗酒者提供了一种特别的康复方法。康复被看做是一个毕生的过程，包括执行AA的十二步骤以及禁酒(McCrady & Irvine, 1989)。比如说，告诫成员不要去碰酒，因为他们自身是抵挡不了酒的诱惑的；要尽可能去补偿以前对不起别人的地方，等等。这种自助团体的方式也可以用于对于其他的物质成瘾的治疗，比如说可卡因、大麻成瘾的治疗。

2. 环境干预

不管参与治疗与否，酒精滥用者之所以能够戒断酒精，是受到生活中的许多的事件的影响，也需要得到有力的社会支持。不管是哪些因素，或是单独或是共同在起作用，其中很关键的是来自于家人、朋友、社会团体对于戒酒行为的支持。如果个体只是简单地学会一些技能，而充满敌意的周围环境没有得到改善的话，要想获得长久的疗效是很困难的。另外，一些嗜酒者可能处于失业之中，他们经济困难，这些都是需要协助解决的问题。对于那些住院治疗的患者，首先在类似社区的康复治疗中心中练习回归社会，将是非常有好处的。

3. 认知行为疗法

认知行为疗法包括厌恶疗法和自我控制训练。所谓厌恶疗法，就是在嗜酒者看酒、取酒，或者开始喝酒时，给予电击，或者使用令其产生恶心的某种方法(例如使用催吐剂)。当这种情况多次出现后，可使嗜酒者形成对酒精厌恶的条件反射。这种方法的缺点是会给人带来痛苦，在专业人员中也存在争议，使用时应谨慎。

自我控制训练包括以下几方面：① 控制饮酒的相关刺激，比如说，减少参加需要饮酒的活动；② 调节饮酒行为，例如饮用混合饮料、小口饮酒等；③ 强化戒酒行为，例如在抵制了饮酒的渴望后，给予自己奖励。这种方法并不要求戒酒者完全戒断酒精，而是要求其采用温和适中的饮酒行为。在这种控制饮酒行为的训练程序里，戒酒者还将接受自信心、放松和应激管理的训练，以帮助他们抵制饮酒的冲动。这种方法最基本的假定是人本身具有强大的自我控制能力，能够意识到过度饮酒的伤害，强调个人的责任心和自制力。总的来说，这种方法较易为戒酒者所接受。

4. 夫妻治疗

大量研究表明，在酗酒问题的治疗当中，如果配偶或伴侣也加入进来的话，会增加获得积极治疗结果的可能性(Epstein & McCrady,1998)。夫妻治疗需应明确双方在性别、夫妻角色等方面的心理差异，通过相互交流提供对治疗方案的看法，建立行为处置协议，在改变酒精依赖问题上获得持久的家庭支持，这在防止复发和巩固康复行为等方面是有效的。

尽管有实验性的证据，但传统的酒精问题咨询师还是更倾向于选择个体治疗或小组治疗，而不是夫妻治疗，因为他们强调个人的改变要发生在关系的改变之前。现在有一些治疗的模型整合了个体治疗和关系治疗(McCrady & Epstein,1995)。如果来访者与配偶关系稳定、其配偶愿意参加治疗并且能在治疗的初期采取一种支持的态度，那么他们非常适合参加夫妻治疗。而那些存在严重家庭暴力的夫妇，或者其中一方对于是否继续关系感到非常矛盾的，则不适合进行夫妻治疗。

(三) 预防

另外一个值得重视的问题是酒精滥用和依赖性的防治问题。正如所有的物质滥用或是依赖的戒毒治疗一样，预防是最好的办法。通俗一点说，最好的方法就是在最初不要去使用任何成瘾物质。对于酒精的滥用和依赖的防治来说，它不仅是一个医疗的问题，而且是一个社会的问题。对于它的防治，必须采用综合性的防治措施。除了采用有效的医学和心理学的方法之外，有必要采取适当的法制手段和教育宣传的方法。要制定必要的法规，限制酒精的滥用，同时，要宣传酒的危害性，提高人们对此方面问题的认识，从人的主观改变方面降低酒精的饮用量。

第三节 阿片类物质滥用与依赖

一、概述

阿片(opium)，俗称大烟、鸦片，其成分中含两类主要生物碱——苄基异喹啉类化合物和非类化合物。前者主要为罂粟碱，后者包括吗啡、可待因和蒂巴因，共计约占不纯阿片含量的10%。阿片的药理作用大部分是由其主要成分吗啡所致。阿片出现在人类历史中为时久远,古代幼发拉底河下游地区的居民苏美尔人已熟知阿片的心理效应。阿片在中世纪传入欧洲,开始主要用于镇痛。1700 年,英国的医生 Terry 还评述了阿片的毒性和成瘾性。

二、体验与毒理作用

邹世清、张力华(2004)归纳了阿片依赖的快感体验,大致可以将其分为以下 3 个连续过程。

(1) 强烈快感期。在使用毒品以后立刻出现强烈快感,由下腹部向全身扩散,同时伴有皮肤发红和搔痒,而且抓挠起来十分舒服。此期大约持续 1 分钟左右。

(2) 松弛状态期。似睡非睡的松弛状态,患者的紧张、焦虑、烦恼、恐惧等负性情绪全部消失,而觉得温暖、宁静、舒适,并伴有愉快的幻想和幻觉。此期持续时间为 0.5～2 小时。

(3) 精神振作期。此期吸毒者自我感觉良好,精神饱满,工作似乎有效率。此期可维持 2～4 小时。

但是,随着吸毒时间的增加,耐受性逐渐提高,吸毒者的快感也越来越小,此时就需要加大吸食的数量,之后又会由吸食改为注射,而戒断症状却变得越来越严重。

【案例 9-2】

廖某,男性,24 岁,香港职工,1988 年因戒除吸毒要求入院。患者个性外向,热情,暴躁,朋友多,于 1982 年(18 岁时)因为好奇驱使,受人引诱而开始吸服海洛因。最初大约用保济丸瓶盖的一半,放在香烟内通过点燃香烟吸入,出现"飘飘然"的感觉。同时头晕作呕,食欲减退,口干,便秘,自认为不至于成瘾,开始时每日只吸一次(大多在夜间),一周只吸 3～4 天,不吸时无明显不适。两三个月后曾停用几天,便出现头痛、骨痛,全身发热感,软弱无力,打哈欠,心烦不安,不思饮食,全身不适,自认为是感冒。但重吸海洛因后症状消失,这时才知已上瘾。此后为了减少痛苦而必须再吸,次数逐渐增加至每日 3～4 次,量逐渐加至每次半瓶(保济丸瓶)。至 1985 年,已觉香烟内混吸不过瘾,改将海洛因放在锡箔纸上,纸下慢慢加热使海洛因蒸发冒烟,然后经火柴盒的壳口直接将烟吸入。至 1986 年初,直接吸入不能满足其需要了,改将海洛因放在水中加热溶化,然后静脉注入。每次需连续注射 2 支,每支含半瓶保济丸瓶量,一日三次,花港币 390 元左右。患者自觉吸入或注入后心情舒畅,毫无忧虑,话多,精力充沛,浑身热乎乎的,有时出现一些刻板的持续动作,如抹桌子要抹一个钟头。如不按时吸入足够药量,则出现头痛、呕吐、腹泻、流泪、流鼻水、打哈欠、全身不适(需敲打全身才觉舒服)、畏寒发热,坐立不安,全身无力,失眠,无故发脾气等。为避免生理上及心理上的痛苦,千方百计寻找海洛因,每月 3000～4000 元港币的工资收入全部花费于此。自己无钱便向人借,向家人要,不给则发脾气,吵闹,摔东西。为了得到海洛因全不顾及家庭、前途和命运。1986年5月，在家人和女友说服下，到深圳某院住院戒毒。经住院治疗后戒断症状消失出院，后经不起他人诱惑，再次复吸，1987年1月再次入医院治疗。此次出院后在家人及女友的严加监督下未再吸服。

（引自杨德森，1989）

从上述案例可以看出，滥用海洛因或阿片对人的危害性——首先在于它严重损害人的身心健康，影响人的精神活动。有研究发现，海洛因依赖者确有记忆损害，主要是影响记忆的再现过程（张建球等，1998）。对药物一旦产生依赖性后，突然的停药会产生戒断反应。滥用人群无节制地使用大量成瘾药物，常常造成急性中毒，甚至死亡。这些人受到毒品的侵害，身体的抵抗能力很差，易于发生各种疾病。在许多地方，滥用者使用注射器用药，但不具备基本的消毒技术和条件，同时由于群体注射，共用针具，很容易引发一些传染性的并发症，如局部感染、败血症、肝炎、性病、艾滋病等。国内一项对76例女性静脉药物滥用者的调查发现，88.2%的滥用者与他人共用注射器，她们无皮肤消毒的基本常识，全部有性滥史，89.5%的人未使用避孕套或采取其他保护措施，34.2%的人患有或患过性病，对艾滋病一无所知（程艺萍等，1998）。滥用者一旦成瘾后，生活的唯一目标就是想方设法获取毒品，而对其他问题漠不关心，带给家庭及社会诸多问题。

DSM-Ⅳ对阿片类中毒和阿片类戒断的诊断标准（APA，2000）

1. 阿片类中毒

A. 最近应用一种阿片类制剂。

B. 正在应用阿片或刚应用之后，出现临床上明显的适应不良行为或心理改变（例如，先是欣快随即淡漠，心境恶劣，精神运动性激越或迟缓，判断缺损，或社交或职业功能缺损）。

C. 正在应用阿片或刚应用之后，产生瞳孔收缩（或因严重超量而缺氧以致瞳孔扩大）及下列之一：

(1) 嗜睡或昏迷；

(2) 言语含混不清；

(3) 注意或记忆缺损。

D. 此症状并非由于一般躯体情况所致，也不可能归于其他精神障碍。

2. 阿片类戒断

A. 下列二者之一：

(1) 曾大量长期（数周以上）使用阿片类，而现停用（或减量）；

(2) 在应用阿片类一段时期后，服用某种阿片类拮抗剂。

B. 在A之后几分钟至数天内出现以下反应3项以上：

(1) 心境恶劣；　(2) 恶心或呕吐；

(3) 肌肉酸痛；　(4) 流泪流鼻涕；

(5) 瞳孔扩大,汗毛竖起,或出汗；　(6) 腹泻；
(7) 呻吟；　(8) 发热；
(9) 失眠。
C. 由于 B 的症状,产生了临床上明显痛苦烦恼,或社交、职业或其他重要方面的功能缺损。
D. 此症状并非由于一般躯体情况所致,也不可能归于其他精神障碍。

三、阿片类物质滥用的成因

正如酒精依赖及滥用一样,很难说是某个单一的因素导致了个体最后会对阿片类药物成瘾,更可能是由生理和心理、社会因素共同作用造成了滥用和依赖的。

1. 生物学原因

目前研究已经证实,脑内有阿片类药物受体(Pert & Snyder,1973)。药物与这些受体的相互作用,就可能使得药物使用个体上瘾。人体内本身会产生类似阿片的物质,叫作内啡肽。研究表明,内啡肽是人体面临疼痛时会释放的物质(Bolles & Fanselow,1982)。外源性阿片类化合物作用于阿片受体及其阿片肽系统,像内源性阿片肽一样调节并保持着体内各系统之间的功能平衡,所不同的是由于大量外源性阿片类物质进入体内,抑制了体内正常内源性阿片肽的形成与释放。外源性阿片类物质,可致阿片受体亲和力降低。并且阿片受体对外源性阿片类物质能很快产生耐受性,尤其对海洛因的耐受性产生更快,这就迫使依赖者必须采用更多的毒品才能保持体内平衡。如果骤然中断毒品,体内外阿片物质顿时俱缺,阿片受体便无法通过其阿片肽系统继续保持体内平衡,从中枢到外周各系统的正常运行秩序就会被打乱,以致出现痛苦的戒断反应。

因此使用阿片类物质的个体一旦终止用药,身体就会产生戒断反应,这会导致其身心遭受痛苦和折磨,需要再度用药来终止这种反应。但这样做实际上又起到了负强化的作用,使个体进一步陷入对物质的依赖而难以摆脱。

2. 社会心理原因

缓解紧张,是物质滥用的另一个原因。有研究者认为,物质依赖还在于物质的使用能够给人带来美好的感觉,如松弛、平静、和谐感。一些海洛因的瘾君子在报告中提到,吸食海洛因会带给他们“仙境”般的感觉。

1975 年,Robins 的调查表明海洛因具有缓解压力的作用。他们调查了在越战中的士兵,发现有很多士兵使用海洛因。但有趣的是,这些人回国后,只有 12%的人继续保持毒瘾,而其余的人则不再使用海洛因。研究者认为,这是由于在越南战争中,士兵们随时面临着死亡的威胁,为了缓解压力和紧张,从而使用海洛因。而一旦回国,威胁不再存在,所以绝大部分人就不再需要使用海洛因了(Barlow & Durand,1995)。

有研究总结了初次使用海洛因最多的三种原因:乐趣、好奇和同伴压力,其中,乐趣居于第一位,有 81%的瘾君子列出了这一条。而过度使用者的成瘾原因一部分可能来自于基因遗传，比如遗传某些人格特质(Bouchard & Loehlin，2001)。至于其他的方面的因素，例如逃避社会压力、个人失调以及社会文化环境也会有一定的影响作用。

有研究者认为海洛因依赖者是被动依赖型人格，他们躲避现实、缺乏进取心、人际关系不良、怨天尤人、退缩、压抑，以使用海洛因来应付心理压力，解决内心的冲突(金枝等，2000)。另外，陈咏梅(1999)等人的研究发现，与普通人相比，吸毒者的家庭环境及父母教养方式存在许多缺憾，吸毒者父母关系紧张，吸毒者与父母关系紧张，父母往往采用不良教养方式，表现为对子女关注过多，但又缺乏理解(蔡志基，1999)。

四、阿片类依赖的治疗

阿片类药物依赖不仅是医学问题，而且也是社会问题，它不仅与生物学因素相关，还与许多心理社会因素相关。因此，与酒精依赖及滥用的治疗方法类似，在处理阿片类药物依赖问题方面，不仅要解决药物依赖者的躯体戒断症状及合并症，而且要注意进行心理干预，以达到更好的疗效。治疗阿片类成瘾的过程可分为终止滥用毒品并消除戒断反应的去毒治疗阶段、康复阶段和社会职业技能培训阶段。

在去毒治疗阶段，目前常用的药物大体上可划分为三类：① 作用于阿片受体具有特异性特点的替代递减疗法，如美沙酮；② 作用于阿片受体激动部分拮抗的药物，如丁丙诺啡；③ 主要作用于去甲肾上腺受体的非阿片类药物，如可乐定或洛非西定；④ 其他对症治疗戒断症状的中、西药物。

目前国际上最常用的方法是美沙酮替代递减或维持疗法。因阿片类物质的戒断并不容易，此方法的主要目标是减少阿片类物质对于个体的伤害。美沙酮是合成的阿片类镇痛药，口服后能在24～32小时中有效控制戒断症状，且其对人体造成的伤害相对较小。美沙酮疗效可靠，病人容易接受，但其本身的依赖及戒断后严重的失眠、焦虑等反应，使病人容易转向对它形成新的依赖，故推动了其类似物(如L2乙酰美沙醇等药物)的上市。

与药物治疗相配合，通常需要采用心理疗法，以矫正个体的依赖行为，防止复吸。目前心理干预中主要采用行为治疗、认知行为治疗、家庭治疗等方法。

行为治疗是根据心理学中行为学派的理论和观点为基础，旨在减轻和改善患者的症状或不良行为的一种心理治疗方法，包括对期望行为的奖赏(如维持不使用阿片)及对非期望行为的惩罚。

认知行为治疗最初由Beck等人于20世纪70年代中期提出，主要用于对抑郁症和焦虑症的治疗，治疗的基础是通过识别和矫正不良的思维方式，以减轻和改善患者的负性情感体验和行为。将其应用于对药物滥用者的治疗时，主要原则有对认知作用的解释、说明治疗的基本原理、确定每个戒断阶段的目标等。在矫正患者认知的同时，也结合行为矫正的方法进行工作。

家庭治疗的目的是建立持久性、治疗性关系，进行定期的随访接触，包括鼓励家庭支持戒毒、了解患者目前对毒品使用的态度、治疗的依从性及其改善情况、社会和工作适应、与其他毒品使用者的接触情况、戒毒程度、婚姻关系的维持以及长期结果。家庭治疗中需要注意的是：经常与患者及家属见面并保持电话联系，明确家属在监察患者依从性和服药方面的作用，制订治疗协议，对未成年的患者需由家属决定是否接受药物治疗、住院、承担医药费、家庭生活照顾等实际生活中的问题，明确父母双方分担的责任，尤其是父母分居或离婚者。

集体治疗是戒毒治疗中的常用方法。通常以互助自助为主旨，通过严密的组织结构形式、严格的生活制度，辅以心理矫正程序，对于毒品依赖者进行分阶段的治疗，直到他们重返社会。通过集体治疗应使患者认识到毒品对其生活的危害，正确认识自己和学会理解他人的感情和反应。集体治疗还为患者提供了与有相同问题的人进行交往的机会，学会较恰当的沟通与感情交流。

第四节　大麻类物质滥用与依赖

一、概述

大麻(marijuana)来自于一种植物，俗称“火麻”(cannabis sativa)，是一年生植物，分雌雄株。它原产于印度，后引种至各国。大麻的成分复杂，里面的酚性成分对中枢神经有明显的作用。其中，Δ-9-四氢大麻酚，简称 THC，是大麻致人上瘾的主要成分。另外，还有大麻二酚(CBD)和大麻酚(CBN)。

大麻的使用，最早是与宗教活动有关，其次才是治疗，沦为毒品滥用成瘾则是后来的事。麻烟的应用始于印度，至少有 500 年的历史。19 世纪的医生为了大麻的医药功能而大量种植。1937 年，美国国会通过了禁用大麻法令后，美国食品和药品管理局(FDA)宣布大麻在医疗上无用而撤出医药市场。在随后的 25 年中，大麻主要是在城市的黑人居住区中被滥用，其余的美国公众多不用。自 20 世纪 60 年代以来，大麻类药物滥用者逐年增多，其中尤以美国等西方国家为甚。在 60 年代越南战争期间，成千上万的美国大学生、士兵、“嬉皮士”以及反战积极分子开始抽吸大麻和蓄留长发，以此作为他们抗议政府的不人道行径和家长们崇尚物质享受的价值观的表现。70 年代，大麻的滥用扩展到欧洲、大洋洲，以至非洲的国家。近年来亚洲一些国家，例如菲律宾、越南、韩国、新加坡等国亦广泛流行抽吸大麻。

二、体验与毒理作用

吸入大麻烟卷的烟气几分钟后，人就会产生安适、舒服、宁静的类似酒醉的感受；会感到迷迷糊糊、昏昏沉沉，有在梦中的感觉；对自己和别人较为友好，喜欢和别人待在一起；对环境的知觉增强，视觉和听觉感到更敏锐；感到自己拥有了特别灵敏的顿悟能力。

吸食者处于宁静的情绪中，对于颜色感觉生动、丰富而深刻，感到周围事物绚丽多彩，五光十色；对音乐的鉴赏能力增强，对其他声音也很敏感。触觉、味觉与嗅觉均可被强化。最突出的是对时间感受的变化，即感到时间过得缓慢，几分钟如同几小时。更大剂量的大麻会使人出现懒洋洋的动作，短期记忆混乱，情绪起伏变化，还可能伴有眩晕、恶心和呕吐。高剂量大麻会使人的视觉和听觉发生畸变，感到自己与躯体脱离，感到一切虚幻不实。

大麻是一种独特的精神活性物质，其化学结构及药理作用难以归到现有的其他精神药物中。大量研究已经证实，大麻可损害个体的记忆、感知、判断及运动协调功能。长期的大麻摄入可引起脑的退行性病变；可诱发精神错乱，偏执狂和妄想型精神分裂症等中毒性精神病。

大麻的生理效应主要表现对心血管系统、呼吸系统、免疫反应的影响。对于原本就有心血管疾病的人，抽吸大麻会诱发或加重疾病。长期抽吸大麻可损害支气管道的上皮细胞和肺部的免疫细胞，影响呼吸功能。

【案例 9-3】

患者男性，60 岁，初中文化，退休。多年来染上了吸大麻烟恶习，并成瘾，已持续 20 年。记忆减退，工作中差错多，有时说话颠三倒四。曾被开除公职，后经收容治疗了 2 年。

患者自述其吸麻烟的方式是将玉米粒大小的一块烟膏，碾碎卷入莫合烟内点燃抽吸。开始，每次连续吸 3～4 口，脑袋便有感觉，顿觉欣快，全身舒畅。逐渐麻烟量增加，每次要大口连续吸 7～8 次方可满足，此时的感觉是心情舒畅，宁静，无忧无虑，食欲增加，睡眠良好，白日梦连绵不断，自我销魂。吸麻烟 3 年后，脑子开始反应迟钝，记忆力差，无精打采，常完不成工作任务，也不考虑儿女家庭，个人前途。患者嗜麻烟如命，如不吸则食欲不振，饭量锐减，入睡困难，脾气暴躁，烦恼焦急，坐卧不宁，想往外跑，控制不住自己，甚至寻衅闹事打人。曾有几次因吸食过量而头昏脑涨，恶心呕吐，昏沉睡了 2 天。吸麻烟 5 年后，躯体状况更差，消瘦干瘪，手足震颤，双腿无力，走路不稳。强制收容后，烟瘾减退，但感到脑子已经坏了，不能看报，记忆力差。

（引自杨德森，1989）

从上述案例可以看出大麻对于服用者的不良影响。长期的大麻吸食者可部分或全部丧失社会职业功能，沉湎于大麻的吸食或设法获得此类物质的行为中而不能自拔。长期吸食大麻者表现为冷漠、呆滞、做事乏味、懒散、情感枯燥、易怒、睡眠周期改变等。大麻吸食者往往对个人仪表、卫生、饮食均失去兴趣，人格发生变化，可产生“去人格化”，事业上的进取心减退，或根本失去工作、生活和学习能力。这种人常常会出现危害社会的犯罪和攻击行为。

三、大麻滥用的预防及相关精神障碍的治疗

对于大麻滥用引起的短时期的精神障碍，如中毒性精神障碍，若能够自行逐渐消退，就不需要进行住院治疗，可以就其症状对症下药。但是，与其他的药物依赖者类似，大麻依赖者可能存在某种人格障碍，这是阻碍治疗的一个非常重要的因素，需要专门的处理。

滥用大麻在西方社会中非常普遍。在美国，因为其性情相对温和，对于大麻使用的非法性至今还有争议。目前在国内，种植大麻的情况很普遍，可以说存在大麻滥用的基础；而且在国内某些人群中，已经发现了对大麻的使用。当前，如何针对不同情况采取有效措施，预防大麻滥用的发生发展，是我国面临的一个很实际的问题。

以往研究表明，对物质使用后果的认知和态度将直接影响人们的用药行为。一个突出的例子是：1978 年美国人对大麻的使用达到了顶峰，有大约 11％的高年级学生报告每天使用大麻，那时，只有 35％的人认为经常吸食大麻是有害的。到了 1985 年，有 70％的人认为经常使用大麻是有害的，此时实际使用大麻的人数已经下降到 5％。而到了 90 年代，吸食大麻的人已经非常少了(Davison & Neale，1998)。

这一研究结果提示我们，向公众进行宣传教育，使他们认识到滥用精神活性物质的危害，是防治毒品依赖的非常重要的环节。宣传特别需要关注青少年及大麻种植地区的重点人群，使他们了解大麻的负面影响，拒绝大麻，以减少其可能的危害。

第五节 烟草滥用与尼古丁依赖

一、概述

普通烟草原产于南美、墨西哥和西印度群岛。虽然在哥伦布早期的航海日记中，只是简单地提到烟草，但以后在其他探险队员的报告中异乎寻常地报道了烟草。随着通往美洲航道的开通，欧美大陆之间的往来日益频繁，烟叶和烟草种子被带进了欧洲，并且不断传播到其他地方。19 世纪中叶出现的香烟和可以随身携带的安全火柴，以及媒体对如何使用香烟的宣传，使得吸烟得到了普遍的推广。到 20 世纪 60 年代，抽吸纸烟在全世界已经极为普遍。

目前，据世界卫生组织的资料显示，全世界吸烟人数已达 12 亿。我国吸烟者逾 3 亿，且以每年 2％的比率增长，加上被动吸烟者，已经超过 8 亿人(夏世均，2004)。尽管我国政府从 1979 年以来，一直大力倡导控烟工作，成绩显著，但全国的吸烟率仍在上升。

由于许多与吸烟相关疾病的潜伏期较长，人们往往在短期内看不出它的危害。但根据联合国的调查报告指出，全球每年因吸烟而死亡的人数超过 250 万。在我国，每年

吸烟引起的死亡人数高达100多万人，超过世界任何国家。1996年全国吸烟流行病学调查表明，与1984年相比，中国人吸烟率上升了3.74%，开始吸烟的年龄提前了3岁，吸烟者日平均吸烟量增加了2支，青少年吸烟率上升明显。现有500万青少年吸烟者。1984年男性常吸烟率为56%，1996年男性常吸烟率为61.4%，呈增长态势；女性1996年常吸烟率为4.2%(王增珍、张述林，2004)。

吸烟是引起肺癌、慢性阻塞性肺病和心血管系统疾病的主要原因。吸烟不仅可能导致吸烟者本人身体受损，还会影响到周围人群。可以说，吸烟是全球，也是我国在21世纪初所要解决的主要公共卫生问题之一。

二、尼古丁依赖因素

尼古丁，又称烟碱，是烟草中主要的生物碱成分。从生理意义上来说，吸烟的目的主要是摄取尼古丁以启动中枢神经烟碱型乙酰胆碱受体(nAChR)，简称烟碱受体。其中大脑边缘系统的多巴胺能神经突触前膜的nAChR被烟碱启动而释放多巴胺，引起情绪兴奋和精神振作，这是造成尼古丁依赖的重要原因。

尼古丁对人体的作用复杂，同时具有兴奋和抑制的作用。另外，尼古丁对人体健康有直接的影响。尼古丁可以导致儿茶酚胺、肾上腺素、去甲肾上腺素的分泌增加，从而引起心跳加快、血压升高、心律失常以及消耗增加。长期吸烟，可以损害血管内皮细胞，加速血小板凝结，促进血栓形成。尼古丁使得心肌耗氧量增加，加重心脏负担，加速心血管系统的功能结构的损害。对于肺部来说，尼古丁可以促进弹性蛋白酶的生成，这种酶破坏肺泡功能。另外，吸烟还带来一氧化碳、焦油，这些物质对于身体都是非常有害的。

环境因素对尼古丁成瘾的影响主要体现在人的个性、心态与社会人口统计学的危险因素方面。除了生育减少、教育程度低、宗教信仰弱以及精神紧张等可成为持续吸烟的危险因素外，社会经济状况不佳、人际关系复杂或社会-家庭吸烟者多也对吸烟习惯有暗示作用。如果吸烟多、烟龄长和开始吸烟年龄较小，也会增加尼古丁成瘾的危险。

三、对吸烟成瘾的治疗

目前，帮助患者戒烟的方法很多，但是并没有非常明显有效的方法。而且，相关干预还需要针对各个患者各自的不同情况，采取不同的方法。以下仅简单介绍目前常用的一些方法。

1. 心理疗法

心理疗法包括行为矫正和认知治疗，目的在于改变吸烟者已经形成的与吸烟有关的行为和思维方式。在行为矫正治疗中，其中一种方法是在吸烟者吸烟时，采取某种惩罚，使得吸烟者感到不快乐、恶心，从而消除烟瘾。具体的方法包括：让吸烟者在一间通风很差的房间里吸烟，而且吸烟的速度要比平时快（比如 6 秒一只），或者连续快速吸烟，但是只是在嘴里，而不吸入肺部等。

认知疗法的工作重点在于改变吸烟者的认知（例如利用积极的内部语言），并教会吸烟者一些应对技术，比如放松技术，或者干脆吃点爱吃的东西、看看书，以应对香烟的诱惑。

心理学中还有一种值得推荐的方法——逐步递减吸烟量的方法，具体做法是让吸烟者花几个星期的时间，逐步增加前后吸烟之间的时间间隔，逐步减少单位时间所吸香烟的数量，最后达到完全戒烟。这个方法就使得吸烟完全由时间的进程所决定，而不由个体当时的心情或者抽烟的冲动来决定。

总的来说，心理疗法的目标是：用其他的行为来代替吸烟的行为；避免引起想要、或方便吸烟行为的情境或事件；学会正确的技巧处理生活中的压力；努力建立自己的社会支持系统。

2. 生物疗法

生物疗法主要是使用尼古丁嚼糖和尼古丁贴。它们都能够提供给人体一定量的尼古丁，以帮助戒烟者缓解戒烟所导致的戒断反应。其戒烟的基本原理是：使得戒烟者从咀嚼糖或者尼古丁贴中获得少量的尼古丁，从而切断摄入尼古丁与吸食香烟行为之间的联系，同时也能够切断戒烟与戒断反应之间的联系，最终戒断吸烟者与尼古丁嚼糖和尼古丁贴之间的联系。

应该注意，已经戒了烟的人有可能会对尼古丁嚼糖产生依赖。另外，从尼古丁嚼糖中所摄入的尼古丁过程要比吸烟平缓，它只是对于戒断反应有缓解作用，不能认为使用尼古丁嚼糖就能够完全消除戒断反应。

尼古丁贴相对尼古丁嚼糖来说要方便，因为每天只要换一贴即可。一般是贴在手臂上，由手臂血管吸收，最后到达大脑。随着治疗时间的推移，每天的尼古丁贴中的尼古丁总含量减少（一般是贴的面积减少），最终戒断吸烟。在使用尼古丁贴时，应该注意的是，不能再吸烟，因为这样会使得血液中的尼古丁含量增大，甚至达到对人体非常危险的水平。

一般来说，要想戒烟，除了依靠以上的生物制品来帮助缓解戒断反应以外，戒烟者本身戒烟的愿望、积极参与到行为疗法（行为矫正程序）或其他心理治疗之中都是很重要的。

对于那些戒烟已经获得初步成功的人来说，随后就面临着复发的挑战。到目前为止，还没有一种非常有效的方法来长时间保持戒烟的状态。或许随着公共卫生事业的发展，戒烟者可以从实际的生活环境中获得更多的社会支持。另外，调节戒烟者的不合理认知，让他们学会一些应对的技巧，也能够帮助他们更长地保留在戒烟的队伍中。

第六节 其他易成瘾药物

一、安非他明

安非他明为无色或淡黄色油状物，具轻微腥味、胺臭，实际上大多是盐酸盐或硫酸盐形成白色、微带苦味的结晶性粉末。由于安非他明具有高度提神效果，能兴奋情绪，使疲劳感消失，因此较易被滥用。安非他明可兴奋中枢神经，具有欣快、警觉及抑制食欲之作用，重复使用会成瘾，中毒症状包括多话、头痛、错乱、高烧、血压上升、盗汗、瞳孔放大、食欲丧失。大剂量使用引起精神错乱，思维障碍，类似妄想型精神分裂症，出现多疑、幻听、被害妄想等，长期使用导致器官性脑症候群，有高血压及脑中风的危险。停用的戒断症状包括精神呆滞、昏睡、易怒、烦躁不安、忧郁，有自杀之倾向。

不少医生开出该药物的处方，用以控制饮食，减轻体重及治疗抑郁症。但是，安非他明在治疗抑郁症上，不能与其他药品相比，治疗肥胖症效果令人怀疑，仅能用来治疗少数嗜眠症（narcolepsy），或癫痫症（epilepsy）患者使用抗痉挛药物（anticonvulsants）控制发作时所引起的催眠作用。

二、巴比妥类及其他镇静安眠药

将巴比妥类和镇静剂放在一起论述，是因为它们对于中枢神经系统都有抑制的作用，或者是通过抑制兴奋性神经递质的释放，或者是通过释放抑制性神经递质物质而起到相似的作用。它们都能够减少焦虑和失眠，并影响躯体的其他功能。随着安眠药、镇静剂在临床上的广泛应用，成瘾者不少见，其中以速可眠、安眠酮成瘾者多见。

巴比妥类药物可解除紧张，中等剂量的服用能够使患者进入睡眠，但是，长期服用易产生精神依赖，反而可能造成睡眠障碍。由于耐药性的出现，剂量日趋加大，长期反复使用后可产生躯体依赖。更大剂量服用巴比妥类药物，会引起意识障碍及轻躁狂状态，历时数小时至数天，伴有震颤、吐字不清、步态不稳等神经系统体征。长期使用不仅会产生躯体依赖，而且会产生精神依赖。另外，长期大量服用安眠药的病人，均可出现程度不等的慢性中毒症状。随着对药物成瘾的发展，一旦停药，则可导致戒断症状，轻者出现全身难受、不适、心慌、眩晕等类似神经症症状，重者出现全身肌肉抽搐，癫痫大发作或幻觉，类似精神分裂症症状和意识障碍——兴奋、冲动、言语零乱、多疑和幻觉，甚至死亡。

三、LSD 及相关药物（迷幻剂）

迷幻剂（又称致幻剂）是一些被认为能够让人产生幻觉的药物。事实上，这些药物通常并不能产生特殊感觉，只是通过扭曲感觉，使得使用者以一种不同的方式看见或者听见周围的事物。迷幻剂的代表是麦角酸二乙基酰胺(lysergic acid diethylamide，LSD)、麦斯卡林(mescaline)和西洛西宾(psilocybin)。

LSD是一种化学合成的物质，无色、无味、无臭，一颗盐粒大小的LSD就足以起作用。1938年瑞士化学家艾伯特·霍夫曼在实验室首次发现了LSD。一个偶然的机会，霍夫曼意外地服用了少量LSD-25，使他经历了约2个小时的非常奇异的梦幻状态，并对这与精神病类似的表现作了具体的描述。20世纪50年代，LSD被引入美国，一方面是为了研究迷幻状态，一方面是为了评估这种药物是否能够有一些治疗作用。然而，大量的研究并没有发现其治疗效果。

LSD是一种很难预料的药物，使用时的感受可以从感知增强到出现一种心醉神迷的离奇幻觉，对时间、空间以及体像和界限认识也产生错乱，并且伴有联觉(如听到某种声音而产生看见某种颜色的感觉)或不同感觉道融合(如光和声)的感觉；多数的感觉体验都被增强，情绪变化起伏无常，对他人的反应或是冷淡或是出现偏执行为；思维奔逸，注意力不集中，近期记忆丧失，远期记忆时常浮现。这些体验在服药后30～40分钟出现，2～3小时达高峰，12小时内作用强度起伏不定并逐渐趋于缓和。用药者的感受并非都是好的，有可能会出现恐惧和离奇的幻觉或叫"恶性经历"。服用迷幻剂的另一危害则是突发的、危险的、荒谬的强迫行为，对自己和他人都有可能造成严重的事故和意外。

另外一个有趣而且非同寻常的现象，即在使用LSD之后出现闪回，指用药过程中的感觉的扭曲和幻觉在用药后几周或者几个月后自发出现。对于初次使用LSD的人来说，闪回的现象较少。Abraham和Wolf(1988)的研究发现，即便是没有出现闪回，与控制组相比，一个使用了LSD 1周的个体，其视力以及其他感官的感觉能力都受到了影响。

总　结

物质(substance)指的是会导致个体产生精神及身体依赖的精神活性物质，包括酒精、尼古丁、安非他明、阿片以及大麻等。DSM-Ⅳ中对物质依赖和物质滥用作了区分。物质滥用指的是对药物的使用导致人们难以完成自己的责任和义务，并且带来人际关系以及法律上的问题。物质依赖指的是对物质的以强迫性的方式使用，而且从生理和心理上对人均造成了损害，随着使用物质而使人体产生耐受性和戒断反应时，人就从生理上产生了对物质的依赖。

影响物质滥用和依赖的主要原因涉及生理因素，许多成瘾物质可带来生理快感等短期正性效应，这是造成使用者滥用和依赖的重要原因；此外，心理即社会文化的影响因素也起着不容忽视的作用，包括人格特点、家庭教养方式、人们对物质的态度，还包括环境和同伴的压力、媒体对于使用物质的宣传等等。

戒绝物质使用的方法包括生物学和心理学的方法。生物学治疗方法是帮助那些物质依赖者摆脱生理依赖。但仅靠生物疗法是不够的，还需要增加心理学的疗法，以帮助患者抵制使用药物的冲动，正确处理和对待平时生活中的压力，学会自己调节自身的情绪而不是依赖药物，并充分地获得和利用社会支持。

物质依赖及滥用的成因复杂，治疗难度大，复发率较高，但是随着对物质依赖和滥用的不断深入研究，治疗效果将逐步提高。未来，加强医疗戒毒与心理干预的结合将是戒断治疗发展的方向。

思 考 题

1. 物质依赖和物质滥用的诊断标准各指什么？
2. 酒精依赖和滥用的因素主要是哪些？
3. 酒精依赖和滥用的主要治疗方法包括哪些？
4. 导致物质成瘾的综合因素有哪些？
5. 为什么说在对物质成瘾的干预中，预防是关键？

推 荐 读 物

1. 姜佐宁主编(1997). 药物成瘾的临床与治疗. 北京：人民卫生出版社

2. Alloy L B, Acocella J, & Bootzin R R (1996). Abnomal Psychology: Current Perspectives. New York: McGraw-Hill

3. Butcher J N, Mineka S, & Hooley J M (2004). Abnomal Psychology (12th ed) (影印版). 北京：北京大学出版社

4. Sarason I R & Sarason B R (2005). Abnormal Psychology: The Problem of Maladaptive Behavior(11th ed). Englewood Cliffs, N J: Prentice Hall

10

心 身 疾 病

第一节 概 述

传统上的医学研究和实践注重于理解和控制疾病的解剖、生理和生化因素，而病理心理学则把注意力放在与疾病相关的心理因素的发现和干预上。随着时间的推移，科学范式不断变化着。从 17 世纪开始，在人类与疾病斗争的历史长河中，因果论曾经成为了一个占据统治地位的医学科学范式。但是，从 20 世纪 60 年代开始，这个范式由于其明显的局限性而不断地受到挑战。1976 年，世界卫生组织（WHO）明确提出："健康不仅仅是没有疾病，而是一种躯体上、精神上和社会适应良好的状态。"人们开始认识到生物、心理、社会三个因素在疾病的发生和发展中共同起到不同的作用。一个新的科学范式——交互影响论正在逐渐替代原来的因果论，并且越来越被人们所关注（Aldwin，2000）。进入 21 世纪的今天，人们已经逐渐接受了任何疾病都是由生物、心理、社会因素共同作用而致的观点，那种认为在心理与躯体疾病之间存在着截然分界的说法已经过时。人是一个生理和心理紧密结合的有机整体，身心在健康与疾病之间共同起着作用。

一、心身疾病的概念

心身疾病（psychosomaitic disorders），又称为心理生理障碍（psychophysiological disorders）。若要冠以心身疾病，需要符合以下两条标准：① 有明确而具体的躯体症状或者病理改变；② 心理因素对其形成或者恶化具有显著的作用（WHO，1964）。哮喘、高血压、头痛、消化性溃疡以及一些皮肤病如斑秃和荨麻疹等都被认为是心身疾病。目前心身疾病有广义和狭义两种概念：前者认为心理和躯体现象是同一生命过程的两个方面，一般来说，引起疾病的原因是多因素的，因此心理因素必然会和各种疾病有着不同程度的联系，对每一病理过程均起一定的作用；后者认为，心身疾病是一组躯体疾病，其发病、发展、转归和防治都与心理因素密切有关。本章将按后一概念论述。

【案例 10-1】

患者，男性，29 岁，北京某外企销售部经理。患者于 3 年前遭受失恋事件后，心境低落、意志消沉、懒于工作，被公司劝退。两年半前开始出现返酸、嗳气、胃部不适等症状，餐前症状较重，进餐后缓解。两年前被某跨国公司聘用为市场部总监，每天工作超过 10 小时，三餐无规律，开始吸烟和酗酒。一年半前右上腹出现灼烧性疼痛，餐前加重，餐后减轻，夜间疼痛剧烈，无法入睡，遂到某医院消化科就诊。胃镜检查证实为十二指肠溃疡（幽门螺旋杆菌阴性）。予以雷米替丁、胃得乐、胃舒平等药物治疗，两周后症状缓解。一年前，患者症状再次加重，夜间灼烧性疼痛加剧，到原就诊医院，予以相同药物处理。8 个月前因饮酒后出现便血到原医院就诊，收住入院治疗。入院诊断为"十二指肠溃疡并发出血"，予以洛赛克、抗生素及止血敏等药物治疗。同时，患者的主治医生发现患者有抑郁情绪，请精神科会诊后予以一定抗抑郁药物治疗，1 个月后患者溃疡愈合后出院。考虑到患者的心理应激事件和由此引发的抑郁情绪及多次溃疡的病史，主治医生建议患者出院后接受心理治疗。患者于半年前开始到某医院心理科接受每周一次，每次 1 小时的心理治疗，持续治疗至今。目前，患者情绪稳定，溃疡病未复发，能够处理好工作压力，生活质量明显提高，感情生活满意，正准备与新女友一同出国发展。

据统计，在综合性医院的初诊病人中，有约 1/3 的求诊者是心身疾病。国内有研究者在综合性医院对 5439 例门诊病例作了心身疾病的调查，发现心身疾病 1138 例，占 21.28%（燕殿学等，2000）；心身疾病患病率在离退休人群中为 33%（杨历新等，1996）。以性别而言，总的患病率女性高于男性（燕殿学等，2000），但消化性溃疡、支气管哮喘、冠心病等以男性为高；就年龄而言，以更年期为最高，65 岁以上的老人和 15 岁以下的儿童较低；城市高于农村，脑力劳动者高于体力劳动者，经济发达地区高于经济不发达地区（徐斌等，2000）。

任何时候，只要有心理活动就会有生理反应，不良的生理反应如果持续过久，就会导致躯体的损害，甚至造成器质性疾病。心身疾病有下列几个特点：① 以躯体症状为主，即有明确的器质性病理过程或已知的病理生理过程；② 由情绪、人格和行为因素引起；③ 躯体变化与正常伴发于情绪状态时的生理变化相同，但更为强烈和持久；④ 区别于神经症或精神病。

心身疾病既然是生理和心理相互作用的结果，因此，它与纯粹的器质性疾病有所不同；同时，心身疾病又有明确而具体的躯体变化，因而它与癔病、疑病也有所不同（具体比较见表 10-1）。

表 10-1 心身疾病与器质性疾病、转换性疾病、疑病症的比较

	心身疾病	器质性疾病	转换性疾病	疑病症
一般定义	与应激有关的障碍，有时是由组织损伤造成	由微观生物或躯体创伤造成的组织损伤	神经症的一种类型，在病人身上无结构损伤的基础，只是丧失机能	无理由或神经性恐怖促成的躯体障碍
举例	冠心病、消化性溃疡、偏头痛	骨折、肺结核、梅毒、霍乱	癔病性瘫痪、癔病性聋哑	恐惧一些疾病，如癌症、感染等
组织损伤	常有	有	无	无
发生部位	常包含自主神经系统激奋的器官系统	器官的任何部分	感觉和运动系统	可在任何器官系统发生
患者对疾病态度	关心	关心	不关心	极端关心
生理治疗的效果	有效	有效	无效	无效
暗示的效果	对某些人有效	无效	有效	有效

（引自张伯源、陈仲庚，1986，p. 181，有改动）

二、心身疾病的诊断

随着人们对心理与疾病关系了解的深入，心身疾病的概念不断变化。在美国 1952 年出版的 DSM-Ⅰ中，心身疾病作为了单独的一类疾病诊断，这是为了顺应当时传统的观点，即认为一些特定器官或系统的疾病（如消化性溃疡）存在心理因素的病因（APA，1952）。1968 年，DSM-Ⅱ对心身疾病的定义为："由情绪障碍引起的躯体症状为特征，一般只累及一个受植物神经支配的器官系统，所涉及的生理变化都是正常时伴随某种情绪状态发生的，但在出现这类障碍时，反应更为持久和强烈，而个体可以不意识到他的情绪状态"（APA，1968）。1980 年，在 DSM-Ⅲ的编写中，心身疾病作为单独的一类疾病来诊断的观点被抛弃，因为人们开始强调心理因素在所有疾病中的重要作用。也就是说，把一些特定的疾病特殊化，认为心理因素只在这些疾病的起病和维持起作用，而其他的疾病则关系不大的观点是一种局限和误导。

在 1994 年出版的 DSM-Ⅳ的诊断轴中（轴Ⅰ：精神症状类的疾病；轴Ⅱ：人格障碍；轴Ⅲ：伴随躯体症状的障碍），典型的心身疾病作为一个单独的诊断已经消失。但是，轴Ⅰ提供了一类称为"影响生理疾患的心理因素（psychological factors affecting medical condition）"的编码，由 6 个亚类构成：① 心理障碍（mental disorder），例如精神分裂症对糖尿病治疗的影响；② 心理症状（psychological symptoms），例如焦虑或者抑郁的症状对胃溃疡或者术后恢复的影响；③ 人格特质或应对方式（personality traits or coping style），例如 A 型人格对心脏病的影响；④ 不利于健康的行为（maladaptive health behaviors），例如不安全性行为、过度饮食、过度饮酒等行为，没有达到心理障碍的程度

(否则就应归到①类中),但是有对生理疾患的病程或者治疗有着影响;⑤ 与应激相关的生理反应(stress-related physiological response),指的是影响到生理疾患的病程或治疗的应激相关的生理反应,例如心律不齐对冠心病患者;⑥ 其他与未分类(other/unspecified)。这些编码被用于轴Ⅲ中与疾病的产生和恶化密切相关的心理因素的诊断(APA,2000)。

2001 年 CCMD-3 也没有心身疾病的诊断,但是 CCMD-3 提出了一个七轴诊断系统:轴 1(X1)精神障碍;轴 2(X2)人格特征、人格障碍或人格改变;轴 3(X3)躯体疾病;轴 4(X4)疾病或障碍的相关因素;轴 5(X5)最重功能损害、目前功能损害与前两年最佳功能水平;轴 6(X6)现状总评;轴 7(X7)诊断轴间的关系(中华医学会精神科分会,2001)。可见,对心身疾病的诊断主要是在轴 3、轴 4 以及轴 7 的评估中。但是,这似乎完全取决于诊断者的主观判断,因为不存在心理因素在疾病中起多大作用的明显界限。

通过对心身疾病诊断变迁的了解,我们可以发现,目前学术界对心身疾病的态度是不倾向于对此做出单独的诊断,这主要是由于目前对心理因素与躯体疾病的关系没有得到明确的澄清和证实。但是,无论是国外的还是国内的精神障碍诊断系统,都不同程度地保留了对心身疾病的关注。

三、心身疾病的范围

心身疾病所包括的范围很广,主要包括由情绪因素所引起的、以躯体症状为主要表现、受植物神经所支配的系统或器官的疾病。下面的分类主要是根据日本心身医学会所制定的分类标准(徐斌等,2000):

(1) 皮肤系统。神经性皮炎、瘙痒症、斑秃、牛皮癣、多汗症、慢性荨麻疹、湿疹等。

(2) 肌肉骨骼系统。腰背痛、肌肉疼痛、痉挛性倾斜、书写痉挛等。

(3) 呼吸系统。支气管哮喘、过度换气综合征、神经性哮喘。

(4) 心血管系统。冠状动脉粥样硬化性心脏病、阵发性心动过速、心律不齐、高血压、偏头痛、低血压。

(5) 消化系统。胃、十二指肠溃疡、神经性呕吐、溃疡性结肠炎、幽门痉挛、过敏性结肠炎。

(6) 泌尿生殖系统。月经紊乱、经前期紧张、功能性出血、性功能障碍、尿频、功能性不孕症。

(7) 内分泌系统。甲状腺功能亢进、糖尿病、低血糖、阿狄森病。

(8) 神经系统。痉挛性疾病、紧张性头痛、睡眠障碍、植物神经功能失调症。

其他按学科分属于耳鼻喉科的心身疾病,包括美尼尔综合征、咽部异物感等;眼科的心身疾病有:原发性青光眼、眼睑痉挛、弱视等;口腔科的心身疾病有:特发性舌痛症、口腔溃疡、咀嚼肌痉挛等;其他与心理因素有关的疾病还有癌症和肥胖症等。这些疾病均可在应激后起病,在不良情绪影响下恶化。

第二节 应激与应激的生理机制

一、应激与应激源

应激(stress)指的是当刺激改变了心身平衡状态之后,个体的心理和生理反应。改变了有机体心身平衡状态的刺激,叫作应激源(stressor)。而有机体对应激源所做出的反应,叫作应激反应,又叫做攻击或逃跑反应(fight-or-flight response)。这是身体为了帮助个体应对压力所做出的反应。对于应激源,人们经常会认为只有消极的事件才叫作应激源,才能给人带来压力,譬如失恋或失业。但实际上,生活中的积极变化同样也可能是应激源,也可能改变个体的心身平衡状态,譬如升职、结婚、初为父母等。而且,究竟哪些是应激源,哪些不是应激源,因为不同人对于刺激的感觉不同,也会有所差异。譬如,对于喜爱社交的人来说,参加聚会是一件让人颇感愉悦的事情;可对于社交恐惧的个体来说,参加聚会、和陌生人打招呼、聊天,简直就是无比的折磨。

此外,过去研究者更为关注较大的影响人们生活的事件,譬如重大疾病、离婚、失业,等等,但是,研究者发现每天生活中发生的小困扰,譬如事情太多做不完、与人争吵、做事总被打扰等,都会影响到个体的心理和生理状态。那些报告遭遇更多这种小困扰的个体,同样报告了更多的心理症状和身体症状,其免疫系统受到更多的压抑,胆固醇也更高(Aldwin,2000)。

二、应激的生理机制

奥地利研究者 Hans Selye 开创了对应激的研究,他发现那些经常用来做被试的白鼠都得了胃溃疡,那些喂养着但还没有被抓出来做实验的老鼠却没有问题。这让他感到十分好奇,于是转而研究什么导致了老鼠得胃溃疡,并开创了对人类应激的研究(Selye,1957)。Selye 把总的应激生理反应称为一般适应综合征(general adaptation syndrome,GAS),认为它包含以下三个阶段(Sapolsky,1999):

1. 警觉阶段:攻击或逃跑反应

在把刺激知觉为应激的时候,就激发了警觉阶段(the alarm phase)的反应,其主要特点是攻击或逃跑反应,这是对动物或人类生存具有适应性的反应。在这个阶段,面对威胁性的刺激,机体立即动员自身资源,准备做出攻击或者逃跑的反应。此时急性应激系统的环路获得启动:当内在或外在的信息刺激了大脑皮层的感觉和推理中枢,有关应激的刺激信息被传送到应激的主要调节中枢——杏仁核(amygdala),杏仁核则释放促肾上腺皮质激素释放激素(CRH),CRH 进而刺激脑干并通过脊髓激活交感神经系统,肾上腺收到交感神经的刺激产生肾上腺素和去甲肾上腺素,抑制副交感神经系统。肾上腺素以及去甲肾上腺素的分泌提高,使得呼吸加深加快、瞳孔放大、心跳加快、血压升高。这样，能够把更多的氧气和能量带到肌肉骨骼等运动系统，让机体做好“战斗”或者“逃跑”的准备(Sapolsky，2003)。

当应激系统长期被激活时，特别是下丘脑-垂体-肾上腺系统(HPA)长期处于兴奋状态，通过CRH、促肾上腺皮质激素(ACTH)促使机体产生糖皮质激素，进而广泛影响机体的免疫系统、植物神经系统和中枢神经系统。糖皮质激素能够促进葡萄糖转化为能量的过程，同时抑制免疫反应。这样的反应对于动物和人的生存是十分经济的，机体所有的资源都动员起来面对危险做出或者战斗或者逃跑的反应，满足神经系统、心血管系统、肌肉骨骼等系统的需要。糖皮质激素还会诱发位于脑干内的蓝斑释放与杏仁核联络的去甲肾上腺素，导致更多的CRH产生，从而再度激活急性应激环路(Sapolsky，2003)。对于现代人来说，很多应激，譬如做公开演讲、参加重要的考试，并不需要在实际行动上逃跑或者战斗，但不管怎么说，身体做出的仍是“攻击或逃跑反应”。虽然不管应激源是什么，都会出现这种一般性的应激反应，但是，研究者发现，每种激素产生的量和速度，会因为应激源的种类而发生变化。

2. 抗拒阶段：适应应激

在抗拒阶段(the resistence phase)，机体动员资源之后，又达到了平衡状态，换句话说，机体适应了应激。不管是警觉阶段还是抗拒阶段，都需要能量，这些能量来自脂肪细胞、肌肉和肝脏的供应。血流量的加速(在心脏和呼吸加速之后的结果)有助于能量快速有效地运送到全身。消化、成长、性和生殖在个体面对应激的时期都会减缓。面对慢性应激，女性的月经可能会停止，或者变得不规律；男性的精子产量和睾丸激素的分泌量都会下降。除了这些变化之外，在应激期间，新的能量储备小于能量的消耗，这意味着如果是慢性应激，则可能到最后没有能量来用于应对躯体损害，造成疲劳感。

在抗拒阶段，由于长期的慢性应激，长期处于病态活跃状态的HPA系统刺激机体产生过量的糖皮质激素，导致机体的免疫系统、内分泌系统受到影响，这个过程不仅会导致机体免疫功能降低、内分泌紊乱，也反过来给植物神经系统和中枢神经系统带来严重的影响。特别是海马体积减少，使得海马(齿状回)不能产生足够的粒细胞，导致大脑的创伤恢复机能下降，严重者则会产生抑郁和精神症状(McEwen，2000；2003)。如果应激仍然继续，那么机体就会进入枯竭期。

3. 枯竭期

Selye假设，如果应激持续存在，机体会进入枯竭期(the exhaustion phase)，因为有限的资源已经被耗完，而新资源的储备又因为应激反应而大大减缓。许多最近的研究发现，长期持续的应激反应不仅仅会造成“枯竭”，还会对身体造成损害，导致许多与应激相关的疾病的患病危险提高。此外，糖皮质激素不仅会损害海马细胞，也会抑制海马中的神经干细胞再生，从而对于学习和记忆有消极的影响，也是导致抑郁的原因之一(Gage，2003； Sapolsky，2003)。

Selye的研究对于应激领域有着十分重要的影响，而且他的一般适应综合征的概念随着进一步的研究得到了一定的修正。一般适应综合征的假设是不管应激源是什么，躯体面对应激都会做出一致的反应。但是，研究者发现，不同类型的应激源会造成不同的躯体反应。此外，有研究者指出，一直以来，对于应激反应的生理研究均是对男性被试进行的，原因是女性的月经周期会以复杂的方式影响激素的测量。他们提出，从进化心理学的角度来看，攻击或逃跑反应也许更适用于男性，而不那么适用于女性。不过，女性的确具有与男性类似的自主唤起的应激反应(Sapolsky，1999)。

三、应激与免疫系统

前面提到过，在机体对应激的反应中，糖皮质激素的分泌会抑制免疫系统的功能。下面将介绍应激与免疫系统的关系，因为免疫系统帮助身体抵抗疾病和感染，所以对于这一关系的理解，有助于我们更深入地理解心身疾病。

对于免疫系统，有两大类重要的细胞：一类叫作B细胞，在骨髓中成熟；一类叫作T细胞，在胸腺中成熟。T细胞中的一类叫作自然杀伤细胞(natural killer cell，NK)，能够侦查并且杀死有损伤的和变化的细胞，譬如癌前细胞(precancerous cell)。应激反应被激发后分泌的糖皮质激素，就会阻止包括自然杀伤细胞在内的白细胞的生成，或者杀死白细胞，使得机体对于感染以及肿瘤成长更为脆弱。许多对于应激与免疫系统关系的研究都会测量白细胞数量(例如自然杀伤细胞)，作为免疫系统强弱变化的指标。应激影响免疫系统功能，是应激影响疾病的重要途径之一。譬如，虽然应激不能造成癌症，但是长期应激可以降低免疫系统的功能，从而使机体抑制癌症细胞扩散的能力降低。对于心理和情绪状态、神经系统以及免疫系统之间相互作用的研究，促成了一门新的交叉学科，心理神经免疫学(psychoneuroimmunology)的诞生。

第三节　影响心身疾病的因素

历史上，有关心身疾病的发病机制的解释最主要的来源有弗洛伊德的心理动力学观点和巴甫洛夫的条件反射理论。心理动力学观点强调无意识领域中的心理冲突在造成心理异常方面起的重要作用，认为人的内在矛盾冲突和情绪扰乱是心身疾病的根源；在苏联，生理学家巴甫洛夫通过动物实验建立了条件反射理论，在这一学说基础上发展起来的大脑皮质与内脏相关的理论，被广泛用于解释神经症和心身疾病的发病机制。美国康奈尔大学Wolff(1953)等根据条件反射的原理创立了一套精确的实验方法，可以客观的记录由环境和心理因素刺激而引起内脏器官生理功能变化的情况。Wolff之后，Holmes和Rahe(1967)把重点转向对社会环境的研究上。他们对各种疾病发病前的社会环境和生活事件进行了分析，通过前瞻性和回顾性的研究，收集了大量不同人群的资料，发现疾病发生的概率和严重程度与生活事件密切相关。人们渐渐认识到社会文化因素对心身疾病的影响。

实际上，随着科学技术（包括自然科学和社会科学）的迅速发展，人类对自己身体健康与疾病的本质的认识，特别是对心身疾病的认识，不断深入。心身疾病绝不是由单一的因素造成的，必须从多角度来考虑其病因及治疗方法。目前，对心身疾病的发病机制的认识综合了医学、心理学、社会学等发展的成果，在更广泛的范围内认识人类的疾病和健康，这已经成为处理各种疾病的基础思想。当然，一提到与人类健康和疾病相关的因素，我们无疑会说出三个方面：生物学因素、心理学因素和社会文化因素，这是因为人本来就是生物-心理-社会因素构成的一个整体，其中的任何一个方面都在人类的健康和疾病中起作用的观点似乎是完全合乎逻辑的。但是，接下来的问题就不那么容易回答了，这三个因素在人类健康和疾病之间的关系是什么？

无论如何，任何心理异常的产生、发展、消失或维持，都是这三方面因素共同作用的结果。当然，谁也不会认为在一个具体的疾病面前，这三个因素都会均衡地起作用。生物因素、心理因素和社会-文化因素有各自独特的内容，同时又存在相互联系、制约和相互影响，三者不可分割。其中，正如物质决定精神，生物学因素无疑是最基本的因素，是核心部分，是心理学因素赖以产生的基础，也是心理和社会-文化因素作用的对象。心理学因素是在生物学因素的基础上产生起来的，而其一旦产生就会时刻对生物因素施加影响和制约。社会文化因素是在生物学和心理学因素的共同基础上产生的，它反过来又成为心理因素的影响和制约因素，是心理学因素形成和出现的根源，它对生物学因素的影响和制约是间接的，一般来说是通过心理学因素的折射作用才能实现的。在人的心理与行为活动（包括正常和异常）的发生、发展和变化过程中，所有这些因素是错综复杂地交织在一起而起作用的，图 10-1 显示了各因素之间的关系。

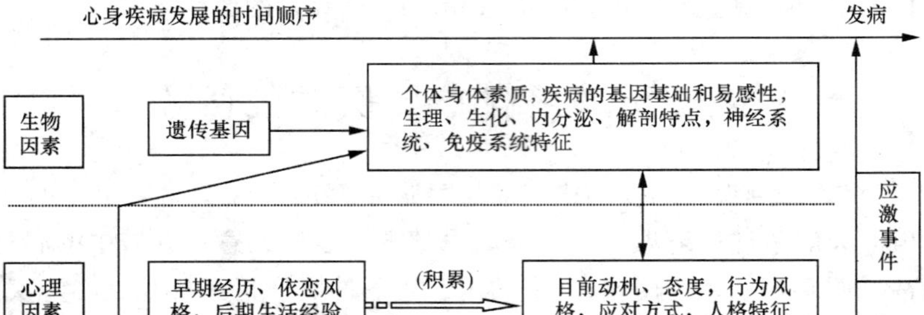

图 10-1 生物、心理、社会因素与心身疾病的关系示意图

图 10-1 包括三个不同的维度：第一，生物学因素，是指遗传以及与此有关的体质、神经类型、生理生化和免疫系统的特征；第二，心理学因素，即指当时的主观心理状态，在个体发展过程中个体与环境相互作用的经验的积累，包括早期经验和后期学习的经

验以及人格发展的情况;第三,社会文化因素,指人们生活和工作的社会环境、人际关系、经济和社会地位、社会制度、文化传统、风俗习惯等,也包括出生前后的环境、家庭、学校和社会的影响以及由此产生的应激事件。这个模式的两个特征是值得特别强调的:第一,三个因素相互作用的长期性问题。这是因为所有的疾病都不是一朝一夕就形成的,从健康到疾病也不存在一个绝对分界的状态。第二,必须用全面的观点来探索心身疾病的发病根源和机制。尽管我们可以从不同的角度来切入研究,但那种只见树木而不见森林的情况应该尽可能避免。疾病与健康之间的关系本来就是极其复杂的,我们必须遵循这一模式才能对复杂的疾病现象作出本质的解释和干预。下面将从一些与心身疾病相关的具体因素的研究积累中,来了解心身疾病的发病机制。

一、情绪

一般认为,心理因素影响躯体内脏的重要媒介是情绪的活动,情绪可以分为积极和消极两大类。积极情绪一般对人体的生命活动起良好的促进作用,可以提高人体活动(脑力和体力劳动)的强度和效率,保持人体健康,但是过度兴奋也会对机体造成负面的影响。消极情绪包括愤怒、恐惧、焦虑、抑郁等。情绪的产生一方面是适应环境过程中的一种必要的反应,但如果强度过大或持续时间很长,就可能导致神经及内分泌系统活动的失调,对机体器官功能产生不利的影响,最终导致某些器官或系统的疾病。这是因为,情绪活动的同时必然会伴随体内一系列复杂的生理、生化的变化,特别是植物神经系统功能的改变。例如,当个体受到来自外界的威胁时,会产生焦虑和愤怒的情绪,造成肾上腺素和肾上腺皮质激素的分泌增加、心律增加、血管收缩和血压增高,呼吸加深加快、胃肠蠕动减慢等生理变化。如果这种情绪是短时间的,则对机体的危害很小;如果持续的时间很长或频率增加,则这种持久的负性情绪会造成体内不可逆的生理、生化改变和植物神经系统的功能失调,持续下去会导致器官和组织的病变。

Wolff(1953)等人经过30多年的研究,认为有一类躯体疾病,情绪因素在其中起着主要的作用。这些疾病的主要症状往往局限在植物神经系统控制的某一个器官或系统内。他们对胃造瘘伴有胃黏膜疝的病人进行了观察,发现:当病患情绪愉快时,黏膜分泌和充血增加,胃壁蠕动增强;当其悲伤、自责和沮丧时,黏膜苍白,分泌减少;当其焦虑时,黏膜充血,分泌增加,运动增强;当其攻击性情绪(怨恨、敌意)出现时,黏膜分泌和血管充盈都大为增加,运动也有增强。因此Wolff认为,心身疾病正是伴随情绪状态的生理功能紊乱的表现。

二、人格特征

每个个体都有自己独特的行为风格,这正是人的独特性的体现。但是,从人格的角度来看,人类的人格特征又有其共同的方面。在我们的生活中,人格特征对人体疾病的影响,尤其对心身疾病的发生、发展和转归过程的影响不难被发现。同样的致病因素作用于不同人格特征的人，就可能出现不同的结果。国外有研究者把某些心身疾病和某种特殊的行为类型(或人格特征)联系起来，如表 10-2 所示。

表 10-2 人格特征与心身疾病的关系

疾 病	人格特征
哮喘	过分依赖，幼稚，希望被别人照顾，对人对己在情感上都模棱两可
结肠炎	听话，带有强迫性，抑郁，心情矛盾，吝啬
冠心病	忙碌，好胜，好争斗，急躁，善于把握环境
荨麻疹	渴望得到情感，有罪恶感，自我惩罚
高血压	好高骛远，愤怒被压抑，听话
偏头痛	追求完美，死板，好争斗，嫉妒
溃疡病	依赖，敌意被压抑，感情受挫折，雄心勃勃，有魅力

(引自张伯源、陈仲庚，1986，p. 192，有改动)

人格特征对疾病尤其是心身疾病有明显的影响，这是由于人格特征在以下五方面的作用：① 人格特征可以作为许多疾病的发病基础或病因，如 A 型人格特征和冠心病的发病关系；② 人格特征能改变许多疾病的转归过程，如 A 型人格特征的冠心病患者容易复发，死亡率也大大高于 B 型人格特征的冠心病患者；③ 人格特征是个体面对疾病时的个体心理资源的重要组成，影响个体抵抗力(host resistance)；④ 人格特征影响患者的决策和依从性(compliance)，即影响患者在面对疾病时是否抛弃危险的生活方式，接受医疗建议，养成有利于健康的行为；⑤ 不同人格特征的患者，对其干预的效果不同，如对糖尿病患者的健康教育，改变其不健康生活方式、减少致病行为是极为重要的，而这种健康教育对性格固执而不愿意改变饮食习惯的患者效果较差。

三、生活事件

在日常生活中，每个人都会遇到给人带来应激的各种各样的生活事件，如亲友亡故、结婚、改变工作和生活环境，等等。面对这些生活事件，需要人们及时地做出相应的调整，在一些人身上就可能出现不同程度的适应失调，造成紧张的情绪，对其身心带来危害，甚至造成各种心身疾病。1967 年，美国华盛顿大学教授 Holmes 等人对 5000 余人进行了生活事件与疾病的关系调查研究。他们按生活事件对人群影响的大小排序，编制了一个包括 43 个生活事件的量表，称为“社会再适应评定量表”(Social Readjustment Rating Scale，SRRS)。这些生活事件被认为会造成人们对疾病的易感状态，一些人经历了较多的生活事件后，出现疾病的可能性大大增加。其中，亲近的家庭成员，尤其是配偶的死亡，在所有生活事件中占据最重要的位置，需要最大的再适应努力，被定为 100LCU(Life Change Unit，LCU 生活事件单位)。其他的生活事件，如分居、离婚、坐牢、被解雇、大量借贷等都有相应的生活事件单位数。Holmes(1967)等人的研究发现，人们遭受的生活事件越多，则患病的可能性越大。如果一个人在一年内的生活事件累计超过200LCU，就有50%的概率患病；超过300LCU，则患病的概率为100%；相反，如果低于30LCU，那么保持身心健康的概率就大大高于平均水平。

当然，这种方法的缺点是没有将个体主观态度考虑在内。这是因为，生活事件作为刺激进入人的大脑，必然要经过大脑的认知加工，生活事件的重要程度是与个体内部的心理状态密切相关的。个体心身失调的原因取决于两方面：一是生活事件的激烈强度；二是个体的主观认知状态，即个体对生活事件的敏感性和适应水平。正如在现实生活中我们知道的，亲人的突然死亡和久病不治而死，对个体的刺激强度是不一样的；另外，不同个体对生活事件的觉察不同。尽管如此，有一点是毋庸置疑的：生活事件评定方法为医生提供了患者发病前的生活环境诊断，有助于从整体和全面的角度考察患者的病因和提供更为全面而有效的干预方案。

四、个体易感性

在相同的社会心理刺激条件下，其中只有一部分人患了心身疾病，或者在同样的刺激条件下，人群中会出现不同的心身疾病。造成这种差别的原因，一般认为与个体的生理特点不同有关。前面提到的 Wolff 等人也认为情绪紧张对器官的影响不仅取决于心理社会因素，而且也取决于个体的遗传倾向，即个体的易感性。Mirky(1958)曾经对加拿大的伞兵做了一次调查。根据伞兵的胃蛋白酶的含量多少，他将其分为两组，一组胃蛋白酶偏高，另一组则偏低。经过16周的军事训练后，63个分泌胃蛋白酶偏高的伞兵中有9人发现了十二指肠溃疡；而低胃蛋白酶的伞兵中无一例出现胃肠道的损害。因此，Mirky 认为高胃蛋白酶是消化性溃疡的生理始基(analogue)。只有当这种生物遗传因素所造成的易感性的基础上，在心理社会因素的刺激下，个体遵循一定的来自过去经历所形成的心理反应模式，才有可能在某一器官或系统出现心身疾病。

到目前为止，生物、心理和社会因素对人类疾病(特别是心身疾病)的交互影响仍然无法得到明确而有力地实证支持，主要表现在：① 三者在不同疾病的发生和发展中各自起到的作用没有定量化；② 个体生物素质、心理和社会因素在不同疾病发生和发展中的交互作用没有明确；③ 以交互影响论为指导的干预治疗方案的疗效仍然不甚明确。其中，在以上缺陷中，由于研究方法的局限性，以心理因素在疾病的发生和发展中的贡献最为模糊。

为了探察心理因素在不同疾病的发生和发展过程中的明确作用，人们最关心的是以下几方面的影响：

(1) 病因学(etiology)。重要的生活事件、行为、人格结构是如何与生物和社会因素一起导致躯体疾病的？

(2) 个体抵抗力(host resistance)。个体心理资源，如应对方式、社会支持、人格特质，是如何减轻应激的影响的？面对生活事件，个体在自身身体和心理特点的基础上的反应方式是如何对疾病产生影响的？

(3) 疾病机理(disease mechanisms)。应激源和不适应的行为是如何对人体生理产生影响的？这些影响是如何对免疫系统、消化系统和心血管系统起作用的？

(4) 患者的决策(patient decision making)。患者在危险的生活方式和保持健康的行为之间的决策过程是什么？

(5) 依从性(compliance)。生物、行为、自我调节、文化、社会、人际关系(特别是医患关系)等因素对患者服从医疗建议的贡献有多大？

(6) 干预(intervention)。心理干预，如健康教育、行为治疗，对改变个体或群体的不健康生活方式、减少致病行为的有效性有多大？对疾病的康复有多大的贡献？

第四节 常见心身疾病

一、冠心病

冠心病(coronary heart disease)，即冠状动脉粥样硬化性心脏病，主要症状为心绞痛、心肌梗死和心脏骤停。与国际相比，我国的冠心病发病率和死亡率都较低，并且存在较大的地区差异。1987～1993 年，北京心肺血管研究中心组织对全国 500 万人口的监测结果显示：在 17 个不同省市的人群中的冠心病发病率和死亡率，北方省市高于南方省市，最高为山东省青岛，男性发病率为 108.7/10 万；最低为安徽省滁县，发病率为 3.3/10 万。二者发病率相差 32.9 倍，死亡率相差 17.6 倍(吴兆苏等，1996)。

美国心脏学会(1973)列出了 7 个与冠心病密切相关的传统危险因素，即年龄、性别(男性多于女性)、吸烟、血压、血浆胆固醇浓度、心电图示左室肥大、糖尿病。随着这些因素的增加，患冠心病的可能性也随之增加。除上述因素外，应激与人格特征也被认为与冠心病的发病及发作有关，人格因素还可以独立预测冠心病的死亡率(Denollet, et al,1996)。

应激与冠心病的关系密切。Mittleman(1995)发现，愤怒情境下的躯体紧张可以在短期内导致心肌梗死。Carney 等(1995)发现婚姻冲突、经济压力等慢性应激导致的抑郁与心肌梗死密切相关并且预示心脏骤停。Schall 等(1994)的研究表明在高工作压力情境下心肌梗死的危险性增加。Jenkins(1976)指出，传统的与冠心病相关的 7 个危险因素对至少一半的冠心病病因无法做出解释；同时，跨地区的研究表明在进食高脂食物、吸烟、运动量等因素无差异的中欧、西欧和美国之间，美国的冠心病患病率高于前两者。因此，人们开始把注意力放在心理因素对冠心病的影响上。

Friedman 和 Rosenman(1958)的研究表明，在我们的周围存在这样一些人，他们争强好胜、醉心于工作，有不可抑制的雄心，时间观念很强，具有时间紧迫感，对周围人有时还存在一些敌意。Friedman 把这类人的行为定义为“A 型行为类型”(Tape A behavior pattern，后也有人称之为 A 型人格），其主要表现为个性强、过分的抱负、固执、好争辩、急躁、紧张、好冲动、大声说话、匆匆忙忙、富含敌意、具有攻击性等。同时，他们把缺乏这一类特征的人的行为定义为“B 型行为类型”，其主要表现为安宁、松弛、容易相处、抱负较少、顺从、沉默、深思、声音低、节奏慢等。而这两类行为类型的差别主要是由于环境的紧张、压力和挑战所造成的。在事业成功者中“A 型行为类型”的人居多。Friedman 认为，A 型行为具有“时间紧迫感、过分的竞争性和敌意”两个核心成分，“A 型人不断地挣扎，要在少而又少的时间内完成多而又多的事情，面对着个人竞争，A 型人反应为易恼火（aggrvation）、激动（irritation）、怒（anger）和急躁（impatience）”。

为了证明 A 型行为对冠心病的致病作用，Rosenman 等（1975）通过“西部协作研究组”对年龄在 39～59 岁的 3000 多名正常人进行了为期 8.5 年的追踪观察研究，对被试者的检查项目包括采录病史、饮食状况、烟酒嗜好、血压、心血管检查、血胆固醇、甘油三酯、血清脂蛋白、血液凝固试验以及行为类型每年测查一次，随访 8.5 年。结果表明，在 1587 名 A 型人格人和 1567 名 B 型人格人中，随访期间内共有 257 例发生冠心病，其中属于 A 型者为 178 例，属 B 型者为 79 例，前者为后者的两倍多。当然，对冠心病来说，还可能存在其他危险因素，如高血压、高血脂和吸烟等，但是，这项追踪调查研究结果证明，A 型人格却始终是一个突出的，独立于其他危险因素而存在的独立因子。

关于 A 型人格与冠心病的关系问题，与其他危险因素，如高血压、高血脂、吸烟等相类似，学者间一直存在着不同的看法（Eaker, et al，1992；Shekelle, et al，1983）。由于导致冠心病发病的精确机制仍不完全清楚，A 型人格类型本身的内涵和测定方法也不够精确与规范化，A 型行为与“易患冠心病行为”是相等关系，还是一种相互包含关系，还不确定。如 Almada（1991）和 Williams 等（2001）认为，在早期表现为玩世不恭（cynicism）或敌意（hostile）的 A 型行为人群中，冠心病的血管梗塞和猝死率都较高。一些研究发现，性别、人种、寻找社会支持的行为、夫妻分离率、压抑愤怒、酒精依赖、肥胖等与敌意或玩世不恭相关（Barefoot, et al，1996；Kawachi, et al，1998；Knox, et al，1998）。我国顾东风等（2000）的研究表明，敌意与冠心病行为危险因素的存在和聚集相关联，提示敌意可能通过影响健康行为而增加冠心病的发生危险。

但是，人们对敌意和愤怒的界定有所不同，其与冠心病的关系也因此存在差异。Donker 等（2000）通过对 235 名冠心病患者的敌意问卷数据进行因素分析后发现，敌意可以被分为 4 个不同方面：向外的愤怒（Anger-Out）、负性情绪（Negative Affect）、应对（Coping）和向内的愤怒（Anger-In），且这 4 个因素与冠心病存在不等的相关。这说明对 A 型人格作为冠心病危险因素之一的认识还只是初步的，而且各方面研究的广度和深度都还不如其他危险因素的研究那样深入。所以 A 型人格与冠心病的关系仍然是一个有待深入探讨的问题，需要从生理学、心理学、社会学、病理生理学的角度进行深入的探讨。不过，美国心、肺、血液病研究所于 1978 年主持开了一次“冠心病倾向行为讨论会”，会上确认 A 型行为类型是冠心病发病的一个独立的危险因子。20 世纪 80 年代，世界卫生组织心、肺、血液监测中心的“莫尼卡计划”也把A型行为类型包括在心理社会因素中作为计划所需要调查和监测的项目之一。所以，需要通过多学科合作的努力，更精细、更深入地探讨冠心病倾向行为或A型行为类型，以便找出冠心病的综合发病模式。

二、原发性高血压

原发性高血压(Essential hypertension)被认为是典型的心身疾病，约占所有高血压病人的90%左右，但其原因迄今未定。流行病学调查表明全世界成人中约有25%～35%的人患此病(Staessen, et al,2003)；2003年研究人员对杭州15岁以上居民1070人进行了高血压流行病学调查，结果表明城乡居民高血压患病率分别为19.98%和18.01%，与1990年相比分别上升1.45倍和3.53倍。45岁后高血压患病率明显上升，55岁后患病人数超过50%(方顺源等，2004)。在发展中国家中，城市居民的血压高于农村居民。与高血压相关的生物学因素主要有遗传、饮食(盐)和肥胖(Beilin,1988)。众多的研究表明，动脉压升高与各种环境及心理条件之间有联系，包括饮食(盐)在内的环境因素、社会条件、生活变动、心理冲突以及心理生理机制都参与高血压的发病(Matthews, et al,1987; Van Dijkhuizen & Reiche,1980)。另外，各种认知行为治疗对原发性高血压有效，也表明心理因素的影响。

高血压病多见于应激与冲突明显的社会。流行病学调查证明，在社会经济低下、犯罪率高的地区居住者，血压水平明显升高；而在社会结构稳定、传统比较巩固的社会与人群中，血压水平较低；社会经济地位较低、职业声望低或受正规教育不足，也使高血压者增多；职业性质也影响血压水平，在高应激水平下工作的空中交通管理员，其高血压发病率5.6倍于体格条件相仿的领航员(Cobb & Ross,1973)。

心理应激引起血压上升已被普遍接受。高血压病人的反应性要高于正常血压者。正常血压者对应激的血液动力学反应与未受刺激的高血压者的血液动力学改变相似，高血压者对刺激产生的血压反应在幅度与时限上均强于正常血压者。许多应激性环境因子可以增加儿茶酚胺分泌，而增加交感神经活性可以导致血压短期内升高。交感神经也可促进肾素释放，经血管紧张素而致醛固酮分泌增多与水钠潴留，引发高血压。大鼠的实验还表明，高血压可能以一种对抗更为直接的应激后果的保护机制而出现。因为，血压升高可通过压力感受器降低大脑的唤醒水平，从而减少对伤害性刺激的回避，提高应对能力(Dworkin, et al,1984)。

有些研究涉及高血压发病的特异人格特质，如表现为需要新意刺激、希望被他人喜欢，内心有受压抑的愤怒、紧张与猜疑。有的研究指出，在应激环境下引起高血压的妇女具有敌意、凶狠、好斗等个性特征，且体格健壮。Wolff等(1950)指出，有些属于血压“反应者”的个体处在出现受约束的敌意或焦虑时，其外周血管阻力增加而心输出量不变。因此认为，高血压具有适应的性质，血压上升可以看做是一种对付威胁的预备状态。Alexander(1968)则把持续性高血压称为情绪触发与躯体表现的永久性的“应激状态”。

A型人格可以增加原发性高血压发病风险(Munakata, et al,1999)。国内杨菊贤等(1986)指出:① 高血压组与对照组之间A型与非A型者的差别显著;② A型者平时与激动时的收缩压有明显差异,而B型者则无显著差异。反映出A型者激动后交感活性的增加明显大于B型者(见表10-3)。虽然早年的大多数资料认为某些特质与高血压有关、但它们在病因学中的作用不明。事实上,也有许多具有同样特质的个体并不发生高血压。例如,Friedman等(2001)未能证实原发性高血压患者与对照组之间存在人格差别。总之,心理社会因素可以引起血压持续升高,但遗传、饮食、生活方式等也共同参与高血压的发病。

表10-3 高血压组激动时血压上升与行为类型的相关性

行为类型	收缩压(mmHg)		显著水平
	安静时	激动时	
A型	149.16	192.46	$p<0.001$
非A型	158.81	169.50	$p>0.05$

(引自徐斌、王效道,1990,p.76;有改动)

三、消化性溃疡

消化性溃疡(peptic ulcer,PU)是一组病因多样的消化道黏膜的慢性溃疡性疾病。溃疡可以发生在食道、胃或十二指肠。有研究表明,中国消化性溃疡的年发病率为0.81‰,是十二指肠溃疡(DU)与胃溃疡(GU)的1.9倍(姚建敏等,2000)。目前有学者认为,遗传、心理社会因素和幽门螺旋杆菌感染多方面因素的交互作用导致消化性溃疡的发生(Sapolsky,1999)。

1. 遗传因素

Doll等(1951)的调查表明,在胃溃疡的亲属中,其胃溃疡的发生率比正常人群高1.8倍;在十二指肠溃疡患者的亲属中,其十二指肠溃疡的发生率比正常人群高2.6倍。有文献报道,胃溃疡的患者亲属容易患胃溃疡;十二指肠溃疡患者的亲属容易患十二指肠溃疡(陈士葆,1990)。一些研究表明,O型血的人患消化性溃疡的概率是非O血型的1.3倍,人体白细胞抗原(HLA)B5,B12和Bw35与消化性溃疡相关(Olden,1998)。还有研究表明,如果人的血浆中含有较高水平的胃蛋白酶原Ⅰ(pepsinogen-Ⅰ),那么患十二指肠溃疡的可能性会增大(Roller, et al,1979)。

性别因素似乎也说明了遗传在消化性溃疡中的重要作用,但是却存在诸多疑点。19世纪英国女性患消化性溃疡的比例要高于男性(Brown,1976),但是到了20世纪,英国(包括世界大多数地方)男性患消化性溃疡的比例反过来高于了女性。此外,1938年英国患消化性溃疡的男女性别比例是 4∶1,到了 20 世纪 70 年代却下降为 1.9∶1(Tovey,1979)。还有研究报告表明,在工业发达国家,女性在消化性溃疡中所占的比例不断增加(Billington,1965;Wastell,1972)。这些现象表明,可能有其他因素与性别因素混杂,共同对消化性溃疡的发病产生作用。

2. 幽门螺旋杆菌

1982 年,Marshall 和 Warren 从消化性不良的病人体内胃幽门黏膜活检标本中分离培养出幽门螺旋杆菌(Heilico bacter pylori,H. pylori.),并认为该细菌与消化性溃疡的发病关系密切(Marshall & Warren,1984),二人因此项重要的医学发现获得 2005 年诺贝尔生理学或医学奖。1985 年,Marshall 和 Warren 与微生物学家 Goodwin 等合作进行了一项前瞻性的双盲研究,以探究根除幽门螺旋杆菌与十二指肠溃疡的关系。100 名十二指肠溃疡伴随幽门螺旋杆菌感染的病人被随机分为 4 组:第一组服用西米替叮,第二组服用铋剂,第三组服用抗生素(tinidazole),第四组是安慰剂组。研究者对这四组进行了为期 8 周的治疗,得到了下述重要结论:① 没有根除幽门螺旋杆菌的病人在第 10 周后有 92%的病人溃疡没有愈合,而服用抗生素的病人中有 61%的溃疡没有愈合;② 12 个月后的追踪发现,没有根除幽门螺旋杆菌的病人中有 84%的病人溃疡复发,而服用抗生素根除幽门螺旋杆菌的病人中只有 21%溃疡复发(Marshall,1989)。1988 年,Graham 等的研究发现幽门螺旋杆菌的感染是溃疡复发的一个重要预测因素(Graham, et al,1992)。一项 7 年的跟踪研究表明,在幽门螺旋杆菌感染的人群中有 20%的人被发现存在活动性的溃疡,而在幽门螺旋杆菌阴性的人群中仅有 3%的人存在活动性溃疡(Forbes, et al,1994)。一些研究还表明,85%以上的十二指肠溃疡患者和 70%以上的胃溃疡患者存在幽门螺旋杆菌感染(Mashall & Warren,1982)。因此,越来越多的研究者和内科医生接受了幽门螺旋杆菌作为消化性溃疡的首要病因。

但是,全球人群中幽门螺旋杆菌的感染率超过 50%(胡伏莲,2001),而在总人口中大约只有 10%的人一生中可能患有溃疡(Sylvia, et al,1992)。一些研究结果发现,幽门螺旋杆菌作为消化性溃疡的病因既不充分也非必要,这是因为:① 有 10%~15%的十二指肠溃疡患者和 20%~30%的胃溃疡患者无幽门螺旋杆菌感染(非必要)(Olden,1998);② 人群中的幽门螺旋杆菌感染者只有 20%的人发展为消化性溃疡(不充分)(Graham,1997)。因此,幽门螺旋杆菌与消化性溃疡的因果关系开始受到质疑(Graham,1995; Levenstein,1998;2000;2002)。

3. 应激

消化性溃疡是一个典型的心身疾病,长期以来,人们一直认为其发生和发展与应激有关。Alexander(1960)提出有三个因素参与溃疡形成的假说:① 遗传易感倾向;② 长期的人际冲突;③ 社会应激的激活。Alp 等(1970)在配对研究中发现,病人组经历的生活事件多(家庭矛盾 30%,经济压力 50%),不良习惯者多(48%每天服阿司匹林,39%每天饮酒,67%每天吸烟);而健康组中家庭矛盾 3%,经济压力 11%,服阿司匹林、饮酒、吸烟者分别为12%,24%和28%,对比有显著差异。自我报告有更多生活事件的人,在其之后的13年中被诊断为溃疡的可能性增加(Anda,1992)。一项控制了年龄、性别、经济状况的配对研究结果显示:44%的消化性溃疡患者在患病前6个月有生活事件发生,而对照组仅为9%,因此,应激在消化性溃疡中的作用可以估计为35%(即44%−9%)(Levenstein,2000)。但是,也有一些研究表明,溃疡病人在生活事件数量上与正常人没有区别,而是在体验生活事件(特别是负性生活事件)时更加消极(李朝瑛等,1999;叶瑞繁等,1997)。

应激与溃疡的关系存在心理生理机制,可能的途径有胃酸和胃蛋白酶、胃排空、下丘脑-垂体-肾上腺系统。应激可以使胃酸的分泌增多(Walker, et al,1988;Weiner, et al,1957),紧张事件(Peters & Richardson,1983)、情绪障碍和不适应的人格(Gundry, et al,1967)可以导致胃酸分泌增加。有研究报告十二指肠溃疡患者在实验应激条件下较健康组有更多的胃酸分泌(Bresnick, et al,1993)。胃蛋白酶过多与胃酸分泌高相关(Samloff, et al,1975)。虽然胃蛋白酶的分泌部分由基因决定,但是其分泌也与心理相关,特别在消化性溃疡患者中(Walker, et al,1988;Weiner, et al,1957)。十二指肠溃疡病人有较快的胃排空(Fordtran & Walsh,1973)。实验表明,应激可使人的胃肠动力减弱,但在消化不良(dyspepsia)的病人中,应激可使其胃动力减弱更多,致使胃糜(含有胃酸和胃蛋白酶)在十二指肠和胃中的停留时间增加(Holtman, et al,1989);Ellison等在2万例尸检中发现进行性胃、十二指肠溃疡821例,在此821例中13.2%兼有肾上腺皮质增生,为全组的两倍(《临床医学》编委会,1997)。

4. 情绪、人格与行为

应激时的抑郁易于导致溃疡,溃疡病人常伴有抑郁症状。有研究表明,应激或抑郁症状将增加9～15年后患消化性溃疡的可能性(Anda et al,1992; Levenstein,1995;1997),这些人可以长期被诊断为溃疡病而抗溃疡治疗又无效。同时,溃疡面积、病程、严重程度与抑郁情绪呈正相关(金雁、吴彩云,1996)。Weiner(1957)总结了各种情绪对人类胃活动的影响,认为焦虑、愤怒、悲伤、受辱的情感均伴有胃分泌的增加和胃肠运动的增强或减弱。另一些研究表明,用催眠造成不同的情绪状态可以引起不同的胃分泌效应;愤怒时,胃分泌的平均速率最高;焦虑和满足时,是中速反应;抑郁、无助及绝望时,胃分泌最低。

人格特点也与溃疡病相关。Piper等(1981)采用EPQ的对比研究发现,溃疡病人具有内向及神经质特点。有研究发现,消化性溃疡患者的A型行为风格比例较对照组多(胡小宣、凌齐荷,1998);个性掩饰程度大(卢宁,1995;叶瑞繁等,1997)。但是,多数对溃疡病人的人格研究结果并没有给研究者们带来一丝惊喜,而这些混乱的研究结论却令研究者们沮丧,因为从这些研究结果中,似乎看不出来人格到底与溃疡有什么特定的联系。看来,有必要把人格因素与其他因素放在一起考虑,并确定其在溃疡病因中的地位。

危害健康的行为和不良生活习惯与消化性溃疡的关系密切。伴随应激产生的一些不良应对行为与消化性溃疡的发病相关，比如吸烟、大量饮酒、滥用非甾体类消炎药物(nonsteriodal anti-inflammatory drugs，NSAIDs)等(Levenstein，2000；2002)。有研究发现，吸烟与消化性溃疡明显相关(Friedman，Siegelaub，& Seltzer，1974；Morrson，1970)，且吸烟者比不吸烟者患的溃疡面积可能会更大(Herrmann & Piper，1973)。NSAIDs的长期不安全使用可以导致消化性溃疡这一点，多年来已经是一个不争的事实(Anda，et al，1992；Douthwaite，1938；Levenstein，2000；Sylvia，et al，1992)。Levenstein等(1997，2000)总结了一系列与消化性溃疡发病密切相关的危险行为，包括大量的吸烟和饮酒、睡眠不足、无规律的饮食习惯(如不吃早餐)、工作劳累和滥用药物(如阿司匹林、咖啡因等)。一些研究者还发现，消化性溃疡患者存在心理防御方式缺陷(潘建良等，2000)，对治疗的依从性行为比率只有47.1%，而家庭成员支持关注更多的溃疡患者对治疗的依从性较高(姚建敏等，2000)。有学者认为，这些行为因素可能是应激与消化性溃疡的中介因素(Levenstein，2000)。Levenstein等(1997)对消化性溃疡的一项为期9年的纵向研究表明，在控制了年龄因素后，高应激组发生消化性溃疡的概率较对照组增加了1.8倍；而控制了吸烟、饮酒、不吃早餐和缺乏睡眠等因素后，高应激组发生消化性溃疡的概率下降了33%。Anda等(1992)在对美国成人的健康和营养状况流行病学调查中发现，控制了阿司匹林使用、吸烟和教育因素后，高应激与消化性溃疡之间的关系减少了17%。Levenstein(2000)认为应激与消化性溃疡之间，行为作为中介的贡献为17%～44%。

5. 社会因素

低社会经济地位(socioeconomic status，SES)是促使消化性溃疡易患者发病的一个重要因素(Washington DC：Dept of Health and Human Services，1983)。首先，贫穷本身就是一个应激源，与其相联系的教育水平和伴随而来的艰苦的体力劳动与消化性溃疡发病相关；其次，有研究表明，随着社会经济地位的提高，幽门螺旋杆菌的感染率下降(Graham，1991)；再次，社会经济地位可能通过一些心理中介机制与消化性溃疡发病相联系。对心理因素与消化性溃疡关系的分析表明，社会经济地位可能是造成心理因素与消化性溃疡相关的一个混淆变量，在控制了这一变量后，心理因素对消化性溃疡的贡献减少了28%～36%(Levenstein，et al，1995；1997)。

还有研究表明，以下社会因素通过应激反应可使消化性溃疡的患病可能性增加：① 战争中的监禁(Gonlston，1995)；② 工作受挫(Kutata，1992)；③ 家庭问题(Mealie，et al，1992)；④ 对薪酬的不满(Netterstrφm & Kuel，1990)。伦敦在第二次世界大战被德国轰炸期间，消化性溃疡的住院病人猛增(Spicer，1944)。同样的情况在地震(Aoyama，et al，1998)、经济危机(Pomakov，1993)、拥挤的旅途(Lam，2000)中也有发生，表明自然或人为灾难可以促使消化性溃疡易患人群的发病。

6. 消化性溃疡的心理生理机制

经过多年的争论，学者们终于意识到对消化性溃疡的研究不能像以前的医学研究那样从还原论的逻辑出发，以形而上学的方式寻找单一的细菌作为病因；也不能像早年对心身疾病的研究那样局限在自己狭小的领域而不考虑微生物学的研究进展。尽管仍然存在诸多障碍，但是研究应激和研究幽门螺旋杆菌的学者们终于在消化性溃疡的病因问题上开始相互理解和学习，并提出整合的思想。根据有关文献的回顾(Hook-Nikanne, et al,1996; Levenstein, et al,1995;1997;1998;2000;2002; Sonnenberg, et al,1986; 1988; Steptoe, et al, 1996)，表 10-4 列出了文献中找到的目前研究比较一致的与消化性溃疡发病有关的主要因素。根据已有的研究结果可以认为，在生物、遗传素质和感染的基础上，应激事件的增多以及不良的行为方式会导致对社会环境的不适应，这些因素综合作用，通过复杂的生理心理反应导致消化性溃疡病的发生。然而，对消化性溃疡相关心理社会因素的研究仍是被一些学者质疑的，Weiner(1977)认为消化性溃疡与情绪性及社会应激的相关证据还不够充分。但是，由于消化性溃疡是典型的心身疾病之一，所以仍有不少心理社会因素的研究在继续进行。

表 10-4 消化性溃疡发病的相关因素

O 型血(type O blood)	HLAB5、B12 和 Bw35
高胃蛋白酶(Hyperpepsinogenmia)	幽门螺旋杆菌(H. pylori.)
非甾体类消炎药物(NSAIDs)	低社会经济地位(low SES)
生活事件(stressor)	工作劳累 (hard on-the-job labor)
忽略早餐(skipping breakfast)	缺乏睡眠(lack of sleep)
吸烟(cigarette smoking)	大量饮酒(heavy alcohol consumption)

专栏 10-1

Levenstein 有关消化性溃疡的整合模型

Levenstein 是意大利的一个消化内科医生，她在 2000 年发表了一份关于消化性溃疡病因的重要文献，并在回顾了多年来大量的消化性溃疡的研究以后，提出了一个更为具体的整合模型(见图 10-2)。在她的整合理论模型中，应激处于一个起始的位置，通过随之唤起的行为(吸烟、饮酒、非甾体类消炎药物的使用、忽略早餐、减少睡眠等)和一系列生理机制，最终导致消化性溃疡(Levenstein,2000;2002)。在 Levenstein 的这个理论模型中，行为因素被提高到一个非常重要的位置，并且认为行为因素通过破坏胃黏膜屏障和增加十二指肠酸负荷等病理生理机制导致溃疡；免疫力的下降和酸负荷的增加使幽门螺旋杆菌感染概率增加，也加剧溃疡的发生。

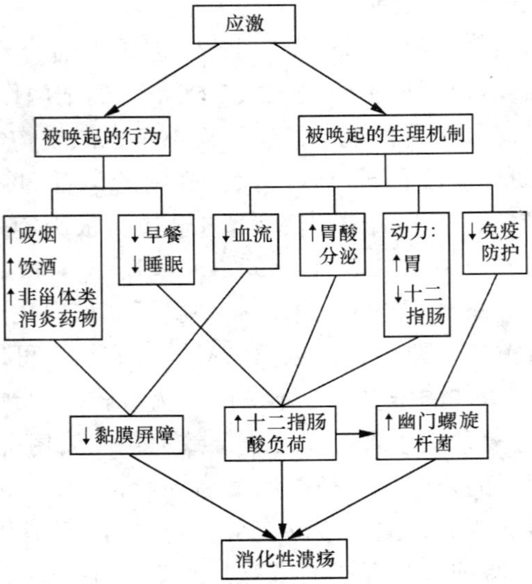

图 10-2 消化性溃疡病因整合模型(引自 Levenstein，2000)

Levenstein 的这个理论模型可以说是一个真正意义的身心交互模型,其优点是在大量研究结果的基础上,系统地阐明了消化性溃疡心与身的病理生理联系途径。这个模型是结合了应激的一个模型,整合了以前的研究结果。

四、糖尿病

糖尿病(diabetes mellitus)是一种原发的碳水化合物代谢紊乱综合征,它由多病因引起,并具有异质性,通常存在绝对的或相对的胰岛素缺乏或胰岛素抵抗。所有病因最终导致高血糖为这一综合征的基本特点。

糖尿病被普遍接受的分类是:胰岛素依赖型(IDDM,Ⅰ型),非胰岛素依赖型(NIDDM,Ⅱ型),葡萄糖耐量异常(IGT)和妊娠期糖尿病(GDM),其中常见的是Ⅰ型和Ⅱ型。Ⅰ型的病人表现为分泌内源性胰岛素的能力极低或缺乏,因此病人需要终生依靠外源性胰岛素的维持。Ⅱ型的病人仍保留显著的内源性胰岛素分泌能力,多见于成人,其中80%为肥胖者。人群中的糖尿病患者,约90%以上为Ⅱ型,而不到10%为Ⅰ型(蒋国彦,1992)。美国糖尿病的患病率为2%～4%,其中,Ⅰ型占所有病例的7%～10%。1981年中国的糖尿病患病率为8.08‰(全国糖尿病研究协作组调查研究组,1981),随着我国经济发展和人民生活水平的提高,糖尿病患者的数量迅速增加。浙江省糖尿病流行病学调查协作组(1998)于1994年11月至1995年3月,抽样调查和统计分析了25岁以上常住人口7949人,糖尿病患病率为2.75%;从45岁起患病率明显增高，且随增龄而呈上升趋势；超体重人群患病率是非超重者的3.22倍；城市患病率显著高于农村。和1974～1981年浙江省第一次糖尿病调查相比，患病率上升了5.35倍。有研究预测，到2010年我国宁波地区城乡的糖尿病死亡率均超过35/10万，城区增长幅度男性（3.91倍）高于女性（1.39倍），农村将增长3.72倍，农村女性增长尤快（5.16倍）（谢亚莉等，2002）。

糖尿病有一定的遗传倾向。糖尿病人群中，有糖尿病家族史阳性率为14.0%，正常人群有糖尿病家族史者为7.4%，两者有显著性差异（全国糖尿病协作组，1998）。尽管如此，糖尿病的病因和发病机理尚未被完全阐明。由于以下原因，从遗传的角度精确地弄清糖尿病病因还有困难：① 尚未发现特异性的遗传标志；② Ⅱ型和Ⅰ型在病因学上存在很大的异质性；③ 糖尿病基因可能与外界其他因素相互作用后，才能最终发病。目前认为，糖尿病的病因是多源性的，其中包括遗传、肥胖、感染、缺乏体力活动、妊娠、心理应激等因素。糖尿病的发病可能是遗传因素和环境因素两者之间相互作用的结果。

在Ⅰ型病因中，自身免疫占主要地位。抗甲状腺、胃壁细胞、肾上腺的自身抗体在Ⅰ型中要比正常人多见，90%的新发病的IDDM中可检测到不同的（异质性）血清胰岛素细胞抗体。绝大多数Ⅱ型的病人既为胰岛素缺乏性又为胰岛素抵抗性（循环血液中存在抗胰岛素抗体，胰岛素受体或受体后缺陷致靶组织对胰岛素的敏感性降低）。中年以上糖尿病病人在起病前后常因多食而肥胖。肥胖者外周组织靶细胞胰岛素受体数量相对减少，有些类型不仅受体减少，而且亲和力降低和（或）存在受体后缺陷，因而对胰岛素的敏感性降低，这是导致Ⅱ型的另一重要因素。

近年来的临床观察和实验研究证明，心理因素与糖尿病的发生和发展（特别是与Ⅱ型）有一定的关系。

1. 应激

"攻击或逃跑"反应中的血糖升高就反映了情绪对糖代谢的影响。一些动物试验表明，在紧张状态下，生长激素、肾上腺皮质激素、肾上腺素（EPI）、去甲肾上腺素和胰升血糖素分泌增加，拮抗胰岛素的作用，加重胰岛B细胞的负担，从而使血糖增高，产生糖尿病。Mikat等（1972）对沙鼠（Sand rat，一种遗传性糖尿病鼠）的试验研究表明，应激可以促使具有遗传倾向的沙鼠发生Ⅱ型。Surwit等（1984）对遗传性肥胖鼠（ob/ob鼠）的一项研究发现：应激后ob/ob鼠的血糖升高较正常鼠明显，其血浆胰岛素水平也显著性减低，表明ob/ob鼠发生高血糖的程度部分取决于动物是否暴露于应激环境。因此，应激因素可以促发遗传性Ⅱ型动物高血糖的表达。在应激状态下，机体可以通过HPA轴刺激肝糖原分解，加重糖原异生作用和减弱肝糖原的合成，致使血糖升高出现或加重糖尿病。

2. 生活事件

生活事件被认为是IDDM的发病因素之一。Robinson和Fuller（1985）的一项严格的对照研究发现,糖尿病组的生活事件及其严重程度均显著高于对照组。动物研究也提供了一些支持性结论,Carter 等(1987)对 BB 鼠(一种遗传性自发性Ⅰ型鼠)的研究发现,应激性刺激如拥挤、旋转、约束、社会化贫乏等可加速 BB 鼠Ⅰ型的发生。高北陵(1997)以 131 名糖耐量减低者和 91 名糖果耐力正常者作为研究对象,在平均追踪 18 个月前后,对这些研究对象进行口服葡萄糖耐量试验(OGTT)和紧张生活事件评定。结果发现,由糖耐量减低和糖耐量正常转化为糖尿病的两组人群在追踪期间的生活事件明显高于追踪前;由糖耐量减低转化为糖尿病组的生活事件频数明显高于 18 个月前。在新发糖尿病的人群中,"人际关系问题"的发生人数为最多,占该类人群的 62.5%,因而认为紧张生活事件对糖尿病的发生有显著的影响。

3. 社会支持

临床观察发现,某些糖尿病患者用常规治疗不能有效地控制血糖,而在改善家庭环境或脱离原来的家庭环境后病情得到迅速控制,可见糖尿病的代谢控制除与饮食和药物治疗有关外,还受到社会支持等因素的影响(高北陵,1996)。Schartz 等(1986)在对糖尿病的病因研究中发现,与健康人比较,糖尿病患者更具有孤独性、无子女或独子女、提前退休等倾向。同时发现近期有生活事件的患者,由于良好的家庭支持对其病情恢复产生了良好的效应。说明家庭支持可以削弱应激事件对糖尿病发病的影响。国内高北陵等(1998)的研究也表明,社会支持对糖耐量减低状态下的血糖转化具有一定作用。

一项关于糖尿病的多因素研究,部分揭示了心理社会因素(应激、社会支持和应对方式)与糖尿病代谢控制的关系。Karkashian(2000)对 123 名Ⅰ型和Ⅱ型糖尿病患者进行了以下的测查:① 自我管理问卷(self-administered questionnaire),包括一般情况、进食数量、进食类型、锻炼和血糖测试;② 应对方式问卷(coping mechanisms),包括问题应对和情绪应对;③ 社会支持问卷,包括一般和糖尿病性特殊支持;④ 糖尿病特异性应激问卷。以糖化血红蛋白(HbA)作为测量代谢控制的指标。对测查结果进行多变量回归分析(Multivariate regression analyses)发现,在应激与代谢控制关系之间,社会支持和情绪应对方式作为中介,通过自我管理行为作用于代谢控制。

许多研究还表明,糖尿病人伴有大量的心理社会问题,表现为社会孤独、抑郁症、自杀发病率增加、认知功能受损、性心理过程异常、生活质量下降(刘炳仑,1996)。心理社会因素与糖尿病的关系目前已经引起了国内外学者的广泛关注,相信这方面的研究在 21 世纪将会有较大的突破。

五、头痛

头痛(headache)与心理因素的关系特别密切,因此,要在各类头痛中判断单纯的器质性和单纯心理性头痛极为困难。在美国,大约有 80%的人在一年内发生过至少一次的头痛,其中有 10%～20%因此而寻求医学帮助,头痛已经成为从工作中请假和脱离社会活动的最主要的原因。各种类型头痛的发生率不同,但以血管性头痛与紧张性头痛为主，占80%(Stewart，et al,1992)。

1. 偏头痛

偏头痛(migraine)是一组反复发作性的头部血管舒缩功能紊乱引起的头痛。偏头痛发生率难以估计，一般认为约占全人口的5%～10%，儿童发生率估计也有2.0%～4.6%。女性发生率较高，男女之比约为2∶3至1∶4。发病年龄以青春期最多，女性偏头痛多开始于11～17岁，与月经初潮一致，随年龄的增长，症状渐轻，发病率降低(Stewart，et al,1992)。

偏头痛发病机理非常复杂，核心是血小板聚集和释放，其发病与神经系统机能有关，主要是血管和生化两方面的改变(徐斌，1990)：

(1) 血管改变。血管舒缩机能障碍在初期为脑动脉收缩，主要累及颅内血管。由于脑动脉痉挛性收缩，造成缺血部位及范围的不同，可出现不同的先兆。如累及大脑后动脉或视网膜动脉，可出现视觉先兆；如累及大脑中动脉额顶升支，可出现偏身感觉异常和偏瘫，称为前驱期或先兆期。第二期为脑血管扩张，主要累及颈外动脉，如头皮和硬脑膜血管，扩张范围越大，搏动越强，头痛越重，痛区越大，称为发作期。第三期为水肿期，即由于血管持续扩张导致血管壁局限性水肿，使头痛由搏动性痛转为持续性痛。

(2) 生化改变：① 发作期血浆5-HT含量减低，导致颅外血管扩张，头痛发作。偏头痛发作时，血浆中游离脂肪酸总量明显增加，特别是油酸、棕榈酸及亚油酸水平增高，使血小板聚集并释放大量5-HT，使5-HT一过性增高，继而迅速降解，引起颅外血管扩张，偏头痛发作。② 缓激肽(BK)有扩张血管作用，是血管内最主要的致痛物质。偏头痛病人发作中，缓激肽释放酶增加，使激肽原释放出缓激肽，使BK在血管壁中蓄积，5-HT可加强BK的致痛作用，使头痛加剧。③ 前列腺素有强烈的血管扩张作用。

心理社会因素与偏头痛的发作和维持相关(Feuerstein，et al,1982)。Kohler和Haimerl(1990)的研究表明，日常生活中小的负性生活事件是导致偏头痛的重要原因。Spierings等(1996)的研究也表明，偏头痛的发作与持续的负性小生活事件有关。Breslau和Davis(1993)研究表明，焦虑和抑郁等均可诱发偏头痛。

Willams(1993)的研究发现，偏头痛病人的人格特点常为内向、不稳定、倔强、固执、敏感、控制欲强和要求自己完美无缺；有研究表明A型行为模式与偏头痛相关(Woods，et al,1984)。家庭或环境、职业、人际关系的压力等社会心理应激均可诱发偏头痛，有报道家庭因素占57%，职业问题占45%(Feuerstein et al,1982)。绝经期偏头痛的加重、头部外伤诱发偏头痛，均可因情绪因素而加重。

大部分偏头痛对麦角胺抑制剂有良好治疗反应，然而有些偏头痛对药物反应不敏感。有研究表明，使用理性情绪行为疗法(REBT)治疗偏头痛有效，且长期效果好于药物治疗(Wang,et al,2005)。生物反馈疗法等对偏头痛也有一定疗效。

2. 紧张性头痛

紧张性(tension)头痛又称肌收缩性(muscle-contraction)头痛。神经性头痛或心因性头痛，是临床上最常见的心身疾病之一，其临床特点为非发作性、缓慢开始、持续数小时到数日(甚至更久)。头痛多为双侧性，用手压头皮及颈部感到柔软，而疼痛却常被描述为压迫感或钝痛、锐痛。疼痛部位在枕后，但也可向额、颞部延伸，有时环绕整个头颅部成束带状。

Wolff(1953)最早提出肌肉收缩引起紧张性头痛，他发现用6%的盐水0.6 mL注入颞肌或压迫头颅肌可引起头痛，并发现头部肌肉收缩；以后发现，头痛期前额肌电活动较间歇期增加10倍，认为肌肉收缩可引起头痛。Wolff(1950)认为，精神紧张引起头、颈、肩部肌肉持续收缩，这又进一步导致肌肉的循环不全，而产生致痛物质——乳酸等，引发头痛。这种理论可解释病患多从事某些职业(文秘、会计、绘图)他们因长期低头，颈部肌肉收缩而出现头痛。1962年美国头痛分类委员会接受了上述观点，称其为肌收缩性头痛。20世纪70年代，生物反馈治疗应用于临床，病人经训练，放松前额肌肉的收缩可改善头痛症状。这个方法推动了肌收缩与头痛关系的研究。Howard(1984)在综述中指出，某些头痛是由于头、颈部肌肉过度收缩所致；而大多数所谓肌收缩性头痛病人，在头痛发作期、间歇期并无过度的肌肉收缩，故认为这类病人的肌肉过度收缩也可能是头痛的结果，因此推论肌肉收缩和血管收缩引起的缺血是紧张性头痛的原因。

心理因素在头痛中起重要的作用。Wittrock和Foraker(2001)的研究表明，生活事件等应激因素与紧张性头痛密切相关。生物反馈疗法和催眠治疗对某些紧张性头痛病人有效(Alder & Alder, 1976)。

第五节 心身疾病的干预

对于心身疾病的干预，多种治疗方法均可考虑，例如心理动力学治疗、认知行为治疗等等。本章重点介绍生物反馈技术和应激管理的方法和作用。

一、生物反馈

基于医学与心理学结合治疗心身疾病的观点，生物反馈训练(biofeedback training, BFT)对心身疾病有一定的疗效。生物反馈使用了敏感的仪器设备，将躯体不易察觉的信息(如血压、心律、皮肤电反应和脑电波等)，通过仪器的"翻译"，表达为可以被人的感官感觉到的信息(如视觉形象或听觉信息)而反馈给个体，结合诸如放松等技术，使个体达到自我调节。Kenneth(1977)指出生物反馈包括三部分原则：

(1) 获得的器官信息具有一定的特异性，比如仪器能够从脑、骨骼肌和心脏的信息中区分出来自心脏肌肉的电冲动；

(2) 选定的生理变化指标与心理(态度、意识)的改变相伴随，即心理的改变能够带来相应生理指标的改变；

(3) 能够教会病人通过控制自主神经系统来改变这些生理指标。

生物反馈训练是一个有效的教育和训练工具，训练的目的是让人们经过训练，学会有意识地控制自己的生理活动，以调整机体功能或防病、治病。生物反馈训练包括下述过程：

1. 对生理反应的觉察

生物反馈的信息常见的是通过心电图、肌电图、脑电图、皮肤电反应、温度、心律、血压及血容量等的反馈信息。通过感受器(sensory)，生物反馈仪器将躯体信息转化为能被人的感官察觉的信号，如声音、光、信号波等。治疗师教会病人理解这些信号的意义，病人将这些信号与自己躯体的状态相联系。通过这个过程，病人察觉到自己的生理反应，如高血压病人通过血压仪得知自己的血压状态。

2. 对生理反应的控制

治疗师指导病人进行放松练习，练习的方法有冥想(meditation)、想象(mental imagery)、自生训练(autogenic training)等，病人通过反复的放松练习有意识地控制其某一器官的活动，使其回到正常的状态。

3. 将习得的反应应用到日常生活

通过生物反馈仪和治疗师指导下的反复训练，病人能够将其在生物反馈训练过程中学到的技巧和习得的反应应用到日常生活。病人在遇到日常工作和生活中的应激时，能够不再借助生物反馈仪器而达到调节和保持健康的目的。

生物反馈训练作为一种疗法，自 20 世纪 60 年代开始发展，目前已经应用到许多心身疾病的治疗并取得一定的疗效，如高血压、哮喘、消化性溃疡、糖尿病、紧张性头痛、癫痫等。

生物反馈训练常被应用于高血压的治疗。Schwartz(1976)等应用生物反馈训练治疗 7 例原发性高血压的病人，在安静和休息状态下进行反复的降压反馈训练，结果发现 5 例病人的收缩压下降。Green(1974)发现，大多数原来服用降压药的原发性高血压病人在接受反馈训练后，可以不再需要降压药的支持而能够控制血压。

生物反馈训练对治疗哮喘、偏头痛、胃肠疾病等也得到应用。Scherr(1972)等应用前额肌电反馈放松训练对 22 名哮喘儿童进行为期 6 周每周三次的治疗，发现治疗组的呼吸功能比对照组有明显改善。Medina(1976)等对一组偏头痛的病人在反馈训练前后的观察，表明反馈训练可以使病人的头痛症状减轻，发作次数减少。Lacvoix (1977)等将偏头痛的患者分为三组，分别接受皮肤温度反馈、额肌肌电反馈和放松训练，训练 18 天后，发现三组病人的症状均有改变，其中以皮肤温度反馈组最明显。Davis 等(1972)利用胃电图对 4 人进行减少或增加胃收缩的频率训练，其中 3 人学会了控制其胃肠运动。Furman(1973)曾用生物反馈治疗一位每天腹泻多达 15 次以上而病因不明的 24 岁女患者，经过 3 周的训练，病人学会了控制肠音，能随意地使肠音出现或消失，症状明显好转，经 3 个月训练后，症状完全消失。朱熊兆(2001)等将患有Ⅱ型糖尿病的病人随机分为实验组(55 例)和对照组(73 例)，实验组除常规糖尿病药物治疗外辅以生物反馈治疗，对照组只给以常规治疗。两组均于治疗前、后不同的时间测定空腹血糖、餐后2小时血糖、糖化血红蛋白、三餐前后1小时血糖。经治疗1个月后，两组的空腹血糖、餐后2小时血糖、平均血糖、糖化血红蛋白均有明显的下降，实验组的下降幅度及速度高于对照组，说明生物反馈放松训练能改善NIDDM患者的糖代谢，有效地控制血糖波动。

虽然生物反馈训练取得一定的疗效，但有一系列因素可能使生物反馈训练后的效果降低或减少，包括：① 病人的生活方式，如生物反馈训练不足以抵消不良生活方式（如持续处于应激环境中）对高血压的影响；② 一些心理因素的持续存在，如A型人格；③ 训练过程中忽视对训练效果的巩固，由于各种因素，病人无法将学到的反馈技巧很好地应用到生活（特别是应激环境）中。而且，对于生物反馈训练起作用的机制，研究者并不是很清楚。有研究人员提出，并不是生物反馈训练本身在起作用，而是生物反馈训练所伴随的放松技术在起作用（Davison & Neale，2001）。

二、应激管理

随着对应激研究的逐步深化，人们开始意识到生活中的应激对人体免疫系统造成的影响，以及随之而来的后果：产生或者加重的不同的生理疾患。如何能够掌控和良好地应对生活中的应激，成为应激管理的重点。鉴于我们每个人都会面临生活中的种种挑战，应激管理既可以应用于普通人的生活，尤其是面对较多压力的个体；也常常针对一些躯体疾病的患者进行，例如癌症患者、紧张性头痛患者、慢性疼痛患者等等。

简要地说，进行应激管理（stress management），首先要确定的问题是：应激源是什么？是即将到来的考试，或者是职场上的升迁带来的工作变化和人际关系变化？应激源是长期存在的，比如经济上的困窘；还是短期出现的，例如突发事件中个体对应激源有着什么样的反应？这里的反应包括生理的反应、情绪的反应、行为的反应、认知的反应。换句话说，个体对它们是如何应对的？了解到这些信息之后，才能从两个方面着手掌控应激，即改变应激源本身或者改变对应激源的反应（认知的、情绪的、生理的、行为的）。

具体来看，应激管理包含了多种多样的技术，每个技术针对的方面不同，但基本上都可归类于改变应激源本身或者改变对应激源的反应这两大类。例如，生物反馈技术可用于改善个体面对应激在生理上出现的紧张反应；时间管理技巧训练可帮助个体改善面对应激的行为反应。下面介绍的是应激管理中针对生理反应、认知反应、行为反应以及改变应激源这几方面常用的技术（Davison & Neale，2001）。

1. 降低生理唤醒

为了降低生理唤醒，通常会教给个体肌肉放松的技术，有些时候会以生物反馈作为辅助。研究表明，如果个体能够学会深度放松，并且能够在面对真实生活中的应激事件时应用深度放松，将有助于降低个体的应激水平。同时，放松训练也有助于免疫系统功能的改善。不过，要得到持久的效果，必须有规律地、持续地、长期地进行放松练习。

2. 认知重构

Ellis 和 Beck 所提出的识别和改变不良认知的方法都属于认知重构技术。其中心思想是个体的认知决定情绪和行为，改变个体的认知，使之建立在更合理的逻辑之上。这些技术经过实证研究的检验，已经被证实能够有效地降低个体的应激水平。

3. 行为技能培训

如果一个人不具备完成某项任务的技能，他自然会感觉巨大的压力。因此，在应激管理中经常包含技能的指导和练习。时间管理指导就属于行为技能培训中的一种，自信训练(assertion skills)也常被用于应激管理之中。

4. 改变应激源

改变对应激源的反应固然是行之有效的方法，但很多情况下，改变应激源本身就能够对降低应激水平有很大的帮助。例如，在工作场合中，很多时候应激来自于经常被打扰的工作环境。如果能够改善工作环境或者管理安排，使员工获得更多的隐私，较少地被打断，那么就会显著降低员工感受到的应激水平。

总　　结

本章主要论述了心身疾病的概念、病因及发病机制，同时介绍了一些重要的心身疾病。

在我们的周围存在这样一些人，他们争强好胜、醉心于工作，有不可抑制的雄心，时间观念很强，具有时间紧迫感，有时对周围人还存有一些敌意，这类人的行为被定义为“A 型行为类型”。A 型行为类型被认为是冠心病、高血压等心身疾病的病因之一。

除了 A 型行为类型之外，其他人格特征、情绪、生活事件及个体易感性等均对于心身疾病的产生和维持起着某种作用。

对于不同类型的心身疾病，本章主要介绍了冠心病、高血压、消化性溃疡和头痛，并介绍了影响这些疾病产生和持续的相关因素和研究的成果。

在对于心身疾病进行干预方面，本章主要介绍了生物反馈和应激管理。生物反馈(biofeedback)原理是通过相关仪器让人察觉到自己通常情况下不易察觉的生理反应(如血压、心律、皮肤电反应和脑电波等)，并进行强化和奖励，从而达到随意控制和自我调节。生物反馈包括对生理反应的觉察、对生理反应的控制、将习得的反应应用到日常生活之中。在应激管理中，需要了解应激源的性质和对应激源的反应，然后就能确定如何能够改变应激源或者改变对应激源的反应。

思 考 题

1. 什么是心身疾病？
2. 面对长期应激，人体会有哪些生理反应？应激如何影响躯体的免疫系统功能？
3. 心身疾病的影响因素有哪些？
4. 试述 A 型人格与冠心病的关系。

5. 目前已知的消化性溃疡病因有哪些？

6. 与Ⅱ型糖尿病发生和发展关系密切的心理因素有哪些？

7. 生物反馈的原理是什么？有哪些过程？

8. 如何进行应激管理？应激管理包含哪些主要方面？

推荐读物

1. 张伯源，陈仲庚(1986). 变态心理学. 北京：北京科学技术出版社

2. Lazarus R S (1999). Stress and Emotion: A New Synthesis. New York: Springer

3. Sapolsky R M (1999). Why Zebras Don't Get Ulcers: An Updated Guide to Stress, Stress-Related Diseases, and Coping. New York: W H Freeman and Company

11

人 格 障 碍

第一节　概　　述

一、人格障碍概念的演化历史

人格障碍英文原称作“性格障碍”(character disorder)，在现代的精神病学的文献中，有时仍沿用这样的称谓，这与文艺作品的发展有关。17～18 世纪，在戏剧、小说等文艺作品中出现了非常典型的具有讽刺和谴责性的人物性格创作，如对守财奴、厌世者等主人公的刻画，对性格的研究产生了较大的影响。这类人引起现代医学的重视始于 19 世纪初，如 Prichard 曾于 1835 年提出“悖德狂”概念，认为这类人的精神失调表现在情感、性情和习惯方面；他们心灵中的道德观念和正义原则被高度歪曲和败坏，其自我控制能力丧失或发生严重缺陷(翟书涛、杨德森，1998)。

K. Schneider 在 20 世纪初以病态人格(pathological personality)来表示与现在“人格障碍”类似的概念。他认为，这类人具有特殊的人格，但不能归于精神病范畴之内(翟书涛、杨德森，1998)。其他精神病学家也注意到人格障碍发病和表现特征与精神疾患的区别，如无发病、病理过程和转归等疾病所共有的特征。Murry(1938)把性格障碍归于非精神病问题之列，就是这样的一个例子。而现代心理学家则代之以“非精神病型人格障碍”这个名称。

在早期研究中，人格障碍与“精神病态”(即反社会人格)的术语常常是交替使用的，即人格障碍曾主要指反社会人格这一类型。直至 20 世纪 60～70 年代，反社会行为才被作为一种特殊的人格障碍类型，而与人格障碍的概念相区别(陈仲庚、甘怡群，1993)。

由于多数人格障碍者并不主动求医，对人格障碍发病率的统计是比较困难的。有研究者对冰岛 5395 人进行终身预期发生人格障碍的研究，于 1957～1971 年和 1977 年进行了三次评估，结果显示其公民在 81 岁前发展人格障碍的预期率为 5.2%(见翟书涛、杨德森，1998)。

二、人格障碍的诊断标准

1. DSM-Ⅳ的诊断标准

DSM-Ⅳ对人格障碍的诊断标准(APA,2000)

A. 明显偏离了患者所在文化所应有的持久的内心体验和行为类型,表现为下列2项以上:
(1) 认知(即对自我、他人和事件的感知和解释方式);
(2) 情感(即情绪反映的范围、强度、脆弱性和适应性);
(3) 人际关系;
(4) 冲动控制。

B. 这种持久的行为类型是不可变的,并且涉及个人和社交场合的很多方面。

C. 这种持久的行为类型导致临床上明显的痛苦烦恼,或在社交、职业或其他重要方面的功能缺损。

D. 这种行为类型在长时间内是相当稳定不变的,至少可以追溯到青少年或早期成年时。

E. 这种行为类型不可能归于其他精神障碍的表现或后果。

F. 这种行为类型并非由于某种物质(例如某种滥用药物,治疗药品),或一般躯体情况(例如脑外伤)所致之直接生理性效应。

2. CCMD-3 的诊断标准

在CCMD-3(中华医学会精神科分会,2001)中,人格障碍被定义为"人格特征显著偏离正常,使病人形成了一贯的反映个人生活风格和人际关系的异常行为模式。这种模式显著偏离特定的文化背景和一般认知方式(尤其在待人接物方面),明显影响其社会功能与职业功能,造成对社会环境的适应不良,病人对此感到痛苦,并已具有临床意义。病人虽无智能障碍,但适应不良的行为模式难以矫正,仅少数病人在成年后程度上可有改善。人格障碍通常开始于童年期或青年期,并长期持续发展至成年或终生。"

3. ICD-10 的诊断标准

在ICD-10中,对成人的人格和行为障碍有这样的总体概括(世界卫生组织,1993):本症包括各种有临床意义的状况和行为类型,它们趋向于有持续性,并表现出个人特征性的生活方式以及对待自己和他人的模式。在这些行为状况和类型中,有些是在个体发育早期阶段,作为体质因素和社会经历双重的结果性人格障碍、混合型及其他人格障碍和持久的人格改变,是根深蒂固和持久行为类型,表现为对广泛的人际和社会处境产生固定的反应。他们与在特定文化背景中一般人的感知、思维、情感,特别是待人接物的方式上有极大的或明显的偏离。这些行为类型相对稳定,对行为和心理功能的多个环节都有影响。他们常常(但不总是)伴有不同程度的主观的苦恼和社会行为方面的问题。

在上述诊断标准的描述中,各有其特点,但总体而言,各诊断标准均涉及偏离的个人特征，早期出现，持续、固定不变，社会生活适应不良等特征。

第二节 人格障碍的评估

对各类型人格障碍的测量是进行诊断、治疗和实证研究的基础。人格障碍的测量和诊断一般有临床会谈、自我报告和医生评定三种形式(陈仲庚、甘怡群，1993)。

一、临床会谈

在这三种形式的评估中，结构化的临床会谈被认为是比较有效的诊断评估工具。然而这种方法需要治疗师或医生与病人面对面的会谈，工作量大，需时较长。这就限制了被试的数目。其中较好的临床会谈，其提问内容大多以诊断标准和临床描述为依据，探测被试是否符合某类人格障碍的标准。

典型的提问如，“你觉得有人轻视你吗？请举例。你对此反应如何？”根据被试所举的例子以及其所叙述的自己的态度和反应，会谈者可确定该被试是否适合偏执型人格障碍的 7 条标准之一，然后综合被试对其他许多问题的回答，评估和判定被试是否属于偏执型人格障碍。

Zimmerman(1994)综合了美国常用的会谈评定工具，它们包括：DSM-Ⅲ-R 人格定式晤谈修订版(SIDP-R)，人格障碍检查(Personality Disorder Examination，PDE)，DSM-Ⅲ轴Ⅱ结构化临床访谈(Structured Clinical Interview for DSM-Ⅲ Axis Ⅱ，SCID-Ⅱ)，DSM-Ⅲ 人格障碍多维量表(A Multi-dimensional Scaling for the DSM-Ⅲ Personality Disorder)和 DSM-Ⅲ-R 人格障碍诊断访谈(Diagnostic Interview for DSM-Ⅲ-R Personality Disorders，DIPD)等会谈工具(见翟书涛、杨德森，1998)。

在人格障碍的结构会谈中，由于人格障碍与精神病、神经症的共病率很高，一个重要的问题是要设法分清哪些回答是受到所患精神障碍的影响。所以病人的人格情况只能根据病前行为的可靠资料来进行评价。例如，如果面对一位病程 3 年的精神分裂症患者，应该在问所有问题之前提醒他：“我们需要了解的是你 5 年前的情况。5 年前你对这件事怎么做？”

二、自陈量表

自陈量表是最简便而经济的方法，被人格障碍的研究者，尤其是心理学家所乐于采用。在自陈问卷中，具有较好效度的有：“Millon 临床多轴量表”(Millon Clinical Multiaxial Inventory，MCMI)，MMPI 以及“人格障碍问卷”(Personality Disorder Questionnaire，PDQ)等几种。第 3 章已经介绍了部分常用人格测评自陈量表，在此仅介绍“Millon 临床多轴量表”。

Millon 临床多轴量表(MCMI)由 Millon 根据其病理心理学理论编制而成，被认为是对 MMPI 具有挑战意义的人格测验，其病理心理学理论对 DSM-Ⅲ中人格障碍分类起着重要的作用。MCMI 的条目比 MMPI 更为简要，仅 175 条，费时少，易于完成。MCMI 正式发表于 1977 年，适用于 17 岁以上者及成人。现有 MCMI-I 和 MCMI-Ⅱ两个版本。

施测时受试者根据自己情况对每个问题回答"是"或"否"。这些问题进一步组合成 5 个方面 25 个分量表。分别如下(Millon，1987)：

(1) 反应受测者态度和测验有效性的 3 个修正量表或修正指数，即暴露程度量表(disclosure)、愿望程度量表(desirability)、贬低程度量表(debasement)。

(2) 评估临床人格障碍类型，包括 10 个分量表，即分裂样人格量表、回避型人格量表、依赖型人格量表、癔症型人格量表、自恋型人格量表、反社会型人格量表、攻击/虐待型人格量表、强迫型人格量表、被动/攻击型人格量表、自我失败型人格量表。

(3) 评估严重的人格变态，包括 3 个分量表，即分裂型人格量表、边缘型人格量表、偏执型人格量表。

(4) 评估某些临床综合征，包括 6 个分量表，即焦虑症、躯体化障碍、躁狂症、心境恶劣、酒精依赖、药物依赖。

(5) 评估另外几个严重的综合征，包括 3 个量表，即思维障碍、重症抑郁、妄想症。

MCMI 具有较好的信度，与 MMPI 和 SCL-90 均有与理论构想一致的显著相关，但其实用效度还有待进一步的证实。MCMI 的粗分可以通过评分套板或计算机系统软件转换。但大多是通过美国国立计算机系统中的专家系统软件进行分析，经该系统分析后，就能够得到一份较详细的有关受测者人格问题的报告(翟书涛、杨德森，1998)。

另外还有其他一些著名的人格量表，如加利福尼亚心理调查表(California Psychological Inventory，CPI)，16PF，EPQ 等。这些问卷和方法，在人格研究的历史上都有非常重要的作用和意义。它们代表了不同的人格理论和对人格的不同研究方法。中国近年来还引进和修订了一些相关的人格检测工具，如艾森克人格简式量表(EPQ-RSC)(钱铭怡等，2000)。

三、临床评定

介于结构会谈和自我报告之间的一种测定方式是临床评定，即由熟知病人情况的医生对某些症状有无做出判断。这种评定方法比临床会谈省时，也比自我报告更客观，但实施的条件是病人必须是长期住院的患者或多次在某一心理治疗师处就诊，治疗师或医生才可能对该病人的情况有足够的了解，以完成对于病人情况的临床评定。

"Millon 人格诊断检核表"(Millon Personality Diagnostic Checklist，MPDC)是临床评定量表的一个例子，共包括 160 个陈述句，例如"曾做出冲动性的自毁行为"、"独自做事情有困难"、"不合作，逆反和固执"。

要求治疗师或医生在这 160 个句子中，挑出 35～50 个对病人情况适用的句子；而后，再从中选择 8～12 个能够描述病人显著而突出特征的句子。测评者可根据这两种评定，计算病人人格障碍的倾向。

从以上介绍的内容中我们可以看到，与一般人格评估或神经症症状的检测相比，人格障碍的评估更为困难。每一种评估方法都有其优点和局限性。在实际研究中，三种方法结合使用，互为补充，是最理想、最接近实际情况的评估策略。

第三节 人格障碍的分类

在 DSM-Ⅳ 中，人格障碍属于轴Ⅱ的障碍，即通常在成年以前就出现，一直稳定地持续到成年期。轴Ⅰ的障碍（如焦虑障碍）经常和轴Ⅱ的障碍同时存在于一个病人身上。对于这种共存性，研究者提出了多种解释。一种理论认为，人格障碍实际上是轴Ⅰ障碍的较轻微表现，因此其中一种障碍的诊断必然意味着另一种障碍的存在。另外一种理论认为，人格障碍的存在可能易于使一些人倾向于发展成为某些轴Ⅰ的障碍（Barlow，2001）。例如，我们将看到的，回避型人格障碍可能预示着社交恐怖症，分裂型人格障碍可能预示着精神分裂症。而轴Ⅰ的障碍也可以作为人格障碍的预测指标。或者，一些其他变量或生物学因素造成了两类障碍共同的可罹患性，也不是不可能的。

作为参考和对比，我们可以看一下另外两种诊断标准对人格障碍的分类。

CCMD-3 对人格障碍的分类包括：偏执性、分裂样、反社会性、冲动性、表演性（癔症性）、强迫性、焦虑性、依赖性、其他［如被动攻击性、抑郁性和自恋性］人格障碍等，共 9 类。

ICD-10 对人格障碍的分类包括：偏执型、分裂样、社交紊乱型、情绪不稳定型、冲动型、边缘型、表演型、强迫型、焦虑（回避）型、依赖型、自恋型和被动-攻击（违拗型）型人格障碍等，共 12 类。

对于人格障碍的不同类型，各分类系统具体内容见表 11-1 所示。

表 11-1 三种分类系统中对于人格障碍的分类比较

CCMD-3(2001)	ICD-10(1993)	DSM-Ⅳ(1994)
偏执性	偏执型	偏执型
分裂样	分裂样型	分裂样
		分裂型
反社会性	社交紊乱型	反社会型
	情绪不稳定型	
冲动性（攻击性）	冲动型	边缘型
	边缘型	
表演性（癔症性）	表演型	表演型
强迫性	强迫型	强迫型

（续表）

CCMD-3(2001)	ICD-10(1993)	DSM-Ⅳ(1994)
焦虑性	焦虑(回避)型	回避型
依赖性	依赖型	依赖型
		自恋型
其他或待分类	其他	
	未特定	未注明

下面将按照DSM-Ⅳ的标准逐一介绍这些人格障碍，读者应该注意，不要随便将这些诊断标准用来评价自己或自己所认识的人。因为实际上，很容易会在自己或相识的人身上发现个别符合人格障碍所描述的特征。在绝大多数情况下，据此就认为自己或他人具有某种人格障碍是不可靠的。作为人，我们都有人格特质，这些特质中的很多不可避免地类似于人格障碍的某些特征。但只是在极少数情况下，这些特征的适应不良、使人苦恼和僵化的水平才会达到可以确诊为人格障碍的程度。

DSM-Ⅳ区分了10种人格障碍，并在相似的症状描述基础上将它们分为三大类群（APA，1994）。A类群：以行为古怪、奇异为特点，包括偏执型、分裂样、分裂型人格障碍。B类群：以戏剧化、情感强烈、不稳定为特点，包括表演型、自恋型、反社会型、边缘型人格障碍。C类群：以紧张、焦虑行为为特点，包括回避型、依赖型、强迫型人格障碍。另外还有两种人格障碍——被动-攻击型和抑郁型人格障碍——是作为需要进一步研究的可能的诊断类别，在下面对各种障碍的详细介绍中，没有包括这两个类别。

一、偏执型人格障碍

1. 临床表现

DSM-Ⅳ对偏执型人格障碍(paranoid personality disorder)的诊断标准（APA，2000）

A. 对他人的普遍的不信任和猜疑，把他们的动机解释为恶意，这种猜疑起自成年早期，前后过程多种多样，表现出以下4项以上：
(1) 没有足够依据地猜疑他人在剥削、伤害或欺骗他；
(2) 沉湎于不公正地怀疑朋友或同事对他的忠诚和信任中；
(3) 勉强地信任他人，因为担心一些资料信息会被恶意地用来对付自己；
(4) 从常见的线索或事件中悟解出隐含的贬低或威胁性意义；
(5) 持久地认为他人对之有恶意，即对他人的侮辱或伤害一直耿耿于怀，不予宽容；
(6) 觉得自己的名誉或者人格遭受他人攻击，虽然他人并不这样认为；病人迅速做出愤怒反应或做出反击；
(7) 虽然没有证据，但还是对配偶或性伴侣的忠贞反复地表示猜疑。

B. 并非发生于精神分裂症、伴精神病性表现的心境障碍，也不是由于一般躯体情况所致之直接生理性效应。

【案例 11-1】

“偏执”是名 40 岁的建筑工人，觉得同事不喜欢自己，并且担心有人想使他从脚手架上摔下去，在工作中受伤。而他后来在吃午饭的时候，又感到一个坐在前面的同事在恶意地议论他。他开始注意到，他的新“敌人”与别人开怀大笑，怀疑自己成为了他们的笑料。他想去和他们对质，但害怕这样做会给自己带来更多的麻烦，就决定只是把这件事留在心里。

“偏执”在接受治疗的时候，没有主动提供什么个人情况，紧张地坐在椅子上，睁大眼睛仔细地关注着房间里的一切事物。他不断地搜寻面谈者的言外之意，感到对方在批评自己，想象对方是站在自己的“敌人”一边的。他说自己来接受心理治疗的目的，只是为了得到安眠药。

“偏执”在童年的时候非常孤独，觉得受到其他孩子的排斥，待他很不友好。他的学习成绩很差，但他认为是因为老师只喜欢女孩子和女孩气的男孩所致。他辍学后，作了一名工人，既勤劳又有效率。虽然他拿不出什么证据，但仍相信自己因为信奉天主教而不能得到和别人同样的待遇。他和老板、同事的关系很糟糕，不会和别人开玩笑，喜欢独自一人工作和吃午饭。他因为觉得自己受到虐待，已经换过了多次工作。

这个病人与其家庭的其他成员很疏远，且非常刻薄。他的孩子称呼他“先生”并且总是远远地躲着他。他在家里从来无法安静地坐着，总是在做家务。他不希望别人到自己的家里来，妻子不在家的时候，他就会坐立不安，担心妻子会不忠。

(引自 Spitzer, et al, 1981 见 Robert, et al,1996)

从此案例可以看出，病人具备诊断标准中所述的偏执、猜疑、对他人持久的不信任、社会隔离的特征。其问题在早期生活中就已有显现，病人虽然自己也感觉社会适应困难及工作不愉快，但并未意识到自身的问题。

美、德等国采用 PDQ 和 SCID 等临床调查表、定式检核表等工具，得到此类人格障碍的患病率为 0.4%～7.3%。此外，临床发现这一类病人中男性居多。偏执型与强迫症的共病率达 19%，与惊恐障碍的共病率为 6%(见翟书涛、杨德森，1998)。

2. 形成的原因

生物学方面的研究证据不多。一些研究认为，偏执型人格障碍在精神分裂症患者的亲属中比较常见。

心理学方面的原因就更不确定了。一些心理学家指出，可以用偏执型人格障碍患者的认知或想法解释他们的行为，例如他们会认为别人“是有恶意和虚伪的”、“如果别人有机会就会攻击你”。这些明显错误的想法支配了病人生活的每个方面。一种观点认为，这种想法的形成是由于在其成长的早期，受到父母的影响，认为自己是与众不同的，并且要小心不犯错误。

文化因素也与形成偏执型人格障碍有关。一些特殊人群，如监狱中的犯人、难民、有听力障碍的人、老年人等，因其经历的独特，容易形成这种人格障碍。文化因素往往是与认知因素交织在一起，共同起作用的。

3. 治疗

有时候，偏执型病人的行为会很危险，因此需要进行控制。对于病人虚妄的指责，治疗师必须循序渐进地指出现实是怎样的，但又要小心不能使病人感到受了羞辱。只有在双方都做好准备的情况下，治疗师才能够尝试取得治疗的控制权。在团体治疗中，偏执型病人的表现不好，他们也无法忍受行为治疗中的干预。

在个体心理治疗中，治疗师需要表现出一种职业化的、而不是过于温暖的态度。治疗师在处理与病人有关的事情时应当直率。偏执型障碍的病人对于逃避是非常敏感的，治疗时不应该挑战病人的拒绝和投射，最好是耐心地倾听他们的指责和抱怨。有偏执型障碍的人很难相信任何人，即使是为其提供服务的心理治疗师。因此，他们很少在需要的时候求助于专业人员，并且也难以建立起成功的心理治疗所需要的信任关系。但当他们寻求治疗的时候，往往是其在生活中出现了某种危机或其他问题的时候(如焦虑或抑郁)，求助的主要原因不是其人格障碍方面的问题。

对于这种障碍的治疗，治疗人员要形成和患者彼此信任的关系，并且可以采用认知治疗的方法来解决病人的歪曲的认知——认为所有的人都是卑鄙的和不可信任的。

二、分裂样人格障碍

1. 临床表现

DSM-Ⅳ对分裂样人格障碍(schizoid personatily disorder)的诊断标准(APA，2000)

A. 与社交关系普遍脱离，在人际交流场合表情有限，起自成年早期时，前后过程多种多样，表现出下列4项以上：
(1) 既不想要，实际上也没有亲密的人际关系，包括作为家庭之一员；
(2) 常常选择独自活动；
(3) 很少有兴趣与他人发生性行为；
(4) 很少对娱乐活动感到乐趣；
(5) 除了一级亲属外，没有亲密的或知心朋友；
(6) 对于赞扬或批评都显得无所谓；
(7) 情绪淡漠或感情平淡。
B. 并非发生于精神分裂症、其他精神病性障碍或某种普遍性发育障碍，也不是由于一般躯体情况所致之直接生理性效应。

【案例 11-2】

患者，男，25岁，未婚，高中文化，是母亲的第14胎。母亲怀孕时体弱，足月顺产。8岁上小学，19岁高中毕业，学习成绩一般。毕业当年进手表厂，工作能力一般。小学时曾患肾盂肾炎。母亲曾患神经症。患者从小个性孤僻,很少与人交谈。对家里的事不关心,对家人缺乏感情,生活被动,衣服不知换洗,需要人督促,甚至夏天洗澡也需家人催促。及至年长,无兴趣爱好,对自己婚姻恋爱也不关心,家人给介绍对象表现冷淡,毫无反应。所穿衣服需家人购买,自己从不张罗,缺少知心朋友。工作之余,不找朋友玩,而是独自睡觉。明尼苏达个性调查表提示为人格障碍,被动依赖,极度内向。精神检查发现,其意识清晰,表情淡然,反应迟钝,接触被动,未检出知觉及思维障碍,日常生活悉由父母照顾,对家人令其读报或换洗衣服感到厌烦。平时也无特殊爱好,看电视从不更换频道挑选节目。智能正常,诊断为分裂样人格障碍。

(引自翟书涛、杨德森,1998)

案例中病人的特征为社会隔绝,情感疏远,而这一点为分裂样人格障碍者的突出特征。病人在日常社会生活中常常表现为孤单、冷淡、沉默,不介入日常事务,不交际,不关心他人。但此类人往往投注较大的精力于与人无关的兴趣方面(如数学、天文学等)。

美、德等国采用 PDQ 和 SCID 等临床调查表、定式检核表等工具得到的患病率为 0.7%～5.1%,此类障碍者多见于男性(见翟书涛、杨德森,1998)。

2. 形成的原因和治疗

人们对这种障碍的了解尚不完全,目前有下列一些看法。

心理动力学理论家认为,分裂样人格障碍患者的极端社会规避性,是由于人类基本的接触需要没有获得满足而产生的防御反应(Carstairs,1992)。如果父母对孩子表现出拒绝、不予保护和不接受的态度,甚至虐待孩子,在这种环境中成长的孩子,可能会因为没有能力付出和接受他人的爱,从而发展出逃避一切交往关系的应付策略。孩子对看护者感到厌恶或愤怒,但又不得不依赖于看护者才能生存。因此,孩子更安全的应对方式就是形成低的自我评价,而不是对厌恶的人做出愤怒的反应。

认知治疗理论家认为,患有这种障碍的人在认知上存在缺陷,思想的极度混乱和贫乏,不能有效地关注周围的情况来获得准确的感知(Beck, Freeman, & Davis,1990)。这些缺陷使病人缺少情绪反应,不能够接受和解释复杂情绪的线索,对激发情绪的刺激难以做出反应。有这种障碍的儿童,与智力水平相同的控制组儿童相比,在言语、教育、和动机形成方面的发展都较迟缓(Wolff, et al,1991)。

对分裂样人格障碍形成的原因,还需要在基因、神经生物学和心理社会学方面继续研究。但值得注意的是,这种障碍患者在对社会孤独的偏好上,很类似于另一种障碍——孤独症。孤独症患者对别人不予理睬,或者感情非常冷漠。生物因素是形成孤独症的因素之一。所以,可能与孤独症类似的生理机能缺陷,早期学习或早期人际交往中形成的问题,可以解释分裂样人格障碍中的社会缺陷。

对于这种障碍患者,治疗者通常会首先鼓励他们发展对社会关系的兴趣,向他们指出社会关系的价值。甚至有时要由治疗者教给患者各种情感反应,帮助他们体会别人的情感。患者由于没有建立起社交技巧，或因为很少使用而使这些机能退化了。通常采用角色扮演技术对他们进行社交技能的训练，治疗者可扮演一个朋友或一个重要人物，帮助患者学习建立和保持社会关系所必需的技术(Beck，Freeman，& Davis，1990)。

三、分裂型人格障碍

1. 临床表现

DSM-Ⅳ对分裂型人格障碍(schizotypal personality drsorder)的诊断标准(APA，2000)

A. 在社交关系中感到孤独和不适，与亲友在一起感到很不舒服，很少动感情，而且还有知觉或者认知歪曲以及古怪的行为；起自成年早期，前后过程多种多样，符合以下5项以上：
(1) 牵连观念(未达关系妄想程度)；
(2) 与其文化背景不相一致却影响其行为的古怪想法或魔术思维(例如，迷信、特异功能、心灵传感或"第六感觉"；对于儿童或青少年，表现为怪异的幻想或整日沉湎的想法)；
(3) 不同寻常的知觉或者躯体幻觉；
(4) 古怪的(例如，含糊的、琐碎的、隐喻的、过分推敲的或刻板的)言语；
(5) 猜疑或偏执观念；
(6) 感情不适合或受限制；
(7) 古怪的行为或表现；
(8) 除一级亲属外，没有亲密的或知心朋友；
(9) 过分的社会焦虑，往往伴有偏执性的害怕感但没有对自己错误的判断。

B. 并非发生于精神分裂症、伴精神病性表现的心境障碍、其他精神病性障碍或某种普遍性发育障碍。

【案例11-3】

"分裂"是位32岁的妇女，未婚，没有工作，依靠福利救济生活，她说自己感到"空虚"。她的疏离感越来越强，使她很不舒服。她觉得每天都有很多时间似乎在看着自己从生活中经过，她周围的世界都是不真实的。她的这种陌生感在照镜子的时候特别强烈。很多年她都觉得能够通过"一种自己也不能理解的透视能力"知道他人的想法，说她家中的其他几个人也具有这种能力。她强烈地感到自己负有某种特殊的使命，但不清楚具体是什么；她对宗教不是很虔诚。在社交中很腼腆，经常认为他人对自己很注意，有时候觉得街对面的陌生人在有意地躲避她。她没有朋友，感到孤独，每天花大量的时间做白日梦或看肥皂剧。

病人说话时含糊不清、抽象，总是离题，没有重点。她看上去害羞、充满疑虑，担心自己遭到批评。在现实性测验中她的成绩不是很差，没有严重的幻觉。她没有就情感问题进行过治疗。只找过一份短时间的工作，很快就因为没有兴趣而放弃了。

(引自 Spitzer，et al，1989 见 Robert，et al，1996)

上述案例中病人的特点是社会隔绝、行为古怪、多疑，这正是分裂型人格障碍的特征性表现。病人虽因此而痛苦，但并不能意识到自身的问题。

此类障碍的患病率可能高于精神分裂症和其他人格障碍。美、德等国采用PDQ、SCID等临床调查表、定式检核表等工具得到的患病率为0.6%～14.6%。分裂型人格障碍与重性抑郁症的共病率为9%，与强迫症的共病率为19%。不同研究对其他人格障碍与分裂型人格障碍伴发的百分率有所不同，其中与其共病的有回避型、分裂样和偏执型人格障碍（见翟书涛、杨德森，1998）。

2. 形成的原因

"分裂型"（schizotype）一词在历史上曾被用来描述以后可能发展为精神分裂症的人。有些人认为分裂型人格障碍是精神分裂症基因型的表现型。基因型要表达出来成为显型，需要有一定的外界条件。例如，一些人被认为有"精神分裂症基因"（基因型），但因为缺少相应的生物（如先天疾病）或环境的（如贫穷）压力，就会以相对较轻的分裂型人格障碍的形式表现出来（表现型）。

这种认为分裂型人格障碍和精神分裂症有联系的观点，部分是因为这两种患者的表现。分裂型人格障碍的很多特征，如牵连观念、幻觉、偏执的想法，都是精神分裂症类似症状较轻微的表现。对这两种障碍的遗传学研究，似乎也支持这种观点。对双生子和领养子的研究提供了可信的证据（翟书涛、杨德森，1998）。这类研究表明，精神分裂症患者的亲属如果不是精神分裂症，则患分裂型人格障碍的可能性很大。但这些研究同时告诉我们，环境对分裂型人格障碍的影响也是很大的。可能某一类分裂型人格障碍和精神分裂症病人之间是有关联的，但遗传与环境的影响各起多大的作用仍是值得探讨的问题。

3. 治疗

一些研究者估计，在因患有这种人格障碍而接受临床治疗的病人中，约30%～50%同时有严重的抑郁。对于这些病人，同时需要采用药物和心理治疗方法对抑郁的治疗。

对分裂型障碍患者进行治疗的研究还很少，而且治疗的效果并不非常理想，最多只达到了中等程度的疗效。一种通常的做法是教给患者社交技能，以帮助他们与人交往，并减少他们对他人的不信任感。

由于分裂型人格障碍被认为与精神分裂症有关，并且许多在这种障碍中表现出来的问题与精神分裂症患者的问题非常相像，因此药物治疗的方法与对精神分裂症患者的治疗很相似。在一项研究中，给17个患有分裂型人格障碍的病人服用氟哌丁苯，患者的情况有所好转，特别是在牵连观念、古怪的思想和言语、社会孤立状况方面。但许多病人因为这种药物的副作用（例如困倦）而停止用药并退出了这项研究。这项研究中大约有一半的患者完成了治疗，其症状有中等程度的改善（Serban & Siegel，1984）。

对这种障碍的治疗尚需进一步的研究。这不仅是因为患者的症状难以随着时间的推移而获得改善，而且部分患者还会发展出更加严重的精神分裂症症状。

四、回避型人格障碍

1. 临床表现

DSM-Ⅳ对回避型人格障碍(avoidant personality disorder)的诊断标准(APA,2000)

> 避免社交、无能感和过分的否定评价；起自成年早期时，前后过程多种多样，表现为下列4项以上：
>
> (1) 因为害怕批评、遭到反对或拒绝，回避一些涉及较多人际交往接触的职业活动；
> (2) 除非能确定他人会喜欢自己，否则不愿意与人们打交道；
> (3) 因为害羞或害怕被取笑，很少与人发展亲密的关系；
> (4) 沉湎于在社交场合遭到批评或拒绝的想法；
> (5) 不参加新的人际交往场合，因为有无能感；
> (6) 认为自己在社交方面很笨拙，个人没有什么吸引力或比其他人差得多；
> (7) 极度不愿意参与新活动，因为认为会因之难堪。

【案例11-4】

"回避"是名35岁的图书管理员，过着相当孤独的生活，没有什么熟人和私人朋友。从童年开始，她就非常害羞，并尽量避免和别人的亲密关系，以免受到伤害或批评。在她开始接受治疗的两年以前，有一次和一个在图书馆结识的人去参加一个聚会。在聚会中"回避"感到极度不安，觉得自己的服装不得体，就匆匆离开了，并从此拒绝再见那个人。在两年以后，她仍然对这件事念念不忘，所以决定接受治疗，尽管她非常害怕遭到治疗师的评判。

治疗的开始阶段，她在大部分时间里都是沉默地坐着，感到很难谈论自己的问题。在几次会面之后，她开始信任治疗师，并且回想起在童年时，令人讨厌的酒鬼父亲，有很多次在公开场合让她极度的难堪。虽然她试图使学校里的朋友不知道自己的家庭问题，但当这已经不可能时，她就以减少与人接触，来避免感到不安或遭到议论。

"回避"在开始接受治疗时，如果不能够确信对方会"喜欢自己"，她就会避免和对方接触。但随着治疗中自信训练和社交技能训练的进行，她在与人接触和交谈方面取得了进步。

(引自 Robert, et al, 1996)

回避型人格障碍者的特点在上述案例中有突出的表现，即以长期和全面地脱离社会关系为特征。此病人在生活中表现回避、退缩，过分敏感，易于焦虑，对自我价值缺乏信心，这也是回避型人格障碍者的特点。

美、德等国采用PDQ和SCID等临床调查表、定式检核表等工具得到的患病率为0.4%～1.6%，此类人格障碍中女性多于男性，比例约为3∶2。回避型人格障碍与重性抑郁症、强迫症、惊恐障碍的共病率分别为15%，27%，20%。回避型人格障碍与分裂样人格障碍高度相关；但在不同研究者的报告中，与分裂型人格障碍、边缘型人格障碍、依赖型人格障碍的相关不一致或者相关度不高（见翟书涛、杨德森，1998）。

2. 形成的原因

一些理论学家认为，生物化学方面的异常、易患病的基因、习得性恐惧（learned fears）、令人不安的思维方式（upsetting thought processes）是形成回避型人格障碍的原因。但在这些原因和这种障碍之间的直接因果联系是否存在，还需要进行大量的实证性研究的检验（Barlow，2001）。

许多学者认为，有这种障碍的人所具有的羞耻感，是由于童年时期的内心经历和父母的训斥造成的。他们发现，如果经常遭到父母的嘲笑，孩子就会将这种屈辱的经历内化，形成消极的自我意向，认为自己是不值得被爱的，也不相信会真正得到他人的爱。

在一项研究中，具有这种障碍的病人比控制组的被试更多地回忆起在童年时使自己感到受挫的家庭气氛，以及不会认为父母爱自己或为自己感到骄傲（Barlow，1995）。但对这个研究结果的解释需要小心，因为这是一个回溯性的研究，是依靠被试的回忆报告所得到的结果。也许病人正是由于对他人如何对待自己非常敏感，所以其回忆报告的情况可能距实际情况有较大的偏离。但这个研究结果对于我们今后更多地了解这种障碍的原因还是有意义的。

3. 治疗

许多病人对治疗师的真诚表示怀疑，并担心在治疗关系中遭到拒绝。因此，最初的治疗任务就是要通过支持和共情等方法，建立与病人之间的信任关系。

心理动力学的方法是帮助病人揭示其症状的根源，并修通在无意识中起作用的自我的力量。行为治疗家通常采用社交技能训练和暴露疗法，要求病人逐渐增加其社会接触。虽然这些行为干预方法会最终减少病人的焦虑和社会孤立状况，但病人在最初应用所获得的社交技巧时，会感到非常困难。病人由于缺少自信和过分小心，会使其很难将所学到的新的行为方式应用到日常生活情境中，并从中得到锻炼。认知治疗家已经成功地帮助一些有这种障碍的病人，改变了他们使自己烦恼的信念和想法，增加了他们对情感不适的承受能力，建立了积极的自我形象（Beck，Freeman，& Davis，1990）。此外，抗焦虑药和抗抑郁药有时对降低病人的焦虑和不安是有效的。

研究还表明，团体治疗对许多回避型障碍患者是有效的。因为团体本身对其成员就有社会交往的要求，是一种对病人进行训练的有效形式。同时使用暴露疗法、角色扮演法和心理支持等方法，也能取得一些成效。

五、依赖型人格障碍

1. 临床表现

DSM-Ⅳ对依赖型人格障碍(dependent personality disorder)的诊断标准(APA,2000)

因为其顺从和依附行为,过分需要被人照顾,而且又害怕离别;起自成年早期,前后过程多种多样,表现出下列5项以上:

(1) 如果没有他人的大量劝告或保证,便难以做出日常决定;
(2) 需要他人为其生活的大多数主要方面担当责任;
(3) 难以表示对他人意见的不同看法,因为害怕失去支持或赞成(注:不包括有现实依据的恐惧)。
(4) 难以开始一项事业或自己完成一件事情(因为对自己的判断缺乏信心,而不是因为缺乏动机或精力);
(5) 愿意不遗余力地争取他人的照料和支持(甚至为此主动去做会令自己不愉快的事情);
(6) 独处时感到不舒服,因为十分害怕不会照料自己。
(7) 在一个亲密关系终结后,迫切地寻求另一个作为支持和照料的依靠;
(8) 不现实的沉湎于害怕被人家遗弃以致不得不自己照料自己的恐惧。

【案例11-5】

"依赖"是位45岁的已婚妇女,由于惊恐反应的问题,在医生的建议下,来接受心理治疗。在进行症状评估的时候,她表现得很闷闷不乐、敏感和幼稚。她很容易受到情绪的控制,经常小题大做,而且总是自责。例如,当被问到她与别人相处是否融洽时,她莫名其妙地认为别人觉得自己沉默和行为不当。她说自己因为"太沉默"所以不喜欢学校,觉得自己一无是处。

"依赖"描述自己维持了10年的第一次婚姻"像地狱一样糟糕"。她的前夫与很多女子有染,经常对她进行侮辱谩骂。她曾经多次试图离开他,但都在他不断的请求下让步了。她最后还是离了婚,随后遇到并嫁给了现在的丈夫。"依赖"认为现任丈夫体贴、关心、鼓励自己。她说自己愿意让别人做重要的决定,这样可以避免面对内心的冲突。她担心会没有人来照顾自己,如果没有他人的承诺就会感到非常失落。她的感情很容易受到伤害,所以她努力地工作,避免做任何可能受到责备的事情。

(引自 Beck, Freeman, & Davis,1990)

依赖型人格障碍者缺乏自信、依附于他人,遇到轻微应激即退却,寻求帮助,需要保护,且其性关系多不成熟,往往存在婚姻问题,缺乏亲密朋友。可同时伴有焦虑、抑郁症状,也可继发酒精和药物依赖方面问题。上述案例中的病人在过分依赖他人的同时,还表现出其他相关问题。

美、德等国采用PDQ和SCID等临床调查表、定式检核表等工具,得到依赖型人格障碍的患病率为0.3%～6.7%。依赖型人格障碍与重性抑郁症、强迫症、惊恐障碍的共病率分别为17%,46%,18%(见翟书涛、杨德森,1998)。

2. 形成的原因

一些心理学家认为,具有依赖型人格障碍的病人,其父母会出于爱或独裁的目的而过分保护孩子。他们总是满足孩子的每一个需要,这实际上是在鼓励孩子的依赖行为,并且提高了孩子对与父母分离的焦虑和不安全感(Levy,1966)。这样的孩子就难以获得必要的技巧或信心来做出决策、形成责任感和表达反对意见。

认知治疗家认为,具有依赖型人格障碍的病人有几种明显的适应不良的信念,其中包括:① 在面对世界时,认为自己是缺乏能力和无助的;② 必须找到一个人来帮助自己应付问题(Beck 等,2004)。这样的病人会沉溺于极端的想法:"如果一个人是独立的,就会失去他人的帮助"或者"独立的人是孤独的"。这种歪曲的认知会使病人因为担心被抛弃或处于孤立境地,而竭力避免独立自主。

3. 治疗

由于有这种障碍的病人希望将自己的问题推卸给治疗师,在治疗中会是比较顺从的理想病人。但他们的这种服从性,却又正与治疗的一个主要目标——使其获得独立,并对自己的进步负责——相矛盾。另外一个目标是病人的亲属(通常是配偶或父母)对病人的支配性影响该如何处理的问题。因为其亲属自身的需要和行为可能正是使病人的症状持续存在或难以治愈的原因,因此,为使病人的障碍得到改善,有时候其亲属也要接受相应的治疗。

可用于依赖型人格障碍治疗的策略有若干种,且都有一些效果。在行为认知疗法中,治疗师帮助病人面对和改变自己适应不良的信念,训练病人学会更好地表达自己的需要和愿望。为了解决病人在治疗关系中对治疗师的依赖问题,也可以采用人本主义或非指导性的治疗方法,而不是直接的认知行为式的指导和技术。另外,团体治疗的形式对依赖型病人比较有益。因为病人之间的交往,有利于行为的塑造和情感的表达,可以帮助病人发展问题解决和表达个人意见的能力,建立其自信心。

六、强迫型人格障碍

1. 临床表现

DSM-Ⅳ对强迫型人格障碍(obsessive-compulsive personality disorder)的诊断标准(APA,2000)

不惜牺牲变通性、开放性与效率,沉湎于追求秩序和完美以及精神和人际关系都得到控制管理;起自成年早期,前后过程多种多样,表现出下列4项以上:

(1) 沉湎于追求细节、规则、安排、次序、结构或日程,以致活动的主要方面却被忽视;

(2) 事情要完成得十全十美(例如,因为无法符合自己十分严格的标准,很难完成一桩事情);

(3) 过分地献身于工作,以致没有业余时间和朋友交往(并不是由于经济原因);
(4) 在有关道德或价值观等方面是十分谨慎小心、无可指摘和不可变更的(并不是由于文化或宗教观念);
(5) 不会丢弃旧的或没有价值的东西(甚至毫无感情纪念价值的);
(6) 不愿指派工作给其他人或与其他人共同工作,除非他们丝毫不差地按照自己的方式行事;
(7) 对自己和对他人都采取非常吝啬节约的开支方式,认为钱一定要储存起来以备日后可能发生的灾难;
(8) 显得僵硬固执。

【案例 11-6】

"强迫"似乎对其火车发报员的工作很称职。他认真负责,要求完美,对事情周到入微,但和同事的关系不但不亲密,而且还很"疏远"。即使日常事务中些微的变动,也会使他非常不安。例如,如果同事没有严格地按照他详尽的日程安排或计划去做,他就会紧张和急躁。如果他因交通堵塞被困在路上,就会敲打方向盘并诅咒其他挡路的司机。

总之,"强迫"的生活绝少乐趣,并总是为小事情闷闷不乐。他严格的日程安排根本不可能实行,他经常因此而出现紧张性头痛或胃痛的症状。由于他不断抱怨身体不舒服并且凡事要求完美,医生建议他接受心理评估和治疗。他担心接受心理治疗会耽误工作时间,所以没有采纳这个建议。

(引自 Robert,et al,1996)

过分追求完美和秩序性,固执、僵硬、异常节俭、谨小慎微、犹豫不决、严肃沉闷等是强迫型人格障碍者的特征。上述案例具有典型性。此类病人还易于出现强迫症、抑郁症、心身疾病等,上述案例中的病人即有心身疾病的征兆。

美、德等国采用 PDQ 和 SCID 等临床调查表、定式检核表等工具,得到依赖型人格障碍的患病率为 1.7%～6.4%,病人中男性多于女性。强迫型人格障碍与重性抑郁症、强迫症的共病率分别为 6%与 30%。有研究者认为,强迫型人格障碍与 A 组(偏执型、分裂样、分裂型)人格障碍接近。私人诊所和高功能(functioning)人群中可发现强迫型人格障碍与自恋型人格障碍、回避型人格障碍相关(见翟书涛、杨德森,1998)。

2. 形成的原因

很多对这种人格障碍的解释都是从焦虑障碍中的强迫症借鉴而来的。因为人们常常认为,强迫型人格障碍和强迫症有非常紧密的联系。两种障碍在特征上有某些共同之处,并且有的病人会先表现出焦虑障碍,然后才出现强迫型人格障碍;有的病人则相反——先表现出强迫型人格障碍,后出现焦虑障碍。但对于这种人格障碍和焦虑障碍间有某种特别联系的观点,还没有得到经验事实的支持,因为二者之间一个重要的区别在于：强迫型焦虑障碍的症状是病人不希望有的，而强迫型人格障碍的病人对其症状是接受的并很少希望去改变。另外，焦虑障碍病人的日常生活能力更可能受到损害。

一些治疗者发现，这种人格障碍的症状常常与所谓的A型人格有惊人的相似，具有这两种行为模式的人都有一种夸大的时间紧迫感、充满敌意和攻击性。这两种行为模式的功能都可以概括为试图获得和保持一种控制感。因此另一种观点认为，A型人格可能是强迫型人格障碍的一个亚型（Beck 等，2004）。

心理分析理论对这种人格障碍主要有两种解释（Barlow & Durand，2001）。一种解释认为，由于父母过分严格的管教，对于儿童的自主行为加以惩罚，抑制了儿童作为独立个体的发展历程，结果使儿童极力地去迎合他人，特别是已经内化了的父母的要求，这种对严格标准的坚持，成为个人生活的主题。另一种解释认为，儿童在其为挣脱父母控制而获得独立的斗争中，会形成攻击性的行为方式。为了防御这种冲动的威胁，儿童会对其加以否认和内化，从而在行为上表现为过于严格地控制自己的行为，并逐渐成为一贯甚至终生的行为模式。

认知治疗家认为，强迫型人格障碍是由于不合逻辑的思维方式形成的，例如非黑即白的两极化思维会产生诸如苛刻、完美主义、拖延、夸张过失或错误的可能结果、夸大、灾难感等不正常的认知习惯。由于病人狭隘、过分严格，使其难以对生活和世界形成正确的理解，难以从个人经历中形成一致、恰当的世界观。

3. 治疗

由于具有这种障碍的病人通常不认为自己有什么严重的问题，所以他们前来寻求帮助时，常常主要是因为与这种障碍相伴随的其他症状（如焦虑或抑郁），或因其他较亲近的人坚持要其接受治疗（Beck，Freeman & Davis，1990）。治疗师多使用心理动力学或认知治疗方法，帮助病人对其真实的情感能更清楚地认识、体验和接受；克服其不安全感；要求其在必要时敢于冒险；接受其个人的局限。治疗师还会逐渐要求病人改变过于理智的倾向，学会“放松下来”，在生活中发现乐趣（Liebowitz，et al，1986）。认知治疗家会帮助病人纠正其极端化的想法、完美主义、犹豫不决和做事拖延的问题，使病人能更好地应付其持续的焦虑。

七、表演型人格障碍

1. 临床表现

DSM-Ⅳ 对于表演型人格障碍（histrionic personality disorder）的诊断标准（APA，2000）

> 过分的情绪表达和招引他人注意；起自成年早期，在许多不同的情境下都会出现，表现出下列5项以上：
>
> （1）如自己不是人们注意的中心，便感到不舒服；

(2) 与他人交往时的特点往往是带有过分的性诱惑或挑逗性行为；
(3) 迅速变换而肤浅的情感表达；
(4) 持续用外表吸引他人注意；
(5) 说话拿腔拿调，给人留下夸张但空洞的印象；
(6) 情绪表达显得戏剧化、舞台化和过分夸大；
(7) 易受暗示，容易被他人或环境所影响；
(8) 认为与别人的关系比实际上的更亲近。

【案例 11-7】

“明星”是名 22 岁的秘书，她给她的上级和同事带来了很多麻烦。她的上级说，如果不持续地给她指导，她就不能完成工作。她看上去非常依赖别人。对于一些小事和工作压力，她常常小题大做、过分敏感，有时还发脾气。对于不愿意完成的工作，她就会推说自己身体不适，感到恶心或头痛，以此推卸责任，并经常旷工。为了掩饰这些过失，她表现得很轻浮，经常对办公室里的男同事搔首弄姿。上级建议她去接受心理评估和治疗。她只是在第一次约定的时间去见了心理治疗师，但随后就没有再去。最后，她因为几次在工作中大发脾气而被解雇。

(引自 Robert, et al, 1996)

表演型人格障碍往往因其过分招摇和轻浮的表现突出而引人注目，而成为人们注意的中心恰是其所需要的。但因其人格不成熟、情绪不稳定的特征，社会适应不良，难以维持稳定的人际关系。

美、德等国采用 PDQ 和 SCID 等临床调查表、定式检核表等工具，得到的表演型人格的患病率为 1.3%～3.0%。此类病人中女性 2 倍于男性。有研究发现，表演型人格障碍与重性抑郁症、强迫症和惊恐障碍的共病率分别为 18%，11%和 10%(见翟书涛、杨德森，1998)。

2. 形成的原因

尽管人们对这个概念的关注已经有很长的时间了，但对其原因或治疗的研究还很少。一种假设认为，这种障碍可能与其反社会人格障碍有关，因为有证据表明表演型人格和反社会人格在同一个体身上同时存在的可能性，远远超过了随机的水平。例如，Lilienfeld 和他的同事(1986)发现，大约三分之二有表演型人格障碍的人，同样符合反社会人格障碍的诊断标准。

根据这种与反社会人格障碍的联系，有人认为，表演型人格障碍和反社会人格障碍可能是同样的内在原因在不同性别的人身上的不同表现。即具有这种内在原因的女性，可能倾向于主要表现为表演型人格；而具有同样内在原因的男性，则倾向于表现出反社会的行为模式(Kernberg, 1992)。

心理分析理论认为，表演型人格障碍患者的情绪化和性诱惑(seductiveness)是由于家长，特别是父亲对女儿的诱惑。在患者的家庭环境中，其父母把性视为一种肮脏的东西来谈论，但却表现出对性行为的兴趣。这种成长环境可以解释为何患者对性非常热衷(Beck等，2004)。另外，作为对内心低自尊感的一种反抗，病人总是试图成为他人的注意中心。

3. 治疗

虽然已经有很多方法告诉我们如何帮助有这种障碍的人，但很少有研究证明这些方法确实起作用。一些治疗者试图改变这些患者表现出的吸引他人注意的行为。Kass、Silvers和Abrams(1972)以5例被诊断为表演型人格障碍的女性为被试，如果她们表现出适宜的交往行为，就给予奖励；如果做出不适宜的、吸引他人注意的行为，就加以惩罚。在18个月的随访中，治疗者们发现患者取得了进步，但遗憾的是他们没有进行科学资料的搜集来确证他们的观察。

在对表演型人格障碍患者的治疗中，相当大部分的措施集中在其有问题的人际关系上。由于患者惯于使用大哭大闹、个人魅力、性、引诱或抱怨来达到操纵他人的目的，治疗中通常需要让患者知道，这种交往手段获得的短期利益是以牺牲其自身长远利益为代价的，并且要让患者学会用更加合适的方法来处理自己的需求和愿望。

八、自恋型人格障碍

1. 临床表现

DSM-Ⅳ对自恋型人格障碍(narcissistic personality disorder)的诊断标准(APA，2000)

持续地表现出浮夸(无论幻想或行为的)、需要他人赞扬；起自成年早期，前后过程多种多样，表现出下列5项以上：

(1) 对自我重要性有一种夸大的感受(例，过分夸大成就和才能，在没有相应的成就时却盼望被认为是高人一等)；
(2) 沉湎于无限成功、权利、光辉、美丽或理想爱情的幻想；
(3) 认为自己是“特殊”的和独一无二的，只能被其他特殊的或高地位的人们(或机构)所了解或与之共事；
(4) 要求赞扬；
(5) 有一种荣誉感，即不合理地期望特殊的优厚待遇或别人自动顺从他的期望；
(6) 在人际关系上是剥削(占便宜)性的，即为了达到自己的目的而占有他人的利益；
(7) 缺乏同情感，不愿设身处地地了解或认同他人的情感和需要；
(8) 往往妒忌他人，或认为他人都在妒忌自己；
(9) 显示骄傲、傲慢的行为或态度。

自恋型人格障碍者的突出特点在案例11-8中表现明显，案例中的病人妄自尊大，全神贯注于自己的智慧和成功的幻想，自我中心，这不仅令他人无法忍受，而且也给病人自己带来适应不良的痛苦。

【案例 11-8】

“自恋”是名25岁的男性患者，单身，博士研究生。说自己难以完成其博士的学业，还说自己对异性非常感兴趣。他认为自己的论文课题会极大地提高该专业领域的学术水平，并使自己成名，但他难以完成论文的第三章。他的导师似乎对于他的见解不重视，这使他很生气，但也感到羞愧和缺少自信。他认为导师应该为他没有取得进展负责任，自己应该得到更多的帮助，他的导师应该替他做部分研究工作。他吹嘘自己的创造力，认为其他人都“嫉妒”自己的高超见解。他认为其他同事都是“呆头呆脑的蠢货和拍马屁的家伙”，而自己在课堂上的表现非常优秀，并梦想有一天会成为一位伟大的教授。

他对每个新结识的女性都会一见钟情。但在几次性接触之后，就会开始感到失望，认为对方寡言少语、难缠和讨厌。他有很多“朋友”，但那些朋友都很快和他反目了，没有一个关系能够持久，因为他的自吹自擂和自私非常使人讨厌。例如，一次在圣诞节的时候他感到很孤独，就坚持要求一个最好的朋友留下来，不要去和家人团聚。那个朋友对此表示拒绝，并且责备了他的这种只顾自己的行为；而他也非常生气，决定再也不见那个朋友了。

（引自 Spitzer，et al，1981）

美、德等国采用PDQ和SCID等临床调查表、定式检核表等工具，得到自恋型人格障碍的患病率为0～0.4%（见翟书涛、杨德森，1998）。虽然CCMD-3中未将自恋型人格障碍列入诊断标准，但国内精神科临床中仍发现有与此类诊断一致的病人。

2. 形成的原因和治疗

一些心理学家认为，自恋型人格障碍是由于拒绝型的家长在和孩子交往的过程中，对孩子表现出不爱和不接受的行为方式，使孩子感到不满足、被拒绝、没有价值，从而对世界充满警惕。其中一部分这样的孩子为了对抗这些消极情绪，就会在以后的生活中认为自己实际上是非常优秀的，是被人需要和受到崇拜的。支持这种理论的研究表明，遭虐待、父母离异或父母一方死亡以及被领养的儿童发展为自恋型人格的危险更大（Surkic，1989）。

但另一些支持行为和认知模型的理论家认为，发展为这种人格障碍的人，恰恰是被过分积极的赞赏或溺爱所宠坏了的人，他们会因此而过高地估计自己的价值。还有的理论家进一步假定，当一个人总是被父母或某个团体认为是“与众不同”时，自恋的症状就会出现（Beck，Freeman，& Davis，1990）。

也有研究者从社会学的角度来分析自恋型人格障碍。Christopher Lasch 在他的畅销书《自恋文化》中写道：这种人格障碍正日益在西方社会中流行，主要是因为及时行乐、个人主义、竞争和成功等观念在大范围的社会变迁中被强调的太多了。

Lasch 认为，"'我的地盘，我做主的一代'（me generation）使个人主义发展到自恋型人格障碍的地步"。有研究表明，自恋型人格障碍正在日益流行（Cooper & Ronningstam，1992）。但也有可能这种增长是因为对这种障碍的兴趣和研究的增多而造成的虚假现象。

对治疗自恋型人格障碍的研究非常有限，成功的报告就更少了。对这种病人的治疗，主要集中于其被扭曲的自我（自我夸大感）、对他人评价的病态敏感和对他人缺少同情感方面（Beck & Freeman，1990）。认知治疗的目标是用日常生活中实际可以获得的愉快体验，来代替病人的自我夸大的观念，用放松训练等应付策略帮助他们面对和接受他人的批评。治疗的另一目的，是帮助病人关注他人的情感。因为自恋型人格障碍常常伴有抑郁情绪，似乎更容易处于严重的抑郁状态。因此，对中年的病人，一般从处理抑郁入手。但这种治疗对实际的自恋型人格障碍的影响如何，还难以得出结论。

九、边缘型人格障碍

1. 临床表现

DSM-Ⅳ对边缘型人格障碍（borderline personality disorder）的诊断标准（APA，2000）

人际关系、自我形象和感情的不稳定以及显著的冲动性；起自成年早期，前后过程多种多样，表现为下列 5 项以上：

(1) 疯狂地努力以避免遭到真正的或想象出来的遗弃（注：不包括(5)所指的自杀或自伤行为）；
(2) 一种不稳定的强烈的人际关系，其特点是从极端理想化到极端的自我贬低之间变来变去；
(3) 身份障碍，对自我形象或自我感觉的显著和持续的不稳定变化；
(4) 至少在两个领域出现冲动性，有潜在的自我毁灭倾向，例如浪费、性、药物滥用、鲁莽驾驶、狂吞滥饮（注：不包括(5)中的自杀或自伤行为）；
(5) 反复发生自杀行为、自杀姿态，或威胁、自伤行为；
(6) 由于显著的心境反应而情绪不稳定（例如，心境恶劣剧烈发作、易激惹或焦虑，持续数小时，很少会超过几天）；
(7) 长期的空虚感；
(8) 异常的暴怒，或难以控制的发怒（例如：常发脾气、发怒、殴斗）；
(9) 短暂的与应激有关的偏执观念或严重的分离性症状。

【案例 11-9】

"边缘"是位 26 岁的无业妇女，由于极度的自杀欲望和用剃刀自伤的冲动而住院治疗。

“边缘”在高中以前表现都很正常。在高中阶段，她开始沉溺于宗教、哲学，回避和朋友接触，对“自己是谁”的问题感到非常困惑。她高中时的学习成绩很好，但在大学时下降了，并且开始接触毒品。她抛弃了自己家庭所信奉的宗教，并试图找到一个具有超凡魅力的宗教人物。她多次被极度的焦虑所控制，觉得如果用剃刀割破手臂，可以使这种焦虑消失。

三年前她开始接受心理治疗，并很快就将治疗师理想化，认为他具有难以置信的直觉和共情能力。但后来，她又开始敌视和苛求治疗师，要求其给予自己更多的治疗时间和关注，有时候甚至要求一天两次。在一段时间内，她的生活完全以治疗师为中心，排除了其他任何人。虽然她对治疗师有明显的敌视，但她对此既看不到也无法控制。在她多次割伤手臂和自杀的情况下，她和治疗师的关系变得非常艰难，因此医生要求她住院治疗。

（引自 Spitzer，et al，1994 见 Robert，et al，1996）

对于边缘型人格障碍而言，人际关系、自我形象和情感的不稳定是其突出的特征。本案例即表现出人际关系不良、情绪不稳定、行为具冲动性、自伤和自杀行为，存在自我认同障碍。此类病人同时也易于出现抑郁、酒精与药物滥用等方面的问题。病人在人际关系方面易走极端，常常使自己周围的人也陷入困扰的漩涡，而他们自己也因适应不良而痛苦。

美、德等国采用 PDQ 和 SCID 等临床调查表、定式检核表等工具，得到的数据表明此类障碍的患病率为 0.2%～4.6%，女性多于男性。有研究发现，边缘型人格障碍与重性抑郁症、强迫症和惊恐障碍的共病率分别为 23%，19%和 7%。与其他人格障碍的共病情况是：与表演型、反社会人格障碍伴发，其次为分裂型、依赖型、回避型、自恋型和偏执型人格障碍（见翟书涛、杨德森，1998）。虽然中国的 CCMD-3 中未将边缘型人格障碍列入诊断标准，但国内精神科特别是心理治疗临床实践中仍发现不少适合于此类诊断的病人。

2. 形成的原因

很多这种障碍的病人都为被遗弃的恐惧所折磨，因此研究者在探讨这种障碍的病因时，特别关注病人与其父母的关系。心理分析中的客体关系（object relations）学派认为（Clair，2000），儿童与对其不接纳的父母之间的关系问题是造成其障碍的最初原因。对于边缘型障碍的个体，这种非接纳的亲子关系会使孩子丧失自尊心、对父母过度依赖，难以很好地应付与父母的分离。

研究发现，具有这种障碍的很多病人，在幼年时都有明显的亲子关系问题，包括父母的忽视和拒绝、父母非常错误的行为、大量时间将孩子委托他人照看（Clair，2000）。病人对这样的父母的评价一般是：令人不快、不关心、有控制欲。另外，常常在这种病人童年时，其家庭就因父母离婚或死亡而瓦解了。

对于造成这种障碍的原因，早期的创伤是受到极大关注的一个问题，特别是对性和身体方面的虐待。一些研究表明，这种病人比其他种类的病人，更多的报告受到过虐待（Weaver & Clum，1993；Herman，Perry，& van der Kolk，1989 见 Beck 等，2004）。这个发现与女性比男性更多的患有这种障碍的现象是有一致性的，因为受到性虐待的女孩比男孩多。

边缘型人格障碍在同一个家族中多次出现，这也许意味着有基因方面的原因。另外，一些资料表明，大脑前额叶的功能受到损伤会严重影响个体对冲动行为的控制。例如，边缘型障碍的病人在前额叶神经功能的测验中成绩很差，并且其前额叶的葡萄糖代谢水平较低。与冲动有关的还有神经递质——复合胺。通过给病人服用药物，提高其血液中的复合胺水平，可以减少病人在低水平复合胺情况下的愤怒行为（Cowdry & Gardner，1988）。因此，从生物学角度对冲动行为的研究，对于边缘型人格障碍的治疗是很有帮助的。

最后，一些社会文化学者对移民问题的研究认为，如果一个人经历了太快的文化变动，可能会出现边缘型人格障碍的症状，如认同感丧失、空虚、担心被抛弃、焦虑阈限低等（翟书涛、杨德森，1998），这些症状都曾在儿童移民和成年移民中被发现。与此相一致的是，近年来这种障碍的发病率有上升的趋势，一些学者认为是由于社会文化结构和家庭（包括新的育儿方式）的变化，以及电视所引导的潮流变化无常、毒品的泛滥、缺少共同的社会理想等具体因素所致（Beck 等，2004）。

3. 治疗

由于边缘型人格障碍病人的依赖和易怒特点，对其进行治疗是非常困难的。很多治疗师要面对的一个难题是既要保持与病人的共情关系，又要使病人敢于面对自己存在的问题。和其他人格障碍的病人一样，很多边缘型人格障碍病人也抵制治疗，如果试图说服他们认真面对自己的心理状态和别人对自己的看法，往往会引起病人的防御性反应。

有的治疗师主张将认知行为治疗策略和心理动力学的方法结合起来使用。如，通过塑造病人对环境和自己的反应进行解释的新的认知模式，来使病人更多地意识到并了解他人的想法。一些临床医生还同跟病人接近的有关人员交谈，作为检查病人对现实知觉的一种方法。

采用团体心理治疗的方式对边缘型病人也是有效的。团体可以作为病人情绪、认知和记忆的放大器和缓冲器。这也可以给病人提供一个治疗机会，并与若干个人形成较亲密的依恋关系，而不是将其所有的情感、需求和希望，完全投注于仅仅一个或两个“特定”的关系中。团体还有助于强化病人的自我形象，保护其自尊。

为了使病人强烈的情感、攻击性行为平静下来，减缓其冲动性，可以使用一些药物，特别是抗抑郁、治疗双相障碍和精神病的药物。将药物治疗和心理治疗结合起来，对于一些病人是有帮助的。

另外，由于边缘型障碍的病人常常是因自伤或自杀行为而住院的，研究者也开始关注将其作为住院病人来处理的问题。一些临床医生认为，非封闭的医院环境，比封闭型的环境对病人更有帮助。因为非封闭的环境会增加病人的自我控制感，改善其对治疗的态度。

专栏 11-1

冲动型人格障碍

冲动型人格障碍(impulsive personality disorder)也称为攻击性人格障碍。这一诊断类别在DSM-Ⅳ中是没有的，但存在于ICD-10和CCMD-3之中。

CCMD-3中对此症临床诊断标准如下(CCMD-3)：

以情感爆发、伴明显行为冲动为特征，男性明显多于女性。

1. 符合人格障碍的诊断标准。
2. 以情感爆发和明显的冲动行为作为主要表现，并至少有下列3项：
   (1) 易与他人发生争吵和冲突，特别在冲动行为受阻或受到批评时；
   (2) 有突发的愤怒和暴力倾向，对导致的冲动行为不能自控；
   (3) 对事物的计划和预见能力明显受损；
   (4) 不能坚持任何没有获得即刻奖励的行为；
   (5) 不稳定的和反复无常的心境；
   (6) 自我形象、目的及内在偏好(包括性欲望)的紊乱和不确定；
   (7) 容易产生人际关系的紧张或不稳定，时常导致情感危机；
   (8) 经常出现自杀、自伤行为。

对于这类障碍个体，微小的精神刺激就可能引起突然爆发的非常强烈、无法控制的愤怒和攻击行为。但在爆发时并不会做出反社会行为。在DSM-Ⅳ和ICD-10中，对冲动型人格的区分是不同的。DSM系统将冲动型人格障碍并入冲动控制分类中；ICD-10仍保留冲动型人格障碍，但放在情绪不稳定性人格障碍冲动型Ⅲ型内；在CCMD-3中，有冲动型人格障碍的类别。对于这种个体是否属于人格障碍，尚有待于进一步研究(翟书涛、杨德森，1998)。

对于造成这种问题的原因，一些研究者从控制不良综合征患者的研究中获得启发，认为对于理解冲动型人格障碍有帮助。研究发现，控制不良患者的临床表现与冲动型人格无法区别。控制不良本身与颞叶癫痫、杏仁核部位异常放电有关(翟书涛、杨德森，1998)。

十、反社会型人格障碍

1. 临床表现

DSM-Ⅳ对反社会型人格障碍(antisocial personality disorder)的诊断标准(APA,2000)

A. 一直忽视或冒犯他人的权利,起自15岁前,包括至少下列3项以上:
(1) 不遵守有关法律行为的社会准则,表现为多次做出应遭拘捕的行动;
(2) 欺诈,表现为为了个人利益或乐趣而多次说谎、利用假名或诈骗他人;
(3) 冲动性,或在事先不作计划;
(4) 激惹和攻击性,表现为多次殴斗袭击;
(5) 鲁莽地不顾他人或自己的安全;
(6) 一向不负责任,表现为多次不履行工作或经济义务;
(7) 缺乏懊悔,表现为在伤人、虐待他人或在偷窃之后显得无所谓或作合理化的辩解。
B. 至少18岁。
C. 在15岁前起病者有品行障碍的证据。
D. 反社会行为并非发生在精神分裂症或躁狂发作的病程中。

【案例11-10】

"反叛"在17岁时已经6次进过精神病院。他经常逃学,吸毒,参加不良青少年团伙。他给人的第一印象是易于相处,交谈也很愉快。他会表现出对过去的很多事情后悔,希望能够开始新的生活。但实际上这些不过是他"空洞"的忏悔,他从来不曾真正为自己做过的事情内疚。

他在住院期间的种种表现,说明他确实需要大量的心理帮助。其中最严重的一件事与一个15岁的女孩Ann有关。她和"反叛"一起在医院的学校里上学。"反叛"说自己快要离开医院了,然后会被送到和Ann的父亲同一个监狱。他告诉Ann要强奸她的父亲。这使Ann的精神受到极大的刺激,她打了老师和其他几个工作人员。当心理治疗师和"反叛"谈到这件事时,他微笑着说自己当时很无聊,看到Ann的反应觉得很有意思。

"反叛"后来还是从医院转到了一个毒品复吸治疗机构。不到4周,他就说服父母将他接回了家,但没过两天,他就偷了家里所有的现金,重新回到他的朋友和毒品那里去了。

直到成年阶段,"反叛"一直重复着这种行为模式。在他20多岁的时候,多次因偷窃被捕,最终被诊断为患有反社会人格障碍。他的父母从来没有鼓起过足够的勇气将他拒于门外。他就利用这一点不断地欺骗父母,以得到更多的钱买毒品。

(引自Barlow & Durand,1995)

反社会人格障碍者最突出的特征是经常发生违反社会法律和规范的行为,其表现为工作不良，婚姻不良，酒精与药物滥用，情感肤浅、无情、自我中心，不诚实、欺骗、作弄他人，冲动性、攻击性及法律问题等。

案例 11-10 在这些方面的言行均具有典型性。反社会人格的人既不同于普通人，也不同于“普通”的罪犯，因为他们的行动缺乏目的性；他们似乎不能体会别人的感受，也不为自己的行为有罪恶感或自责；惩罚对于他们没有作用；他们的外表常常是令人愉快的，易于获得他人的信任。

国外的资料表明，反社会人格障碍的比率在 0.05%～2%之间，男性多于女性。多数研究表明，反社会人格与药物滥用、酒精中毒是经常伴发的，而与酒精中毒共病机会尤其多。其中一项研究发现，在重罪犯人中，男女两性 60%有反社会人格障碍，这些犯人也符合酒精中毒的标准，男犯人中的 21%和女犯人中的 30%符合物质依赖标准（见翟书涛、杨德森，1998）。

对于反社会人格障碍，在历史上曾经有若干个名称，如“悖德狂”（moral insanity）、“自我病态”（egopathy）、“社会病态”（sociopathy）和“精神病态”（psychopathy），其中主要的两个名词是“精神病态”和 DSM-Ⅳ 中使用的“反社会人格障碍”，但在这两者之间有显著的差异。

对精神病态的诊断标准的制定，起于 Hervey（1941，1982），之后由 Hare（1991）与其同事改进，形成了一个对病人进行精神病态诊断的检核表。经过训练的临床医生，可以通过与病人访谈、结合与其相关的其他人的反映和情境材料（如监狱纪录），在这个有 20 个项目的量表上给其打分，高分意味着精神病态。这些项目包括：能说会道/外表迷人；认为自己是非常重要的人物；易感到厌倦/需要刺激；病理性撒谎；控制/操纵；缺乏自我反省能力；情感淡漠；缺乏同情心；寄生的生活方式；缺乏行为控制能力；性关系混乱；有早年品行问题；缺少现实的长远计划；易冲动；缺乏责任感；不能对行为负责；多次的婚姻关系；少年时期行为不良；犯罪方式的多样性等。

将以上这个量表与反社会人格的诊断标准相比较，可以看出二者有部分标准是一致的，例如，违反法律是反社会人格障碍和精神病态都包括的重要内容。

以上我们有了这两种相关但不相同的诊断——反社会人格障碍和精神病态。对 DSM 的反社会人格障碍的判断标准，一种批评意见认为，这种诊断需要一个习惯性的说谎者准确地报告自己多年以前的生活事件，这简直是不可能的。而且，作为精神病理学中的诊断标准的概念，不应该与犯罪行为成为同义词。一项研究发现，49%的罪犯都符合 DSM-Ⅲ 的反社会人格障碍的标准；但只有 33%的罪犯符合精神病态的标准（Hare，1991 见 Robert，et al，1996）。因此，精神病态的概念在进行诊断时似乎有一些独特的优势。在阅读下面反社会人格障碍领域研究的内容时，应该记住，这些研究对不同的个体是用不同的方法进行诊断的——一些是对反社会人格者，而另一些是对精神病态者进行的研究。

2. 形成的原因

(1) 生物因素:基因的影响

绝大多数对行为的基因研究,集中在基因对犯罪而非精神病态或反社会人格障碍的研究上。许多研究将同卵双生子和异卵双生子犯罪行为一致性作了对比(Mednick, et al,1987),研究发现同卵双生子犯罪行为的一致率大于异卵双生子。另外一些研究对罪犯的孩子和普通人的孩子被领养后的犯罪行为发生率作了对比(Mednick,et al, 1984; Cadoret,1978),结果发现生身父母的犯罪行为和儿子的犯罪率关系显著,而寄养父母的犯罪行为与儿子犯罪行为的关系相对较不显著。两类研究的结果都表明,反社会或犯罪行为有中等程度的可遗传性。

但研究者还注意到,强烈的社会影响和基因的先天倾向交互作用,共同决定一个人是否会成为罪犯或形成反社会人格障碍。对于生身父母是罪犯的孩子,这种强烈的环境影响因素包括幼年的不利环境、不适宜的收养安排、低下的社会地位、在被收养前处于孤儿状态的时间长短以及养父母的犯罪行为等(翟书涛、杨德森,1998)。

(2) 生物因素:神经生物学的影响

为了区分反社会人格障碍和其他类型的人格障碍,人们在神经生物学方面开展了大量的研究。已经比较明确的结果是,普通的脑损伤似乎不能解释为什么人们会成为精神病态者或罪犯。罪犯和精神病态者在神经生物学测验中的成绩和正常人没有区别(Barlow, et al,1995)。这种测验主要是为了探测大脑的物理损伤,因此无法筛选出能够影响行为的更为复杂的脑化学变化。关于精神病态和反社会人格障碍的病源学解释,有两种较少涉及严重的脑结构性损伤的理论得到了极大的关注——低兴奋性假说(the underarousal hypothesis)与恐惧缺失假说(the fearlessness hypothesis)。下面分别探讨这两种假说。

① 低兴奋性假说。该假说认为,精神病态者的大脑皮层兴奋水平异常地偏低。在人的大脑兴奋水平和操作成绩之间有一个倒 U 字形的函数关系,一般称为 Yerkes-Dodson 曲线,它表明人们在许多情境下,太高或太低的兴奋都会产生消极的影响和带来较差的操作成绩;而在中等水平的兴奋下,人们会有比较满意的主观体验,并且会有好的操作成绩。根据这种假说,精神病态者典型的脑皮层低兴奋水平是造成其反社会和冒险行为的主要原因。精神病态者会热衷于寻求刺激,例如通过犯法来达到自己的最佳兴奋水平。他们的冒险行为,可以被理解为是在努力减少由于惯常的低兴奋水平所导致的无聊和消极情绪(Comer,1995)。

研究者从一些生理心理指标入手,探讨如心律、血压、呼吸、肌肉紧张、瞳孔大小、皮肤电活动等方面是否对反社会行为和犯罪有显著的影响关系。通过对这些指标的检测,研究者获得了对低兴奋性假说支持的证据。例如,Wadworth(1976)在一项前瞻性研究中发现,心律快慢可以作为将来是否会有严重犯罪纪录的一个指标。21 岁时犯重罪的人在 11 岁时的脉搏较慢。由于这些发现中的每一种都意味着低兴奋,因此结果支持精神病态者的低兴奋性假说，并且表明低兴奋在和未确定的环境因素（unidentified environment factors）共同起作用的情况下，对于某些形式的犯罪行为是重要的影响因素。

另一个与精神病态者有关的脑功能证据，是很多病人在清醒的时候有异常的脑波。低频的脑波在儿童的脑波活动中存在，在成人期基本就消失了。这种波的意义还不为人所知。这个发现产生了另外一种与兴奋水平有关的理论——精神病态的皮层未成熟假说（cortical immaturity hypothesis）（Hare，1970 见 Barlow，et al，1995）。按照这种假说，精神病态者相对于正常人来说，其大脑皮层还处于比较原始的阶段。这种假说可以用来解释为什么精神病态者的行为经常是冲动的幼稚行为，作为抑制和控制冲动关键的大脑皮质可能发育不完全。

② 恐惧缺失假说。该假说认为，精神病态者的恐惧阈限比正常人要高（Lykken，1957，1982；Barlow，et al，1995）。也就是说，使普通人感到非常恐惧的事件对精神病态者来说，可能没有或只有很小的影响，正如案例 11-10 中“反叛”说自己单独去危险的地区买毒品时并不感到恐惧。按照这种假说的支持者的观点，精神病态者的这种恐惧缺失会带来所有其他相关的主要症状。

早期关于恐惧缺失假说的证据来自 Lykken（1957）用监狱中的犯人进行的一系列研究。

在第一个研究中，Lykken 使用了“活动偏好量表”（Activity Preference Questionnaire），在这个量表中，每个项目均有两个选择。被试的任务是从中选择一种自己喜欢的活动。但量表中的两个选择都是通常会使人们感到不愉快和不愿意去做的事情。在每个项目中，其中一种选择使人感到不愉快是因为无聊或要求苛刻（如，“为某事而排长队”，“暴风雪后在人行道上铲雪”）；另一种选择使人不快是因为恐惧或不安（如，“在一个医疗实验中接受电击”，“在教堂中祈祷的时候打嗝儿”）。Lykken 认为，如果恐惧缺失的假说是正确的话，精神病态者比非病态者将更经常地选择令人恐惧的项目，因为他们较少因恐惧的行为而感到痛苦。实际上他所得到的研究结果正是这样的。

在第二个研究中，Lykken 所采用的是经典条件操作任务，研究中的基本因变量是皮肤电反应（galvanic skin response，GSR）。当被试手掌出汗，GSR 的变化意味着无意识的自发兴奋。实验中以指尖接受电击作为无条件刺激，以一个纯音作为条件刺激。结果发现，即使在纯音单独出现的情况下，非精神病态者也会出现 GSR 变化，即表明被试预期将有电击跟随纯音出现，并且这种 GSR 反应消退缓慢。然而，对于精神病态者而言，在绝大多数情况下，对于单独出现的纯音，只表现出了很弱的 GSR 反应，并且其消退得也很快。

这个研究有很重要的意义，它表明精神病态者可能对于一定的线索或信号与随之而来的惩罚或危险之间建立联系有困难。通常儿童在社会化的过程中，主要是通过这种线索或信号来抑制其行为。父母通常不是惩罚孩子的每个错误或不合适的行为，而只是用"不"或甚至只是一个威胁性的眼神来表明自己的意图。按照经典条件作用原理,这种线索对于大多数孩子的行为都可以作为直接惩罚的替代物来起作用。但如果这些线索对于潜在的精神病态(pre-psychopathic)儿童只有很少作用或者没有作用,那么他就难以获得控制冲动的能力。

在 Lykken 的第三个也是其最后一个研究中,他采用了一种所谓的心理迷宫任务。在这个任务中,被试被要求尽快学会一个按照复杂顺序按压 20 次杠杆的任务,每次按压需要在 4 个杠杆中进行选择,根据按压不同的杠杆的情况可能会导致三种不同的结果。如果被试选择了正确的杠杆,一盏绿灯就会亮起来,计数器也会自动加 1,作为信号告诉被试选择是正确的。但如果被试选择了另外 3 个错误的杠杆,会有两种可能的结果出现:按压其中两个杠杆,红灯会亮,并且计数器不加 1,告诉被试选择错了;按压另一个杠杆,除了红灯会亮并且计数器不加 1 外,被试还会受到剧烈的电击。这个程序中实际上有两个任务,一个是外显任务,就是被试要通过犯尽量少的错误来学会 20 次按压杠杆的正确顺序;另一个是隐蔽任务,是实验者更加感兴趣的——考察被试学会避免电击的程度。

Lykken 的发现很有趣:在外显任务的操作成绩中,精神病态者和非精神病态者没有差别,表明精神病态者的学习能力没有缺陷。但在隐蔽任务中,精神病态者比非病态者的操作成绩差得多,表明他们在学习避免受到惩罚方面有困难。这个发现与临床观察相一致。因为在临床上发现,精神病态者总是犯同样的错误,并且被诊断为精神病态的犯人成为惯犯的可能性非常大(Cleckley,1982 见 Barlow, et al,1995)。如果一个人对于惩罚的后果不感到恐惧,那么他就不大可能会为避免恐惧而改变自己。

(3) 家庭的影响

由于很多精神病态的行为违反社会规范,因此许多研究者试图从社会化的基本单元——家庭——来寻找对这些行为的解释。McCord 和 McCord(1964 见 Barlow, et al,1995)通过对以往文献的综述认为,缺乏情感和遭到父母粗暴拒绝是精神病态行为的主要原因。另外,与这种病态行为有关的是父母对孩子的纪律性和责任感的教育上的不一致。精神病态者的父亲也很可能有反社会的行为。孩子还会在和父母的交互作用中,逐渐形成攻击性的行为方式。例如,母亲对孩子的管束受到孩子坚决的抵抗,如果母亲在这个时候做出退让,就会使孩子学会通过坚持自己的错误以最终得到他人的妥协。

以上一些研究材料主要是通过对个体过去的生活经历的追溯获得的,难免会存在歪曲的报告。因此在根据这样的材料进行解释和推论的时候,需要非常小心。但对于这种问题,可以通过向与病人童年时有接触的人了解情况,判断病人的回忆内容中有哪些是真实可信的。这样,在其童年时的经历中,研究者就可以寻找能够作为其成年后精神病态征兆的特征。

(4) 心理因素的影响

对心理因素的研究主要来自认知心理学的工作,下面从两方面来介绍认知心理学家的研究。

一些认知心理学家认为，具有反社会人格障碍的人，在道德原则和推理能力的发展上是滞后的。存在这种障碍的人难以同时在头脑中对事物的多种可能性进行比较，而只有在将自己的想法付诸行动之后，才可能考虑他人对此会有的反应。还有的认知心理学家认为，有这种障碍的人，其人生哲学是认为他人的需要无关紧要。这些学者认为，这种人生哲学在我们社会中的普遍性比大多数人所认为的要大得多。

Newman，Patterson 和 Kosson(1987 见 Comer，1995)设计了一个在计算机上进行的纸牌游戏。每一个正确回答会得到5分钱，回答错误会失去5分钱。在游戏的开始，被试会有90%的概率得到奖赏，10%的概率被罚款。逐渐地，获得奖赏的概率会降到0%。研究者发现，尽管被试得到奖赏的概率最后等于0，但精神病态者仍然继续游戏，并不断地输钱。根据这个结果以及其他若干项研究的结果，Newman 等人提出假设认为，一旦精神病态者设定了一个获得奖赏的目标，那么他们就不会像其他人那样在已经不能够达到这个目标时停止做无谓的努力。此外，对于一些精神病态者那种胆大而不顾后果的行为——不带面罩抢劫银行并立即被逮捕——就是因为其在目标已经变为不可能的情况下，不能转移自己对原来目标的注意力。

(5) 反社会人格障碍的整合模型

从以上这些研究的回顾中我们可以看到，不同方面的研究所采用的对象被标上了不同的名称，有的是有反社会人格障碍的人，有的是精神病态的人，有的是罪犯。无论名称是什么，具有这种障碍的人似乎在基因上都存在弱点，并由此导致反社会的行为和人格特质。也许这种弱点使他们处于低兴奋性和(或)恐惧缺失状态。这种基因上弱点的外化可能就是无能的行为抑制系统(BIS)和过于活跃的奖赏系统(REW)。BIS 和 REW 之间的这种失衡，就会使精神病态者难以在原来的目标变得无法达到时停下来，而只能继续在冲动的驱使下行动。

在一个家庭中，造成孩子成人后的反社会生活方式的因素有很多，Capaldi 和 Patterson(1994 见 Robert，et al，1996)总结了这些因素，认为下列一些因素对此有影响，包括父母的反社会行为、离婚等父母关系的变化、社会经济地位低下、有坏影响的邻居、父母的压力和抑郁等。所有这些都对形成不良的教养有重要的影响。研究者还指出"通过强制性的相互作用，以及由于缺少管教和约束造成的间接影响，使这些孩子在家庭中直接接受的就是反社会的行为教育"。这通常会增加孩子与有不良影响的同伴交往，更多地学习反社会的行为。图 11-1 中表明了这些因素对形成反社会人格的相互影响及作用的关系。

总之，具有精神病态或人格障碍的个体，在儿童早期就表现出了异常行为，首先出现的是目中无人，破坏纪律，然后是早期行为障碍的发作。

随着对各种致病原因研究的深入，我们可以看到生物学、社会心理学和社会文化的因素都对形成反社会人格障碍具有某种作用。也就是说，要了解、预防和治疗这种人格障碍，关键是要从综合的生物、心理、社会的各种角度入手。

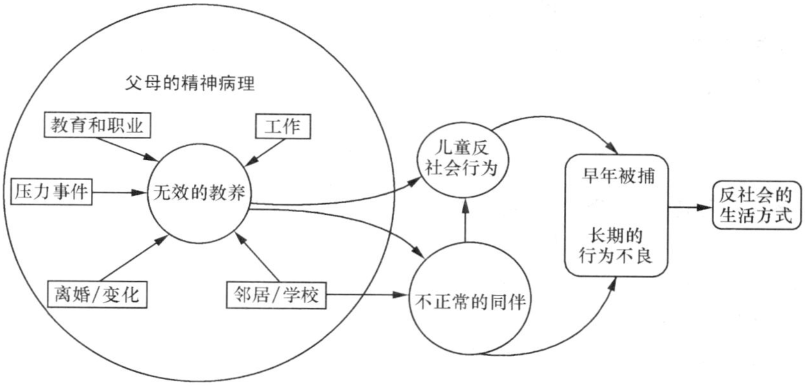

图 11-1 家庭环境和反社会行为关系的模型

图中的每一个变量都与男孩子的反社会行为有联系，进一步也与成人的反社会行为有关。由于女孩子的反社会行为比较少见，而且持续时间较短，比较难以预测。（Capaldi & Patterson，1994 见 Robert，et al，1996）

3. 治疗

一般来说，传统的心理治疗方法对于治疗反社会人格障碍和精神病态没有显著的效果。另外，生物学方法（包括电休克或药物治疗）的作用也是非常有限的。有一些证据表明，刺激性的药物可能会改变与精神病态有关的大脑皮层低兴奋性，从而对于某些行为问题有短期的疗效，但这些药物不能够被长期使用。抗焦虑药物对于降低敌对情绪可能有一些效果；治疗双相情感障碍的药物，如锂盐和卡马西平，对于暴力侵犯性罪犯的攻击性冲动有治疗效果。但所有这些药物对于作为整体的人格障碍没有实质性的疗效。

一些临床专业人员认为，最有前途的方法是行为治疗。行为治疗对于某些特定的反社会行为已经取得了成功，并且还可能提供更有效的治疗。Bandura 提出了运用学习原理，通过以下三个步骤矫正反社会行为的方法：① 撤除对反社会行为有意义的强化，并且在必要时对这种行为进行惩罚；② 塑造希望获得的替代行为，并对模仿行为进行系统的强化或奖赏；③ 在个体行为逐渐能够自我控制的情况下，逐渐用象征性的奖励代替物质奖励。其中重要的是要帮助精神病态者或反社会障碍的人逐渐将外界的评价和控制转化为自我内在的约束（见孟昭兰，1994）。在这种治疗过程中，要提供一个可以控制的环境，使病人受到必要的外在约束，不能随便终止已经进行的治疗，并能够使其中一个病人的改进成为其他人的榜样，从而互相促进，获得持久的改变。

在 Beck 等人的认知治疗手册中（1990），对于反社会人格障碍者的治疗，是通过提高其认知能力来改善社会和道德行为。他们指出，精神病态者有一些不良信念，如“只要我想做的事情就是正确的”“我的选择都是好的”“除非别人直接控制着我的眼前利益，否则我不会因为他们的想法改变决定”“令人不快的结果不会发生或者不会影响我”。在认知治疗中,治疗者试图引导病人按照道德和认知发展的规律,在更高和更抽象的水平上进行思考,这是通过引导性讨论、结构性认知练习、行为试验等方法来进行的。但对认知治疗的效果究竟如何,还需要进行进一步的研究来确定是否比其他的治疗方法更加有前途。

总 结

人格障碍是一种持久、渗透性的、僵化的思维、情感和行为模式,影响个体正常的生活,并给身边的人带来不快。在和外界交往的过程中,由于个体可能同时表现出两种甚至更多的适应不良,对于人格障碍的分类方法还存在着分歧。

从生物学角度的研究集中于基因和生理因素对反社会及其他人格障碍作用的研究。认知角度的研究认为,人格障碍的出现,是由于认知歪曲所造成的。行为主义学者一般拒绝承认人格障碍的概念,因为承认人格障碍就意味着存在着稳定的人格特质,而这是他们所不能接受的。行为主义者关注的是因适应不良所塑造和强化的特别的行为。暴力行为的塑造和家长缺乏针对性的强化,可能对于反社会行为的形成有一定的作用。行为治疗是通过学习对问题情境做新的反应的手段来治疗人格障碍。

人格障碍是非常根深蒂固的,要彻底获得改变很困难。因此,一些治疗家认为对这个问题比较现实的解决办法,可能是使人格障碍患者形成一种由其障碍转变成能够适应社会的独特的生活方式。例如,回避型人格障碍可以转变为回避型人格的生活方式:慎重、保守、对他人的想法敏感,在日常事务中感到舒适,和家庭成员关系密切,有几个好朋友,但不善于社交。依赖型人格障碍转变为依赖型人格的生活方式:礼貌、令人愉快、关心他人,尊重权威和其他人的意见,对朋友和家庭非常负责,不喜欢单独一人,愿意在团队工作中处于从属地位。强迫型人格障碍可以转变为强迫型人格的生活方式:节俭、谨慎、讲究秩序和整洁,道德的原则性很强,对于能够把工作做好感到很自豪,在做出决定之前认真地权衡各种可能性,即在过分偏离适应性的方面有所改善,使其保留一定的倾向性,但可以适应社会生活。

思 考 题

1. 对人格障碍进行评估有几种主要的方法?它们分别是什么?
2. 比较本章中关于人格障碍的三种诊断标准(CCMD-3,ICD-10,DSM-Ⅳ)之间的异同。
3. 本章主要介绍了几种主要的人格障碍类型?它们的主要特征分别是什么?
4. 请列举反社会人格障碍的诊断标准,临床表现,病因,治疗方法。

推 荐 读 物

1. 汪斌(2000).精神障碍的鉴别诊断.天津:天津科学技术出版社

2. 翟书涛,杨德森(1998).人格形成与人格障碍.长沙:湖南科学技术出版社

3. Barlow D H & Durand V M (2001). Abnormal Psychology: An Integrative Approach (2nd ed). Belmont, CA: Wadsworth/Thomson Learning

4. Beck A T, Freeman A 和 Davis D D 著,翟书涛等译(2004).人格障碍的认知治疗.北京:中国轻工业出版社

12

性和性别认同障碍

第一节　概　　述

性是人类繁衍生存的基础，是人类生活重要的组成部分，是人与人之间心理联结的重要方式，也是人们身心快乐的重要来源。健康的性心理和性活动对保持个人的心理健康和维护群体的和谐有着非常重要的影响。同样，异常的性心理或性活动会对自身或他人的心理健康造成很大的损害。本章要讨论与人类性活动和性别认同有关的三类性心理障碍，包括性功能障碍、性偏好障碍和性别认同障碍。此外，虽然在西方同性恋已经不再被写入变态心理学教科书，但由于我国学术界对这一问题研究时间较短，民众对这一现象的认识还普遍存在许多误区，本章仍纳入同性恋内容并加以讨论，以帮助大家加深对这一现象的认识和理解。

一、文化与历史的观点

人们判断性活动异常与否的标准不是固定不变的，会受到社会文化因素的显著影响。一般认为，只有通过阴道交媾达到高潮才是人类正常的性行为。其实人类性行为的方式存在许多变异，除了普遍存在的手淫以外，还有口交、肛交以及同性恋等行为。对这些行为正常与否的认识，随着社会时代的变化而变化。例如，长期以来，人们认为精液是非常宝贵的，是保持体力和性活力所必需的，因而反对手淫，提倡节欲，以避免精液过度丢失。19世纪，美国曾称手淫为“秘密的罪恶”，认为它会使人虚弱，甚至建议将包皮用针线缝起来。直到1972年美国医学会才指出，手淫是青少年性发育过程中的正常性行为，不需要药物治疗（American Medical Association Committee on Human Sexuality，1972）。专家甚至将手淫视为一种治疗性功能障碍的有效方法（Master & Johnson，1992）。又比如同性恋，一贯被认为是罪恶的、违反人性的行为，在英国亨利王时代要被判处死刑。而现在，同性恋在许多国家已被视为正常的性取向。

不同的文化传统，对性活动的观念也是不同的。在非洲赞比亚的一个部落中，人们认为精液对于男孩的成长和发育有重要的作用。由于精液不是自然产生的，因此，部落中的男孩从7岁开始，要通过与青春期同性的口交来获取精液。在这里，口交被提倡，手淫却被禁止。等到这些男孩到了青春期,他们又作为精液的提供者,让年龄小的孩子进行口交。只有到了这个时期,他们才被允许进行与异性之间的交媾。拒绝同性口交行为的人在此部落中被认为是不正常的,而这种情况也很少发生(Herdt & Stoller,1990)。

由此可见,在一种文化下不正常的性行为在另一种文化下可能被看做正常。在判断何种性行为是异常行为的时候,我们必须要注意这一点。

此外,由于性活动的个人化和隐秘性,造成社会文化对性问题的压抑和回避,这也是造成大量病态行为的重要原因。

鉴于这些情况,我们要更多地从社会文化和心理的角度去理解各种类型的性问题,而不应简单地从疾病的角度去看待性问题。也只有这样,才能真正体会处理和治疗这些问题时应采取的恰当态度和策略。

二、相关的诊断标准

诊断标准随时代的改变而改变,在性和性别认同方面的改变最为明显。而对于同性恋的认知当数其中突出的情况。

在美国的精神疾病诊断手册第 1 版中,同性恋被纳入异常之列。1974 年美国精神病学会通过投票的方式,最终以 5854 票对 3810 票做出决定,从 DSM-Ⅱ系统中删除同性恋的诊断,但提出了性别定向障碍。1980 年出版的 DSM-Ⅲ则修改为自我矛盾的同性恋,至 1994 年出版的 DSM-Ⅳ则取消了这一诊断。

ICD-10 中目前保留与同性恋相关的一项内容为自我不和谐的性取向,这是指个体"性身份或性偏好是确定无疑的,但由于伴随有心理和行为障碍,个体希望它们并非如此,并可能寻求治疗试图加以改变"(世界卫生组织,1993)。我国的 CCMD-3 也采用了与 ICD-10 类似的方式定义同性恋中对于自己的性取向有困扰的情况。

目前,在 DSM-Ⅳ,ICD-10 和 CCMD-3 之间,关于性功能障碍、性偏好障碍和性别认同障碍方面还存在某些差异,表 12-1 列出了三者之间的诊断标准比较的情况。

表 12-1　DSM-Ⅳ,ICD-10 和 CCMD-3 诊断比较

	DSM-Ⅳ	ICD-10	CCMD-3
		与性发育和性取向有关的心理及行为障碍性成熟障碍	性指向障碍
			同性恋
			双性恋
		自我不和谐的性取向	其他或待分类的性指向障碍
		性关系障碍	
		其他未特定	
性功能障碍	性欲低下	性欲减退或缺乏	性欲减退
	性厌恶	性厌恶	
	女性性唤起障碍	生殖器反应丧失	阴冷

（续表）

	DSM-Ⅳ	ICD-10	CCMD-3
	男性勃起障碍	生殖器反应丧失	阳痿
	女性高潮障碍	性高潮功能障碍	性乐高潮障碍
	男性高潮障碍		
	早泄	早泄	早泄
	性交疼痛	非器质性性交疼痛	性交疼痛
	阴道痉挛	非器质性阴道痉挛	阴道痉挛
性偏好障碍	露阴症	露阴症	露阴症
	恋物症	恋物症	恋物症
	摩擦症	其他性偏好障碍	摩擦症
	恋童症	恋童症	其他或待分类的性偏好障碍
	受虐狂	施虐受虐症	性施虐与受虐症
	施虐狂	施虐受虐症	混合型性偏好障碍
	异性恋物症	恋物性异装症	异装症
	窥阴症	窥阴症	窥阴症
性别认同障碍	儿童性别认同障碍	童年性身份障碍	性身份障碍
	青少年和成人性别认同障碍	易性症	易性症
		双重异装症	

第二节　性功能障碍

性功能障碍(sexual dysfunction)指男性正常性兴趣和性能力的反复缺损；女性反复地对性交体验不满意，往往性交可以完成，但是得不到乐趣。性功能障碍在异性恋和同性恋人群中都存在。请看下面的案例。

【案例 12-1】

患者女性，25 岁。从青春期开始对男女之间的亲吻、拥抱行为不能理解，觉得很惊奇，不认为有什么乐趣，进而产生焦虑、厌恶的感觉，在与男友恋爱时，曾被男友的性举动吓坏了，甚至为此事差点分手。结婚后也毫无性欲，并回避与丈夫的任何肉体接触，对性亲昵有强烈的厌恶感。夫妻之间感情较好，一同去接受心理治疗师，诊断为性厌恶障碍，经过心理动力学治疗和抗抑郁剂治疗后明显缓解。

（引自马晓年，2004）

根据 DSM-Ⅳ(APA，2000)，完整的性生活包括四部分：① 性欲期，对性活动的幻想或渴望进行性活动的感觉。② 唤起期，主观的性快感和生理上的变化，包括阴茎勃起，阴道充血润滑。③ 高潮期，性紧张的释放和性快感的顶峰体验。④ 消退期，放松和幸福满足感。性功能障碍一般发生在前三个阶段，分别是：性欲缺乏障碍，包括性欲低下和性厌恶；性唤起障碍，包括男性勃起障碍和女性唤起障碍；性高潮障碍，包括男性性高潮障碍、早泄和女性性高潮障碍；此外，还有与性交有关的疼痛障碍，如阴道痉挛和性交疼痛障碍。

美国国民健康与社会生活调查（NHSLS）发现，在美国居民中有性功能障碍症状的比例相当高（Laumann，Paik，& Rosen，1999），43％的女性和31％的男性报告有性功能障碍。18～29岁居民中，32％女性和14％男性报告对性缺乏兴趣；26％的女性和7％的男性报告不能达到高潮；30岁和40岁人群的状况与此类似。与此相对应，只有10％的男性和20％女性寻求专业治疗。上海1998年的研究报告表明，40岁以上的男性，有73.1％存在程度不同的早泄障碍（马晓年，2004）。

一、临床类型

性功能障碍具体可分为性欲障碍、性唤起障碍、性高潮障碍和性交疼痛障碍。

1．性欲障碍

（1）性欲低下障碍（hypoactive sexual desire disorder）。指持续或反复对性活动缺乏兴趣，很少有性幻想和手淫。女性多于男性。常常导致明显的痛苦情绪和夫妻关系不良。性欲低下常常由于心理原因导致，如对性持有错误观念，认为性很肮脏；担心怀孕；对对方有敌意等；抑郁状态时性欲也会减低，当情绪复原时大部分人的性欲能够恢复。但在部分病人身上问题仍会持续。因此当前性欲缺乏的人中有一部分曾有过抑郁的历史。此外，性伙伴缺乏性吸引（如不讲卫生）以及儿童时期创伤性经历都会引起性欲低下；药物的副作用，如使用抗高血压药和镇静剂也会造成此类问题。

（2）性厌恶（sexual aversion disorder）。指对性接触的厌恶取代了对性的愉快体验，持续或反复回避任何与性伙伴的生殖器的接触。一旦接触，会出现焦虑、恐惧的反应，甚至出现惊恐发作。严重者在进行拥抱、抚摩或接吻时就会产生上述反应。Masters和Johnson（1982）总结了四条发病原因：父母对性的强烈的负性态度；以往有被强奸或乱伦的性创伤史；来自性伙伴的长期的性压力，如对方性欲过度亢奋；男性的性别认同混乱等。

2．性唤起障碍

（1）男性勃起障碍（male erectile disorder）。指虽然有性欲和性幻想、性冲动，男子的阴茎不能勃起或维持足够的时间达到满意的性交。这是男性科门诊中最常见的性功能问题，有些人会持续终生，有些人则随特定时间地点的不同而变化。以往认为男性勃起障碍的器质性原因不到15％（Kaplan，1974），但随着医学的发展，确认器质性问题的比例已占到50％（Mohr，1990），因此遇到这类病人需要做全面的医学评估。简单的区分方法是询问病人在早晨或手淫时有无阴茎勃起现象，如能勃起，其障碍考虑以心理性原因为主；如果没有勃起，则以器质性原因为主。

男性在性活动中如果过分关注自己性能力的表现，则容易发生心因性勃起障碍。此外，当存在心理应激、对性伙伴缺乏兴趣、注意力分散或过度焦虑(如害怕性活动被人发现)都会导致勃起障碍。

勃起障碍在老年人中很常见，社会普遍的观点认为人进入老年期，性功能就退化了，有些老年人因此而产生障碍。其实不然，有研究者(Bretschneider，1988)调查了202位年龄在80～102岁之间的健康老人，发现他们中间有三分之二能够完成性交。老年人的勃起障碍更多与器质性因素有关，如高血压、动脉硬化可造成阴茎血流不足，导致勃起障碍。

(2) 女性性唤起障碍(female sexual arousal disorder)。指有性欲的女性在性交时阴道不能分泌足够的分泌物。女性性唤起障碍的比例大约在11%～48%之间(Frank，1978)。由于文化的原因，很多女性并不认为自己有问题。发生原因可能由于性同伴的性前戏不够、对性交有焦虑感、早期性创伤、性罪恶感等，纯粹的性唤起障碍很少见。

男性勃起障碍会使性交不能进行，对性活动影响很大，而女性分泌不足则可以用润滑剂代替，影响相对较小。

3. 性高潮障碍

(1) 女性高潮障碍(female orgasmic disorder)。指女性在性活动中，在经历了正常的唤起期后，不能或延迟达到性高潮。Wincze(1989)调查发现，5%～10%的女性从来没有或极少达到性高潮；50%的女性能够在性交过程中经常性地达到高潮。女性性高潮障碍的原因尚不清楚。可能是性活动中有恐惧的心理，或不能确定自己是否对性伙伴具有吸引力，由此导致的焦虑和紧张可能会影响对性的享受。

过去女性性高潮障碍通常不被认为是异常的现象，是否需要治疗主要看她自己是否对自己的反应满意，以及治疗是否确实可以提供帮助。

(2) 男性高潮障碍(male orgasmic disorder)。指男性在性交过程中没有射精或射精延迟。完全的射精障碍是很少的，85%在性交过程中有射精障碍的男性能够通过手淫达到高潮(Masters，1992)。射精障碍常常与特定的性交对象有关。原因通常是由于患者存在对两性关系心理上的压抑或过度控制所致，某些抗抑郁剂(5-HT再摄取抑制剂)的副作用也会产生这种现象。

(3) 早泄(premature ejaculation)。指男性在阴茎进入阴道之前，进入阴道之后1～2分钟或女性获得快感之前就射精，对达到高潮没有控制的感觉。青年人由于缺乏成熟的性经验，常常会发生早泄，特别是在首次性交过程中。持久而严重的早泄大多发生在年轻人。早泄的原因可能与性交过程中的焦虑以及阴茎的高度敏感性有关，偶尔的早泄属于正常现象。

4. 性交疼痛障碍

(1) 阴道痉挛(vaginismus)。指女性试图性交时，阴道外三分之一不自主地剧烈而持续收缩，使勃起的阴茎无法插入；有时虽然能插入，但在性交时或性交后，阴道口或深部产生撕裂感、烧灼痛或不适感，通常痉挛部位仅限于阴道口周围，有时则表现为阴道全部肌肉的收缩，致使产生外阴部、大腿内侧及下腹部的感觉异常，对这些部位的任何刺激都将加重阴道的痉挛。因而患者对阴茎插入产生恐惧心理，病情严重时，当女性自己试图将自己的手指或妇科检查器械伸入阴道时也会引起痉挛。其原因往往是女性对性交的恐惧，与早期性创伤有关，有时会伴有性欲缺乏。当性伴侣缺乏性经验时情况会更糟，有些妻子会拒绝性交，当丈夫性欲较低并且性格比较被动时，可以造成无性关系的婚姻。

(2) 性交疼痛(dyspareunia)。指男性或女性在性交过程中产生疼痛感。女性发生性交疼痛以心理因素为主，如对性交厌恶，将她对性交的不愉快体验当做强烈的身体不适，也与阴道不够润滑、撕裂损伤、阴道肌肉痉挛、盆腔的病变等因素有关。男性性交疼痛较少见，其发生与器质性病变关系密切，如患有尿道炎或前列腺炎等。

二、病因

(一) 生物学原因

很多年以前，人们认为内分泌失调是导致性功能障碍的主要原因，如认为性欲低下、性唤起困难与睾丸酮或雌激素的缺乏有关。但没有研究能够证实这一设想。

神经性疾病或糖尿病、肾病等影响神经系统的疾病可以通过降低性器官的敏感性影响性功能。这是男性勃起障碍的一个重要原因(Feldman, 1994)。

血管病变是引起男性勃起障碍的另一个重要原因。动脉硬化、血管炎症和静脉漏可导致流出阴茎的血液多于流入阴茎的血液，使阴茎不能持续勃起(Kellett, 1996)。

某些药物的副作用会影响性功能。如抗抑郁药物(如“百忧解”)和抗焦虑药物，能够干扰男女的性欲和性唤起水平(Segraves,1998)。

许多人都认为酒精能够增强性唤起和性行为，但实际上酒精只是解除了人们对性行为的社会性抑制。而且由于酒精是神经系统抑制剂，会抑制阴茎的勃起和阴道润滑。慢性酒精中毒还会造成持久性的神经损害，损害肝脏和睾丸，降低雄性激素的水平。酗酒的男性 8%～54%会出现勃起功能障碍(Schiavi, 1990;Benet, 1994)。

此外，慢性躯体疾病(如心脏病)，会通过间接的方式影响性功能。患者对自己的身体过分担心(担心性生活会损害自己的健康)、过度压抑的结果也会造成性功能障碍。

(二) 社会心理原因

1. 性教育不良

首先，社会上存在大量不良的性观念，许多人仍然将性与肮脏或罪恶联系在一起。例如对手淫持否定的态度；把女性月经来潮称为“倒霉了”；相信“一滴精、十滴血”，认为性生活会消耗男性的精力。这些落后的态度和习惯会导致大量对性关系的焦虑、冲突和罪恶感。当一个人在儿童时期被告知性有潜在的危险、是肮脏的和被禁止的，其日后产生性功能障碍的可能性就会大大增加。

其次，缺乏科学、有效的性教育。在中国古代，长辈要在子女结婚以前教授他们相关的性技巧(高罗佩，1990)。在现代社会，这个问题却没有得到很好解决。许多年轻人带着有限的性知识和性技巧甚至是错误的信息与异性接触，结果影响了他们性活动，妨碍了对性活动的享受。

Zilbergeld(1998)认为，不良的认知会导致性功能障碍。例如，男患者常常认为：所有的动作都是为了最终获得高潮；性等于性交；真正的男人不应该出现性问题；只有达到高潮，性关系才算美满；完美的性关系是自然获得的，不需要有计划或刻意地通过谈话来交流；一个男人应该随时对性感兴趣，随时可以做爱。女患者常常认为：只有30岁以下的女人才有性的需要；正常的女人在每一次性活动中都会达到高潮；所有的女人都能产生多次性高潮；停经后女人的性就停止了；好女人不会被色情电影或书籍唤起；淑女不应该在性生活中主动或过于狂野不能自控。

这些负性认知对个体的性活动会造成消极影响，一旦遇到现实情况与其想法不符，就无法正确面对，容易产生情绪问题，进而导致性行为问题和不良生理反应，最终影响个体的性生活。

2. 对性表现的焦虑

Masters 和 Johnson(1970)认为，焦虑是引起性功能障碍的主要心理原因。而焦虑来源于对自己“表现的恐惧”(fears of performance)以及“旁观者角色”(spectator role)。正常人在性活动中会强烈地注意性的信息，不会分散注意力。而有性功能障碍者常常害怕失败，过分期望取悦对方，或认为对方在期待自己的表现。这样使患者注意与性无关的信息，脱离性的体验，仿佛是一个旁观者。

每当进行性活动时，患者倾向于做最坏的打算，过度注意环境中负性的、不愉快的信息。不去注意任何好的性线索，倾向于过低评价自己的性唤起能力。患者的脑海中会出现许多负性认知，如“我从来不能唤起，她会认为我很愚蠢”等想法。负性的思维分散了对性的注意力，进而干扰性唤起。

3. 夫妇交流问题

夫妻在性活动中缺乏交流是造成性功能障碍的重要原因。如果一方在性活动中比较自私、不敏感、粗暴、只顾自我满足，那么另一方就容易感到窘迫、厌恶、缺乏安全感，认为对方对自己不关心，不顾自己的感受，进而产生愤怒或抑郁的情绪。

如果女性不愿接受性交往中被动的角色，表现主动一些，有时会威胁到男性思想中固有的性活动主导形象，产生心理压力，并因此出现某种性功能方面的问题。

性功能障碍也常常反映出夫妻关系问题，如果一方对另一方老是不回家感到不满，或嫌他对孩子不够关心，这些都会压抑性唤起和愉快感。有时男性缺乏对妻子情感上的亲近，可能反映了他对配偶怀有敌意，不愿意让她得到满足。

性功能障碍还能够导致“继发性获益”。对一些病人来说，性功能障碍的出现可以回避生活中其他事件带来的抑郁、痛苦的情绪，使双方都将注意力转移到这个问题上。例如一方对婚姻非常不满，但是考虑到离婚是不能忍受的，因此就发展出性功能障碍的问题。

4. 其他

心理分析学派认为，早期不良的性经验，男孩没有很好地解决"恋母情结"或女孩没有解决"恋父情结"都会导致成年后的性问题(Kaplan, 1998)。

其他导致性功能障碍的原因可能包括：女孩受到过性虐待或性攻击、重要的人际关系被破坏、不喜欢对方、由于体重增加或残疾降低了性吸引力、生活或工作压力过大、患有抑郁症等心理疾病。

性功能障碍往往是心理因素和躯体因素交互作用的结果，仅有很少情况下会有某一因素单独起作用。例如，某男子平时就很容易焦虑，偶然一次由于服用了药物导致勃起障碍，那么他在下一次性生活时就会顾虑重重，担心再次失败，结果虽然没有服药，仍旧出现勃起障碍。这是由药物激活了心理因素，二者相互作用的结果。

三、治疗

（一）治疗前的评估

无论是评估还是治疗，只要有可能，应当尽量要求患者与其配偶一起前来。会谈的方式是夫妇双方先分别与治疗师面谈，然后再一起与治疗师面谈。

在治疗前要进行详细的评估，内容包括：问题的现状；问题的起源和过程(是一直存在还是有过一段正常的时期)；性欲的强度，性交和手淫的频率，性唤起时的感觉；对性技巧的认识(有无误解)；性焦虑的程度；家庭对性的态度以及所接受过的性教育；社会关系(是否一方有害羞或社交恐惧)；在日常生活中是否缺乏爱的关系(注意：性问题往往可能是婚姻冲突的结果而不是原因)；有无精神疾病，如抑郁症；有无躯体疾病和使用药物情况，必要时做医学检查。

由于性问题的私人化和敏感性，即使是在治疗师那里，要让病人能够坦然讨论这些问题也是很不容易的。例如，有一个年轻男子前来咨询人际关系问题，当每周一次的会谈进行了3个月之后，他感到有了足够的安全感，最后才透露自己的主要问题是性的问题。因此，治疗师要耐心、敏感，注意保持良好的治疗关系，让病人获得足够的安全感，这是治疗的基础。

（二）治疗方法

1. 心理治疗

1970年，Masters和Johnson创立了"感觉集中"(sensate focus)训练方法，为性功能障碍者提供了简单、直接的性治疗计划，取得了良好的疗效，开创了崭新的性障碍治疗领域。此方法经过不断改进，在以后的几十年中，取得了很大的进展，治疗效果显著(Kaplan,1986; Masters,1992)。根据病种不同，疗效在30%～100%之间，早泄和阴道痉挛治愈率较高，男性勃起障碍和女性性高潮障碍治愈率较低。

迄今为止，性功能障碍的治疗仍主要按照 Masters 和 Johnson 提出的下列 4 项基本原则进行。

（1）夫妇共同参与。不管是心理治疗还是物理治疗，都需要配偶温柔地配合和情感的投入。此外，如果发现性问题是由于夫妇关系问题所导致，那么在针对性问题治疗之前，首先应进行婚姻家庭治疗。治疗师一般也是一男一女，两人协同工作，这样可以更容易地与患者夫妻进行交流。

（2）交流。应注重理解对方的愿望和感觉，鼓励双方坦诚表达自己的欲望。在很多时候，夫妇都认为对方应该知道在性交过程中应怎么做，一旦失败，就归咎于对方不关心和缺乏情感。但事实往往并非如此。此外，要能够理解双方的差异，例如，丈夫希望每天都进行性生活，而妻子只想每周一次，如果丈夫不能理解双方的差异，就会给妻子贴上“性冷淡”的标签，妻子如果比较被动，就会默认这个标签；还应注意加强夫妇之间非性交流技巧的训练，如日常生活中的语言交流；解决非性主题的问题，如对孩子的教育问题。通过这些努力，能够加强夫妇之间情感的亲密程度。

（3）性教育。提供关于性生活的基本信息教育，改变先占观念。可以通过书籍、录像和电影展现、描述性技巧，加强性技巧和性交流。例如对“性冷淡”的夫妇，治疗师要强调性前戏的重要性，解释达到唤起的时间有长有短，应避免焦虑。教育是非常有效的治疗手段，可以把对性的误解、压抑、恐惧变成把性行为看成愉快、自然和丰富的体验。例如有一位中年男性，患有勃起障碍，病程 10 年。通过评估，了解到他以前每次性交时缺少性前戏，过于直接。由于妻子的阴道还没有润滑，他往往不能进入，有一次过于着急，致使两个人都感到剧烈的疼痛，从此就产生了勃起障碍。治疗师通过两次性教育，并一步一步具体指导其性前戏过程，患者很快就成功地完成了一次满意的性交（马晓年，2004）。

（4）等级任务。通过系统脱敏的方法设定多个等级任务，包括言语交流、彼此欣赏裸体、抚摩躯体、接吻、抚摩生殖器、相互手淫、性器官接触、完成性交等。在真实的场合逐步完成上述步骤，使患者注意体验在交流中获得性的愉悦感，而不是追求完成任务，从而消除焦虑感。需要强调的是，如果性问题是由于夫妻间不良关系造成的，仅仅进行上述治疗很可能没有效果，需要先期关注夫妻间的沟通模式，在关系改善以后再针对性问题进行治疗。

Kaplan(1998)认为，Masters 和 Johnson 的方法过分强调行为塑造的作用。她提倡将行为、夫妻关系因素以及内心冲突因素进行整合的治疗方法，注意在治疗中揭示内心压抑的敌意和关于性的潜意识冲突。

除上述方法外，还有认知治疗等方法可以帮助有性功能障碍的来访者，如通过理性情绪训练改变患者对性的“必须化”的要求。对于老年人，可以提倡无性交但可以有性活动和性交流，享受性的快乐。

2. 药物和物理治疗

有一些药物可以直接改善性功能障碍，如治疗男性勃起障碍的药物“万艾可”；此外，给绝经后的妇女补充雌激素，也可以改善阴道的组织状况和分泌；服用抗抑郁药，通过改善情绪的方法可以间接改善性功能。

外科手术如植入人工阴茎对长期持久勃起障碍的病人是有利的，但要同时处理心理问题。通过人工阴茎，患者可以在没有性唤起和性兴趣的情况下进行性交，但是这种情况对长期的心理适应是不利的。

最后，应该让病人了解到性满足和性功能并不是不可分离的。有学者调查了100对教育良好、婚姻幸福并且没有寻求过治疗的夫妇。80%的夫妇认为他们的婚姻和性关系是满意的，40%的男性、63%的女性报告有偶尔的勃起障碍、唤起或高潮障碍，但是这些功能失调并没有妨碍他们的性满意感。这项研究表明，健康、爱与和谐的关系完全可以弥补偶尔的性失调(Buther, et al,2004b)。

第三节　性偏好障碍

性偏好障碍(abnormalities of sexual preference)又称性变态(paraphilias)，是指性心理和性行为明显偏离正常的形式，并将这种偏离作为唯一的或主要的获得性兴奋、性满足的方式。请看下列露阴症的案例。

【案例 12-2】

患者性格内向，见异性容易害羞，大学毕业后留校当老师，26岁时因为恋爱感情受挫，情绪非常低落。一个傍晚，在公园小路上散步时，前面走来一名年轻女性，突然有露阴的冲动，当对方走近时，王某突然向她露出自己的生殖器，对方吃了一惊，但没有声张，跑开了。王某顿时感到心情非常轻松，所有的苦闷都消失了。以后，他在公园、商店、电影院频繁做出这种行为，多次受到处罚，甚至被劳教1年，但仍不愿改变。一直未婚，直到46岁时才愿意与医生谈及此事，但改变动机不强。

(引自薛兆英等,1995)

性偏好障碍有三个特点：一是性行为与社会普遍接受的观点不一致；二是在性行为中可能对他人造成伤害，如恋童症或性施虐症；三是有自我的痛苦体验，这种痛苦来自社会的态度(如社会对异装症的态度)，自己的性渴求和道德准则之间的冲突，或是知道自己要对他人造成某种伤害(Buther, et al,2004b)。

一、临床类型

性偏好障碍包括性冲动对象的变异和性行为偏好的变异。前者有恋物症、恋童症、异装症、恋兽症等，后者包括露阴症、窥阴症、受虐施虐症等。有些人有不止一种变态行为。但在正常人身上偶然的或非主要的异常性行为不应该被看做性偏好障碍。性偏好行为必须持续6个月以上才能得到诊断。由于性偏好障碍者行为具有隐蔽性，且通常不主动求医，所以其发病人数常常难以进行统计。

1. 恋物症

恋物症(fetishism)指反复多次以非生物物体(如女性内衣)或异性躯体某部分来激起性幻想、性渴求和性行为。

恋物症一般开始于青少年期，仅在男性中存在，大部分是异性恋者。可以产生性唤起的东西很多，如女性的胸罩、内衣、高跟鞋，女人的脚、臀部、头发或是瘸腿的女性等。性幻想、冲动和性行为都围绕这些物体进行，通过抚摩或舔、嗅物体引起性的兴奋，接着独自手淫或者征得性伙伴同意，在物体的帮助下完成性交。

恋物症者会花大量的时间用于寻找所希望得到的物体，通过购买、偷窃甚至抢劫的方式获得，如偷窃晾衣架上的女性衣物。如果物体很特殊，就要花很多时间，如寻找一个瘸腿的女人。有人曾经在一个恋物症者的家中找到他通过跟踪女性剪下的31条辫子，上面还贴着标签，写着得到的时间和地点。有时偷窃或抢劫时的激动感就能够导致其出现性高潮。

恋物症的预后取决于正常社交关系和性行为的发展和建立。独身男性，与女人相处时害羞，没有性伴侣者预后不良。恋物症者病态行为出现的频率很高，经常违反社会常规和法律，法律制裁可以提高他们控制自己行为的动机。

2. 异性装扮症

异性装扮症(transvestic fetishism)简称异装症，指一个异性恋的个体反复多次以穿戴异性服装来激起性幻想、性渴求或性行为。

患者绝大部分是男性，开始于青春期，最初只是穿一两件异性衣服，后来逐渐增多，直至完全是女性的打扮。此类病人穿异性的服装时能体验到性唤起，并伴有手淫，手淫结束以后异装行为就消失。有时也会着异性服装在公众场合出现。

恋物异装症者并不怀疑他们自己是男性，大部分是异性恋者，要与易性症和同性恋区别开来。易性症穿着异性服装时不会有性唤起，而且坚信他们是异性；虽然有些同性恋男性也喜欢穿女性衣服，但是他们并不是通过这种渠道来获得性的满足，故不能叫做异装症。很多异性装扮症者会结婚，在配偶面前也尽量隐藏他们的行为，往往只有很少的家庭成员知道其异装的嗜好。有些易性装扮症者会向性别认同障碍发展，逐渐认为自己确实是女人，但发展速度很慢。

Gosslin(1980)认为，异性装扮症者比较依赖，与人交往少，而当易装时能够减轻与异性交往时的焦虑和害羞。

此病会持续多年，中年以后随着性欲下降，异装行为会减少。

3. 恋童症

恋童症(paedophilia)指反复多次通过与青春期前儿童(一般在13岁以下)的性活

动来激起性幻想、性渴求或性行为。恋童症者年龄在 16 岁以上，且至少比儿童要大 5 岁。

本症仅限于男性，起病于青少年期。受害者三分之二是女孩(Finkelhor，1984)，大部分年龄在 6～12 岁之间。发生率虽然没有确切的数据，但从某些国家童妓泛滥以及与色情画册的内容上看，对与儿童发生性行为有兴趣的人为数不少。

恋童行为包括手淫或抚摩、玩弄生殖器，有一半以上的案例有实质性的性交，有时由于阴茎强行插入会造成孩子的损伤。这种损伤与施虐症造成的损伤不同，相对要轻许多。而施虐症是以损伤为目的，造成的伤害要大得多。

研究发现，恋童者也有能力对成年人产生性唤起(Barbaree，1997)，因此这种性偏好不能解释为性能力上的不足。从动机的角度来看，恋童者更喜欢对他人进行控制，但缺乏与成人交往的技巧，害怕与成年女性建立关系。而孩子是纯洁的，能提供无条件的爱，对孩子更容易有控制感。

此症病程较长，行为频率较高，缺乏社交和与成年人性关系，以及有人格缺陷的人预后较差。本病症治疗效果不佳。

值得注意的是，儿童父母对事件的过度反应以及难堪的法庭询问对儿童的不良影响往往很大。

4. 露阴症

露阴症(exhibitionism)，又称暴露症，指反复多次在事先毫无准备的陌生人面前突然显露自己外生殖器，从而激起性幻想、性渴求或性行为。一般没有进一步性活动的企图，但少数人伴有反社会人格障碍，这种人对受害者会有性攻击行为(Forgac & Michaels，1982；Kaplan，1998)。患者几乎都为男性，20～40 岁之间，三分之二已婚。

患者的暴露行为伴随紧张性快感，寻求从他人强烈的情绪反应中获得快感，如满足于受害者对阴茎的注意，或满足于受害者的惊讶、震惊、窃笑等反应。大部分人寻找偏僻、容易逃跑的地点，也有一些选择容易被发现的地方，如汽车、商店、剧院等。很多人喜欢在特定的环境或特定的时间行动，在春、夏季节较多出现。

暴露症患者有两种类型。第一种强烈抵抗和压制自己的冲动，暴露后常常感到内疚，有时暴露的阴茎是萎缩的。第二种患者有攻击的特质，有时伴随反社会行为，通常暴露勃起的阴茎，同时进行手淫，获得快感，很少会内疚。有人认为那些打电话给妇女、讲下流的话题，同时进行手淫的人也是一种露阴症。

有些人只在遇到应激事件的时候才发作，预后取决于应激的恢复或应付手段的改进。那些经常发作但又没有应激事件的患者会持续很多年，缺乏改变行为的动机。因此，国外的法庭对初犯的人处罚很轻，但是对第二次发作的人处罚很重。

5. 性施虐症

性施虐症(sexual sadism)，指患者反复多次通过捆绑或羞辱，对他人施加躯体或心理痛苦而使其自身感到性刺激，从而激起性幻想、性渴求或性行为。几乎仅限于男性，一旦发生，持续多年。

施虐行为通常有殴打、鞭打、捆绑、蒙眼（感觉捆绑）、电击等行为，或是心理上的羞辱，如撒尿、命令对方像小狗一样叫、穿尿布，等等。接受者常为受虐症者或妓女，有同性也有异性，动作往往只有象征性，很少造成实际的伤害。有时施虐行为会导致或终止于真正的性行为，有些则只通过施虐行为来获得满足。少数会造成持久严重的伤害，如色情谋杀。

其发病率虽然没有确切的数字，但从国外的性商店里链子、鞭子以及相关色情杂志的销售情况来看，这种情况可能为数不小。

病因与儿童早期与父母的关系中，爱与侵犯感觉同时存在有关。

任何治疗都很难改变已经形成的施虐行为。对于施虐者的危险性要有足够的警惕，对于造成严重损害的施虐者必须运用法律的手段给予惩处。

6. 性受虐症

性受虐症（sexual masochism），指反复多次以被羞辱、被捆绑、被殴打或其他受苦方式来激起性幻想、性渴求或性行为。

与其他的性偏好障碍的情况不同，性受虐者中有不少是女性。性受虐者往往与施虐者一起，一个施虐一个受虐，一个主人一个奴隶，相互满足，且其关系会持续很多年。

其原因可能与患者在青春期时受到殴打，碰巧将性唤起与疼痛和屈辱感联系起来相关。心理分析认为受虐是指向自身的施虐。

性窒息（autoerotic asphyxia）是性受虐症中特殊的一种类型，容易导致窒息。患者故意采用使大脑缺氧的方式增强性兴奋，一般选择隐蔽的地方（如浴室），用绳索勒紧颈部或用塑料袋套住头部限制呼吸，伴有手淫和射精。有时因为不能及时解救自己而致死。

7. 窥阴症

窥阴症（voyeurism）又称窥淫症，指反复多次观察毫无准备的裸体、正在脱衣服或从事性活动的他人，从而激起性幻想、性渴求或性行为。

许多男性在观察他人性交时都会有性唤起，但偷窥者将观察他人的性行为作为唯一的或主要的性唤起方式，也有偷窥者将看到异性的阴部作为主要的性唤起方式。偷窥过程中经常伴随手淫，但是不会与偷窥对象发生性关系。偷窥者常常将公共厕所及浴室作为窥视场所，一般非常小心，不让被偷窥对象发觉，但往往会被旁观者发现。偷窥时的危险感常常使他们感到非常刺激。

偷窥者对色情表演不感兴趣，对描写隐私生活的电影也不感兴趣，他们需要真实生活中的刺激。当他们被迫结婚时，与妻子的婚姻关系往往不好。

在青少年中，有不少人因为好奇有过偷窥行为，但是，长大以后绝大部分人的性满足被直接的性行为所替代。而偷窥者持续这种行为，是因为他们在与女孩相处时很害羞，回避正常的性交往，以避免失败，维持自尊。正因为如此，偷窥症者如果被女性发现，反而不能达到性唤起。

8. 摩擦症

摩擦症(frotteurism)，指反复多次与不同意此行为者作触碰及摩擦，从而激起性幻想、性渴求或性行为。

本症限于男性，一般在拥挤的环境(如公共汽车、地铁或商场)中进行，其生殖器勃起，并以此接触摩擦异性的手或身体某部位，伴有手淫和射精。

二、病因

对于性偏好障碍的病因，心理动力学理论认为，患者没有解决好恋母情结，与母亲过分亲近，与父亲关系不好，有阉割焦虑。与成年女性的交往让他们感到很危险，潜意识里害怕遭到惩罚，于是只能将性驱力投射到其他对象上。例如，恋物症者会将性爱转向物体，而暴露症患者则通过向异性展示男性性器官来确定他们男性身份(Lanyon，1986)。

中国的钟友彬(1999)认为，大部分性偏好障碍的患者童年时都有愉快的性体验，成年后，关于性经历的过程已经遗忘，但并没有完全消失，而是作为儿时性取乐的方式被固结在无意识中。成年后，当遇到精神创伤或性压抑而无法对付时，就不自觉地用儿童的取乐方式来排除成年人的烦恼，或发泄成年人的性欲。

行为主义理论认为，性偏好障碍是偶然的性唤起与各种不恰当刺激相结合，然后通过性幻想和手淫被反复强化的结果(Kinsey，1953)。恋物、异装、恋童、偷窥、暴露、施虐、受虐等都可以通过条件反射理论来解释。例如，在一个受虐或施虐者实施异常性行为之前，他已经千百次幻想过此类行为并与手淫同时进行，这样，得到强化的异常行为就与性的快感结合在一起了。有人做过实验，先给被试呈现画有女性鞋子的图片，紧接着呈现女性裸体图片，唤起被试的性兴奋，多次重复上述过程，最后当只呈现鞋子时，被试也能产生性唤起(Rachman & Hodgson，1968)。

鉴于除受虐症外几乎所有的性心理障碍者均为男性，Money(1984)认为，视觉性刺激对男性比女性更重要。对大多数男性来说，性唤起更多地依赖于物理刺激，而女性更多地依赖于情绪背景，如爱的感觉，因此男性更容易将性与非性的刺激联系起来。

社会学习理论者(Freund，1993)提出“性欲靶目标定位”(erotic target location)理论。虽然大多数男性都是异性恋者，但是并不是天生的，必须通过学习，哪些刺激与异性性爱有关，这就是靶目标定位过程。出于种种原因，有些人发生错误的定位，如将性欲指向女性的内衣，则会产生异常的性偏好行为。

Wincze(1989)报道，在性偏好障碍患者的儿童期经历中，经常可以观察到以下情况，如：直接或间接经历非正常的性过程，如被成年人性虐待或目睹成年人非正常的性行为；没有塑造正常性行为和性观念的家庭环境；自尊受到破坏。这些因素都增加了发展出非适应性性行为的可能性。

人际关系的缺陷也是性偏好障碍产生的重要原因。Marshall (1989)认为，异常的性偏好行为的核心特征是无法成功地与成年人建立亲密的情感联系。他们常常是很孤独的，缺乏安全感，与他人隔离，同时也缺乏与异性交流、约会和交往的必要社交技巧。正常的性行为模式受到抑制，异常性行为就得到加强。

Money(1984)的“性爱地图”(love map)理论认为，儿童早期通过性游戏、模仿父母和其他成人以及通过媒体的学习，逐步形成理想的性爱途径模式，即对于同一个对象，从喜爱发展到情感依恋，再发展出性欲和肉体的吸引。如果因为某种不良经历，情感依恋和性的欲望不一致，不能指向同一个人，发生了分离，性爱的途径就发生了改变(不按照原来地图的途径了)，就会产生偏离的性行为。

三、治疗

1. 评估

(1) 首先要排除精神疾病和其他躯体疾病。性偏好障碍有时继发于痴呆、酒精依赖、抑郁症或躁郁症。尤其要注意第一次发作的年龄，中年后起病的一般都有精神或躯体原因，要及时给予相应的治疗。

(2) 详细询问性行为表现。了解其是否伴有多种异常行为，对正常的异性性活动感兴趣的程度。最好能对稳定的性伴侣同时进行会谈。

(3) 评估这种异常行为在病人生活中所占据的地位。除了作为性唤起的来源，有些人将此作为一种解除孤独感、焦虑或抑郁的一种舒适的方式。在这种情况下如果只处理异常性行为，可能会减轻此类性行为，但很可能会加重情绪问题。

(4) 评估治疗动机。来寻求治疗的动机往往很复杂，治疗师不应该拒绝希望改正的病人，但是也不要把治疗强加给不愿治疗的人。要弄清楚患者来就诊的原因，有的是在性伴侣的强烈要求下前来治疗；有的是因为异常的性行为被人发现被别人送来；也有的人是因其异常的性行为受到很重的处罚，不得已前来；还有人因为异常行为太频繁，自己不能够再忍受；也有病人是因为性功能障碍而来就诊，在仔细询问过去历史时才发现有异常性行为。

大部分性偏好障碍者不愿意改变其异常行为，因为这些异常行为使他们获得了性的快感。如果治疗师告诉他们没有有效的方法，他们会很高兴为继续自己的行为找到了借口。有时候，他们寻求帮助是由于他们的行为以及对他人的影响使他们变得抑郁和内疚。但是当他们的情绪恢复平稳时，这种愿望又会消失。因此要了解寻求治疗的动机是否会持续，治疗动机的强弱对进一步选择治疗方法是很重要的。

2. 治疗

(1) 与病人商讨治疗目标。对异常性行为是打算控制还是完全放弃，或是采取更加好一些的替代行为以减轻内疚和痛苦，需要病人自己选择。同时要让病人明白，不管什么目标，都需要其自身的积极努力。要充分挖掘病人的感受，帮助他们明确性行为给其带来的问题，以及如何去减少这些问题。

（2）尝试放弃异常性行为。在早期，行为治疗家们简单地认为只用行为治疗就会有效。他们让病人在列出产生异常行为的情境之后想象这些情境，然后再想象被家人发现或被警察逮捕的场景，反复将二者联系起来。或用厌恶治疗，将不良刺激物与电击结合起来。例如对恋童者，在看裸体儿童图片时，给予电击。但效果都不理想。后来人们发现这些人往往缺乏与人交往的能力，如短暂的交谈，更不要说是正常的性活动了，于是又加进了社交技能训练的内容。这种疗法对恋童症、异性装扮症、露阴症和恋物症都有效(Marshall，1991)。有时虽然不能完全克服症状，但能够帮助患者部分控制异常行为。

必要时可配合药物治疗，通过抗抑郁剂、5-HT再摄取抑制剂和孕激素降低患者的性欲。研究发现(Bradford，2001)，服用孕激素以后，恋童症患者对儿童的性幻想显著下降。

（3）鼓励正常的性关系。通过心理治疗，处理那些妨碍与异性建立关系的焦虑和抑郁情绪，逐步与异性进行接触，并建立起正常的性关系。

（4）预防复发。与病人讨论，哪些场景容易引起他的异常性行为，让病人明确这些场景，并加以回避。可以寻找行为链中早期环节，例如无意识做出激怒妻子的行为，让自己有借口跑到一个容易产生异常性行为的地方。

国内对于性偏好障碍的治疗中认识领悟疗法所报告的疗效明显，其适应证包括露阴症、窥阴症、摩擦症和恋物症等(钟友彬，1992，1999)。这一疗法对于性偏好障碍的治疗重点有两个(钟友彬，1988)：① 引导病人认识到他们的行为是幼年儿童式的取乐行为，是用幼年方式来宣泄成年人的性欲，解除成年人心理上的困难。② 要使病人明白，认为“妇女虽然表面上对自己的异常性行为(如展示阴茎)表示反感和鄙夷，但实际上是愿意接受”的想法，也是幼年儿童的心理，是幼年时期与小女孩进行性游戏时留下的印象，成年妇女的态度则完全不是这样的。只有在这两点上使病人有充分的认识，才能使他们真正从内心深处对自己异常的行为感到厌恶和羞耻，并完全放弃这些异常性行为。要使病人认识到第二点并不容易，除了解释分析之外，还要病人去调查证实。只有做好这两点，才能使病人对他的病态行为的本质真正有所领悟而自愿放弃异常的性行为。

此外，加强法律的惩戒也是克服异常性行为的有效方法。美国有《社区告知法案》规定，有对儿童性侵犯者从监狱释放后，其个人情况要向公众告知。

第四节　性别认同障碍

性别认同障碍(gender identity disorders)是一种强烈而持久的异己性别的身份认同(不仅仅是想以作为另一性别而获得社会文化上的好处)。患者为自己的性别感到持久的不舒服，或者认为自己目前的性别角色很不合适，性别认同与自己生理上的性别不一致，强烈地希望成为异性，常常寻求各种方法试图改变他们的身体和性征。

性别认同障碍可发生在儿童期、青少年或成人期。请看现代舞蹈家金星的故事：

【案例 12-3】

金星 1967 年出生在东北，是家里唯一的男孩。他从小喜欢和女孩一起玩，女孩家玩的游戏他都会，跳皮筋，跳房子，比姐姐都玩得好；他怕虫，怕黑，怕打雷；喜欢美，喜欢唱歌，尤其喜欢跳舞，常常围上姐姐的花衣服，翩翩起舞。9 岁进入沈阳军区前进歌舞团，19 岁去美国学习现代舞，1995 年决定做变性手术。当时手术分成三步，第一次做胸部手术；第二次去除胡须及喉结；第三次做性器官改造手术。手术后社会适应良好，并先后在母亲的帮助和鼓励下，领养了两个男孩和一个女孩，2005 年与德国人汉斯登记结婚，在事业上也收获颇丰，现代舞《红与黑》获文化部文化奖，《上海探戈》在欧洲巡回演出获巨大成功。他本人承认在其 19 岁时就想做手术，一直思考了 10 年，直到觉得手术对自己的社会能力、为人处世以及事业不会带来影响，才最后决定走这一步。

（引自崔玉平，2005）

一、临床表现

DSM-Ⅳ对性别认同障碍的诊断标准（APA，2000）

A. 一种强烈而持久的交换性别的身份认识(不仅仅是想以作为另一性别而获得社会文化上的好处的这种愿望)。

（1）如果是儿童，表现出下列 4 项以上：

① 反复申诉自己想成为另一个性别，或坚持认为自己是另一性别；

② 男孩喜欢换穿女装或耀眼的女性盛装，女孩则坚持一直穿典型的男性服装；

③ 在假扮游戏中强烈而坚持地偏爱另一性别的角色，或坚持幻想成为另一性别；

④ 强烈地希望参加典型的另一性别的游戏及娱乐；

⑤ 强烈偏爱另一性别的游戏伙伴。

（2）如果是青少年或成年人，则表现为申述自己愿成为另一性别的愿望。往往发誓是另一性别，希望像另一性别那样地生活或要求他人如此对待，或深信自己具有另一性别的典型感受和反应。

B. 患者为自己的性别感到持久的不舒服，或者认为自己目前的性别角色很不舒服。

（1）如果是儿童，表现为下列任一项：如是男孩，断言自己的阴茎或睾丸是令人厌恶的，即将消失，或者断言最好没有阴茎，或者厌恶莽撞性的游戏并拒绝典型男性的玩具、游戏和活动；如果是女孩，拒绝坐在那里小便，断言自己有阴茎或会长出一个阴茎，或断言自己不会长乳房或来月经，或厌恶正式的女性服装。

（2）如果是青少年或成年人，表现为沉湎于设法除去第一及第二性征的想法(例如，要求注射性激素、进行手术或用其他方法来改变现有的性征，以便更像另一性别)，或深信自己生错了性别。

C. 此障碍并不与躯体上的两性人同时存在。

D. 此障碍产生了临床上明显的痛苦烦恼，或在社交、职业或其他重要功能方面的功能缺损。

1. 儿童性别认同障碍

儿童反复申诉自己想成为另一个性别，或坚持认为自己是另一性别的人；男孩喜欢穿女性服装；女孩则坚持一直穿典型的男性服装；在假扮游戏中强烈而坚持地偏爱另一性别的角色，或坚持幻想成为另一性别；强烈地希望参加典型的另一性别的游戏及娱乐，偏爱另一性别的游戏伙伴。

男孩厌恶自己的阴茎，厌恶粗鲁的游戏，拒绝典型男性的玩具、游戏和活动，喜欢玩洋娃娃，玩家家，喜爱看女性特征电视节目；如果是女孩，拒绝坐着小便，断言自己有阴茎或会长出一个阴茎，或断言自己不会长乳房或来月经，厌恶正式的女性服装，留短发，常常被误认为是男孩，幻想中的英雄往往是有力量的男性如超人，对娃娃和穿衣打扮兴趣不大，对运动有兴趣。

性别认同障碍男女比例在 5∶1 左右。在成长过程中，男孩往往被同伴排斥，女孩则容易被同伴接受。大约有四分之三的男孩在进入青春期晚期或成年之后，报告有同性恋或双性恋倾向，但没有性别认同障碍；剩下的多报告为异性恋，也没有性别认同障碍；女性情况目前尚不清楚（APA，2000）。

如果他们适应良好，则不需要治疗；如果对自己身体极度不满，或因此造成人际关系不良或与父母关系不好，会感到非常痛苦。治疗重点可以放在改善人际关系和与父母关系上，例如在容易引起人际冲突的环境下对其异性行为加以控制。

2. 青少年或成年人的性别认同障碍

此症又称易性症（transsexualism），青少年或成年人反复申诉自己愿意成为另一性别的人，往往发誓是另一性别，希望像另一性别的人那样生活，或者要求他人像对待异性那样对待他，或者深信自己具有另一性别的人的典型感受和反应。患者为自己的性别感到持久的不舒服，或者认为自己目前的性别角色很不合适。沉湎于设法除去第一及第二性征的想法（如要求注射性激素、进行手术或用其他的方法来改变现有的性征，以便更像另一性别），或深信自己生错了性别。

欧洲的调查（Buther，et al，2004b）发现，瑞士男性发病率为 1/37000，女性为 1/103000，英国男性为 1/34000，女性为 1/108000。大部分求助者是男性。

男性易性症化妆和发型都像女性，用电动刀刮去体毛，寻求改变社会角色。喜欢从事一般是女子做的工作，热衷于烹饪和缝纫。对婚姻没有兴趣，与异装症不同，他们性欲很低，当身着异装时没有手淫的现象。对自己的性器官感到厌恶，而不像异装症把性器官看做是获得快感的工具。

与异性装扮症不同，男性易性症者穿女性服装的目的，并不是为了获得性的唤起，而是为了感觉更像一个女子，为了获得与自己愿望相符的异性一样完整的生活。

此类障碍还应注意与女性化很强的男性同性恋者区别，同性恋者并不认为自己是女人占据了男人的身体，也没有成为女人的愿望。

Blanchard（1993）认为易性症有两种，一种叫同性恋易性症，一种叫异性恋易性症，他们的成因和发展过程都不同。同性恋易性症对与自己同性的人有性方面的喜好，异性恋易性症则对异性有性方面的喜好。例如，一个同性恋易性症的女性在生理上是女性，但是她认为自己是一个占据着女性躯体的男性，在性取向上向往和女性交往；而一个男性同性恋易性症在生理上是男性，但是认为自己是占据着男性身体的女性，在性取向上喜好男性。这种男性希望自己通过手术实现变性，使自己能够吸引异性恋的男性并进行交往。同性恋易性症在儿童时期通常也是易性症；而异性恋易性症在儿童时期以及成年时期并不表现得过于女性化或男性化，这些生理上是男性的人认为自己实际上是占据了男性躯体的女性，但是他们可与女性发生性的交往。通常要比同性恋易性症者更晚要求进行手术。

易性症的心理状况一般较差，常常有抑郁情绪和自杀意念，结婚者多数有婚姻问题。他们经常强烈要求医生改变他们的外表和性器官，例如要求使用雌激素使自己的乳房增大，坚持做阉割手术或人工阴茎。

二、病因

易性症产生的原因至今还没有明朗。有人提出激素理论，认为在怀孕时母亲体内过高的雌激素或雄激素水平对胎儿的发育会造成影响，会雌化男性胎儿或雄化女性胎儿(Collaer & Hines, 1995)。有少量研究发现，男性易性症患者第23对染色体有额外的Y染色体(47,XYY)，女性易性症患者有额外的X染色体(47,XXX)(Turan,2000)。

有人研究家庭中孩子的出生序列与性别认同障碍的关系(Blanchard & Bogaert, 1996)，发现男性性别认同障碍的患者，其出生顺序比对照组晚，而且家庭中有更多的哥哥。

社会环境因素对性别认同起一定作用。其中，家庭的养育方式被认为是一个重要因素。一般的男孩在表现出女性的兴趣和行为时，往往会受到家庭的反对。而女性化的男孩在其家庭中往往非但没有受到反对，有时反而得到鼓励。当他们穿女性的衣服时，家长们认为这是孩子的聪明可爱，有的母亲还指导孩子如何化装，家庭的相册中常常有男孩穿女孩衣服的照片，这样会造成生理上的性别与后天习得的性别认同之间的冲突(Zuckerman, 1999)。

Bradley和Zuckerman(1997)发现，具有性别认同障碍的男孩对感官刺激更为敏感，对父母的情绪表达也更为敏感；而母亲对再次出生男孩的失望情绪，很容易导致与男孩的负面关系。但并没有证据表明父母生育女儿的愿望会导致男孩产生性别认同障碍。

虽然社会环境影响对性别的认同有一定的作用，但并不一定起决定性作用。Colapinto(2001)报道的案例可以说明这一点。在一次交通事故中，一个出生7个月的男孩阴茎血管被严重损害。在与男孩家人讨论后，医生决定切除阴茎，再造一个阴道，并开始将孩子当女孩养育。进入青春期以后，给予激素替代治疗，开始这个孩子的心理适应良好，但随着年龄的增长，越来越多表现出男性的兴趣和行为。对保持女性性别的认同越来越痛苦，产生了严重的心理问题，曾几次自杀。最后，在其知道真相后，选择通过一系列的外科手术重新变回男性。

三、治疗

对性别认同障碍的治疗是一个很棘手的问题。通常病人来求治的动机是改变身体而不是改变心理。Cohen-Kettenis(1997)认为心理治疗对于改变这类障碍的努力常常是无效的。

目前为止，最有效的方法是通过外科手术改变解剖结构，称为“性别再造术”(sex reassignment surgery)。在中国目前已有此类手术，但往往对接受手术者未经心理适宜程度的测查及心理适应方面的治疗。而在西方，进行这类外科手术需要在心理治疗师的帮助下分阶段进行。

在西方做此类手术之前，希望改变性别者至少要按异性的角色生活两年，使其确定自己的确想要成为一个异性，而且他们必须在心理上、经济上和社会上是稳定的。

以男性易性症为例，在准备阶段他需要拥有女子的外表并像女人一样生活。可以通过服用雌性激素来促进女性性征的发育，但需要向其清楚地说明长期服用药物的副作用。

在这一个阶段，如果他觉得这种生活对他很困难，就有可能放弃或修改他的目标。

两年以后，如果病人仍然坚持手术并且情绪、人格稳定，就可以向有经验的外科医生咨询。由他来决定是否手术，以及手术的方式。一般判别是否手术的标准是患者坚持了很多年试图改变自己的性别；有能力作为其所希望的性别满意地生活两年以上。

男性易性症的手术方式是切除男性生殖器官，再造阴道，并用激素维持乳房等第二性征。女性易性症的手术包括再造人工阴茎，切除乳房。

Green 和 Fleming(1990)报道，220 例男性易性症中 87%对手术的结果满意；130 例女性易性症中有 97%表示满意；Cohen-Kettenis 和 Gooren(1997)报道认为，大部分易性症患者对手术结果表示满意。

第五节 同 性 恋

一、概述

同性恋(homosexuality)是指指向同性的、情爱的思想和情感，伴有或不伴有性行为。

在人类历史上，同性恋是一个普遍存在的现象。古代非洲北部的迦太基人、古代黑海以北的西徐亚人，以及北欧的诺曼人的历史中，都有关于同性恋的记载(霭理士，

1988)；在古代美索布达米亚，有许多男妓为同性恋服务；在古希腊，成年男子常常同已经渡过青春期但尚未成年的少年发生热恋；古希腊著名的女诗人萨福，爱上过许多自己的女学生，后因遭到一女恋人的拒绝而自杀(李银河，1998)。中国古代很早就有“龙阳”、“断袖”等故事描述同性恋现象，历代君王贵族“狎昵娈童”的现象也非常普遍，清代盛行“私寓”制度，大户人家买来眉清目秀的小男孩供主人玩赏。这些小孩被称为“相公”或“象姑”(潘绥铭，1998)。

历史上，中国古代社会对同性恋的态度相对宽容；但在西方，由于社会主流文化的排斥和反对，同性恋不但在道德上遭到谴责，在法律上也被严加限制。在罗马帝国，同性恋者要被判处火刑；直到1861年，英国法律还规定对同性恋必须判处死刑；到20世纪下半叶，各国关于同性恋的法律才开始明显放宽。1967年，英国法律才使同性恋关系合法化；1991年，美国有8个州同意同性婚姻。

在学术界，早在20世纪初，霭理士就认为同性恋是自然的、非病理性的现象。此外，心理分析的创始人弗洛伊德对同性恋也持同情的态度(1935)，他在“给一位美国母亲的信”中写道：“同性恋的确不能带来什么好处，但是并不值得羞耻，也不是一种恶习，并不低人一等，它不能被视为疾病；我们把它看成性功能的一种变异。古代和现代很多著名的人物都是同性恋。把同性恋视为犯罪并加以迫害是不公平的，也是残酷的。”但在当时，少数学者的声音并不足以改变人们对同性恋的看法。

直到1953年，Kinsey(金赛)在其著名的性学研究报告中指出，同性恋与异性恋不能截然区分开来，而应该看作一个连续体，连续体的两端是完全同性恋和完全异性恋，中间则分别是部分同性恋、双性恋和部分异性恋。他用6点量表评估同性恋的程度，发现10%的男性有过3年以下的同性恋体验，4%的男性是终身同性恋者，4%的单身女性在20～35岁有持续的同性恋行为。他还指出，同性恋的行为要比人们通常认为的要正常得多。Kinsey的结论使人们对同性恋的看法发生了很大的改变。Hooker在1957年发现，受过训练的心理学家不能通过心理测验来区分同性恋者与异性恋者。1974年，美国精神病学会通过投票，以5854票对3810票，决定从DSM-Ⅱ系统中删除同性恋的诊断(Buther, et al,2004b)。这意味着西方社会不再将同性恋看成是一种变态行为，而将之视为是一种正常的行为变异。

在我国，自20世纪80年代开始，张北川、李银河、刘达临等一批学者率先从文化和心理的角度对同性恋人群开展深入的研究。研究的结果发现，中国存在着为数不少的同性恋人群。通过研究，他们均认为不能因为性取向的不同而将同性恋看成异常，或看成是一种疾病。“同性恋是一种属于人类中的一小部分的自然和正常的性取向”(李银河，1998)。张北川甚至主张将同性恋的称呼改为“同性爱”，以消除贬义(张北川，1994)。

从当前的诊断标准来看，DSM系统已经将同性恋诊断去除；而ICD-10也指出，单纯的性取向问题不能被视为一种障碍。ICD-10保留了自我不和谐的性取向诊断，特指那些性偏好确定，但伴有心理和行为障碍，可能寻求治疗或试图改变性取向的人（世界卫生组织，1993）。2001年出版的CCMD-3仍有同性恋的诊断，但同时指出：起源于各种性发育和性定向的障碍，从性爱本身来说不一定异常。符合诊断的人是“性发育和性定向伴有心理障碍，如不希望如此或犹豫不决，并为此感到焦虑、抑郁，有的试图寻求治疗加以改变”（中华医学会精神科分会，2001）。其定义与ICD-10很相近。

CCMD-3对同性恋的诊断描述（中华医学会精神科分会，2001）

指源于各种性发育和性定向的障碍，从性爱本身来说不一定异常。但某些人的性发育和性定向可伴发心理障碍，如个人不希望如此或犹豫不决，为此感到焦虑、抑郁及内心痛苦，有的试图寻求治疗加以改变。这是CCMD-3纳入同性恋和双性恋的主要原因。

1. 同性恋出现的比例

美国的流行病学调查（Billy，1993）显示绝大部分男性是异性恋者，只有2.3%男性和1.1%女性是绝对同性恋；1992年英国和法国的研究结果与美国类似，法国有4.1%的男性（ACSF investigators，1992），英国有3.6%的男性是同性恋者（Johnson，et al，1992）。

国内潘绥铭（1995）的研究报告表明，大学男生中有过同性性行为的占16.6%。刘达临（2005）的研究中，以搂抱为标准，大学生中有同性恋倾向的人占7.5%，男性为7%，女性为8.4%。社会学调查发现，中国同性恋与双性恋人口占全社会性成熟人口的3%～4%（张北川等，2000）。

2. 性行为特点

同性恋者有其独特的性行为方式，男女也有所不同。同性恋男性主要通过身体行为来获得性的满足，常见方式有口交、相互手淫，较少的人采用肛交的形式。大多数在性行为过程中互相交换主被动角色，但也有一些彼此主被动角色不变。他们中间的大部分人有与异性恋男性一样的生活方式，只有少数喜欢女性的工作或娱乐方式。他们大部分有各自固定的异性伴侣。同性恋男性之间关系持续的时间比较短暂。中年人要寻找同龄人很困难，往往把目标转向年纪轻的同性恋者。

同性恋女性往往通过温柔的爱抚和与同伴分享社会行为（如像夫妻一样同吃、同住）来获得满足，身体接触包括爱抚、刺激乳房、相互手淫、口交、互相压迫生殖器或使用人工阴茎等。有一个人常规担任主动角色，也经常短暂互相交换主被动角色。同性恋女性不像同性恋男性，她们很少滥交或变换性伙伴，一般都与一个固定的对象保持持久的关系，在中年时也很少孤独和抑郁。她们的社会行为与异性恋妇女相似。大部分同性恋女性会与异性结婚生子，但是很少能从异性恋关系中得到乐趣。一般来说，同性恋女性的社会适应情况要好于同性恋男性。与男性相比，同性恋女性有固定伙伴的比率大于男性（刘达临，2005）。

二、产生原因

同性恋产生的原因目前还不明确。研究主要集中在下列三方面。

1. 同性恋是否有遗传、内分泌、解剖等生理上的改变

同性恋有一定的遗传倾向。50%的同卵双生子同时有同性恋取向，16%～22%的异卵双生子同时有同性恋倾向，而非双生的兄弟和姊妹之间也接近这个比例(Bailey & Pillard, 1991)，但目前还没有确切的寄养研究结果。中国刘达临(2005)的研究发现，同性恋者家庭成员中有同性恋倾向或行为的人占4.1%。

有研究者提出假设，认为同性恋者在母亲怀孕期间接触了过多的性激素。对大鼠和一些哺乳动物的研究发现，早期暴露于过多的雄性激素下的雌性在成年后出现雄性交配行为，相反亦然(马晓年，2004)。但人毕竟不是老鼠，对人的研究没有得到类似的结论。

LeVay于1991发现了解剖学上的证据。同性恋男性下丘脑一个影响性行为的部位，其大小与异性恋男性的不同，但与异性恋女性的相同。这一发现曾引起关注，但目前尚缺乏进一步的研究加以证实。

刘达临(2005)从同性恋的自我认识发现，认为同性恋受先天遗传因素影响的比率很低，绝大部分同性恋者认为同性恋是后天习得的；同时发现，同性恋以往所处环境与异性难以接触而以同性作为发泄对象的比率较高。

以上研究均未能充分说明同性恋的产生与遗传的关系。

2. 同性恋的形成是否源于儿童时期特殊的家庭养育环境或行为

Bell(1981)认为，同性恋是由于异性恋的欲望受到心理压抑或威胁而被迫产生的，同性恋者有高度病态的亲子关系。同性恋男性，其儿童时期与父亲的关系不良或家庭中缺少父亲，母亲则过度保护和过分亲密；同性恋女性，其儿童期母亲比较冷漠、拒绝，他们与父母的关系都不好。但这些特点可能只是压抑了正常异性恋的发展，并不能作为产生同性恋的原因。

对同性恋者儿童时期的研究发现，同性恋男性儿童期喜欢与女孩玩，穿女孩的衣服，不喜欢运动；同性恋女性则比较喜欢运动，希望自己是男孩(Bailey & Zucher, 1997)。

Byne(2001)认为，有许多途径导致同性恋或异性恋，不应简单地从基因导致行为的角度考虑问题。生物易感性和环境条件发生交互作用，特定的习得性经验、环境事件会影响大脑结构和功能以及基因的表达，潜在的性唤起模式的发展，并没有某一个生理或心理的原因能够单独起作用。

中国学者也有类似研究结果。刘达临(2005)发现，同性恋者在幼年时期受到父母、家庭不正确的对待和受到不良性心理刺激的要占总人数的一半以上。鲁龙光(2005)的研究发现，同性恋者中，在其幼年受到反性别抚养和教育的(如把男孩当女孩养)占20.6%；长期生活在女性环境中的男孩和长期生活在男性环境中的女孩占62.4%；母亲在家中支配一切、父亲没有地位的家庭占17%。

3. 同性恋的心理是否健康

曾经有人认为同性恋者都是性欲冲动很强，喜欢滥交的人。但有研究证实，同性恋与异性恋具有相同的对偶然性交的兴趣(Bailey，1994)，同性恋给人喜欢滥交印象的原因是由于他们比异性恋者有更多的偶然性接触的机会。

一些研究发现，同性恋比异性恋罹患焦虑症和抑郁症的概率更高，更容易产生自杀行为，同性恋女性更容易发生物质依赖。这可能与社会对同性恋的偏见有密切关系(Fergusson，1999；Herrell，1999；Sandfort，2001)。

刘达临(2005)的研究中，5.1%的同性恋者认为同性恋对身心健康有利，认为有害的占32.3%。这样就容易由此产生不良的情绪反应。

鲁龙光(2005)则认为，91.8%的同性恋者具有良好的人际关系，工作学习及适应能力正常的占98%。

与异性恋相比，同性恋者要承受更多的社会舆论的压力，他们产生更多的焦虑和抑郁等情绪问题，可能与此相关。到目前为止，并没有充分的证据表明同性恋者的心理状况明显比异性恋者差。

三、处理原则

当同性恋者前来寻求心理帮助时，简单的医学模式的干预可能无济于事，应更多地从求治者的心理状态、适应能力等方面来提供帮助。

首先应了解来访者为什么前来寻求帮助。在心理治疗与咨询门诊中，常常会遇到五种情况。第一种人，本身不是同性恋，但由于性格腼腆，害怕与异性相处，导致患者怀疑自己是否具有同性恋倾向，并为此感到焦虑；第二种是真正的同性恋者，希望能够改变自己；第三种是双性恋的人，希望知道如何来应付这种情况；第四种人则由于同性恋引起的个人或社交方面的困扰，进而产生抑郁和焦虑的情绪；第五种人由于同性恋引起的各种性病甚至怀疑自己已经罹患了“艾滋病”而前来求助。也有时，来访者是由于无法确认自己是否具有同性恋倾向而前来寻求帮助。干预时，应根据来访者不同的困扰来处理问题。

刘达临(2005)的研究发现，想改变现状的同性恋占28.2%，而最终选择“有勇气接受治疗”的只占5.1%；3.6%接受过治疗，1人感到治疗效果很好，4人感到有些效果，2人不详，7人都想继续治疗。

鲁龙光(2005)认为，对那些自我感觉好的同性恋不应戴上“疾病”帽子，更不应该强迫他们去接受治疗。

实践表明，对同性恋的正规心理治疗并不比简单的建议更有效。如果来访者要求压抑自己同性恋的行为，加强异性恋行为，可以提供以下建议：回避能诱发同性恋情感的情境；增加与异性交往的机会，如参加集体活动等；分散对同性恋的注意，减少和避免在同性恋幻想下的手淫行为。

同性恋女性很少要求改变她们的性行为，常常只要求解决社交问题以及当同性恋关系受到威胁时产生抑郁或嫉妒等问题。有些已婚的同性恋女性还要求提供建议，如何处理与丈夫的关系或与异性性交时的性功能障碍等问题。

对同性恋的治疗，国外曾使用厌恶疗法。但从国外目前的研究来看，厌恶疗法对同性恋无效。国内报道也支持这一观点(李从培，1988)。

由于药物及心理治疗对矫正同性恋并无效果，因此，干预倾向于帮助来访者接受自己和自己的性取向；然后，帮助其学习在同性恋取向的前提下如何面对可能出现的现实问题。

总　　结

人们对性活动是否正常的观念在不断变化，对于任何性异常的表现，要根据文化特点予以理解和判断。

性功能障碍涉及到患者的性欲望、性满意程度以及达到满足的性能力三方面，性功能障碍主要发生在性反应周期的前三个阶段。男女都会产生性欲障碍，女性多于男性，严重者甚至产生性厌恶障碍。性功能障碍的治疗常常需要配偶双方密切合作。

性偏好障碍是一种异常的性行为和唤起模式，持续反复发生 6 个月以上。常常造成自身和他人的痛苦。治疗时要首先明确治疗动机是否强烈，此外，对性偏好障碍加强法律约束可以降低异常行为的发生。

性别认同障碍包括儿童性别认同障碍和易性症，性别再造术是比较多采用的手术治疗方法，成功率也较高，但一定要进行较长时间的心理准备。

同性恋越来越多地被心理学领域认为是一种正常性取向。专业人员应该根据同性恋者的求治动机提供适当的帮助，提高他们的社会适应能力，改变性取向的治疗通常比较困难。

思　考　题

1. 请比较不同性功能障碍其间的区别。
2. 治疗性偏好障碍要考虑哪些因素？
3. 进行性别再造术之前为什么需要进行心理干预？
4. 同性恋为什么被看成是正常的性取向？

推 荐 读 物

1. 马晓年(2004). 现代性医学. 北京：军事出版社

2. 张北川(1994). 同性爱. 济南：山东科学技术出版社

3. Buther J N, Mineka S, & Hooley J M (2004). Abnormal Psychology (12th ed) (影印版). 北京：北京大学出版社，421～455

4. 李银河(1998). 同性恋亚文化. 北京：今日中国出版社

5. 蔼理士著，潘光旦译(1988). 性心理学. 上海：三联书店

13

儿童心理障碍

第一节　概　　述

对于儿童相关的心理障碍进行分类和治疗只是最近几十年的事情。在精神障碍诊断分类的第一本经典教材，即 Kraepelin 撰写的《精神病学纲要》中，并没有包含儿童心理障碍。直到 1952 年，DSM-Ⅰ出版之后，儿童心理障碍才正式出现在诊断分类体系中，不过 DSM-Ⅰ中仅包含两种儿童心理障碍(Butcher, et al, 2004b)。虽然之后对于儿童心理障碍的重视日益提高，其研究、诊断分类以及治疗得到不断发展，但是直到今天，儿童心理障碍的评估、诊断和治疗仍然落后于成人心理病理学的发展。

本章拟介绍一些在儿童和青少年身上出现的心理障碍，简要介绍其概况、诊断和治疗。理解儿童和青少年心理障碍要比理解成人心理障碍困难得多，这些困难主要来源于以下几方面(Rosenhan & Seligman, 1995)：

(1) 儿童和青少年处于不断的发展过程中，不同的人，其发展的速度不同。因此，观察到的问题究竟是属于发展性的滞后，即发展的速度比较慢还是属于需要重视和干预的心理问题，需要更加仔细地辨识。举例来说，大多数儿童在 3 岁的时候就已经学会了自己上厕所，但是有些孩子仍然持续出现尿床的行为。那么这种尿床究竟是因为发展上略慢于大多数孩子，还是因为有着强烈的不安全感造成的，这是需要区分的。而在成人身上，不会出现这种的问题。

(2) 儿童通常不能用语言把自己的问题表述出来。通常他们多以不适当的行为方式表达其痛苦，家长和老师需要对儿童的行为给予理解。问题在于，家长和老师把某种行为理解为显示了严重的心理障碍，但是这个行为可能是发展性的滞后，随着儿童长大可能就消失了，或者可能是一般性的行为，而家长或者老师把这种行为理解为严重的心理问题；另一方面，对于表示着严重心理障碍的行为，家长和老师却可能完全忽视。

因此，在界定儿童和青少年的心理障碍时必须十分谨慎，下列三点有助于我们对于儿童和青少年的障碍的界定：首先，儿童的行为偏离了正常的发展或者社会文化所认为正常的行为标准；其次，这些行为是持续的、严重的；最后，异常的行为损害了儿童的功能或者破坏了他人的生活。

在开始介绍儿童的心理障碍之前，需要强调一点，即所谓偏离了正常发展轨迹的异常行为与正常行为通常只是存在程度上的差异，而不是质的差异。在基本正常的孩子身上，也可以看到很多所谓的问题行为。例如，对大多数孩子来说，如果1个月左右大发一次脾气，基本不会被认为是异常行为。但是，如果大发脾气这种行为频繁出现或者经常在某种特定情境下出现，那可能就会被认为是异常行为。

因为儿童心理障碍的诊断分类很多，限于篇幅，本书不可能将每一种障碍进行一一介绍。此外，三大诊断体系在对儿童心理障碍进行诊断分类时，CCMD-3与ICD-10比较接近，DSM-Ⅳ则与之存在一些差别。本章在介绍时采用的是DSM-Ⅳ的诊断类目、名称和诊断标准，在CCMD-3和ICD-10与DSM-Ⅳ存在显著不同的时候，会简要介绍一些CCMD-3和ICD-10与DSM-Ⅳ的差异之处。

DSM-Ⅳ下的障碍分类中，有一大类别叫作通常在婴儿、儿童和青春期得到诊断的障碍，其中包含如下十大类障碍(APA, 2000)：

(1) 精神发育迟滞，包含轻度、中度、重度、极重精神发育迟滞，与智力功能缺陷以及缺乏生活基本适应能力相关。

(2) 学习障碍，包含阅读障碍、数字障碍、书写障碍、学习障碍未注明(not otherwise specified, NOS)。

(3) 行为技能障碍(motor skills disorder)，即发展性协调障碍。

(4) 沟通障碍，包含言语表达障碍、语言接收与表达障碍、语音障碍和口吃。

(5) 广泛性发育障碍，包含孤独症、Rett综合征、儿童瓦解性精神障碍、阿斯伯格综合征(Asperger disorder, AS)、广泛性发育障碍未注明(PDD-NOS)。

(6) 注意缺陷和破坏性行为障碍(disruptive behavior disorder)，包含注意缺陷/多动障碍、注意缺陷/多动障碍未注明(NOS)、品行障碍、对立违抗障碍、破坏性行为障碍未注明(NOS)。

(7) 婴儿或者儿童早期的喂食和进食障碍，包含婴幼儿和儿童异食癖(pica)、婴幼儿反刍障碍(rumination disorder)、婴幼儿进食障碍。

(8) 抽动性障碍(tic disorders)，包含Tourette氏综合征、慢性运动或发声抽动障碍、短期抽动障碍(transient tic disorders)、抽动障碍未注明。

(9) 排泄性障碍，包含非器质性遗尿症(enuresis)和非器质性遗粪症(encopresis)。

(10) 婴儿期、儿童期和青春期的其他障碍，包括分离性焦虑障碍、选择性缄默、婴幼儿反应性依恋障碍、刻板运动障碍以及婴儿、儿童和青春期障碍未注明。

有人认为，DSM-Ⅳ中所谓通常在婴儿期、儿童期和青春期得到诊断的障碍，是指有一些障碍是儿童障碍而另一些障碍是成人障碍，事实并不是这样的。虽然许多患有这些障碍的人在其儿童或者青春期的时候就已经得到了临床关注，但是有些时候在其成人期才可能确定此诊断。而且，在DSM-Ⅳ中的其他障碍，也可能在儿童或者青春期起病。所以，对于临床心理学家来说，在对婴儿、儿童和青少年进行临床诊断的时候，需要考虑本章中的诊断，同时也需要考虑其他章节谈到的对其他障碍的诊断。通常，如果儿童和青少年的症状被认为和成人有所差异的话，其他障碍的诊断中会有所注明。而如果成人的临床表征符合相应的诊断标准，那么成人也可以被诊断为DSM-Ⅳ中的那些通常在婴儿期、儿童期和青春期得到诊断的心理障碍。不过，对这个问题，ICD-10有不同的看法。ICD-10单独列出了一些被认为只能在儿童期出现的心理障碍，并且这些心理障碍与成人期相应的心理障碍有着质的差异，比如童年恐怖性焦虑障碍（世界卫生组织，1993）。CCMD-3因为受到ICD-10的影响更大，所以在其分类中也有这个特点（中华医学会精神科分会，2001）。但是，对于常见的心理障碍，DSM和ICD在具体的诊断上面差别并不是很大（APA，2000）。表13-1列出了三种诊断体系对于儿童青少年心理障碍的诊断分类。

表13-1 DSM-Ⅳ，ICD-10和CCMD-3儿童和少年期精神和行为障碍（包含精神发育迟滞）

DSM-Ⅳ	ICD-10	CCMD-3
精神发育迟滞	精神发育迟滞	精神发育迟滞与童年和少年期心理发育障碍
	轻度精神发育迟滞	精神发育迟滞
	中度精神发育迟滞	
	重度精神发育迟滞	
	极重度精神发育迟滞	
	其他精神发育迟滞	
	未特定精神发育迟滞	
	心理发育障碍	
沟通障碍	特定的言语和语言发育障碍	言语和语言发育障碍
学习障碍	特定性学校技能发育障碍	特定学校技能发育障碍
行为技能障碍	特定性运动功能发育障碍	特定运动技能发育障碍
	混合性特定发育障碍	混合性特定发育障碍
广泛性发育障碍	广泛性发育障碍	广泛性发育障碍
	其他心理发育障碍	童年和少年期的多动障碍、品行障碍和情绪障碍
	未特定性心理发育障碍	
	通常起病于童年、少年期的行为和情绪障碍	
注意缺陷和破坏性行为障碍	多动性障碍	多动障碍
	品行障碍	品行障碍
	品行和情绪混合障碍	品行与情绪混合障碍
	特发于童年期的情绪障碍	特发于童年的情绪障碍
	特发于童年和少年期的社会功能障碍	儿童社会功能障碍
抽动性障碍	抽动障碍	抽动障碍
婴儿或者儿童早期的喂食和进食障碍		
排泄性障碍		
婴儿期、儿童期和青春期的其他障碍	通常起病于童年和少年期的其他行为与情绪障碍	其他童年和少年期行为障碍

在DSM-Ⅳ的诊断系统中，对于婴儿、儿童和青少年，可以应用本书其他章的一些诊断，例如焦虑障碍以及心境障碍等。恐怖症和抑郁症都是常见的儿童心理障碍。在DSM-Ⅳ的多轴诊断体系下，除了精神发育迟滞属于轴Ⅱ的诊断之外，所有其他障碍均属于轴Ⅰ的诊断。

作为一个概览性的介绍，本章将选择性地介绍一些儿童和青春期常见的心理障碍，包括精神发育迟滞、学习障碍、儿童期的一些焦虑障碍、儿童期抑郁、注意缺陷和破坏性行为障碍以及广泛性发育障碍中的孤独症。

第二节 精神发育迟滞

一、临床表现与诊断

精神发育迟滞是以智力较低、适应功能较差为主要特征的障碍。因为它的病因复杂，在我国其分类、定义和命名尚不统一。教育部门使用“弱智”这个词来称呼，而儿科和精神科则惯用“智力低下”。国际上统一称之为精神发育迟滞(mental retardation)。

精神发育迟滞的患病率在1%左右(APA, 2000)。据1990年的全国普查，我国人群中，精神发育迟滞的患病率约为1.3%(陶国泰，1999)。儿童患病率农村高于城市，其中城市约1%，农村约2%～3%(左启华，1989)。精神发育迟滞患者伴发精神障碍的比率是正常人群的4～5倍(陶国泰，1999)。

精神发育迟滞在美国DSM-Ⅳ中，与人格障碍一起被放在了轴Ⅱ的障碍之中。严格地说，精神发育迟滞并不是一种心理障碍，而是一种“行为症状”，其病因可能由染色体异常、孕期问题等不同原因造成，但是均表现出智力较低、适应功能差等相关症状。根据DSM-Ⅳ，其诊断包含如下三个要点(Morrison, 1995)：

(1) 智力水平显著低于平均水平(在个体施测、标准化智力测验中，得分低于70)。

(2) 在下列2项或者2项以上的功能领域中存在缺陷，即：沟通、自理、在家生活、与他人建立关系、使用社区资源、自我管理、学业、工作、使用自由时间、健康、安全。

(3) 年龄低于18岁。

在进行精神发育迟滞的诊断时，需要注意：

首先，起病时间需要在18岁之前，若于18岁之后出现，则必须考虑诊断为痴呆症(dementia)，而不是精神发育迟滞。这个区分非常重要，因为在个体成熟期之后才出现智力缺损和功能损害与在发育期甚至出生时就有缺陷存在着本质的区别。

其次，单凭智力测验的结果不能够做出精神发育迟滞的诊断。因为智力本身就是一个有争议的概念，而且智力测验的结果可能受文化背景、教育背景以及答题背景(譬如孩子答题时的焦虑可能会影响测验成绩)的影响。只有在低智商以及应对日常生活功能缺损同时存在的情况下，才可以考虑智力迟滞的诊断。

所以，诊断精神发育迟滞需要进行全面、细致的评估。比如，在美国研究者 Jane Mercer 所编定的多元文化多维评估体系（System of Multicultural Pluralistic Assessment，SOMPA）中，包含三个方面的内容：① 生理成分，评估可能影响儿童学习的生理状况；② 社会系统成分，测量儿童的社会适应性行为，即在诊断标准中提到的那些功能领域进行适应性行为的评估，并评估社会文化背景；③ 智力成分。SOMPA 采用了一系列评估工具，包括访谈获得儿童健康史、与儿童本人和父母进行面谈、使用 Bender-Gestalt 测验、韦氏儿童智力测验及其修订版、韦氏学前和小学智力测验、儿童适应行为量表。总之，如果要做出精神发育迟滞的诊断，需要深入了解儿童的背景，进行多方面的评估，单纯依赖一次智力测验的结果或者学业成绩，完全不能够做出相关诊断（Rosenhan & Seligman，1995）。

【案例 13-1】

患者，女，10 岁，因学习成绩不佳前来门诊。其母报告了患者的下列情况：

患者系足月顺产，第一胎。母孕时 25 岁，体健，曾多次患感冒，但无重病。父母亲非血缘婚，均系农民。父亲念书七年，母亲念书两年。有一弟比她小 3 岁，发育良好，目前念小学一年级，成绩良好。家族中无痴呆或精神病患者。

患者幼时长得白白胖胖，不爱哭，听话，好喂养，父母均喜欢她。患儿自幼不聪慧，1 岁多才能独坐，2 岁多才能独站，3 岁学步。2 岁多开始喊爸妈，6 岁左右才能讲简单句子，并进入学前班。8 岁起念一年级，勉强及格；念二年级时，留级一次后，仍有语文、数学不及格，老师认为没法再教，让家长送来求医。患儿放学回家，能自觉地做家庭作业，但常常做不出来，有时要问弟弟。平时在家中可帮妈妈做一些家务事，扫地、洗碗，劳动比较主动，能吃苦。在学校中与同学们关系好，很乐意帮别人做事，但也常常受到一些顽皮男孩的欺侮。

体检：一般发育营养水平，头部及四肢无畸形。神经系统检查：头颅大小正常，颅神经无异常发现，四肢活动自如，肌力好，肌张力不高，未见病理征。

精神状态：衣饰整洁，被动接触合作，文静，对任何问题回答均很认真。语言清晰、流畅，未见思维联想障碍，未见妄想幻觉。智力普遍性减退，不能说出一年有几个月、分几季；不会讲同义词或反义词，词汇量较少；抽象思维能力、理解判断力均差；分不清左右手，可认识红、黑、白等原色，但认不得灰、棕、紫等调和色；说不清鸡与鸭、狗与猫的区别。计算力差，知道 3＋8＝11，但算不清 100－7＝？7×8＝？可看着报纸上的照片讲出简单的内容，可模仿医生用大头针摆五角星等图形。远近记忆力尚可，情绪比较愉快，自知力存在。说自己没弟弟聪明，读书读不进，也不想读了，愿在家中帮妈妈劳动等。

韦氏智力测验（WISC-R）结果：总智商：60，语言智商：59，操作智商：62。

（引自杨德森，1989）

案例 13-1 反映了精神发育迟滞儿童的情况。依据智商水平，精神发育迟滞又可以划分为 4 种程度：轻度、中度、重度和极重度，表 13-2 列举了相关的智力测验范围及其所占比例。

表 13-2 精神发育迟滞程度与相应智商范围(APA，2000)

精神发育迟滞程度	韦氏智力测验分数	所占精神发育迟滞人数的比例/(%)
轻度	50～70	85
中度	35～49	10
重度	20～34	4
极重	＜20	＞1

DSM-Ⅳ对精神发育迟滞的诊断标准(APA，2000)

A. 智力比一般水平显著较低：在个体施测的智力测验中，得分接近或者低于 70(对于婴儿，则临床判断其智力功能显著低于平均水平)。
B. 目前适应功能有缺陷或缺损(患者不符合其文化背景中同龄者应有的水平)，至少表现于下列中的 2 项：言语交流、自我照料、家庭生活、社交或人际交往技巧、社区设施的应用、自我管理、学习和技能、工作、业余消遣、健康卫生与安全。
C. 起病于 18 岁之前。
根据智力缺损的严重程度，进一步编码：

317	轻度	IQ50 或 55～70
318.0	中度	IQ35 或 40～50 或 55
318.1	重度	IQ20 或 25～35 或 40
318.2	极重度	IQ 低于 20 或 25
319	严重程度未注明	

1. 轻度精神发育迟滞

被诊断为精神发育迟滞的人中，有 85％是轻度精神发育迟滞(APA，2000)。从发展上看，他们的言语无障碍，生活可以自立，和其他人一样可发展社会和社交沟通技能。他们的问题往往直到小学 3～4 年级出现学习困难的时候才能得到关注(注意，这里所说的均为美国情况)。案例 13-1 中的患者，即属于轻度精神发育迟滞者。像她那样的情况，如果得到适当帮助，可以达到小学以上的教育水平。特殊教育项目通常能让这些孩子获得相应的职业技能，使他们能够在低技能或中等技能要求的工作中有很好的表现，但是，在面对社会压力或者经济压力时，他们需要获得指导。

2. 中度精神发育迟滞

被诊断为精神发育迟滞的人中，有 10％属于中度精神发育迟滞(APA，2000)。如果他们在早期能得到适当的特殊训练和教导，他们可以掌握基本日常生活技巧。成年中度精神发育迟滞人士，智力水平只能达到4～7岁的一般儿童的水平。由于学习与书写能力所限，因此他们的训练主要以提升其自我照顾能力为主，例如训练其学会独自外出。患者是否需要住院治疗，通常取决于其适应能力及家庭环境。中度精神发育迟滞患者由于脑部受损影响所致，外表显得怪异和笨拙，身体畸形及动作不协调。如果能早期诊断，得到专家的训练以及父母的协助，他们是可以在某程度上照顾自己基本的日常生活的，甚至可以担任一些简单工作，例如清洁工人、警卫等。

3. 重度精神发育迟滞

被诊断为精神发育迟滞的人中，大概有不到5%属于重度精神发育迟滞。病儿往往具有躯体畸形和神经系统功能障碍。在5岁之前，重度精神发育迟滞的儿童就会存在显著的行为发展问题。他们身体常伴有明显缺陷，并普遍存在感觉缺陷和运动障碍，表现为动作笨拙，易冲动，情感幼稚。他们发音含混，词汇贫乏，缺乏抽象思维，理解力差，不能或者只能做有限的言语沟通。在特殊学校中，他们可以学习说话，可以接受基本个人卫生的培训，但必须一直得到监护。通常，他们无法从职业培训中获益，在受到监督的情境下，他们可能可以完成简单的、无技能要求的工作任务。

4. 极重精神发育迟滞

被诊断为精神发育迟滞的人中，约有不到3%属于极重精神发育迟滞。极重精神发育迟滞的儿童在行为上严重受损，很难掌握即使是最简单的行为任务。他们的感觉极迟钝，只有极原始的情绪体验，仅能发出一些表达情感和要求的喊叫，社会功能完全丧失。在学校中，经过训练可能会有一些行为技能的发展，对其进行自理的培训可能会取得一定的效果。在极重精神发育迟滞的儿童中，严重的身体畸形、中枢神经系统问题并不少见，其日常生活需要他人完全照顾。

二、病因

精神发育迟滞的原因有很多种，例如染色体异常、中毒、脑损伤、新陈代谢或者出生前的环境影响，等等。不过，在临床情境中，即使进行了全面的、详尽的评估，也有30%～40%的精神发育迟滞个体的病因无法确定。下面介绍几种精神发育迟滞的常见病因。

1. 唐氏综合征

唐氏综合征(Down's Syndrome)是一种染色体障碍，这种病在1866年由一位叫做Langdon Down的医生发现，并以其姓氏命名。其致病原因是染色体数目为47条，而正常人是46条。病患是由于21号染色体多出1条而导致的一种智力低下，所以唐氏综合征也称21三体综合征。

其成因并不是父母的遗传病变，此病本身并不会有遗传性，所以一般唐氏综合征患儿的父母都是正常的。1000个婴儿中大概有1名会被诊断为患有唐氏综合征。据估计，我国目前大约有60万以上的唐氏综合征患儿。按目前的出生率，我国平均每20分钟就有一例唐氏综合征患儿出生，全国每年出生的唐氏综合征患儿将达 27000 例左右。婴儿患有此疾病的可能性，是与其出生时父母亲的年龄成正比的，父母亲年龄越高，尤其是母亲的年龄越高，出现此种染色体异常的可能性就越大，但研究者并不清楚年龄是如何造成这种影响的(Butcher, et al, 2004b)。一个解释是年龄越大，累积接触的不同环境危险(例如辐射)就越多。

为了检测唐氏综合征，常用的两种方法是在怀孕 10 周以后孕妇接受绒膜绒毛取样(chorionic villus sampling, CVS)或羊膜穿刺(amniocentesis)检验，尤其在患病可能性相对高的情况下，比如高龄产妇(Rosenhan & Seligman, 1995)。

患病的儿童通常呈现以下生理特征，包括杏仁形斜眼、眼睑厚重、脸部和鼻子扁平、宽大、舌头过大、手掌厚实、手指粗而短。不过唐氏综合征很少会同时具有所有这些体貌特征。有意思的是，唐氏综合征患儿的体貌异常程度与其精神发育迟滞程度几乎没有关系(Butcher, et al, 2004b)。

在过去的一个世纪以来，唐氏综合征患者的死亡率大大下降。在 1919 年，患儿平均寿命为 9 年，大多数死亡是由恶劣的生理和医疗状况造成的，而且经常在出生后第一年死亡。由于医学的进步，尤其是抗生素的使用、手术的进步及医疗护理的发展，现在许多唐氏综合征患儿都能活到成人阶段(Butcher et al, 2004b)。

虽然存在种种问题，但是患有唐氏综合征的儿童通常可以通过培训学会自理，学习一些适应性的社会行为以及常规行为，这样他们可以在家庭中达到一定程度的自理，并且可以从事简单的工作(Brown, Taylor, & Matthews, 2001)。患儿的社会关系水平通常取决于两个因素——智商水平和支持性的家庭社会环境。

2. 苯丙酮尿症

苯丙酮尿症(phenylketonuria)是一种先天性代谢疾病，大概 20000 名婴儿中有 1 名患有此病。患有苯丙酮尿症的婴儿出生时显得正常，但由于缺乏肝酵素，使体内的苯丙胺无法转化为酪胺酸而堆积在血液和组织中，如果没有得到适当的处理，会对脑神经造成不可逆的伤害。苯丙酮尿症的病征通常在出生 6～12 个月后出现。大概 1/3 的患儿不能行走，2/3 的患儿从来不能学会说话，超过半数的患儿 IQ 在 20 以下(Rosenhan & Seligman, 1995)。

苯丙酮尿症可经生物化学检验检测出来，也可在婴儿出生 3 周后由尿液检验检测出来(Butcher, et al, 2004b)。婴儿一经检验出苯丙酮尿症，医生会建议家长利用食物疗法(如禁食含有苯丙酮酸的食物等)，控制体内的苯丙胺含量，直到 6 岁为止，因为此时大脑已经基本上完全发展了。如能及早察觉及通过适当的治疗(最好在 6 个月之前开始治疗，至少到 6 岁)，脑神经的损伤是可以停止的，而患者很可能拥有从边缘至正常的智力水平。

苯丙酮尿症是一种遗传性疾病，父母双方同时携带隐性基因。因此，如果家庭中有一个孩子被查出有该病，其他孩子也应接受检查。

3. 营养不良

长时间以来人们一直认为发育早期的营养缺陷(蛋白质以及其他重要营养)可以对身心造成不可逆的影响。但是,目前研究者发现这种直接的关联是把问题过于简化了。很多证据显示,营养不良可能是通过更为间接的方式影响心理发展的。营养不良可以降低婴儿和儿童的反应性、好奇心和学习动机,从而造成智力上的相对迟滞(Butcher, et al, 2004b)。

4. 其他病因

除了以上谈到的三种病因之外,还有很多与精神发育迟滞相关的疾病和损伤,比如与基因相关的脆性 X 综合征(fragile X syndrome)、家族黑蒙性白痴(Tay-Sachs disease)、克氏综合征(Klinefelter's syndrome),与感染相关的梅毒、弓形虫病(toxoplasmosis)、脑炎(encephalitis)、脑膜炎(meningitis)、单纯疱疹(herpes Simplex)等,其中很多障碍是母婴传染的(Rosenhan & Seligman, 1995)。

研究者还发现,环境因素在智力发展中起着重要的作用。胎儿在子宫中接触到的环境对于其出生之后的智力发展有着重要的影响。母亲的一些医学状况,例如高血压或者糖尿病,如果不经处理,可能会影响婴儿的智力发展。此外,母亲怀孕时期服用的药物会影响胎儿的发育。胎儿酒精综合征(fetal alcohol syndrome)就是母亲在怀孕期间大量饮酒,造成婴儿的多种生理缺陷和畸形以及精神发育迟滞。铅中毒、母亲服用可卡因造成的"可卡因婴儿"、头部损伤、辐射等都可能影响婴儿和儿童的智力发展(Rosenhan & Seligman, 1995)。

三、治疗和教育

通常来说,精神发育迟滞患者所需要的是系统的训练,主要围绕三个方面,即:自我照顾能力,社交能力和工作能力。自我照顾能力训练的目标是希望他们能照顾自己的日常起居,如刷牙、洗澡、穿衣服等。为了拓展他们的生活圈子,自行外出的训练是一个不可缺少的部分。此外,也要让他们懂得钱的概念,学会购买自己想要的东西。通过社交技巧训练,患者可明白人与人应有的社交距离,明白如何适当表达自己的需要和感受,为他们将来外出工作打好基础。通过工作能力的培训,精神发育迟滞患者可以担当简单的工作,尤其是轻度精神发育迟滞患者是可以做到这一点的。

对精神发育迟滞患者进行的教育和培训通常采用行为治疗的理论和原则。首先要确定希望学习或者改善的行为领域,比如个人卫生、社会行为、基本学校技能以及简单的职业技能。在每个行为领域内根据不同的行为以及难度将其先细细分解为更小的行为,例如外出步行到学校,可以分解为出家门到某个汽车站、从汽车站到某个商店、再从商店到学校门口、从学校门口到某班级的教室,每段路程都不远,让儿童一步步熟悉情境,从近距离学习到自己走到比较远一点的学校。这些被分解的行为可以逐步学习,并不断被强化,从简单到复杂,直到其习得期望的复杂行为。这样一步一步的培训可以让精神发育迟滞患者及其家人感受到连续的进步，最终达到显著的改善。即使是那些过去被认为不可能改善的患者，在这种培训下也可能出现显著的进步（Butcher, et al, 2004b）。这种培训可以由专业人员进行，或者由接受过专业培训的父母进行。研究表明，行为训练对帮助精神发育迟滞患者更为有效地沟通或者培养其自理能力都十分有效。此外，尽管精神发育迟滞儿童的家人可能没有问题，然而有的家长在接受自己的孩子是精神发育迟滞以及如何照顾或训练家中的孩子时会遇到不同程度的问题，因而需要专业人员的协助。

对精神发育迟滞患者的教育是一个备受争议的问题。前面我们提到过，许多精神发育迟滞的儿童，尤其是轻度精神发育迟滞的儿童，在上学以前并不需要额外的帮助，但是对于其入学之后需要怎样的帮助，仍存有争议。有一种观点是这样的孩子应该被"主流化"（mainstreamed），让他们和正常的孩子随班就读，接受同样的教育。另一种观点则认为精神发育迟滞的儿童有着和正常儿童非常不同的需要，应该分开教育，应施以不同的教学方法和教学计划。不过事实表明，不管是主流化还是分开教育均不十分奏效。分开教育的不良影响有源于特殊教育机构的状况，还有特殊教育机构中的环境可能让孩子无法在机构外有效的生活。目前许多教育者认为，除非孩子显然没有办法在正常的教育环境下生活，否则，出自人本精神以及教育学的考虑，不应该把孩子放入特殊教育机构中（Butcher, et al, 2004b）。

第三节 学习障碍

一、临床表现与诊断

学习障碍（learning disabilities, LD）是一种在学业方面未达到同龄儿童应该达到的水平的不适当的发展状态，可以表现在言语、数学、运动等不同方面。学习障碍不是因为生理缺陷或者神经缺陷造成的。是否被诊断为学习障碍，与孩子本身的能力没有相关，被诊断为学习障碍的儿童可能是总体功能正常、甚至智力超常的孩子。但是，因为有学习障碍的儿童在学业上的表现可能会较差，因此常被误诊为是精神发育迟滞的问题，或者是学业动机或者态度的问题，不容易被家长或者老师发现。这也给发病率的统计带来的困难（陶国泰，1999）。

目前国内研究者对学习障碍的发病率进行了一定的调查，如马佳等（2005）采用修订版儿童学习障碍筛查量表（PRS）对深圳市城区小学及初中学生进行了测评分析，结果学习障碍筛出率为 12.20%，其中男生为 17.00%，女生为 7.30%，男女发生率比例为 2.3：1；在香港，每一班中便有 2～3 名患有不同程度学习障碍的儿童（香港特殊学习障碍协会，2005）。在美国的公立学校中，有 5%左右的学生患有学习障碍（APA, 2000），被诊断为学习障碍的人中，男性要显著高于女性，虽然到底高多少，在不同的研究中相差很多(Butcher, et al, 2004b)。

不幸的是,当因为学习障碍导致学业问题时,许多老师和家长都会责怪患儿,认为是患儿品质缺陷造成的学业成就缺陷,认为患儿是在故意制造麻烦,“明明可以做到,但是又懒心又散”,学校可能还会埋怨家长不能很好督促患儿学习。这样的指责和做法可能对患儿的自尊心和心理状态造成毁灭性的打击。虽然学习困难可能在其成长之后不再成为个体的障碍,但是,在校期间经受的多次失败和众人的指责可能会给个体造成难以磨灭的心理创伤。不过,也有很多患有学习障碍的儿童天赋很高,而且有强烈的动机克服学习障碍带来的困难。譬如,丘吉尔在小时候就有阅读障碍,同样患有学习障碍的名人还有前美国总统伍德鲁·威尔逊。

从 DSM-Ⅳ和 ICD-10 两种诊断体系上看,对学习障碍的诊断是比较接近的。学习障碍是 DSM-Ⅳ下的一个诊断类别,其下还有阅读障碍、数字障碍和书写障碍、非特定学习障碍 4 个子类别。而 ICD-10 把相关障碍总称为特定性学校技能发育障碍,其下有特定性阅读障碍、特定性拼写障碍、特定性计算技能障碍、混合性学校技能障碍、其他学校技能发育障碍、学校技能发育障碍未特定这几个子类别(世界卫生组织,1993)。CCMD-3 对于学习障碍的诊断分类与 ICD-10 基本相同,同样是设定了特定性学校技能发育障碍这一大类别,涵盖包括特定阅读障碍等不同的子类别(中华医学会精神科分会,2001)。

DSM-Ⅳ对学习障碍的诊断标准(APA,2000)

A. 在针对个体施测的旨在测量阅读能力/数学能力/书写能力的标准化测验中,个体得分显著低于根据其生理年龄、智商以及所接受的与其年龄相应教育而预期的分数。

B. 在 A 上的缺损显著影响了个体的学业成就以及那些需要阅读能力/数学能力/书写能力的日常活动。

C. 如果存在感知觉缺陷,那么个体在阅读能力/数学能力/书写能力上的缺陷仍然显著超出于感知觉缺陷所能解释的范畴。

编码:如果存在一般性医学情况(例如神经问题)或者感知觉缺损,则将该情况在轴Ⅲ编码。

学习障碍的诊断仅仅限于那些在学校的表现有显著缺陷的人;如果不是学生的话,则其在日常生活表现有所缺陷,且该缺陷不能归咎于是精神发育迟滞或者广泛性发育障碍。请看下面的案例。

【案例 13-2】

患儿 8 岁时被发现有阅读方面的困难。在各项测查中发现,他的数学能力处于正常水平,他可以轻易地辨认出任何单个的字母,但一旦这些字母组成英文单词,他却不能辨别这些单词,他也不能学会字母与发音之间的对应关系。患儿似乎具备了所有阅读所需要的技能:辨别声音的能力、左右辨别能力、字母辨别和书写能力,视觉和视觉记忆的能力以及言语能力,但他确实存在阅读方面的问题。

(引自 Diggory, 2000)

【案例 13-3】

患儿是名 11 岁的五年级学生,其解决问题的技巧和能力非常强,并擅长通过心算解决加减法的问题,让其解决 75 加 58 的问题,他可以按照 5 个或 10 个分为一组来正确得到其结果:"我考虑 70 加 50,通过 10 个一组,得到 120;然后从 75 中再拿 5,得到 125;再从 8 中拿 5,得到 130,再加 3 是 133"。但是,他不知道在纸上如何做进位的加法。例如 19 加 16,虽然他可以在头脑中得到正确的答案,但在纸上计算时他从左面加起:1+1=2,右面的 9+6=15,他将二者放在一起得到 215。他也意识到这个数字太大,但只是简单的不去管那个 5 字,结果得到了 21 的答案。

(引自 Diggory, 2000)

阅读障碍的通常的表现是在辨认字词方面有困难(案例 13-2 中患儿的表现即如此),阅读理解差,每个字都要重复多次才能记住,而且转眼就忘,阅读时经常丢字和串字。

书写障碍常常伴随着阅读障碍而出现,表现出拼写或书写困难,难以按照语法进行写作,或在书写字词方面表现不佳。例如,国外儿童可表现出字母拼写错误,我国儿童在书写中文字时可表现出写字笔画重复或写反字,例如将"部"写成"陪"等。

数学障碍常常表现在辨认数字有困难,并在按照相应的数学规则进行计算方面有困难。其通常表现出在数学方面的能力与其他能力不相称,经常犯让他人感到吃惊的错误。例如,案例 13-3 中的患儿就是如此。

发现儿童在学习上存有障碍通常依据的是在标准化个体测验中,儿童的阅读(准确理解)能力、数学能力或者书写能力要显著地低于期望的水准,这种期望是建立在该儿童的年龄、智力水平以及所接受的教育之上的。被诊断为学习障碍的儿童没有显著的、损伤性的情绪问题,也不缺少动机和合作性。但是,他们在某项或者某几项学业领域总是令人费解的表现很差,影响了他们的学业成就或者日常生活(如果不是学生的话)。在 DSM-Ⅳ(Morrison, 1995)中还规定说,如果有感知觉缺陷(sensory defect),那么要诊断为某种学习障碍的话,要求在某个领域的表现要比受感知觉缺陷影响之后预期的表现还要差。而且,如果有感知觉缺陷或者其他一般医学问题的话(譬如某种神经障碍),应该在轴Ⅲ予以注明。

二、病因

最常见的对学习障碍病因的看法是学习障碍由中枢神经系统的受损造成。更具体地说,对于正常孩子而言,大脑在掌握认知技能的时候具有协调作用;但是这种协调作用对学习障碍儿童而言,却因为某种缺陷或者失调而不起作用(Butcher, et al,

2004b)。譬如,对于像阅读障碍这样与语言相关的学习障碍和缺陷,是和左右脑没有正常对称发展相关的。左脑的与语言理解相关的区域出于某种不明原因在很多患有阅读障碍的个体身上并没有得到正常发展。研究者应用fMRI也发现,阅读障碍的个体在大脑被认为负责快速视觉加工的区域存在缺陷(Butcher, et al, 2004b)。

对阅读障碍的研究表明,许多阅读障碍患者存在语音障碍(phonological processing),而且这种障碍是可以治疗的。也有研究者不同意这种单纯语音加工缺陷的说法,而是认为阅读障碍患者存在多系统的缺陷,确切地说,障碍的原因是个体在对包括语音、视觉和行为上快速获得的大量感知觉信息下进行短时加工(temporal processing)的掌控能力不足(Butcher, et al, 2004b)。

还有研究者认为,学习障碍是以遗传为基础的。但是在这方面的研究并不像对其他障碍的研究那样深入和广泛,而且,研究者的假设仍然存在一定的模糊性(Butcher, et al, 2004b)。

总的来说,对于学习障碍发生的生物学假说和研究更多地集中在阅读障碍上,对其他学习障碍成因目前在生物学方向的研究并不充分。而学习障碍的心理成因,因为涉及复杂的心理加工过程,所以解释起来也很有难度,相关的研究同样集中在阅读障碍上(Butcher, et al, 2004b)。

三、治疗

对于学习障碍的病因,不管是从生物因素还是从心理因素上看,都没有肯定的解释,这对于学习障碍的治疗也造成了困难。虽然对于学习障碍的治疗,目前有着一些非正式的、单个案例的成功报告(Butcher, et al, 2004b)。

Ellis(1993)提出了一个叫做整合策略指导(Integrative Strategy Instruction)的针对学习障碍的治疗模型,这一干预主要是由教师进行的。针对学习过程的主要方面,这个模型提出了一系列指导性的策略。虽然这个模型没有足够的研究支持其效果,但其已经在学习障碍的研究领域有了一定的影响。不过,应用这个治疗模型要求教师有着很高的灵活性、技巧以及动机,可这些要求无论在西方还是在我国的一般学校教育环境中都很难达到。即使教师有相关的灵活性和技巧,但是教师需要指导众多的孩子,对某一个孩子也很难付出这个治疗模型所要求的关注。所以有研究者指出,这样一个模型是一个"难以实现的理想"。

此外,有一些帮助学习障碍儿童的基本原则,实施这些原则,首先要求教师和家长对于学习障碍本身有一定的认识,这些基本原则包括:① 加强老师和家长之间的联系,试图了解孩子学习的强项和学习障碍的性质,并共同磋商辅导方法;② 加强学生对学习的兴趣和信心,对学生的努力和取得的进步多加赞赏;了解学生的兴趣和强项,提供机会让他们发展(例如,对阅读和书写障碍的儿童,可以让他们多以口头方式回答问题);③ 在教学方面做出调适,进行多元化的教学活动等;④ 弹性处理作业要求。教导有学习障碍的儿童的原则包括：直接而明确地教授基本知识和学习的技巧；细分学习内容，按部就班地施教；教学中运用多种感觉通道的方法；减少强记；重复学习；利用实践经验和游戏，提高学习兴趣（香港教育统筹局，2005）。

另有学者提出针对儿童的不同问题或障碍，可以分步骤进行不同的训练，如阅读训练、记忆训练和将事件分为小步骤的计划训练等（傅宏，2000）。例如，可训练儿童学习能够找到阅读要点，包括学习浏览、学习详读、学习以画示意图的方式记要点、学习自我检查学习的内容。

学校老师和家长的理解和支持是治疗学习障碍的重要因素。因为儿童学习障碍的克服并非一朝一夕的事情，老师和家长的体谅和努力就显得尤为重要。老师和家长应该了解相关的知识，辨识孩子在学习上遇到的问题，不把学业上的问题都看做是懒散或者拙笨，能够尽早识别出学习障碍的问题，提供情感上和学业上的支持。

第四节 儿童期焦虑障碍与抑郁

一、焦虑障碍：分离性焦虑障碍与恐怖症

焦虑障碍是常见的儿童心理障碍，儿童在成长过程中容易受到恐惧、不确定性的影响，而患有焦虑障碍的儿童与体验正常焦虑的儿童相比，其行为更趋于极端化。这些儿童似乎有着一些共同的特征，如过度敏感、不现实的恐惧、害羞、无能感、存在睡眠困扰等（Goodyer，2000）。通常他们应对恐惧的方式是过度依赖他人以获得支持和帮助。

在 DSM-Ⅳ和 ICD-10 中对于焦虑障碍的分类是不同的。DSM-Ⅳ体系下没有单独的儿童情绪障碍这一类，除了在其他婴儿、儿童、青少年期得到初次诊断的障碍这个大类目之下有一个分离焦虑障碍（separation anxiety disorder）和选择性缄默（selective mutism）之外，没有特别列出其他在儿童身上常见的焦虑障碍，例如恐怖症等，而是认为临床工作者可以根据其他成人相关的诊断描述对儿童和青少年进行相关诊断。但是，在 ICD-10 中，专门列出了特发于童年的情绪障碍这一类别，在此类别下，列出了包括童年分离性焦虑障碍、童年社交焦虑障碍、童年恐怖性焦虑障碍、同胞竞争焦虑障碍等明确的焦虑障碍类别。ICD-10 明确指出，在童年和成人的情绪障碍中，存在着质的不同（世界卫生组织，1993）。不过，从障碍的具体描述上来看，ICD-10 对于儿童期的焦虑障碍的描述接近于 DSM-Ⅳ对于成人的诊断标准（Sadock & Sadock，1994）。不管是分类还是描述，CCMD-3 在对儿童情绪障碍的处理上接近于 ICD-10，它同样列出了特发于童年的情绪障碍这一类别，在此类别下，包含儿童分离性焦虑障碍、儿童恐惧症（儿童恐怖症）、儿童社交恐惧症、其他或待分类的童年情绪障碍、其他或待分类的童年情绪障碍（儿童广泛焦虑症）子类别（中华医学会精神科分会，2001）。除了以上谈到的这些焦虑障碍之外，儿童期还有两种常见的焦虑障碍，即创伤后应激综合征（Post-traumatic stress disorder，PTSD)和强迫症(obsessive-compulsive disorder，OCD)。这两种焦虑障碍在 DSM-Ⅳ 中与其他焦虑障碍一样没有单独列出，与成人共享诊断描述，而在 CCMD-3 和 ICD-10 中也没有作为特发于儿童和青少年期的障碍处理。

国内有研究者对儿童的焦虑障碍患病率进行了研究。苏林雁等(2003)使用焦虑性情绪障碍筛查表(SCARED)调查长沙市某小学 2～6 年级的 565 名小学生，并对量表总分≥划界分(23 分)的学生进行面谈。结果在 565 名小学生(男生 290 名，女生 275 名)中，SCARED 筛查阳性的有 140 名，占总人数的 24.78%。使用 CCMD-3 对筛查阳性者进行面谈，发现符合焦虑障碍诊断标准的 32 例(男 15 例，女 17 例)，患病率为 5.66%，其中儿童分离性焦虑症 7 例，患病率 1.24%；儿童广泛焦虑症 11 例(1.95%)；儿童恐惧症 10 例(1.77%)；儿童社交恐惧症 14 例(2.48%)；有 8 例存在 2～3 种焦虑障碍共病；无一例诊断为学校恐怖症、选择性缄默症和惊恐发作。

虽然儿童和青少年可能出现的焦虑障碍有很多，在本节将介绍两种最常见的焦虑障碍——分离性焦虑障碍和恐怖症，然后介绍儿童焦虑障碍的病因和治疗。

1. 分离性焦虑障碍

分离焦虑障碍是儿童期最为常见的情绪障碍之一，在青春期之前的发病率为 3.5%(Rosenhan & Seligman，1995)。女童的发病率为男童的将近两倍。在严重的情况下，儿童可能因为分离焦虑障碍而不能上学或者参加户外活动。同样，因为儿童经常出现躯体症状，所以他们通常接受多次躯体检验(APA，2000)。

【案例 13-4】

患儿，男，2 岁，活泼，可爱，从出生后就受到妈妈的特别宠爱，一直由妈妈亲自抚养。1 个月前因为妈妈要上班了，所以只得把他送入托儿所。从入托的第一天起，患儿就哭闹不停，紧紧拉着妈妈的衣服不放，不让妈妈走，在托儿所里不肯吃饭，不肯午睡，甚至不肯喝水。整天哭着吵着要妈妈，老师怎么哄劝都没有效果。下午，他常常站在托儿所的门口等候妈妈，不和其他小朋友一起玩。回到家里，总是跟着妈妈不放，害怕妈妈离他走开。晚上睡着后还常常惊叫“妈妈！”“妈妈！”

(引自翁晖亮，2004)

作为儿童可能有时突然意识到自己和父母分开了，找不到他们了。然后对独自一人感到十分惊恐，害怕父母不会回来了。和父母重聚之后，儿童会感到长出一口气，轻松了很多。但是这种事件之后的一段时间内，儿童可能对和父母再度分离感到焦虑，在商场、街上等场合，儿童可能会紧紧拉着父母，生怕分开，不过很多时候，在经过一段时间之后，这种对分离的焦虑程度就会降低。

但对有些儿童来说，他们时刻都在担心和家人分离。他们担心自己的父母、兄弟姐妹或者其他对他们来说重要的人会遭遇可怕的事情，譬如死亡。他们拒绝和家人或其他他们依恋的人分开，如果分开的话，就会让他们惊恐不已，如同上例中的患儿一样。

他们做噩梦，这些噩梦都和分离有关。他们也可能表现出与焦虑相关的躯体反应，例如头痛、胃痛、恶心。这些反应在不得不分开的时候会格外明显。如果一个儿童连续4周都出现以上情况，那么他就可能被诊断为分离焦虑障碍（Rosenhan & Seligman，1995）。

DSM-Ⅳ对分离性焦虑障碍的诊断标准（APA，2000）

A. 在离开家或者离开那些个体所依恋的对象时，个体表现出与其发展年龄不相应的、过度的焦虑，表现出至少以下3项以上：
(1) 当离开或者预期要离开家或者重要的依恋对象时，反复出现过度的焦虑；
(2) 持续和过度地担心失去重要依恋对象，或者担心重要依恋对象会被伤害；
(3) 持续和过度地担心发生不幸的事件，并因之导致和重要的依恋对象分离（例如，走失或者被绑架）；
(4) 出于对分离的恐惧，持续地不愿意或者拒绝去学校或者其他地方；
(5) 持续和过度地害怕/不愿意处于以下情境：独自一人，或者没有和重要依恋对象一起在家，或者在其他场景但没有重要依恋对象的陪伴；
(6) 持续地不愿意或者拒绝在没有重要依恋对象在旁的情况下睡觉，或者不在家睡觉；
(7) 重复做主题为分离的噩梦；
(8) 在和重要依恋对象分离或者预期分离的时候，重复出现躯体症状（譬如头痛、胃痛、恶心或者呕吐）。

B. 这种困扰的持续至少4周。
C. 这种困扰出现在18岁之前。
D. 这种困扰造成了临床上的显著痛苦，或者造成了社会、学业（职业）或其他重要功能领域的损害。
E. 这种困扰并不唯独出现在一种广泛性发展障碍、精神分裂症或者其他精神病性障碍的病程之中。对于青少年和成年人，以上困扰并不能更好地被伴随广场恐惧的惊恐障碍所解释。

早期发病：发病时间在6岁以前。

2. 恐怖症

恐惧在儿童期是非常普遍的，虽然大多数成年之后会忘记绝大多数曾经有过的恐惧。6～12岁的儿童有43%同时有至少7种恐惧或者担心（Rosenhan & Seligman，1995）。恐惧的内容随着年龄而发生变化。学龄前的儿童倾向于害怕可见的物体，譬如动物或者昆虫。这种恐惧可能会持续很多年，但是这种恐惧很少在5岁之前起始。随着儿童逐渐成长，他们恐惧的对象开始包括很多想象的东西、灾难性的事件以及黑暗。他们恐惧的想象中可能包含鬼、杀人犯以及潜在的危险。在六七岁开始上学之后，又会出现对学校的恐惧。对学校的恐惧在8～12岁显著增长。从12岁到青春期，儿童和青少年的恐惧逐渐更接近于成人的恐惧，譬如社交恐惧以及与自我同一性相关的恐惧。

有些时候，儿童恐怖症的发展十分复杂，而且不可预期。下面一个案例展示了儿童恐怖症的特殊性以及治疗。

【案例 13-5】

患儿，13 岁，因为恐怖症被内科医生转诊到临床心理学家处接受治疗。转诊的内科医生指出，她害怕飞机和蜜蜂。但是患儿就像其他孩子一样，没有办法用语言表达她到底害怕什么。她承认自己除了害怕飞机和蜜蜂之外，还害怕电梯，除此之外她就说不出其他东西了。但是，在她和治疗师熟悉起来并且开始信任治疗师之后，治疗师发现有一种恐惧能够将这三种看似没有什么关系的恐惧联系在一起，这种恐惧是对麻醉的恐惧。几年前患儿曾经拔过一颗牙，牙医使用了一种普通的麻醉剂。刚被麻醉后，她感到周围的世界漆黑一片，但是她仍然能够听到声音（实际上，这种感受具有普遍性，因为控制视觉的神经受到麻醉的影响要早于控制听觉的神经）。患儿对这种感觉毫无准备，她被吓坏了。自此之后，她开始避免那些可能让她受伤的情境，担心自己会被送到医院，再被麻醉。飞机可能失事，电梯也是，还有被蜜蜂蜇都能让她再次到医院。像大多数人一样，患儿的父母不能理解她的恐怖症，他们认为她就是一个胆小的孩子。治疗师向患儿解释了她最初经历的事件，指出虽然毫无预期并且很不愉快，但是并不难以理解。然后她训练患儿一些放松技术以应用于高焦虑情境时。治疗师首先帮助她克服了对电梯的恐惧，让她看到自己既然能够克服一种恐惧，就能够克服其他恐惧。在 3 个月后，她的恐惧消失了。

（引自 Rosenhan & Seligman，1995）

ICD-10 有专门的童年恐怖性焦虑障碍的诊断，主要包含那些具有显著的发育阶段特定性并且（程度不等地）发生于大多数儿童的恐惧，例如学龄前期害怕动物。其他不见于正常心理社会发育过程之中的恐惧，譬如广场恐怖，就不会给予童年恐怖性焦虑障碍的诊断。DSM-Ⅳ则没有专门区分儿童期特有的恐怖症，使用的诊断标准与成人相同。案例 13-5 中的患儿，其恐惧带有儿童的特点，与其年龄和对于事物的理解有关，与成人的恐惧是不完全相同的。

3. 儿童焦虑障碍的病因

儿童发生焦虑障碍可能由多种原因造成（Butcher，et al，2004b）。下面列举一些可能的原因（不包含心理分析性的解释）：

（1）焦虑的孩子本身存在器质上的敏感，在负性刺激下很容易产生条件化反应。例如，因为很小的挫折（丢了一个玩具或者遇到一条有些激动的狗）就很容易唤醒他们的焦虑情绪，并且很难平静下来。

（2）儿童可能因为早期的疾病、事故或者丧失带来的痛苦和不适而变得焦虑。类似于住院等创伤性经历会让儿童感到不安全和无能。而有些生活变化带有创伤性的性质，如离开过去的朋友搬到新的地方，会给儿童的适应带来不良影响。

（3）过度焦虑的孩子通常都会受到一位过度焦虑和保护性的父母的示范性影响，

这种示范性影响让孩子对于外界的危险和威胁过度敏感。而且，父母的过度保护也传递给孩子一种“你没有能力应对环境”的信息，从而强化了孩子的无能感，带来更多的焦虑。

(4) 父母可能对孩子十分疏远，漠不关心，或者总是拒绝孩子，这样也会增强孩子的焦虑。因为孩子在获得控制感和形成积极的自我概念上没有感到得到适当的支持，总是体验到失败，儿童就可能把很多情境都看做是威胁性的，并且产生焦虑/退缩性的行为模式。也有儿童可能社会功能良好，但是对自己过于严苛，当他们认为自己没能做得足够好，没能得到父母的爱和重视时，他们就会感到极度焦虑并产生无价值感。

(5) 社会环境因素可能会影响焦虑的相关障碍。Dllendick 等人在 1996 年进行了一个对恐惧的跨文化研究，其被试为美国、澳大利亚、尼日利亚和中国的青少年。研究发现，在赞许顺从和服从的文化下，被试报告的恐惧水平显著提高。虽然社会文化因素十分重要，但是相关的研究并不多，这一因素的重要性和作用并没有得到深入理解。

(6) 第一次分离焦虑期通常发生在儿童经历了一些创伤性事件之后，例如家人或者是宠物的死亡、住院或者搬家。而且，患有分离焦虑障碍的儿童通常来自关系非常黏合的家庭。

4. 儿童焦虑障碍的治疗

儿童焦虑障碍可能持续到青春期和成年早期。不过，通常随着儿童的成长，在学校中有了更多的机会进行社会交往，他们会从交朋友或者完成学习等任务上获得成功，从中有所获益。如果老师和家长能够注意到过度焦虑或者是害羞、表现退缩的孩子的需要，那么可以向他们保证会获得成功的体验，这样来帮助他们减轻焦虑。

对有焦虑障碍的儿童和青少年进行药物治疗也很普遍。在我国，因为儿童临床学家和治疗师的严重不足，药物治疗可能是为数不多的选择之一。但是实际上药物对于治疗这些障碍的效果并不明确。而且，因为焦虑经常会和其他情况共存，尤其是抑郁和注意缺陷/多动障碍，因此，在应用药物进行治疗时，治疗师应该明确诊断，谨慎从事。

行为治疗通常会对焦虑的孩子有所帮助。例如决断训练(assertive training)可以帮助孩子获得更多的控制感，而系统脱敏能够帮助儿童减少焦虑行为。行为疗法的应用必须针对特定孩子的特殊情境进行。另有研究表明，对患有焦虑障碍的儿童进行认知行为小组治疗，并且让家长掌握行为管理的方法以应对孩子的焦虑行为，可以显著地降低孩子的焦虑水平(Butcher, et al, 2004b)。

还有很多不同的治疗取向，它们未必有针对焦虑障碍的具体治疗方案，也较少对其进行治疗结果的相关研究，但在临床实践中却经常应用，而且有效，比如旨在改变家庭互动模式、不以儿童为治疗中心的家庭治疗、儿童心理分析治疗、游戏治疗等，感兴趣的读者可以参考相关的理论以及治疗书籍。

二、儿童期抑郁

1. 临床表现与诊断

曾有一段时间，临床心理学家认为，在青春期之前的儿童不大可能抑郁，因为他们对自我、对未来的感觉还没有成熟到可能发展出低自尊、内疚或者绝望的程度。不过过去30多年的研究现实表明，青春期前的孩子的确存在抑郁症状。儿童的抑郁发病率显著低于成人，大多数研究都报告说儿童的抑郁发病率要低于3%。但这个比率到了青春期会大幅度上涨，几乎为童年期的2倍。在青春期以前，男孩的抑郁比率要在一定程度上高于女孩，但是在青春期女孩中抑郁的发病率是青春期男性的2倍(Rosenhan & Seligman，1995)。

我国一些研究者对国内儿童抑郁的患病情况进行了研究。汤王君等(2003)使用儿童抑郁障碍自评量表(DSRSC)对长沙市某小学的二年级至六年级565名小学生进行了儿童抑郁症的调查，他们用全国常模划界分作标准，筛查出有抑郁心境的儿童占17.17%，其中符合CCMD-3抑郁发作症状学标准的占6.73%。杨雪荣等(1993)在湖南省使用DSM-Ⅲ-R对4～16岁儿童青少年进行流行学调查，发现儿童抑郁性障碍的时点患病率为0.56%。郭兰婷等(1998)对322名10～12岁小学五六年级学生的调查，发现抑郁症状的出现率为3.4%～11.5%。

【案例13-6】

患儿是一个10岁大的男孩，他的母亲和老师因为他在学校和家里的行为非常担心他，他容易被激惹而且经常大发脾气。很多时候在没有什么原因或者只是很小事情的情况下，他就会大哭大叫，乱扔东西。在课堂上，他似乎很难专心，而且看起来很容易分心。他的伙伴逐渐疏远他，他只能自己玩。在家的时候，大多数时间他都在自己的房间里看电视。他的母亲注意到他睡眠出现了问题，而且在过去几个月内，他因为总是吃零食，体重上升了10磅。学校心理学家排除了学习障碍和注意缺陷的可能性。这位心理学家说患儿是一个非常不开心的男孩，他表达了感觉自己没有价值和毫无希望的想法，甚至说他想去死。这些情况大概出现在6个月前，当时他的父亲(和他的母亲已经离婚好几年了)因为再婚搬到了另一座城市，这样他和患儿在一起的时间就少多了。

(Butcher, et al, 2004b)

【案例13-7】

患儿是一个13岁的男孩。他父母带他到精神科就诊。6个月以来他情绪低落，反复出现想死的念头。他易烦躁，易激惹，有时焦虑，哭闹。与同学关系不合，多次因小事与同学发生争执，无明显原因地发脾气。多次在家长面前表现“想死”的念头，曾用水果刀割破过手臂。他食欲下降，困倦无力，逐渐消瘦，有时头疼、失眠，记忆力下降。自觉心慌，不愿上体育课，不愿与同学交往。上课注意力不集中，学习成绩下降，不愿上学，自责，认为自己脑子笨，愚蠢，将来是一个无用的人，趁早死了。

（引自宋德生，2001）

对于儿童期抑郁或者青春期抑郁，不管是DSM-Ⅳ，ICD-10还是CCMD-3都没有列出单独的诊断，均使用成人抑郁的诊断标准。但是儿童期的抑郁可能是和成年抑郁不同的。譬如，最近对于神经生理学的研究表明，儿童、青少年和成人在激素水平和治疗反应上有着明确的不同。而且，儿童期抑郁和成人抑郁相比在症状上有一个显著的特点，就是易激惹(irritability)。在上面的两个案例中，可以很清楚地看到儿童青少年抑郁的情况，而且两例中均有明显的易激惹的表现。

2. 病因

在儿童焦虑障碍部分中提到的病因也可能是儿童期抑郁症的病因。下面从生物学因素和环境因素两个角度对儿童期抑郁的病因进行介绍。

(1) 生物学因素。在父母抑郁和儿童的行为情绪之间存在着一定的关系。如果儿童的父母患有抑郁症，与父母没有抑郁症的儿童相比，前者会接受更多的心理治疗，功能受损更严重，并且获得更多的障碍诊断。尤其是当父母的抑郁通过不理想的互动影响儿童时，儿童功能损害会更加严重。对家族史和儿童抑郁的得到控制的研究表明，在有情感障碍家族史的家庭中，儿童出现抑郁的比例要显著高于那些生活在没有情感障碍家族史的家庭中的儿童。父母抑郁的儿童，其自杀率也要高于那些父母不抑郁的儿童。所有这些相关既可能显示存在潜在的儿童抑郁的遗传基础，也可能是由后天环境，即学习因素造成的(Butcher, et al, 2004b)。

(2) 环境因素。一系列研究显示，如果儿童经历过创伤性事件，那么他们抑郁的可能性会提高。经历过应激事件的儿童不但更可能产生抑郁状态，而且他们在压力下出现自杀想法的可能性也会提高。同时，强烈的应激或者长期处于应激也会让中枢神经系统变得敏感化，可能引发多动(hyper-reactivity)以及神经递质系统的改变，使得儿童容易出现抑郁。

儿童也可能因为父母的抑郁而产生抑郁。在这方面的研究，尤其要关注母亲的抑郁以及母亲-儿童之间的互动对于抑郁情绪的传递的作用。抑郁的母亲可能通过母婴互动将抑郁情绪传递给自己的孩子。抑郁的母亲并不少见，其抑郁的原因多种多样。本来就有抑郁症的母亲会生孩子，有些母亲则是在怀孕期间或者生产后因为疲劳和荷尔蒙变化等因素而产生抑郁情绪。还有研究者发现，婚姻问题、生产时的并发症、照顾婴儿上的困难都和抑郁有相关。大量研究显示，母婴互动的模式对于发展婴儿依恋有着重要的影响，而母亲的抑郁会带来消极的后果。抑郁的母亲在知觉和应对婴儿需要上的有效性受到损害。而且抑郁的情绪造成母亲的面部表情单一，易激惹，会引发婴儿相同的反应。虽然大多数研究都指出，母婴互动对于儿童抑郁有着重要影响，但是父亲的抑郁也和儿童抑郁有着显著相关(Butcher, et al, 2004b)。

如果父母的养育行为消极或者是父母处于负性情绪状态，可能让儿童也发展抑郁情绪。例如，在离异家庭中儿童抑郁要更为常见。许多临床心理学家认为，家庭问题是儿童抑郁的重要影响因素，如果不对整个家庭进行干预的话，是不可能对儿童抑郁进行治疗的。

另一个儿童抑郁研究的重要角度是认知行为理论。许多研究显示，带有抑郁症状的个体倾向于把积极事件归因为由外部的、特定的、不稳定的因素造成的，而消极事件则是由内部的、整体性的、稳定的因素造成的。例如，对于小伙伴的排斥，抑郁的儿童可能会认为自己身上有某些缺点。此外，抑郁的儿童的自我效能感也有所抑制(Rosenhan & Seligman, 1995)。

3. 治疗与干预

抑郁情绪已经被认为是儿童和青少年自杀的重要危险因素。对儿童抑郁的治疗是非常重要的。

因为人们认为儿童和青少年的抑郁与成人没有显著差别，所以在儿童和青少年抑郁的时候，尤其是在治疗有自杀倾向的青少年的抑郁时，通常会应用和成人相同的抗抑郁药物。这些药物对成人来说是有效的，它们对儿童抑郁和青少年抑郁的治疗效果的研究却没有取得统一的结果。有的研究发现，成人的抗抑郁药物对缓解儿童抑郁的效果要显著好于安慰剂，但是也有研究没有发现这种效应。抗抑郁药物还会有一些副作用，例如恶心、头痛、失眠、紧张等。不过尽管如此，药物治疗仍然是儿童和青少年抑郁的重要治疗手段，在美国，对于青少年的药物治疗在过去10年间有着3～5倍的增长(Butcher, et al, 2004b)。

除了药物治疗之外，心理治疗也是儿童抑郁的主要治疗手段。在美国，对于抑郁的儿童和青少年，同时进行药物和心理治疗已经成为主流。心理治疗有不同的取向，在前一节已经说过，家庭互动是婴儿、儿童和青少年情绪问题的主要因素，尤其是对婴儿和儿童来说，进行家庭干预，干预父母和重要的照顾者(caregiver)是一种主要的治疗取向。较小的孩子以及言语功能差一些的孩子也可以从游戏治疗中获益。依据Beck的认知行为治疗理论制定的认知治疗计划可以显著减少抑郁症状。心理治疗可以给儿童和青少年提供一种支持性的心理环境，让他们可以学习适应性的应对策略以及有效的情绪表达方法。对大一些的孩子和青少年来说，在积极的治疗关系中可以公开讨论他们的感受，这本身就能让他们获益。

第五节　注意缺陷以及破坏性行为障碍

一、注意缺陷(多动障碍)

注意缺陷或多动障碍(attention-deficit/hyperactivity disorder, ADHD)是在儿童

和青少年当中较为常见的一种障碍。最早的文献记载可追溯至19世纪中叶，当时有一位名叫 Hoffmann 的医生观察到了儿童的这类症状表现，并进行了描述。此障碍到20世纪才得到重视并开始对其进行治疗。最初曾采用镇静类药物进行治疗，但发现其反而使症状恶化了；相反，使用精神兴奋类的药物，却取得了很好的效果。此后人们开始探讨这类障碍与脑损伤的关系，Gesell 和 Amatnuda 于1949年提出了轻微脑损伤(minimal brain damage, MBD)的概念，认为是大脑的损伤造成了儿童多动等症状。此概念在随后的几十年中影响甚广，我国在20世纪70年代之后的较长一段时期也受此观点影响，将这类障碍称之为MBD(傅宏，2000)。此后，许多患此障碍的儿童并未被发现有脑损伤的病史或特征，并且许多有脑损伤的儿童并未表现出多动的症状，研究者因此认为脑损伤与多动症状之间并没有因果联系(李雪荣，1994)。至80年代，DSM-Ⅲ-R才正式将此障碍命名为注意缺陷(多动障碍)。

ADHD的患病率估计在3%～7%(APA，2000)。不过对于青少年以及成人ADHD的患病率，尚没有明确的研究结果(APA，2000)。我国20世纪70～80年代进行了很多ADHD的流行病学调查，涉及的地区不同，采用的标准不同，因此结果上也有很大差异，从1.3%到13.4%不等(陶国泰，1999)。从性别上看，患病人群中男性要显著高于女性，男女比例在2∶1至9∶1之间(APA，2000)。存在这么大的性别差异，是因为ADHD三种亚型的男女患病比例存在差异。ADHD在8岁之前的起病人数最多，之后就越来越少。ADHD还经常和其他障碍共病，例如对立违抗障碍。ADHD的一些症状在成年之后可能还有残余存在，例如注意力难以集中。不过对于成年人的ADHD是否存在，仍然存有争议(APA，2000)。

1. 临床表现和诊断

经常听到父母或者老师抱怨孩子太兴奋了，总是待不住，注意力集中不了一会儿就跑到其他地方了。不过当他们这样抱怨的时候，通常是因为孩子的注意力集中时间要比成人短，而这是正常的。但是有些时候的确存在孩子总是过度兴奋、冲动，注意力无法集中的情况，譬如有些孩子从婴儿时就手脚不停地乱动，喜欢从摇篮或小车向外爬。学会走路后，往往会以跑代步，在房间乱跑，四周的东西都非碰不可，家长会觉得他们好喧闹和捣乱，把家里弄得乱七八糟。在学校其表现更为明显，他们不停地做各种小动作，干扰其他同学学习。他们好像有用不完的精力一样，甚至到睡眠时亦不愿意安静。这样的情况可能被诊断为ADHD。

【案例13-8】

患儿是一位小学二年级的男生，今年8岁。自上学以来，与同学相处时经常发生冲突，表现出攻击性强，冲动，任性等个性特点。同学们集体游戏时他不能耐心等待，经常时而参与时而破坏，常常因未达到满意而与同学打架。不能遵守课堂秩序和学校规章制度，上课时很难安安静静地坐着，常常玩弄手指和学具；或是老师在讲台上讲，他在座位上喋喋不休讲个不停，或是发出怪声；此外，小A在课堂上还经常随意离座走动。他在学习和玩耍时很难长久地集中注意力，总是虎头蛇尾；写作业时经常是写一会儿玩一会儿，字迹歪七扭八，经常抄错题，小A自己的学习用品也经常丢失。小A的学习成绩落后，体育成绩也很差，班主任说很难在他身上发现什么优点。所有任课教师大都认为，对他运用了多种教育方法，但是，小A反复无常，软硬不吃。个别教师对他失去了信心，只要上课时，他不严重破坏课堂秩序，也就不管他了。每次他犯错误之后，总是受到老师的批评，或者向被打的同学道歉，或者当全班同学的面做自我批评，然而，每次批评过后，他仍然故伎重演。

（来自：http://xl.hnedu.cn/web/4180/200505/18094839093.html）

在案例13-8中，患儿表现出明显而突出的注意力不集中、多动的症状。在DSM-Ⅳ中，只要患者或者满足注意缺陷的诊断标准，或者满足多动的诊断标准，或者两者都满足时，同时还要满足对于病程、功能损害和区别诊断的其他标准，就可被诊断为ADHD。在ICD-10中，虽然障碍内容类似，但是诊断名称和类别有所不同，ICD-10中在"多动性障碍"(hyperkinetic disorders)的大诊断类别下面包含多动和注意缺陷的分类诊断，而且ICD-10还强调品行障碍和多动障碍的交叉，因为在多动性障碍下还有多动性品行障碍这一诊断(世界卫生组织，1993)。在中国，CCMD-2-R称之为儿童多动症，CCMD-3则改为注意缺陷障碍伴多动。

本章将根据DSM-Ⅳ的诊断体系进行相关介绍，并采用注意缺陷/多动障碍的诊断称呼。DSM中ADHD又有三种亚型，分别是注意缺陷/多动障碍(混合型)，注意缺陷/多动障碍(注意缺陷为主)，注意缺陷/多动障碍(多动-冲动为主)(APA，2000)。

DSM-Ⅳ对ADHD的诊断标准(APA，2000)

A. 或者满足(1)的标准，或者满足(2)的标准

(1) 至少出现以下6项(或者以上)的注意缺陷症状，这些症状至少已经持续了6个月，达到非适应性的程度，而且不符合相应的儿童发展水平。

注意缺陷(inattention)：

① 在学业、工作或其他活动中，往往不能仔细注意到细节或者常发生粗心所致之错误；

② 在学习、工作或游戏活动时，注意往往难以持久保持；

③ 与之对话时，往往心不在焉，似听非听；

④ 不能听从教导以完成功课作业、日常家务或工作(并非因为对立行为或不理解教导)；

⑤ 难以有组织地完成作业或活动；

⑥ 逃避、不喜欢、或不愿参加那些需要持久努力的作业或工作(例如功课或家务)；

⑦ 往往遗失作业或活动所必需的东西(例如玩具、课本、家庭作业、铅笔或工具)；

⑧ 往往易因外界刺激而分心；

⑨ 在日常活动中经常遗忘。

（2）至少出现以下 6 项（或者以上）的多动-冲动（hyperactivity-impulsivity）症状，这些症状至少已经持续了 6 个月，达到非适应性的程度，而且不符合相应的儿童发展水平。

多动：

① 手或足往往有很多小动作，或在座位上扭动；

② 经常在教室里，或在其他要求坐好的场合，擅自离开座位；

③ 在不合适场合过多地奔来奔去或爬上爬下（青少年或成年人，可能只是坐立不安的主观感受）；

④ 往往不能安静地参加游戏或课余活动；

⑤ 往往一刻不停地活动，似乎有个机器在驱动他；

⑥ 往往讲话过多；

冲动：

⑦ 往往在他人（老师）问题尚未问完时便急于回答；

⑧ 往往难以等待轮流；

⑨ 往往打断别人或者插入其他人正在做的事情（例如，硬加入他人谈话或者硬加入他人游戏）

B. 多动-冲动或注意缺陷中的某些造成功能损害的症状，应该出现于 7 岁以前。

C. 症状造成的功能损害至少存在于 2 个或者 2 个以上的生活领域（例如，在学校和在家）。

D. 在社交、学业或职业等功能上，有临床缺损的明显证据。

E. 症状不仅仅在广泛性发育障碍、精神分裂症或其他精神病性障碍的病程中出现，症状不能用其他心理障碍完全解释（例如，心境障碍、焦虑障碍、分离性障碍或人格障碍）。

根据类型编码：

注意缺陷/多动障碍，混合型：如果在过去 6 个月内，同时满足 A1 和 A2 标准。

注意缺陷/多动障碍，注意缺陷为主：如果在过去 6 个月内，满足 A1 标准，但是不能达到 A2 标准。

注意缺陷/多动障碍，多动冲动为主：如果在过去 6 个月内，达到标准 A2，但是不能满足标准 A1。

ADHD 的患者在社会功能上通常会有很大损害。因为他们的冲动和多动，会让他们在和父母相处上有很大问题。家庭气氛很多时候是对立的，尤其是因为患者的症状可能让家长认为他们是故意这样做的。家庭冲突和消极的父母子女互动经常出现，这种消极的互动经常会影响干预的效果。在日常社交生活中，患有 ADHD 的儿童虽然可能表现得健谈和友善，但是由于他们常常忽略同伴的一些社交信息，因此有可能误解别人的意思或想法。虽然他们是有能力去理解这些信息的，但当应用这些概念于日常生活中时还是会表现得分外困难，因此他们与同伴的关系也会受到影响。ADHD 患者的学业表现也会严重受损，而且会表现出某种学业能力缺陷，例如在阅读上的困难或者学习某些学校基本内容的困难。案例 13-8 中的患儿，他的学校生活即因其症状而明显受损。虽然ADHD患者通常的学业表现会严重受损，但是从智商上看，ADHD患者既有高智商，可称为天才的儿童；也有智商较低的儿童；更多的人在智商上处于平均水平，他们在智力测验中往往得分较低，这可能与他们在进行测验时未能专注回答问题有关。

2. 病因

ADHD的病因究竟是什么？在这个问题上有很多争议。新近的研究表明，生物学因素和社会环境因素都对ADHD有影响。

许多研究者认为生物学因素应该是ADHD发展的重要因素，从生物学角度进行的研究包含对神经化学的研究、脑成像的研究以及对遗传的研究。从神经化学的角度，研究者和普通人都认为将ADHD解释为大脑化学物质不平衡比较符合直觉的感受。但是，从来没有在研究上找到对这种解释的支持。其相关的研究比较少，而且已有的研究结果多是互相矛盾的(Walker & Roberts，2001)。也有研究者认为，大脑结构和功能的异常是造成ADHD的注意缺陷的原因。在应用MRI进行的研究中，的确发现大脑结构的差异，但是不同研究的结果之间缺乏一致性(Walker & Roberts，2001)。另一个生物学机制的研究角度是遗传。至少在某些ADHD病例中，遗传因素起着作用。这种说法的证据来自对ADHD儿童的双生子和家庭研究。例如，在一个570对双胞胎参与的大型研究中，发现遗传可以解释大概50%的ADHD的方差，而环境可以解释的方差在0～30%之间。同卵双生子的共患率显著高于异卵双生子的共患率，同卵双生子的ADHD共患率达到0.67，而异卵双生子的共病率仅为0.00。不过这个结果建立在母亲对孩子行为的主观评定上。如果换成教师对孩子的行为进行评定，则同卵双生子的ADHD共患率为0.53，异卵双生子为0.37(Seligman，Walker & Rosenhan，2001)。总之，ADHD生物学机制仍然需要进一步的研究支持和澄清(Butcher et al，2004b)。还有研究者认为，分娩时的并发症、出生时的低体重、创伤性脑损伤、胎儿在子宫中接触到的物质会影响一部分ADHD的形成(Sadock & Sadock，1994)。

家庭和社会诸因素对注意缺陷多动障碍的发生如何起作用虽然并不明确，但肯定对该症的发展和结局是有影响的。母亲患抑郁症，注意力不集中，2～3岁的小儿也可产生与母亲相似的注意力不集中。早期母爱剥夺和育婴院养育的儿童到后来出现坐立不安、注意易分散和不受小朋友欢迎者较多见。有些研究也发现，早期“被剥夺”(如从小缺乏母爱、必需的情感和物质得不到满足)的儿童常出现活动过度和注意力不集中；但若为良好家庭所领养，注意力不集中可有所改善，而在学校里表现活动过度的改变则要持续一些时候。可见，活动过度可因缺乏安全感和稳定的家庭关系而引起的。行为的控制常从与他人交往中学得，若父母患有精神疾病、酗酒和行为不良将影响儿童的行为控制。父母离婚、亲人死亡、家庭气氛紧张、学习负担过重、教室过于拥挤、父母或教师处理儿童问题不当等，可引起“情境性活动过度”和注意力不集中，这与注意缺陷多动障碍是有区别的。Paternite等在1976年和1980年发现，环境因素(如家庭的社会经济地位和养育方式等)对注意缺陷多动障碍的主要症状影响不明显,但对继发症状如攻击行为、冲动破坏和缺乏自尊等的发生有关系(见 Rosenhan & Seligman, 1995)。长期追踪观察发现,家庭的社会经济地位对注意缺陷多动障碍的影响不一,但父母和(或)老师对儿童缺乏理解,而采取打骂和侮辱人格的做法,都严重影响儿童行为和情绪的发展,导致多动的发生,甚至产生反社会行为。总之,以上诸多心理社会因素虽未必是注意缺陷多动障碍的病因,但会影响其后果。

3. 治疗

虽然多动的症状从 100 多年前就已经得到描述和关注,但是究竟哪种治疗是 ADHD 的有效治疗,仍然存有争议。争议最大的是是否应该应用药物治疗,虽然药物治疗是当前最常见的治疗手段。治疗 ADHD 主要有三种药物,包括哌甲酯(利他林)、右旋苯丙胺和苯异妥因(匹莫林),它们均为精神兴奋剂,其中哌甲酯应用最多,此类药物的服用需在有经验的医生指导下进行。

行为治疗也是常用的治疗方法。在训练中当儿童出现合适行为时,就给予奖励,来强化他们的行为,并继续改进;当不合适行为出现时,就加以漠视,或暂时剥夺儿童的一些权利,以表示惩罚。如将注意缺陷多动障碍儿童坐不住和屁股不停地在椅子上扭动,看做是一"靶"症状,教师过多地去注意它,就会使这个不合适的动作得到强化,因而出现的次数会更多。如以漠视处之,时间长了,此行为因失去注意而得不到强化,就会逐渐消退。这个过程如结合奖惩的方法,则会取得更好的效果。很多学校和家庭采取插红旗或挂金星的办法(即代币法)进行干预。实施这一方法在开始之前,先观察一天患儿在上课或在家活动中坐不住而扭屁股的次数,对大人讲课(讲话)注意力不集中、分散的次数,与同学或弟妹发生冲突的次数,将其作为基数,以后每天放学或傍晚在家时,统计以上情况发生的次数,如减少多少次就给这一天插上一面红旗,到周末小结一下,总共插了多少面红旗,就发给一张代币奖券,凭此可购买玩具、食品和衣服等。反之,如一天中做了坏事,就减去一面以前所插的红旗以示惩罚。加强教师和父母之间的联系,了解患儿在学校和家庭表现的情况,使学校教育与家庭教育相结合,效果一定好得多。已有研究证明,药物治疗结合行为矫治比单独应用药物的效果要好得多。家庭治疗也可以应用在 ADHD 的治疗中。

二、破坏性行为障碍:对立违抗障碍与品行障碍

1. 概述

对立违抗障碍与品行障碍均涉及儿童和青少年所表现出的违反社会规范和行为准则的问题,其核心为攻击性行为或者反社会行为。通常认为,对立违抗障碍与品行障碍是紧密相连的,对立违抗障碍发生在年龄更小的孩子身上,而且与品行障碍相比程度更轻。对立违抗障碍很可能随着时间推移而发展为品行障碍。在诊断的时候,需要区分反社会行

为，譬如纵火以及正常儿童和青少年的恶作剧。对于一些儿童，可以看到破坏性行为问题随着年龄增长发展和持续，直到成年期。但是，也有证据显示，很多被描述为有品行障碍的儿童以及那些有犯罪行为的儿童和青少年以后未必会发展成反社会人格障碍者或者会继续从事犯罪活动。而且，下面将会看到，虽然对立违抗障碍和品行障碍十分复杂，被认为难以治疗，但是，的确存在有效的治疗方法（Butcher, et al, 2004b）。

在对儿童和青少年破坏性行为问题的分类和诊断上，DSM-Ⅳ和ICD-10存在着比较大的差异。其中，比较显著的差别在于两种诊断体系的分类上面。对立违抗障碍与品行障碍是DSM-Ⅳ的诊断分类。而在ICD-10下，相关的大诊断类别有品行障碍和品行与情绪混合障碍两种。在ICD-10的品行障碍下，根据起病时间，有儿童期起病和青春期起病两种情况。ICD-10的品行障碍又细分为6种亚型，即：① 局限于家庭的品行障碍，② 未社会化的品行障碍，③ 社会化的品行障碍，④ 对立违抗性障碍，⑤ 其他品行障碍，⑥ 品行障碍（未特定）。当符合品行障碍同时又符合情绪障碍诊断时，则归入品行与情绪混合障碍的诊断类目之下（世界卫生组织，1993）。CCMD-3与ICD-10的大分类比较接近，但是其大类目下的分类要少于ICD-10。

2. 对立违抗障碍

对立违抗障碍（oppositional defiant disorder）的主要特点是对权威人士的抵触性的、反抗性的、有敌意的行为，至少持续6个月，但没有显著的反社会行为。这些行为和发展阶段不相符，也就是说，这些行为不属于2～3岁的儿童以及青少年身上常见的反抗性行为。对立违抗障碍通常在8岁变得明显，而完全发展的品行障碍一般从儿童中期开始，比对立违抗障碍要晚2～3年。所有的品行障碍儿童和青少年在之前都有对立违抗障碍，但是，不是所有有对立违抗障碍的儿童和青少年都会发展为品行障碍。导致对立违抗障碍的危险因素包括家庭冲突、低社会经济地位以及父母的反社会行为。

对立违抗障碍在整个儿童期的患病率大概在2%左右。而且，男童的患病率要显著高于女童（Seligman, Walker & Rosenhan, 2001）。长沙市一项问卷调查发现，此障碍从调查中发现发生率为8.0%（47/589），其中男性为11%（31/289），女性为5%（16/300），男女比例约为2∶1；对立违抗障碍在9～12岁的儿童中发生率较高（孙凌等，2000）。

DSM-Ⅳ对对立违抗障碍的诊断标准（APA，2000）

A. 一系列抵触性的、反抗性的、有敌意的行为持续至少6个月，表现出至少下列4项以上：
(1) 经常发脾气；
(2) 经常和成人争执；
(3) 经常努力违反或者拒绝遵从成人的要求或规则；
(4) 经常故意让人讨厌；
(5) 经常因自己的错误或者错误行为而责备他人；
(6) 经常容易发火，或者很容易被他人惹恼；

(7) 经常生气和充满怨恨;
(8) 经常表现的恶意或者报复性的行为。
注意:只有行为出现频次显著高于在相应年龄和发展阶段的人们的通常行为时,才算作符合诊断标准。
B. 这些行为上的问题导致了在社会、学业或者职业功能上的临床显著的损害。
C. 这些行为并不仅局限于在精神病性障碍或者情绪障碍的发作期出现。
D. 没有达到品行障碍的诊断标准,如果个体年龄大于 18 岁,则没有满足反社会人格障碍的诊断。

对于对立违抗障碍,也有研究者质疑其作为独立诊断的可靠性。在美国,公众还有一些负面看法,认为把对立违抗障碍作为一种障碍实际上是要把正常的行为看做是病理性的(Rosenhan & Seligman, 1995)。

3. 品行障碍

品行障碍(conduct disorder)的核心特征行为是持续和重复的不顾他人权利、违反社会规则。在品行障碍的儿童和青少年身上,说谎、偷窃以及大发脾气是比较常见的。不过,需要注意的是,大多数儿童在某个时候或者某些时候都会违反一些行为准则。比如,对 1425 名 13～16 岁的英国男孩进行的调查发现,98%的被试承认他们曾经拿过一些并不属于他们的物品。但在 40%的情况下,这些物品的价值不会超过 2 美元。即便如此,在儿童身上发生的不诚实率还是很高的。这一点与在其他国家,譬如在挪威和瑞典的调查中得到了一致的结果(Rosenhan & Seligman, 1995)。所以 Rosenhan 和 Seligman(1995)评论说,“看起来偷窃是几乎所有孩子发展中的一部分”。提出这一点是为了强调,不是有偷窃行为或者某些逆反性行为的儿童和青少年就一定有品行障碍,或者可以被诊断为对立违抗障碍。需要注意诊断标准中的两点规定,一是持续反复发生,一是不符合相应年龄和发展阶段的通常行为。

DSM-Ⅳ 对品行障碍的诊断标准(APA,2000)

A. 侵犯他人基本权利或违犯与年龄相称的主要社会准则的持久反复发生的不良行为,表现出下列 3 项以上(在过去 12 月内),其中至少 1 项发生在 6 个月之内。
对人或动物的攻击行为:
(1) 经常威胁、恐吓他人;
(2) 经常斗殴;
(3) 曾使用能使他人产生严重躯体损伤的武器(例如,短棍、砖块、破瓶、刀、枪);
(4) 曾使他人躯体受虐待;
(5) 曾使动物躯体受虐待;
(6) 曾经抢劫路人(例如,背后袭击、抢钱袋、勒索、武装抢劫);

(7) 曾胁迫对方进行性行为;
损坏财物:
(8) 故意纵火企图造成严重损失;
(9) 故意破坏他人财物(除纵火外);
欺诈或偷窃:
(10) 破门进入他人的房屋或汽车;
(11) 常说谎以取得好处,或者是为了逃避责任而说谎(骗子);
(12) 曾偷窃值钱财物(例如,并不是破门而入的偷窃,伪造赝品);
严重违犯准则:
(13) 常在外过夜,即使父母禁止也是如此,起自 13 岁以前;
(14) 曾至少有 2 次晚上逃离家在外过夜(或 1 次长期不归);
(15) 常逃学,起自 13 岁以前。
B. 行为问题已明显影响社交、学业或工作。
C. 如年龄已超过 18 岁,尚不符合反社会人格障碍诊断标准。

有品行障碍的儿童和青少年经常是攻击性的,并且对他人十分残酷。有些人可能会纵火、破坏公物、抢劫甚至谋杀。不过幸运的是,虽然很多儿童会表现出轻微的、短暂的问题行为,但只有少数人才会符合品行障碍的诊断标准。这种障碍发生在男孩身上的比率是女孩的 3 倍(APA, 2000)。根据 APA(2000)的报告,大概有 6%～16%的男孩满足品行障碍的诊断标准,只有 2%～9%的女孩满足品行障碍的标准。品行障碍的儿童和青少年的常见共病是物质滥用或者抑郁(APA, 2000)。

4. 病因

对于儿童攻击性障碍的产生,有些研究指向遗传方面的假设,但是更多的研究认为,先天的倾向性、家庭社会环境对于对立违抗障碍和品行障碍以及相关的问题行为的形成有着重要的作用。研究显示,遗传可能会导致低言语智商、轻微神经心理问题和困难的气质,而这些因素可以通过一系列自我促进的机制造成品行障碍的产生。婴儿出生时就有气质的不同,有的婴儿非常好照顾,也有的婴儿似乎对刺激非常敏感,总是动个不停,对于饥饿和不适反应强烈,经常大声啼哭。儿童困难的气质可能会导致不安全的依恋关系,因为在照顾这些婴儿的时候,父母可能会感到很难保持良好的养育行为,而这对形成安全的依恋关系是极其重要的。此外,在品行障碍的儿童身上经常会发现存在低言语智商和(或)轻微神经生理缺陷,有些神经生理缺陷可能和自我控制缺陷相关,包括保持注意、计划性、自我检查和抑制无效或者冲动行为,这可能会为以后遭遇的困难埋下伏笔。

为了理解为什么轻微神经生理缺陷可能会造成广泛性的影响,Moffitt 和 Lynam (1994)提出如下的示例以解释其问题的产生:一个学龄前的儿童在理解言语上有问题,所以倾向于抵制母亲要他念书的努力。这种缺陷可能会让他的入学年龄提高。当他开始进入学校之后，面临的是繁重的课业，以及老师和家长很可能不会关注他和认识到他的困难。随着时间的发展，该儿童在学业上一直遭遇失败，而且年龄上一直是高于同伴的，这些可能造成该儿童被孤立。然后，该儿童可能要进入某种特殊的班级中，在这个班级中，很多孩子都有类似的行为障碍以及学习能力缺陷(不仅仅包含学习障碍)。和其他有行为问题的孩子在一起，一方面满足了儿童寻找同伴的需要，另一方面为了获得同伴接受，该儿童可能会做出许多问题行为以引起他人的注意。

有攻击性障碍的儿童通常其生活的环境并不愉快。研究者发现，行为有问题的孩子，其家庭通常有一些显著的特点，如无效的父母养育(这里养育指的是来自父母的关心、爱护和教导)、拒绝、严厉的但又缺少一致性的惩罚和父母的忽略。通常，父母的婚姻不和谐，父母本身情绪有困扰或者反社会(antisocial，这里指的是反社会型人格障碍中的反社会行为)，父母不能提供给孩子前后一致的教导、接受或者情感。即使在这种情况下父母没有离异，一个孩子总是处于冲突的家庭关系中会隐隐感到自己被拒绝。家庭的冲突和敌意会造成父母养育技巧的缺乏和无效，尤其是在纪律要求和监督上无效。这些孩子经受了家庭反社会行为的培训，所谓的家庭反社会行为，直接来源于强制性的互动，间接来源于缺少督促和一致性的纪律的约束。而且，研究也发现，那些攻击性的、欠缺社交技能的孩子经常为其同伴所拒绝，这种拒绝导致了进一步的反社会行为，形成了恶性循环。这种社交上被拒绝的攻击性儿童是青少年犯罪的高危人群，而且可能会发展出成人反社会人格障碍。此外，老师和家长对于攻击性儿童的反应很可能是相当消极的情绪反应，比如愤怒。他们可能会因此拒绝接受攻击性儿童。父母、老师和同伴的拒绝使得儿童被孤立，他们因此与其他行为出轨的孩子为伍也就不足为奇了(Rosenhan & Seligman，1995)。

除了家庭的因素，更为广泛的心理社会因素和社会文化因素也可能提高儿童发展出品行障碍以及之后可能的成人反社会人格障碍。低社会经济地位、贫穷的环境、父母的压力和抑郁都提高了一个孩子陷入之前提到的恶性循环的可能性(Butcher，et al，2004b)。

5. 治疗

很多时候，对于反社会的、攻击性的儿童和青少年，社会的主要矫正措施是惩罚性的，但是惩罚性的治疗似乎在加重问题行为，而不是矫正问题行为。

对于品行障碍儿童的一种治疗取向是关注有问题的家庭模式，然后试图通过某种方式改变儿童的攻击性或者是其他非适应性的行为。很多时候，除非能够改变儿童所处的环境，否则对于其品行障碍的治疗不会有效。秉持这种观点的一种治疗方法叫作聚合式家庭模型(the cohesive family model)。这是一种家庭小组式的治疗，这种模型认为有品行障碍的儿童家长缺少养育孩子的技能，并且总是以一种前后不一致的方式教育孩子，这样就强化了孩子的非适应性行为，没有能够让孩子的社会化过程得以很好地进行。儿童的消极行为增多，增强了父母的批评以及父母与孩子之间的消极互动。儿童观察到父母愤怒的提高，并且学习了这种攻击性的行为反应模式。如果从这个角度来看儿童的品行障碍的话，治疗的重点就在于调整儿童和父母之间的互动(Butcher, et al, 2004b)。

但是要获得父母的协作，尤其是获得那些彼此有很多冲突的父母的协作，并不是一件容易的事情。通常的情况是父母本来就有很多负担，譬如和伴侣的冲突、分居或者离婚，可能没有资源、时间或者意愿去学习和实践更为恰当的父母行为。在美国，极端的情况是让孩子离开家庭，暂时在寄养家庭或者相关机构生活，直到对父母的干预达到一定的效果，可以让孩子返回家庭为止。但是，换到新环境的儿童经常会把这种变动看做是进一步的拒绝，不仅仅是被父母拒绝，还被社会拒绝。只有当变动之后的环境能够提供一种温暖、友善和接受的环境，而且这种环境是稳定的、一致的时，儿童才可能有一些进步。

行为治疗技术也应用于对品行障碍儿童的干预。对于孩子父母的培训尤为重要，这样父母就可以像治疗师一样，强化适应性的行为，改变那些会强化非适应行为的环境。当父母一直能够接受孩子，对于孩子的积极性为予以奖励，停止将注意力集中在消极行为之上时，可能最终可以改变父母对孩子的看法和感受，让父母能够完全接受孩子，而这是孩子极其渴求的。

虽然治疗师可以将行为管理的有效技术教授给家长，但是家长在执行治疗计划上会遇到困难。如果这样的话，应该同时进行家庭治疗或者对父母的咨询，以此来确保家长能够执行治疗计划。

第六节　广泛性发育障碍

广泛性发育障碍(pervasive developmental disorder, PDD)的主要特点是在几个重要的发展领域中表现出严重的和广泛性的损害，比如社会互动交往技能、沟通技能等的损害。对于广泛性发育障碍类别之下的多种障碍，ICD-10 和 DSM-Ⅳ具有比较接近的定义。在 DSM-Ⅳ的广泛性发育障碍大类别下，包括孤独症、Rett 综合征、儿童瓦解性精神障碍、阿斯伯格综合征(Asperger disorder, AS)、广泛性发育障碍未注明(PDD-NOS)(APA, 2000)。这些障碍通常在个体生命的最初几年就有所显现，通常可能伴随着一定程度的精神发育迟滞，需要在 DSM-Ⅳ的轴Ⅱ诊断上注明。有些时候广泛性发育障碍的诊断伴随着一些生理障碍，诸如染色体障碍、中枢神经系统的结构性异常等，需要在 DSM-Ⅳ的轴Ⅲ上注明。

在广泛性发育障碍中最受关注的是孤独症(autistic disorder)，本节将对孤独症作重点介绍。

一、孤独症的概况

孤独症(autism)又译自闭症,其典型特征是社会交往以及沟通上的显著受损、行为和兴趣显著局限性。孤独症的概念最早由 Kanner(1943)在《孤独症情感障碍》一文中提出,最初被称为"早期婴儿孤独症"(early infantile autism),被认为是一种发生于婴儿期或儿童期的障碍,之后又被称作 Kanner 孤独症(Kanner's autism)、婴儿期孤独症或者儿童期孤独症。Kanner 当时描述了 11 例"早期婴儿孤独症"的案例,他认为,孤独症儿童最为显著的行为特征包括沟通障碍、行为问题(例如重复动作等)、无想象力的游戏,而孤独症最根本的特征是从生命早期就没有和周围的人和环境建立联系的能力(Nelson & Israel, 2000)。

在西方进行的 23 个流行病学研究表明,孤独症患病率的中数大概在 0.4‰~0.5‰(Sadock & Sadock, 1994)。而近期的一项按照包含范围较广泛的孤独症定义进行的流行病学研究发现,其患病率大概在 1‰左右。这个比率要高于过去研究的结果,原因在于诊断标准的变化以及孤独症定义的扩大化(Butcher, et al, 2004b)。中国第一次组织进行全国 0~6 岁残疾儿童抽样调查,其中天津市和平区是此次抽样调查的 12 个样本之一。中国以 2001 年 6 月 1 日零时作为调查时点,在天津市和平区开展儿童孤独症的流行病学调查:被确诊为孤独症的 5 例,年龄为 2~4 岁;时点患病率为 0.1%(郭荣,2004),确诊为孤独症的 5 名儿童均为男性。江苏省 2001 年 5 月 31 日零时作为调查时点,抽查 9953 户,城市 5074 户,农村 4879 户。共查出孤独症 9 例,总患病率为 12.25/万,男 6 例(24.94/万),女 3 例(10.49/万),男女比例为 2∶1,城市 7 例(17.89/万),农村 2 例(5.83/万);男女、城市农村两组发病率比较均无显著性差异(王卫华等,2003)。不管是临床样本还是流行病学研究,均发现男孩患孤独症的比例要高于女孩,孤独症患者的男女比例大概为(3.0~5.0)∶1(APA,2000)。在我国,报道的孤独症患儿男女比例在(6.5~9)∶1(陶国泰,1999)。此外,Kanner 曾指出,孤独症多见于上层社会阶级的家庭。但是,大样本研究表明,孤独症的患病并没有社会阶级的显著差异。也许 Kanner 得到这样的结论,是因为当时上层社会的家庭更能够获得专业帮助(见 Nelson & Israel, 2000)。

二、孤独症的临床表现与诊断

【案例 13-9】

患儿,男性,4.5 岁。是其母亲第 1 胎,足月顺产,无窒息抽搐史,父母亲身体健康,非近亲婚配。1 岁半能发单音叫"爸"、"妈"。随年龄增长,表现胆小,独自玩耍,自娱自乐,回避同伴及他人,以拉扯、搂抱方式与父母交往,不能用表情、手势与人交流,从无口语。只对坐机动车及玩圆型物品感兴趣,外出不避危险,狂奔。入幼儿园后无法适应日常教学,独处或在室内游窜而被拒入园。就诊某市儿童医院,被诊断为"孤独症"。精神检查:意识清楚,年貌相称,衣着尚整,检查时无眼睛对视交流,强声及触按无法引起被动注意。患儿关注桌上圆盖及听诊器的圆头,并放入口中,无法用语言及表情交流。兴趣物被拿走或其游走被剥夺后滚地啼哭,烦躁不安。对周边环境判断力差,理解力差,无计数能力。在另一医院做听觉诱发电位检查,右侧听阈稍差,但双耳均未达80分贝。

(引自方玉华,2004)

案例13-9中的患儿,表现为对人没有兴趣,而对于某些物品有依恋。言语发展差,无法与人进行表情和情感的交流等孤独症儿童的典型特征。因为个体的发展阶段和生理年龄的不同,孤独症儿童的表现会有很大差异。比如对于婴儿,可能表现为不喜欢被父母抱,对于躯体接触厌恶或者无动于衷,避免目光的直接对视,缺少面部表情反应,对于父母的声音没有反应。因此,父母开始可能会认为是婴儿的听力有问题。而随着患儿的逐渐成长和发展,儿童可能逐渐愿意被动地加入社会互动中。但是,仍然表现得特殊,譬如要求其他人程式化地回答他提出的程式化问题等(APA, 2000)。总的来说,孤独症的症状表现主要在以下几个方面。

1. 社会功能方面

孤独症儿童缺乏与他人的人际互动,他们逃避与人的接触,在幼儿期就已经显现出对人的冷漠与疏远。特别逃避与人的目光接触,如果面对其他人,患儿可能会将自己的头扭向其他方向,以避免目光的对视。回避与人的身体接触,不但不会像一般儿童那样张开双臂期待他人的搂抱,反而在被其母亲或他人抱着时,将身体扭向远离成人身体的方向或保持僵硬的姿势。稍大一些,他们会独自玩耍,不会寻求父母或成人的注意或安慰。这类儿童还缺乏相应的面部表情,常显得表情漠然,很少用点头、摇头、摆手等以表示其意愿,对他人的言语或表情交流反应冷淡,因此不能与他人建立人际关系。

2. 言语和口头表达方面

约一半的孤独症儿童缺乏言语发展能力,尽管他们到了应该具备语言能力的年龄,却只能用简单的词语与他人交流,并常以哭或尖叫表示他们的不舒适或需要。稍大的患儿可能会拉着大人的手走向他们想要的东西。另外他们有一些特殊的异常表达方式,如使用重复性模仿语言。例如,问患儿:"你想吃什么?"他会重复:"你想吃什么?"以鹦鹉学舌的方式重复自己刚刚听到的话,而常常不会回答自己所希望要的东西。他们因此无法正常地与他人交流,也无法向其他儿童那样正常地学习。在孤独症儿童处于陌生环境或遇到困境时,这种重复言语会更加频繁地发生。

有些孤独症儿童即使能够进行一些交流,但往往对于人称代词难以理解和学习,例如"我"与"你"不分,当某个患儿想吃东西时,可能会说"你能吃个桃子吗?"

此外,孤独症儿童对于言语的综合理解能力差,只会从字面理解话语的含义。他们难以适应正常的交流和会谈方式,其说话的语音和语调以及节奏也比较怪异。这些言语和交流方式严重影响了他们与他人交流和发展关系的能力。

3. 行为方面

孤独症的儿童常常表现出坐不住，动个不停。常用脚尖走路或以跑代走，东张西望，眼神飘忽。还常伸颈，装腔作势，做出怪异姿势，有的儿童还莫名其妙地大叫，发脾气，哭或笑。

患病儿童常常出现仪式化行为或刻板行为。例如在玩耍中，他们会不厌其烦地把一些物品按某种固定的顺序排列，如果有人打乱其顺序或不让其排列，就会大发脾气。又如，儿童可能迷恋于某个特定的物品，可能是特定的玩具，无论走到什么地方都要带着，这个物品被拿走或丢失时会表现极度不安。此外，生活按一定的模式行事，不能改变。例如，吃饭要坐固定的座位，晚上睡觉前鞋子要按照固定的方式摆放，不然不肯睡觉等。

孤独症儿童还表现出某些怪异的自我刺激行为，例如身体按照一定的节奏摇摆或原地转圈，或在床上乱蹭。他们可能还会有自我伤害的行为，例如打自己的身体或反复用头撞墙。

4. 智力和认知方面

虽然孤独症患者在早期的时候能拥有正常的智力，但由于他们的病症使他们未能接受正常的教育，所以他们的智力水平通常比正常儿童显著较低。Ritvo 和 Freeman (1978)的研究发现，大约 60%的孤独症儿童智商低于 50 分，还有 20%的儿童智商在 50～70 分之间，其余 20%智商高于 70 分(见傅宏，2000)。事实上，很难对孤独症儿童的智力进行评价，因为他们的异常行为会干扰智力测验的进行，同时他们的言语能力受损，在与言语和抽象思维及逻辑相关的测验方面表现差；但操作能力和机械记忆方面又表现优秀(傅宏，2000)。

DSM-Ⅳ对孤独症的诊断标准(APA，2000)

A. 症状包括下述(1)、(2)、(3)中的 6 项以上，其中至少有 2 项是(1)中的，(2)、(3)中至少各 1 项。

(1) 社会交往有质的缺损，表现出至少下列 2 项：

① 非言语性交流行为的应用有显著缺损，如眼神交流、面部表情、躯体姿态、社交手势等方面；

② 不能建立与其发展年龄相适应的同伴关系；

③ 不能与他人一起自发追求享乐、兴趣或者成就(例如，不能展示或者指出自己感兴趣的物体)；

④ 缺乏社会或者情感的互动性。

(2) 语言交流有质的缺损，表现出至少下列 1 项：

① 口语发育延迟或缺损，并不伴有以其他交流方式来代替或补偿的企图，如手势或姿态；

② 虽有足够的言语能力，但不能与他人开始或维持一段交谈；

③ 语言使用是刻板的、重复性的或者完全只有自己能够听懂；

④ 缺乏与发展年龄相应的各种自发的假扮游戏或社交性游戏活动。

(3) 重复刻板的有限的行为、兴趣和活动,至少表现出下列 1 项:

① 异乎寻常地完全沉浸在一种或者几种刻板的、局限的行为模式中,其异常之处既可表现在“沉浸”的强度,也可表现为具体行为模式;

② 固执于某些特殊的非功能性的仪式行为或动作;

③ 刻板重复的装相行为,如手指扑动或扭转、复杂的全身动作等;

④ 持久地沉湎于物体的各个部分。

B. 功能异常或延迟,表现在至少下列 1 项,而且出现在 3 岁之前:

(1) 社会交往;

(2) 社交语言的应用;

(3) 象征性或想象性游戏。

C. 不能更好地用 Rett 综合征或儿童期瓦解性精神障碍来解释这些异常行为。

在对儿童是否真的患有孤独症的时候,治疗师有时候需要做出鉴别诊断来排除来访者是否患有儿童青少年精神分裂症、选择性缄默症、感受性语言发育障碍和强迫症。此外,Asperger 综合征和 Rett 综合征与孤独症一样都是属于广泛性发育障碍,它们的病症有很多相同之处,但它们是三种不同的障碍,因此,治疗师在进行诊断时需要小心地加以鉴别。

专栏 13-1

智障专才和自闭专才

智障专才和自闭专才(Idiot savant or autistic savant)是指在精神发育迟滞的人士中或在孤独症人群中,其智力发展水平很低,但在某个狭窄的领域中表现出超常的能力的那些人(Davison & Neal, 1998)。过去我国将此名词翻译为“白痴学者”,但这个翻译名词具有贬义,且此类人士并非真正的学者,因此本书将其翻译为智障专才和自闭专才。

许多文献或媒体报告或报道过此类人物。一些文学作品也以此类人物原型创造出令人难忘的艺术形象。例如好莱坞电影“雨人”中的哥哥“雨人”。他不会自己照料自己,但却有着超乎常人的某些能力。当然,现实中的智障专才和自闭专才往往只是在某一两方面有突出的特长,例如在音乐、绘画、数学、机械等方面。不过,一名患者可能会将自己所在城市的地图上的各个街道的名称倒背如流,却可能无法自己外出并自己回家;另一名患者可能能将复杂的数学题立刻心算得出正确的答案,却不会自己买东西。

智障专才和自闭专才多为男性,但我国张明岛、陈兴时(1986)曾报告过一例 16 岁女性,其智商为 64,口齿不清,动作笨拙,抽象思维能力低下,生活不能自理。但她具有过目不忘的能力,而且查字典又快又准,可在 1 分钟内查出别人随意指定的汉字 20 个,平均查每个字为 3 秒钟。

另有记者报道，一位年近而立的孤独症患者王某，可随口说出过去、现在或未来某一天是星期几，例如他可以告诉记者“2000年春节是2月5日星期六”，“1998年6月1日是星期一，跟1970年一样”。他也可以即刻进行复杂的心算，例如他可以立即得到1997×1978的结果。他对北京市的马路、胡同如数家珍，当记者说出《北京晚报》在西裱褙胡同后，他立即告诉记者，其南边是麻线胡同，再往南是苏州胡同。尽管王某具有如此才能，但如果没有家人照料，他却连马路都过不了(《北京晚报》,1997年12月18日)。

在我国，最为著名的智障专才可能要算是舟舟了。舟舟出生于1978年4月1日，还没有满月时被查出患有先天愚型病症，即唐氏综合征。这种疾病具有明显的生理异常，即在第21对染色体上多了1条，这样正常人只有46条染色体，而舟舟有47条。舟舟和其他患唐氏综合征的人一样，性情温厚，善良。但舟舟的智商仅为30，他不识字，不会做10以内的加减法，分不清钱币的面值。

舟舟小时候没有幼儿园肯接收，在乐团担任低音提琴手的父亲胡厚培只能把儿子带在身边，跟自己在乐队一起排练。经过多年的熏陶，父亲惊喜地发现，舟舟居然一听到音乐就兴奋得手舞足蹈，并且对一些指挥动作模仿得惟妙惟肖！这个孩子深深地迷上了音乐，并对音乐产生了一种下意识的反应。他在父亲和其他许多好心人的帮助下拿起了指挥棒。1999年1月22日，舟舟在北京保利剧院首次登台指挥中国歌剧院芭蕾舞剧院交响乐团演奏《瑶族舞曲》和《拉德斯基进行曲》，一举成功。舟舟还曾指挥过其他乐曲，与他合作过的有我国顶级的乐团和国外著名乐团。他曾随中残联艺术团赴美国等地巡演，获得极大的成功，被誉为智障指挥家。

智障专才和自闭专才的成因尚不清楚。但其具有良好的机械记忆和某些特殊的能力是肯定的。对于舟舟而言，专业人士认为不应该把他单纯地理解成一个天才，他的指挥更多的还是一种下意识的行为。舟舟实际上更多的还是在模仿，但他的确具有常人没有的特殊音乐能力(侯江、阎彤，人民网，2001年7月19日)。

三、孤独症的病因

对于孤独症的成因，心理学家还没有一个很肯定的结论，简单来说包括生物因素、家庭及环境、心理因素等造成。

1. 生物因素

很多研究指出，遗传因素在儿童孤独症的发病因素起了很大的作用。有研究指出，如果家中有一个孤独症的孩子，其他兄弟姐妹的同病率高达1%～2%。比正常儿童的兄弟姐妹患有孤独症的概率高达5倍。

神经生物化学的研究集中在对于神经递质的作用上面。例如对于5-HT的研究发现，5-HT在血液中的含量在进入儿童期后会逐渐下降，到成年期会稳定在一定的水平上。但是，Freeman和Ritvo(1984)的研究发现，大约有30%～40%的孤独症儿童其

5-HT 的含量一直处于高水平的状态，这在某种意义使暗示了这些儿童发育的不成熟。而 Campbell 等(1976)的研究曾发现，高 5-HT 与低智商之间的关联(见傅宏，2000)。有研究者因此认为 5-HT 水平与孤独症有关。

2. 心理因素

Kanner(1943)在报道孤独症时，注意到孤独症的儿童与其父母之间的交往存在缺陷，认为其原因是父母对孩子的冷淡和不关心。Kanner 在文中把这些父母们描述为有智慧、被动及严肃的，他甚至用“冷若冰霜”来形容他们。

一些持心理分析观点的研究者也认为，孤独症儿童的父母在其子女发展的关键阶段——婴儿期，对其某些正常行为采取了不合理的对待方式，从而导致了婴儿的情感退缩。而婴儿的退缩行为又反过来促使其母亲进一步对其采取拒绝态度，母婴关系因此停滞不前，不再发展。儿童在这样一个充满拒绝与威胁的环境中，会表现出不断的退缩，直至拒绝整个世界，孤独症就因此产生了(见傅宏，2000)。

然而其他的研究并不支持以上观点。有研究甚至认为，孤独症的父母与其他儿童的父母一样，不存在照料孩子上的缺陷或异常人格特征。与此相反，父母与孩子间交往的不正常一方在于孩子，因为照料一个异常的孩子难免会出现紧张，产生焦虑和抑郁等，进而影响交往的关系。

四、孤独症的治疗

对于孤独症的治疗一般都会采用综合措施，包括药物治疗、行为矫治、特殊教育和家庭治疗。因此，在治疗孤独症儿童的时候往往需要医生、临床心理学家、语言治疗师、老师和家长的充分合作。

1. 药物治疗

在使用药物的时候精神科医生必须建立在正确诊断的基础之上，并根据特定的症状选择药物，其主要目的是改善症状，可为照料和训练教育提供条件。在选用药物时，要注意药物的药理作用、适应证、禁忌症和副作用。

2. 心理动力学疗法

从心理动力学的观点来看，孤独症与早期经验有密切的关系。患儿在婴儿期开始由于得不到温暖的环境和受到不合理的对待而变得退缩。因此，治疗要为这种患儿提供一个具有支持性的和接纳的环境，在这个环境中，儿童可以通过各种方式表达自己，开始与外部世界发生接触。例如，在治疗过程中尽量不使儿童产生惧怕感或挫折体验，而且要在这一过程中对于儿童的所有行为(包括各种破坏性行为或攻击性行为)给予充满爱意和接纳性的反应(如给予抚摸、拥抱等)。这种治疗认为，孤独症儿童可在此环境中逐步建立起对人的信任，能够发展起积极面对自我的能力，做到了这一点，儿童就会开始接纳世界，倾向于把外部的东西看作是没有威胁的，那些孤独症的典型防御式行为就会因此而逐步被放弃(见傅宏，2000)。

然而这一疗法也受到许多批评。例如不同意其中关于父母早期对儿童不合理对待的观点，而且目前许多对于孤独症儿童的治疗均将父母和家庭成员的参与看作是治疗有效的关键，而不是像这一疗法那样仅仅对于孤独症患儿进行治疗。这一疗法因而在近期较少被应用。

3. 行为治疗

以行为疗法来治疗孤独症已有几十年的历史了。治疗内容主要以条件作用原理对患者的行为进行训练，有研究显示，行为治疗可使孤独症儿童的行为出现显著进步。

针对孤独症儿童的言语方面的问题，行为治疗多采用强化、塑造和示范法等方法进行工作。属于此类的，有 Rimland 在 1964 年提出的六个步骤的言语训练方法，有 O'Dell 和 Koegel 在 1981 年提出的自然言语参数的训练范式，还有无意义言语重复的训练方法等。例如，自然言语参数训练，可由治疗师在对于患儿的父母进行适当训练后，由其父母在家中对儿童进行训练，每天在家庭中至少训练 15 分钟。训练内容包括：① 强化儿童尝试表达的倾向(当儿童尝试用言语表达时立刻给予奖赏)；② 交换玩具或轮流玩耍(例如当让孩子把玩具递过来或把玩具给孩子时，其有言语表达的行为都要给予强化)；③ 变化任务(经常调换玩具或使用不同的词语进行描述)；④ 控制变化(允许孩子选择玩具或使用不同的词语进行描述)。上述训练有助于提高患儿的言语模仿、应答反应和自发言语的发生频率(见傅宏，2000)。

针对孤独症儿童常常对周围的人或事物毫无反应，不能有效地对周围环境进行应答的情况，训练其提高对复合刺激进行反应的能力。例如利用渐隐法训练其关注某些刺激，治疗师先选择一个突出的、引人注目的刺激来吸引儿童的注意力，例如在某个正确答案下划上着重号，给正确答案涂上鲜艳的色彩，或干脆用手指指着正确答案。随着儿童对此印象的加深，逐渐隐去这些外部刺激，直到儿童不需要外部刺激便可以正确做出自己的选择为止(见傅宏，2000)。

对于孤独症儿童的自伤行为和破坏性行为，可采用消退法改变之。如果儿童的这些行为是为了获得其父母的关注，则去除父母的关注所给予的强化，可改变其相关行为。

总　　结

本章主要依据 DSM-Ⅳ的诊断标准，介绍了部分通常于婴儿、儿童和青少年期起病的心理障碍，包括精神发育迟滞、学习障碍、分离焦虑障碍、恐怖症、儿童期抑郁、注意缺陷以及破坏性行为障碍、孤独症。同时，回顾了每种障碍的病因学，虽然在一些障碍中，遗传因素占据比较重要的位置，但是，父母的心理病理学、家庭的扰乱以及充满应激的环境或环境变化(譬如，父母一方的去世，性虐待等)都会极大地影响儿童的心理状态。而且，因为儿童的特殊性，包括其处于快速的发展中、不断变化的语言与认知能力、进行中的社会化、特别的脆弱性(无法独立于成人生活)等，都对我们理解、评估、诊断以及治疗儿童相关的心理问题提出了特殊需要注意的地方，儿童决不能够被认为是小大人。

在儿童和青少年期，最引人注目的异常情况涉及精神发育迟滞、注意缺陷/多动障碍、孤独症等。对于精神发育迟滞而言，主要是由于生物学原因造成的。对于重度和极重度精神发育迟滞者需要他人的良好监护和照料。而轻度和中度精神发育迟滞者应重视对其的教育和培训，使其获得生活自理能力，甚至于谋生的某种简单职业技能。如果不对其进行适当的干预，其自身和家庭的生活质量均会受到更严重的影响。

注意缺陷/多动障碍（ADHD）在儿童和青少年当中是较为常见的一种障碍。其明显而突出的表现是注意力不集中、多动和冲动的症状。研究表明生物学因素和社会环境因素都对 ADHD 具有影响。这类儿童或青少年可能没有智力方面的问题，但往往因其症状造成学业成绩不良及人际交往问题。药物治疗常常是治疗这类障碍的重要手段，而行为治疗可有助于改善和减少其症状行为，促进其学业和人际交往状况的改进。

孤独症属于广泛性发育障碍中的一种障碍。孤独症儿童主要异常表现在社会功能、言语功能和行为以及智力方面。对于造成孤独症的原因的探讨涉及生物及社会心理等方面，但目前尚无肯定的结论。尽管如此，人们对于孤独症的探索和治疗却从未停止。从心理学的角度看，行为治疗的方法在改善孤独症儿童的异常行为等方面是有效的。当然，如果有医生、临床心理学家、语言治疗师、老师和家长的充分合作，积极采取综合性的治疗措施，会取得更好的干预效果。

思　考　题

1. 为什么说理解儿童的心理障碍要比成人困难得多？
2. 精神发育迟滞的诊断需要注意哪些问题？
3. 如果你需要向学校老师或者家长介绍学习障碍，你打算从哪些方面进行介绍？
4. 造成儿童情绪障碍的主要原因有哪些？
5. 在你的生活中，有没有遇到过或者听说过那些让大人特别头疼的、被认为是有问题的孩子（包括你自己）？你觉得他可能会够得上心理障碍的诊断吗？
6. 孤独症的主要临床表现有哪些？

推 荐 读 物

1. 陶国泰主编(1999). 儿童少年精神医学. 南京：江苏科学技术出版社
2. Mash E J & Barkley R A (1996). Child Psychopathology. New York: Guilford Press
3. Walker C E & Roberts M C (2001). Handbook of Clinical Child Psychology. New York: John Wiley & Sons

14

心理异常与社会

第一节　大众的心理卫生工作

一、心理卫生宣传教育

随着社会经济的发展，公众开始更加关注自己的心理健康。尽管如此，目前社会各界对心理卫生问题仍然缺乏充分认识，群众忽视自身心理卫生需求、歧视精神障碍患者的现象普遍存在。面向公众开展心理卫生知识的宣传教育具有极为重要的意义。

1. 普及一般心理卫生知识，帮助公众树立维护心理健康的意识

专业人员应向公众普及人际沟通、压力应对、时间管理等方面的知识，促进健康的生活，提升生活质量。同时应宣传有关心理障碍的知识，使公众了解这些障碍以便及时预防、识别它们。应帮助公众认识到每个人都可能出现心理问题，关键是要懂得及时进行自我调整，并且在必要时寻求专业帮助。遇到心理问题时，人们常常以为时间是最好的灵丹妙药，于是听之任之，往往导致问题更加严重。正视自己的心理需要，面对自己的心理问题，采取一些方法主动调节才是积极的生活态度。

通过宣传、教育，可以帮助公众消除误解，学会以正确的方式自觉维护心理健康。从基本的意义来讲，面向公众普及心理卫生知识，有利于共同营造宽松、积极、和谐的工作和生活环境，不仅促进个体的心身健康，而且有助于提高社会整体的心理健康水平。

2. 宣传精神疾病的知识，营造有利于精神病人康复的社会环境

很多人虽然认识到精神障碍是一种病态，但还是认为这类疾病是不可治愈的，或者认为单纯采用医学的手段和方法就能够解决心理卫生问题。甚至还有一些人认为，精神疾病属于思想品质和道德伦理问题，患精神疾病是自己和家人的耻辱。种种误解和偏见直接导致延误治疗，容易加重病情或延缓病程。

精神病人的社会地位十分低下，在学习、工作及生活等方面都受到严重的歧视和排斥，由此造成的经济困难、缺乏社会支持等因素又会进一步影响精神疾病的治疗及康复。家庭关系不和睦的病人更容易发生毁物行为（接明祥等，2001）也更容易出现疾病的复发。

因此，消除人们对精神疾病的偏见，动员患者的家属、同事、邻居等多给予关心和帮助，对精神病人提供理解与支持，营造宽松、宽容的社会环境，对精神病人的康复是相当重要的。

二、对常见心理问题的心理干预

在人民生活水平日益提高的前提下，人们对心理与行为问题的重视程度逐渐发生变化。人们越来越关注心理层面的需要，自我心理保健的意识有所增强，对心理健康的追求显著提高。社会经济的高速发展，对人们的心理健康产生重要影响。

我国已有的大量关于心理健康状况的调查结果显示，个体的心理健康状况令人堪忧，亟待全社会的关注。以大学生群体为例，在1999年国家教委调查的12.6万名大学生中，20.23%的人有不同程度的心理问题，其中在海淀区16所大学中，因精神方面有问题而休学的占休学人数的37.9%，因精神方面有问题而退学的占退学人数的64.4%，均居第一位(樊富珉，2002)。

在我国，除了专门治疗精神疾病的精神病医院，或在综合医院开设的精神科门诊之外，目前其他涉及心理卫生服务的系统主要包括心理热线、各机构的心理辅导与心理咨询以及各医院的心理治疗门诊等。

1. 开设心理热线

心理热线通常由受过训练的志愿者担任，通过倾听、接纳等心理咨询基本方法，为来话者提供宣泄情绪的机会，获得理解和情感支持，并在热线志愿者的引导下挖掘自身内在和外在的资源，增强面对压力的信心和克服困难的勇气，及时化解心理冲突，更好地应对生活。咨询热线以方便、快捷、匿名等特点受到社会各界人士欢迎。

我国的心理热线起步较晚，正处于初创发展阶段(王行娟，2000)。第一条心理咨询热线开通于1987年，此后十几年里，心理热线在各大中城市迅速涌现。例如“红枫妇女热线”、“青春热线”等心理咨询热线已经有10余年的发展历史，“北京心理危机干预热线”自2003年4月开通以来，截至2004年8月底，拨打热线的人数已经超过7万人次。此外，在突发重大危机事件时还有临时开通的热线，例如2003年“非典心理援助热线”等，及时为广大民众提供专题心理服务。

2. 各机构的心理辅导和心理咨询

我国的心理咨询工作虽然目前开展得还不是很普及，但是在大中城市，一些学校、社区相关机构以及专门的心理咨询机构、私人心理诊所正在发展起来。有些中小学开设了心理辅导室，大专院校成立了心理咨询中心，为本校学生提供心理健康教育以及心理辅导。一些社区建立了心理会谈室，为居民进行心理疏导工作。此外，有些企业人力资源管理人员、行政人员以及监狱管教干部等也在从事心理辅导工作。

在日益严重的竞争与压力下，伴随各种突发事件以及自然的和人为的灾难，人们的心理问题时有发生,心理咨询这个行业越来越受到广泛关注。2002 年,我国首次将"心理咨询师"写入《国家职业大典》,中国的心理咨询开始走向职业化发展的道路。

心理辅导与心理咨询的工作对象常常是正常人,主要解决的是各种各样的心理问题,而非精神疾病。来访者主要因为学习问题、人际关系困扰、职业发展困惑以及恋爱婚姻等问题引发情绪困扰,表现出焦虑、紧张、抑郁等情绪,但还没有达到精神疾病严重程度,也没有达到精神疾病病程诊断标准。心理咨询是通过良好的人际关系,运用心理学方法帮助来访者自强自立的过程。在心理咨询中,更重视支持、教育与指导。

3. 各医院开设的心理治疗门诊

心理治疗门诊除设在专科医院外,通常还设在综合医院的心理科、康复科或保健科等,主要是由精神科医生提供心理治疗。

心理治疗的工作对象主要是有心理障碍的人,主要包括焦虑障碍、人格障碍和性心理障碍等问题。对于那些尚未达到精神疾病诊断标准的个体来说,心理治疗是促进和谐与适应的有效方法。心理治疗是指在良好的治疗关系基础上,由经过专业训练的治疗师运用心理治疗的有关理论和技术,对来访者进行帮助的过程,是激发和调动来访者改善其动机和潜能,以消除或缓解来访者的问题与障碍,促进其人格成熟和发展的过程。在心理治疗中,重点是改变已有的问题、消除症状和重建人格。

三、灾难与危机心理干预

有研究者对涉及 20 年、80 余种自然和人为灾难、涵盖 5 万人的 177 篇有关文献进行了综述,将灾难对人心理的影响归纳为与灾难相关的特定心理问题、非特异性的痛苦、相关的健康问题、长期的生活问题、社会心理资源的丧失、儿童及青少年的特殊问题等六个方面(Norris, et al, 2003)。根据损害类型和持续时间,研究者将灾难对人们造成心理影响的程度分为轻度、中度、重度和极重度四个等级,结果发现这些不同程度的灾难分别占 9%,52%,23%和 16%(Norris, et al, 2003)。鉴于灾难对心理影响的范围之广、程度之深,针对重大灾难及危机开展心理干预已成为国内外心理卫生专业人员的共识。

任何一场灾难都会影响许多人。无论是亲身经历危机,还是亲眼目睹灾难,包括受难者的家属和朋友,都会受到严重的心理创伤。即使只是受灾社区的成员,也可能通过媒体报道而经验"第二手"灾难,在情绪上受到影响。从本质上说,心理卫生专业人员要教育公众,包括灾难后可能出现的应激障碍、如何应对压力以及为公众提供可以获取帮助的资讯(戴安·梅尔斯,2001)。

我国目前已开始开展灾难心理干预工作,并取得了一些成效。研究表明,在灾难发生以后尽快介入心理卫生服务具有重要的意义。从个体角度讲,可以帮助个体缓解劫后幸存的罪恶感,对失去的亲人、事物表达追忆与哀悼,重新建立安全感与信赖感,在此基础上逐步恢复与正常生活的联系,有助于减少创伤后应激障碍的发生。从社会层面上看，有利于尽快稳定社会局面，恢复正常的社会生活秩序，动员全社会的力量重新建设家园。

四、三级预防

目前在心理卫生领域，应注意做好三级预防工作。对公众而言，做好宣传和教育工作，有利于提高人民群众的心理健康水平，作到防微杜渐，有问题早干预、早治疗；而对于已患病的病人，提高治疗和康复水平，有助于减少复发，也是非常重要的工作。

1. 初级预防

初级预防(primary prevention)指提高人的心理素质，消除生物、心理及社会的病因，防患于未然。既要消除危险性因素，改善容易引发精神疾病的不利环境，又要增加保护性因素，建设促进心理健康的良好环境。例如，新近离婚、躯体残疾、独居、受虐等都是诱发精神疾病的高危因素，凡是改善生活环境，使生活更愉快、更有意义的因素都可以促进心理健康(Carson, Butcher, & Mineka, 1996)。

初级预防工作依赖于家庭和社会的共同参与。在家庭方面，不仅要建设舒适的生活环境，提供合理的膳食与营养，更重要的是营造和谐的家庭氛围，加强亲人间的情感交流，促进相互理解与支持，丰富家庭文化生活。在社区方面，开展广泛的宣传教育，逐步建立城市的市、区、街道或农村的县、乡、村等三级防治网络，培训各类心理保健人员，落实各项预防措施。

专业人员可以发挥专业优势，依靠政府和学校、社区或相关机构开展各种教育和预防工作。例如在德国，许多物质依赖研究中心或机构组织开展了针对教师、家长和青少年的预防吸毒的教育项目。此类项目帮助家长学习教育孩子如何拒绝毒品诱惑、如何进行正确消费等，从教育子女提高应付和解决问题的能力入手学会远离毒品。对于青少年学生，专业人员从讲解毒品会使一个人发生什么样的变化、如何拒绝同伴的压力、如何处理自己的情绪问题(而不是从毒品中寻求解脱)等方面，对青少年进行远离毒品的教育(钱铭怡，1997)。

2. 二级预防

二级预防(secondary prevention)的对象是处于危险阶段但尚未形成症状的人，指在家庭和社区中早期发现、及时治疗适应不良行为，避免产生更为严重的问题，防微杜渐。心理障碍和行为问题发现越早，治疗越及时，治疗效果越好。

二级预防首先需要确认高危人群，而后提供干预措施以减少高危因素可能造成的不良影响，加强个体应对高危因素的防御能力(Holmes, 1994)。主要包括两方面的工作：其一，在危机当中或灾难过后，提供及时的、相对简捷的干预以预防不良后果；其二，在平常，通过长期的咨询和教育服务以减少行为问题(Carson, Butcher, & Mineka, 1996)。无论是面对面辅导，还是热线服务，专业人员通常更为主动，目的是帮助求助者澄清问题，制定行动计划，在给予安慰的同时提供需要的信息和支持。

二级预防的工作重点是家庭和学校。以学校为例，学校可以针对濒临偏差行为及适应困难的学生进行咨询，提供危机调适促进早期改善，也就是在问题刚刚出现苗头时及时进行干预。其主要工作目标为介入及改变，具体工作可由相关教师、辅导人员（包括学校辅导教师或咨询人员）采用个别辅导或心理咨询、小团体辅导等方式进行（修慧兰，2005）。

支持性小组（support groups）是二级预防的工作形式之一（Holmes, 1994）。例如应激事件极易引发个体出现心理问题，有同样经历的个体可以组成支持性小组，相互分享体验，一起讨论应对策略，有助于度过危机维护精神健康。因为在支持性小组里有助于彼此获得情感支持，感受到榜样的力量，同时还可以发现自己并不孤独，有利于找回自我。例如戒毒人员组成的小组，可以帮助他们抵制毒品诱惑，克服社会生活、家庭生活中遇到的困难和问题，形成一个支持性群体。

另外，专业人员还可以通过培训项目对于某些特定危险情况进行预防。例如，北京心理危机研究与干预中心开展了与自杀预防相关的工作，该中心准备在医生、教师、警察、热线志愿者、妇联等相关工作人员中开展培训，提高有关人员识别自杀危险的能力，并学习如何处理与自杀相关的情况①。

3. 三级预防

三级预防（tertiary prevention）即是通常所说的精神病人的治疗，是指对于已经出现精神疾病者进行的工作，其目标直接指向出现问题的个人，尽可能地减轻损害促进康复，致力于将疾病的持久性与破坏性降至最低。

目前，全世界对某些重性精神疾病（例如精神分裂症）还没有特效的治疗方法，往往依靠长期服用药物进行治疗，在这种情况下治疗环境的作用就显得尤为重要。研究表明，将精神病院建立为治疗性社区（therapeutic community），有利于精神病人的康复（Carson, Butcher, & Mineka，1996）。在治疗性社区里较少限制病人的自由，鼓励病人对自己的行为、自己的生活承担责任。病人不仅主动参与治疗和康复过程，实行自我管理计划，还参与病房的管理，病人之间的相互交往常常形成鼓励性的动力，促进病人的康复，具有治疗性的效果。

许多心理卫生专业人员指出，精神病院的环境会加重病人的病理状态，因此不应该把精神病人长期限制在精神病院里（王登峰，1999）。在比利时，早在700年前就发明了“家庭融入康复治疗法”，认为病情比较稳定或因家庭和社会原因而发病的病人住在普通人家中更有利于康复②。具体做法是：组成一个由医生、护士、心理学家及社会救助人士参加的安排委员会，专门负责落实病人进入家庭康复的工作。委员会每周举行例会，讨论家庭康复治疗中出现的各种问题。医院和接纳病人的家庭保持紧密联系，医护人员定期到家中巡诊，随时掌握病人康复情况。心理学专家认为，这种家庭康复法的最

---

① 见北京心理危机与自杀干预中心：报告书，2004.

② 中国网. http://www.china.org.cn/chinese/WISI/777265.htm.

大好处是精神病人可以生活在一个正常的环境中，使他们找到家庭归属感，面对正常的人际关系，不仅有益于精神康复，而且有利于他们将来更好地融入社会。

南京市祖堂山精神病院推行"假出院制度"，疗效显著[①]。所谓假出院制度，是指康复期精神病患者在症状得到控制并具备行为自制力的情况下，可由家人接回治疗。一般回家居住 15～30 天，其间主管医生每周用电话监控患者病情。从实施的结果来看，假出院制度有利于患者逐步接触社会，在亲情的关怀下病情好转的概率大大增加。

三级预防的工作重点在医院、康复机构和家庭进行。精神病人及时得到治疗固然重要，但更为重要的是，待急性症状得到控制或缓解后，对病人加强指导、训练和护理，社区精神卫生服务应该发挥重要的作用。社区可以开设精神卫生服务站，社区内的精神病人白天到服务站来，晚上回家住宿。服务站每天安排活动，督促病人合理服药，并进行工作治疗、娱乐治疗、体育治疗等康复措施，同时通过卫生宣教和技能训练提高其心理健康水平及社会适应能力，预防复发。

作为心理卫生专业人员，特别是针对重性精神病人，还可以开展很多促进康复的工作，主要包括以下几个方面：① 督促病人坚持服药，预防复发。② 促进精神病人恢复和发展人际关系。③ 鼓励病人自我管理，加强生活技能训练。

我国自 20 世纪 90 年代以来，采取了一系列积极有效的措施，精神病人的治疗与康复工作初见成效。在政府的统一领导下，卫生、民政、公安、残联等部门密切配合，在覆盖 2 亿人口的 243 个市县，推行"社会化、综合性、开放式"的精神病防治康复工作模式，为 122 万重性精神病患者进行综合防治康复，取得显著的效果，并将进一步在全国推广[②]。在此方面，上海市精神卫生中心张明园教授等开展的工作值得推荐，他所主持的精神病三级防治网模式，曾被世界卫生组织誉为"上海模式"，主要特点是：

(1) 建立和行政体系相适应的三级精神卫生领导体系，即市、区、街道的精神卫生领导小组，其成员包括卫生、民政、公安、财政、劳动社会保障和残联等和精神卫生关系密切的行政机构，负责制订方案、分工协调和组织实施。

(2) 建立三级精神卫生技术指导系统，由市和区的精神卫生机构的防治科及基层保健机构中经培训的精神科兼职医生组成，任务为指导社区精神卫生服务的实施。

第二节　重性精神病人的心理卫生工作

一、精神病人的权利

从第 1 章讲述的变态心理学的历史中，读者已经了解到，在历史上曾有很长一段时间，精神病人没有被当做人来看待，根本无任何权利可言。直到 18 世纪，法国医生比奈

① 中广网. http://www.cnradio.com/jksh/200311190022.html.

② 邓朴方. 在全国第三次精神卫生工作会议开幕式上的讲话，2001 年 10 月 30 日.

尔首先倡导以人道主义对待精神病人，把长期关押在牢房里的病人放出来，使精神病人的境况得到改善。

美国精神卫生运动的开创人之一比尔斯(Clifford W. Beers)在20世纪初因患抑郁症住进精神病院，根据自己三年的亲身经历，他写了一本自传《一颗找回自我的心》(*A Mind That Found Itself*)，真实地描述了精神病院的简陋与肮脏，医生的冷酷无情、护士的粗暴以及信件受检查等非人待遇，呼吁争取病人的合法权利，恢复精神病人的自由(比尔斯，2000)。此后，精神病人的权利逐步得到重视，认识到精神病人的权利同样应该受到保护。

1. 接受治疗的权利

精神病人与所有人享有同等的权利，尤其是尊严和人格被尊重的权利。精神病人与一般病人享有同等的权利，理应得到医务人员高质量的医疗和人道的服务。精神病人的自主知情同意权、隐私保密权等都是不容忽视的。由于精神疾病的发病诱因大多是心理因素，精神病人更需要心理安慰，更需要被尊重和被爱护。

精神病院至少应能提供最低标准的医疗和护理，满足基本治疗需要，包括人道的心理和物理环境、具有足够资格的工作人员，并提供个体化的治疗方案。精神病人有权利选择在最小限制的环境中接受治疗，简单讲就是在强制治疗的同时尽可能少地限制病人的自由(Dltmanns & Emery, 2004)。从理论上讲，最小限制治疗的理念很容易被接受，但问题是如何实施，因为没有人能够明确其界定，而且精神病院通常是无法做到的，社区医疗服务虽然可以提供最小限制治疗，但社区资源常常又无法满足实际需要。

由于精神疾病的特殊性，对精神病人还有强迫治疗的问题。当病情严重到不能表达自己的意愿、对自己的言行缺乏自知力和自制力、无法判断自己的行为可能产生的后果时，有必要采取强制治疗。但这只是对病人权利的暂时性限制，只是在病情需要为避免病人自伤或对他人构成威胁时，才可以采取强迫治疗和行为约束措施(黄钢，2004)。事实上，临床上采取强制入院接受治疗的精神病人占相当大的比例。以精神分裂症住院患者为例，调查显示病人自愿入院者仅占12.7%；而非自愿入院者，即经劝说后才同意入院者占65.1%；坚决不同意入院，经强制方可入院者占22.2%(李功迎等，2004)。

2. 拒绝治疗的权利

如果精神病人认为机构提供的治疗是不适当的，同样有权利拒绝治疗。特别是当治疗违背病人的宗教信仰，或者有同样有效且更容易接受的其他方法时，病人有权利对现有治疗予以拒绝。当然，精神病人拒绝治疗的权利是有限的，特别是以下三种情况，病人没有权力拒绝治疗(Holmes, 1994)：

(1) 当病人被判定为无责任能力时，没有权利拒绝治疗，因为没有责任能力的个体无法判断治疗是否适当。

(2) 如果病人属于强制入院，不可能有权利拒绝治疗，例如有自杀倾向的抑郁症患者、处于妄想状态的病人都没有权利拒绝服药。

(3) 即使是有责任能力、自愿入院治疗的病人，如果其拒绝治疗将导致社区增加医疗费用时，同样没有权利拒绝治疗。

3. 其他权利

尽管由于精神疾病的特殊性对精神病人有许多特殊的限制，但是应该注意保护病人的合法权利，而且应以保护病人的利益为最根本出发点。

在美国，精神病人有权利穿自己的衣服，但必须保证被认定是安全的(Holmes，1994)。例如，有自杀倾向的病人，不允许衣服上有带子等饰物以免被用作轻生的工具；妄想是"超人"的病人，不允许穿披肩、斗篷等，以免病患会因此产生错觉，以为穿上它就可以从高处飞下；试图逃离医院的病人，统一服装更容易识别。在我国，通常要求住院病人统一着病号装。

精神病人是否参加劳动也是一个特殊问题。从积极方面讲，患者参与建设性的工作，不仅有助于提升自我概念，还可以减轻家庭或所属机构的负担；从消极方面讲，如果强制病人劳动或者以谋取利益为目的，是不允许的。但二者之间很难区分，例如精神病人擦洗地板，如果视病人为奴仆是不适当的，但如果看做是帮助病人学习承担责任，培养成就感和自豪感，就具有积极的意义。因此，精神病人是否参加劳动，主要取决于该项工作对病人而言是否具有治疗意义以及是否适当。

【案例 14-1】

2005 年 2 月 22 日，河南驻马店市慈善总会收到一笔 100 万元的个人捐款，并注明赞助艾滋病困难家庭。经电话询问，得知是中国石油大学(华东)信息与控制工程学院的孔亚娴女士所捐。意想不到的是，该校负责人称孔是学院出纳员，患精神病，已被送往医院接受治疗。这笔捐款是她挪用的科研经费，要求追回。

校方追款工作组透露：孔亚娴一共挪用公款 206 万元，捐到北京中华慈善总会的有 100 万元，现已全额返还学校；孔亚娴手中的 6 万元公款，其家人也已还给学校；"捐赠"到驻马店的 100 万元，已经追回 97 万元。至此，被其挪用的 206 万元公款大部分已经被追回。这对孔亚娴的法律责任追究是有关系的，可以适当减轻她的法律责任。

(摘自《大河报》，2005 年 3 月 8 日)

这个案例说明，精神病人虽然有权利管理个人事务，包括结婚、离婚、选举、签署合同等，但通常是有限制的。例如《中华人民共和国婚姻法》第 10 条规定，婚前患有医学上认为不应当结婚的疾病，婚后尚未治愈的为无效婚姻的情形之一。有些精神病，包括精神分裂症、躁狂抑郁型精神病以及其他重性精神病，在发病期间不应当结婚[①]。

---

① 《中华人民共和国婚姻法》释义. http://www.ndcnc.gov.cn/datalib/2003/LawList/DL/DL-174795.

可见，精神疾病不影响个体享有与其他社会成员同等的社会福利、人道保护等权利，不能以精神疾病为借口限制其公民权，但也要注意，当精神病人被判定为无责任能力的个体时，他们的权利必然受到限制。《中华人民共和国民法通则》①第13条规定，不能辨认自己行为的精神病人是无民事行为能力人，由他的法定代理人代理民事活动。不能完全辨认自己行为的精神病人是限制民事行为能力人，可以进行与他的精神健康状况相适应的民事活动；其他民事活动由他的法定代理人代理，或者征得他的法定代理人同意。

二、精神病人对公共安全的影响

【案例 14-2】

2004年8月，北京市某单位幼儿园发生惨案。犯罪嫌疑人徐某持刀行凶，导致1名儿童死亡、2人重伤、15人受伤，其中受害儿童年龄最小的仅2岁，最大的不过6岁半。据报道，犯罪嫌疑人是该幼儿园的门卫，有精神病史，曾在1999年5月至9月期间因患精神分裂症偏执型在北京安定医院住院治疗。两年前，经在本单位上班的妻子介绍，到幼儿园传达室做临时工。

犯罪嫌疑人徐某的残暴举动，再次引发公众对精神病人危害公共安全的关注。徐某的精神病史与暴力行为之间的联系、精神病人群体、精神病人的刑事责任等问题成为备受关注的热门话题。

（摘自《人民日报》，2004年8月6日）

异常心理者，特别是肇事、肇祸精神病人对公共安全构成的威胁，日益引起公众的广泛关注。人们在痛心于伤者、死者无辜的同时，难免对自己的生存环境感到担忧。事实证明，得不到有效医治和监护的精神病人流散于社会，危害人民群众的身心健康，影响社会安定，增加社会负担。

通过以上案例，可以看到以下几方面：

首先，精神疾病患者的治疗和康复单靠锁链与亲情是远远不够的，许多家庭由于经济困难的原因不得不把精神病人关在家里，但毕竟不是长久之计，最终的结果必然是任其流散社会，对公共安全构成威胁。

其次，我国精神疾病收治机构过少，精神科医师、心理治疗师等专业人员严重短缺，大量精神病人无法得到及时有效的治疗和康复，不可避免地造成病情加重，更容易发生恶性事件。

第三，政府的职能不仅在于精神病人妨碍社会治安的事后处置，更重要的是要统合社会资源，加强协调和管理，防患于未然。社会上普遍存在对精神病人的偏见和

---

① 《中华人民共和国民法通则》，1986年4月12日第六届全国人民代表大会第四次会议通过，自1987年1月1日起施行，http://www.elaws.nease.net/elaws-flfg/flfg/10-001.htm.

歧视、对精神病人正常的行为反应也容易误解为病态，容易激惹精神病人引发暴力行为。

调查研究表明，精神病人出现肇事、肇祸行为，在很大程度上与未定期门诊随访、未按医嘱服药以及监护人照顾不力有关（陈圣祺，2001）。这就是说，精神病人的肇事、肇祸行为除了与精神症状有关外，与社区管理最为相关（饶顺曾等，2002）。因此，政府部门应该在提高精神病人生活质量方面进行政策倾斜。如果由于社会对精神病人的歧视而使他们因病失业或无法就业，他们将遭受心理上和经济上的双重打击，不仅可能对精神疾病的复发及康复造成消极影响，而且直接影响精神病人就医及生活质量，更容易造成对公共安全的威胁。

需要澄清的是，有些精神病人确实存在潜在的危险性，但并不是所有的精神病人都会影响公共安全。Dltmanns 和 Emery（2004）指出，精神病人的危险性远远低于公众的知觉，大约 90％的精神病人都没有暴力行为的历史。只有双向情感障碍、严重抑郁、精神分裂症等重性精神病人，特别是处于精神分裂症或躁狂症活跃期、妄想状态的患者可能构成威胁，而且因精神病人的危险行为而受害的常常不是街头的陌生人，而是其家人或朋友。

精神病人，尤其是重性精神病人，在医学范畴属于残疾人，不应该受到社会的歧视。精神病人是值得社会同情和公众关注的弱势群体，其医疗、就业等合法权益同样应该得到保障，这不仅是社会公平的具体体现，同时也是公共安全免遭其害的根本保障。

三、精神病人的监管体系

【案例 14-3】

2003 年 2 月，在重庆江津市，丈夫竟然用铁链将患精神病的妻子囚禁在地窖里。在长达一年的时间里，这个女人腰间拴着沉重的铁链，全身赤裸地在草堆里爬行，吃喝拉撒都在这个地窖里，如同一头被囚禁的动物。

令人吃惊的是，辖区的街道和相关部门都知情，但为了社会治安竟无人过问，有人甚至认为这就是对精神病人采取的强制措施。作为妻子监护人的丈夫，有没有权利将患病的妻子锁住囚禁呢？这样的囚禁是不是在实施家庭暴力？对类似的精神病人，其家属以及社会该怎样合法对待呢？

（摘自《民主与法制时报》，2003 年 4 月 3 日）

无论精神病人的精神状态如何，都应当加强对其监护，不仅因为精神病复发的潜在危险性，更因为瞬间的刺激也可能导致少数精神病人突然之间出现过激行为，对社会构成威胁。重性精神病人始终潜伏着不稳定的因素，对他们的监护不容忽视，稍有疏忽就可能酿成严重后果，不仅致使精神病人自身的社会地位再次降低，还可能危及周围人的安危，干扰正常的社会生活秩序。

《中华人民共和国刑法》[1]第 18 条规定，精神病人在不能辨认或者不能控制自己行为的时候造成危害结果，经法定程序鉴定确认的，不负刑事责任，但是应当责令家属或监护人对其严加看管和医疗；在必要时候，由政府强制医疗。但是，如何责令、强制医疗的程序和费用已构成执行过程中严重的问题。根据有关法律和规定，精神病人的监护人必须尽到监护职责。如果该监护人认为自己没有监护能力，可以向有关方面提出援助申请，否则精神病人出事，监护人要承担相应的法律责任。但是由于目前相关法律不健全，事实上形成了许多精神病人处于放任自流的状态[2]。

然而，简单地把精神病人关在家中，就是对精神病人的有效监护吗？精神病人被监护人监禁、虐待的事件时有发生，诸如丈夫锁妻子、老母关儿子、儿子囚老父等，时间短的有几个月，时间长的可达 20 年，其中衣不蔽体、食不果腹者并不罕见。在周围人看来，这些精神病人经常外出滋事，毁物伤人，其家属实在是不得已而为之。尽管如此，作为具有刑事责任能力的精神病人家属，对精神病人采取强制措施进行监护和约束，虽然具有相对的合理性，却是严重违背人道、伦理和法律的。

另一方面，对精神病人的监护早已令家属不堪重负。有研究表明，近半数的精神分裂症亲属存在明显的心理问题，主要表现为紧张、抑郁和焦虑，SCL-90 评分显著高于国内常模（陈德昌、陈蕾，2004）。精神病人往往被视为“疯子”，受到取笑、歧视，与其说在嘲笑病人，不如说真正受到伤害的是病人家属，而且他们总在担心病人是否又惹出祸端，还会因为病人肇事而受到周围人的刁难和指责。无论经济的付出还是精力的透支，都使病人家属感到精疲力竭。

四、精神病人的危险性评估

无论从精神疾病临床治疗和护理的角度，还是从保证社会公共安全出发，精神卫生专业人员都必须对精神病人评估危险性。只有准确预测精神病人对自己或他人的潜在危险性，才能决定其是否需要强制入院接受治疗或强制留院继续治疗，才能决定对病人限制的程度和看护的等级，才能决定是否有责任联络相关部门作好预防工作。

对于有肇事、肇祸可能的精神病人而言，如果能够对其危险性进行预测和评估，有助于预防或减少危害的发生。毋庸置疑，预测危险性是精神卫生专业人员的职责，但预测的准确性并不令人满意（Nevid, Rathus, & Greene, 2000）。统计资料表明，专业人员对某人将出现暴力行为的临床预测中大约有三分之二可能是错误的（Dltmanns &

① 《中华人民共和国刑法》，1979 年 7 月 1 日第五届全国人民代表大会第二次会议通过，1997 年 3 月 14 日第八届全国人民代表大会第五次会议修订，自 1997 年 10 月 1 日起施行，http://www.elaws.nease.net/elaws-flfg/flfg/06-001.htm.

② 《中国青年报》，2004 年 8 月 7 日，http://zqb.cyol.com/gb/zqb/2004-08/07/content_924132.htm.

Emery，2004）。

总体来讲，精神卫生专业人员倾向于过度预测危险性，即对可能没有危险性的个体也预测其存在危险性（Dltmanns & Emery，2004）。专业人员之所以倾向于过度谨慎，是因为他们认为，如果没有预测可能有危险而实际上发生了暴力行为，后果可能更为严重。事实上，只要是预测错误都会带来消极影响。一方面，如果错报了本来没有危险的病患，必然因采取防范措施导致不公正地限制其合法权利；另一方面，如果漏报了本来有危险的病患，可能导致其自身或其他无辜者处于危险境地。因此，作为美国首要的专业组织，美国心理学会（1978）和美国精神病学会（1974）规定，无论心理学家还是精神病学家，都不能作为可靠预测暴力行为的重要权威（Nevid，Rathus，& Greene，2000）。

1. 预测危险性的依据

事实上，精神卫生专业人员并不具备预测个体潜在危险性的特殊知识与技能。研究表明，心理学家和精神病学家仅仅依靠访谈信息作出的临床判断远不如以该个体过去的暴力行为为依据作出的预测准确（Mossman，1994；Gardner，et al，1996）。也就是说，如果非专业人员了解个体过去暴力行为的历史，可能更准确地预测个体潜在的危险性（Mossman，1994）。

因此，专业人员必须综合考虑多种因素，包括个体的性别、年龄、种族、婚姻状况、工作经历等背景资料和青少年时期的拘捕记录、过去暴力行为的历史、精神病院住院史以及酒精或药物滥用情况等都是重要的相关因素（Shaffer，et al，1994）。需要指出的是，个体过去有精神疾病并不代表一定是危险的，目前的精神症状更能准确预测其潜在的暴力行为（Dltmanns & Emery，2004）。

2. 评估危险性的难题

导致无法准确评估个体危险性的因素有很多，主要包括以下六方面（Nevid，Rathus & Greene，2000）：

（1）事前预测的问题。与在事情发生以后证明是暴力行为相比，在事实之前预测是否将出现暴力行为是极其困难的。

（2）从一般推及特殊的问题。可能很多人有暴力倾向，但未必表现出暴力行为。根据对个体暴力倾向的总体知觉，很难具体预测是否发生特定的暴力行为。

（3）界定危险性的问题。判断个体是否具有危险性，首先要明确什么行为属于暴力或危险行为。谋杀、强奸或以致命武器攻击是暴力行为，但鲁莽驾驶、毁坏资产、偷盗汽车等是否归为暴力行为，即使在专家中也缺乏一致性意见。

（4）概率的问题。尽管暴力行为触目惊心，但在个体水平是罕见事件，存在概率问题。以自杀行为为例，假定在临床人群中自杀率是1%，很难准确预测此人群中某个人自杀的概率。

（5）不可能直接泄露威胁。在心理治疗中，尽管来访者会透露内心想法，但很少清晰地表明自己可能构成的危险。来访者发出的所谓危险信号常常是模糊的,治疗者只能从来访者敌对的态度和掩饰的信息中推测。

(6) 从医院行为预测社区行为。个体发生暴力行为常常与当时所处的情境有关。适应精神病院环境的人,不一定能够独立应对社区生活。单纯依靠个体在住院期间的行为,很难推测其进入社区后的潜在危险性。

3. 潜在危险性的评估方法

任何行为都是个体人格倾向性与所处的情境因素共同作用的结果,危险行为同样如此。精神卫生专业人员无法预测个体将会遇到什么样的情境,因此对危险性的评估主要集中在个体的人格方面。

关于个体人格方面的信息,通常可以通过两种途径获得,即施测人格测验和了解既往经历。人们通常认为,具有敌对性、攻击性和冲动性等特点的人更容易表现出暴力行为,通过人格测验可以揭示个体是否具有这些人格特质。了解个体既往的经历,例如该个体过去是否出现过攻击行为、是否有因为暴力行为而被拘禁的记录、是否曾经用语言表达过攻击等,都是预测个体潜在危险性的有效指标。

五、精神病学拘禁

对于病情严重、肇事肇祸的精神病人来说,在对自己或他人构成即刻威胁的紧急情况下,可以由相关人员采取必要的强制措施对病人实行拘禁强制治疗,以确保自身及他人安全。这种违背个人意愿将其合法安置在精神病治疗机构,称为精神病学拘禁(psychiatric commitment)或民事拘禁(civil commitment)(Nevid, Rathus & Greene, 2000),也就是我们通常所说的强制入院,但强制性更强。

精神病学拘禁区别于法律或刑事拘禁,如果罪犯因为精神失常而宣判无罪被安置在精神病治疗机构接受治疗,属于法律或刑事拘禁。精神病学拘禁区别于精神病人自愿入院,如果个体自愿到精神病院寻求医疗,经预先通知后同样可以自愿出院。当然,如果临床人员认为要求出院的病人可能对自己或他人构成危险,可以向法庭提出申请改为强制治疗。

1. 精神病学拘禁的标准

在国外,实施精神病学拘禁的标准越来越严格(Nevid, Rathus & Greene, 2000)。法律规定,只有那些确实患有精神疾病、而且对自己或他人构成清晰的、即刻的威胁时,才可以对其实行精神病学拘禁,对行为古怪或者不符合社会常规的个体,不能将其送往精神病院。

在美国,实施精神病学拘禁的条件是:① 对自己或他人构成危险;② 基本生活无法自理;③ 不能对入院作出负责任的决定;④ 和(或)需要医院的医疗和护理(Carson, Butcher & Mineka,1996)。

在我国,1987 年召开的全国公安机关第一次精神病管治工作会议决定,由公安机关会同卫生、民政等部门对危害社会治安的精神病人加强管理，明确规定由公安机关管理的精神病管治院收治的对象是：① 有杀人、放火、强奸、爆炸行为的；② 严重扰乱党政军机关办公秩序和企事业单位生产、工作秩序的；③ 严重扰乱公共秩序、交通秩序，危害公共安全的；④ 当众出丑，有伤风化的；⑤ 影响社会安定，造成严重后果的。同时会议还规定，收治上述精神病人都应该经过精神病司法医学鉴定[①]。

2. 精神病学拘禁的程序

精神病学拘禁的程序(Commitment Process)因紧急状况和正常情形而有所不同(Dltmanns & Emery, 2004)。

在美国，紧急情况指精神疾病非常严重、对自己或他人构成严重威胁时，可立即将躁动的精神病人暂时禁闭在精神病院强制治疗。但这种强制性监禁有时间限制，通常不超过72小时。相关人员必须向法庭提交申请登记备案，否则被拘禁的个体有权利在72小时后要求出院。在美国不同地区有资格决定病人是否需要紧急拘禁的人员不同，有的州可能由医生决定，或者必须由精神卫生专业人员决定，还有的可能由警察决定。正常情形只能由法庭发布拘禁命令，必须保证合法的诉讼程序。通常包括以下步骤：① 相关人员例如病人的亲属、医生或专业人员向拘禁意见听证会提交申请。② 由法官指定两名检查人员及时对病人进行评估，以确定是否需要拘禁。③ 法庭必须在14天之内举行意见听证会，以决定病人是否需要强行入院治疗；若有其他特殊原因，可延长至30天之内。如果法庭裁定病人需要住院治疗，收治医院必须在60天之内向法庭提交报告，陈述病人是否需要继续留院治疗，否则病人有权利要求出院。对于需要继续住院的病人，要求继续对病人的精神状况进行阶段性评估，并出具诊断证明，以确保精神病人不会被无限期地收容在精神病治疗机构。

在我国，精神病人的家属可以强制病人入院治疗。对于肇事、肇祸精神病人，通常由公安机关处理，辖区派出所的处理办法是：未成年者交给其父母监护；成年者，则由家人看管；找不到监护人或家人的，移交民政部门收容[②]。

第三节　心理卫生工作中的伦理与法律问题

一、心理卫生工作中保密与警告的责任

在心理咨询与心理治疗过程中，来访者可能说出内心的秘密，这涉及来访者个人隐私权的问题。心理治疗专业有伦理准则，规定专业人员在临床实践中应尊重来访者的隐私权，必须严格遵守保密原则(钱铭怡，2002)。但是专业人员面临的困境是，当从来

① 《全国公安机关第一次精神病管治工作会议纪要》，1988年1月29日.

② 《民主与法制时报》，2003年4月3日，http://www.jfdaily.com.cn/gb/node2/node17/node18/node10144/node10154/userobject1ai134198.html.

访者提供的信息中得知可能对他人或社会构成威胁时，是否有责任泄露来访者的信息呢？

我国目前尚没有专门的隐私权保护立法，只是在《中华人民共和国宪法》中规定保护公民个人隐私权。最高人民法院《关于贯彻执行民法通则若干问题意见(试行)》第一百零四条司法解释规定，以书面、口头等形式宣传他人的隐私，或者捏造事实，公然丑化他人人格以及侮辱、诽谤等形式损害他人名誉，造成一定影响的，应当认定为侵害公民名誉权的行为。可见，在实践中侵犯隐私权的行为是作为侵犯公民名誉权的行为来处理的(马惠兰，2003)。

保护个人隐私权是各国法律发展的共同趋势，但保护隐私权是有限制的(马惠兰，2003)。这些限制包括：① 法律予以保护隐私范围的限制，前提是个人隐私不侵犯他人，对社会没有实质性影响。② 是侵害隐私权方式的限制，如果为当事人的利益了解当事人的隐私、为社会公共利益公开他人隐私、发现来访者有明显自杀意图或为免于他人受到伤害而作的预防工作，不构成对个人隐私权的侵犯。

在实践中当来访者的隐私权与他人及社会的安全利益发生冲突时，心理卫生专业人员需要在两者之间进行权衡。通常认为，生命是人生最重要的权利，只要是为了保证来访者本人或他人的生命安全，专业人员有责任泄露相关信息，发出警告(戴庆康，2004)。当然，如果病人已经被强制入院治疗，在这种情况下没有必要再泄露相关的信息。

专业人员应该注意下列两点：

(1) 遵守为来访者保密的职业道德。保密原则是对专业人员的基本要求，是治疗师与来访者之间建立互相信任的治疗关系的必要条件，是鼓励来访者畅所欲言的基本保障，同时也是对来访者人格及隐私权的尊重。

(2) 知法懂法依法行事，得知来访者有违法犯罪的问题时，应及时向司法机关反映情况，这是公民应尽的法律义务。不向司法机关反映情况一般也不会负知情不举的法律责任，但如果出主意帮助他人逃脱法律制裁就有可能触犯法律(马惠兰，2003)。

可见，来访者个人的隐私权是受法律保护的，但这种权利并不是绝对的。既然不可能做到绝对保密，专业人员有义务提前说明有可能泄露隐私的情形，这是心理治疗开始阶段解释工作必不可少的内容之一。

也有专家指出，事实上真正实施危险行为的来访者并不多见。治疗师如果因为很少发生的个别情况违背保密原则，反而可能失去来访者的信任，有可能增加更多的危险，例如：来访者不再信任治疗师，不愿意倾诉内心的秘密，这样治疗师就很难帮助他们；有潜在暴力倾向的个体因为担心被治疗师揭发，不敢接受心理治疗；而治疗师为避免卷入法律纠纷，也可能回避讨论有关来访者暴力倾向的问题(Nevid, Rathus & Greene, 2000)。

专栏 14-1

著名的 Tarasoff 案件

在1969 年,美国加利福尼亚大学的研究生 Prosenja Poddar 向 Tatiana Tarasoff 表达爱意被断然拒绝,感到抑郁而接受心理治疗。在治疗过程中,Poddar 向心理治疗师透露了他有在 Tarasoff 度完暑假回家后杀害她的想法。心理治疗师考虑到 Poddar 的潜在危险性,通知校园警察,建议他们带 Poddar 到精神卫生机构接受治疗。但校园警察与 Poddar 访谈以后,认为他是理性的,在他承诺远离 Tarasoff 之后就释放了他。于是,Poddar 终止了心理治疗。

不久,Tarasoff 被 Poddar 杀害。但由于 Poddar 被确认心智能力下降、患有偏执性精神分裂症,被从轻判罚为过失杀人罪,而不是谋杀罪。

Tarasoff 的父母对学校提出控告,认为在事件发生之前病人曾经向心理治疗师透露过要杀害死者的犯罪企图,但是心理治疗师没有采取合理的措施告知死者或其亲属,以避免危险的发生。

美国最高法院裁定,当心理治疗师有理由认为来访者对他人构成威胁时,有责任向可能的受害方提出警告(Nevid, Rathus & Greene, 2000)。此例是美国向可能遭受威胁的人员告知危险性的最著名的案例。

二、精神病人的司法鉴定

【案例 14-4】

2002 年 6 月,一些媒体相继报道了黑龙江省农妇黄淑荣被有关机构强行送进精神病院的消息。一个被 20 多位精神病专家会诊鉴定为“连轻微精神病都不是”的农妇,仅仅因为上访反映当地干部的问题,惹恼了地方政府官员,就被地方信访部门莫名其妙地鉴定为精神病人,并多次强制送进精神病院。

事实上,这不是第一个虚假或者违法的精神病鉴定事件。仅就精神病鉴定本身来说,谁有权提出精神病鉴定的要求,哪些机构的精神病鉴定才具有法律效力,谁又有权利将精神病人强行送进精神病院?这不仅是事关个人声誉,更是严肃的社会问题。

(摘自《中国青年报》,2002 年 6 月 17 日)

《中华人民共和国民事诉讼法》[①]规定,申请认定公民无民事行为能力或者限制民事行为能力,由其近亲属或者其他利害关系人向该公民住所地基层人民法院提出。从此条规定可以看出,除了其近亲属和其他利害关系人以外,他人无权主张某人有精神

① 《中华人民共和国民事诉讼法》,1991 年 4 月 9 日第七届全国人民代表大会第四次会议通过,http://www.elaws.nease.net/elaws-flfg/flfg/12-001.htm.

病。当然,司法、侦察机关在行政处罚和刑事诉讼过程中,有权依法指定或者委托专门机构对涉嫌犯罪的人员进行精神病鉴定。但是,如果只是为了限制某人的自由,就假借其患有精神病的借口强行送入精神病院,显然是毫无道理的。

《中华人民共和国刑法》[①]第十八条规定,精神病人在不能辨认或者不能控制自己行为的时候造成危害结果,经法定程序鉴定确认的,不负刑事责任;间歇性的精神病人在精神正常的时候犯罪,应当负刑事责任;尚未完全丧失辨认或者控制自己行为能力的精神病人犯罪的,应当负刑事责任,但是可以从轻或者减轻处罚。由此看来,认定一个人是否患有精神病,是涉及民事和刑事的重大问题。那么,谁有权力进行司法鉴定呢?

《中华人民共和国刑事诉讼法》[②]第一百二十条规定,对精神病的医学鉴定,由省级人民政府指定的医院进行。2005 年 2 月 28 日"全国人大常委会关于司法鉴定管理问题的决定"明确规定,要求鉴定人员经过资格认定,必须具有极其过硬的精神病专业水平、心理学和法学知识。可见,对精神疾病的司法鉴定有严格的专业规定。

三、精神病人出庭受审的能力

在法律上有一条基本原则,被指控为犯罪者必须有能力理解对他的指控以及司法程序、能够参与自己的辩护,才具有出庭受审的能力(competency to stand trial)。这里所说的能力,指被告理解不利于自己的法律程序的能力以及为自己辩护的能力、更重视个体的行为能力,而不是精神疾病的诊断标准。这一法律界定具有以下几个特点(Dltmanns & Emery, 2004):

(1) 这里界定的能力指被告目前的精神状态,而以精神失常为由辩护是指被告在实施犯罪行为当时的精神状态。

(2) 这里界定的无责任能力,区别于临床上对精神疾病的诊断,精神失常的个体从法律的角度可能仍然是有责任能力的。

(3) 这里所说的责任能力强调被告理解刑事程序的能力,不是参与其中的意愿,例如被告拒绝与法庭指定的律师协商辩护,并不代表被告没有能力。

(4) 这里要求被告必须具有的责任能力水平是相当低的,只有严重的精神障碍才可能被判定为无责任能力。

提出是否有责任能力出庭受审的概念,主要是为了保护精神失常的病人避免受到不公正的审讯。如果个体因为精神疾病无能力出庭受审(例如思维紊乱的精神分裂症

---

① 《中华人民共和国刑法》,1979 年 7 月 1 日第五届全国人民代表大会第二次会议通过,1997 年 3 月 14 日第八届全国人民代表大会第五次会议修订,自 1997 年 10 月 1 日起施行,http://www.elaws.nease.net/elaws-flfg/flfg/06-001.htm.

② 《中华人民共和国刑事诉讼法》,1979 年 7 月 1 日第五届全国人民代表大会第二次会议通过,根据 1996 年 3 月 17 日第八届全国人民代表大会第四次会议《关于修改〈中华人民共和国刑事诉讼法〉的决定》修正,http://www.elaws.nease.net/elaws-flfg/flfg/07-001.htm.

患者，他们的审讯将被延期)，这类病人被监禁在精神病院接受治疗，目的是帮助其恢复受审能力，或者是被认定为不可能恢复受审能力。

需要说明的是，被告虽然具有责任能力并能够出庭受审，仍然可能因为患有精神障碍而被宣判为无罪；反过来，被告可能在一段时间内无责任能力出庭受审，恢复责任能力后出庭受审仍然可能被宣判为有罪。例如有妄想的患者，他们有能力理解诉讼程序，能够与辩护律师协商，但可能因为患有精神疾病而被宣判无罪。

在英国，如果被告因为精神疾病不适于接受审判，通常狱医会按照相关法规启动转院程序，将被告转到地方医院接受治疗，当被告的精神状态恢复到可以接受审判时，法庭再继续审判(胡纪念，2005)。

四、精神失常辩护

通常情况下，个体可以控制自己的行为，因此必须为自己的行为负责，如果做了违法的事情就应该受到惩罚。但是，如果个体由于某些原因不能控制自己的行为，却坚持让他们为自己的行为负责，或为此接受惩罚，就是不适当的。于是，出现了精神失常辩护(the insanity defense)的概念。对精神病人减轻刑事责任的观点，可以追溯到古希腊和犹太人的传统。在英国早期的法律里非常明确，1843 年精神失常辩护被收入法典(Dltmanns & Emery, 2004)。精神失常辩护的基础信念是：如果犯罪行为源于错乱的精神状态，而不是受个体自由意志支配的，此时不应让精神病人为其行为负责，也不应让精神病人为其行为受到惩罚(Holmes, 1994)。精神失常辩护通常是在被告被起诉有罪后才提出医学证据，意图获得法庭的从轻处罚。

在美国，1984 年通过了精神失常辩护改革条例。美国《法典》第 18 条对精神失常辩护的界定是：作为严重精神疾病或缺陷的后果，被告在实施犯罪行为时不能正确评价自己行为的性质或非法性(Dltmanns & Emery, 2004)。美国精神病学会(APA，1983)规定，精神疾病或缺陷被限制在那些严重的异常精神状态，即严重地、明显地损害了个体对现实的知觉和理解，排除因为酒精或其他精神药物滥用的情况。

在英国，精神失常辩护主要包括由于罹患严重精神疾病不负刑事责任因而无罪以及由于罹患严重精神疾病负限制性责任等情况。《英国精神卫生法案(1983)》还规定，为了使因精神病而无罪辩护成立，必须有两名以上的精神科医生出具证明，而且至少一位必须具有精神卫生法案所要求的资质(见胡纪念，2005)。

在法庭上采用精神失常辩护的标准极为严格。在美国，所有刑事案件中提出精神失常辩护的案件只占 1%，其中仅有 25% 的被告被确认是精神失常而被宣判为无罪(Dltmanns & Emery, 2004)。在英国，精神失常辩护实际上几乎是不存在的，每年只用于极少数的案例(Dltmanns & Emery, 2004)。从目前的发展趋势来看，在美国倾向于即使确认被告患有精神疾病，也像其他罪犯一样被判刑，但法庭会同时裁定给予精神疾病治疗(Dltmanns & Emery, 2004)。

在我国，认定精神障碍者为无责任能力者可进行精神失常辩护，但必须同时具备以下两条标准(赵秉志，1989)。这两条标准是我国现阶段在司法实践中判定精神障碍患者刑事责任的基本依据。

(1) 医学标准。实施危害行为者是精神病人，确切地讲，是从医学上看行为人是基于精神病理的作用而实施特定危害社会行为的精神病人。

(2) 心理学标准。从心理学、法学的角度看，患有精神病的行为人，其危害行为不仅是由精神病理机制直接引起的，而且因为精神病理作用使其行为时丧失了辨认或控制自己触犯刑法之行为的能力。

关于精神失常与判刑轻重，罪犯是否患有精神障碍是法官在宣判以前考虑的减轻惩罚的因素之一，特别是在可能宣判死刑的案件中必须要考虑的。但如果是性犯罪，患有精神障碍往往成为延长拘禁期限加重惩罚的因素之一(Dltmanns & Emery, 2004)。

关于精神失常与服刑，在英国法庭将犯罪视为对社会的侵害，无论正常人还是精神病人实施犯罪行为，都不影响其犯罪行为的性质，只会影响对行为人的处理方式①。如果是精神病人杀了人，同样判决犯有谋杀罪，但由于被告是精神病人，所以不将其送入监狱，而是改送到专门为精神病犯人修建的医院医治和疗养，直到医疗小组确认其不致再危害社会后，才可以将其释放。在我国，如果经司法鉴定罪犯确属精神病人，因为不负刑事责任，通常由监护人领走，责令其家属或者监护人严加看管和医疗，在必要的时候由政府强制医疗。

第四节　我国心理卫生工作面临的挑战

我国正处于社会变革时期，竞争压力骤增，生活节奏加快，给人们生活的方方面面带来显著的影响。提高公众对心理卫生的认识，改善精神卫生医疗服务的现状，加强应对灾难与危机心理干预的能力，成为我国心理卫生工作面临的重要问题。

一、心理卫生工作面临的挑战

我国的心理卫生事业面临日益严峻的挑战，主要包括以下七个方面(费立鹏，2004)：① 许多个人无法获得心理卫生服务；② 对精神疾病缺乏认识以及对精神病人的歧视使许多病人无法得到治疗；③ 社会文化导致对新型心理卫生服务的需求；④ 现有服务不能应对日趋严重的酒精和物质滥用问题；⑤ 心理卫生工作人员的数量和质量都不足以满足社会需要；⑥ 保护和监督精神病人的法律框架尚未健全；⑦医疗服务机构的组织与协作无法适应目前工作需要。

① 《检察日报》，2003 年 10 月 29 日，http://www.jcrb.com/zyw/n44/ca147806.htm.

1. 有关重性精神病人的治疗和监管

我国有重性精神病人1600多万人。公开的统计资料表明，全国只有20%的精神病人能够得到有效治疗，其他80%的精神病人都无法得到有效治疗①。主要有三方面的原因：

(1) 全社会对精神疾病的认识不够。仅以常见的抑郁症为例，不仅患者自己不能识别，家属也认为是意志品质问题，我国综合医院的医生对抑郁症的识别率远远低于发达国家。多数重性精神疾病患者病后丧失自知力，拒绝治疗。这都给精神病人就医带来很大困难。

(2) 全社会对精神病人的偏见和歧视。许多精神病人及其家属对进精神病院治疗心存偏见，讳疾忌医的现象严重。与躯体疾病不同，如果因精神疾病住院治疗容易受到周围人的嘲笑，在偏远地区甚至连病人家属都会受到歧视。这是一个世界性的社会问题，在发展中国家尤为严重。

(3) 精神卫生资源分配不合理。目前精神疾病的治疗多集中在专科医院，社区服务机构非常少。按照国际精神卫生服务的趋势，精神病人在综合医院和社区接受治疗是大势所趋，但我国尚未建立有效的社区防治体系，仅靠现有的专科医院收治患者。而实际上，由于上述前两方面的原因，许多基层精神病院的床位空置率很高，运营和生存都存在问题。

由于大多数精神疾病至今病因和发病机理不明，缺乏有针对性的防治措施，再加上难以得到持续治疗，一旦患病，治愈率低，病残率高。部分患者还可能因病出现难以预料的自杀、自伤或伤人毁物等行为，因此不仅对患者本人及其家庭造成沉重负担，而且对社会也具有潜在的危害性，甚至可能造成巨大的经济损失及政治影响。

自建国初期起，我国对精神病人的治疗和监管就逐渐形成了由卫生、民政、公安共同参与和管理的格局，但由于职责分工、经费保障等问题，不少地区还难以形成有效的领导体制和管理协调机制，各级精神卫生机构的功能定位不够明确，预防和康复功能相对薄弱，社区服务、肇事肇祸患者的管控工作更是缺乏。

2. 有关危机干预网络的建立

在国外一些发达国家中，目前已建立组织网络，发生灾难事件时可立即组织心理卫生专业人员前往出事地点，进行心理救援或在事发当地开展心理干预工作（钱铭怡，2005）。

在美国，灾难心理卫生服务是国家灾难医疗系统（National Disaster Medical System）的服务项目之一，而国家灾难医疗系统是政府灾难应急系统的一个组成部分。一旦灾难发生，联邦紧急措施署视紧急程度启动救援工作，其中国家灾难医疗系统的主要职能是医疗服务紧急响应、伤病员分类、护送及收容治疗，在各环节中均有心理卫生

① 《中国青年报》，2004年8月7日，http://zqb.cyol.com/gb/zqb/2004-08/07/content_924132.htm.

专业人员参与(Young, et al,1998)。根据人们心理危机反应的不同阶段以及不同的干预对象,心理卫生服务的重点和内容各有侧重,主要包括心理评估、信息提供、问题解决、心理教育、心理干预以及针对死亡通知、追悼仪式、纪念日等特殊事件的干预等其他拓展服务。

在英国,针对灾难及突发事件国家的应急反应计划分为两个启动水平(Gwen, et al,1995)。当灾难发生时,首先启动郡一级的地方政府,由郡政府应急计划办公室负责统筹管理,地方政府的社会服务部参与灾难心理-社会反应的计划与管理;进一步国家水平的反应则由内阁负责。地方政府组织由精神病学家、心理学家、经过严格培训的护士、社会工作者及志愿者组成的灾难心理-社会反应小组,为灾难受害者和家属提供个体或小组辅导,确保幸存者及其家庭能够得到最恰当的帮助。

在我国大陆,对于灾难与危机的心理干预已经开展,如北京大学精神卫生研究所的专业人员对新疆克拉玛依大火、张北地震、大连空难所做的心理干预,但总体来讲工作不系统,比较零散(钱铭怡,2005)。

与国外发达国家相比,我国目前的危机干预水平差距还比较大,具体表现在以下三方面(张黎黎、钱铭怡,2004):

(1) 人力资源匮乏。国内精神病学、临床心理学及社会工作专业人员本身就难以满足社会需求,接受过危机干预培训、能够从事灾难及危机心理卫生服务的专业人员更少,而且相对集中在北京、上海、武汉等大城市。

(2) 没有专门的组织系统。虽然近年来对重大灾难与危机已经开展心理干预工作,但仍然存在各自作战、缺乏宏观上的组织等现象。

(3) 缺少相关研究。目前国内对于灾难与危机心理干预的研究数量很少,而且大部分集中在对灾难后心理影响的调查研究。关于心理干预的研究,仅有针对军事飞行员心理创伤后应激反应的干预研究。

因此,我国亟须学习和借鉴国外相关经验,尽快开展系统性的灾难与危机心理以及干预的研究,组织相关培训,形成专业队伍,建立灾难与危机心理干预的组织网络,这对于保护和促进人民群众的心理健康、保障全社会的安定团结具有重大的意义。

从上述问题可以看出,在心理卫生问题日益突出的形势下,如何提供适合社会需要的心理卫生服务是一项系统工程,既面临向公众进行心理卫生知识宣传教育的问题,又有加强医疗机构建设、大力培养心理卫生专业人员及加速相关立法工作的问题。

二、精神卫生立法的迫切性

自 1938 年法国颁布第一部《精神卫生法》以来,已经有 100 多个国家和地区制定了自己的精神卫生法。我国的台湾和香港地区于 20 世纪 90 年代初也相继修订和颁布了精神卫生法。世界卫生组织的精神卫生处于 1995 年提出了《精神卫生保健法:十项基本原则》,作为各国政府制订和修改精神卫生法的参考。

1. 美国的精神卫生立法

早在20世纪40年代中期，美国的心理卫生运动与宣传相配合，促进了心理卫生事业的发展。美国于1946年公布了《国民精神卫生法》，1949年建立了国立精神卫生研究所。1963年2月，美国总统肯尼迪就精神病患者的医疗及社区防治问题提出了咨文及精神卫生法案，议会审议并通过了《社区精神卫生法》，在各地迅速建立了精神卫生中心。到1978年，美国已经建立了600个精神卫生中心，使住院人数锐减到20万以下。目前，美国每年用于精神卫生工作的费用达170亿美元（郭莲舫、张明园，2002）。

2. 日本的精神卫生立法

日本的心理卫生运动始于1902年，吴秀三教授首创慈善团体——精神疾病患者救治会。1952年实行精神卫生法，相应地建立了精神卫生审议会、精神鉴定和精神卫生咨询诊所等机构。1952年，在日本的千叶县建立了国立精神卫生研究所。1964年3月，因一少年患者意外刺伤了当时美国驻日本大使肖尔（Lesher），以此为转机修改了日本精神卫生法，并由48届日本国会审议通过。目前，日本全国已有近30万张病床，能够收容全部患者的三分之二，精神卫生中心和保健组织迅速发展起来（郭莲舫、张明园，2002）。

3. 中国的精神卫生立法工作

中国虽然在相关法律中均有涉及精神疾病患者的法律条文，从1985年开始起草《精神卫生法》，到目前为止草案已经出了第15稿，但仍然没有正式出台。

目前阻碍我国《精神卫生法》出台的原因主要有三方面①：

(1) 各级政府应该承担精神病人治疗和监护的经济责任，这对于经济不发达地区是一笔沉重的负担。事实上，将精神卫生防治责任放在国家身上，是与国际惯例接轨，只有这样才能有效防止精神病人危害社会。

(2) 精神卫生防治工作涉及多个部门，除公安、民政和卫生部门外，还包括财政等14个部门，各方对于权利和义务的划分存在争议。

(3) 社会呼吁不够，任何一部立法都需要全社会推动，依靠社会各界认识精神卫生立法的紧迫性，共同推动我国精神卫生立法工作的进程。

就地方法规而言，目前上海市于2002年4月7日开始施行《上海市精神卫生条例》②，这是中国第一部规范精神卫生问题的地方性法规，也是中国第一次通过立法来保障精神病人的公民权利和人格尊严，促进了整个社会的精神保健工作。

制订精神卫生的相关法律和法规，不仅可以保障精神障碍者的权益，还可以规范心理卫生服务，推进心理卫生工作。只有以法律的形式，才能体现“政府领导，社会参与”

---

① 《中国青年报》，2004年8月7日，http://zqb.cyol.com/gb/zqb/2004-08/07/content_924132.htm.

② http://www.shanghai.gov.cn/shanghai/node2314/node3124/node3125/node3127/userobject6ai1083.html.

的特点，明确政府和各行政部门的职责，协调和组织各方面的力量，营造有利于心理卫生发展、有利于全民心理卫生素质提高、有利于精神障碍者康复和回归社会的大环境。

专栏 14-2

《上海市精神卫生条例》

《上海市精神卫生条例》包括总则、心理健康咨询和精神疾病的预防、医疗看护、精神疾病的治疗、精神疾病的康复、法律责任及附则共 7 章内容，涉及 49 条具体条例。

该条例强调“预防为主，防治结合”的精神卫生工作原则，明确规定从事心理咨询的人员以及机构的资质，要求学校将心理健康教育纳入教学计划，规定三级综合性医疗机构和社区卫生服务中心应当开设精神科门诊或心理健康咨询门诊。

该条例强调切实尊重和保护精神疾病患者的就医权、知情权、隐私权等合法权益，明确规定对于已经治愈的精神疾病患者，不得以其曾经患过精神疾病为由拒绝其入学、应试、就业，或给予其他不公正的待遇。

该条例还规定了医疗看护人制度，有助于避免在监护人之间对监护责任存在争议的情况下，出现精神病人无人看护和不能及时治疗的情形。设立了医疗看护人制度，以避免出现在监护人未确定或监护人之间对监护责任存在争议的情况下，严重精神障碍者无人看护和不能及时接受治疗等情形，以更好地保护患者的医疗权益。

《上海市精神卫生条例》的实施，标志着上海市民和精神疾病患者将获得更好的精神卫生服务法律保障。

三、心理卫生工作的展望

心理卫生事业的发展需要全社会的努力(郭莲舫、张明园，2002)。我国正在采取一系列有效的应对措施，进行积极的努力。

(1) 合理配置心理卫生资源。要将心理卫生工作纳入社会和经济发展计划，对心理卫生资源实行科学规划、合理布局和结构调整。

(2) 扶持和发展社区服务。贯彻预防为主的方针，心理卫生社区服务应纳入初级卫生保健工作，发挥家庭在监护方面的积极作用，推动社区预防、治疗及康复工作一体化。

(3) 加强心理卫生知识的宣教。各地应充分利用新闻媒体宣传心理卫生知识，反对歧视精神疾病患者，提高全民的心理健康意识。教育部门应将心理卫生内容纳入健康教育课程，促进青少年的身心健康发展。

(4) 加大对心理卫生工作的投入。在政策和资金上给予必要的支持和倾斜，加快立法过程，使心理卫生工作有法可依。

综上所述，目前我国正处于经济转型的发展时期，社会对心理卫生服务的需求日趋增加，心理卫生工作亟待提高。我国应该建立和完善政府领导、各相关部门协同配合以及个人积极参与的心理卫生服务网络，精神卫生医疗机构与社区康复机构的工作相协调，特别是尽快促成精神卫生立法工作，共同推动心理卫生事业的发展。

总　结

心理卫生问题既是全球性的重大公共卫生问题，同时也是较为突出的社会问题。心理卫生涵盖了与人的心理健康有关的各个方面，既包括对轻度心理异常的心理咨询与治疗，也包括对精神疾病的治疗与康复。尽管我国的心理卫生工作已经取得很大进步，但总体来讲，还不能满足人们日益增长的心理卫生服务需求。

心理卫生工作不仅要保障精神病人的合法权利，而且还要避免某些重性精神病人危及公共安全。个体因精神失常而无能力出庭受审时，对他们的审讯将被延期。实施危害行为者经法律程序被确认是精神病人时，可依法减轻其刑事责任。此外，心理治疗专业工作伦理道德准则规定，专业人员在临床实践中应尊重来访者的隐私权，严格遵守保密原则，但是当涉及生命安全时，专业人员有警告的责任。

心理卫生工作是涉及全民范围的服务工作，不仅包括对社会公众进行心理卫生知识的宣传与健康教育，还包括灾难与危机心理干预等工作。

在经济转型期，我国的心理卫生工作面临严峻的挑战，只有政府与各级相关部门积极配合，依靠专业人员和全体人民的共同努力，才能推动我国心理卫生事业的健康发展。

思　考　题

1. 你对于如何预防心理与行为异常现象的发生有何新的认识？
2. 心理异常中有哪些是涉及法律方面的问题？
3. 你对心理治疗工作中心理治疗师肩负的保密与警告的责任如何看待？
4. 你对我国的心理卫生领域应进行的工作有哪些思考和建议？

推荐读物

1. 克利福德·比尔斯著，陈学诗等译(2000). 一颗找回自我的心. 北京：中国社会科学出版社
2. 米歇尔·福柯著，刘北成等译(1999). 疯癫与文明. 北京：三联书店
3. Dltmanns T F & Emery R E (2004). Abnormal Psychology(4th ed). Upper Saddle River, N J: Prentice-Hall, 619～651

参考文献

Abdel M P, Husted J, Chow E, & Bassett A(2003). Childhood head injury and expression of schizophrenia in multiply affected families. Archives General Psychiatry, 60: 231～236

Abraham H D & Wolf E(1988). Visual function in past users of LSD: psychophysical findings. J of Abnormal Psychol, 97: 443～447

Adshead G, Canterbury R, & Rose S (1995). Current provision and recommendations for the management of psycho-social morbidity following disaster in England. Disaster Prevention and Management, 4(4): 5～12

Aggleton J P (1992). The Amygdala: Neurobiological Aspects of Emotion, Memory and Mental Dysfunction. New York: Wiley-Liss

Alder C & Alder S (1976). Biofeedback-psychotherapy for the treatment of headaches: a 5-year follow-up. Headache, 16: 189～191

Aldwin C M (2000), Stress, Coping and Development: An Integrative Perspective. New York: Guilford, 13～19

Alexander F, French T M, & Pollock G H (1968). Psychosomatic Specificity: Experimental Study and Results. Chicago: University of Chicago Press

Alloy L B, Acocella J, & Bootzin R R (1996). Abnormal Psychology: Current Perspectives (7th ed). New York: McGraw-Hill

Almada S J, Zonderman A B, Shekelle R B, et al (1991). Neuroticism and cynicism and risk of death in middle-aged men: the western electric study. Psychosomatic Medicine, 53: 165～175

Alp M H, Cnsrrt J H, & KerrGrant A (1970). Personality pattern and emotional stress in the genesis of gastric ulcer. Gut, 11 : 773～777

American Psychiatric Association(1952). Diagnostic and Statistical Manual of Mental Disorders (1st ed). Washington DC: American Psychiatric Association

American Psychiatric Association(1968). Diagnostic and Statistical Manual of Mental Disorders (2nd ed). Washington DC: American Psychiatric Association

American Psychiatric Association(1980). Diagnostic and Statistical Manual of Mental Disorders (3rd ed). Washington DC: American Psychiatric Association

American Psychiatric Association(1987). Diagnostic and Statistical Manual of Mental Disorder (3rd ed)(Text Revision). Washington, DC: American Psychiatric Association

American Psychiatric Association(1994). Diagnostic and Statistical Manual of Mental Disorder (4th ed). Washington, DC: American Psychiatric Assocation

American Psychiatric Association(2000). Diagnostic and Statistical Manual of Mental Disorders (4th ed)(Text Revision). Washington DC: American Psychiatric Association

American Psychological Association (2002). Ethical Principles of Psychologists and Code of Conduct. Washington DC: American Psychological Association

Anda R F, et al (1992). Self-perceived stress and the risk of peptic ulcer disease: a longitudinal study of US adults. Archive Intern Medicine，152：829～833

Anton J L M，Van Balkom，& de Beurs E(2000). Anxiety and depression in later life：co-occurrence and communality of risk factors. Amer J of Psychiatry，157(1)：89

Aoyama N，et al (1998). Peptic ulcer after the hanshin-awaji earthquake：increased incidence of bleeding gastric ulcers. Amer J of Gastroenterology，93：311～316

Asmundson G J G & Stein M B (1994). Selective attention for social threat in patients with generalized social phobia：evaluation using a dot-probe paradigm. J of Anxiety Disorders，8：107～117

Atkinson J (1979). Schizophrenia at Home. London & Sydney：Croom Helm

Badner J A & Gershon E S (2002). Meta-analysis of whole-genome linkage scans of bipolar disorder and schizophrenia. Mol Psychiatry，7(4)：405～411

Baer L & Jenoke M A (1992). Personality disorders in obsessive compulsive personality disorder. Psychiatry Clin N Amer，15(4)：803～812

Bailey J M，et al(1994). Effects of gender and sexual orientation on evolutionarily relevant aspects of human mating psychology. J of Person and Soc Psychol，66：1081～1093

Bailey J M & Pillard R C (1991). A genetic study of male sexual orientation. Archives of General Psychiatry，48：1089～1096

Balck D W，et al (1997). Fluvoxamine in the treatment of compulsive buying. J of Clin Psychiatry，154，58(4)：243～249

Bandura A (1986). Social Foundations of Thought and Action：A Social Cognitive Theory. Englewood Cliffs，NJ：Prentice Hall

Barbaree H & Seto M C (1997). Pedophilia：assessment and treatment. In Laws D R & Donohue W To' (Eds)：Sexual Deviance：Theory，Assessment and Treatment (175～193). New York：Guilford

Bare W F，Van Oel C J，& Pol H，et al (2001). Volumes of brain structures in twins discordant for schizophrenia. Archives General Psychiatry，58(1)：33～40

Barefoot J C & Schroll M (1996). Symptoms of depression，acute myocardial infarction，and total mortality in a community sample. Circulation，93：1976～1980

Barlow D H，Gorman J M，Shear M K，& Woods S W (2000). Cognitive-behavioral therapy，imipramine，or their combination for panic disorder：a randomized controlled trial. J of the Ame Med Asso，283：2529～2536

Barlow D H & Durand V M (1995). Abnormal Psychology：An Integrative Approach. Pacific Grove，Calif：Brooks/Cole Publishing Company

Barlow D H & Durand V M (2001). Abnormal Psychology：An Integrative Approach (2nd ed). Belmont，CA：Wadsworth/Thomson Learning

Barr C E，Mednick S A，& Munk-Jorgensen P (1990). Exposure to influenza epidemics during gestation and adult schizophrenia：a 40-year study. Archives General Psychiatry，47：869～874

Bauer M，Bschor T，& Müller-Oerlinghausen B(2000). Double-blind，placebo-controlled trial of the use of lithium to augment antidepressant medication in continuation treatment of unipolar major depression. Amer J of Psychiatry，157(9)：1429～1435

Baxter L R，et al (2001). Cortical-subcortical systems in the mediation of obsessive-compulsive disorder: modeling the brain's mediation of a classic "neurosis". In Lichter D G & Cummings J L (Eds): Frontal-subcortical Circuits in Psychiatric and Neurological Disorders(207～230). New York: Guilford

Baxter L R, Schwartz J M, Guze B H, et al (1990). PET imaging in obsessive compulsive disorder with and without depression. J of Clin Psychiatry, 51(supplement): 61～69

Baxter L R, et al (1992). Caudate glucose metabolic rate changes with drug and behavior therapy for obsessive-compulsive disorder. Archives of General Psychiatry, 49: 681～189

Beck A T, Freeman A, & Davis D D (1990). Cognitive Therapy of Personality Disorders. New York: Guilford

Beck A T, Emery G, & Greenberg R (1985). Anxiety Disorders and Phobias: A Cognitive Perspective. New York: Basic Books

Beck J S (1995). Cognitive Therapy: Basics and Beyond. New York: Guilford

Beilin L J (1988) The fifth Sir George Pickering memorial lecture. Epitaph to essential hypertension: a preventable disorder of known aetiology? J of Hypertension, 6: 85～94

Bejerot S, Ekselius L, & Von knorring L (1998). Comorbidity between obsessive-compulsive disorder and personality disorders. Acta Psychiatrica Scandinavica, 97(6): 398～402

Bell A P, Weinberg M S, & Hammersmith S K(1981). Sexual Preference: Its Development in Men and Women. Bloomington, IN: Indiana University Press

Bemis K (1978). Current approaches to the etiology and treatment of anorexia nervosa. Psychol Bull, 85(3): 593～617

Benet A E, Sharaby J S, & Melman A (1994). Male erectile dysfunction: assessment and treatment options. Comprehensive Therapy, 20: 669～673

Berg C Z, et al (1989). Childhood obsessive compulsive disorder: a two-year prospective follow-up of a community sample. J Amer Acad Child Adol Psychiat, 28(4): 528～533

Biderman J, et al (1993). Behavioral inhibition as a temperamental risk factor for anxiety disorders. Child-Adolescent Psychiatric Clinics of American, 2: 667～684

Billings A G & Moos R H (1981), The role of coping responses and social resources in attenuating the impact of stressful life events. J of Beh Med, 4: 139～157

Billings A G & Moos R H (1989). Coping, stress, and social resources among adults with unipolar depression. J of Person and Soc Psychol, 46: 877～891

Billington B P(1965). Observations from New South Wales on the changing incidence of gastric ulcer in Australia. Cut, 6: 121～33

Billy J O J, Tnafer K, Grady W R, & Klepinger D H (1993). The sexual behavior of men in the United States. Family Planning Perspectives, 25: 52～60

Blanchard R & Bogaert A F (1996). Homosexuality in men and number of older brothers. Amer J of Psychiatry, 153: 27～31

Blanchard R (1993). Varieties of autogynephilia and their relationship to gender dysphoria. Archives of Sexual Behavior, 22: 241～251

Blazer D G & Kessler R C, et al (1994). The prevalence and distribution of major depression in a nation community sample: the nation comorbidity survery. Amer J of Psychiatry, 151: 979～986

Blehar M & Rosenthal N E (1989). Seasonal affective disorder and phototherapy. New York: Guilford

Bolles R C & Fanselow M S (1982). Endorphins and behavior. Ann Rev of Psych, 33: 87～101

Borkovec T D (1994). The nature, function, and origins of worry. In G Davey & F Tallis (Eds): Worrying: Perspectives on theory, assessment, and treatment (5～33). New York: Wiley

Boulougouris J C, Rabavilas A D, & Stefanis C (1977). Pshcho-physiological in obsessive-compulsive patients. Beh Res and Therapy, 15: 221～230

Bradford J M (2001). The neurobiology, neuopharmacology, and pharmacological treatment of the paraphilias and compulsive sexual behavior. Canadian J of Psychiatry, 46: 26～34

Bradley S J & Zucker K J (1997). Gender identity disorder: a review of the past 10 years. J of the Amer Ac of Children and Adolescent Psychiatry, 36: 872～880

Breslau N & Davis G C (1993). Migraine, physical health and psychiatric disorder: a prospective epidemiologic study in young adults. J of Psychiatric Res, 27(2): 211～21

Bretschneider J G & McCoy N L (1988). Sexual interest and behavior in health 80 to 102 yer-olds. Archives of Sexual Behavior, 17: 109～129

Brewin C R, Dalgleish T, & Joseph S (1996). A dual representation theory of posttraumatic stress disorder. Psych Rev, 103: 670～686

Brian L S (1994). Managing Stress. Boston: Jones and Bartlett Publishers, 3～110

Brown R C, Langman M J, & Lamberl P M(1976). Hospital admissions for peptic ulcer during 1958～72. Brit Med J, 1: 35～37

Brown R, Taylor J, & Matthews B (2001). Quality of life: aging and down syndrome. Down Syndrome Research and Practice, 6(3): 111～116

Brown A S, Cohen P, Harkavy-Friedman J, & Babulas V (2001). Prenatal rubella, premorbid abnormalities, and adult schizophrenia. Biology Psychiatry, 49: 473～486

Burke K C, Burke Jr J D, Regier D A, & Rae D S (1990). Age at onset of selected mental disorders in five community populations. Archives General Psychiatry, 47: 511～518

Bustillo J R, Lauriello J, Horan W P, & Keith S J (2001). The psychosocial treatment of schizophrenia: an update. Amer J Psychiatry, 158(2): 163～175

Butcher J N, Mineka S, & Hooley J M (2004a). Abnormal Psychology (12th ed). Boston: Pearson Education

Butcher J N, Mineka S, & Hooley J M (2004b). Abnormal Psychology (12th ed)(影印版). 北京：北京大学出版社

Butzlaff R L & Hooley J M (1998). Expressed emotion and psychiatric relapse. Archives General Psychiatry, 55(6): 547～552

Byely L, Archibald A B, & Graber J, et al (2000). A prospective study of familial and social influences on girls' body image and dieting. Intern J of Eating Disorders, 28: 155～164

Byne W, et al (2001). The interstitial nuclei of the human anterior hypothalamus: an investigation of variation with sex, sexual orientation, and HIV status. Hormones and Behavior, 40: 86～92

Cadoret R J (1978). Psychopathology in adopted-away offspring of biologic parents with antisocial behavior. Archives of General Psychiatry, 35: 176～84

Cannon T D & Rosso I M, et al (2000). A prospective cohort study of genetic and perinatal influences in schizophrenia. Schizophrenia Bull, 26: 351～366

Cardno A G & Rijsdijk F V, et al (2002). A twin study of genetic relationships between psychotic symptoms. Amer J Psychiatry, 159(4): 539～545

Carney R M, et al (1995). Association of depression with reduced heart rate variability in coronary artery disease. The Amer J of Cardiology, 76(8): 562～564

Carson R C, Butcher J N, & Mineka S (1996). Abnormal Psychology and Modern Life (10th ed). New York: Harper Collins

Carstairs K (1992). Paranoid-schizoid or symbiotic? Inter J Psychoanal, 73(1): 71～85

Carter W R, Herrman J, Stokes K, & Cox D J (1987). Promotion of diabetes onset by stress in the BB rat. Diabetologia, 30(8): 674～5

Cavanagh J T, Carson A J, Sharpe M, & Lawrie S M (2003). Psychological autopsy studies of suicide: a systematic review. Psychological Medicine, 33: 395～405

Chassin L, Curran P J, Hussong A M, & Colder C R (1996). The relation of parental alcoholism in early adolescent substance use: a longitudinal follow-up. J of Abnormal Psych, 105(1): 70～80

Clair M S (2000). Object relations and self psychology. Belmont, CA: Wadsworth

Cleghorn J M & Franco B S, et al (1992). Toward a brain map of auditory hallucinations. Amer J Psychiatry, 149: 1062～1069

Cobb S & Rose R M (1973). Hypertension, peptic ulcer and diabetes in air traffic controllers. J of Amer Med Asso, 224: 489～492

Cohen C, et al (2000). Absence of cognitive Impairment at long-term follow in adolescents treated with ECT for severe mood disorder. Amer J of Psychia,157(3): 460～462

Cohen-Kettenis P T & van Goozen S H M (1997). Sex reassignment of adolescent transsexuals: a follow up study. J of the Acad of Child and Adole Psychiatry, 36: 263～271

Colapinto J (2001). As Nature Made Him. New York: Harper Perennial

Collaer M L & Hines M (1995). Human behavioral sex difference: a role of gonadal hormones during early development. Psychol Bull, 118: 55～107

Comer R J (2002). Abnormal Psychology (3th ed). New Youk: WH Freeman

Comer R J (1995). Abnormal Psychology (2nd ed). New York: WH Freeman

Cook M & Mineka S (1989). Observational conditioning of fear to fear-relevant versus fear-irrelevant stimuli in rhesus monkeys. J of Abnormal Psychol, 98: 448～459

Cooley E & Toray T (2001). Body image and personality predictors of eating disorder symptoms during the college years. Inter J of Eating Disorders, 30: 28～36

Cotrufo P, Gnisci A, & Caputo I (2005). Psychological characteristics of less severe forms of eating disorders: an epidemiological study among 259 female adolescents. J of Adolescence, 28 (1): 147

Cowdry R W & Gardner D (1988). Pharmacotherapy of borderline personality disorder: alprazolam, carmabazepine, trifluoperazine and tranylcypromine. Archives of General Psychiatry, 45: 111～119

Crabbe J C (2002). Genetic contributions to addition. In Fiske S T (Ed): Ann Rev of Psychol, 53: 435～462

Dalman C & Allebeck P, et al (1999). Obstetric complications and the risk of schizophrenia: a longitudinal study of a national birth cohort. Archives General Psychiatry, 56(3): 234～240

Daly R J (1983). Samuel Pepys and post-traumatic stress disorder. Brit J of Psychiat, 143: 64～68

Davison G C & Neale M J (2000). Abnormal Psychology (8th ed). New York: John Wiley & Sons

Davison G C & Neale M J (1998). Abnormal Psychology (7th ed). New York: John Wiley & Sons

Denollet J & Sys S U, et al (1996). Personality as independent predictor of long-term mortality in patients with coronary heart disease. Lancet, 347(8): 414～415

Dinardo, et al (1988). Etiology and maintenance of dog fears. Behaviour Research and Therapy, 26: 241～244

Dltmanns T F & Emery R E (2004). Abnormal Psychology (4th ed). Upper Saddle River, N J: Prentice-Hall, 619～651

Dohm F & Striegel-Moore R, et al (2002). Self-harm and substance use in a community sample of black and white women with binge eating disorder or bulimia nervosa. Inter J of Eating Disorder, 32 (4): 389

Doll R & Kellock T D (1951). The separate inheritance of gastric and duodenal ulcers. Ann Eugenics, 16: 231～240

Done D J, Crow T J, Johnstone E C, & Sacker A (1994). Childhood antecedents of schizophrenia and affective illness: social adjustment at ages 7 and 11. Brit Med J, 309(6956): 699～703

Donker F, Breteler M, & van der Staak C (2000). Assessment of Hostility in Patients With Coronary Heart Disease. J of Person Asse, 75(1): 158～177

Douthwaite A H & Lintott G A M (1938). Gastroscopic observation of the effect of aspirin and certain other substances on the stomach. Lancet, 2: 1222～1225

Druss B C, Rosenheck R A, & Sledge W H (2000). Health and disability costs of depressive illness in a Major U S dorporation. Amer J of Psychiatry, 157(8): 1274～1278

Dworkin L D, Hostetter T H, Rennke H G, & Brenner B M (1984) Hemodynamic basis for glomerular injury in rats with desoxycorticosterone-salt hypertension. J of Clin Investigation, 73(5): 1448～1461

Eaker E D, Pinsky J, & Castelli W P (1992). Myocardial infarction and coronary death among women: psychosocial predictors from a 20-year follow-up of women in the Framingham Study. Amer J of Epidemiology, 135(8): 854～864

Eaton W W & Kessler R C, et al (1994). Panic and panic disorder in the United State. Amer J of Psychiatry, 151(3): 413～420

Eaton W W (1985). Epidemiology of schizophrenia. Epidemiology Rev, 7: 105～126

Ehlers A (1995). A 1-year prospective study of panic attacks: clinical course and factors associated with maintenance. J of Abnormal Psychol,104: 164～172

Ellis E S (1993). Integrative strategy instruction: a potential model for teaching content area subjects to adolescents with learning diabilities. J of Learning Disorders, 26(6): 358～383

Emery R E & Oltmanns T F (2000). Essential of abnormal psychology. Upper Saddle River, N J: Prentice Hall

Emrick C D, Tonigan J S, Montgomery H, & Little L(1993). Alcoholics Anonymous: what is currently known? In: McCrady B S & Miller W R (Eds): Research on Alcoholics Anonymous: Opportunities and Alternatives. New Brunswick, NJ: Rutgers Center of Alcohol Studies

Evan T (2001). Motherhood and murder. Newsweek,July 2

Fannon D (2000). Features of structural brain abnormality detected in first-episode psychosis. Amer J of Psychiatry,157: 1829～1834

Fergusson D M, Horwood L J, & Beautrais A L (1999). Is sexual orientation related to mental health problems and suicidality in young people? Archives of General Psychiatry,56: 867～880

Feuerstein M, Bush C, & Corbisiero R (1982). Stress and chronic headache: a psychophysiological analysis of mechanisms. J of Psychosomatic Res, 26(2): 167～182

Finkelhor D (1984). Child Sexual Abuse: New Theory and Research. London: Free Press

Fischer M, Curran J P, & Wessberg H W (1977). Sense of timing. Behavior Modification, 1: 179～194

Flament M F & Bisserbe J C (1997). Pharmacologic treatment of obsessive-compulsive disorder: comparative study. J of Clinical Psychiatry (suppl 12),58: 18

Flyckt L & Wiesel F, et al (2000). Neuromuscular and psychomotor abnormalities in patients with schizophrenia and their first-degree relatives. J of Psychiatry Res, 134(4～5): 355～364

Foa E B, Steketee G S, & Rothbaum B O (1989). Behavioral/cognitive conceptualizations of posttraumatic stress disorder. Behavior Therapy,20: 155～176

Folkman S & Lazarus R S (1985). If it changes it must be a process: a study of emotion and coping during three stages of a college examination. J of Person and Soc Psych, 48: 150～170

Folkman S, et al (1986). Appraisal, coping, health status, and psychological symptoms. J of Person and Soc Psych, 50: 571～579

Forbes G M, Glaser M E, & Cullen D J E. (1994). Duodenal ulcer treated with Helicobacter pylori eradication: seven years follow-up. Lancet, 343: 258～260

Fordtran J S & Walsh J H (1973). Gastric acid secretion rate and buffer content of the stomach after eating: results in normal subjects and in patients with duodenal ulcer. J of Clin Investigation, 52: 645～657

Forgac G E & Michaels E J (1982). Personality characteristics of two types of male exhibitionists. J of Abnormal Psych, 91: 287～293

Frank J D, Hoehn-Sarik R, & Imber S D, et al (1978). Effective Ingredients of Successful Psychotherapy. New York: Brunner-Mazel

Freeier I N, et al (2001). The research for the wandering thymostat: a review of some developments in bipolar research. Brit J of Psychiatry, 178(supple 41): s103～s106

Freund K & Blanchard R (1993). Erotic target location errors in male gender dysphorics, paedophiles, and fetishists. Brit J of Psychiatry, 162: 433～445

Friedman G D, Siegelaub A B, & Seltzer C S(1974). Cigarettes, alcohol, coffee, and peptic ulcer. N Engl J Med, 290: 469～473

Friedman M & Rosenman R H (1958). The possible relationship of occupational stress to clinical coronary heart disease. California Medicine, 89(3): 169～174

Friedman R, et al (2001). Psychological variables in hypertension: relationship to casual or ambulatory blood pressure in men. Psychosomatic Medicine, 63(1): 19～31

Fuller R, Nopoulos P, & Arndt S, et al (2002). Longitudinal assessment of premorbid cognitive functioning in patients with schizophrenia through examination of standardized scholastic test performance. Amer J Psychiatry, 159(7): 1183～1189

Fyer A J,et al (1995). Specficity in familial aggregation of phobic disorder. Archives of General Psychiatry, 52: 564～573

Gabbard G O (1990). Psychodynamic psychiatry in clinical practice. Washington, DC: American Psychiatric Press

Gabbard G O (1994). Psychoanalysis. In Sadock B J & Sadock V A (Eds): Kaplan and Sadock's Comprehensive Textbook of Psychiatry (7th ed). Philadelphia: Lippincott Williams & Wilkins

Gabrielle A C, Evelyn J B, & Sieverss(2000). Phenomenology and outcome of subjects with early-and adult-onset psychotic mania. The Amer J of Psychiatry, 157(2): 213

Gage F H (2003). Brain repair yourself. Science American, September: 28～35

Ganzini L,Gregory B L, & Darien S F (2000). Evaluation of Competence to Consent to assisted suicide: views of forensic psychiatrists. Amer J of Psychiatry, 157(4): 595

Gardner W, et al (1996). Clinical versus actuarial predictions of violence in patients with mental illnesses. J of Consulting and Clin Psych, 64: 602～609

Gelder M, et al (1996). Concise Oxford Textbook of Psychiatry (3rd ed). New York: Oxford University Press, 482～509

Gerald C D & John M N (1998). Abnormal Psychology (7th ed). New York: John Wihey & Sons, 358～402

Goodyer I (2000). Emotional disorders with their onset in childhood. In Gleder M G, et al (Eds): New Oxford Texbook of Psychiatry (1762～1771). New York: Oxford University Press

Gordon P (2000). Classifying depression: should paradigms lost be regained? Amer J of Psychiatry, 157(8): 1195～1203

Gosslin C C & Wilson G D (1980). Sexual Variations. London: Faber & Faber

Goulston K J, et al(1995). Gastrointestinal Morbidity among World War Ⅱ prisoners of war: 40 years on. Medical J of Australia, 143: 6～10

Graber J A & Brooks-Gunn J (2001). Co-occurring eating and depressive problems: an 8-year study of adolescent girls. Inter J of Eating Disorders, 30: 37～47

Graham D Y (1997). Helicobacter pylori infection in the pathogenesis of duodenal ulcer and gastric cancer: a model. Gastroenterology. 113: 1983～1991

Graham D Y(1995). Helicobacter pylori: human pathogen or simply an opportunist? Lancet, 345: 1095～1097

Graham D Y & Malaty H M, et al (1991). Epidemiology of Helicobacter pylori in an asymptomatic population in the US: effect of age, race, and socioeconomic status. Gastroenterology, 100: 1495～1501

Grant J E, Kim S W, & Eckert E D (2002). Body dysmorphic disorder in patients with anorexia nervosa: prevalence, clinical features, and delusionality of body image. Inter J of Eating Disorders, 32 (3): 291

Green M F, Kern R S, Braff D L, & Mintz J (2000). Neurocognitive deficits and functional outcome in schizophrenia: are we measuring the "right stuff"? Schizophrenia Bull, 26(1): 119～136

Green M F, Nuechterlein K H, Breitmeyer B, & Mintz J (1999). Backward masking in unmedicated schizophrenic patients in psychotic remission: possible reflection of aberrant cortical oscillation. Amer J Psychiatry, 156(9): 1367～1373

Green R & Fleming D (1990). Transsexual surgery followup: statues in the 1990's. In J Bancroft, C David & H Ruppel (Eds): Ann Rev of Sex Research. Mt Vernon, IA: Society for the Scientific Study of Sex

Gundry R K, Donaldson R M, Pinderhughes C A, & Barrabee E (1967). Patterns of gastric acid secretion in patients with duodenal ulcer: correlations with clinical and personality features. Gastroenterology, 52: 176～184

Gurvits T V, Shenton M E, Hokama H, & Ohta H (1996). Magnetic resonance imaging study of hippocampal volume in chronic, combat-related posttramatic stress disorder. Biological Psychiatry, 40: 1091～1099

Hanna G L (1995). Demographic and clinical features of obsessive-compulsive disorder in children and adolescents. J of the Amer Academy of Child-Adolescent Psychiatry, 34: 19～27

Hare R D (1991). The Hare Psychopathy Checklist-Revised. Toronto: Multi-Health Systems

Harrison K & Cantor J (1997). The relationship between media consumption and eating disorder. J of Communication, 47(4): 40～67

Hart S N & Brassard M R (1991). Psychological maltreatment: progress achieved. Developmental Psychopathology, 3(1): 61～70

Hayward C, et al (1998). Linking self-reported childhood behavioral inhibition to adolescent social phobia. J of the Amer Academy of Child-Adolescent Psychiatry, 39: 207～214

Herdt G & Stoller R G (1990). Intimate Communications: Erotics and the Study of a Culture. New York: Columbia University Press

Herrell R, Goldberg J, & Ture W R, et al (1999). Sexual orientation and suicidality: a co-twin control study in adult men. Archives of General Psychiatry, 56: 867～874

Herrmann R P & Piper D W (1973). Factors influencing the healing rate of chronic gastric ulcer. Amer J Digest Dis, 18: 1～6

Hervey C (1941, 1982). The Mask of Sanity (2nd ed, 5th ed). Copyright by St Louis: Mosby Co

Hettema J M, Neale M C, & Kendler K S (2001). A review and meta-analysis of the genetic epidemiology of anxiety disorder. Amer J of Psychiatey, 158: 1568～1578

Hoek H (1993). Review of the epidemiological studies of eating disorders. Inter Rev of

Psychiatry, 5: 61～74

Holmes T H & Rahe R H (1967). The social readjustment rating scale. J of Psychosomatic Research, 11: 213～218

Holmes D S (1994). Abnormal Psychology(2nd ed). New York: Harper Collins, 529～587

Holtmann G, et al (1989). Differential effects of acute mental stress on interdigestive secretion of gastric acid, pancreatic enzymes, and gastroduodenal motility. Dig Dis Sci, 34: 1701～1707

Hooker E (1957). The adjustment of the male overt homosexual. J of Projective Techniques, 21: 18～30

Hook-Nikanne J, Sistonen P, & Kosunen T U (1990). Effect of ABO blood group and secretor status on the frequency of 2 Helicobacter pylori antibodies. Scand J Gastroenterol, 25: 814～818

Horowitz M (1986). Stress response syndromes(2nd ed). New York: Jason Aronson

Howard P (1984). Is the muscular model of headache still viable? a review of conflicting data. The J of Head and Face Pain, 24(4): 186

Hubbard J R & Workman E A (1998), Handbook of stress medicine: an organ system arppoach. Boca Raton, Florida: CPC Press, 87～113

Hudson J & Rapee R M (2000). The origins of social phobia. Behavior Modification, 24(1): 102～129

Huon G F & Strong K G (1998). The initiation and the maintenance of dieting: structural models for large-scale longitudinal investigations. Inter J of Eating Disorder,23: 261～369

Hussong A M, et al (2001). Specifying the relations between affect and heavy alcohol use among young adults. J of Abnormal Psychol, 110: 449～461

Janoff-Bulman R (1992). Shattered Assumptions: Towards a New Psychology of Trauma. New York: Free Press

Jenike M A (1990). Psychotheraphy. In Bellack A S & Hersen M (Eds): Handbook of Comparative Treatments for Adult Disorder. New York: John Wiley & Son

Jenkins C D, Zyzanski S J, & Rosenman R H (1976). Risk of new myocardial infarction in middle-aged men with manifest coronary heart disease. Circulation, 53, 342～347

Jerrold S G (1993). Comprehensive Stress Management. Dubuque: Wm C Brown Communication Inc, 1～56

Joffe R T & Marriott M (2000). Thyroid hormone levels and recurrence of major depression. Amer J Psychiatry, 157(10): 1689～1691

Johnson A M & Wadsworth J, et al (1992). Sexual lifestyle and HIV risk. Nature, 360: 410～412

Jun Soo Kwon, Young-Me Kim, & In Kyoon Lyoo (2000). Three-year follow-up of women with the sole diagnosis of depressive dersonality disorder: subsequent development of dysthymia and major depression. Amer J of Psychiatry, 157(12): 1966～1972

Kalat J W (2003). Bilolgical Psychology (8th ed). Singapore: Thomson Learning

Kanner L (1943). Autistic disturbances of affective contact. Nervous Child,2: 217～260

Kaplan H S (1974). The New Sex Therapy: Active Treatment of Sexual Dysfunctions. New York: Brunner/Mazel

Kaplan H S (1986). Psychosexual dysfunctions. In Cooper A M, Frances A J, & Sacks M H (Eds): The Personality Disorders and Neuroses. New York: Basic Books, 467～479

Kaplan H S (1998). Ernie: A complicated case of premature ejaculation. In Halgin R P & Whitbourne S K (Eds): A Casebook in Abnormal Psychology: From The Files of Experts. New York: Oxford University Press, 128～142

Karkashian C D (2000), A model of stress, resistance factors and disease-related health outcomes in patients with diabetes mellitus. Ph D Dissertation of the George Washington University

Kass D J, Silvers F M, & Abrams G M (1972). Behavioral group treatment of hysteria. Archives of General Psychiatry, 26: 42～50

Kato C, Petronis A, & Kazaki Y, et al (2002). Molecular genetic studies of schizophrenia: challenges and insights. Neuroscience Res, 43(4): 295～304

Kawachi I, et al (1998). Prospective study of a self-report type a scale and risk of coronary heart disease. Circulation, 98: 405

Kellett J M (1996). Sex and the elderly male. Sexual and Marital Therapy, 11: 281～288

Kendler K S, Karkowski L M, & Prescott C A (1999). Fear and phobias: reliability and heritability. Psychological Medicine. 29: 539～553

Kendler K S, et al (2000). Clinical features of schizophrenia and linkage to chromosomes 5q, 6p, 8p, and 10p in the Irish study of high-density schizophrenia families. Amer J of Psychiatry, 157: 402～408

Kendler K S & Neale M C, et al (1992). Generalized anxiety diorder in woman: a population-based twin study. Archives of General Psychiatry, 49(4): 267～272

Kendler K S, Laura M T, & Charles O G (2000). Stressful life events and previous episodes in the etiology of major depression in women: an evaluation of the "Kindling" hypothesis. Amer J of Psychiatry, 157(8): 1243～1251

Kennerley H (1997). Overcoming Anxiety. London: Robinson Publishing Ltd

Kernberg O F (1992) Aggression in Personality Disorders and Perversions. New Haven: Yale University Press

Kessler R C, et al (1994). Lifetime and 12-month prevalence of DSM-Ⅲ-R psychiatric disorders in the US. Results from the National Comorbidity Survey. Archives General Psychiatry Jan, 51(1): 8～19

Kinsey A C, et al (1953). Sexual Behavior in the Human Female. Philadelphia: Saunders

Klein D N, Joseph E S, & Julie B L (2000). Five-year course and outcome of dysthymic disorder: a prospective, naturalistic follow-up study. Amer J of Psychiatry; 157(6): 931

Knox S S, et al (1998). Hostility, social support, and coronary heart disease in the National Heart, Lung, and Blood Institute family heart study. Amer J of Cardiology, 82(10): 1192～1196

Kohler T & Haimerl C (1990). Daily stress as a trigger of migraine attacks: results of thirteen single-subject studies. J of Consulting and Clin Psych, 58(6): 870～872

Krieger S, Lis S, & Gallhofer B (2001). Cognitive subprocesses and schizophrenia: a reaction time decomposition. Acta Psychiatry Scand Supply, 104(408): 18～27

Kuhn T S (1962), The structure of scientific revolutions. Chicago : University of Chicago Press

Kuperberg G & Heckers S (2000). Schizophrenia and cognitive function. Current Opinion Neurobiology, 10(2): 205～210

Kutata J H (1992). A prospective study of risk for Peptic Ulcer Disease in Seven-Day Adventists. Gastroenterology, 102: 902～909

Lam S K (2000). Differences in peptic ulcer between east and west. Clin Gastroenterology, 14: 41～52

Lanyon R I (1986). Theory and treatment of child molestation. J of Consulting and Clin Psy, 54: 176～182

Laumann E O, Paik A, & Rosen R C (1999). Sexual dysfunction in the United States. J of the Amer Medical Association, 281: 537～544

Lauren B A (1996). Abnormal Psychology: Current Perspectives. New York: McGraw-Hill, 325～350

Lazarus R S (1999), Stress and Emotion: A New Synthesis. New York: Springer, 342

LeDoux J E & Hirst W (1986). Mind and Behavior: Dialogues in Cognitive Neuroscience. New York: Cambridge University Press

Lee A & Lee S (1996). Disordered eating and its psychosocial correlates among Chinese adolescent female in Hong Kong. Inter J of Eating Disorders, 20(2): 177～183

Lee S, Lee A, Leung T, & Yu H (1997). Psychometric properties of the eating disorders inventory (EDI-1) in a nonclinical Chinese population in Hong Kong. Inter J of Eating Disorders, 21 (2): 187～194

Lenze E J, Benoit H M, & Charles F R (2000). Comorbid anxiety disorders in depressed elderly patients. Amer J of Psychiatry, 157(5): 722

Leung F, Lam S, & Chan I (2001). Disorder eating attitudes and behavior among adolescent girls in Hong Kong. J of the Youth Studies, 4: 36～51

LeVay S (1991). A difference in hypothalamic structure between heterosexual and homosexual men. Science, 253: 1034～1037

Levenstein S (1998). Stress and peptic ulcer: life beyond helicobacter. Brit Medical J, 316: 538～541

Levenstein S (2002). Psychosocial factors in peptic ulcer and inflammatory bowel Disease. J of Consulting and Clinical Psy, 70(3): 739～750

Levenstein S, Kaplan G A, & Smith M (1997). Psychological predictors of peptic ulcer incidence in the Alameda Country Study. J Clin Gastroenterol, 24: 140～146

Levenstein S (2000). The very model of a modern etiology: a biopsychosocial view of peptic ulcer. Psychosomatic Medicine, 62: 176～185

Levenstein S, Kaplan G A, & Smith M (1995). Sociodemographic characteristics, life stressors, and peptic ulcer: a prospective study. J Clin Gastroenterol, 21: 185～192

Levy D (1966). Maternal Overprotection. New York: Norton

Lewinsohn P M, et al (1981). Depression related cognitions: antecedent or consequence? J of Abnormal Psychol, 90: 213～219

Liebman J M & Cooper S J (1989). The Neuropharmacological Basis of Reward. New York:

Oxford University Press, 264～319

Liebowitz M R, et al (1990). Reversible and irreversible monoamine oxidase inhibitors on other psychiatric disorders. Acta Psychiatr Scandin, 82 (Suppl 360): 29～34

Liebowitz M R, et al (1991). Treament of social phobia with drugs other than benzodiazepines. J of Clin Psychiatrist, 52 (Suppl): 10～15

Liebowitz M, Stone M, & Turkat I D (1986). Treatment of personality disorder. In Frances A & Hales R (Eds): American Psychiatric Association Annual Review (Vol 5). Washington, DC: American Psychiatric Press

Lilienfeld S O, Valkenburg C, Larntz V K, & Akiskal H S (1986). The relationship of histrionic personality disorder to antisocial personality and somatization disorders. Amer J Psychiatry, 143: 718～722

Li-Shiun Chen, William W E, & Joseph J G (2000). Empirical examination of current depression categories in a population-based study: symptoms, course, and risk factors. Amer J Psychiatry, 157 (4): 573

Lyer D & Haslam N (2003). Body image and eating disturbance among South Asian-American women: the role of racial teasing. Inter J of Eating Disorder, 34 (1): 142

Lykken D T (1957). A study of anxiety in the sociopathic personality. J of Abnormal and Social Psychol, 55: 6～10

Magee W J, et al (1996). Agoraphobia, simple phobia and social phobia in the national Comorbidity Survey. Archives of General Psychiatry, 53: 159～168

Maier S E & West J R (2001). Drinking Patterns and Alcohol-Related Birth Defects. Alcohol Research & Health, 25: 168～174

Main M (1989). Adult attachment classification system. In Main M (Ed): Behavior and the Development of Representational Models of Attachment: Five Methods of Assessment. New York: Cambridge University Press

Maller R G & Reiss S (1992). Anxiety sensitivity in 1984 and panic attacks in 1987. J of Anxiety Disorders, 6: 241～247

Marks I M (1969). Fears and Phobias: London: Heineman

Marshall B J & Warren J R (1984). Unidentified curved bacilli in the stomach of patients with gastritis and peptic ulceration. Lancet, 1: 1311～1315

Marshall B J (1989). History of the discovery of C Pylori. In Blaser M J (Ed): Campylobacter Pylorin in Gastritis and Peptic Ulcer Disease. New York: Igaku-Shion, 7～22

Marshell W L (1989). Intimacy, loneliness, and sexual offenders. Behavior Res and Therapy, 27: 491～503

Marshell W L, Eccles A, & Barbaree H E (1991). The treatment of exhibitionists: a focus on sexual deviance versus cognitive and relationship features. Behavior Res and Therapy, 29: 129～135

Masters W H & Johnson V E (1982). Human Sexual. Bostton: Little Brown

Masters W H, Johnson V E, & Kolodny R C (1992). Human Sexuality. New York: Harper Collins

Matsunaga H & Kinike N, et al (1998). Personality disorders in patients with eating disorders in

Japan. Intern J of Eating Disorder，23(4)：399

Matthews K A，et al (1987). Stressful work conditions and diastolic blood pressure among blue collar factory workers. Amer J of Epidemiology，126：280～291

Mattick R P & Newman C R (1991). Social phobia and avoidant personality disorder. Inter Rev of Psychiatry，3(2)：163～173

Mattick R P，Peters L，& Clarke J C (1989). Exposure and cognitive restructuring for social phobia：a controlled study. Behavior Therapy. 20：3～23

McCrady B S & Epstein E E (1995). Marital therapy in the treatment of alcoholism. In Gurman A S & Jacobson N (Eds)：Clinical Handbook of Marital Therapy (2nd ed). New York：Guilford

McCrady B S & Irvine S (1989). Self-help groups. In Hester R K & Miller W R (Eds)：Handbook of Alcoholism Treatment Approaches：Effective Alternatives. New York：Pergamon Press

McCrady B S，Epstein E E，& Kahler C (1998). Families of alcoholics. In Singh N N (Ed) Comprehensive Clinical Psychology (Vol 9). Applications in Diverse Populations (199～218). Oxford，England：Elsevier Science

McEwen B S(2000). Effects of adverse experiences for brain structure and function. Biological Psychiatry. 48：721～731

McEwen B S(2003). Mood disorders and allostatic load. Biological Psychiatry. 54：200～207

McNally R J，et al (1990). Selective processing of threat cues in posttraumatic stress disorder. J Abnormal Psych，99：398～406

Mealie J H，et al (1992). The importance of biopsychosocial factors In the development of duodenal ulcer in a cohort of middle-aged men. Am J Epidemiol，136：1280～1287

Mednick S A，Gabriella W F，& Hutchings B (1987). Genetic factors and etiology of criminal behavior. In Mednick S A，Moffitt T E，& Stack S A (Eds)：Causes of Crime：New Biological Approaches (74～91). New York：Cambridge University Press

Mednick S A，Gabriella W F，& Hutchings B (1984). Genetic influences in criminal convictions：evidence from an adoption cohort. Science，224：891～94

Mikat E M，Hackel D B，Cruz P T，& Lebovitz H E (1972). Lowered glucose tolerance in the sand rat (Psammonys obesus) resulting from esophageal intubation. Process of Social Experimental Biological Medicine，139(4)：1390～1391

Miller W R，Walters S T，& Bennett M E (2001). How effective is alcoholism treatment in the United States? J of Studies on Alcohol，62：211～220

Millon T (1987). Millon clinical multiaxial inventory-Ⅱ：Manual for the MCM-Ⅱ (2nd ed). Minneapolis，MN：National Computer Systems

Mirsky A(1958). Physiologic，psychological，and social determinants in the etiology of duodenal ulcer. Amer J of Digestive Disease，3：285～313

Mitchell S A & Black J M (1995). Freud and Beyond：A History of Modern Psychoanalytic Thought. New York：Basic Books

Mittleman M A，Maclure M，& Robins J M (1995). Control sampling strategies for case-crossover studies：an assessment of relative efficiency. Amer J of Epidemiology，142：91～98

Moffit T E & Lynam D (1994). The neuropsychology of conduct disorder and delinquency：

implications for understanding antisocial behavior. In Fowles D C, Sutker P, & Goodman S H (Eds): Progress in Experimental Personality and Psychopathology Research. New York: Springer

Mohr D C & Beutler L E (1990). Erectile dysfunction: a review of diagnostic and treatment procedures. Clinical Psych Rev, 10: 123～150

Mohr J W, Turner R E, & Jerry M (1964). Pedophilia and Exhibitionism. Toronto: Toronto University Press

Money J (1984). Paraphilias: phenomenology and classification. Amer J of Psychotherapy, 38: 164～179

Monterosso J R, et al (2001). Predicting treatment response to naltrexone: the influence of craving and family history. Amer J of Addictions, 10: 258～268

Morrison J (1995). DSM-Ⅳ Made Easy: The Clinicians' Guide to Diagnosis. New York: Guilford

Morrson R R(1970). Cigarette smoking and body form in peptic ulcer. Gastroenterology. 58: 337～344

Mossman D (1994). Assessing predictions of violence: being accurate about accuracy. J of Consulting and Clin Psych, 62: 783～792

Mukai T, Kambara A, & Sasaki Y (1998). Body dissatisfaction, need for social approval, and eating disturbances among Japanese and American college women. Sex Role, 39: 751～763

Munakata M, et al (1999). Type A behavior is associated with an increased risk of left ventricular hypertrophy in male patients with essential hypertension. J of Hypertension, 17(1): 115～120

Muris P, et al (2001). Anxiety sensitivity in adolescents: factors structure and relationships to trait and symptoms of anxiety disorders and depression. Behavior Research and Therapy, 39 (1): 89～100

Nasser M (1988). Eating disorders: the cultural dimension. Soc Psychiatry Psychiatric Epidemiology,23: 184～187

Nasser M (1994). The psychometric properties of the eating attitude test in a non-western population. Soc Psychiatry Psychiatric Epidemiology, 29: 88～94

Nelson R W & Israel A C (2000). Behavior Disorders of Childhood (4th ed). Upper Saddle River, NJ: Prentice Hall

Netterstrφm B & Kuel K (1990). Peptic Ulcer among Urbran Bus Drivers in Denmark. Scand J Soc Med, 18: 97～102

Nevid J S, Rathus S A, & Greene B (2000). Abnormal Psychology: In a Changing World (4th ed). Upper Saddle River, N J: Prentice Hall

Nolen-Hoeksema S (2001). Abnormal psychology (2nd ed). New York: McGraw-Hill

Nolen-Hoeksema S (2004). Abnormal Psychology (3th ed). New York: McGraw-Hill

Norman R M, et al (2002). An evaluation of a stress management program for individuals with schizophrenia. Schizophrenia Res, 58(2～3): 292～303

Norris F H, et al (2003). The range, magnitude, and duration of effects of natural and human-caused disasters: a review of the empirical literature. (Retrieved May 14, 2003, from the National

Center for PTSD Web site: http: //www. ncptsd. org/facts/disasters/fs_range. html)

Nutt D (1997). Management of patients with depression associated with anxiety symptoms. J of Clin Psychiatry, 58(8): 11～16

O'Dea J A & Abraham S (2000). Improving the body image, eating attitudes, and behaviors of young male and female adolescents: a new educational approach that focuses on self-esteem. Inter J of Eating Disorders, 28: 43～57

Ogden J & Steward J (2000). The role of the mother-daughter relationship in explaining weight concern. Intern J of Eating Disorders, 28: 78～83

Ohamn A, et al (1975). Phobia and preparedness: phobic verse neutral pictures as conditional stimuli for human autonomic responses. J of Abnormal Psy, 84: 41～45

Olden K W(1998), Stress and the gastrointestinal tract. In Hubbard J R & Workman E A. (Eds): Handbook of Stress Medicine: An Organ System Approach. Boca Raton, Florida: CPC Press, 87～113

Ollendick T H, Yang B, King N J, & Dong Q (1996). Fears in American, Australian, Chinese and Nigerian children and adolescents: a cross-cultural study. J of Child Psych and Psychiatry and Applied Sci, 37(2): 213～220

Oltmanns T E & Emery R E (2004). Abnormal Psychology. Upper Saddle River, NJ: Prentice Hall

Öst,L-G. (1992). Blood and injection phobia: background and cognitive, physiological, and behavioral correlates. J of Abnormal Psy, 101: 68～74

Pauls D L, et al (1995). A family study of obsessive-compulsive disorder. Amer J of Psychiatry, 152: 76～84

Perreira K M & Sloan F A (2001). Life events and alcohol consumption among mature adults: a longitudinal analysis. J Studies on Alcohol, 62: 501～508

Perry W, et al (2002). Information processing deficits in acutely psychotic schizophrenia patients medicated and unmedicated at the time of admission. Amer J Psychiatry, 159(8): 1375～1381

Pert C B & Snyder S H (1973). Opiate receptor: demonstration in nervous tissue. Science, 179: 1011～1014

Peters M N & Richardson C T(1983). Stressful life events, acid hypersecretion, and ulcer disease. Gostroenterology, 84: 114～119

Piper D W, et al(1981). Life events and chronic ulcer: a case control study. Gut, 22: 1011～1017

Polivy J & Herman C P (1987). Diagnosis and treatment of normal eating. J of Consulting and Clin Psychol, 55(5): 635～644

Pomakov P, et al (1993). Gastroduodenal ulcers during a period of acute economic crisis. J Radiol, 74: 265～267

Quality Assurance Project (1991). Treatment outlines for avoidant, dependent and passive-aggressive personality disorders. Austra New Zeal J of Psychiatry, 25(3): 311～313

Rachman S & Hodgson R J (1968). Experimentally induced "sexual fetishism" replication and development. Psychological Record, 18: 25～27

Rasmussen S A & Tsuang M T (1986). Clinical characteristic and family history in DSM-Ⅲ obsessive-compulsive disorder. Amer J of Psychiatry,143: 317～382

Rauch S L & Jenike M A, et al (1994). Regional cerebral blood flow measured during symptom provocation in obsessive-compulsive disorder using oxygen-15 labeled carbon dioxide and positron emission tomography. Archives of General Psychiatry,51: 62～70

Redmond D E (1985). Neurochemical basis for anxiety and anxiety disorders: evidence from drugs which decrease human fear or anxiety. In Tuma A H & Maser J (Eds): Anxiety and the Anxiety Disorders(533～555). Hillsdate,NJ: Erlbaum

Reiss S, Peterson R, Gursky D, & McNally R (1986). Anxiety sensitivity, anxiety frequency, and the prediction of fearfulness. Behavior Res and Therapy,24: 1～8

Renneberg G, et al (1990). Intensive behavioral group treatment of avoidant personality disorder. Behavioral Therapy, 21(3): 363～377

Riecher-Rossler A & Hafner H (2000). Gender aspects in schizophrenia: bridging the border between social and biological psychiatry. Acta Psychiatry Scand Suppl, 102(407): 58～62

Robert C C, et al (1996). Abnormal Psychology and Modern Life (10th Ed). New York: Harper Collins, 399～439

Robinson B E, Bacon J G, & O'Reilly J (1993). Fat phobia: measuring, understanding, and changing anti-fat attitudes. Intern J of Eating Disorders, 14(4): 467～480

Robinson N & Fuller J H (1985). Role of life events and difficulties in the onset of diabetes mellitus. J Psychosom Res, 29(6): 583～591

Rogers C R (1951). Client-centered Therapy: Its Current Practice, Implications, and Theory. Boston: Houghton Mifflin

Roller J I & Rimoin D L (1977). Peptic ulcer disease-a heterogeneous group of disorders? Gastroenterology, 73: 604～607

Romach M K & Sellers E M (1998). Alcohol dependency: women, biology, and pharmacotherapy. In McCance-Katz E F & Kosten T R (Eds): New Treatment For Chemical Addictions. Washington DC: American Psychiatric Press

Rosenhan D L & Seligman M E (1995). Abnormal psychology (3rd ed). New York: W W Norton

Rosenman R H, et al (1975). Coronary heart disease in Western Collaborative Group Study, Final follow-up experience of 8 1/2 years. J of Amer Medical Association, 233(8): 872～877

Rubert A, et al (1980) Aspirin combined with alcohol is ulcerogenic. Gostroenterology, 78 (5): 1245

Sadock H J & Sadock V A (1994). Kaplan and Sadock's Comprehensive Textbook of Psychiatry (8th ed). Philadelphia: Lippincott Williams & Wilkins

Samborn R (1994). Priests playing hardball to battle abuse charges. National Law J, 16: A1

Samloff I M, et al (1975). A study of the relationship between serum group Ⅰ pepsinogen levels and gastric acid secretion. Gastroenterology, 69: 1196～1203

Sandford T G M, de Graaf R, Bijl R V, & Schnabel P (2001). Same-sex sexual behavior and psychiatric disorders: finding from the Netherlands mental health survey and incidence study

(NEMESIS). Archives of General Psychiatry,58：85～91

Sapolsky R M (1999). Why Zebras Don't Get Ulcers：An Updated Guide To Stress，Stress-related Diseases，and Coping. New York：W H Freeman

Sapolsky R M (2003). Taming stress. Science American，September：66～75

Sarason I G & Sarason B R (2005). Abnormal Psychology：the Problem of Maladaptive Behavior (11th ed). Englewood Cliffs，NJ：Prentice Hall

Saxena S，et al (1998). Neuroimaging and frontal-subcortical circuitry in obsessive-compulsive disorder. British J of Psychiatry (Suppl)，172(35)：26～37

Schall T J & Bacon K B (1994). Chemokines，leukocyte trafficking，and inflammation. Current Opinion in Immunology，6(6)：865～873

Schatzberg A F，Posener F J，& Shear P K (2000). Neuropsychological deficits in psychotic versus nonpsychotic major depression and no mental illness. Amer J of Psychiatry，157(7)：1095

Schiavi R C (1990). Chronic alcoholism and male sexual dysfunction. J of Sex and Marital Therapy，16：23～33

Schwartz J M，et al (1996). Systematic changes in cerebral glucose metabolic rate after successful behavior modification treatment of obsessive-compulsive disorder. Archives of General Psychiatry,53：109～113

Schwartz L S，Springer J，Flaherty J A，& Kiani R (1986). The role of recent life events and social support in the control of diabetes mellitus：a pilot study. General Hospital Psychiatry，8(3)：212～216

Segraves R T (1998). Antidepressant-induced sexual dysfunction. J of Clinical Psychiatry，599 (Suppl 4)：48～54

Selye H (1957). The Stress of Life. Harlow：Longman

Serban G & Siegel S (1984). Response of borderline and schizotypal patients to small doses of thiothixene and haloperidol. Amer J of Psychiatry，141：1455～1458

Shaffer D，Gould M，& Hicks R C (1994). Worsening suicide rate in Black teenagers. Amer J of Psychiatry,151：1810～1812

Shapiro F(1995). Eye Movement Desensitization and Reprocessing：Basic Principles，Protocols，and Procedures. New York：Guilford

Shekelle R B，Gale M，Ostfeld A M，& Paul O (1983). Hostility，risk of coronary heart disease，and mortality. Psychosomatic Medicine，45(2)：109～114

Shelton R C，et al (2000). A novel augmentation strategy for treating resistant major depression. Amer J of Psychiatry，158(1)：131～134

Silove D & Manicavasagar V (1997). Overcoming Panic. London：Robinson Publishing Ltd

Sonnenberg A (1988). Factors which influence the incidence and course of peptic ulcer. Scand J Gastroenterol，155 (Suppl)：119～40

Sonnenberg A，Sonnenberg G S (1986). Occupational factors in disability pensions for gastric and duodenal ulcer. J Occup Med，28：87～90

Southwick S M，et al (1993). Abnormal noradrenergic function in posttraumatic stress disorder. Archives of General Psychiatry,50,266～274

Spicer C C (1944). Perforated peptic ulcer during the period of heavy air raids. Lancet, January (1): 14

Spierings E, Sorbi M, Haimowitz B, & Tellegen B (1996). Changes in daily hasslees, mood, and sleep in the 2 days before a migraine headache. Clin J of Pain, 12(1): 38～42

Spitzer R L, Williams J B W, Gibbon M, & First M B (1990). Structured Clinician Interview for DSM-Ⅲ-R Axis Ⅱ Disorders (SCID-Ⅱ). Washington DC: American Psychiatric Press

Spuur J M & Stopa L (2002). Self focused attention in social phobia and social anxiety. Clin Psy Rev,22(7),947～975

Staal W G, et al (2000). Structural brain abnormalities in patients with schizophrenia and their healthy siblings. Amer J of Psychiatry, 157: 416～421

Staessen J, Wang J, Bianchi G, & Birkenhäger W (2003). Essential hypertension. Lancet, 361: 1629～1641

Stahl S M (1997). Mixed depression and anxiety: serotonin 1A receptors as a common Pharmacologic link. J of Clin Psychiatry 1997, 58(8): 20～26

Steptoe A, Wardle J, Pollard TM, et al (1996). Stress, social support and health-related behavior: a study of smoking, alcohol consumption and physical exercise. J Psychosom Res, 41: 171～180

Stewart D A, Carter J C, Drinkwater J, et al (2001). Modification of eating attitudes and behavior in adolescent girls: a controlled study. Intern J of Eating Disorders, 29: 107～118

Stewart W, Lipton R, Celentano D, & Reed M (1992). Prevalence of migraine headache in the United States. Relation to age, income, race, and other sociodemographic factors. J of Amer Medi Asso, 279: 381～383

Substance abuse: The nation's number one health problem (2001). Princeton, NJ: Robert Wood Foundation

Surkic D M (1989). Narcissistic personality disorder: a new clinical systematic. Euro J of Psychiatry, 4(3): 139～145

Surwit R S & Feinglos M N, et al (1984). Behavioral manipulation of the diabetic phenotype in ob/ob mice. Diabetes, 33(7): 616～618

Sylvia A & Lorraine M (1992). Pathophsiology (4th ed). St Louis: Mosby-year Book Inc, 297

Telch C F & Agras W S (1994). Obesity, binge eating and psychopathology: are they related? Inter J of Eating Disorders, 15: 53～61

Tovey F (1979). Progress report: peptic ulcer in India and Bangladesh. Gut, 20: 329～47

True W, Rice J, Eisen S, et al (1993). A twin study of genetic and environmental contributions to liability for post～traumatic stress symptoms. Archives of General Psychiatry,50: 257～264

Turan M T, Esel E, Dundar M, et al (2002). Female-to-male transsexual with 47, XXX karyotype. Biological Psychiatry, 48: 1116～1117

Twentyman C T &Mcfall R M (1975). Behavioral training of social skills in shy males. J of Consulting and Clin Psy,43: 384～395

Vaillant G E (1994). Ego mechanisms of defense and personality psychopathology. J Abnormal Psy, 103(1): 44～50

Van Dijkhuizen N & Reiche H (1980) Psychosocial stress in industry: a heartache for middle management? Psychotherapy and Psychosomatics, 34: 124～134

Van Praag H M (1996). Comorbidity (psycho) analysed. Brit J of Psychiatry, 168 Suppl (30): 129～134

Velasquez M M, Maurer G G, Crouch C, & DiClimente C C (2001). Group Treatment For Substance Abuse: A Stages-of-change Therapy Manual. New York: Guilford Press

Wade T D, Bulik C M, Sullivan P F, et al (2000). The relation between risk factors for binge eating and bulimia nervosa: a population-based female twin study. Health Psy, 19(2): 115～123

Wadsworth M E J (1976). Delinquency, pulse rate and early emotional deprivation. Brit J of Criminology, 16: 245～256

Walker E, Kestlerl L, Bollini A, & Hochman K M (2004). Schizophrenia: etiology and course. Ann Rev of Psych, 55: 401～430

Walker P, Luther J, Samloff IM, & Feldman M (1988). Life events stress and psychosocial factors in men with peptic ulcer disease Ⅱ Relationships with serum pepsinogen concentrations and behavioral risk factors. Gastroenterology, 94: 323～330

Wang L, Dai G, & Fei C (2005). Rational emotional behavior therapy in the treatment of migraine. Chinese J of Clin Rehabilitation, 9(12): 241～243

Wastell C (1972). Incidence, appewances and complications. In Wastell C (ed): Chronic Duodenal Ulcer. New York: Appelton-Cenlury-Crofts, 3～18

Weiner B (1977). Discovering Psychology. Chicago: Science Research Associates

Weiner H, Thaler M, Reiser MF, & Mirsky IA (1957). Relation of specific psychological characteristics to rate of gastric secretion (serum pepsinogen). Psychosom Med, 19: 1～10

Weston S C & Siever L J (1993). Biological correlates of personality disorders. J of Personality Disorders, Spring (Suppl): 129～148

WHO (1964). Psychosomatic Disorders: Thirteenth Report of the WHO Expert Committee on Mental Health. Geneva: WHO

Widiger T A, et al (1987). A multidimensional scaling of the DSM-Ⅲ personality disorders. Arch Gen Psychiatry, 44: 557～563

Willfley D E, Friedman M A, Dounchis J Z, et al (2000). Comorbid psychopathology in binge eating disorder: relation to eating disorder severity at baseline and following treatment. J of Consulting and Clinical Psychol, 68(4): 641～649

Williams D E, Raczynski J M, Domino J, & Davig J P (1993). Psychophysiological and MMPI Personality Assessment of Headaches: an integrative approach. The J of Head and Face Pain, 33 (30):149

Williams P T (2001) Physical fitness and activity as separate heart disease risk factors: a meta-analysis. Med Sci Sports Exerc, 33(5): 754～761

Wincze J P (1989). Assessment and treatment of atypical sexual behavior. In Lieblum S R & Rosen R C (Eds): Principle And Practice of Sex Therapy (2nd ed)(382～404). New York: Guilford

Wing R R, Epstein L H, Blair E, & Nowalk M P (1985). Psychologic stress and blood glucose levels in nondiabetic subjects. Psychosomatic Medicine, 47(6): 558～564

Wittchen H U, Zhao S, Kessler R C, & Eaton W W (1994). DSM-Ⅲ-R generalized anxiety disorder in the national comorbidity survey. Archives of General Psychiatry,51: 355～364

Wittchen H U·(1996). What Is comorbidity-fact or artefact. Brit J of Psychiatry, 168 Suppl (30): 7～8

Wittrock D & Foraker S (2001). Tension-type headache and stressful events: the role of Selective memory in the reporting of stressors headache. The J of Head and Face Pain, 41: 5, 482～493

Wolff S, et al (1991). Schizoid personality in childhood and adult life Ⅱ: adult adjustment and the continuity with schizotypal personality disorder. Brit J of Psychiatry, 159: 620～9

Wolff H G (1953). Stress and Disease. Springfield, IL: Charles C Thomas

Wolff H G, Wolf S E, & Hare C C (1950). Life Stress and Bodily Disease. Baltimore: Williams and Wilkins

Wonderlich S A & Crosby R D, et al (2001). Eating disturbance and sexual trauma in childhood and adulthood. Intern J of Eating Disorder, 30(4): 401

Woods P, et al (1984). Findings on a relationship between Type A behavior and headaches. J of Behavioral Medicine, 7(3): 277～286

Wynne L C, et al (1975). Schizophrenics and their families: recent research on parental communication. In Tanner J M(Ed): Psychiatric Research: The Widening Perspective. New York: International Universities Press

Yehuda R(2002). Post traumatic Stress Disorder. New England J of Med, 346(2): 108～114

Young B H & Ford J D, ed al (1998). Disaster Mental Health Services: A Guidebook for Clinicians and Administrators. Menlo Park, CA: National Center for Post-Traumatic Stress Disorder

Young L T, Russell T J, & Janine C R (2000). Double-blind comparison of addition of a second mood stabilizer versus an antidepressant to an initial mood stabilizer for treatment of patients with bipolar depression. Amer J of Psychiatry, 157(1): 124

Zanarini M C, Frankenburg F R, Chauncey D L, & Gunderson J G (1987). The diagnostic interview for personality disorders: inter-rater and test-retest reliability. Comprehensive Psychiatry 28 (6): 467～480

Zhang F, Mitchell J, & Wang M, et al (1992). The Prevalence of anorexia nervosa and bulimia nervosa among freshman medical college students in China. International Journal of Eating Disorder, 12(2): 209～214

Zilbergeld B (1998). The New Male Sexuality (Rev ed). New York: Bantam Books

Zimmerman M, Wilson M, & Jill I M (2000). Frequency of anxiety disorders in psychiatric outpatients with major depressive disorder. Amer J of Psychiatry, 157(8): 1337～1340

Zimmerman, M. (1994). Diagnosing personality disorder: a review of issues and research methods. Arch Gen Psychiatry, 51: 255

Zlotnick C, Johnson S L, & Howard M(2001). Postpartum depression in women receiving public assistance: pilot study of an interpersonal-therapy-oriented group intervention American Journal of Psychiatry; 158(4): 638～640

Zuckerman M (1999). Vulnerability to Psychology: A Biosocial Model. Washington: American

Psychological Association Press

Barlow 等主编，刘兴华等译(2004). 心理障碍临床手册. 北京：中国轻工业出版社

Beck A T, Freeman A 和 Davis D D 著，翟书涛等译(2004)，人格障碍的认知治疗，北京：中国轻工业出版社

Burger 著，陈会昌等译(2000). 人格心理学. 北京：中国轻工业出版社

Comer R J 著，林美吟，施类烇译(2001). 变态心理学. 台北：心理出版社股份有限公司

de Girolawo G, Warner R 著，成义红，王克勤等译(1997). 精神分裂症. 北京：人民卫生出版社

Diggory S F 著，金娣，屠荣生译(2000)学习失能. 沈阳：辽海出版社

Hollowey M (2003). 行为重塑大脑. 科学美国人(中文版)，11 期：57～63

Hyman S E (2003). 让精神疾病原形毕露. 科学美国人(中文版)，11 期：75～81

Kast 著，陈瑛编译(2003). 克服焦虑. 北京：三联书店

Kennerley 著，施承孙，宫宇轩译(2000). 战胜焦虑. 北京：中国轻工业出版社

Nichols M P, Schwartz R C 著，林丹华等译(2005). 家庭治疗基础. 北京：中国轻工业出版社

Pawlik K & Rosenzweig M R 主编，张厚粲主译(2002). 国际心理学手册. 上海：华东师范大学出版社

Putnan 著，温全球译(1994). 多重人格障碍的治疗. 国外医学精神病学分册，21(3)：187～188

Ross P (2003). 读出人的思想. 科学美国人(中文版)，11 期：52～55

Sapolsky R(2003). 驯服大脑压力. 科学美国人(中文版)，11 期：65～73

Tŏlle R 著，王希林译(1997). 实用精神病学(第 10 版). 北京：人民卫生出版社

Wasserman D 著，李鸣等译(2003). 自杀，一种不必要的死亡. 北京：中国轻工业出版社

WHO(1985). 不同文化背景中的抑郁障碍：世界卫生组织关于抑郁障碍标准化评定协作研究的报告. 北京：人民卫生出版社。

Wyngaarden, Smith & Bennett 主编，邵循道主译(1995). 西氏内科学第二卷(第 19 版). 西安：世界图书出版社西安公司，1052～1081

蔼理士著，潘光旦译(1988). 性心理学. 上海：三联书店

艾森克 M 著，阎巩固译(2000). 心理学：一条整合的途径. 上海：华东师范大学出版社

爱德华兹 A 著，张臣译(1983). 费雯丽传. 北京：中国戏剧出版社

彼德森 C 著，杜仲杰，沈永正，杨大和，饶怡君，吴幸宜译(2002). 变态心理学. 新加坡：亚洲汤姆生国际出版有限公司

波林 E G 著，高觉敷译(1981). 实验心理学史. 北京：商务印书馆

蔡焯基，汤宜朗(2000). 精神分裂症：病因，诊断，治疗，康复. 北京：科学出版社

蔡焯基，汤宜朗(2001). 抑郁症的基础与临床. 北京：科学出版社

蔡志基(1999). 全球毒品问题的现状与动向. 中国药物依赖性杂志，8(1)：6～11

曹中昌，唐秋美(1995). 社交恐怖症的研究进展. 国外医学精神病学分册，22(3)，143～146

陈德昌，陈蕾(2004). 精神分裂症患者亲属的心理健康状况调查分析. 中华医学实践杂志，3(4)

陈弘道(1984). 精神病症状学. 合肥：安徽科技出版社

陈科文(2000). 对青少年药物使用和滥用的病因学研究. 中国药物依赖性杂志，9(2)：84～87，93

陈圣祺(2001). 肇事肇祸精神病人 35 例的社区管理. 现代康复，5(2)：124

陈士葆编著(1990). 遗传与消化，呼吸系统疾病. 北京：科学出版社，42～57

陈曦，钟杰，钱铭怡(2004). 社交焦虑个体的注意偏差实验研究. 中国心理卫生杂志，18

(12),846～849

陈向明(2000).质的研究方法与社会科学研究.北京：教育科学出版社

陈晓丽，谢敬霞，韩鸿宾，张伯全(2004).强迫症状诱发磁共振灌注成像及定量分析.中国医学影像技术，20(3)：394～396

陈彦方(2001).CCMD-3相关精神障碍的治疗与护理.济南：山东医科大学出版社

陈彦方(2001).关于中国精神障碍分类与诊断标准第三版的几个问题.中华精神科杂志，34(3)：131～133

陈燕杰(2000).产后抑郁症.实用妇产科杂志，16(1)：13～15

陈熠等(2000).精神病患者家属病耻感调查及相关因素分析.上海精神医学，12(3)：153～154

陈咏梅，王增珍，杨红梅，陈立功(1999).武汉市310名女性吸毒者的家庭背景及教养方式.中国药物依赖性杂志，8(4)：300～305

陈祉妍(2003).短程心理动力学疗法.见 钱铭怡主编：心理治疗.长春：吉林教育出版社

陈仲庚(1992).实验临床心理学.北京：北京大学出版社

陈仲庚，甘怡群(1993).人格心理学概要.北京：时代文化出版公司

陈仲庚，张雨新(1986).人格心理学.沈阳：辽宁人民出版社

陈仲庚主编(1985).变态心理学.北京：人民卫生出版社

程艺萍，刘桔湘，何锐(1998).艾滋病传染核心人群：女性静脉药物滥用情况调查报告.中国药物依赖性通报，7(3)：176～178

崔玉平(2005).金星画传.北京：团结出版社

大原浩一，大原健士郎著，崔玉华审校(1995).森田疗法与新森田疗法.北京：人民卫生出版社

戴安·梅尔斯著，陈锦宏等译(2001).灾难与重建：心理卫生实用手册.台北：心灵工坊

戴庆康(2004).有关精神病治疗和病人权利保护的若干问题.医学与社会，17(1)：40～43

戴晓阳等(1998).心理社会因素在糖尿病发生过程中的作用及机理研究：Ⅳ Ⅱ型糖尿病发生的危险因素分析.中国临床心理学杂志，6(4)：196～198

杜宏群，陈玉民，马秀青(2002).森田疗法治疗强迫症的随访对照研究.中国临床康复，6(7)：1000～1001

杜宏群，陈玉民，王陶丽(2002).认识领悟疗法治疗强迫症的随访对照研究.中国神经精神疾病杂志，28(3)：218～219

杜学东，董成惠(1983).古代中医的医学心理思想与心理治疗.见 中国心理学会医学心理学专业委员会，河南省心理学会医学心理学专业委员会编：心理治疗参考资料(第一期)，5～10

樊富珉(2002).大学生心理素质教程.北京：北京出版社

范青，马玮亮，季建林(2005).女性进食障碍的心理社会学因素研究.国外医学妇幼保健分册，16(1)：55～57

方顺源，朱晓霞等(2004).杭州市2003年高血压流行病学调查.心血管病防治，4(6)：40～42

方玉华(2004).孤独症儿童三例报告.中国优生与遗传杂志，12(1)：117

费立鹏(2004).中国的精神卫生问题：21世纪的挑战与选择.中国神经精神疾病杂志，30(1)：1～10

费立鹏(2004).中国的自杀现状及未来的工作方向.中华流行病学杂志，25(4)：277～279

冯冬梅，甘露春，刘金英(2004).277例恐怖症患者的个性特征及临床特点分析研究.现代医院，4(9)：38～39

弗洛伊德著，林克明译(1988).爱情心理学.北京：作家出版社

付翠(2001).元认知模型：广泛性焦虑障碍研究中的新理念.医学与哲学，22(12)：56～58

傅宏(2000).儿童青少年心理治疗.合肥：安徽人民出版社

高安民等(1999).季节性情感障碍.中国心理卫生杂志，13(6)：379～380

高北陵(1996).某些社会心理因素对糖尿病的影响.中国临床心理学杂志，4(3)：187～190

高北陵(1997).心理社会因素在糖尿病发生过程中的作用及机理研究：紧张生活事件对人类Ⅱ型糖尿病发生影响的初步研究.中国临床心理学杂志，5(3)：134～137

高罗佩(1990).中国古代房内考.上海：上海人民出版社

格里格C，津巴多P著，王垒，王甦等译(2003).心理学与生活(第16版).北京：人民邮电出版社

耿直等(2000).抑郁症住院患者适应性睡眠改变的研究.中华精神科杂志，33(1)：20～22

宫翠凤，李涛，谷士军(2004).“钟氏”领悟疗法合并药物与单纯药物治疗强迫症69例比较研究.中国心理卫生杂志，18(4)：262～264

龚耀先(1983).韦氏成人智力量表在我国的修订.心理学报，13(3)：362～366

龚耀先(1986).HRB成人成套神经心理测验在我国的修订.心理学报，11(4)：433～442

龚耀先(1992).韦氏成人智力量表手册.长沙：湖南地图出版社

龚耀先(2003).心理评估.北京：高等教育出版社，68～79

龚耀先，戴晓阳(1986).中国-韦氏幼儿智力量表(C-WICSI)手册.长沙：湖南地图出版社

龚耀先等(1997).心理社会因素在糖尿病发生过程中的作用及机理研究：Ⅰ理论框架.中国临床心理学杂志，5(2)：69～73

顾东风等(2000).敌意行为与冠心病危险因素联系的横断面研究.中华流行病学杂志，21(6)：441～444

顾牛范，李华芳(1999).情感性精神障碍的生化进展.上海精神医学，第11卷增刊：15～16

顾牛范，王承祖(1999).精神医学进修讲座(第3版).上海：上海医科大学出版社

郭慧荣，肖泽萍(2004).强迫症的生活质量研究.国外医学精神病学分册，31(2)：115～117

郭兰婷，单友荷，周在东等(1998).学龄儿童的抑郁，中国心理卫生杂志，12(3)：151～153

郭莲舫，张明园(2002).精神病学.上海：上海医科大学出版社

郭荣(2004).天津市5000名0～6岁儿童中儿童孤独症的流行病学调查.中国临床康复，8(6)：1122～1123

韩聰等(1996).不同心理控制源倾向的男性大学生在饮酒行为上的差异.中国药物依赖性通报，5(2)：86

韩建波，刘兰芬(2003).105例车祸伤后病人应激障碍的随访研究.中国全科医学，6(10)：840～842

韩永华等(1999).精神分裂症患者及其一级亲属探究性眼球轨迹运动的研究.中华精神科杂志，32(1)：27～29

郝伟(2001).精神病学.北京：人民卫生出版社，43～54

何敏慧等(1999).城市社区更年期居民抑郁焦虑状况及其影响因素.中华精神科杂志，32(4)：239～241

何鸣，吴仁刚，章晓冬等(1993).翻车事故幸存者中精神创伤后应激障碍.中国心理卫生杂志，7：341～363

何燕玲，张明园(2000).阳性和阴性症状量表的中国常模和因子分析.中国临床心理学杂志，8

(2)：65～69

胡伏莲(1998). 重视幽门螺旋杆菌毒素的研究. 中华消化杂志，18(2)：67～68

胡华，杜向东，邓伟(2004). 惊恐障碍临床特征及误诊分析. 中国误诊学杂志，4(10)：1579～1581

胡纪念(2005). 英国精神病法庭辩护简介. 法律与医学杂志，12(1)：67～68

胡立荣，黄文武等(2003). 父母养育方式对躯体化障碍患者述情障碍的影响. 温州医学学报，33(3)：191～193

胡小宣，凌奇荷(1998). 心理社会因素和胃动素与十二指肠溃疡的关系. 中国临床心理杂志，6(3)：168～171

湖南医学院(1981). 精神病学基础. 长沙：湖南科技出版社

黄继真，赖淑珍等(2001). 癔症心理治疗体会. 中原精神医学学刊，7(3)：167

黄兴兵等(2005). 惊恐障碍患者血儿茶酚胺和皮质醇水平的研究. 中国行为医学科学杂志，14(1)：77～78

纪术茂，戴郑生(2004). 明尼苏达多相人格调查表. 北京：科学出版社，1～40

季建林(1998). 精神活性物质所致精神障碍患者的心理治疗及社会干预. 中华精神科杂志，31(3)：189～191

季建林(2003). 精神医学. 上海：复旦大学出版社

贾福军，杨德森(1999). 创伤后应激障碍的精神生物学研究. 国外医学精神病学分册，26(1)：34～38

江开达(2000). 精神医学新概念. 上海：上海医科大学出版社

姜乾金(1993). 心理应激：应付的分类与心身健康. 中国心理卫生杂志，7(4)：145～147

姜乾金(2002). 医学心理学. 北京：人民卫生出版社，95～100

姜佐宁(1998). 现代精神病学. 北京：科学技术出版社

蒋国彦主编(1992). 实用糖尿病学. 北京：人民卫生出版社，22～48

接明祥，刘萍，张梅等(2001). 精神发育迟滞患者社会肇事行为相关因素研究. 中国行为医学科学，10(4)：334～336

解亚宁(1998). 简易应对方式量表信度和效度的初步研究. 中国临床心理杂志，6(2)：114～115

金雁，吴彩云(1996). 十二指肠球部溃疡与生理及行为的关系. 中国心理卫生杂志，10(3)：126～127

金枝，罗继明，苏俊义，童伟鹏(2000). 防御方式问卷在海洛因依赖者中的测评分析. 中国药物依赖性杂志，9(1)：57～59

克利福德·比尔斯著，陈学诗等译(2000). 一颗找回自我的心. 北京：中国社会科学出版社

李朝瑛，郭银燕，罗跃嘉(1999). 消化性溃疡病人心理卫生状况及生活事件调查. 中国临床心理学杂志，7(2)：109～110

李芬等(1997). 产后抑郁症状与产时相关因素分析. 中国心理卫生杂志，11(5)：300～301

李功迎，李凌江，马洪霞等(2004). 精神分裂症患者对住院的态度及影响因素分析. 上海精神医学，16(2)：72～74

李惠春，马颖，王立伟等(1998). 惊恐障碍局部脑血流灌注的研究. 上海精神医学，10(2)：69～72

李鸣，何慕陶(1992). 心理中介因素在消化性溃疡发病中的作用，中国心理卫生杂志，6(4)：149～151

李薇薇(2005). 受境外毒品影响加大，我国现有吸毒人员近 80 万. 北京青年报，4 月 5 日

李献云等(2002). 农村地区综合医院诊治的自杀未遂病人的特征. 中国心理卫生杂志，16(10)：681～684

李心天(1998). 医学心理学. 北京：北京医科大学-中国协和医科大学联合出版社，471～506

李心天主编(1996). 医学心理学. 北京：人民卫生出版社，38～53

李秀珍，方明昭(1998). 对94例慢性酒精中毒病人的临床分析. 中国药物依赖性通报，7(1)：25～27

李雪荣(1994). 现代儿童精神医学，长沙：湖南科学技术出版社

李雪英(1999). PTSD的认知理论及认知行为治疗. 中国临床心理学杂志，7(2)：125～128

李艳玲(2005). 暗示在癔症护理中的作用. 齐鲁护理杂志，11(1)：70

李银河(1998). 同性恋亚文化. 北京：今日中国出版社

梁宝勇(2002). 变态心理学. 北京：高等教育出版社

梁文香，贺敬义等(2001). 200例癔症遗传学研究. 临床精神医学杂志，11(5)：299～300

林传鼎，张厚粲(1986). 韦氏儿童智力量表-中国修订本. 北京：北京师范大学出版社

林祥通，陈振强，林新榕(1999). 100例酒滥用与酒精依赖者脑CT检查分析. 中国药物依赖性杂志，8(2)：126

林雄标，胡纪泽(2002). 社交恐怖症的心理防御机制极其相关因素. 中国心理卫生杂志，16(3)：191～193

临床医学编委会(1997). 中国医学百科全书：临床医学(上). 上海：上海科学技术出版社，451～453

刘炳仑(1996). 90年代糖尿病心理社会因素研究进展. 中国临床心理学杂志，4(1)：60～6

刘炳仑，林勇强，张献共(1996). 九十年代糖尿病心理社会因素研究进展. 中国临床心理学杂志，4(1)：60～62

刘达临，鲁龙光(2005). 中国同性恋研究. 上海：中国社会出版社，233

刘达临主编(1995). 中国当代性文化：中国两万例“性文明”调查报告. 上海：三联书店，113

刘光雄，杨来启，许向东等(2002). 车祸事件后创伤后应激障碍的研究. 中国心理卫生杂志，16(1)：18～205

刘红霞(2003). 氟西汀与阿米替林治疗躯体形式障碍的对照研究. 山东精神医学，16(4)：204～205

刘破资(1989). 十二指肠溃疡男性患者的心理社会因素对照研究. 中国心理卫生杂志，3(4)：162～164

刘士协，杨德森(1985). 精神分裂症与脑器质性疾病患者Halstead-Reitan成套测验(HRB)比较研究. 中国神经精神疾病杂志，11(2)：79～82

刘铁榜，王晓萍，白雪光等(1992). 伴贪食诱吐的神经性厌食症. 中华神经精神科杂志，25(1)：22～24

刘协和(1992). 精神卫生立法工作的进展. 四川精神卫生，5(1)：1～2

刘玉德，宋书元(1992). 酒精滥用和依赖性问题发展概况. 中国药物依赖性通报，1(2)：65～67

刘玉局(2004). 不同性别躯体化障碍临床对照分析. 中国健康心理学杂志，12(6)：411

刘志民，蔡志基(1997). 我国药物滥用流行特征，现状与药物滥用预防问题探讨. 中国药物滥用防治杂志，1：16～19

柳田知司，郑继旺(1995). 药物依赖研究进展. 中国药物依赖性通报，4(4)：197～199

卢宁,朱昌明(1995).几种心身疾病患者的心理卫生状况与个性特征.中国心理卫生杂志,9(2):60～63

路敦跃,张丽杰(1992).防御机制研究进展.国外医学精神病学分册,19(2):69～72

吕红霞,郭本玉等(2005).暗示疗法治疗儿童癔症30例的疗效观察.职业与健康,21(4):613

骆艳丽,吴文源等(2002).氟西汀治疗持续的躯体形式的疼痛障碍的疗效及其作用机制.中华精神科杂志,35(2):111～114

马闯胜,张淑芳等(2004).联合小剂量抗精神病药治疗躯体形式障碍的对照观察.中国民康医学杂志,16(9):528～529

马惠兰(2003).心理咨询与治疗人员如何处理涉及来访者个人隐私而引发的法律问题.中国心理卫生杂志,17(10):724～726

马佳等(2005).深圳市儿童青少年学习障碍认知特征分析.中国全科医学,8(11):901～902

马丽霞,邱亚峰(2004),躯体化障碍患者抑郁症状的对照研究.中国临床心理学杂志,12(2):195

马世民(2000).情感性精神障碍涉法行为分析.临床精神医学杂志,10(2):93～95

马晓年(2004).现代性医学.北京:军事出版社

迈耶 R G,萨门 P 著,丁煌,李吉全,武宏志译(1988).变态心理学.沈阳:辽宁人民出版社

满常红,陈徽(1997).强迫症的研究进展.国外医学精神病学分册,24(3):144～147

毛洪祥(2003).持续性躯体形式疼痛障碍患者的心理状态.学术交流,13(6):354～355

梅其一,朱雄伟,陈一鸣(2000).森田疗法治疗强迫性神经症疗效及出院后随访研究.中国临床心理卫生杂志,14(1):59～61.

门林格尔著,冯川译(2004).人对抗自己.贵阳:贵州人民出版社

孟凡强,侯冬芬等(1995).森田疗法治疗神经性贪食症一例.中国心理卫生杂志,9(6):270

孟莉,侯志瑾,张岚(2005).心理咨询与治疗的研究.中国心理卫生杂志,19(1):64～68

孟宪璋(2002).躯体化障碍与童年期的创伤.中国临床心理学杂志,10(3):183～188

孟昭兰(1994).普通心理学.北京:北京大学出版社

潘桂花,陆峥(1999).生活事件对情感障碍发病的影响.上海精神医学,11(1):90～92

潘建良等(2000).消化性溃疡患者的心理防御机制分析,中国心理卫生杂志,14(3):203～205

潘菽等(1999).中国大百科全书:心理学卷.北京:中国大百科全书出版社

潘绥铭(1998).中国性现状.北京:光明日报出版社

钱铭怡(1994).心理咨询与心理治疗.北京:北京大学出版社

钱铭怡(1997).访海德堡戒毒中心.心理与健康,4:28～29

钱铭怡(2002).心理治疗.长春:吉林教育出版社

钱铭怡(2005).国内外重大灾难心理干预之比较.心理与健康,4:4～6

钱铭怡,陈曦,钟杰(2004).社交焦虑个体的注意偏差.中国临床心理学杂志,12(4):424～427

钱铭怡,李宏(1996).客家人与北京人精神健康及相关因素的比较研究.心理学动态,4(2):49～55

钱铭怡,刘鑫(2002).北京女大学生节食状况及进食障碍状况的初步调查.中国心理卫生杂志,16(11):753～757

钱铭怡,马悦(2002).北京市大学生对心理健康的认知.中国心理卫生杂志,16(12):848～852

钱铭怡,武国城,朱荣春,张莘(2002).艾森克人格问卷简式量表中国版(EPQ-RSC)的修订.心理学报,32(3):317～323

强赣生(1987). 变态心理学. 台北：五洲出版社

曲一凡(2003). 采用森田疗法治疗惊恐障碍24例. 中国临床康复,7(9)：1448～1449

全国糖尿病研究协作组(1981). 全国14省市30万人口中糖尿病调查报告. 中华内科杂志,20(11)：678

全国糖尿病研究协作组(1998). 我国成人中糖尿病家族史与糖尿病发病某些特点的分析. 中华内分泌代谢杂志,14(6)：361～364

冉茂盛等(1998). 精神分裂症家属的情感表达. 中华精神科杂志,31(4)：237～239

饶顺曾,单怀海,沈文龙等(2002). 精神病患者肇事肇祸相关因素回顾分析. 神经疾病与精神卫生,2(4)：233～234

任清涛,李广(2001). 内科门诊躯体形式障碍的临床特征和治疗研究. 中国临床心理学杂志,9(4)：284～285

任清涛,谭洪霞,张群(2002). 惊恐障碍误诊为冠心病心绞痛42例临床分析. 中国行为医学杂志,11(2)：189

沈其杰(1993). 心境障碍临床研究现状和展望. 上海精神医学,新第5卷(3)：210～217

沈鑫华,钮富荣,张帆等(2004). 惊恐障碍一氧化氮、一氧化氮合酶及脑血流研究. 中国心理卫生杂志,18(11)：787～790

沈怡芳,李晓驷(2004). 1例躯体形式障碍患者的结构式家庭治疗. 临床心身疾病杂志,10(3)：207～208

沈怡芳,张晓庆(2003). 门诊应用森田疗法治疗惊恐障碍效果分析. 临床心身疾病杂志,9(3)：161～162

沈渔邨,张维熙等(1998). 中国七个地区精神疾病流行病学调查. 中华精神科杂志,31(2)：69～71

沈渔邨主编(1998). 精神病学(第3版). 北京：人民卫生出版社,759～770

沈渔邨主编(2002). 精神病学(第4版). 北京：人民卫生出版社,219～235

施琪嘉(2000). 心理动力学对癔症治疗的理论和实践问题. 现代康复,4(11)：31

施慎逊等(1999). 更年期抑郁焦虑症状的调查. 上海精神医学,11(4)：208～211.

史尧胜(1999). 强迫症的神经影像学研究进展. 国外医学精神病学分册,26(3)：167～170

世界卫生组织(1997). 1997年世界卫生组织报告. 北京：人民卫生出版社,1998

世界卫生组织编,王祖新等译(1985). 不同文化背景下的抑郁障碍：世界卫生组织关于抑郁障碍标准化评定协作研究的报告. 北京：人民卫生出版社

世界卫生组织著,范肖冬,汪向东,于欣,刘平译(1993). ICD-10精神与行为障碍分类：临床描述要点. 北京：人民卫生出版社

宋德升(2001). 儿童抑郁症二例报告,中国儿童保健杂志,9(3)：167

宋书元(1994). 酗酒与优生. 中国药物依赖性通报,3(1)：1～3

苏林雁等(2003). 长沙市小学生焦虑障碍现状调查. 中国神经精神疾病杂志,28(5)：330～333

苏亚玲,洪汉林,陈汉华等(2004). 治疗康复模式："太阳花"治疗康复社区. 中国药物滥用防治杂志,10(6)：367～369

孙九伶,秦颖洁,楚更五,周子亮(2000). 慢性酒精中毒病人认知功能障碍与脑电图变化. 中国药物依赖性杂志,9(2)：127～129

孙钧(2005). 癔症性失语半年余1例报告. 新医学,36(6)：343

孙凌,苏林雁,刘永忠(2000).对立违抗性障碍.国外医学精神病学分册,27(4):233～237

孙士广,刘志中(1999).情感障碍的性别差异.四川精神卫生,5(2):73～75

孙月吉等(1999).精神分裂症病人脑影像分析.国外医学精神病学分册,26(4):196～200

汤王君,苏林雁等(2003).小学生中抑郁症状现况调查.中国临床心理学杂志,11(4),264～266

汤宜朗(1998).酒精依赖的形成机制及治疗药物研究进展.中国药物依赖性杂志,7(4):198～204

唐莉,张进辅(2004).新视角:进食障碍的病因学研究进展.中国全科医学,7(7):516～517

唐文新(2000).抗抑郁剂诱发四种疾病的躁狂发作的比较分析.四川精神卫生,13(4):265.

唐钺(1982).西方心理学史大纲.北京:北京大学出版社

陶国泰主编(1999).儿童少年精神医学.南京:江苏科学技术出版社

田志宏(1990).神经性贪食症:一个日益受到重视的疾病.中国心理卫生杂志,4(1):21～23

童建明,王群英(2003).国产万拉法新与氯米帕明治疗躯体形式障碍的疗效比较.四川精神卫生,16(3):172～173

汪斌(2000).精神障碍的鉴别诊断.天津:天津科学技术出版社

汪春运(2001).抑郁症的药物长期治疗.国外医学精神病学分册,28(3):155～155

汪向东,赵丞智等(1999).地震后创伤后应激障碍的发生率及影响因素.中国心理卫生杂志,13(1):28～30

王登峰(1993).变态心理学.北京:时代文化出版公司

王登峰,崔红(2003).心理卫生学.北京:高等教育出版社

王登峰著(1999).临床心理学.北京:人民教育出版社

王法鑫,路英智(2000).认识领悟疗法治疗强迫症的对照研究.山东精神医学,13(1),36～37

王敬英(2005).反复发作的癔症性漫游1例.临床精神医学杂志,15(3):157

王立娥,郭玉岚等(2005).城乡癔症患者临床特征及心理护理对策.中国民康医学杂志,17(6):332

王丽颖,杨蕴萍,林涛(2004).焦虑障碍患者父母养育方式分析.中国心理卫生杂志,18(6):414～415

王米渠(1982).谈中医情志相胜的心理治疗.见 中国心理学会医学心理学专业委员会,北京心理学会编:医学心理学文集,64～68

王年生,陆继德(1993).惊恐障碍研究新进展.国外医学精神病学分册,20(1):5～9

王汝楠(2004).癔症病人的心理暗示治疗.中国校医,18(4):361～362

王顺栓(2005).精神病防治康复中的流行病学调查.中国康复理论与实践,11(4):317～318

王卫华等(2003).江苏省儿童孤独症的流行病学调查.中国行为医学科学,12(2):173～174

王希林译(2000).世界卫生组织总干事布伦特兰博士在1999年中国/世界卫生组织精神卫生高层研讨会上的讲话.中国心理卫生杂志,14(1):6～7

王行娟(2000).电话心理咨询的理论与实践.北京:昆仑出版社

王有德,叶兰仙(1999).神经性厌食症濒临死亡一例报告.中国心理卫生杂志,13(3):161

王元秀,任泽华等(2003).曲唑酮治疗持续性疼痛性躯体形式障碍的双盲对照研究.中国疼痛医学杂志,9(2):70～72

王振,肖泽萍等(2003).强迫症与人格障碍的共病研究.中国心理卫生杂志,17(6):409～411

王志强,金卫东(1993).肠易激综合症患者应付过程的初步研究.中国心理卫生杂志,7

(4)：161～163

魏立莹等(1999).抑郁与归因方式关系的研究.中国临床心理学杂志,7(4)：213～215

吴斌(2003).森田疗法治疗强迫症 52 例的临床疗效分析.四川精神卫生,16(3)：177～178

吴彩云,王金华,徐英(1994).恐怖症患者个性特征探讨.中国临床心理学杂志,2(2)：106～107

吴桂英,张向阳(1997).认知疗法治疗强迫症.国外医学精神病学分册,24(2)：97～100

吴艳茹,肖泽萍(2004),分离性身份识别障碍的相关临床问题.上海精神医学,16(4)：246～248

吴兆苏等(1996).我国多省市心血管病趋势及决定因素的人群监测(中国 MONICA 方案)：Ⅰ发病率和死亡率监测结果. 中华心血管杂志,4：145～149

香港教育统筹局(2005). http：//www.asld.org.hk

香港特殊学习障碍协会(2005). http：//www.hkedcity.net/article/specialed _ parent/050509-003/

向孟泽等(1986).12 地区神经症流行病学调查.中华神经精神科杂志,19(2)：87～91

肖广兰,Huon G, 钱铭怡(2001).节食及相关态度的社会影响因素研究.中国心理卫生杂志,15(5)：365～367

肖广兰,钱铭怡,Huon G,王易平(2001).北京市女中学生进食障碍检出率研究的结构式会谈结果报告.中国心理卫生杂志,15(5)：362～364

谢斌等(2000).精神卫生与法律-精神卫生立法的历史和现状.上海精神医学,2000 增刊：48～51

谢懋平(2005).氟伏沙明治疗躯体形式障碍 1 例.齐齐哈尔医学院学报,26(3)：251

谢亚莉,应焱燕,许国章(2002).1991～2000 年宁波市Ⅱ型糖尿病死亡趋势分析.浙江预防医学,14(8)：3～5

修慧兰等(2005).心理辅导、心理咨询与心理治疗的异同.中国心理卫生杂志,20(3)：201～205

徐斌,王效道(1990).心身医学.北京：中国医药科技出版社,63～96

徐斌,王效道,刘士林主编(2000).心身医学：心理生理医学基础与临床.北京：中国科学技术出版社,66～69

徐斌等(1993).住院焦虑症和抑郁性神经症的情感和抑郁症状.上海精神医学,1993 年新第 5 卷(3)：171～172

徐静(1997).家庭治疗.见 沈渔邨主编：精神病学(第 3 版).北京：人民卫生出版社

徐俊冕(1995).医学心理咨询方法.上海：上海医科大学出版社

徐俊冕(2004).躯体化与躯体形式障碍.中国行为医学科学,13(3)：359～360

徐凯文(2003).精神分裂症病人注意功能的研究.北京大学硕士毕业论文

徐凯文,陈国林,王健民(1995).苏州市高中生抑郁、焦虑情绪调查.苏州大学学报(心理科学版),1 期：102～103

徐云,龚耀先(1987).Luria-Nebraska 神经心理成套测验的初步修订.心理科学通讯,3：28～32

许淑莲编著(1989).医学心理学研究方法.北京：团结出版社

许秀峰(1996).人格、生活事件和应付方式与神经症症状关系的研究.中华精神神经杂志,29(1)：43～45

许又新(1993a).神经症.北京：人民卫生出版社

许又新(1993b).焦虑障碍诊断和治疗.北京医科大学精神卫生研究所(内部资料)

许又新(1993c).精神病理学-精神症状的分析.长沙：湖南科学技术出版社

许又新(1999).抑郁症诊断的变迁.上海精神医学,11(2)：121～122

许又新，刘协和(1981a). 中国精神病学发展史. 见 湖南医学院主编(1981)：精神医学基础. 长沙：湖南科学技术出版社，1～9

许又新，刘协和(1981b). 国外精神病学发展史. 见 湖南医学院主编(1981)：精神医学基础. 长沙：湖南科学技术出版社，9～28

薛兆英，许又新，马晓年主编(1995). 现代性医学. 北京：人民军医出版社

颜文伟(1996). 临床精神药理学. 长沙：湖南科学技术出版社

颜文伟译(1994). 诊断与统计手册(DSM-Ⅳ). 上海精神医学，新 6 卷增刊

燕殿学，刘浅荣，李红娅(2000). 综合医院门诊心身疾病调查分析. 健康心理学杂志，8(2)：185～187

杨德森主编(1989). 中国精神疾病诊断标准与案例. 长沙：湖南大学出版社

杨历新，褚以德等(1996). 西宁地区 1239 例离退休老干部心身疾病调查分析. 青海医药杂志，26(1)：20～21

杨玲玲，左成业(1993). 器质性精神病学. 长沙：湖南科学技术出版社，43～54

杨文娟，陆培(1998). 恐怖症患者个性特征的初步探讨. 锦州医学院学报，19(5)：33～34

杨雪荣，万国斌，苏林雁等(1993). 湖南省 4 岁～16 岁少年精神卫生问题流行学调查. 湖南医科大学学报，18(1)：43～46

杨叶凡，刘平(2001). 躯体化障碍的病因、特点及诊治. 人民军医，44(6)：348～350

杨永信，吴绍兰(2005). 癔症遗传与环境因素的探讨. 临沂医学专科学校学报，27(1)：27～30

姚芳传(1999). 情感性精神障碍. 长沙：湖南科学技术出版社

姚健敏等(2000). 11983 例溃疡病医嘱顺从性与疗效的关系. 中华消化杂志，20(1)：34～36

姚树桥，龚耀先(1993). 儿童适应行为评定量表的编制及城乡区域性常模制定. 心理科学，1：38～42

姚树桥等(1995). 应激在糖尿病发生中的作用与机理. 中国临床心理学杂志，3(4)：249～252

姚树桥等(1998). 心理社会因素在糖尿病发生过程中的作用及机理研究：Ⅲ社会支持、应对方式、个性对Ⅱ型糖尿病发生的影响. 中国临床心理学杂志，6(3)：143～147

叶端繁等(1997). 生活事件即心理中介因素与十二指肠溃疡病的关系. 中国临床心理杂志，5(4)：215～218

于清汉(1995). 人格解体的含义与范围介绍. 临床精神医学杂志，5(5)：317～318

于欣，田成华，胜利译(1998). 精神病学英汉双解词典. 中国心理卫生杂志社

于新蕊(2002). 酒精滥用对全球健康的影响. 国外医学社会医学分册，19(1)：48

于宗富，张朝等(2002). 暗示疗法结合放松训练治疗癔症性躯体障碍一例. 中国心理卫生杂志，16(7)：487

喻东山(2000). 抑郁症的生物级联. 四川精神卫生，13(2)：138～141

袁勇贵，吴爱琴，张心保(2000). 混合性焦虑抑郁障碍. 四川精神卫生，13(4)：281～283

翟书涛(1999). 我国妇女精神医学研究的回顾及展望. 中华精神科杂志，32(4)：203～204

翟书涛(2000). 中国自杀问题现状及对策. 精神卫生通讯，第 4 期第 1 版

翟书涛，杨德森(1998). 人格形成与人格障碍. 长沙：湖南科学技术出版社

张北川(1994). 同性爱. 济南：山东科学技术出版社

张伯源，陈仲庚(1986). 变态心理学. 北京：北京科学技术出版社

张朝阳(2001). 人类自杀史. 长春：时代文艺出版社

张大荣，沈渔邨(1993)．进食障碍概念的演变及病因学研究进展．中国心理卫生杂志，7(1)：7～10

张建芳，马艳玲等(2005)．中专生癔症集体发作．临床精神医学杂志，15(2)：91

张建球，张长岭(1998)．海洛因依赖者的记忆问题．中国药物依赖性通报，7(1)：33～35

张静，刘向阳等(2004)．放松训练对躯体化障碍的对照研究．中国健康心理学杂志，12(4)：269～270

张莉等(2000)．空间伞兵的个性特征及跳伞心理应激对胃泌素影响的研究．中国临床心理杂志，8(4)：233～234

张黎黎，钱铭怡(2004)．美国重大灾难及危机的国家心理卫生服务系统．中国心理卫生杂志，18(6)：395～397

张明岛，陈兴时(1986)．一例女性白痴学者的临床现象学观察．中国神经精神疾病杂志，12(6)：329～332

张明园等(1993)．精神分裂症家庭教育：中国五城市 WHO 合作研究．上海精神医学，新 5(1)：55～58

张明园等(1995)．上海地区精神分裂症家庭教育干预的两年随访研究．上海精神医学，新 7(2)：73～75

张明圆(1998)．精神科评定量表手册．长沙：湖南科学技术出版社

张勤峰，田明萍，路英智(2002)．社交焦虑障碍的森田疗法与药物治疗．中国心理卫生杂志，16(6)：429

张淑芳，邢丽等(2001)．癔症患者症状及相关因素的城乡差异．中原精神医学学刊，7(1)：14～15

张向阳，吴桂英(2000)．住院森田疗法在治疗强迫症中的改进及疗效分析．中国心理卫生杂志，14(3)：171～173

张亚林(1999)．行为疗法．贵阳：贵州教育出版社

张亚林(2000)．神经症理论与实践．北京：人民卫生出版社

张迎锋，杨镇涛(2004)．人格解体神经症 1 例报告．临床心身疾病杂志，10(2)：135～136

张雨新(1989)．行为治疗的理论与技术．北京：光明日报出版社

张雨新，方新(1990)．大学生应付策略的适应性和身心症状．心理学报，22(2)：218～222。

章晓云，钱铭怡(2004)．进食障碍的心理干预．中国心理卫生杂志，18(1)：31～34

赵秉志著(1989)．犯罪主体论．北京：中国人民大学出版社

赵丞智，李俊福等(2001)．地震后 17 个月受灾青少年 PTSD 及其相关因素．中国心理卫生杂志，15(3)：145～147

赵耕源等(1991)．综合医院心理咨询门诊 1467 例神经症分析．中国心理卫生杂志，5(2)：84

赵兰民(1998)．恐缩症 1 例报告．中国神经精神疾病杂志，24(6)：338

赵梅，季建林(2000)．自杀的国内外研究现状．上海精神医学，12(4)：222～227

赵敏，杨德森，郝伟(1998)．药物滥用的遗传学研究进展．中国药物依赖性通报，7(4)：193～197

赵明，朱洪(1997)，门诊森田疗法治疗疑病症 2 例．中国临床心理学杂志，5(2)：120～124

浙江省糖尿病流行病学调查协作组(1998)．浙江省 1994～1995 年糖尿病流行病学调查报告．科技通讯，14(1)：44～48

郑明祺，龚旭龄(1998)．烟碱毒理学与吸烟．中国药物依赖性通报，7(2)：73～76

郑宁(2003)．行为治疗．见 钱铭怡主编：心理治疗．长春：吉林教育出版社

郑日昌(1999).北京女青少年节食状况及相关问题研究.中国心理卫生杂志,13(6):340～342
郑日昌(1999).心理测量学.北京:人民教育出版社
郑玉英,丁冬红(2001).森田疗法与药物疗法治疗社交恐怖症的疗效比较.四川精神卫生,14(2):102～103
中华医学会精神科分会(1995).中国精神疾病分类方案与诊断标准(第2版)(修订版).南京:东南大学出版社
中华医学会精神科分会(2001).中国精神障碍分类与诊断标准(第3版)(CCMD-3).济南:山东科学技术出版社
钟友彬(1988).中国心理分析:认识领悟心理疗法.沈阳:辽宁人民出版社
钟友彬(1992).现代心理咨询:理论与应用.北京:北京科学出版社出版
钟友彬(1999).认识领悟疗法.贵州:贵州教育出版社
周盛年,于会艳(2004).西酞普兰治疗躯体形式障碍的随机对照研究.中华神经科杂志,37(5):442～444
周伟平,吴育娟(1999).癔症性疼痛障碍5例临床分析.中原精神医学学刊,5(2):98～99
朱熊兆等(2001).生物反馈放松训练对Ⅱ型糖尿病患者糖代谢影响的追踪研究.中国临床心理学杂志,9(1):5～9
祝卓宏,刘协和(1999).焦虑与抑郁的合病.上海精神医学,新11(1):48～52
邹世清,张力华(2004).常见药物滥用的临床特征和戒毒治疗.见 王增珍,张述林主编:社会行为医学.北京:科学出版社,133～139
左启华(1989).智力低下的诊断、治疗和预防.实用儿科杂志,4(1):31～34
左衍涛(1994).神经性贪食症的发生率、危险因素及心理治疗.中国心理卫生杂志,8(3):137～140
左衍涛(1995).神经性贪食症的心理病理学研究现状.中国临床心理学杂志,3(2):123～126